児童相談所と児童福祉

——福祉労働と福祉実践——

鈴木政夫遺稿集

刊行にあたって

鈴木政夫さんは、亡くなる三年ほど前に『人権としての児童福祉と労働――実践のための児童福祉論をめざして・総論編』（ひとなる書房、一九九三・一二）をまとめて、公表しています。書名からもわかるように、鈴木さんは、続いて『各論編』をまとめ、発表することを予定し、その作業も進めていました。

しかし、病のため、その意志を果たすことが出来ませんでした。まことに残念であったろうと思います。残された多くの草稿やメモ、レジュメ類（フロッピー文書）を前に、私どもは前書の続編（『各論編』）が編纂できないものかと検討しましたが、その企図は困難だと断念せざるを得ませんでした。

しかし、鈴木さんの実践と理論は、児童相談所を中心にした児童福祉分野をはじめ、福祉労働・生活保護・障害者・老人・地域など社会福祉の広い領域にかかわる、数多くの論稿を各種の雑誌などに遺しています。また、故人のフロッピーにも、多くの未発表と思われる文書が遺されていました。これらの論稿を整理・編集して遺稿集として刊行する意義について、検討しました。

その結論として、次のような諸点を確認して、『児童相談所と児童福祉／福祉労働と福祉実践』と題した「鈴木政夫遺稿集」を刊行することになったわけです。一つには、人権と福祉労働を基点とした、鈴木政夫さんの理論の形成過程を明らかにすることが、若い世代の道標になるのではないか。二つには、福祉労働と運動、社会福祉の根元的な在り方を鮮明にするのではないか。三つには、社会福祉構造改革などの情勢に対して、福祉再構築の指針を提示し、現状打破の問題提起ができるのではないかというものです。

こうした方針に立って、多くの残された論文・論稿を収集し、取捨選択するという作業を進めてきました。その結果、目次に見られるような構成・内容の遺稿集となったわけです。当初、新春には刊行の予定でしたが、収録内容の充実を期すなど編集作業上の事情で遅れてしまいました。お許しいただきたいと思います。

なお、鈴木政夫さんへの追悼文集『笑顔の向こうにあったもの』も別冊で刊行しました。先輩・友人・知人・ご家族の皆様から、思い出、エピソードなど多数寄せていただきました。ありがとうございました。本書とあわせてお読みいただければと存じます。

本書の刊行に際しては、多くの方々から予約出版ということで、ご賛同、ご援助を賜わりました。心からのお礼を申し上げます。また、散逸していた掲載雑誌や刊行物の収集・複写について、何人かの方々にお世話になりました。ここでそれらの方々のお名前をあげられませんが、厚くお礼申し上げます。

加えて、大友信勝さんから、故人の実践・研究運動論を取上げ執筆した論文をお寄せいただきました。思わぬご厚意に謝し、〈特論〉として掲載させていただきました。

出版にあたっては、ひとなる書房の名古屋研一さんおよび日置公一さんに過分なご協力をいただきました。ありがとうございました。

二〇〇二年九月

鈴木政夫遺稿集刊行委員会

伊井　春雄　　大塚　勇治
小田　東雄　　上坪　陽
鈴木　雅子　　田中島　晁子
寺脇　隆夫　　松山　京子

凡例

一　本遺稿集の編纂にあたっては、原則として編著書や単行本などの書籍に収録されたものを除き、雑誌やその他の刊行物などに掲載された論稿を中心に、講演記録やフロッピー文書などに限定した。したがって、雑誌等に掲載された座談会記録などは、除外した。

二　編集方針としては、執筆・発表した論稿の全体像ができるだけわかるように、目次に見られる構成・領域に沿って、重複をできるだけ避けつつ、ふさわしい内容の論稿を配した。そのため、執筆・発表時期は順不同にならざるを得なかった。収録論稿の刊行年月・掲載雑誌などについては、それぞれのタイトル見出しに附記する形で示してある。

三　論稿の原文は、雑誌などの刊行物に掲載された大小様々なもので、かつ縦書き・横書きをはじめ、見出しや記号など、その体裁はマチマチである。そのため、本書への収録にあたっては、すべて縦書きとし、見出し・記号などの体裁も、読みやすいことを旨として統一を図った。

四　文章・字句などについては、原文のママを原則としたが、明らかな誤字・脱字の訂正や最小限の校訂、見出しなどの調整は編者の責任で行なった。なお、故人所蔵の雑誌等に訂正の朱筆が入れてあるものについては、当然ながらそれにしたがった。

五　現時点の呼称と異なる論稿中の法の名称・施設名称などは、そのママとした。図表や統計・調査データなどの数値に疑問がある場合、とくに明らかでない限り原文のママとした。

六　また、論稿とは言えないが、故人の人柄が窺える随想や様々な機会にまとめた小文、ゼミ学生や児相研の仲間へのメッセージ、および実現しなかった著書の出版構想や大学での講義要綱などを、「附一、附二」として収録した。

七　巻末に、略年譜、著作・業績目録のほか、遺稿にかかわる解説と特論を配して、読者の参考に供した。

目次

児童相談所と児童福祉／福祉労働と福祉実践――鈴木政夫遺稿集

一　子どもの現実と児童福祉法・子どもの権利条約

一―1―①

貧困とのたたかいとしての子育て

――児童相談所の事例から

（一九七九年一一月『ジュリスト』増刊・総合特集一六号「日本の子ども」に掲載）

はじめに

児童相談所は児童福祉法により設置されている。それは全国に約一六〇ヵ所、各都道府県に最低一ヵ所あり、一八歳未満の児童問題の相談をうける公的機関として位置づけられている。

全国の児童相談所で相談、通告をうけた内容を、社会的諸条件との関連で、しかも一般的な児童問題との関係を明らかにしながら分析することは、現在の重要な課題になっている。しかし、ここでは紙数の関係等から、幾つかの相談事例をあげ、児童の権利を考える上で、それら事例のもつ意味を検討してみたい。

ところで現在の日本では、児童は親に養育されることが通常の形態になっている。保育所、学童保育、養護施設等の社会的な養育の手だては、量的にも質的にも前進してきてはいるが、児童の養育を親が行なうという私的養育形態は現在の日本の社会では、依然として中心的な形態になっている。従って児童問題を考える時は、親が子を養育する場合の問題点を重視せざるをえない。しかしこのことは、児童問題を親と子の関係だけで考えることでは決してない。

第一、児童は直接的に社会のしくみの規制をうける。具体的には、社会的に養育する手だての量と質、遊び場などの環境、文化等によってである。

第二、親と子の関係をとってみても、ア、親は生活を支え、子どもを養育するため、労働をし、収入を得、消費を行なう、それらは社会的な大枠により規制される。

親と子の関係もこういう制約の中で結ばれている。イ、第一の直接的な規制条件が、親と子の関係に大きな影響を与える。

従って親が子を養育する、という中であらわれるいろいろな問題は、社会的な枠組みによる制約、その制約から生じる矛盾が養育に反映したものとしてとらえざるをえない。そして資本主義の下にあっては、矛盾は、資本と、労働者を中心とする勤労国民の生活と、この二つの対抗関係の中で生まれる。

こういう観点から、相談事例を中心に考えてみたい。

一　相談事例から

〔事例A〕　中学一年男子。窃盗、空巣、車上ねらい、ロッカー荒し（未遂とも数回）を同年齢児と共に、あるいは単独で行なったため警察より通告。

小学校四年の時、家の金の持出しがあり、それがやんだ時右のような行動が始まった。小づかいは一般並みに与えられているが一度に渡すと一遍に使ってしまうので毎日渡されている。

この児童の家庭は現在大家族で両親妹弟三人、祖父母、親戚二人が全部同居し、金属加工を一家でやっている。

住居のほかに同敷地内に作業場がある。二階建ての家屋は、二階二間を祖父母と親戚の一人が使い、一階六畳を本児ら六人が使い、作業場を片づけたあと、もう一人の親戚がそこに寝る。

本児の父は金属加工の家業を継いだが、親会社の自動化が進んで廃業。他の金属加工に変わったが再び親会社の倒産にあい共倒れになった。しかし三度他種の金属加工を始めるより他に生計の道がなかった。

現在は製品の工程別に下請けに出し、五〜六ヵ所の下請けにA→B→C→D→Eというように原材料を順次に運んで流して加工させ、最後は自分のところでまとめて完成品とし、発注先に納入する、という営業形態をとっている。このため父は下請まわりを中心に外出が多い。一度夕方家に帰り夕食を済ませ、又出かけて深夜一時頃の帰宅も珍しくない。

母は中卒後集団就職で上京し工員となり、知り合った父と同棲し、何回か中絶のあと、また本児を妊娠したので正式に結婚した。本児を産んだのは一八歳、以後隔年毎に三児を産んだ。本児が小学校入学の頃から家業を手伝い始めた。同居の祖父母は二人とも病身で営業を手伝い、親戚の二人は作業を手伝っている。

本児は保育園には行けなかった。母親が次々と子どもを産み在宅して稼働していなかったからである。また学童保育を知らなかったと母親はいっている。

本児は友だちをすぐつくれるので、沢山居り、運動も得意だといっている。下校後は、コーラを買ってきて、未だちとテレビをみている、というのが現在の生活。好みのテレビはウィークエンダー、刑事ものなど。ビデオテープにとって、あとで見ることもある。前は帰宅が遅く夜七時頃まで外にいた。何をしていたか両親はわからなかった。持物の変化は母が気づいたが本人は小づかいをためて買ったといっていた。

相談所に来た最初の日、本児はあちこちの部屋を手あたり次第にのぞき、空室からは自分の興味のあるものを持ち出し使い始めた。母親はそれを見ても制止せず許容していた。職員が「それどうしたの?」ときくと、その場限りの言い訳を間髪を入れずやってのける。その言い訳を突込んできくと、前のとは辻つまがあわない言い訳に変わる。

知的な発達は平均値だが、描画は見透しのない大雑把なものであった。

学校の担任の話では、基本的な生活習慣が守れないグループの一人で、落着きがない。人の気持を考えないで友だちの失敗を笑ったりするところもある。しかし友だちは大勢いるようであり、学校で問題行動が起こってはいない。

本児の問題行動をみると、見つかった時に言い訳をする必要があること、即ち社会的に認められない行動であることは、本児自身わかっていても、それが内面化していないため、外的な制約がないと行動に走ってしまっている。また自己統制力が弱く、集中力にも欠けている。

これらは、①子どもの方から話しかけなければ、親の方から話しかけることもなく、関心が向かないまま過ごしてしまうことが日常的であった生活が、かなり長く続き、本児は家庭の中の大人たちと、気持がしっかり通じあい、結ばれているという実感がなく、不安定な状態だったこと、②一つ一つの行動について、その場ではっきり容認、否認の社会的規範が教えられず、規範を内面化する養育が不十分だったこと、③大人からの支持を確かめられる関係の中で、叱責や激励を加えられながら、自分の気持を統制して行く訓練がほとんどされていないで、「大人たちがみてやれなくてかわいそうだから」と、欲求に対し、すぐ物や金が与えられ、それが養育と考えられてきたこと、など主として養育上の問題が原因になっていると考えられた。

母親は本児の問題行動について、「今まで家業のことで気をとられすぎていて、この子に手をかけなかった。そのことを知人から指摘されて初めて気づいた」と反省している。

しかし家族間の調整や、仕事上の苦情処理は全部母親がやらざるをえなくなっていることなどから、精神的負担は大きく、思ってはいても具体的に手を下すことができず、そのことが余計イライラを増す結果になっている。一家の生活のために、仕事の注文に応じようとすると家庭の養育がおろそかになる。

本児の問題行動についても、父親は「自分も小さい時は同じような経験をした、そのうちによくなる」といっているので、母親一人が何とかしたいと背負い込んで苦しんでいる。父親の養育上の協力がもう少し得られれば解決の途も開かれると思うと述懐している。

〔事例B〕　中学二年男子。盗みなどで警察より通告。

現在両親と三人家族。両親が結婚した時、しゅうと、しゅうとめ、小じゅうとが同居していたので、本児の母は働きに出た方がいいと思い結婚前からの仕事を続けた。未だに共働き。家族全体経済的につつましく、現在の目標は借金をしないで家を建てること、このためせっせと貯金をしている。

産休あけから一歳まで職場の保育所、その後ずっと地域の保育所に通園していた。この地域は自営、内職の母親が多く、外勤の母親をもつ本児はいつも一番最後まで保育所に残った（五時半～六時）。担当の保母からは、いつも「さびしい思いをしているから早く迎えに来て」といわれ、母親は長時間保育の必然性からくる主張や「お残りさん保育」に対する注文を出すのでもなく、かといって早く迎えに行く方法を講ずるのでもなく、「すみません」と肩をすくめる様にして保育所に送り迎えしていた。保育所ではおとなしく、友だちとは自分の方から進んで遊べなかったが、誰かが遊んでくれれば一緒に遊んでいた。

小学校一年の時、学童保育に入ったが、一年間でやめ、祖母の養育に依存した。しかし祖母は間もなく死亡したため小学校三年以降はカギッ子になった。小学校時代は特定の仲のよい子はなかった（自分では仲がいいと称している子はいるが、母親からみると自分で勝手に思っているだけだという）。

授業は最初からわからず、嫌いであった。家庭で勉強をみることも余りやらず、宿題が出た時だけ、食事をしながら、できないところを母親がみてやった。低学年時代、担任の先生から、「何でも自分で進んでやるよう仕向けてほしい」といわれたことがあった。

小学校の先生からは「クラスの三分の二がわかれば先へ進む」といわれ、本児がわからない三分の一に入っていることは両親とも理解していたが、嫌いな勉強を無理にさせてもいけない、とあきらめ、家でどうするという相談もせず、小学校四年生の時塾へ通わせることで解決しようとした。

塾へやったのは基礎的学習をさせることと、カギッ子のために生まれる「自由時間」をできるだけ少なくすることが目的だった。

中学入学後、本人が塾へどうしても行きたくない、といい出した。理由は塾の勉強がわからないからだという。母親がその時調べたら、その塾は進学を目的とする塾だったので、かなり勉強が難しいということがわかった。

本児の問題のすべての原因を、母親が働いていて、家の中に常にいないことに、両親とも帰している。勉強がキライになったのもみてやれないから、本人の現状以上のものを望むことも母が家にいなければムリであるとし、問題行動も母が日中いないためブレーキがかけられないから、とあきらめている。

学校では、おとなしく、何を考えているのかわからないグループの一人。周囲の者たちから馬鹿にされたり、脅かされたりする場合もあるという。学校のクラブは模型クラブに現在所属しているが、課内だから入っているだけで、家では模型はつくらない。また課外クラブには入っていない。

小学校時代から下校後ずっとテレビをみている。現在も三時半頃から夜ねるまで、夕食の時間もつけっ放しで漫然とみている。外へ出ることが少ない。歌謡曲、コンバット、マンガ、プロ野球等。現在の目標はお金を貯めてステレオを買うこと。前には同じようにしてラジカセを買った。現在の小づかいは月千円だが余り使わず貯金している。盗みについても細かいものを買うのは馬鹿々々しいと思ったからだという。好きなものは釣とスキーで、釣は父と一緒に二月に一回位、スキーは年一回家族で行く。

知的には平均値だが学力は余りない。また温厚な（というより無気力なといった方がいい）父親を、こわい存在と見ており、反抗心は未だ芽ばえていない。

こういう生活態度について母親は問題視はして、今までの〝放任主義〟を反省している。しかしどうしたらいいかわからない。勉強しなさい、とはいうがやらせようとはしない。母親は「余りつめ込んではどうか」と思い、父親は「親がいつも家にいるわけではないから、勉強はやらせられない」と思っている。つめ込み教育の害を恐れ、反抗を恐れ、手を下すことができないでいる。

本児は発達検査（ＳＣＴ）の時に、次の答をしている。

○先生は――教え方が悪い

○私をくるしめるものは――テスト

○家でよくいわれるのは――勉強やんなさい

学校教育で最初「わからない三分の一」に入ってしまったため、おいてきぼりを食い、余計学課がわからなくなり、勉強が嫌いになり、成績も更に下位になる、という悪循環をくり返しながら、学年だけは進んだ本児が、成績だけが価値基準である進学体制の中で、いかに苦しめられているかがわかる。しかも能動的な力をつける機会は、学校でも家庭でも与えられず、ようやく見出した友人とのつながりは、盗みであった。それもさそわれて、端役を与えられて。

総じて本児をみると、ひっそりとした澱んだ沼に住むロボットのように見える。本児に接した児童福祉司も心理職も、「これが人間か」とひどく考え込まざるをえなかった。

〔事例Ｃ〕　以下は、発達のおくれのある子の通所指導の中で、母親たちの話から拾ったものである。

「テレビは子どもにいけないといわれ、消すようにしたのですが、消したあとどうすればいいかいわれなかったので、わからなかった。だからやっぱり、ついつけてしまうの」

「テレビが鳴ってないと、自分の方も何となく手もちぶさたで、落着かなくなっちゃうので、やっぱりつけてしまう」

「何にも関心を示さない子だけど、テレビのコマーシャルだけは隣の部屋にいても、とんできてみるし、街の中を連れて歩いていても、コマーシャルに出てくるものを見つけると喜んで買ってほしそうにするので、つい買ってしまうの。テレビも悪いことばかりではないんじゃない？」

「そう、言葉も覚えるしね。家の子はかなりテレビで言葉が出るようになったの。でも余り物には結びついてはいないんだけど」

これらは、大人たちの働きかけの大切なこと、一日の生活のリズムが発達の基本的条件であること、コトバはただ音声を発するということだけでなく、具体的事物や行動と結びついていなければ、言葉といえないこと、等が説明されたあとでの話である。

二　貧困との闘いとしての子育て

貧困については様々な議論があることを承知のうえで、労働現場からの実感を基礎に次のように整理し、仮説的に提示してみたい。

貧困は、（a）資本の蓄積と（b）労働者を中心とする国民の生活が資本に隷属すること、の二つの側面の統一として考えられるのではないだろうか。

（b）は具体的にいえば、

ア　生命の再生産の困難と生活全体の不安、

イ　人間の基本的条件である、外界に働きかける力、社会関係を結ぶ力、が押しつぶされ弱められること、

ウ　ア・イから生活が資本へ依存する度合いが一層進むこと、と、とらえられる。

こういう観点から前述の事例を検討してみると、児童の直接的発育の上にあらわれた貧困として、次の四つの相を見出しうる。

1　生活資料が不十分であり、また将来の不安に常に脅かされること、

事例Aにそれをみることができる。この世帯は確かに生活保護は受給していない。そして冷蔵庫、テレビ、電気洗濯機もある。しかし、ワンパックでないと「生鮮食料品」さえ買えなかったり、一定量以上でないと高い買物になる現状では冷蔵庫は必需品となる。納品に追われ、電話の応待に必死の母親にとって電気洗濯機は労働の時間を生み出すのに不可欠なものとなる。辛うじて耐久消費財は揃ってはいても、その住居は寝場所でしかなく、憩いの空間は確保されていない。

更に現在の生活には大きな不安がある。この世帯は既に親会社の作業工程の自動化によって廃業に追い込まれた経験をもつ。転業した業種でまた親会社の倒産があり、生活の根底がゆらいだ経験をもっている。だから出来るだけ身軽に始められ、景気変動のしわよせを他にも分散できるよう、零細下請を工程の流れにそって組織して製品にする方法をとっている。このため父の生活時間では、二四時間のうち睡眠時間を除くほとんどは、営業にふりむけられている。

そのしわよせと大家族（これも営業上、労働力確保と経営安定のためには、これしかないと、経験上とられた自衛的生活方法である）のための負担が母親に大きくのしかかり、独りで子どもたちの養育、特に問題行動に対応しなければならなくなっている。この家庭の生活は子

どもを見失った生活と引きかえに、辛うじて生活資料をえている、あるいは生活不安を緩和している、ということができるだろう。

2　社会的な養育の手だての貧困

現在の日本では、労働力の価値分割がかなり徹底して行なわれ、一家のうち二人以上で働いて生計を維持する家庭が増加している。このため今まで主婦の役目とされてきた家事、育児に関する家庭内の労働が、果たせなくなり、社会的な手だてが必要になってくる。それは公的なものと、カネでサービスやモノを買う私的なものがある。保育所、学童保育、自治体のホームヘルパーの派遣などは前者であり、家政婦やベビーシッターの雇入れ、ホテル風のベビーホームの利用などは後者である。家事労働の省力化という意味からは、自動炊飯器、電気洗濯機など耐久消費財や、インスタント食品なども後者に入れることができるだろう。

現在の日本では前者は量的にも質的にも整備がおくれている。確かに前述のように一〇年前、二〇年前に比べれば大きな前進はみられる。それは自治体の首長を民主勢力が掌握し、その条件を利用しながら要求を実現させた運動の力を、主要な推進力としたものであった。しかし国の基本政策を変えるまでに到らなかったため、一定の前進にも拘わらず、整備の不十分さは、児童に様々な被害を与えている。

保育所に入所させたいが入所できないで、一年間待つ間に交通事故にあったり、家業のプレス機械に挟まれて指を切断したりした事例は、いくらでもあげることができる。また学童保育に入れないのでカギッ子になり、そこが非行のたまり場になった例もある。量的不足から生ずる問題点だけではない。保障の対象、時間、内容等の制限から生ずる谷間がある。更に既に制度化され、カタチでは保障されているはずのものも、その保障内容が、職員の配置や物的条件から著しく制限されていることは、本書第三部の諸稿で具体的に指摘されるところである。こういう社会的な養育の手だての谷間と薄さが児童の養育内容を貧しくする。

事例Aで、若し保育所に入所できていれば、事例A、Bで、若し学童保育を十分利用でき、しかもその内容が児童の発達課題に応じたものであったら、問題の様相は大きく変わっていたであろう。そればかりでなく、社会的養育の手だてが貧困のため、親子の関係を結果的に破壊する例さえも生じてくる。例えば、親の労働態様に応じた保育時間が保障されないため、保育所の利用を希望しながら養護施設を利用することになり、しかも施設の空きの状況から遠距離施設に措置され、面会等が疎遠になって親子関係の結び方が形がい化する、等である。

このような状況であるのは、国全体の価値の流れの中で、社会的養育の手だてに対する社会的な支出（国家財政及び自治体財政の支出）が少ないからであり、一方で資本蓄積を促進する財政支出は極めて大きい。しかも「バラマキ福祉論」による福祉水準引き下げと、景気浮揚、雇用増進の名のもとに、資本への支出増は強化され、二つの対抗関係は激化してくる。このような流れの中で、一家族の中の稼働者は増加し、家族単位の貨幣収入は増大しても、児童の養育内容までも含めた生活総体をみると貧困となる。

3　生活活動の喪失による文化の貧困

生活手段は家庭の中に豊富だが、それは資本に支配された結果としてあり、能動的生活を失っているという状況。耐久消費財の代表である電化製品は揃い、一家庭にテレビは何台もある。しかし生活時間がそれらに占領され、食品も衣料もテレビコマーシャルに触発されて買い、思考方法さえテレビに支配される。

事例Cでは、母親自体がテレビに、感性も、活動も、魂も奪われ、それに依存している。能動的活動がないから、子どもに働きかけてみて、何を喜ぶか、喜ぶことの中で新しく何を発見できるか、何をいやがるか、いやがることも、手を変え品をかえてやってみることでどう変化するか、という親の働きかけを通じて子と親の関係の発展、その中での親としての喜び、という子育ての本質的活動は停止されている。テレビを消すのは第一義的にはこの活動の回復のためであったのが、教えられなければわからなくなっている。

事例Bでは、生活活動の経験が長期にわたり不足していることから、青年前期の活力さえ、戦闘的なテレビ番組で昇華され、活動に発現しない。差別選別の教育が彼の上にのしかかり、わからない勉強が暗雲となって発達要求をさえぎっているが、生活の活動の中でそれを克服する道は試みられていない。塾というサービスを買うことによって解決しようとしたが失敗している。生活の目標も、家庭全体では住宅を買うために貯金することであり、子どもの場合はステレオを買うための貯金である。貯金の目的は消費であり、貯金のしかたもアルバイトをして貯めるというような積極的なものではなく、小づかいを使わずにためるという消費的、非活動的なものになっている。

これらの例から考えてみると、日本の資本主義は、高度成長政策やスタグフレーション政策によって多くの国民の生活活動を奪い、生活を基盤にした文化を根底から破壊したのではないだろうか。

生活はこれを営む主体が、そのもっている生活力（からだ、こころ、それを結合するちから）で、生活手段を用い、生活関係（夫婦、親子、近隣等の生活においてとり結ぶ社会関係）を結びつつ行なう活動であり、その生活活動の中で、生命、労働力、生活力、生活関係が再生産されると考えられる。高度経済成長政策とその後にとられた、インフレと不況の同時進行政策は、勤労国民の生活活動を変形してしまったのではないだろうか。

第一、生活主体の生活力について。

これには二つある。一つは「ゴロ寝テレビ亭主」に象徴されるように、一家の働く者は収入をうるための労働に追われ、生命の燃えカスの力でしか生活の場には入っていないこと。従って労働力の再生産が精一杯になってしまっている（事例Aはこの一例である）。

二つは、労働が極めて分断的であり、部分的にしか見えず、しかも管理されて労働自体に生甲斐が見出されないため、全体との関連で自分の労働を位置づけることが難しく、物事を見透したり、関係づけたりする力も著しく弱まっていること。

このため父親は、客観的に物事を判断したり、社会的な関連を家庭に持ち込む役割を期待されながら、果たせないで問題を生じている例が少なくない。こういう父親は母親と同じように、日常的な細かい目先のことはできるが、大きく目標をたてて見透し、社会的な関連を考えながら進む道を探ることができない。

また労働のつらさの逃げ道として、育児参加で気をまぎらわすことも生ずる。「やさしい（?）父親」「父親不在」といわれる現象である。

第二、生活手段について。

現在の日本では、生活手段のほとんどが商品である。それを国民が購入することは、資本にとってはその利潤が実現することを意味する。資本主義では、高度経済成長政策の下でも、スタグフレーション政策の下でも、生産された厖大な商品の売りさばきのため、あらゆる手段がとられる。

このため生活の中での生活手段の量は増え、質的にも高度化する。より省力的に便利に、より緻密に高性能に、そしてその結果はより高価に。商品が手づくりを追放し、生活用品の購入生活が、生活そのものであるかのような錯覚さえ生む。手段のはんらんの下で、環境要因や文化的要因（中教審的人づくりや、マスコミを主要な媒体に「消費文化」をあおりたてる操作）その他の条件が重なりあい、生活のための能動的な活動は次にみるように衰退していく。

また一見生活手段は、高度化し豊富であるが、耐久消費財の多くは月賦等で支払っており、一度生活上の事故（家族の傷病など）、雇用上の事故（首切りなど）、営業上の事故（親会社の不渡手形など）、が発生すれば、直ちに現在使用中のモノさえ、占有を奪われるという不安定なものである。

ここに1の貧困と紙一重でつながる見せかけの豊富さをみることができる。

第三、生活活動について。

生活手段が豊富になり、省力化され、テレビ等で能動的な時間が奪われる結果は、日常の生活活動が衰退する。

極端な例をとれば、人間の最も基本的な食事について、家族の好みを調整し、何をつくるかをきめ、材料を調達し（新鮮で安いものを選択しながら）その家庭の独自の味付けと方法で調理する、という営みではなく、ポットの湯をかけて、資本によって平均的とおさえられて味付けられた食品を食べる。選択はせいぜいどこの製品にするかになってしまう。それは子どもにとって「食べモノ」を与えられることであって、文化としての食事をとること、従って文化を伝えられることではない。

これに類したことが、衣食住、日常茶飯事すべてに発生する。資本によってコントロールされたあてがいぶちの受動的生活は、生活感情も鈍磨させる。

第四、生活関係について。

生活においてとり結ぶ社会関係は、家庭内においては通常、夫婦間の分業や親子間の扶養などがあげられている。しかしここで問題にするのは、その内容である。生活関係は、生活活動を媒介に成立し、確かめられ、再生産される。生活活動が衰退すれば、生活関係も形骸化する。

事例A、Bともその家庭内では、モノの媒介が生活関係の中心になっているため、生活関係が稀薄になっている。しかも稀薄化を恐れながら、家庭を制約する諸条件とたたかい、活動の場を広げる努力（Aでいえば食事の手伝いをさせながら話しかけるとか、Bでいえば、親が留守でも親の存在と意思が伝わるような、おやつの用意や置手紙など）が試みられていない。

第一から第四までをひっくるめた生活過程が毎日くり返される中で、生活活動の後退から喪失へ、生活力、生活関係の弱まり、生活手段の肥大化、という悪循環が拡大していく。

以上は家庭内の問題に限定したが、文化の貧困は、社会的養育の手だての中にも、生活活動、学習活動を抑圧する管理的教育の姿で強烈にあらわれている。

例えば保育園で、一斉保育の終了時に「今日は一日楽しかったね」という歌を、一斉にうたわせる。しかもみんなが一斉に起立しないと許さない、という保育に直面したことがある。子どもたちは、ただ大きな声をはり上げるが（そうしないと先生に叱られ、早く帰らせてもらえない）、楽しそうな表情は全くみえない。

また、東京都の某小学校では、学校の朝の開門時間が一定時間に限定され（それが極めて短い）、登校が早過ぎれば門の前に待たされる。それもウロチョロすると交通事故にあうからと、門の前に坐ることが強制される。一定時間後は閉門し、保護者付添いでなければ通用門を通さない。

授業時間中生徒は、声を出さずに、指を一本出したり二本出したり、ゲンコツを出したりして手を挙げる。ゲンコツは未だ先生から指されなかった生徒、一本は一回、二本は二回指された子、とサインが決められている。何回でも「ハイハイハイ」と声高に手をあげて先生に向かう生き生きした生徒の姿は全くみられない。

給食時は、一定時間内に全部食べないといけないと指示される。その毎月の勤務評定が座席の後の黒坂に星取り表のように表示される。給食は楽しみではなく義務に転化する。一つの学校でこれだけやられては（その他にも生徒管理は沢山ある。しかもその区内でこういうことが問題視されていないところをみると、区内の全体の問題であろう）、児童が無気力になるのは当然であろう。

生活に根ざした文化を根こそぎ奪い去る力はこのように働き、資本のために疑わず逆らわず働く人間が、しっかりとつくられて行く。しかも与えられた条件を根源的に考えることなく迷わず受け入れ励み、成績をあげた者は一流の学校を経て管理的な仕事にありつけ、その中でも他人に競い勝つ者がエリートとして残り、成績が上がらない者は働き蜂となる。中教審路線は資本の人づくりとして、学校教育、家庭教育を貫き、生活文化の破壊と表裏一体となって児童に襲いかかっている。

4　疾病及び人格の破壊

精神病、アル中を初め各種の疾病、かけごと、暴力行為、性格的偏向、犯罪等のため、社会生活が営めず、このため養育上の諸問題が生じて相談に到ることが多い。養育上の問題を直接的契機からみた時、身体的、精神的な欠陥をもった人たちの問題だと、個人的な要因に帰する考え方が従来から有力だった。

　家庭で養育できないため、児童の施設入所を希望してくるいわゆる養護問題も、右のような直接的契機をもつ事例がかなり多い。しかしこういう契機が出現するに到る経過をみると、多くの場合人間として尊重されず、生活上、発達上の様々な要求が実現を阻まれる条件が厳しくあり、権利侵害が集積された結果だったことを発見する。

　養護問題に典型的にある〔父の低収入→母の稼働→母の蒸発〕の例でみても、父の低学歴による不安定就労、低収入による近隣、親戚からの孤立、母の低学歴と就業構造（高卒者中心の就職、一定年齢以上のパート化と低賃金、低学歴や無経験で高収入をうる場合は夜の水商売以外見当らないことなど）、資本主義の特徴の一つであるセックス産業あるいはセミセックス産業、そこでの頽廃文化の浸透、等の経過や諸要因がある。

　まさに「資本主義は、労働者と勤労農民のあいだにひそむいくたの人材を圧殺し、おしつぶし、打ちくだいた。これらの人材は、困窮や困難や、人間の人格に対する嘲弄の重さに堪えられないで滅びて行った」[1]のである。

　疾病や人格問題は、原因というより結果として、幾つかの貧困の重なりあいが一人に集約したものとしてとらえる必要がある。一方で資本は、酒造会社の大きな利潤、ギャンブル胴元（例えば船舶振興会）の巨大な利益にみるように、モウケを蓄積し、更にテレビコマーシャルの時間さえ買って、「お父さんお母さんを大切にしよう」と説教をしている。しかもその番組を、父や母のギャンブルで困っている児童が目をすえてみているのである。

　児童問題を考える時、親の貧困を一要因とし（生活資料の不足のみを貧困と考えることがその前提にある。従ってこういう貧困のウエイトは軽くなっているとされることが多い）、他の要因として、親の疾病、人格の問題をとりあげる考え方が少なくない。しかもこの場合の貧困さえ、その原因は疾病や人格問題が主要だとする説さえある。

　しかし児童の権利保障を具体化しようとする時、一見個人的に見える疾病、人格の問題も、社会問題としての貧困が、個人の上にあらわれた結果としてとらえること、そして児童問題の基底に貧困をみすえることが不可欠になってくる。

　右にみたような様々な姿をとる貧困――それは一方に於ける資本の蓄積とその諸条件をつくり出すこと、他方における勤労国民の生活と人間性の破壊――が子育てを襲ってくる力は強大である。「世間並みに」(2)育てていては、この強大な力は親も子も押し流して、その人間性を破壊してしまう。現代日本における子育ては、智恵と力をふりしぼり、勤労国民が力をあわせて必死にたたかう、貧困とのたたかいである。

三　日本の大人たちはいま何をなすべきか
――児童の権利保障のために

簡単に大人たちのなすべきことをあげる。

（1）　父よ、母よ、いのちの燃えかすを子に与えるな＝勤労者として自ら立ち上がり貧困とたたかおう。

くたくたになって家庭に帰らなければならない現状なら、誰がそうさせているか、はっきりさせよう。国民総生産世界第二位と、このくたくたは、どう考えても矛盾である。いのちの火を子育てにも注げるよう、その妨げているものとたたかうのは、いまこの日本の社会を支えている大人たちの義務ではないだろうか。

（2）　父よ、母よ、働く者よ、資本のあてがいぶちに依存するな＝労働を、生活を、自らの手でとりもどそう。

資本が支配している世の中では、簡単にいかない、邪魔物は巨大な壁となって立ちはだかる、ということはわかりきっている。しかし資本のあてがいぶちを拒否し、おかしいことをおかしいと明らかにすることから、たたかいは始まる。資本にのっとられた生活、単一の物差し（学業成績がいいか悪いか）による生活、これらが日本の児童を押しつぶしているのだから、それをあらためなければならない。その試みは、献身的な努力によって各分野で先進的になされている。これらを学び、実践を拡げれば、展望をきり拓くことは夢ではないであろう。

（3）　父よ、母よ、働く者よ、連帯しよう。

問題行動の児童の殆どは孤立している。親もまた孤立し悩んでいる。教師もバラバラであることが多い。親は教育をなじり、教師は親を非難する、親同士はお互いを軽蔑しあう、というのは、グループ非行によくみられる構図である。親同士が、教師と親が、福祉と教育が、地域の人たちとそれらが、一致点を見出す努力を惜しまなければ、連帯は前進するであろう。大人たちは、貧困とたたかうためには、どうしても手を結ばなければならないのである。

（4）　民主革新勢力よ、変革主体の生成にこそ運動の力点を。

組織の構成員や支持者の数など、操作できる数の目前の増減に、目を奪われている間に日本は沈没しつつある。

「組織内未組織労働者」が数多くいたり、組織はあっても指令消化だけ、という事例は数多い。資本は、人間の外界に対する働きかける力、連帯する力を奪ったうえ、CQ、ZD、小集団、PHP等によって、人間管理（労働、生活、生き甲斐の管理）を実施し始め、ほぼ成功しつつある。ぐるみ選挙の基底は既に完成している。労働の場、生活の場で、周囲の者たちと連帯し、問題を明確にし、問題解決の方針をたてて実践する力を、すなわち変革の主体としての力を獲得し、勢力を増大させることを民主革新勢力の運動の力点に置くことが、貧困とのたたかいで決定的に重要である。運動の再構築に期待したい。

注

（1）レーニン「モスクワ党週間の総括とわれらの任務」レーニン全集第三〇巻六四頁。

（2）開成高校生殺人事件の父親（被告）の証言、検察官の尋問に対して。Aを進学教室に通わせたり、家庭教師をつけた理由をきかれ「世間並みだと思います」――被告はA君の将来について、どう考えておりましたか。「世間並みでいいと思っておりました。」――世間並みとは。「平凡な人生です」――平凡というのは。「社会の九九パーセントの人の生活です。」――被告は、小学校時代のA君に対し、どういうしつけをしましたか。「世間並みです。朝起きたら『おはようございます』夜寝るときは『おやすみなさい』知人と外で会ったら礼をしなさいということです。」本多勝一編『子供たちの復讐』上巻七七～七八頁（一九七九年　朝日新聞社）。

（一九八〇年三月『教育』三〇巻三号に掲載）

一—1—②

児童相談所からみた日本の子ども

——児相研セミナーの報告・討論の集約を中心に

はじめに

（1）　児童相談所は、零歳から一八歳までの児童に関する公的な相談、措置機関として、児童福祉法によって設立されている。

現在の日本における児童問題は毎日さまざまな形態で起こっている。それは児童の生存・発達要求と、社会的諸条件との矛盾のあらわれである。しかし、毎日生じている児童問題がすべて児童相談所への相談という形態をとらないのはいうまでもない。

親や教師や地域住民の主体的な対応によって、問題についての一定の軽減、解決の見透しなどが得られている場合が多いからである。また他の相談機関での援助もある。児童相談所に相談、通告の形態をとるのは、①右のような主体的対応によっても、問題が未解決であり、②解決したい、解決しなければならない、という要求があり、③児童相談所の機能についての認識と期待が、多かれ少なかれある、という条件が重なった場合が中心である。

その相談内容は、**表1**のとおりである。ここにあらわれた数字は、前記の限定のほかに①厚生省報告例の分類というフィルターをくぐったものであること、②児童相談所の諸条件（職員の量的質的配置、児童相談所の設置数、予算、運営の民主化など）に制約されたものであること、③児童相談にかかわる地域の諸条件（保育、教育、医療の状況など）に制約されたものであること、などの限界があるが、これら諸制約をうけた限りでの、現在の日

（厚生省報告例より作成）

自閉症	教　護	触法行為	長欠不就学	性　向	適　性	しつけ	その他
実数(%)	実数(%)	実数(%)	実数(%)	実数(%)	実数(%)	実数(%)	実数(%)
—	23,448 (10.5)	34,939 (15.7)	健全育成Ⅰ 37,503 (16.8)		健全育成Ⅱ 29,642 (13.3)		20,829 (9.4)
—	23,115 (9.8)	43,323 (18.4)	3,329 (1.4)	13,277 (5.6)	40,890 (17.4)	10,902 (4.6)	27,709 (11.8)
—	23,664 (9.6)	42,667 (17.4)	3,750 (1.5)	12,851 (5.2)	43,747 (17.8)	12,624 (5.1)	19,433 (7.9)
—	23,327 (9.0)	38,431 (14.8)	3,568 (1.4)	13,644 (5.3)	52,548 (20.2)	12,844 (4.9)	23,619 (9.1)
—	21,841 (7.9)	31,167 (11.3)	3,280 (1.2)	18,083 (6.6)	62,897 (22.8)	20,080 (7.2)	20,147 (7.3)
—	21,147 (7.8)	27,464 (10.1)	3,567 (1.3)	17,398 (6.4)	54,687 (20.1)	23,274 (8.6)	20,687 (7.6)
—	18,578 (7.0)	23,357 (8.8)	3,551 (1.3)	18,593 (7.0)	49,887 (18.8)	20,574 (7.8)	21,068 (7.9)
—	15,787 (6.1)	20,189 (7.8)	3,659 (1.4)	19,585 (7.6)	53,329 (20.6)	19,176 (7.4)	22,284 (8.6)
—	14,681 (5.6)	18,312 (7.0)	3,678 (1.4)	20,774 (7.9)	49,706 (19.0)	24,403 (9.3)	18,743 (7.2)
—	14,041 (5.4)	19,445 (7.4)	3,773 (1.4)	20,338 (7.8)	42,691 (16.3)	26,410 (10.1)	18,348 (6.2)
—	13,399 (5.2)	20,378 (7.9)	3,973 (1.5)	21,294 (8.3)	37,802 (14.7)	25,400 (9.9)	16,007 (6.2)
1,216 (0.5)	12,147 (4.9)	19,011 (7.7)	3,911 (1.6)	21,339 (8.7)	34,520 (14.0)	24,708 (10.0)	13,666 (5.5)
1,542 (0.6)	10,877 (4.5)	18,594 (7.7)	3,858 (1.6)	22,472 (9.3)	28,669 (11.8)	28,299 (11.7)	11,768 (4.9)
1,847 (0.8)	10,265 (4.3)	15,881 (6.6)	3,983 (1.7)	20,562 (8.5)	27,321 (11.3)	27,052 (11.2)	10,612 (4.4)
1,954 (0.8)	9,491 (3.8)	13,676 (5.4)	3,445 (1.4)	19,716 (7.8)	25,019 (9.9)	25,159 (10.0)	10,557 (4.2)
1,962 (0.8)	10,273 (4.3)	12,924 (5.4)	3,627 (1.5)	20,553 (8.6)	21,268 (8.9)	25,894 (10.8)	10,232 (4.3)
2,485 (1.0)	10,914 (4.6)	12,193 (5.1)	3,775 (1.6)	20,522 (8.6)	19,401 (8.1)	24,511 (10.3)	9,460 (4.0)
2,707 (1.1)	10,235 (4.1)	12,713 (5.1)	4,422 (1.8)	20,157 (8.2)	19,511 (7.9)	24,072 (9.7)	8,739 (3.5)

表１　児童相談所受付件数

相談種別／年度	総数	養護	保健	肢体不自由	視聴言語障害	重症心身障害	精神薄弱
	実数（%）	実数（%）	実数（%）	実数（%）	実数（%）	実数（%）	実数（%）
1960（35）	222,711 (100)	35,610 (16.0)	2,947 (1.3)	13,876 (6.2)	3,209 (1.4)		20,708 (9.3)
61（36）	235,304 (100)	33,873 (14.4)	2,988 (1.3)	14,456 (6.1)	3,426 (1.5)		23,016 (9.8)
62（37）	245,377 (100)	38,048 (15.5)	4,119 (1.7)	14,812 (6.0)	3,739 (1.5)		25,923 (10.6)
63（38）	259,510 (100)	39,138 (15.1)	3,371 (1.3)	16,708 (6.4)	4,310 (1.7)		28,002 (10.8)
64（39）	276,005 (100)	32,235 (11.7)	3,568 (1.3)	17,482 (6.3)	4,932 (1.8)		40,293 (14.6)
65（40）	271,707 (100)	34,252 (12.0)	8,358 (3.1)	18,638 (6.9)	5,833 (2.1)		36,402 (13.4)
66（41）	265,277 (100)	32,816 (12.4)	6,382 (2.4)	19,940 (7.5)	6,767 (2.6)		43,774 (16.5)
67（42）	258,783 (100)	28,911 (11.2)	6,457 (2.5)	19,227 (7.4)	6,693 (2.6)		43,486 (16.8)
68（43）	262,052 (100)	30,437 (11.6)	6,518 (2.5)	18,537 (7.1)	8,102 (3.1)	7,822 (3.0)	40,339 (15.4)
69（44）	261,589 (100)	31,735 (12.1)	8,137 (3.1)	17,035 (6.5)	10,133 (3.9)	7,869 (3.0)	41,634 (15.9)
70（45）	256,347 (100)	32,059 (12.5)	8,239 (3.2)	16,045 (6.3)	11,474 (4.5)	6,780 (2.6)	43,497 (17.0)
71（46）	246,080 (100)	32,344 (13.1)	8,732 (3.5)	16,336 (6.6)	12,227 (5.0)	6,228 (2.5)	39,495 (16.0)
72（47）	242,237 (100)	33,684 (13.9)	3,790 (1.6)	16,956 (7.0)	14,072 (5.8)	6,329 (2.6)	41,327 (17.1)
73（48）	241,049 (100)	32,298 (13.4)	3,558 (1.5)	16,637 (6.9)	16,566 (6.9)	7,807 (3.2)	46,659 (19.4)
74（49）	251,906 (100)	31,685 (12.6)	3,857 (1.5)	16,805 (6.7)	18,539 (7.4)	9,058 (3.6)	62,945 (25.0)
75（50）	239,518 (100)	31,493 (13.1)	3,233 (1.3)	16,425 (6.9)	19,897 (8.3)	8,219 (3.4)	53,518 (22.3)
76（51）	239,046 (100)	31,057 (13.0)	3,384 (1.4)	16,390 (6.9)	21,782 (9.1)	7,043 (2.9)	56,129 (23.5)
77（52）	246,992 (100)	32,428 (13.1)	3,204 (1.3)	16,802 (6.8)	23,509 (9.5)	7,695 (3.1)	60,798 (24.6)

本の児童問題の一端を示していると考えられる。

そして児童問題全体のなかでは、もっとも深刻な、もっとも問題状況が極限的な部類に属し、したがってこれらの問題にたいする保障は、全児童の諸保障の基底的なものになっていると位置づけることができるであろう。

（2）　児童相談所問題研究全国連絡会（児相研）は、一九七五年に発足した。それは①研究運動としては発足の遅れたグループに属していること、②成立の基盤が小さいこと（全国の児童相談所一五八、職員数約四三〇〇人）、③関連分野が教育、医療、保健、福祉のほとんど全分野に及ぶこと、④発足当初から明確な原則をもって（現在では五原則——自主開催、職種総合、実態と実践中心、現状変革、関連分野との連帯）とりくまれていること、が特色である。

日本の資本主義は、高度経済成長政策によって、生産力を飛躍的に発展させ、消費を拡大してきたが、そのひずみは、一九七〇年代に入り、家族問題に関連する分野でも独自の発現形態をとりながら顕著にあらわれてくる。児童問題、老人問題がこれである。それは、労働力の価値分割による家族内の稼働者の増、社会的保障手段の未整備、従来の家族機能の「衰退」と家族そのものの解体などが総合されたものとしてあらわれてくる。児童の養護問題はこの典型といえるであろう。

児童問題が質的に変化し、それに応じうる児童相談所が期待されても、現実にはそれがみたされないため、住民からも関連する諸方面からも（学校、医療機関、児童福祉施設、地域諸団体など）非難の声が大きくなる。一方児童相談所の現場に働く者は、持ち込まれる相談に対応できない悩みを強くもっている。大量の持ケースの重圧、保障手段の貧弱、技術の未開発、予算の制約、運営の民主化の未成熟、人事政策とそれにからむ人権思想の薄さ、等々の大きな壁が現場の良心的な活動を押え、意欲的であればあるほど、児童相談所に見切りをつけて転出する動きも出始めてくる。

このような状勢を背景に、一九七五年児相研セミナーが始まった。それは児童相談所で、良心的に児童問題に対応しようとして苦しんでいる働く者が、散在している状況から自ら結集する契機となった。

現在までわずか五年の活動経過ではあるが、その間このセミナーで提起され討論された限りで、児童相談所からみた日本の児童問題の実態と、それを解決しようとする実践、そのための基本的な考え方、今後の課題についてふれてみたい。

一　総体的にみて

（1）一九七〇年代の児童問題の特色は、広がり方と深刻さが、大きくすすんでしまったことであろう。一九七八年、滋賀県野洲町に起こった中学生同士の殺害事件の時、各新聞には関係者、識者の声が載せられていたが、いずれも自分の家庭、自分のクラス、学校、自分の居住している地域などに、いつ同様なことが起こるかわからない、可能性は常にある、と異口同音に述べている。このことは、極端にいえば日本全国、いたるところにこの種の問題が発生しうること、したがって現在の日本では一般的な現象になっていることを示す。

さらに、このようなことがなぜ、どのようなメカニズムで起こるか、が大人たちに把握しきれてはいない。そういう意味で、深刻さははかり知れない。大人たちが従来の接近方法では理解が不可能なほど、強大な何ものかの力が児童を侵し、虐げてしまっているといえるのではないだろうか。

政府刊行物や各種審議会で、現在の児童問題を論ずる際の枕言葉である「複雑多様化」は、右のような内容をもつものだといえるであろう。

（2）さまざまな児童問題は、養護問題に帰する。かつてホスピタリズム論争が行なわれていた時も、その後にも、「施設養護か、家庭養護か」という形態選択論的な論議が、かなり熱心に行なわれてきた。いま眼前にいる児童にどんな養護を行なうか、という差し迫った選択を行なわねばならない状況下では、やむを得ない事情も認められるが、それゆえにこそ、その内容と条件が問われる必要があったと考えられる。わたしたちは、形態選択論的な議論のたて方は、児童の発達にとって、次元の違う考え方であることを指摘してきた。[1]いまや非行、登校拒否、家庭内暴力、等の多発によって、問題は養育形態ではなく、養育内容であることが歴然としてきたといえる。

そして児童問題としてのあらわれ方は、だいたい九歳以下では、親が現実的に養育できないという養護問題の形態を中心に、一〇歳以上は児童の問題行動を中心に、現象してくるといえるのではないか、というのが児相研セミナーで議論されているところである。一九七七年神奈川県の例で仮説的に報告された[2]このことは、全国的にみてもほぼ同じ傾向を見出しうる。

一九七七年度統計でみると、**図1**のように、養護相談件数と教護触法件数が、九〜一〇歳でクロスして逆転していること、表2のように養護相談における零歳〜八歳

図1　養護相談と教護・触法相談の年齢別件数比較（1978年度）

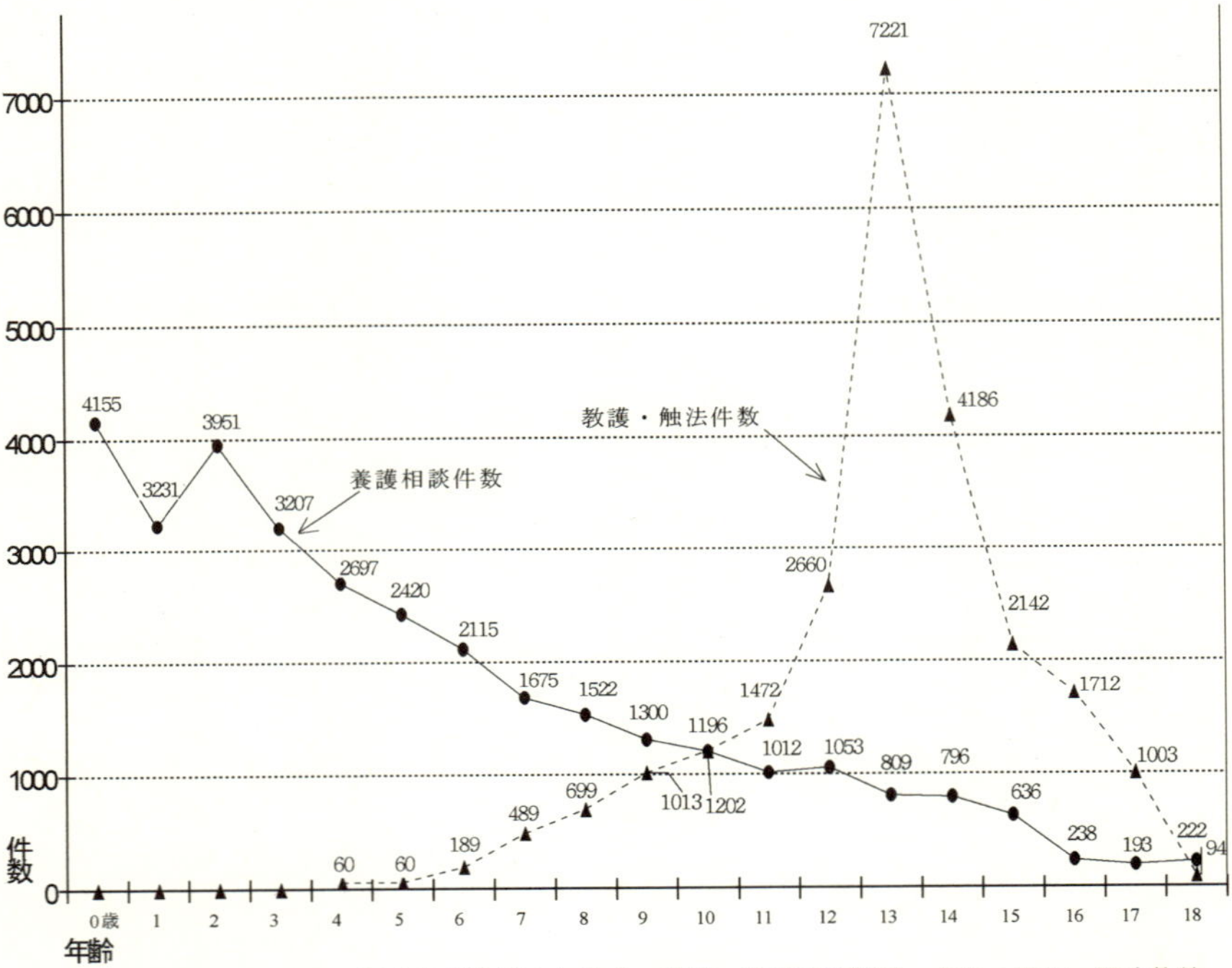

厚生省報告例より作成。実線＝養護相談件数、点線＝教護・触法件数

の占める比率七七％が、教護触法相談における一二～一七歳の占める比率七七・二％に匹敵し、いずれも全体の四分の二以上を占めること、などからである。統計処理上、怠学・登校拒否、家庭内暴力等が明確につかめれば、このクロス点は若干低くなり、八、九歳の間になるのではないかと推察されるが、このことは、発達論における九歳のカベと無関係とは考えられない。

さらに、基本的生活習慣の自立の年齢、生活リズム獲得の年齢・社会関係の結び方についての自立化の度合い、生活と発達の関係、大人たちの働きかけの濃度と方向、この他多くの要因となる事項を検討することによって、いっそう解明されることが期待される。

（3）　児相研セミナーが発足した一つの契機は、子どもを部分的にとらえる従来の方法では、現実に生活する子どもに接近できない、ということから、新しい接近の方法を求めることであった。そして生活全体をとらえることが重視され、実践的にもそれが（一時保護所の利用や、訪問、来所指導における指導内容、生活をみつめ直す作文指導等）試みられてきた。このことは、教育等の調査、研究、実践と一致するものがある。

東京都立教育研究所の、学校での学習と校外生活のあり方の相互関連についての調査[3]、子どもたちの成長、発達の層化的分析[4]（基礎的生活活動を第一の層、遊び、仕事等の狭義の実践活動を第二の層、学習、狭義の文化活動を第三の層、とし第一、第二の層が充実しないと第三の層が内容のないものになるという分析）、学童保育、少年少女の組織、児童館、等の実践など、児童相談所における処遇の新しい考え方や実践に通ずるものがあり、多大の刺激と激励をそのなかからうけている。

（4）　児童問題と貧困。前述の児童の発達における第一の層と第二の層の衰退は、日本においてさまざまな局面で目を覆うものがある。[5]それらがなぜ生じているのだろうか、日本の勤労者とその子弟の貧困化の広がりと深まりの一つの現われとしてとらえよう、と児相研セミナーは議論を重ねてきた。日本の児童問題を貧困問題としてとらえる立場である。

日本の勤労者とその子弟は、生活資料の不十分さや将来の不安に常に脅やかされ、社会的な養育の手だての貧しさ（谷間と薄さ）にあえぎ、疾病や人格の破壊にさらされ、さらに生活活動を喪失させられ、文化の貧困に直面している。それは一方では資本の増殖が目ざましくすすみ、他方ではこれらの現象がすさまじく進行するという対比においてあらわれている。[6]

したがって日本の児童問題を、鋭くあらわれた社会問題としてとらえ、問題を解決する道は、具体的個別的援助と、世直しの運動とを結びつけてこそ展望を開くことができるであろう、という考え方を必然的にとらざるをえなくなってくる。

二　各　論

1　養護問題について

養護問題は何らかの事情で親が家庭で養育できず、あるいは家庭で養育することが不適当なため、社会的に養育の手だてを必要とする問題である。何らかの事情とは、親の死亡、行方不明、離別、長期拘禁、長期入院、棄児、虐待、養育不適当、環境不良、等々である。児相研セミナーのこの分科会は常に各地の深刻な問題が討論されてきた。

表2　児童相談所における年齢別受付件数（1977年）

年齢＼相談種別	養護相談		教護触法相談	
	実数	%	実数	%
0～5歳	19,661	60.6	75	0.3
6～8歳	5,312	16.4	1,373	6.0
9～11歳	3,508	10.8	3,688	16.1
12～14歳	2,658	8.2	13,067	56.9
15～17歳	1,067	3.3	4,651	20.3
18歳～	222	0.7	94	0.4
計	32,428	100	22,948	100

（厚生省報告例より作成）

（1）相談件数とその意味

一九六三年（昭和三八年）最高の三万九〇〇〇件台に達した養護相談件数は、漸減して一九六七年（昭和四二年）最低の二万八〇〇〇件台になり、さらに漸増して一九七二年（昭和四七年）三万三〇〇〇件台のピークに達し、さらに微減しながら三万件台の横這い状態を続けている（**表1**）。そして養護相談の対象年齢は、ここ数年、乳児が減少、幼児は横這い、学齢児は増加、という傾向にある（**表3**）。

相談対象年齢については、程度の差はあってもほぼ同様な傾向が全国のどの地域でもみられるが、相談件数については、地域によって様相を異にし、横這い、漸減、増加、の三傾向に分類できる。きわめて大づかみには、一九七二年～七五年に大都市およびその周辺部で多発した養護問題は、これらの地域ではだいたい固定化し、従来多発化が報告されていなかった地域に、大都市およびその周辺部を追いかける形で多発化傾向がみえている。

一方養護問題にたいする保障は、こういう状況に追いつけなくて、養護施設措置では高齢児の入所困難なこと、入所児童の指導では青年前期の指導が不十分にしかされないこと（場合によっては不適切にされること）、多発化傾向の地域では養護施設不足、そのための急場しのぎの里親制度の活用、等が問題点として指摘されるところである。[7]

これらはどういう意味をもつのであろうか。高度成長政策のヒズミは一九六〇年代に、さまざまな形態で国民生活の上にあらわれてくる。それが家族問題、とりわけ生命の再生産の継続的営みを破壊する形態であらわれてきたのが養護問題だといえるであろう。約五年を周期に波が生じているのは、景気変動と何らかのかかわりがあるのかどうか、今後の大きな検討課題である。

その後の児童人口の減少や不況によって養護相談の増加は押さえられていると考えられるが（児童人口の減少は対象の絶対的減少を、不況は母親の就労を困難にし家

表3　養護相談年齢別件数の推移

年齢＼年度	1972	1973	1974	1975	1976	1977	1978
総　数	33,684	32,298	31,685	31,493	31,057	32,428	30,012
0　歳	5,397	4,945	4,659	4,374	4,124	4,155	3,923
1	4,446	3,967	3,835	3,675	3,354	3,231	2,830
2	4,391	4,239	4,238	4,137	3,846	3,951	3,524
3	3,375	3,209	3,275	3,315	3,192	3,207	2,854
4	2,642	2,521	2,544	2,605	2,591	2,697	2,414
5	2,262	2,165	2,147	2,172	2,256	2,420	2,199
6	1,816	1,737	1,869	1,909	1,940	2,115	1,844
7	1,470	1,365	1,369	1,528	1,564	1,675	1,547
8	1,308	1,210	1,177	1,290	1,288	1,522	1,492
9	1,133	1,064	1,145	1,117	1,267	1,300	1,305
10	992	1,071	1,060	1,047	1,018	1,196	1,191
11	854	931	860	885	1,043	1,012	1,028
12	920	955	863	824	861	1,053	956
13	787	819	758	735	832	809	888
14	631	687	706	702	692	796	686
15	778	861	726	664	674	636	682
16	226	219	179	217	192	238	217
17	110	125	122	104	136	193	176
18歳以上	146	208	153	193	187	222	256

（厚生省報告例より作成）

出等の家庭破壊の抑制を、それぞれもたらしていると考えられる）、高原安定的な養護相談件数の推移は、依然として日本の社会制度上児童にとっての基本的な基盤である家庭が、脆弱であることを示しているといえよう。しかも年齢構成の変動が生じはじめているのに対応できない保障の手だての弱さは、養護問題を背負い込んだ児童に、二重に打撃を与えているという実態を示している。

（2）　養護問題は貧困問題である

児相研はこのことを最初から提起してきた。各年の基調報告、一九七六年の分科会報告における、この問題の基本的考え方と調査の提起、実態調査（階層分析）、一九七七年の分科会の実態調査報告（受理ケース階層分析）等々である。最近では養問研でも入所児童の出身世帯について同様の調査を行ない、この視点と議論に確信をもち始めている。

一九七七年児相研セミナー養護分科会での、神奈川県の調査報告から、具体的にいくつかの指標をとると、[8]

①　両親の学歴では、約半数が中卒あるいは

それに準じたものであり、高校あるいはこれに準ずるものがこれに次ぎ、短大、大学卒は四%程度と極端に少ない。それは人口流入と相関している。

② 保護者の費用負担階層では、生活保護受給世帯、非課税世帯、住民税均等割のみの世帯の合計が八三%を占め、大多数が低所得階層であること。

③ 主たる生計維持者の職業では、

ア 管理職、専門職、大企業の事務員、工員など安定的な就労層は一〇%は超えない。

イ 現場作業従事者が約三分の一で、そのうち建設業従事者、工員、運転手の順に続いている。サービス業も約一割あり、このうち水商売、接客業がほとんどを占めていて、不安定な職業をもち低所得である。

ウ 安定就労層と思われるものの主訴は、疾病の占める割合が高い。

これらを総合すると、養護問題の端的な例は、地方の中学を卒業し、集団就職などで大都市に就労し、不安定な職業につき、低所得で生活をしていた者が、若年で結婚し、子どもを生み、ある契機で家庭で育てられなくなる、といったものになる。

養護問題については、従来対象分析が不十分であった。飢餓、不況による身売り、戦争による孤児、等々その時々の社会問題をもっとも尖鋭に反映した問題であったにもかかわらず、実践活動でも研究界でも、目前の児童をどう処遇するかが中心であったように思われる。

しかし、児童相談所や養護施設で働く労働者のなかには、養護問題を社会問題としてとらえようという発想は古くからあり、親の学歴、職業、収入、年齢等の分析に階層概念を使ったものは存在していた。児相研はこれらを受け継ぎ集約しようとしたものである。

(3) 養護問題にたいする社会的な保障の方法は、重層的で体系的であることを必要とする

対象論からみても、養護問題は特殊な家族の特殊な問題ではないことが明らかである以上、それに対応する社会的な保障のてだても全般的に体系だって、一つ一つの保障手段が谷間がなく重なりあっている必要がある、というのが児相研の主張である。具体的には、

① 従来のように「親の役割を果たせない者のために、補完的に社会的な保障をする」という性質のものとしてではなく、「児童が育つのに必要な、社会的に用意すべき養育のてだて」の性格をもたせたものである。

② 従来の保障の手だては、親の労働態様、生活態様

と対応したものになっておらず、貧弱な実態であった。幼稚園・保育園、養護施設、里親等の形態がこれである。

しかし現実の親（勤労者、なかんずく不安定な就労層）の労働態様は多様であり、これに規定される生活態様も、そこから生ずる社会的養育の手だてへの要求内容も、多様になっている。このことから、法的には明確でない保障の手だてが運動により用意されてくる。学童保育はその典型である。その他、夜間保育、土日帰宅の養護施設等が工夫され始めてきているが、必要な実態に対応して全般的体系的になっていない。養護問題はこのため一段と深刻化してから相談窓口にあらわれる場合が少なくない。こういう実態をもとに保障の手だての体系化、重層化が求められてくる。[9]

（4）　里親について

この問題は常に養護施設の量と処遇内容と関連して論じられてきた。多発地域では待機児の解消のため、必ず里親の利用が行政側からもち出され、施設入所児童の問題行動が議論される時は、里親委託による処遇がその救いとしてもち出されてきた。児相研では、児童の生活と発達を保障する視点から、概略つぎのように整理してきた。[10]

①　歴史的に里親制度が、行政側の安上がりと権利性の否定の政策の一環として利用されてきた、ということと、里親委託によって児童が生きいきと変わった例も少なからずあることを、同時にしっかり押えて、あれかこれか、の議論ではなく、施設養護、里親による養護の、それぞれの成功、失敗を整理し、法則化していくべきである。

②　児童にたいする「個別処遇」と「集団処遇」を二者択一的にとらえるべきではない。前者は、その児童がもっている個別の条件と必要と要求を尊重し、大人がその実現について対応するものとしてとらえ、後者は、集団の結合原理を明確にしたうえ、発達段階に応じて、手をつなぐこと、相互に援助すること、の結合原理を獲得していくものと、とらえること。さらに前者における要求も発達も、後者によって発展し獲得されるものととらえること。

③　養育者については、一対一（里親）か、複数（施設養護）か、ではない。里親も決して一対一ではなく複数（里父、親戚、近隣）が当たっており、主たる養育者が一人と考えるべきで、一対一になった時はむしろ養育の危機が発生する。問題は一人の主たる養育者を支える社会関係をどのようにつくれるか

（里親の場合）、複数人員による交替制の場合、養育の統一性、一貫性がどのように保ちうるか（施設養護の場合）である。主たる養育者が単数か複数かは、それぞれに長所と短所をもつ。短所をどのように克服しうるか、また複数養育と児童の発達をどのように関連させて考えるか、は今後の課題である。

④ 問題は大人の働きかけの内容である。乳児でいえば「マザーリング」といわれてきたことを、もっと具体的に法則的に明らかにしていくこと。

⑤ 施設養護が不十分であったことの背景に国の最低基準があることを見逃してはならない。同時に里親による養護の不調の場合でも、社会的な支え、援助が手薄だったことを無視してはならない。

⑥ 養護内容における文化問題を重視すべきである。生活のしかた、価値観、感情、信仰等々が家庭では強く、施設では一定の中立性が保たれうる。また、出身世帯の文化と養育者の文化との違いの度合いは、孤児が少なくなっているだけ、大きな課題となる。

要するに、さまざまな養育形潜における実践と検証が、意識的に行なわれることによって、社会的養護の一形態としての里親制度も、児童の生活と発達を保障するものにしていくことができる、ということである。

（5） 養護問題を児童にどのように受け取らせるか

対象論からすれば、このことはきわめて重要である。端的にいえば児童の生活指導の中心にこの問題を据え、児童の発達段階に応じて、なぜ自分は養護問鹿の渦中に投げ込まれているか、なぜ親から離れ悲しい思いをするか、という養護問題のマイナスの矛盾を、社会や、そのなかにある親と自分を見つめることによって、発達矛盾に転化させる、ということを意織的に行なうことである。これにはいくつかの養護施設で実践が試みられ、児童の作文集としても出されているが、養護問題に対応するあらゆる段階で（相談から措置、引き取り、その後の生活に到るまで）、日常的に、徹底的にとりくむことが今後の課題である。

（6） 親権について

養護問題の今後の課題のうち、まだふれられていないものは少なからずあるが、そのなかで親権問題は大きい。それにどのように対応するか、は児童相談所ばかりでなく、養護施設の側からも提起されている。児相研では、集中的に議論する機会を設ける予定ではあるが、従来討論されてきたことをつぎに整理する。

親権が問題になる時は、児童の施設入所あるいはその継続が必要であるにもかかわらず、入所に承諾せず、あるいは引き取り条件が整わないのに引とってしまう、という場合がある。

①　親権は親の絶対権ではない。当然、児童福祉法総則の拘束をうける。そのことを具体的処遇のなかで明確にすべきである。

②　現状では、このような濃密な働きかけを必要とする人たちに、きわめて部分的に、非計画的にしか対応できていない。このことがこの種の問題を多くし、こじらせている。主として児童相談所の職員体制が、これに応じられないからである。

③　法の改定、すなわち親権の剥奪を容易にする、あるいは、措置の場合の親権の停止等は、慎重に行なう必要がある。②と現行法規の最大限の活用が不十分である現状があるからである。

2　非行問題について

（1）　児童相談所に相談、通告になる件数は、地域により、増加、横這い、漸減の傾向があり、まちまちではあるが、全国的には横這い傾向にある。非行は戦後第三のピークといわれているが、警察段階で処理されたり、他機関にまわされたりして、児童相談所に件数としてあらわれてこないものと思われる。

内容的には①女子の家出、性的非行が児童相談所に重くのしかかっている。②年齢は低年齢化してきているが、反面中卒児、高校中退児の非行も増え、指導がいっそう困難になっている。③学校内、家庭内の暴力の増加（必ずしもすべてを非行といいきれないとしても）などが特徴的である。

最近の非行児の特徴は、無気力、無感動が嵩じ、すべての面での未発達が徹底し、それを表現のしようがなく「超未熟」「超未発達」という言葉さえ生じている。このことは勤労者の貧困の徹底と考えられる。(11)

（2）　非行がどのような社会的基盤から発生するか、家庭の養育を含めて地域の教育力が、資本の凄まじい増殖過程のなかで、どのように音をたてて破壊されていくか、を端的に示したのが、鹿島開発である。「〞開発〟というものは、人間を狂わしてまで行なわれなければならないのであろうか」と訴えずにはいられなかった、鹿島地区担当の児童福祉司の特別報告(12)は、非行を考えていく場合の基本視点に、多くの示唆を与えた。

「《精神荒廃》これは、鹿島開発の住民だからでなく、〞開発自体〟がそうさせたのではないだろうか」と結んだこの報告は、試験管のなかの純粋培養のように、典型的に、資本がその地域を支配するためカネをバラまくことによって、生活を破壊し資本主義的退廃と非行を生み、それらを内包しながら利潤の増殖を遂げていく構造を教えてくれた。

生活と教育の問題にたずさわる者は多くの教訓をここから汲みとらねばならないが、この報告は児相研の共有財産になっている。

（3） このような現実であっても、目前の非行児に拱手することは児童相談所の職員は許されない。さまざまな実践が試みられ報告されている。そのうちの二例をあげる。

（A）中学生の非行児と、地域のなかで健全な活動をしている自主的グループとの比較から、非行児の発達課題を明らかにする試み。

愛知県の中高校生の自主的な地域サークルのグループの感想文と、不純異性交遊等の非行グループのうち、一時保護をした一の作文を比較し、①自分の生活の歴史的ほりおこしをさせ、これからの生きる課題を明らかにさせること。②仲間のなかで自分の力が認められること、役にたつという実感を育てること。③大人たち、仲間たちとの本気のぶつかりあいを求めていること、④退廃的な遊びを克服し、自らの文化（あそび、活動）を創造させていくこと、⑤基礎的な学力をしっかり身につけさせていくことと、生きる力を大人たちが子どもたちに受けつがせていくことを結びつけること、等の課題を明らかにしている。(13)

（B）一時保護所の利用による、家庭、学校復帰の処遇。非行は養護問題が基本にある、という考えから、養護機能障害の軽減を、家族や地域との協同作業のなかではかるために一時保護し（放任、過干渉、無関心等の改善）、同時に二四時間の保護所の生活で、失われていた自信や意欲をひき出し、再度社会への挑戦を開始するステップとして一時保護所の利用を行なっている例である。(14)

3 長欠、学校ぎらいを中心に

（1） 長期欠席・「登校拒否」「家庭内暴力」などの現象についての相談は、ここ数年急増し、社会現象といえるほどになっている。年齢も小中学生から高校生におよんでいる。

問題内容についても、従来いわれていた怠学、情緒不安、分離不安などという単純なものではなく、「超未発達」や、神経症を併発したもの、学校教育や家庭教育に抵抗や自己主張の結果としてあらわれているもの等々多様な様相になっている。

（2） この種の問題は、たんに親子の関係だけでとらえるのではなく、家族の全生活および今日の教育や社会の状況などの給和を反映した一つの現象としてとらえること、および具体的な対応では、児童のおかれている現実の生活基盤と、その上にたった生活の営みを重視し強調すること、などが児童の基本的な考え方である。

（3）　実践的には、各地域で困難な条件下のなかで、それを克服しながら、さまざまな模索が行なわれていることが報告されている。適所指導、施設での試み、母親のグループ指導、キャンプ治療、学校との共同研究会等々である。

これら報告のなかで、長野県の共働学舎の実践――労働を中心にすえた生活のなかで、「健康な大人たちが、自己のあらゆる生活の場面で、誠実にそして真剣に打ちこんでいるなら、その生きざまを通じて、いろいろの障害をむった少年少女、青年男女が、それぞれ未成熟な、あるいは失われた自我を自ら発達させ、回復させていくのだと思います。それを信じ、今日も明日も、私どものささやかな営みは続いていくことでありましょう(15)」という実践は多くの者に感銘を与えた。

（4）　この問題に特効薬はない。具体的な実践を模索しながら、その学びあいを通じて、理論的にも、実践的にも高めていくことが課題である。

4　障害児問題

（1）　児童相談所における障害児問題の相談はここ数年増加傾向にある。手当業務の増大、言語障害、就学・保育に関する相談の増加、などが主な理由である。学齢も就学前の幼児相談が大半を占めてはいるが、最近では、義務教育終了後の年長児童の進路、就学相談も目立ってきている。

そうしたなかで障害児の医療、生活、保育、教育、労働等の保障は、体系的でなく谷間があり、しかも一つ一つの保障のてだてでも、手薄で不十分なものになっている。最近の傾向として、保障の手だては総体的に関連しているため、一つの保障の手だてに手が入れられると、関連する手だてに影響が出る。そこを財政危機を理由に縮小し、全体としての体系化を阻害する動きが強くなっている。たとえば障害児教育の範囲が広がったため、精神薄弱児施設の入所児が少なくなり、廃止、あるいは縮小する動きである。地域における他の諸要求を実現するため、機能を広げる方向でなく、施設の機能を既存の範囲に固定して、縮小するという姿勢である。

（2）　さまざまな関連する機関・施設のなかで、児童相談所が障害児の権利保障に一定の役割を果たすには、つぎの基本的な考え方に立つべきだというのが児相研の主張である。

①児童の生活基盤を重視すること、②二四時間の児童の生活のなかで、また障害児の一生のなかで、自らの責任を果たすべき分野を位置づけてとりくむこと、⑨生活の構造と発達の道筋を明らかにし、とりくみ方を明確にすること、④保育園、学校施設等関連する機関等と手を結ぶことが不可欠であること、などである。

実践では、補完的であっても療育訓練グループを組織した活動、障害児保育に関する相談活動、共同研究へのとりくみ、巡回相談等が報告されている。そして児童相談所の役割は、その地域の児童全体と障害児の状況、さまざまな要求にたいする保障のてだてと内容の状況、によってきまると考えられている。

三　今後の課題

個別の課題は、相談内容それぞれのなかで述べたので、ここでは全体的な課題のうち四つを述べる。

(1)　各分野の交流、協力、共働を前進させること。

従来、医療、教育、福祉という大きな分野はもちろん、福祉のなかでの小分野（養護、保育、障害等々）でも、交流、協力、共働がきわめて不足していた。

たとえば教育か福祉か、という二者択一的なことがいろいろなあらわれ方をしていた。非行問題では「学校教育の限界」がすぐもち出され、福祉への期待（じつは施設入所への期待）となってあらわれた。早期に学校と児童相談所が協力態勢をとり、接近する事例は数少ない。また障害の問題もかつては学校教育からの排除の論理として、教育か福祉か（IQによってわける）の二者択一が行なわれていた。

児童が必要なのは、教育も福祉も医療も、である。一人の児童をめぐっての具体的実践のなかで、すなわち現場労働レベルでも、学校と福祉機関というレベルでも、要求運動、研究運動のレベルでも、交流、協力、共働を大幅に前進させる必要がある。

たとえば全生研の活動や実践の蓄積を児相研はあまり知らない。児相研のあることを全生研も知らない。児童福祉施設といっても、学校教師は、どんな種類があり、どんな内容であるかをほとんど知らない。それで施設入所が言々されている。学校への批難は強烈にするが、児童相談所は学校教師が、どんな条件にあり、どんな苦悩を抱いているかをあまり知らない。こういう点を克服しなければ、児童の権利保障は具体的には前進しない。

（2）　地域のなかに活動を開き、児童と大人たちが、地域の主人公になれるような地域づくりにとりくむこと。開発による破壊にしろ、健康管理や文化行事の開催にしろ、資本が地域を支配管理する方向は強まっている。このままでは地域がどっぷり資本に支配され、「にんげん」を喪失させられ、ますます児童問題が深刻化することは明らかである。

地域における児童の実態と、それをもたらしている構造、具体的な改善の方向を、児童の専門家として明らかにすることによって、住民が地域の主人公になる手だすけを行なうことが、重要な課題である。

（3）　児童相談労働のあらゆる場面で、権利保障の糸が貫かれるように、点検と労働の方法の創出が必要である。

とりわけ児童もその親も権利主体に生成するための方法が創出されなければならない。これは、具体的保障の充実とともに、問題に具体的に対応する場合の二本の柱である。

（4）　児童問題に対応する保障の手だてが、勤労者の子弟を社会的に育てるための、必要な手段であることを明確にしたうえ、

ア　親と子の生存、発達のための諸権利を統一的に保障する体系と手だてを創出すること。

イ　その内容は、誰でもどこでも諸権利が保障される憲法の理念にもとづき、最低賃金制、年金、手当、生活保護、施設処遇費の関係を明らかにしたうえ、児童処遇費の具体的水準を高めること、等である。

これらの課題を実現する力は、勤労国民の団結の力である。児童に関するあらゆる民主的諸勢力が、地域でも、全国的にも大きく団結し、具体的活動をともに行なうことを期待するものである。

注

（1）児相研研究ノート一号『養護問題と里親制度』一九七五・九、児相研（事務局・墨田児童相談所内）。

（2）「一九七七年日本の子どもと児童相談所」（第三回児相研セミナー報告書）三五〜四〇頁。

（3）東京都教育研究所「子どもの学校での学習と学校外の生活との相互関係についての調査」一九七七・一〇。

（4）川合章「子どもの生活にとっての学校」『ジュリスト』総合特集一六「日本の子ども」（一九七九・一一）所収一七四頁。

（5）『ジュリスト』総合特集一六「日本の子ども」Ⅰ、Ⅱはその集成である。
（6）詳しくは拙稿「貧困とのたたかいとしての子育て――児童相談所の事例から」前掲「日本の子ども」二八五～二九一頁参照。
（7）一九七九年（第五回）児相研セミナー基調報告。
（8）小林秀次「神奈川県における養護問題の階層的分析の試み」第三回児相研セミナー報告書、三三～四六頁。
（9）詳しくは拙稿「労働現場からみた児童福祉法の措置について」（『児童福祉法研究』創刊号所収）参照。
（10）前掲（1）参照。
（11）養護施設協議会編『泣くものか』亜紀書房、一九七七・一一。
（12）安藤圭祐「開発の中の子どもたち――鹿島からのレポート」第三回児相研セミナー報告書、一九～三三頁。
（13）加藤俊二「中学生の非行と子どもの成長・発達」第三回児相研セミナー報告書、九四～九八頁。
（14）飯野恵城「非行問題と児童相談所の機能」（一九七八年日本の子どもと児童相談所――第四回児相研セミナー報告書、九九～一〇三頁）。
（15）新田目健「共働学舎での実践」第四回児相研セミナー報告書、八二～八五頁

一―1　日本の子どもの現実と子育て

（一九八七年三月『婦人通信』三二八号に掲載）

一―1―③

現代の親たち

はじめに

「親」は「子」と対のことばです。それは「子との関係」が前提になっています。「親」のことを考えることは「親子関係」を考えることになります。

私はいま、児童相談所で働いています。児童福祉法によって、子どもの相談に関する公的な相談機関として、各都道府県につくられたところです。そこに持ち込まれる相談は概して深刻です。でもこの深刻さは、特別の事情にある特別の人が悩んでいる問題ではなく、一定の条件が重なれば、誰でも直面する問題です。その条件はいまの日本に生活している限り、誰でも背負い込む可能性のあるものです。こういう相談に対応していて、今の親について感じていること、考えていることの幾つかを記します。

「外注育児」の広がりが心配

最初は食事でした。〝てんやもの〟から〝ホカホカ弁当〟に発展しました。弁当屋の前で子どもを待たせ、持って来た弁当箱の中に、弁当をつめかえて、子どもを幼稚園に連れて行く母親をみて驚いた、とある団地の集まりで聞いたのは七年ぐらい前でした。

家に帰らないことが度々で困っていると相談がありました。子どもがつけた日記を見せてもらったら、朝は食べないで登校、日曜は喫茶店のモーニングサービス、誕生日は友だちを招待してホテルで食事、と書いてありました。家族で、家で、手作りで食事をする日を発見するのが大変でした。これも六年ぐらい前の話です。

いまスポーツをするのも教室通いです。〝金を出して専門家に習わせている、その時間は悪い友だちもつかないから安心〟と言った親がいました。こういう発想が心配なのです。金を出し育児サービスを買う、ということがもっと広がると、「人間が生活を共にしながら人間を育てる」という営みが、どこかへ行ってしまうのではないか、そして人間が育たず、技術ロボットができ上がるのではないか、そして子どもを育てることで、親としても育つという関係が薄くなり、親としても育たないのではないか、と心配になってくるのです。カネやモノですべてカタをつける資本の論理が生活をも支配してきたのでしょうか。

子どもの権利が守れない時は大人の権利もズタズタの時

現象的には、「無責任な親」「どうしようもない親」がいます。極端なのは放置、虐待です。全国の児童相談所の相談の中で虐待の問題だけを拾って調べた結果が出ています。それによると虐待、放置問題を起こした親は、概して仕事が不安定で、収入も少なく生活に余裕がないこと、親自身も暴力や放置されるなど、同じような育てられ方をした者が多いことなどがわかりました。

学校における教師の生徒に対する暴力、養護施設等における職員の子どもに対する暴力なども、教師や職員がバラバラにされ、自由にものが言えず、ガンジガラメに管理されている中で起こっています。

親を支える親以外の大人たち

子どもの相談に来る人たちの中で、孤立している親がとても多いのに気づきます。親の問題にふれる時、親が、親以外の大人たちとどう交わっているかは欠くことのできない問題です。祖父母を始めとする親戚・隣近所の地域の人たちとのつきあい方、支えあい方です。年若い叔父さんにだけは本心を打ちあける子がいました。非行を心配しての相談でしたが、叔父さんが子どもの気持ちを支えながら、父親や母親のねがいや心配を伝えることによって徐々に親と子のコミュニケーションが回復して行き、心配な行動も減った例があります。

両親にも学校の先生にも悪態をつき、金の持ち出しがあり、非行を心配した相談がありました。今どき珍しく近所に長いつきあいの小母さんがいました。子どもが小さいころ、母親同士で互いに都合をつけあい、保育園から引きとって助けあった人でした。オムツもかえてもらい、夕食をごちそうになった家です。子どもは道で出あった時、公園で友だちといる時、この小母さんに声をかけられ、夕食をごちそうになりながら、母親の苦労と想いをしみじみときかされました。この小母さんは母親にも、父親の出番であると助言をしました。初期の状況だったので子どもは問題を克服して行きました。

　こういう例をみると親は子どもを育てながら、周囲の支えで親になるということ、子育ては大人たちが子どもたちを育てることだと思われます。

一―1―④

子育てについて

――子どもの瞳はきらきら輝いていますか

（一九九一年二月　朝陽学園刊〔講演記録〕）

はじめに

みなさんこんにちは。今御紹介にあずかりました鈴木です。児童福祉司の仕事を東京で二〇年間くらい、その前は福祉事務所で一〇年、福祉の仕事をだいたい三〇年間くらい現場を中心にしてやってきました。今若い人たちに私の経験を伝えたいということで大学で話をしております。

今日は、子どもの瞳はキラキラ輝いていますかということで話をすることになったのですが、キラキラ輝いていますかといったのは、最近子どもは三無主義とか、五無主義とか六無主義とか、だんだん無の数が増えていくんですね。無関心無感動など無のつくのがたくさんあるわけです。

つまり、子どもが輝くとき、瞳を輝かすとき、それは子どもがいたずらなんかするときの顔をみればすぐわかる。なんかやったなという感じがするわけですね。表情がいつもと違う、それは自分が計画をして自分が狙ったことがうまくいくかどうか、それを他の人たちはどう受けとめるんだろうか、というようなことで非常にわくわくするような気持ちでいたずらの結果を見ている。

だから〝いたずらこそ発達の源泉である〟といった先生がいまして、昔小学校で先生をなさっていまして（綴り方を教えておられたのですが）、退職なさってから、〝いたずら教室〟という雑誌も発行なされておられました。そういう先生もおられるわけですが、今日はいたずらの話ではなくて、子どもがそういうふうに瞳を輝かして生活できるようにするにはどうしたらよいかということについてお話ししたいと思います。

そのためには、今、子どもがおかれている状況がどうなのか、ということをまず押さえておく必要があるのではないか、そのあとでいろいろな育て方の問題点や考え方についてふれていきたいと思います。

そして時間があれば最後に、今の日本のなかでたいへん問題になっております子どもの権利条約（一昨年の一一月に国連の総会で採択され、日本は将来批准するという意思表示の署名をおこないました）に触れたいと思います。これはマスコミであまり取り上げられていないものですから知られていないのですが、世界の中ではとても大事なことで、特に、世界中で今、戦争騒ぎが起こっていますが、そういう中で子どもの権利条約がもっている意味や、日常生活の中で子どもの権利条約が持っている意味についてお話しをしたいと思います。

一　子どもがおかれている状況

1　〝うちの子がなぜ〟の意味

このタイトルと同名の本がでています。佐瀬稔さんと言うルポライターが、足立区の女子高生監禁殺人事件（埼玉県の女子高生をグループで家に監禁してコンクリートに詰めて捨てたという事件です）の裁判をずっと傍聴し、それを中心にして記録をまとめたものです。

他にも、共同通信社などから最近たて続けにこのような本が発行されているわけですが、その中であの事件はたいへん残虐な考えられないような事件だ、それから監禁の場所になった家の親は一体何をやっていたのだというようなことが報道されたときに、ずっといわれていたわけです。

ところが、裁判の傍聴をしていた共同通信の記者も、佐瀬さんも、親たちが非常に肩身の狭い思いをしながら毎回傍聴に来て、その罪を背負わなくてはいけないという感じで非常に小さくなっている姿を見ていると、これは親たちは何をやっていたんだといっているけれども、そういうことが起こるチャンスというのは自分たちの家庭にもあるのではないかというわけです。

共同通信社の記者は、再三、本の中でこう述べています。これは自分の家の事をいっているのではないか。特に、新聞記者は夜遅く、家庭はめちゃくちゃだということもあって、考えざるをえないと。

〝うちの子がなぜ〟というのは、前から非行をやった子ども、あるいはグループでいろいろな必要なことをやった子の親たちが、ほとんど、うちの子がそんなことをやるとは思わなかったということなのです。〟うちの子がなぜ〟というのは、親たちが考えていることと、子どもが育つこととのギャップを示している言葉ではないかと思うのです。

地域の皆さん、施設で働いている皆さんでも、子どもを育てることでの心配はたくさんあると思います。たとえば、すくすくかわいく育ったと思ったら、誘惑されて殺されちゃった。宮崎事件がそうですね。またアトピーが多くなっていますね。どこの保育園でもアトピーが必ずいる。それで保母、調理師が食事などで大騒ぎする。

それからどうも子どもの心がよくわからないということがある。学校の先生方でもかなり年配の人達が今までのキャリアが長い先生たちが、最近の子どもは分からないと退職してしまう、というのがあります。将来、自分自身の子どもがどうなるんだろうかとたくさんの心配があります。

その心配がいろいろな事件があるたびに、うちの子はどうなっちゃうんだろうと心配するのですが、心配しているだけではなくてそれを機会にして自分たちの子どもを育てる、というか、あるいは家庭だけで子どもを育てられないわけですから社会の力がたいへん大きいわけですが、今、子どもを育てるための社会がどうなっているのか考えていく必要がある。

共同通信社の記者が書いた本の最後に、共同通信社の先輩である斎藤茂男さんが、ずっとこの取材をしてきて、今までは子どもの事件についても今までの育ち方はこうで学校はこうで、これこれこういう関わり合いをして、その結果こういうふうになったのではと整理ができ予測できるのだけど、今回のコンクリート殺人事件についてはそれだけでは整理できないのではないか、大きな、もっともっと大きなものがあるのではと言っています。それがなんであるのかわからないけれども、もっと大きな神秘的なものがあるのでは、とみていかなければならないのではと言っています。

自分の子育て、自分の家庭の子育てを考えなくてはいけないけれども、それだけではなくてもう少し広い、今の教育の問題だとか、あるいは社会的な動きについて考えていく必要があるわけです。それは子どもの心や行動というのは、子どもが、毎日どういう生活をしているのかに大きく関わってきますし、子どもの生活というのは親がどういう生活をしているかに関わってきます。

たとえば親が共働きであるとか、あるいは共働きであってもどういう時間の労働をしているのか、どれくらい収入が得られているのか、それによって住むところもかわってくる。生活全体が親の労働だとか社会的な活動、それによって決められてくるわけで、子どもの生活を考えるには親の生活全部を考えなくてはならないし、親の労働の事も考えなくてはならなくなってくるわけです。

これはあたりまえのことですが、子どもを育てると言ったときに、技術論的な形になってしまうことが多いものですから、改めて最初に言っておきたいと思います。

2　子どものからだとの異変と「棲みかのあるホームレス」

今、日本の子ども、これは農村、都市問わず日本の子どもの中に、端的に問題が表れているのが多数だと思います。ひとつは子どもの体の問題、もうひとつは社会的な存在といいますか、そのような問題があります。体の問題でいえば、先程のアトピーアレルギーですとか子どもの成人病という非常に矛盾したことがあります。

たとえば、血圧が高いとか糖尿病になっているとか、あるいはなっていないけれど、境界線値にあるとか、あるいは登校拒否の子どもなのですが、血圧が寝ているときと起きているときの差が大きいから、怠けているのではないかと見られ、ぱっと行動できない子でした。

その子はパン屋の子どもで、自分の家では食事をつくれないなど、労働に追い回されている。今はパンを売るだけではお客がつかないので、自分の家で手作りのパンを作らなくてはやっていけない。朝早く市場にいって材料を仕入れたり、昼のお弁当、午後は、と自分の家の食事を作ることができない。そのために商品を子どもたちに与え、目の前の自動販売機のジュースなどで食事を済ませてしまうので、その子はブクブク太って肥満でした。三人の子どもがいて、皆太っている。父や母も肥満で肥満一家だったのですけれども、そういう生活と、それで成立っているからだの状態というのがあるわけです。

これは端的な例ですが、やはり食事の問題とか、運動が子どもの健康に影響を及ぼしているのです。たとえば文部省の調査では、前屈力が年々記録が悪くなってきている。つまり子どもの体の柔軟性が無くなってきている、生物としての人間の力が弱くなってきている。それは環境の問題あるいは食事の問題あるいは運動の問題など、いろいろからまってきていると思いますが、すでに一九六〇年代、今から三〇年前から日本体育大学の正木さんという専門家が、子どもの体は蝕まれていると言われてきたのです。

それからもうひとつの大きな問題として、私は「棲みかのあるホームレス」といってますが、今世界中にホームレスの問題がたくさんでています。アメリカでもホームレスがたくさんいる、街頭で生活している大人や子どもがたくさんいる。その数が勘定できないという事で毎年アメリカの全米市長会で調査団を作って毎年発表しています。その数がどの位か、その中で、子どもがどういうふうに問題になっているかをです。

日本では、現在、町の中でうろうろして野宿している子どもは見かけませんが、戦争のあった昭和二一、二年頃には、いわゆる浮浪児はいましたが、今はいません。だけれども足立の女子高生殺人事件の子どもたちや、もう少し前ですが、横浜の寿町で浮浪者を殺してしまった事件がありましたね。横浜の中学生が何人か集まってぜんぜん抵抗しない浮浪者をです。浮浪者といっても、実は家のない人なんですけれど、日雇い労働者として働いていて、その日雇い労働で病気のために労働できなくなった。旅館というのは日払いでお金を払うのですが、払えなくなって野宿をしているときの事で、暴行を加えられ殺されたわけです。

警察で調べられるときに、骨がポキポキいう折れる音が聞こえて、その音を聞いたらスカッとしたと言ったと警察が発表したものだから、これはえらいことだ、これが人間と言えるのか、といわれたわけです。で、そういう子どもがどうしてそういう行動をしたのかを見ると、たいへん「寂しい」。家庭の中でも学校の中でも「居場所」がなかった。そのために、たむろして、やることがないからそういうことをやったとわかったのです。

今度の足立の事件についても、学校の問題もあるし、家庭の問題もあるし、家で寝泊りできるのだけれども。本当に自分の安心している居所が見つからない、というホームレス、精神的なホームレスだけども、さしあたって寝る家はあるということで「棲みかのあるホームレス」ではないかと思うのです。

子どもの体力の問題と「棲みかのあるホームレス」というのが、今日本の中で象徴的な大きな問題であるというふうに思うんです。

3　「間抜け」の豊かさと直接体験の貧しさ

そういう子どもたちを見ていると、とてもいろいろな問題を背負い込んでいる。今の状況というのは、考えると子どもにとっては、困難な状況であるということが詳しく調べてみるとわかります。今、子どもはどういう状況にあって、どんなことに苦しんでいるか、ということを少し見てみたいと思います。

最近では「間抜け」の豊かさと言われています。これは、昔も三つの間が抜けていると、『厚生白書』は言っていたのですね。何が抜けているかと言うと、時間、空間、仲間、皆これ〝間〟がつくわけですけれど、子どもは時間があまりない、あるいは遊ぶ空間が少なくなった、あるいは仲間が少なくなったというようなことが指摘されています。

ところが最近では、子どもたちだけでなく、大人たちもこの三つが抜けてしまった。毎日忙しく働いていて自分たちの時間がないではないか。それから空間だって、通勤の空間だって、あるいは交際にしても、企業の交際の空間とか移動はあるけれども、本当に自分が行きたいところに行くということがあるのだろうか。それから仲間です。本当に自分たちの気が許せる仲間がどの程度いるんだろうか、と、このようなことを外国から来た人が指摘している。

つまり、ものはたくさんあるけれども、このような間が抜けている、というように指摘されていますけれども、時間、空間、仲間、というのが今の子どもにはたいへん少なくなってきているということです。

自由に遊ぶ時間、仲間と遊ぶということですけれども、私が子どもの頃の浅草は、馬車が通っていて、馬がぽかぽか歩きながら糞していた田舎でした。それほどのんびりしていたものだから、路地でも遊ぶことができたのです。今では、なかなかそういうふうにはいかなくて、狭い路地でも車やバイクが走ってきたりと、町中で安心して遊ぶ場所がなかったりです。

時間なんかでも、たとえば、ある小学校の先生たちが、最近の子どもたちは遊んでいない、同じクラスの子どもたちとも遊んでいないから、一週間に一度くらいは同じクラスの子どもたちと遊ぶ時間を作ったらどうかということで、五人の班に分けて、少なくとも班の子どもたちと、一週間に一回くらいは遊ぶことをやったらどうかと提案したのです。

ところが、A君は金曜しかあいていない。B君は、木金土とみんないろんな予定が組まれている。だから、最近では、放課後遊ぶんでも学校で予約をしないと遊ぶことができないということが言われています。昔だったら、何とかちゃん遊びましょ、ということができたのです。それだけれども、今は予約をしなければならない。それだけでなくて、五～六人といった子どもたちが、一緒になって遊ぶということが大変難しくなってきて、それができないということから、仲間の関係が薄くなってきてしまうし、自分たちが自由にする時間というものが大変ない。

そういうことが〝間抜けの豊かさ〟です。物は沢山あるのだけれどもそういう人間として必要な時間や空間や仲間というものが貧しくなってきている。

もうひとつは、直接的体験の貧しさと間接的体験の多さということですね。実際に馬とか牛とか非常に身近なことですけれども、触ったりにおいをかいだりということができなくなってきている。だからテレビで馬というのはこういうものだと、あるいは絵本とかそういう物で見ることはできるのだけれども、（実際の物を見て、本に書いてあるとおりだという話がありますけれども）直接的な体験が貧しいという。つまり五感を働かせるという機会があまりないということですね。

たとえば動物でも、馬というものが仮にいて、そのそばにいって顔をなでたりあるいは、いなないたときに、ハッとするとか、空気の振動だとか、恐ろしさだとか、感触だとか、そういうことを体験することが少ない。そのなかで、人間としての五感を発達させていくのが、大変難しくなっているということが言えると思います。

もうひとつは、直接的な人間と人間との交流ということが少なくなり、物とか金を通しての交流が多くなってきている。

たとえば、まなざし、（慈愛のまなざしという言葉、最近はまなざしという言葉も使わなくなってきていますけれども）それからしぐさですね。ちょっとしたしぐさで気持を伝えるというようなこと。そしてほほえみ、黙っているんだけれども、ほほえみがあって、自分がそこで認められているというようなことを経験するとか、あるいは声音ということ（最近声音という言葉もあまり聞かれませんけれども）、イントネーションだけではなくて、声音としてとらえる必要があるのだと思いますけれども、調子とか、強さ高さというようなことによる伝えたいことを伝えるというようなことが総合されて人間と人間との関係ということが豊かになってくると思うのです。

けれども、相手がどういうことを考えているのか、どういう感情をもっているのかということをこちらが推測する、そういうやりとりの中で人間性が育まれていくというふうに思うのですけれども、そういうことが大変少なくなってきているのではないかと思われます。

たとえば、誕生日にプレゼントをするとか、食堂に御馳走を食べに連れていってくれるとか、そういう物とか金を通じての交流、あるいはそれを通じての愛情の計り肩ということが、かなり多くなってきているのではないかと思います。人間性を育むような、人間と人間との直接的な関係、まなざしとかしぐさとか微笑みと声音とかそういうことが貧しくなったということは、人間にとっては決して幸せなことではないと思われるわけですね。

もうひとつは、人間と人間とのコミュニケーションが非常に単調になっているのではないかということです。

たとえば昔ならば、近所におばさんみたいな人がいて、路地で遊んでいるとか〝あんたは小さいときは泣き虫でしょうがなくてね〟とか〝よだれ一杯流してお母さん本当に苦労したんだよ〟とか、あるいは、お母さんに叱られてうちの外にでていると〝どうしたの？〟と声をかけてくれていろいろ事情を聞く。そうして〝それはやっぱりあんたがよくないんだよ〟といって、〝お母さんに謝りなさい。一緒にいって謝ってあげるから〟と一緒にいって謝る、そして影にいって謝ってお母さんに〝そんなことといったってまだ小さいんだから〟というようなことで間をとりもってやる。というようなことは地域でかなり日常的にされていたことですね。

ところが、住居の関係も相当あると思いますが、いろいろ転居しなくてはならない。子どもができるとアパートを変らなければならないというようなことは、東京ではよくあることです。そうして、小さいときから関係のある、よく知っている〝おばさん〟という人はあまりいなくなってきている。保育園の0歳児からの保育にいっている子どもたちのお母さんたちは、つきあいがある方でしょうけれども、それでも一定の所得になると自分の家をつくって引っ越していっちゃったりするわけです。

だから住居の問題は、相当関係あると思うのですけれども、小さい頃からの周りで媒介になってくれる、間に入ってくれるような人たち、それは地域でも家族でもいたものですが、そういう人たちが〝君は、それはあまりよくないことだ〟、〝お母さんが怒るのは無理無いことだ〟と話してくれる。それによって自分が泣いたり怒ったりしていくことが、やっぱり世の中では通らないのかなということを思う。そういうような仲立ちになる人たちやものが最近ではいなくなってしまった。

だから、ストレートに親子の関係が、もしぶつかったときにはぶつかり合っただけで、大変エスカレートしていくということになるわけですね。だから子どもの立場からすれば、そういう媒介になる人がいるかいないかということは大変大きなことではないかということです。その仲立ちになる人の活動によって自分自身を客観化していくことができる。〝お母さんが怒ったのはあたりまえのことなんだ〟、〝世の中ではこうなんだよ〟ということを教えてくれる。

自分自身の中に、もう一人の自分が育つということですね。そして、もう一人の自分が自分を見つめてくる。それがだんだん発達してくると、なにか行動しようとしたときにもう一人の自分がブレーキをかける。〝まてよ、それでいいのかな〟ということでブレーキかかかるわけですね。あるいは、この時にはこうしなければならないのじゃないかということを、もう一人の自分が自分に対していう。自分の中で会話がでてくる。

つまりもう一人の自分が自分の中に作られるかどうか、どれくらいきちんと作られるかどうかということは、子どもの発達にとって、人格の発達にとって大変大きな問題ではないかと思うわけですね。もう一人の自分がつくられるというのは必ずしも、この仲立ちになる人だけの効果ではなく、いろいろな物が媒介になってつくられていくわけですけれども、このような仲立ちになる人というのは、大変大きな影響を及ぼしていたのではないかと思います。

それから、学ぶということが決して、知識を得て何かがわかったから嬉しいというのではなくて、結局はテストでいい点を取るということにつながってしまう。つまり点数と関係なく、何かがわかる、そして、そのことによって自分が昨日の自分より、今日の自分の方がもっと成長したんだということを、実感できるということが少なくなっているのではないか。そういうことをいくつか挙げましたけれども、その他にもいろいろたくさんあります。

こういう状況が今の子どもたちの中にあって、その中で子どもたちはいろいろ苦しんでいるのではないかということなんですね。そこを、まず押さえておかないと、どうしてこんなことがわからないのかとか、もっとこちらの言うことがわかっていいはずだ、ということになってくるのではないかと思うのです。

そういう状況を押さえた上で、育て方の問題について私が考えていることをいくつかお話ししたいと思います。

二　育て方の問題点や考え方

1　しかり方も自分の価値観で

これは何年か前に山手線に乗っていたときのことです。親子四人が、座席のはしっこのほうに座っていて、一番はしっこの手すりの所にお母さんがいて、次にお父さんその次に五歳くらいの子と三歳くらいの子、どちらも男の子が座っていて、私はその子どもたちのわきに立って新聞を読んでいたのですが、ぼくは前があいたので座りました。

ちょうど二人の子どものわきになったのですが、（まあ座りかたについても、子どもはよく動くものですから両親の間に座らせるものが常識だと思うのですが、それはしょうがないのだろうと思っていたわけですが）五歳と三歳のですから二人でわーっと騒ぐわけですね。そうしたらお父さんか子どもに〝静かにしなさい〟と言うのはいいのですが、〝隣のおじさんに叱られるから静かにしなさい〟と言うんですね。

妙なことを言うなと思って新聞を読んでいたわけですが、子どもはしょっちゅう騒ぐわけで〝静かにしなさい！隣のおじさんに叱られるから！〟とまた言うんですね。へんなことを言うなと思い、どんなお父さんなのかと思い見たんですけれども、三〇すぎくらいの普通のお父さんで、そんなに変には見えないのですね。

まあ、そういう叱り方を最近はずいぶんやっているのかなあと思っていたんですね。また同じことを言うんですね。三回言ったから、まあ仏の顔も三度までと思いまして、〝叱るんだったら自分の責任で叱ってください。私は何も言っていないじゃないですか〟と言ったんですね。そうしたらそのお父さんは、それに対しては答えなくて、子どもに、〝ほらほらおまえたちが静かにしないからお父さんはとうとう怒られちゃったじゃないか〟と言ったんですね。

そうしたところで、さっと出て行ってしまったのですが、昔からお巡りさんが来るよとか、学校の先生に言いつけるよとかそういう言い方はずいぶんしていたのですが、そういう座らせかたをして静かにしなさいと言うのもどうかと思いますけれども、まあぜんぜんほっとくものよりはいいのかなと思います。「子どもは本来騒ぐものだ」という前提で親と言うのは対応しなければならないと思うのです。

けれども、やはりおじさんのせいにしたり、何かのせいにすることで善悪を判断するということはやめたほうがいいのではないか。そういうことは、先ほどお話しした、もう一人の自分をつくるということにはつながらないのではないかと思うんですね。

じゃあ、おじさんが怒らなければ何をやってもいいのではないかということになりますが、でもやはり自分の価値観で子どもを育てるということが必要なのではないでしょうか。

2　「いいなり」と「受け入れる」ことは違う

もうひとつは、これは私が長い間、児童相談所でいろいろな相談を受けてきて、その中で、かなり子どもの言いなりになるということがあって、いろいろそれを聞いてみると、子どもが欲求不満になってはいけないので、というようなことをいうお母さんやお父さんがいたわけです。

何が何でも、押しつければいいというわけではないですけれども、それと全く正反対のことで、子どもが欲求不満になるということについて脅えがあるのではないか。それは、戦後の日本の心理学の先生たちにも相当責任があるんだと思います。「受容」とよくいいますが、言いなりになることと、子どもを受入れるということとは違うんだということを、整理をしていく必要があるのではないかと思うわけです。

言いなりになるというのは引き摺られることなんですね。ところが受容ということは、子どもの今の状態、あるいは気持ち、あるいは気持ちの奥にある、今までの生活の揺れ動きを理解をする、それを否定しないで理解をする、ということだといえるわけですね。だから、ここの部分は今、安泰している。主張していることは正しいけど、ここから先は違うということができる。

つまり、言いなりになるということは、本当はその子どもの気持ちを掴んでいないのではないか。人間というのは、NOということに出合わないと、今までの主張や感情というものは、肯定されて強化されていくわけですね。そのNOということに出合うことによって、周りの人との関係がわかってくる。社会的な存在といったことからいえば、YESということだけでずーっと育つということではなくて、NOということに出合うということが必要なのではないかと思うんです。

けれども、NOばかりに出合ったら、これはもうぜんぜん人間として育たないということも確かなのです。だから大人たちはこのYESとNOの二つを自分の価値観の中でどういう整理をしていくか、子どもの社会的な存在をどんなふうに理解をして、YESとNOを言っていくのか、ということではないかと思うわけですね。

3　言葉だけでなく行動も必要

今、学校に行かない子どもの問題にはいろいろな説がありますし、学校に行かない子どもの内容というものはものすごく広がっています。だからある一部分だけをとって、これが登校拒否の本質だとはいえなくなってきているわけですね。

昔は神経症だとか、優等生のつまづきというような理解がされていたわけですが、最近ではいろんな現象があって、文部省でも学校に問題があると言うことを考えなければいけないということを言い始めているわけです。が、かといって学校が全て問題だとわりきることもできないのではないだろうか。学校が管理主義になっているという、その力は家庭の中にも同じような影響を及ぼしているということを考えていかなくてはならないのではと思うわけですね。

よくあるのは、不登校のなかで家庭の中で、どうしてもお母さんがいろいろ言う。言うけれどもそれは本人たちは、大人の意志の伝達だとは受け取っていない。要するに〝うるさい〟としか受け取っていないことがかなりありますね。テストなんかすると、いやなものに「お母さん」「お母さんの小言」とか、要するに、話をしてみるとちょこちょこ口をさすと言う、そういう話がかなりでてきます。

また、町の中でもよくみますけれども、たとえば交差点なんかで赤で止まって、あるいは信号がなくても、ちゃんと車を見て渡らなければならないのに、子どもというのはちょこちょこと行きますから、その時に、「危ないわよ!」「だめよ!」と言うけれども、ぜんぜん行動しないお母さんもかなりいます。

だけど、いくらだめといったって、子どもは止まらないし、あれでは事故は減らないと思って、はらはらするんです。そうではなくて、「危ないよ」と言って、体で止めてしまえば一言ですんでしまうわけです。そうして危ないよということと、これは危ないから止めるという行動とが結びつくわけですね。

つまり、言葉と意志の伝達というのが、そこで一致しているわけです。

ところが「危ないよ」だけで、子どもはそのままいってしまう。それはこちらの意志の伝達と言葉とがぜんぜん離れている状態ですが、こういうことが積み重なると、いくら何をいったって、何かごちゃごちゃ言っているということだけになってしまう。

これは、生活の中での文化の問題ということではないかと思いますけれども、大人たちが意志を伝達するというときには、単に言葉だけではなくて、行動で示すということは、ひっぱたいて体罰で憶えさせるということではないのですが。

4　見守ること「待つこと」の大事さ

それから世話をすること、自分でできるように導くことと見守ること、これらを、つまり養育という子どもを育てるという場合には、いろいろ整理をしておく必要があるのではないかということです。

私は児童相談所にいて、よく一時保護所の保母さんたちと話をしましたけれども、いろいろな方がいます。養護施設などでもそうだと思いますが、まあお母さんもそうだと思いますね。特に幼児の場合には、小さいですからいろいろ世話をしなければならない。食べさせたり。着替えさせたりするわけですが、中には、世話をすることだけが愛情をかけることだという人もいるわけです。

たとえば、年齢に関わりなくいろいろな子どもがいるわけですが、食事をしたりするとき、三歳の子どもはまだ充分に魚の骨が取れないので、保母さんはそれを取ってほぐしてやる。しかし小学校に入るくらいの子どもたちには、それをやってみようかということがでてくるわけです。でもその子どもにもほぐしてやってあげる。それが保母の仕事だと考えている人たちもいる。

ところが、違う人は、これをこういうふうにすると、骨から離れやすいよといってそれをやらせてみる。そして、やらせてみてうまくできたなら、ああ上手にできたねって。そういうことによって、自立への自信をつけさせる。それが仕事だと考えている人もいる。

それから、子どもが何かをしようと自分で一所懸命やっている。たとえば、よく保育園などで、ボタンかけをやったりとか、自分で着たりする。その時に、親でもそうなのですが、つい忙しいからと手伝ってやっちゃったりするわけです。その時に辛抱強くやろうとしていることを見守れるかということ、これは幼児などの時には、非常に単純な、身辺の自立の問題になるわけですけれども、子どもが大きくなったときには、精神的な事が非常に関係してくるわけです。

つまり、〝待つ〟ということができるか、あるいは自分で何かの処理をすることができるということに大人たちが導いていくことができるか。直接的に手を下して援助することと、自分が何かをできることに導くということ、何かをやろうとしているとき、それをやり遂げるところまで見守るということができるか、ということは大変重要なことであると思うわけです。

将棋の米長さんという今回も名人になった方が言っておられました。自分が内弟子になったときには、日常的な生活をやっていて、自分の先生は何も教えてくれなかった。何も教えてくれなかったけれども、なんとか自分はここまできた。ところが自分が内弟子をとってみると、教えたくてしょうがない。そこをどう我慢するかが私の課題なんです、といわれてました。そういう将棋などの世界でも、このようなことはあるわけです。

やはりそのへんが、親や、親だけでなくて保母さんや子どもの仕事、養育という仕事をしている、あるいはそのような生活をしている人たちに問われている大きな課題なのではないかと思っているわけです。

5　子育てに主体性を

もうひとつ、子育てに主体性をという観点の中で、お話ししていきたいと思います。

どうしても、家庭の中では小さいときから育てていますから、小さい頃のイメージというものがずーっとつづいているわけです。いろいろ毎日発達したり成長したりしているのに、発達がなかなか見えない。だから、その子自身は昨日の自分を打ち破ってもう少し高いところにきている、去年よりは今年の方が高いところにきているのに、なかなかそのへんの事が実感をもって理解できなかったりするわけです。

それで、何かをできるできないだけではなくて、自分で自分の意志を持ち、感情を持ち、だんだん強くなってくる。そのへんのことが理解できないと、自分の言ってる事は本当は理解しているはずだ、自分がこういう行動をすれば受け取るはずだという気持ちがたいへん強くなってくる。これは学校の先生などはそうですけれど、こんなに一所懸命やっているのに、どうして理解しないのだということを言うんですね。たとえば、非行の子どもなんかが家出したりすると一所懸命探して、つきとめて連れ戻す。そうすると、毎日毎日、昨日はどうした、放課後どうした、どこに行って、どうしたというような話を聞く。そのように熱心に一所懸命にやっている先生が、こんなに一所懸命あいつのことを考えているのにどうしてこっちのことは何も考えないで同じことを繰り返すのだろう、あるいはもっともっと拡大していくのだろうというようなことを言われるわけです。

こちらが一所懸命やっていれば、相手は理解するはずだというものが前提にあるようなのです。だけどそうではなくて、一所懸命やればやるほど、相手の心は離れるという場合だってあるわけですね。それは方向が悪いから、相手に通じない方向でやっているから、一所懸命になればなるほど、とんでもない方向にいってしまうということだと思うのですけれども、この〝はずだ〟ということで押しまくるということが、養育の問題ではかなりあるのではないかと、このへんはかなり考えなくてはと思うわけです。

お相撲の手には、〝はず押し〟というものがあるわけですが、(はず押しというのは相撲の基本だといわれているわけですけれども）子育ては、はず押しをはずすことが子育ての基本じゃないかと思うのですね。つまり、はず押しではなくて、毎日毎日のいろいろな反応と働きかけ、それをつねにやり取りをしながら、作り上げていくということではないだろうか。だから既存のものでも、とにかくこういう〝はずだ〟ということは、子育ての基本からはずれるものだと思っているわけです。

それらをひっくるめると、大人たちが子どものことをよくみて、主体的に対応するということではないだろうか、と思っているのです。

三　子どもの権利条約のこと

最後に、子どもの権利条約のことについてふれようと思っていたわけですが、時間がありませんので、この権利条約がどのような経過でできてきたかという点と世界の中でどのような扱い方をされてきているのかという点についてお話ししたいと思います。

権利条約というものは、もともとは戦争ととっても関係があるのです。第一次世界大戦が終わったときに、戦争で、子どもが一番被害を受けたのではないかと。子どもが戦争を決めたわけではないのに、一番被害を受けたのではないか。これからは、子どもをちゃんと守っていこうということで、その当時は国際連盟でしたが、そこでジュネーブ宣言が出されたわけです。

にもかかわらず第二次世界大戦が起こった。そしてこの大戦でも、子どもたちが多大な犠牲を受けたわけです。やっぱりこのままではいけないということで、子どもにはこういう権利があるということを世界的に認めようではないかという宣言を出しました。それが三〇年たってどのようになったのかということを国際的にみんなでもって検討しようということで、みなさんの御記憶の中にあると思いますが、国際児童年というものを作ったわけです。

いろいろ点検してみると、どうも国際児童年で思ったほどの前進がない。もう少し法的に拘束力のあるものを全世界でつくろうじゃないかということで、一〇年がかりで、それぞれの国の事情はあるけれども、子どもはこのような生活が保証され、このような権利があるのだと認め、認めるだけではなく拘束力をもったものをつくろうということで、一九八九年の一一日の国連総会で、全員一致で採択されたのがこの子どもの権利条約なのです。

この権利条約というものは、署名をすると憲法の次に強い性質があるといわれています。つまり、民法とか児童福祉法とか個別の法律がありますが、その個別の法律よりも強い憲法は国の一番の基本だから、憲法を一番にして、この条約に批准すれば憲法の次に強いものとなり、この条約と違ったことがいろいろな個別の法律に書いてあるときにはそれを直さなければならない、というような問題が起こってくるわけですね。

日本はそれで現在どうなっているかというと、去年の九日二一日に署名をしました。署名というのは将来批准しますという意志の表示です。世界の中で批准をしている国が、一月一一日現在で六八ヵ国あります。署名をしたのが一三〇ヵ国です。(日本もこの中に入っています。)このような状況です。

権利条約の特徴としてどのようなことがあるかと申しますと、子どもにはこのような権利があるといっているわけですが、保護されるという権利だけではなくて、権利行使の主体と言っております。たとえば意見を表明するとか、あるいは、集まるときには、誤解されないで自分たちは集まりたいと言って集まれるというような権利、市民的自由と言われてますけれど、そういう権利があるということですね。

特に中心的なものが意見表明権ですが、子どもは自分に関することについて意見を表明することができる、その権利をもっている。あるいは自分のことについて何かがあるときには、必ず「おまえはどんな意見をもっているのか」ということを聞かれる機会を与えられるという権利をもっているということを言われています。これをもう少し詳しく言わないと、意見表明権の内容について触れたことにはなりませんけれども、とにかくそういうようないろいろな条文があるということです。

ただ日本では、法律ができたりしても割と現実は変らなかったりするわけです。だから、子どもの権利条約を批推した場合には、日常の生活の中で子どもたちの権利が実現できるようにしていくような運動が必要ではないかということです。しかし、これが結構な条約ですと言うことで、手放しで政府は批准しなさいとそれだけでいいかというと、それはそうではないです。

たとえば、家庭でお母さんが勉強しなさいと言ったときに、私は意見表明権があります、と。たとえばこの条約の中には遊ぶ権利というものもあるのですが、僕には遊ぶ権利があると言ったときに、どう対応するのかというような具体的な問題がでてくるわけです。これは施設の中においてもそうでありますけれども、具体的な問題になるといろいろでてくるわけです。

だけど子どもが、私は意見表明権があると、私の意見を聞いてくださいと言ったときにどう対応するかが、たいへん重大な問題として残ってくるわけです。それは課題としてこれから詰めて行かなければならないことであります。

それから、たとえば、「僕、学校いやだから、学校へは行きたくないよ」というときにはどうするのか、これも問題ですね。

なかには、このようなことで、学校教育が危なくなると言って、批准してはならない、と言っている人たちもいるわけです。労働組合の中でも、君が代を歌うことや日の丸の掲揚が学習指導要領の中に入れられましたが、それに対して「君が代歌わないよ」と子どもが言ったときにどうするのか。それがはっきりしなければ、批准促進の署名しませんというところもあるわけです。

その点で、具体的なことをいろいろ想定した、大人たちのものの考え方が問われてくるといったことがあるわけです。

だから、結構な条約だから批准をするということだけではなくて、その内容について日常生活の中でどうするかということも充分検討しないといけないことではないか、と。逆にいえば、この条約ができたら、家庭でも学校でも、施設でも、やりにくくなっちゃったということがもしあるとすれば、そのやりにくかった今までの養育、教育、指導、というものは一体どういうことなのかということを問い直さなければならないわけです。

どういう条約の内容があってどういうように考えるのかということについては今日は省きたいと思いますが、世界の中で今六八ヵ国が批准しています。そして去年の九日二九日、三〇日には、この条約に基づいて世界の子どもたちを扱おうということを、世界子どもサミットということで集まって決めています。

子どもの生存、保護、及び発達に関する世界宣言というものを大統領や総理クラスの人たちが集まって決めています。そこで、世界の中で子どもたちは沢山死んでいる、飢え、病気とかで沢山死んでいる。そのような子どもたちをとにかく救わなければならない。そのためには世界の軍縮の五パーセントから一〇パーセントをそのことに注げれば、子どもたちの命は救えるということに対してみんなで挑戦しようじゃないかということを世界の首脳が集まって決めたわけです。そのような動きがあるということも理解をしていただきたいと思います。少し予定より長くなってしまいましたが、私の話はこれでおわりにさせていただきたいと思います。

一―2―①

もっと知ろう児童福祉法

――三〇周年を迎えたがまだ実現に遠い

（一九七七年一二月『子どものしあわせ』二七三号に掲載）

どんな法律か知っていますか

いま、私の働いている職場は児童相談所です。それは子どもに関する相談機関といわれ、設立も仕事の内容も児童福祉法に根拠を置いていますが、この法律がどんなうけとられ方をしているか、みてみましょう。

例の一　職場の仲間にきいてみました。「自分の生活の中でこの法律がどんな役に立ったかきかせてほしい」と。三十歳未満の人はこの法律ができてから育った人たちですが、「ウーン別に思い当るところはないなあ」という話です。三十歳台の女性にきいてみました。人生の大半をこの法律の施行下に生きた人たちです。「自分自身には役立った実感はないけど、子どもを育てるとき、保育園や学童保育でこの法律のことを考えた」という答です。

例の二　家庭で、子どもがいうことをきかないとき、いろいろなオドシ方をしています。その一つに「いうことをきかないと施設へやっちまうよ」というのがありました。中には「黒ぬりの自動車がきてつれていってしまうぞ、施設は高い塀があって出られないぞ」とまるで刑務所のようなイメージを与えて、オドシていた母親が実際にありました。家庭ばかりでなく、学校にも施設をオドシの道具に使っている先生は少なくありません。

例の三　つい先日「子殺し」に関するテレビ番組がありました。その中である女性が「私生児でも、あずけたり養子にしたりできれば、子殺しなどは起こらない。もっと厚生省に要求することよ」といっていました。現在でも、そういう方法があることを別の出席者が指摘していたのは、いささかの救いでした。

自分たちの力で内容を豊かに

この三つの例について考えてみましょう。

はじめの例は、戦後、相当の期間、児童福祉法は特別の場合（浮浪児とか非行児とか）以外は、国民にとって縁がなかった。ところが生活の上で、子どもを育てる上で、どうしても社会的な保障を必要とする人たちが、血のにじむような運動で、この法律を利用して国民に役立つものがつくられてきた――たとえば保育園、学童保育、児童館、精薄児通園施設など（もちろん、これらは政府の側ではそれなりのもくろみがあってつくってきてはいますが）――といえるのではないかと思います。

職場で話をしているとき、ある女性がいいました。「うちの息子が『お母さんは、どこの保育園へはいっていたの？』ときくのよ。『お母さんのちいさいときは保育園はなかったのよ』といっても信じられないみたい」と。

このなんでもない母と子の会話は、以上の経過を物語っているのではないでしょうか。そういう歴史は何によってつくられたのでしょうか。「自分で産んだ子どもくらい自分で育てられないのか、勝手に産んどいて他人に育てろなんて、ヒドイ親がいるものだ」というような「世間の白い目」にひるまず、ねばり強く運動してきた母親、「女房を働かし、子どもを他人に育てさせ、よくも男といえたものだ」という偏見に屈せず運動をすすめてきた父親、この人たちの要求を支持し、いっしょに運動してきた労働者、こういう勤労者の連帯の力が、児童福祉法の内容をつくってきた歴史の原動力です。

二つめの例では、この法律によってできた施設、サービス、保障も、使い方によっては子どもを管理支配するための道具になってしまうということです。そしてその背後には、施設やサービスの内容をひどく悪い状態にしておけば利用者も少なく、予算もすこしですみ、おまけにオドシの道具になる、ということにつごうがいい人たちがいることを、見逃がしてはならないでしょう。

三つめの例では、せっかく現在ある保障でも、国民がそれを知らず、また知っていても利用し、内容を豊かにする努力をしないと、児童福祉法は存在しないのと同じことになる、ということです。そして、あまり知られて利用されると予算もたくさん必要になるから、制限的に運用する。たとえば、相談機関をあまり身近につくらない（児童相談所の不足）、相談に行っても応じられない（職員の数が足らない）、利用を制限する（どうして親の責任を果たせないのかと追及する）、利用する側が自分であきらめてしまうように仕向ける（手つづきが面倒、サービスが悪い）など、そういう力が現在の日本では強く働いていることも事実です。

こうしてみると、児童福祉法が今のわたしたちの生活に、どんな役割を果たしているか、ということを考えるよりも、わたしたちが、児童福祉法をどう役に立たせているかとか、役立てようとしても役立たなくしている壁は何か、ということを考えることが本道だといえそうです。

私の職場の仲間にも、児童福祉法を知らなかった人がずいぶんいますし、学校の先生方にも、この法律のあることや、サービスや施設がどのように保障される仕組みになっているかを、知らない方たちがたくさんいます。まして家庭の父親、母親は一般的にほとんど知っていないのが実情です。

利用すべき国民があまり知らず、知っているのは役人ばかり、というのは日本の福祉法の一般的状況ですが、それでは、せっかく理念的には立派なこの法律も、国民を支配する道具になってしまいます。ではどうすればばいいのでしょうか。

子どものための相談所も

現在の日本で子どもを育てることはたいへんむずかしくなっています。「にんげん」を破壊する大きな力が、絶えずわたしたちの上にのしかかっています。その中で、子どもを育てるのに児童福祉法をどのように位置づけるかです。

まず第一は、ことあるごとに、この法律が使えないかを検討してみることです。この法律は第一条で「すべての国民は、児童が心身ともに健やかに生まれ、育成されるよう努めなければならない」（一項）「すべての児童は、ひとしくその生活を保障され、援護されなければならない」（二項）と規定され、第二条では「国及び地方公共団体は、児童の保護者とともに、児童を心身ともに健やかに育成する責任を負う」としています。しかも「前二条に規定するところは、児童の福祉を保障するための原理であり、この原理は、すべて児童に関する法令の施行にあたって、常に尊重されなければならない」（第三条）といい切っているのです。

現在の日本は、子育てに社会的保障を必然的に必要としています。ことごとにこの原理の具体化を試みようではありませんか。それは、現在ある保障の徹底的利用であるとともに、保障形態のないものについてつくりだしていくことです。

そのためには、①子どもも国の主権者であること（憲法）、⑧児童福祉法の対象は特別な児童でなく、すべての児童であること（一条）、⑧保障さるべき児童の権利の内容は、物質的精神的両面を含んだ生存権、生活権であること（一条、二条）、④国や地方公共団体は児童育成の責任をもつこと、などの原則をしっかりおさえておくことが必要です。

つぎに、この法律できめられた「福祉の措置及び保障」といわれているものは、成立当初からくらべるとかわってきています。それは必要に応じて追加されたからです。もちろんその背後には運動があります。児童福祉法がのべている原理によって具体化したものを法律にさせていくこと、その前提として、具体化するための実践を私たちがすすめていくことです。

たとえば現在、子どもが親にも先生にもいえない悩みがあったとき、その相談を受けとめてくれるところがあるでしょうか。わずかにラジオ、テレビの電話相談、児童館の事業などが法定によらず、あるくらいです。児童相談所は、主としておとなたちが養育に困ったときに利用するところになっており、自殺を思いつめた子、学校にいきたくない子、非行に走ろうかとヤケになっている子、などの「児童が自ら相談する」ことを受けとめることはきわめて不十分です。それでは児童は主権者であるのに、常におとなによって動かされる「対象」にしかすぎません。

児童自身がもちかける相談をうけ、問題を解決していく活動をひろげ、公的にも保障させていくことが必要です。児童福祉法が制定される前の案に、児童館、保健所、学校などに相談所を置く条文があったことがありますが、こういう活動を前提に、公的なサービスを拡大していくことは可能なことです。

世の中全体の動きをみて

児童福祉法だけで子どもを守れるでしょうか？

つい先日、横浜で米軍機が墜落し、幼いいのちが二つ、全身を焼かれ、モギとられました。サリドマイド児の苦しみはつづいています。水俣病をはじめとする、公害による命への侵害は、くやしいけれどいまもつづいています。

これらは児童福祉法で防げるのでしょうか？　そうではありません。子どもを守ろうとしたら、世の中全体のしくみやその運び方と、真正面から向かいあわなければなりません。きびしい状況の中でかろうじてつくりだした革新首長と、その中で少しだけではあるけれど前進させてきた福祉の政策とを守り、発展させることです。

そういう運動の中の一つとして子どもを守る運動を位置づけ、その中で児童福祉法を武器とすることです。横浜の事故のとき、自衛隊のヘリコプターが救出に向いました。けれど米軍兵士だけを救出し、幼い児童は放置しました。防衛庁は航空兵救出が主要な任務だったからと、理屈にならないいいわけをしています。こんなことは児童の育成責任を負っているはずの国の、児童福祉法違反ではないでしょうか。自衛隊ヘリコプターの行動が違反しているだけでなく、米軍に軍事基地を提供している日米安保条約そのものが、児童福祉法と対立しています。このことをはっきりさせ、具体的に運動をすすめようではありませんか。

そのためには地域の中で子どもを守る運動と保育、教育、学童保育、青少年の団体活動などをたばね、力を一つにすること、民主的運動としっかりと結びあわせることがどうしても必要です。そういう意味で、「子どもを守る会」が全国の各地域で活発に活動することを期待したいと思います。

一—2—②

児童福祉における戦後の枠組みと現状

（一九八八年一〇月『賃金と社会保障』九九五号に掲載）

はじめに

報告予定者が急病のため、代わって私が報告します。当初「養育請求権」の問題を中心にする予定でしたが、報告者が代ったため準備が不十分であり、日頃私が考えていることと、最近の状況とを養育請求権の問題とかかわらせて報告することにいたします。

この報告は福祉現場の労働者の立場からするものです。その意味は次の通りです。

現場の福祉労働者は、二つの相反する側面を持ちながらその葛藤の中で仕事をしています。一つは、自分の身体を通して、自分の労働を通して、国家権力が国民に対して貫徹していくという側面です。もう一つは、具体的な生活場面で、国民の苦悩を感じとり、社会的保障の必要性と国民の要求をつかみ、権利保障を実現していくという側面です。

二つの側面の葛藤は、決して労働者だけの問題だけではなく、福祉全体を貫くものだと考えます。この報告は、自分がどちらの側面に立とうとしているかということも含めて、こういう観点から検討しようと試みるものです。私の受け持つ範囲は児童福祉ですが、限られた時間の中で全部議論はできません。そこで児童相談と養護問題に絞って議論したいと思います。

一　児童福祉における戦後の枠組み

1　制度の性格

国民が生活を営み子どもを育てる、その過程でいろいろな矛盾があり、要求が生まれる、それに対して、権力を持つ側は、権力維持に包摂し得る範囲で一定の譲歩をする。

その譲歩は様々なレベルで行われ、最も大きなものが法律として定められ、制度として社会的に位置づけられる。ただし制度の内容は常に要求が十分に盛り込まれているとはいえず、運動と権力との妥協の産物となる。

そして権力を握る側は、常に譲歩した部分を奪還しようと企てる。通知、通達、予算、指導、監査等がその失地回復の当面の手だてとなる。そして機を見て法律の「改正」によって譲歩を完全に回復し、それ以上の支配強化を試みる。失地回復の企ての実行が、徐々にか、あるいは急激にか、部分的にか、あるいは全面的にかは、国民の運動と権力を握る側との相互の力関係によって決まる。

そして労働者は、この失地回復を意図する権力の担い手として、国民に直接対することを国家権力から求められている。

現場の労働者は、何れの側に立つのか、自分の労働力の使われ方はどっちの方向か、自分の具体的有用労働は何に有用なのか、ということが常に問われている。だから労働者自らが、権力の担い手としての役割と闘い、労働者としての立場と任務を自覚して、それを貫こうとしない限り、賃金奴隷として魂まで国家権力に売り渡すことになる。これが福祉現場の労働者から見た、福祉の制度の性格と労働者の位置づけだと考えます。

こういう立場にたった時、戦後改革というものは、決して一枚岩ではなく、制度の制定の時も、その後の運営についても、ずっと二つの力の抗争がダイナミックに作用してきたと考えられます。そして、権力側の失地回復がますますあらわになり、居丈高になるほど、戦後改革の中で国民の運動が目指したもの——民主主義と公的な保障——の意義がはっきりしてくるのだと思います。

2　児童福祉の戦後の枠組みと現実の経過

憲法、児童福祉法、児童憲章が戦後の児童福祉の大枠だと思います。その内容は、国と自治体とが、親と共同の責任を負って子どもを育てていく、その時代の最高のものを子どもに保障する、それを社会的なシステムとして確立するということだと思います。

具体的にいえば、親が子どもを育てる上で困ったことがあった時に、公的な所に相談し、問題を現象的にではなく根っこから解決するための援助を受けられる。それは措置という形であるかもしれないし、在宅での援助かもしれないが、それは問題の内容や生活している諸条件により決まる。何れにせよその時代の知恵と力の最高のもので、子どもと親の直面している困難がうけとめられ、権利が保障される。こういうことだと思います。

しかし、実際はどうか。相談に行くところもよくわからない、相談に行ってもサービスを受けるための申請さえ出来ない（保育などの場合以外は申請の様式さえなく、申請権はないというのが有権解釈となっている）、援助を求めていることが公的相談機関に受け止められたとしても、施設やサービスの体系が非常に不備であって、どこにも保障をするところがない場合がある。また保障する場があったとしても、そのサービス内容が薄い。医療、教育、福祉の三つが重なって初めて保障の名に値するという場合でも、医療や教育が抜けてしまう。手続き的にも実際のサービスでも、惨めな思いがついてまわる。こういうことの積み重ねによって、公に用意されたサービスの利用をためらうことさえ生ずる。このようなことが実態として歴史的に続いて来たといっていいでしょう。

二　臨調行革政策下の実態とそのイデオロギー

1「民間活力の活用」について

（1）自主的なグループへの助成と行政の支配

公的な保障の整備を国や自治体がサボタージュすると、国民はその整備を待つことが出来ないで、自主的な施設などを運営しはじめます。保育でも障害児の通所施設でもそうしてきました。そして本来自治体が整備すべきものだということから、運営のための助成金を、自治体が支出するよう要求運動を起こし、それを実現します。

しかし、行政はその助成金の支出を通して、支出対象の団体を自らの支配下に置き、地域を管理しようとします。私が東京の下町の児童相談所に勤務していた時に担当していた区は、発達障害の学齢前の子どもの通う所がない区でした。

保健婦さんや福祉事務所の人たちと一緒に親の運動を後押しして親の会をつくり、その会が自主的な通所グループを始めました。そして都区からの助成金を受け運営しました。

この助成金の申請をめぐって、区が地域の保守的な伝統を利用して、住民への支配をいかに巧みに行っているかがわかりました。地域には既成の障害者団体の連合体があって、従来から区はそこを通して、いろいろな助成金を出していました。そしてその連合体の長は、保守系の区議会議員の有力者がなっているという構図です。いわば窓口一本化です。

その方が区側でも都合がいいし、連合体の幹部もメリットが大きい。

この連合体から、この親の会にもいろいろな働き掛けがありました。しかし、世話人会で検討して、自主独立の会として、独自に助成金の申請をし、連合会とは要求が一致する限りで友好関係を続けようということを決めました。

もともとの要求は、公立公営の障害幼児の通所施設をつくり、どんな障害がある子どもでも受け入れて、手厚く療育してほしい、というものです。毎年のように議会への請願や区長への要請をし、区当局との交渉を繰り返してきました。

ところが、こういう要求書を出し交渉をするということが、この区では異例のことだったのです。もし連合体に入っていれば、交渉はとても困難であったと推測されます。

親の会の運動によって、漸く保健福祉センターというものが建設がされることになり、その中で区として障害幼児の通所事業を始めることになりました。しかし公立民営で、事業は事業団委託というのです。

そこでたくさんの問題点を交渉で煮詰めていったのですが、その過程で、事業の目的について平行線のまま膠着状態になった時がありました。区が母子通所の原則をどうしても崩さないというのです。親の会としてはそれを打開するために、「私たちの心配」という文書をつくり、区議会の文教厚生委員とセンター建設の準備委員あてに送りました。

次の交渉の時、区側は「ああいうことをされたのでは困る、これから話合いもできない」と強い調子で圧力をかけました。

私たちは「区が交渉に応じているということと、見解が一致しているということとは違う、見解に相違があれば、私たちの主張を出来るだけ多くの人に理解してもらい、その支持を受けて要求を実現しようというのは、住民の権利であり、自由である」と原則論を貫きました。

それから区側の態度も柔軟になってきました。

こういう経過の中で、住民団体を行政の都合のいいものに仕立て、行政の地域支配を組織的に行う過程が明らかに実感できたと思っています。

もう一つ、民営の場合の問題点が浮き彫りになりました。

第一に、区と交渉して一定の約束が出来たとしても、実際に運営する主体は、区から事業を委託された事業団であり、事業が始まったら、「それは区との約束であって、当事業団との約束ではない」と言われた時、区として責任がとれるのかということ。

第二に、通所事業のサービスを受けたいと申し込んでも断られた時、区としてそれを把握できるのか。そして宙に浮いてしまう住民の要求に対して、区が保障の責任をどのようにとるのか。区民は区に対して苦情を申し立てることが権利として保障されるのか、また苦情に対して区が応答する義務があるか等。

第三に、区が委託した事業に対して、その運営の改善を求める時、区に要求すれば事業団へと言われ、事業団に申し入れれば区へといわれればどっちも責任をとることを回避するのではないかなどです。

難しいことはわからないと言っていた親も、身近な具体的な問題になった途端に、積極的に発言するようになりました。

以上のことは、障害児の療育保障という具体的なものを追求していった場合でも、結局は民主主義が最後の砦になるということを示していると思います。

(2) 臨調行革の先取りとしての戸塚ヨットスクールと不動塾

いま非行や登校拒否が社会問題になっています。学校の授業についていけない、勉強がわからない、家族の間にいろいろな問題がある、頽廃文化がはびこってその影響を大きくうけている、などなど様々な事情で非行や登校拒否の子どもが増えています。そして場合によっては、死傷事件に発展することも稀ではありません。

そういう子どもを、親が戸塚ヨットスクールや不動塾に入れるということが行われ、それらの中で指導者による子どもの殺傷事件が起こりました。この背景には次のようなことがあります。

第一に、公的機関が子どもに関する相談を受けて、対応する手だてと方法を十分用意していないということ。例えば相談と援助が行き届くという状態ではない、また家庭から離れなければならない場合に、適切な処遇を保障する施設が不十分で、養護施設や虚弱児施設に無理に押し込むようなことも行われている、非行ぐ犯の子どもの再教育の場である教護院のいくつかの寮を、不登校の子どもの指導のために使っている例もあるなど。

第二に、それと表裏の関係で、親は困った現象だけを当面解消するため、金を出してサービスを買う。

私も戸塚ヨットスクールを命からがら逃げ出した子どもの後始末をしたことがありましたが、その家庭には大変大きな問題があった。子どもが起こしているその問題を、親の方はお金を出すだけで（相当な金額の支出を必要とする)、便利なサービスを買うことによって解決してしまおうという、その考え方と行動様式自体が、本当は問題であって、それが家族の問題の象徴でもあるわけです。

対症療法的なサービスを買えば、子どもがどうしてそういう問題を起こしているかということを親は考えなくてもすむ、反省して改善するなんて面倒なことはしなくていい、というわけです。

そして公的な相談機関へ行けば、そのことを指摘されるが、私的サービスを買う時は、お客さんなのでいやなことは触れられないですむ。問題の根っこはそのまま残るということです。

第三に、第二の延長上にあることですが、子どもが何を悩み、何を願っているのかということとは全く無関係な対応になる、現れた行為をどうするかということだけが主要な目的となり、力によってその行為を押さえることが当面の目標となる、したがって暴力による抑圧となり、それは必然的に拡大し、暴力がなくなった時には、問題が再燃する。

こういう背景で事件が起こるのですが、戸塚ヨットスクールにしても不動塾にしても、臨調行革が目指している市場原理による福祉サービスの売買という点では、先駆的なものといっていいと思います。

児童福祉が市場原理のもとにおかれた時、子どもの問題が権利の視点から総合的にとらえられ、対応されるのではなく、大人の側の都合のいいように部分的、現象的にとらえられ、その現象的な部分部分がバラバラにされて、別々に買ったサービスが問題現象に対応するということになると考えられます。そしてその結果は、子どもはそういうサービスのモザイク的な対象として悶々として生活するということになるのではないでしょうか。

2　少年非行と警察権力の支配強化

一九八二年五月、警察庁は「少年非行総合対策要綱」をつくり、即日全国の警察に通知しました。これによれば、従来受動的、事後的であった警察の少年非行対策を、これからは能動的、積極的にするとして、二つの方向を示しています。一つは、補導対象の拡大、もう一つは警察が善悪の判断まで子どもに教えるという警察機能の拡大です。この結果起こった具体的事例をあげます。

その一つは、三人の中学生ぐ犯グループへの対応についてです。私立中学に通学していた子どもだったため、住居が広域にわたりました。このため三人に三様の対応がされたのです。

私の担当の子どもは親が相談に来ました。問題なのは、下町の子どもです。警察の少年係が握ったまま指導している。例えば、朝電話して学校へ行ったかどうかを確かめる、週一回警察に呼んで行動をチェックする、家庭訪問して子どもの様子を見るなどです。熱心といえばそうだが、熱心であるほど子どもとのギャップが大きくなる。

というのはこの家庭は母子家庭で母親が再婚する予定になっている。そしてその相手とこのぐ犯を繰り返している中学生との間にわだかまりがある、またそのことをめぐって、母と子の間に行き違いができて、子どもは心が揺らぎ、どうしようもない寂しさを感じている。それを慰めようと他の子どもは一緒に家出するということなのです。

警察はこの家族の問題に対応できないし、また家族の問題まで立ち入ってはならないはずです。本当の解決をはかろうとすれば、家出やシンナー吸引を調べることよりも、もっと大きなエネルギーを割いて家族間の問題を調整しなければならない。しかし少年係は児童相談所やその他の機関に通告しようとしないで警察だけで指導している。学校も、警察が指導しているので遠慮して児童相談所に相談できない。子どもはますます自棄になり、ぐ犯の行動は拡大する。

警察がこういうことをするのは「要綱」に根拠があるのです。

もう一つ。小学生が夜間、シンナー吸引をして大騒ぎになった、学校長が警察に駆け込んだという事例です。すでに児童相談所に相談に来ていたので警察と打ち合わせに行った時に、少年係の係長がいいました。「校長さんをどなりましたよ。中学校だったらもっと早く警察に相談に来ていたのに、何で今まで来なかったかと」。

それで推察できたのは、中学校の校長さんたちは、校内に起こっている様々な問題を、逐一、素早く、少年係と連絡をとって、密接な連携のもとに処理をしている、それが日常的になっているということです。こういう警察活動をする根拠も「要綱」にあるのです。

校内暴力事件が多発して以降、警察が学校をこういう形で掌握しはじめているのではないかと思います。これは、国がしなければならないことは国防と治安だ、という臨調行革の考え方の一環に位置づけられ、治安の立場が、教育の上位に立つ方向だと考えられます。

3　児童福祉施設等で起こった事件の根源

児童相談所や養護施設に関連して生命にかかわる事件が相次いで起こっています。

一九八三年四月　乳児院から養護施設へとずっと施設で育った若者が、東京練馬区で女子大生殺しをしたことが問題になりました。国選弁護人が被告と会って、人間的感情が育っていないことに驚き、社会的養護の不十分さが本当の被告だと提起しました。

一九八五年二月　名古屋市の児童相談所の一時保護所で保母が入所中の子どもに絞殺されました。一時保護所全体に鍵がかかっていて、無断外出するには、保母からマスターキーを奪わなければならなかったというものでした。

一九八七年四月　大阪の養護施設博愛社で小学一年生が同室の子どもたちのリンチで殺されました。元特高の理事長の下で、暴力による指導と施設管理が行われ、それが寮の生活にまで貫いていた結果でした。

このような事件が起こった時、二つの考え方が対立します。一つは、たまたま起こった偶発的なものだというとらえ方、もう一つは、契機は偶発的であったとしても、それがそのような事件になるのは客観的な条件があったからで、その条件の改善をしない限り、再発は防止できないという考え方です。

私たちは後者に立ちます。子どもが背負っている深刻な問題をうけとめ、手厚く対応するためには、職員の配置、処遇の方法の検討、民主的施設運営等が十分に保障される必要があるのに、それらに欠ける所があったために、事件が発生したのだと。そしてそれは、職員配置をはじめ、施設内容の整備を国が怠っていたからだと。こう考えています（くわしくは一九八六年第一二回児相研セミナー基調報告を参照）。

それは、すでにつくられている制度の中で、国民の要求運動が反映出来ていない部分によって引き起こされたものだと考えます。

4　措置と施設の選択問題

戦後の枠組みを変えようと主張する人たちの根拠の一つに、措置制度では施設の選択が出来ない、自由契約であれば選択が自由だという考えがあります。

措置制度の運営の中で、施設数、総定員、需要、職員体制、措置の民主的手続きなどの問題について全く検討していない、短絡的で大変乱暴な議論です。

児童福祉分野で、具体的に検討してみます。かつて昭和四〇年代の初めから後半にかけて、乳幼児養護問題が盛んな時期がありました。その時は、東京の乳児院、養護施設は常に定員一杯で、他県に措置をすることが随分行われました。こういう時期には施設の選択は、事実上

逆手にとって、それが措置制度の固有の問題点であるかのようにいい、市場原理に道を開こうというペテンは、福祉に働く者にとっては許せないことです。

三　戦後の枠組みの意義

1　運動の根拠としての枠組み

つくられた制度に対して、権力の側は失地回復をこころみるが、国民は制度を足がかりにして要求の実現をはかろうとする。したがって制度を有効に作用させる運動が、要求実現のためには不可欠となる。こういうことだと思います。

これを実証したのが革新首長下の自治体だったと思います。保育所や障害児施設への措置入所という制度はあったけれど、施設が足りないため、ごく一部の人しか入所出来ない、それを打ち破るために、福祉要求を実現する首長を当選させる運動を展開する、そして自治体独自の福祉施策を実現していく、いくつもの自治体がそれを実施することによって国も政策を変えざるをえなくなる。自治体に一定の財政基盤があった時には、このように既存の制度を足がかりにして、要求実現を拡大するこ

出来ないのは当然です。空いている施設に措置をする、それがその子どもが背負っている問題を十分に解決できる見通しがあってもなくても、他に施設がなければ空いている所に措置する以外に方法はないという状態でした。

現在はどうか――乳児院も養護施設も定員と現員との開差が相当あります。保護者が施設を見学して、その特徴の説明も聞き、質問もして入所施設の希望をすることもできます。子どもや家庭がもっている問題や、生活上の条件に応じて、医療機関と密接な関係にある施設に措置をしたり、保護者の住居に一番近い施設に措置したりするという選択も行われています。

一方、精神薄弱児の生活施設は定数一杯の入所者のため定員に空きが出た施設に入所措置をするということが続いています。施設を選択する余地がなく、もし特定の施設の入所を保護者が固執すれば、いつ入所できるかわからないわけです。

以上の例を見ても、施設を選択する自由の問題は、措置そのものから来る必然的な問題ではなく、要求に対する施設の数と、手続き過程が民主的か官僚的かによるものだといえます。

権利保障が十分できるような措置制度のために条件を整える努力をしないで、その結果生じた現状の問題点を

とが進んでいたと思います。

もし制度がなかったら、運動は相当の困難に直面し、要求の実現も（それは一定の限界をもってはいても、保守首長の時よりははるかに前進した）不可能であったと考えられます。

いま臨調行革が制度改革にまで手をつけようというのは、国民の要求運動の根拠を根こそぎ奪うことを企図しているものと思います。

2 「制度改革」と福祉サービスの内容

制度を変えようという時には、同時にその制度がつくりあげてきたサービス内容も変えようということだと思います。戦後の制度の中で、私たちは福祉問題の個別性、社会性、総合性に応じたサービスが必要なことを主張し、不十分ながらその方向を目指して来ました。

いま言われている「制度改革」は、特に市場原理による福祉サービスの売買は、問題の社会性、総合性に対応しないし、対応出来ないものだと考えます。それは戸塚ヨットスクールや不動塾の例で先に述べました。

日本の資本主義は、人間の生活の様々な側面を切りとって、利潤の対象としようとしていると言っていいと思います。その結果、人間自体が総合性を失いバラバラにされてしまうのではないか、臨調行革や、福祉の「制度改革」の行きつく先は、資本のための人間の解体ではないかと憂えています。

一―2―③

子どもの権利条約と児童福祉

――その具体化を実現するために

(一九九一年八月『生活指導研究』八号に掲載)

はじめに

日本の福祉の分野で子どもの権利条約を考える際に、一五年戦争後の日本の歴史と現状の上に立ち、この条約の内容を日々の生活の中に実現する運動の中に位置づけることが必要だと考える。具体的にいえば以下のことを前提に検討すべきであろう。

第一に権力側の動向である。日本には主権在民の憲法があり、教育基本法を中心とする教育諸法、児童福祉法を中心とする児童福祉諸法があり、子どもの問題に関しては一定程度整備された法制度をもっている。にもかかわらず現実は、法の精神や規定された権利が十分実現されていないばかりか、むしろ実質的には権利の空洞化に向かっている。

これは権力を掌握している側が、資本の利潤増加に至上の価値を置き、全てをそれに従属させて憲法や子どもに関する基本法を空洞化する政策を強力に進めているからである。日本は豊かになったと言われながら、金は大企業に集中し、勤労国民は豊かさを実感しえない状況にある。[1]日本の「豊かさ」をつくりだすこととはうらはらに、多くの子どもたちは家庭、学校、地域に安心して暮らす居場所がなくなり、さまざまな子どもの問題が発生している。一五年戦争後の四五年の歴史の中で、こういう状況が現出している。

このことは、この条約への対応もまた形式的、表面的な辻褄合わせと、実質的な空洞化がはかられる危険が大きく、十分な警戒を要することを示している。政府各省では国内法の改正を最小限にとどめ、解釈運用でこの条約との整合性を保つことが考えられているという報道もあり、また一部条項を留保して批准することも検討されているという。(2)

また厚生省官僚の中には「開発途上国の子どもたちのために、政府や社会福祉関係者が何かなしうることはないかを考えるべき」で「子どもを題材にしたイデオロギー論争にならないよう」にしなければならないとする主張がある。(3)これらはこういう危険を裏付けるものではないだろうか。

第二に権利実現運動の中心的な担い手である労働運動の問題である。現在日本の労働組合運動のナショナルセンターは分裂している。その一方である「連合」では、執行部が子どもの権利条約の批准促進の署名運動を決定しながらも、組織の中で大きな比重を占める幾つかの単組（全金同盟、造船重機など）は、署名運動を保留している。その理由は、君が代、日の丸を義務化した新学習指導要領との関係が明確でないからだという。(4)

労働運動全体が団結して、子どもの権利を擁護するために、この条約の批准と具体化を推進する運動を展開するという状況には、残念ながらない。

第三に、イデオロギー状況である。第一、第二の状況とも関連してこの条約について子どもの権利を強調することを問題視する論説があらわれている。その内容には認識不足と論理のすり替えが多いが、(5)子どもの権利を強調すると現在の子どもの問題を拡大したり、学校等の現場の混乱をつくり出すとして、条約の中の制限的文言をしっかり守ることが大人の責任であるという主張である。(6)

第四にマスコミの状況である。この条約について報道が非常に乏しい。日本が署名したということさえも、直ちに報道した新聞やテレビは数少ない。ニュースショウなども、芸能界の噂や天皇家関係などは詳細に取り上げるが、この条約については殆ど取り上げていない。

まして条約の内容やそれに関する議論、批准促進の集会についての紹介は国民に殆ど知らせていない。報道の形式的な自由の中で、ニュースの選択を通じて、報道すべきことを報道せず、国民に考える材料を提供しないという実態が現在の日本の中にある。

第五に福祉現場の状況である。日本の社会の中で最も近代化が遅れた職場である福祉現場で、権利としての社会保障、社会福祉を目指して地を這うような運動が、労働組合運動や実践研究運動によって展開され、大きな前進がみられた。

しかし、未だにその前近代的な性格を一掃するには到っていない（例えば「非公然組合員」としてでなければ労働組合活動ができない職場、権力的な上意下達や同族経営的になっている機関や施設の運営、利用者を社会の脱落者とみる処遇、などが少なからずあるという状況、労働条件が非常に悪く新しい労働力の確保が危機に瀕していることなど）。そして、行革以後その前近代性は強化されている。

こういう状況の中で福祉現場ではこの条約をどのように受け取るだろうか。多くの職場では「この条約をそのまま福祉現場に適用すると仕事をやっていけない」とするか、それぞれの条文の中にある制限的文言、例えば第一二条では「自己の見解をまとめる力のある子どもに対して」「その際、子どもの見解が、その年齢および成熟に従い、正当に重視される」など傍線部分を強く打ち出し、「この子はまだ自己の見解をまとめる力がないからまだ意見表明の権利を持っていない」「意見をきくが未成熟な考えだから大人の指導に従え」というように実質的に条約の精神を空洞化していくか、いずれかが予想される。

以上のことから日本全体がこの条約について次のように対応することをわたしは危惧する。それは、国民の関心が薄いまま、批准は形式的に行い、国際的にはある程度の金を出して世界の子どもに対する義務を果たしたと称し、国内的には法の整備を最小限度にとどめて、解釈を拡大して辻褄を合わせ、日本の子どもの問題状況は家庭でも、学校でも、福祉でも、従来のまま一向に解決されない、ということが主流になることである。いわば、「金満日本」の対応を繰り返すことである。そして、わたしたちが大きな運動を起こさなければ、そうなる可能性は残念ながら大きいと考えている。

以上のことを視野にいれながらこの条約の実現に積極的に取り組む視点、特に福祉現場でのそれを述べたいと思うが、ここでは紙数の関係上、基本的な問題と具体的な問題の幾つかを述べてみたい。

一　基本的な問題

1　日本の子どもの問題を取り組む視点について

この条約に関する日本の運動の視野が、主として日本の国内にあって世界の子どもに対する関心が乏しいという指摘がある。[6] 世界子ども白書に述べられている発展途上国の子どもの戦争犠牲、餓死、病死、各国のストリートチルドレンなどに対して、もっと関心を払うべきという指摘と考えられる。

確かに、このような発展途上国の問題について同じ人類として大きな関心を持つことが必要である。特に日本は海外投資、企業買収等を行い、金余り日本という評価を受けている状況の中で、日本の国内問題だけを視野に置くことは適切ではないであろう。しかし足元の日本の子どもの問題が改善されなかったとしたら、それもまた問題である。日本の子どもの問題のもつ意味を世界の子どもの問題と関連させて考える必要があるのではないだろうか。

日本の運動が国内に視野がいきがちなのは、目の前の現象に振り回されているということだけではなく、また必ずしも日本の子どもの問題が深刻で、矛盾が激しいということだけでもないのではないか。日本の子どもの問題がもっている性格が、世界全体の子どもの問題を考える際に一つの柱として重要だということを、意識的に或いは無意識的に感じているからではないだろうか。

発展途上国の場合は、戦争の問題と、主として人間としての最低の条件を保障する分野に、世界の金と物が使われていないために生じている問題であり、平和と金と物の世界的な分配を工夫すれば、一定の解決を得られるという問題といえよう。このため世界の平和を目指すことと、軍備の五〜一〇％を子どものために回せば、子どもの生命、発達、教育を保障することができるというのが世界子ども白書の指摘であり、そのための世界子どもサミットであったといえるであろう。

日本の場合は、経済を高度に発展させるため、金と物の量を増やし、蓄積するため、経済効率至上主義、能力主義を社会の運営原理とした。この中で家庭生活や地域での生活が壊され、教育も偏り、発達が犠牲になった。これは主として金と物を増大させ、利潤を実現させるという過程で生じた子どもの問題といえよう。

その端的な現れが、子どものからだと「凄み家あるホームレス」ではないだろうか。子どものからだの問題では、正木健雄教授の数々の指摘があるが、最近でも低体温、柔軟性の低下、「学齢期シンドローム」（アレルギー、骨折、胸部の変形、高脂症）などが指摘されている。保育園児のアトピー性皮膚炎は全国的に大きな問題になっている。(7)

一方、一九八七年の横浜市で生じた「浮浪者殺傷事件」の犯人たち、八八年に起こった東京足立区の女子高校生殺害事件の犯人たち、これらの少年を子細にみる時、家庭でも、学校でも、地域でも、居場所がないことが続いた結果のグループ犯罪であったといえよう。(8)それは高度に発達した日本の資本主義のもとで、「とりあえずの棲み家はあるが居場所がない」という、特殊なかたちをとったストリートチルドレンといえるのではないだろうか。

そしてこれら日本の子どもたちに現在起こっている問題は、発展途上国の餓死や病死やストリートチルドレンと併せて、金や物をつくり、増やし、蓄積する過程においても、その分配の仕方についても、子どもの権利を保障する視点で、世界全体の運営の原理を再構成することが重要な問題になっていることを示しているといえるのではないだろうか。

2 児童福祉問題と権利条約

一九六三年の児童福祉白書は「子どもは危機的状況にある」とした。経済成長が子どもの福祉を阻害しつつあると、非行、情緒障害、神経症、障害児の増加などを指摘し、児童をもつ家庭に対する施策が「欠如そのもの」であり、その充実を要すると提言した。

しかしその議論は、経済成長を推進する基本要素の一つとして展開された教育投資論に基づいているため、論理的に大きな矛盾をもっていたが、子どもの問題の基底に経済成長を置き、社会的な保障を重視する姿勢は、高度経済成長政策を本格的に始めた頃だけに、注目される。

日本の児童福祉問題は戦争、飢饉、不況、などと密接に関係して生じてきたことは歴史の事実である。高度経済成長政策の開始期の児童白書の認識を経て、いままた「豊かさとは何か」があらためて日本の中で問われている。

子どもの権利条約の「親双方が子どもの養育および発達に対する共通の責任を有するという原則の承認を確保するため最善の努力を払う」「締約国は、親および法定保護者が子どもの養育責任を果たすにあたって適当な援助を与えて」（第一八条）という視点からみれば、「端的にいえば、教育においても、社会においても、能力主義を徹底する」という経済審議会答申の立場（一九六三年「経済発展における人的能力の開発と対策」）、及びその延長上にある家庭を企業に従属させる従来の労働者管理のあり方は抜本的に転換されることが必要になる。

この条約の立場からすれば、有無を言わせない単身赴任や、たった一回の残業拒否による解雇を有効とする司法判断（日立武蔵の解雇事件）などは明らかに是正されなければならない。「物量の豊かさ」の中の「人間の貧しさ」をそのままにして、子どもの権利条約の具体的な実現は不可能である。それは三〇年以上にわたって展開してきた日本の資本主義の運営原理——能率至上主義、能力主義を基本から再検討することである。

最近児童福祉が再び重視されてきたが[9]、その多くは「近い将来高齢化社会を担う現在の子ども」について、出生率一・五七という状況の中で、生産力の高い優良労働力として効率よく確保しようとする視点である。そこには教育投資論の延長上の論理が働き、子ども自身の健全育成のために従来の社会運営原理を問い直すものになっていない。こういう「重視」は、子どもの権利条約実現の立場とは基本的に違った立脚点であることを指摘しておきたい。

3　相談・援助の基本的考え方

今まで日本の児童福祉分野では母子不分離論による家庭養育第一主義が主流であった。それはボウルビーなどの所説を引用しながら「親が育てるのは道徳的義務」であるとする考え方が基底にあった。そして児童福祉法第二条の「国及び公共団体は保護者とともに、児童を心身ともに健やかに育成する責任を負う」について、親が責任を果たせなかった時に国と地方公共団体が責任を負うという有権解釈がなされ、福祉現場にも浸透していた。

この延長として「最近の親の養育意欲、責任感の欠如」が厚生白書や児童福祉審議会の文書にしばしば出てきた。福祉は、親責任を果たせない可愛そうな子どもを救うことであり、そこに慈恵的、前近代的な処遇の根拠があった。

この条約に基づく援助・指導の理念はこの考え方を覆す。「親の第一次的責任（条約三条）、親によって養育される権利（七条）」などで親の養育を尊重する一方、親が養育責任を果たせるようなサービス、制度の保障を規定している（条約三条二項、一八条二項、三項）。

学会には従来の有権解釈に対して、児童福祉法第二条の「ともに」の意味を保護者と国、地方公共団体と双方に責任があり、後者は前者の養育責任を果たせるようにする責任も含むとした学説があったが、条約はその正当性をあらためて国際的に承認したものになっている。母親の道徳的な責任論に基づく処遇は基本から改めることが求められる。

二　具体的な課題

1　意見表明権について

児童福祉の実際の場面での意見表明権の保障について考えてみたい。子どもの状況によって意見表明の仕方は違う。

言語を獲得していない発達の状態の場合、泣き声の違いで、空腹、痛さ、不快さなどを表現し、動作を通じて要求の何かを養育者に訴える。重度障害の場合は声や動作や行動でその意思を訴える。追い詰められた状況の場合は問題行動（例えば家出、非行、不登校、施設からの「無断外出」など）で表す。状況に応じてそれぞれに違った形態の意見を表明していると考えるべきであろう。

しかも生まれた時から要求の尊重とそれへの対応があって、はじめて意思は表出される。いくら泣いても対応してくれなければ、泣き声を通じての意思の表出はできなくなる。動作や行動で表しても、周囲でそれを受け取って対応してくれなければ子どもの意思表出は衰退する。意思の形成と表出、および周囲の尊重、対応は相互に相手を前提として螺旋的に循環し発展する。

かつて養護施設で幼児があまりにも要求を表さないことに驚いたことがある。要求に対して「待っててね」といったまま対応できないことが重なった結果であり、人手不足がそれをもたらしていた。

また大人に対する不信感が強くある時、子どもは意見の表出を行うだろうか。意見を持ちそれを表出することは、意思の尊重の累積と、その結果である大人に対する信頼があって、はじめて可能であるという関係にあるとみるべきであろう。

さらに自由に意見を表明できる雰囲気が必要である。形式的に意見をきかれても、大人たちの一定の結論が先にあり、それを押しつけられることが確実な場合、子どもの意見は自由に表明されない。

例えば学校で校長、教頭、生活指導主任、学年主任・担任に囲まれて子ども一人で対応した時、あるいは体罰が厳しい教護院の中で・同様に職員に囲まれて「お前の意見を言ってみろ」と言われた時、子どもは自分の意見を自由に言えるだろうか。

もう一つ。表出された意見をそのまま尊重していいかという問題がある。児童福祉の対象となっている子どもの場合、親、学校教師、周囲の大人に対する不信感に満ちていることが多く、自暴自棄になって表出される意見もある。また非常に短絡的な意見もある。

例えば「これから自分はどんな生活をしたいか」ときかれて、「そんなの面倒くせえよ」「先生が勝手に決めてくれよ」「どうなったっていいよ、どうせオレは…」としか表現できない場合がある。また「あの野郎ぶっころしてやる」と叫ぶこともある。少女によっては「自分の身体を使って金をかせぐんだから、自分の勝手だろ！　あんたたち関係ねえよ！」と売春を合理化して職員に食ってかかることもある。福祉現場では日常的に起こる事態である。

「先生勝手に決めてくれ」も「ぶっころす」も「身体を使って金をかせぐ」ことも、子どもたちの当面の「意思」であるかにみえる。それをそのまま「尊重」していいのだろうか。「差し当たっての意思」はどのように形成されたのだろうか。度重なる非行をやった子どもが後に「本当はちゃんと叱って欲しかった」と述懐するのにしばしば出合うが、人間としてのねうちを、大人たちが真剣に、真正面から伝えることを求めているものだと考えられよう。

家庭が壊される実態（形の上でも内容的にも）、学校教育からの疎外、性を商品とする資本とそれに支配される文化とマスコミ等、こういう中で子どもは将来に対する不安と絶望、何が不満なのか自分でもわからない不満、大人たちに対する不信、刹那的享楽、短絡的打算などをもつに到る。一度落ちこぼれれば、地域での差別は歴然とする。

こういう中で「差し当たっての意思」が表出される。さまざまな権利侵害の結果として「差し当たっての気持ち」があり、「人間として求めているもの」は表面に顕れ難い状況であるが、決してなくなってはいないというのが真相ではないか。

大人たちの働きかけを媒介とし子ども自らが絶望や不信感から自分を解放して、思考力と表現力を獲得して「これからのことをふくめて自分を考える」ことができる時、本当の「意思の尊重」が可能になるのではないだろうか。その過程は「今までの自分を乗り越え、新しい自分を獲得する」という子どもが自らの内面を築く発達権を保障する過程である。「意思の尊重」には、子どもたちの生活実態と、諸権利の侵害と回復の問題とが、表裏の関係として総合的に把握されることが不可欠になる(10)。

この条約の権利を実質的なものとするためには、前述の論者のように条約の制限的文言を権利に対して消極的な方向で理解するのではなく、制限的文言も権利保障の視点からとらえることが必要になる。

2　「過ちをおかす自由」と「過ちを放置してはならない大人の責任」

1と関連して「過ちをおかす自由をもち、そこから自ら学ぶ」権利に触れたい。意見の尊重はその意見に基づく行動の自由と密接にかかわるからである。

この考え方は日弁連の主張するように子どもの権利の一つと考えられ、子どもが自主的な力を獲得し、主権者になるためには不可決のものといえる。しかし福祉現場の日常では、子どもの「過ちをおかす自由」を無制限に広げていいかという問題がある。具体的にいえば、その過ちが他人への殺傷、自殺、売春、いじめ等である場合はどうであろうか？

わたしは次のように考える。大人がその社会を構成する先輩として、その責任において断固として介入することが必要な場合はある。しかし、それを無制限に拡大すれば、子どもの未熟性を名目に、意思の尊重、試行錯誤によって自ら学ぶ自由が圧殺される危険性もある。大人が介入する時の原則が必要である。

その原則とは、①「過ち」が自他の生命、人格の根幹に関わる回復不可能なものであること——いままで挙げてきた例は、一見極端に見えるがこの類のものである。②介入に当たっては、経過と見通しの検討が必要であること——それは第一に、考えられる幾つかの試みがされたかどうか。第二に、介入しないで危機的状況が回避できるかどうかである。③集団的検討が不可欠である一人の判断でなく、立場の違った大人たちによって集団的に判断されることが必要である。④子どもの行為について、その行為は否定するが心情は理解すること。⑤大人の価値観を明確にすること——介入は大人の価値観が必然的に問われる。「将来自分がばかをみる」という功利主義的価値観や、「昔からそうなっているんだ」というような伝統的価値観では、介入に説得力を欠く。権利と連帯の価値観が子どもの指導には必要だと考える。

3　親権をめぐる諸問題

（1）　日本では親権絶対論というべき考え方に福祉現場はかなり影響されてきた。従来からも法律家を中心に児童福祉法総則や親子法の趣旨からその問題について指摘されてきた。また現場の一部でも親権を子どもの福祉に従属させる考え方の実践がされてきた。しかしそれは少数派であった。この条約では「子どもの最善の利益」が優先されることが明記され（三条、九条、一八条）、親の指導、指示も「子どもの能力の発達に一致する方向で」行う責任も明らかにされている(五条)。親権絶対論ともいうべき処遇は基本的に改められなければならないであろう。

ただ、実際問題としては、例えば親が子どもの引き取りを希望した場合に、子どもが健やかに育つ条件は非常に不十分だとしても、「この機会を失えば、親子関係は将来疎遠のままになるであろう」という見通しがある場合や、どうしても引き取りたいと実力行使して子どもを連れていってしまう場合などはどうするか、という問題は残る。

しかしそれはケースワーク上の問題で、その専門性にかけて判断することである。親権があるからやむをえないという法的な問題ではない。ケースワーク上の問題であるのに、それに対する判断を停止し、法的な親権の問題にすり替えてきた傾向が従来ともすればあったが、この条約によってはっきり問題が整理されるべきであろう。

（2）　離婚の場合の親権について——協議離婚の場合は、現在では親の一方的な意思で親権者が決められていることが多い。また養護問題を通じて見ると、親権者がどんな責任をもつかということに理解が薄く、安易に親権者を決めている場合も少なくない。子どもの意見表明権からいっても、何らかの形で第三者が子どもの意思および両親の意思と条件を確かめてから親権者を決定すること、および一定期間後子ども自身が親権者について再び意思表示することが社会的な制度として保障されることが必要になろう。

親を選ぶことはできないが、離婚した場合に育てる親を選ぶ権利は子どもに保障すべきであろう。こういう保障が児童福祉問題を未然に防いだり、深刻化させないという側面も軽視できない。

（3）　虐待問題と親権——子どもの権利と親権が最も対立するのは虐待である。日本でも虐待は決して少なくない。問題は虐待の発見と対応である。発見のためには条約一九条一、二項に規定するシステムの整備（医師、教師、福祉施設職員等の通告義務と免責）が日本でも早急にはかられなければならない。すでに大阪府、市などで関係機関の共同研究が始められているが、全国的にシステムの整備を目指した共同研究が必要であろう。

また虐待が通告された場合、公的機関が積極的に動く法的根拠も必要であろう。例えば虐待が法律的に定義され、社会的な共通の認識[11]となっていることが「行為は認めても懲戒権の範囲」を主張する親に対して有効な説得の手段となるように。また虐待についての立入調査権が公的機関に与えられることや、虐待問題を解決するために、親にも子どもにも継続的な相談と指導がきめ細かくできるように、公的機関を整備することも必要であろう。

さらに虐待をする親の手中にある子どもが保護を要する場合、社会的な保護を実行する手立て（どんな機関がどんな方法で親から子どもを引き離すか）が社会的に整備されなくてはならない。虐待に関しては制度的にも実際の処遇面でも充実整備を行うべき課題が多い。

これらの整備は子どもの意見表明権を実質的に保障す

る条件でもある。虐待を受けている子どもは虐待の事実さえ最初は認めようとしないのが通例である。自分の安全が確保され、親以外の大人に信頼できる人がいることが納得でき、生活が安定した段階で始めて従来の虐待の事実を詳しく話す。これも権利の相互関連性の一つである。

（4） 施設入所後の見通しと親の親権――子どもが施設入所する場合、入所後の親との関係を無視できない。子どもの意思は、基本的には安定した愛情に満ちた家庭生活の保障を求めているといってよいであろう。ということは、施設入所に当たって、子どもに親は何が約束できるかということ、その約束を公的責任でどのように担保できるかということが検討されなければならない。

引き取ると言っていつまでも実現せず、子どもの心に大きな混乱を起こしている例は相当にある。「本来家に帰りたい」という子どもの意思を尊重するために、具体的にどのようにプログラムをたてて、親の養育条件を整備し実現するか、そのことに子どもはどのように参加できるのか、親と一緒に生活できない場合でも、親子の絆をどのようにつくっていくのか、ということの検討である。

これは子どもがどこで養育されるにしても、どんな内容の養育を求めることができるのか、そのことについての意思をどのように表わし、具体的な保障がどのようにされるのかということであり、養育請求権の一環として重要な位置を占めるものと考えられる。

4 生活施設での課題

子どもの権利条約を具体化しようとする時、生活施設では沢山の課題があり、列挙するだけでも、

① 施設生活についての情報と意見表明権、聴聞の機会の保障（施設変更の場合も含む）。

② 健康医療への権利（二四条、二条に関連して）――B型肝炎、エイズ等の伝染性疾患を持つ子ども（あるいは親がもっている子ども）の生活施設への入所――集団生活の中で他の子どもたちに伝染させない配慮と当の子どもの権利の保障。障害をもつ子どもについても同様。施設生活での保健、医療、リハビリの権利を具体的な保障と不当な差別がないような配慮。疾病、障害についての職員に対する教育の徹底。そのための予算や体制の配慮。

③ 生活水準への権利（二七条）――児童福祉施設は「児童福祉施設最低基準」によりその生活水準は規定されている。最近は予算でこの基準を若干上回るものが配付されてはいるが基本的にはこの基準の制約

を受ける──物理的条件、教育費などの貧しさ。

④　体罰、侮蔑、脅しによる指導の克服（二八条二項）、特に「子どもの健康、自尊心および尊厳を育む環境の中で」行われる回復（三九条）は生活水準と関連して重要だが欠けている。

⑤　生活寮の規則についての意見表明権（寮の規則の他に、職員個人が恣意的に設定した規則も決して少なくない）。

⑥　後期中等教育への権利（進学率の低さ）。

⑦　養育の継続性──乳児院（〇～二歳）、養護施設（二～一八歳）の分類は現状でいいのか、何歳で移すのが適当か（二〇条三項）、児童福祉施設体系の再検討。

⑧　休息、余暇の権利──せわしなく指導される現実（三一条）。

⑨　問題行動に対して向精神薬の安易な使用が無くなっていない（三三条）。

などがあるが、紙数の関係で次の二項目にしぼって述べる。

第一は生活施設の処遇基準をつくることである。従来児童福祉施設の各種類毎に職員配置や建物、設備その他を定めた「児童福祉施設最低基準」があった。その低さが問題になっていて、抜本的な改善が要望され続けてきたが、この条約を具体化しようとすれば、子どもに対して、児童福祉施設に入所した場合どんな生活が保障されるのかという処遇基準が、社会的に約束されなければならない。

子どもの側からは、いつでもどこの施設においても、その内容を権利として要求できる基準である。現在それは存在していないので新しくつくることが必要になる。従来の児童福祉施設最低基準は、大幅に改善されることを前提に、この処遇基準を保障する条件を示すものとして位置づけられよう。

この条約が採択される以前から児童福祉の実践研究運動の一つである全国養護問題研究会（養問研）が鋭意検討している施設基準づくり[12]は、この意味で大きな意義があるものと考えられる。この基準づくりは現場労働者、施設経営者、研究者が自主的に共同で、実際の処遇に焦点を合わせて具体的に検討しているという点からも、今後の検討のあり方に示唆をあたえるものであろう。

第二は定期的審査である。条約二五条は主として医療施設について述べられたものとされているが、様々な問題の解決を目差して入所している生活施設にも適用されるべきであろう。

このことは施設に入れたら入れっ放しということが多かった従来の処遇を根底から変えることになる。一定期間後、子どもの意思、親の状況と意思、地域の状況等を施設の生活と照合して定期的に再検討するということは決して容易なことではない。しかし本来ケースワークの立場からも必要なことであった。このことは生活施設での権利侵害の進行の予防、突然の親の引き取り希望による混乱の防止、などの意味ももつものである。

これを実現させるためには現在の職員体制では困難であって、大幅な人員増を必要とするが、子どもの権利を保障するために必要不可欠なことであることを考えれば、条約三条一、二項をまつまでもなく、その条件を整備して実現すべきであろう。

なおこの定期的審査を誰がどのように行うかということは、慎重な検討を要するが（例えば措置機関や施設の職員だけでなく、オンブズマン制度を導入した審査も考えられるが、その長短は慎重に検討されなければならない）、少なくとも措置を行った機関、実際に生活している施設の双方が協力してこの子どもの権利を保障することを推進しなければならないであろう。

5　福祉現場における子どもの事件と条件整備

（1）　福祉現場において発生する子どもの権利侵害の事件は絶えていない。特に生命にかかわる事件は深刻である。こういう事件が発生した時の対応は大きく二つに分かれる。

第一は発生を偶発的な事情によるものとして、職員の不注意や処遇を問題とする考え方である。第二は子どもの人権侵害を必然とする客観的条件（子どもが置かれている実態と必要処遇、それに対する施設状況、職員配置その他の条件との矛盾）と偶発的誘因を分け、問題を構造的に捉える考え方である(13)。

前者は主に政府、地方公共団体、機関、施設の責任者などが事件にあたって出す見解などに見られ、後者は主として現場の実践者たちの痛切な叫びである。

後者によれば子どもの権利が侵されている時は、子どもに直接関係する大人たち、親や施設労働者の人権も侵されている。それは虐待している親、劣悪な処遇の施設の労働者の状態を見れば明らかである。子どもの権利を擁護しようとする時は、勤労国民全体の人権を検討し総体的にとらえなければならない。

（2）　最近「福祉改革論」が盛んである。これによれば、サービスの対象を公権力で選別する措置という「古い形態」を払拭し、市場原理によるサービスの売買という、市民的な関係が必要な時代になっているという。

しかし市場原理で子どもの権利が保障できるだろうか。生活施設で、子どもの権利侵害があるのは措置の形態をとっているためではない。かつて生命に関する事件を起こしたベビーホテル、戸塚ヨットスクール、不動塾は、いずれも市場原理に基づく自由契約によったものである。

措置においても市場原理による自由契約においても権利侵害は起こる。措置においては劣等処遇の思想と政策が、自由契約においては利潤至上主義と養育の施設への白紙委任が、権利侵害を起こす基盤になっているという原則的なことを確認すべきであり、市場原理は利潤至上主義を招くことを認識しておくべきであろう。

現在ではむしろ公的責任を引き揚げる（放棄する）ことが権利侵害を惹き起こしている事実（保育料が高くて保育サービスが受けられないなど）を重視すべきであろう。

（3）　日本は一〇年間余にわたる行革によって、子どもの福祉、教育の条件を切り下げ、自己負担を増やす一方で、軍事、海外援助、産業基盤整備に力を傾注してきた。この基本政策は条約三条の、子どもの最善の利益が第一次的に考慮され、その目的のためにあらゆる適当な立法上および行政上の措置をとることとは鋭く対立する。

子どもの権利条約の具体化を実現しようとすれば、こういう点からも政治、経済音痴を許さず、世直しの強力な運動と結びつかざるをえないのである。

注

（1）　一九八九年国民生活白書の指摘。

（2）　一九九〇年九月二八日　朝日新聞、松井やより記者署名記事。

（3）　河幹夫「児童福祉の窓」『月刊福祉』一九九〇年二月号及び一九九一年四月九日〝シンポジウム全政党に聞く「どう考える？　子どもの権利条約」〟における自民党船田元外交部会長の発言。

（4）　全金同盟機関紙一九九〇年八月二五日、№八八七、八八八合併号「子どもの権利条約批准署名運動に問題」造船重機全国大会（一九九〇年八月）書記次長答弁、一九九〇年九月五日中央執行委員会決定。

（5）　佐藤欣子「冗談もほどほどに『子どもの人権』」『新潮45』一九九〇年六月号。

高橋史郎「何のための『子どもの権利条約』か」『諸君！』一九九〇年一二月号。

例えば、この条約は主として開発途上国の子どものためにつくられたものであり、日本の子どもには「あまりあてはまらない条項」として七条（名前をもつ権利、国籍を持つ権利）、一九条（性的虐待からの保護）、二四条等を挙げているが（高橋教授）、養護施設入所児で就籍がないまま長期に経過した者や、朝鮮人・韓国人が差別的扱いを受けた経験から日本国名しか名乗れないことなどが決して例外的でないこと、性的虐待はいまや日本では大きな問題になっていること、転出入による妊産婦健診、乳幼児健診などの受診が十分でないこと、水俣病、森永ヒソミルクなどを始めとする食物汚染による疾病、障害が発生し、現在もその犠牲者は苦しんでいることなどの事実を無視するのは、同時代に生きる人間としても、研究者としても理解に苦しむものである。

（6）『子どもを守る』四五四号、「子どもの権利条約を通して世界にもっと目を向けて」

（7）正木健雄『子どもの体力』大月書店、ほか。最近のものでは、正木健雄編『新版　子どものからだは蝕ばまれている』（柏樹社）・低体温——第一二回子どものからだと心・全国研究集会での調査報告。「子どものからだと心調査90」（日本体育大学・学校体育研究室発表）

・柔軟性の低下——文部省の体力・運動能力調査（一〇代に立位体前屈、伏臥上体そらしなどが大きく低下している）

・学齢期シンドローム——全国保険医団体連合会の第五回医療研究集会での全国調査発表。

（8）一九八四年第一〇回児相研全国セミナー基調報告。同報告書「日本の子どもと児童相談所」一七～二五頁。
横川和夫、保坂渉『かげろうの家』（共同通信社）
佐瀬稔『うちの子がなぜ！』（草思社）

（9）そのいくつかを挙げれば、次のようなものがある。

・一九八八年一〇月二五日　厚生省、労働省「長寿・福祉社会を実現するための施策の基本的考え方と目標について」三項目の中の「3　児童の健全な育成と家庭の支援対策の強化」

・家庭と児童の福祉を考える懇談会意見具申（一九九〇年一月三〇日）

・三福祉審議会意見具申「今後の社会福祉のあり方について」この中の、3　社会福祉見直しの具体的方策、（3）在宅福祉の充実と施設福祉との連携の強化、④児童の養育、健全育成、家庭支援体制の構築、保育需要の多様化に対応した保育対策の充実。

・三浦＋長尾対談『月刊福祉』一九八九年六日。

・一九八九年度厚生白書「長寿社会における子ども・家庭・地域」

(10) こういう児童福祉分野での実践例は、加藤俊二「心理判定業務について―非行児童の内面理解のための生活史的アプローチ」一九八一年第七回児相研セミナー報告書「日本の子どもと児童相談所」所収を参照。

(11) 日本児童調査会資料によれは、加害者の虐待についての認識で、「行為は認めるが虐待とは認めない」が六〇・六％となっている。同調査会「虐待」一九八五年。

(12) 全国養護問題研究会「施設養護指針」案。

(13) 一九八六年（第一二回）児相研セミナー基詞報告参照。同報告書「日本の子どもと児童相談所」二一〜三三頁

二　児童福祉の各分野・その現状と課題

二―1―①

子どもの権利と養護措置について

（一九七五年七月　『季刊／児童養護』六巻一号に掲載）

はじめに

子どもは小荷物。

あて先は施設という倉庫、送り主は児童相談所、児童票は送り状、「心理判定書」は品質検査書。

送り主は――早く送れば一件落着。「なに倉庫が一杯？　もっとつめられないのかぜいたくいわないで」

倉庫の番人は――取扱い注意の荷物おことわり、品質検査がなってない、とブツブツ。

高物価や失業や病気や、そのあげくのやけくそや、によって傷つき、倒れるひとびとから、こうして子どものにんげん性を奪い、モノにして行く。

そうして小荷物の輸送、管理の元締はここで訓を垂れる。「子どもの福祉は必要です。でもフトコロを考えずに倉庫を直すと赤字になる。それより親の自覚と責任が肝心。わたしも〃クリーン〃で行きましょう」

日本の大人たちが毎日「推進」している「児童福祉」は子どもを小荷物にしていないか、そしてそれは目に見え難い大きな力の指図通り動いていて、しかも働いている者たちは、自分では児童福祉を推進しているように催眠術にかけられているのではないか。

最近しばらく病床に臥せって、自分の仕事を見直した感想です。

私は児童福祉司として何人かの子どもを養護施設に「措置」することの一端を担ってきました。そしてその間、子どもの権利保障のことを考えてきたつもりでいました。

しかしA君やBちゃんの「措置」に具体的にどんな内容があったら権利保障といえるのかは明確にしきれていません。多くの人の間にもかなり、異論があるようです。

私自身では基本的なところが抜けていたのではないかとはずかしい思いにかられています。三年前、わたしたちのグループで出した「児童福祉司職務の分析――その一、最も簡単な養護ケース」(東京都児童福祉司会研究部発行一九七二年)でも、「この分析の不十分さは多くの人々が修正補完してくれることを期待」して発行したものであるとはいえ、いま考えると基本的なものが抜けていたようです。

以下、「措置」とその後の「養護」について基本的な子どもの主権という立場から考えてみます。

一　子どもが主体的に自らの道を選択する権利について

子どもが養護施設に入る時、大部分は子どもからの訴えによってではなく、子どもの周囲（親、学級、近隣等）の「主訴」によって事が運ばれます。それは家庭で子どもが養育されていることから出発するので、当然といえばそうかもしれませんが、その時、子どもがどうしたいと思っているか、なぜそうならなければならないかについて、子ども自身の判断や選択は遠くに追いやられています。おそらくその前提には、「子どもは未熟であってその気持は参考にするが大人の判断には従うのが子どもの幸福だ」という考えがあると思います。

養護施設や一時保護所の職員からは「児童福祉司が十分子どもに説明していない」という抵抗がかなりあります。私の経験からいうと、これから入るところはどんなところか、どうして入らなければならないか、をその年齢に応じてかなり説明したつもりでも、一時保護所や養護施設の職員から「ここはどんなところかきいている？」ときかれて、「ウウン」と首を横に振る子どもは半数以上はいる感じです。

「あんなに言ったのに」とその時は思ってきました。しかしよく考えてみると、それは独善だったと思います。それは説明というより「因果を含める」性質のものだったと思い当ったのです。こう思ったとたん、私は十数年前の経験を想い出しました。

生活保護世帯であったニコヨンのオバサンが夏季手当の収入認定をうけた時の言葉です。「ヒトイヨ、ヒトイヨ、ワカッタケト、ヒトイヨ」。この人は朝鮮の人でした。同僚のケースワーカーが生活保護の仕組みを「説明」したのですが、仕組はわかったけど、「ひどい」、というのです。片言だっただけに、この言葉に私は衝撃的な感動をうけました。

このオバサンと同じ気持が子どもの首を横に振らせて

いるのではないでしょうか。それは児童福祉の「対象」であることを拒否し、「権利生体」でありたいという要求の象徴ではないでしょうか。

考えてみると現在の養護措置では（東京の場合特に）。第一、子どもがどんな生活をするか（施設に入るか、地域で生活するか）についての選択に子どもの主体的な参加が保障されていません。周囲の大人たちが一方的に子どもに因果を含めることになっています。

施設を利用することは、いま自分たちが当面している矛盾を解決する手段であること、それを子どもが未成熟なりに判断し、親の考えも加え、周囲の大人たちの考えもねりあわせて、子どもが主体的に生活をきり開いていく手がかりにしていく、という教育的意味を「措置」の過程はもつべきではないか。ここが抜けているから「説明」は子どもとかかわりのない大人たちの空虚なおしゃべりとしか受取られないのではないか、と思います。

勿論こうしたとき、「措置」には大変な困難が生じてきます。例えば子どもが「施設へ行きたくない」と思い、親もやりたくないと思っていて、しかも「問題」が放置できない時、児童福祉司として当面施設入所しか方法がなさそうだと判断した場合どうするかなどは毎日すぐにぶつかります。けれども難かしいからといって避けて通り安易な押しつけをしてはならないのだと思うのです。こういったからといって、子どもの願望をいつでも、すぐそのままに（an sich）かなえることが発達保障だ、といっているのではありません。大人たちが真剣に考え（それには集団的過程が必要です）、どうしても子どもの願望どおりでは、福祉が守られないという時には、ごまかさず für sich を出すべきです。こういう過程の結果として（適当な言葉がないので、不本意ながら使えば、an und für sich としての）措置を目指すべきと思うのです。子どもは自分の生活の仕方を選ぶ権利がある。これが基本です。

こう考えてくると措置はクリニック——ガイダンスと対比し「単なる措置」（都児福審意見具申）などという生やさしいものでなくなってきます。

こんなことは厚生省の「児童相談所執務提要」にも、都道府県のそれにも、さっぱり書かれていません。児童福祉司として、幾度かにがい汁をのんで、子どもから教わったことです。

こういう措置の過程の検討をぬきに、子どもを「施設に入れられるもの」として考え、施設の生活では、「養育されるもの」としてとらえ、その上で子どもの心理的側面を追求すると、「施設入所児の心理的外傷経験」というような接近の方法になるのではないでしょうか。一見「子どもの立場」に立つようですが、子どもを主体としてとらえているかどうか疑問です。

第二、子どもが施設を選択することが保障されていません。逆に施設が子どもを選択し「ヨリドリミドリ」が現実です。第一の選択する権利で、子ども自身が考える上でも、施設とはどんなところか、を自らの目で見、心で感じて考える上での材料をうることが必要です。児童福祉司の言葉だけの説明（しばしば甘言となる）では不十分です。

ところが施設は、処遇も理念も現状ではかなりバラバラです。しかも大体満員です。いくつかの施設をみて、ここで生活したいと子どもが願っても、それが実現しません。しかも施設は空いていても、「お断り」をされる場合もあります。それも生活を一緒にしていく子ども仲間に相談するところはきわめて稀で、大人たちの判断だけで、というのが大部分の施設ではないでしょうか。

二　施設の仲間との生活について

（1）こういう過程の中で子どもが「自分が施設に入らなければならなかったのは何故か」がわかり、入所中にとりくむ課題（子どもと家庭などの）が自分の力でわかってくるのではないでしょうか。それは児童福祉司や施設の先生がいろいろ考え、子どもに与え、親にも自覚させるというのでは本来的にはないのではないでしょうか。

そして施設での子どもたちの力がこの課題を更に深め、とりくむ力を支えていくのだと思います。昨年の養問研の分科会である施設の実践報告がされていました。入所時、何で入所してきたかを子どもに話させる。既に入所していた子どもは自分が入ってきた理由を話す、そこで自分の抱いている苦しみや悲しみが、自分一人のものでなく、共通のものだとわかり連帯の基礎がきずかれていく、という内容だったと思います。

そこでは指導者に社会科学の学徒としての目が厳しく要求されていると思いますが、これまで述べてきたような過程を経て、生活を破壊する力に対し共に闘う姿勢を子どもや職員が親に求め、基盤ができるのではないでしょうか。そして、そういう子どもを通じてこそ、親の変革――自らを変え、外界に立向っていく力を獲得していく――が期待しうるのだと思います。

（2）子どもの権利保障の上で施設の条件を改善する課題がありますが、その一つの児童集団規模、施設規模のことを、上記の文脈の中でふれておきたいと思います。

従来児童集団規模、施設規模の縮小が「処遇向上のため」要求されてきました。当局もそれを認め改善の方向はとられていますが、その方向が何のために必要なのかはもう一度しっかり考える必要があるのではないでしょうか。

端的にいえば児童集団規模の縮小や施設規模の縮小がストレートに「処遇向上」に結びつくとはいえないのではないか、ということです。場合によっては一人の保母が「取扱う」子どもが少なくなって、子どもへの監視の目がよけい光るようになったり、施設の児童数が減ることにより、園の規則の徹底がさらに貫てつする、ということも起りうるからです。

児童集団規模や施設規模の縮小は両刃の剣であり、管理の養育の強化も起こりうるし、発達保障の条件にもなりうるということです。

従ってもう一度、その要求の意味を発達保障の立場から明確にすることが今必要なのではないでしょうか。

例えば集団規模の縮小は「面倒みきれない」からとか、目がとどかない」からとか「保母がくたびれてしまう」からとかいう次元からだけでなく（そういう次元に止っていたら集団を小さくしさえすればよいということになり、子どもにどんな集団が必要かとかそもそも子どもに集団がなぜ必要かということが抜けてしまう）発達要求を示す子どもの微妙な変化がつかめなかったり、見落したり、さらに、子どもの発達要求にみあった働きかけができなかったり、子どものぶつかりあいから生まれてくる「発達の最近接領域」の拡大が十分確保できなかったりするところを明確にすることです。

また、施設規模でいえば、二四時間子どもが生活を共にする場では、みんなの意見を相互にわかりあったうえで約束ごとがつくられ、みんなで実行していく、ということが必要であり、そのためにはそれぞれの意見をそれぞれが直接的にきき討論できる時間、空間を確保するため子どもの数が制約されてくること、こういう過程を通じて、民主主義を生活的に習得していくことができること、それは発達保障の重要な課題であること、などを明らかにし、実践を発展させるべきだと思います。

子どもを小荷物にしないため、権利主体として具体的、日常的にとらえ直そうではありませんか。それは子どものにんげんをとりもどすことであるばかりでなく、わたしの、あなたの労働に、にんげんをとりもどすことだと思うのです。

二―1―② 今日の養護問題

（一九八六年七月 『日本の児童問題』一号に掲載）

はじめに

第八回養問研大会で私は「現代の貧困と養護問題」という表題で講座を受け持ちました。その中で述べた私の考えは今日も変わっていません。この時は「貧困をどう考えるか」「児童問題の中で貧困はどのようにあらわれるか」「目の前にいる子どもから、その子の持っている問題の本質＝貧困を、どんな方法でつかみとるか」「養護問題と貧困の関係をつかむことが、養護労働にとってどんな意味をもつか」ということに重点を置いてお話しました。

今回は、「今日の養護問題」という表題です。ここ三年間、同じ表題の講座が開かれています。それとできるだけ重複しないよう述べたいと思います。

私は東京の新宿区の一部を担当する児童福祉司です。毎日の仕事を通じての最近の養護問題の実感を申しますと、借金（サラ金を含めた）で行きづまっての逃亡、高年齢児童の家出、親の精神疾患、この三つがとても気になる問題です。九州から一家そろって車で逃げて来たとか（破産宣告のためにも金がいるので、その金をつくりに東京へ来たという事例もあります）、中卒後の子どもが四国や沖縄から「家にいたくない」「地元では仕事がない」などの理由で上京したという例もあります。精神疾患の場合は親子が浮浪状態だったり、家の中に閉じこもり他人を入れようとしなかったり、様々な形があり、接近に苦労するところです。

一 養護問題の範囲

「今日の養護問題」という題は今日的特徴も含めたいと

いう実行委員会の趣旨だろうと思います。その特徴の一つは、狭い範囲ではくくれないということだと思います。私は三つの範囲を考えています。

（1）狭義　これも幾つかの段階があるように思います。養護施設に入所している児童の問題が最狭義です。もう少し広くは、公的機関に相談のあった養護問題です。施設で働く人は前者を、相談所や福祉事務所で働く人は後者を、それぞれよくみることはできますが、養護問題をそれだけだと思いがちになるという落とし穴があります。

（2）中義　もう少し広げたもので、狭義の範囲をくぐりながら、目の前から消えたもの、あるいは気づかないものなど次の（a）（b）の二つです。

（a）養護相談はあったが、養護施設や里親に措置しなかったものがあります。これは違った形の公的な手だてを提供した場合（例えば保育園や母子寮）もありますが、私的な方法で対応するものもあります。

例えば親族に養育を依頼するとか、ベビーホテルにあずけるとかです。何れにせよ、相談のあった問題がさしあたって解決するだけでなく、その奥にある「子どもを十分に育てられない」問題も本当に解決したのか、あるいは解決の見通しがたったのかどうか、という問題です。

相談機関で働く者は、施設入所について「イエス」か「ノー」かを決めてしまえば一件落着と思いがちですが、問題はそう簡単ではないのだと考えます。

（b）養護問題についての措置を行ったもので、措置の中で、あるいは措置の後まで引きずる問題です。

例えば、施設や里親での「不調」です。極端な場合、措置をされていても放置や虐待が全くないとはいい切れません。子どものせいにしてしまうことは多いけれど、本当は養育者の養育方法や考え方が問題である場合も相当あります。

また例えば中卒で園を出て就職します。そこで必ずしも自立しないというのはお互い毎日経験しているところです。生活のしかた、社会関係の結び方などでつまずくことはその子どもが引きずっている養護問題ではないでしょうか。

さらにまた、園を出て結婚して、子どもを産み、育てるがうまくいかない、家庭をつくる力が不十分で、場合によっては養護問題が再生産されるということもあります。

仮に結婚がうまくいっても、親をどうしても探したいという問題や、親が自立しないで子どもの生活が不安定にさらされているということもあります。

養護施設に入所したから養護問題が解決したのではな

い。養護施設内での養護問題もありうるし、養護問題は一生ついてまわる問題ではないか、と思います。養護施設で育った若者が女子大生殺しの犯人だったという事件は、このことを考えよと教えていると思います。養護問題を長い時間の問題としてみるということは、決して宿命論的に理解するということではなく、だから真正面からぶつかり、その時々の課題を十分解決することが必要だということです。

（3）　広義　いわゆる養護問題は養育者（多くの場合、親）が子どもを育てられない、ということですが、子どもの側の問題としてあらわれる登校拒否、非行などはどうか、です。

これらは、子どもが自ら育つ力を養育者が十分育てることができなかった結果であり、過程だと思います。

養育者が欠けているとか、養育環境がめちゃくちゃだというとかではないが、養育者が子どもを育て切れないという点では養護問題といえるでしょう。

今日の養護問題というのは、養護施設で生活する目の前の子どもや、養護相談に来ている子どもだけをみていては、つかみきれない。この三つの範囲のことを見る必要があると思います。現に登校拒否の子や初期非行の子どもたちが養護施設にはかなり入所しています。三つの範囲を考えることは、目の前の子どもたちを理解する上でも大切だと思います。

二　若干の数字からみた「今日」の養護問題

（1）　養護相談の年齢構成が高くなっている

表1は、養護相談の年齢別件数の推移をみたものです。相談件数の中の乳幼児は六歳を境に絶対数も構成比も減り、逆に七歳以上は絶対数も構成比も増加しています。なかでも中学生相当年齢の相談が増加しているのが目立ちます。

（2）　養護施設在籍児の年齢構成も高まっている。今大会の基調報告に述べられているとおりです。

（3）　養護施設に措置する児童のうち高年齢児は「問題行動」のある場合が多い。

表2は、少し古い資料ですが、一時保護所を経由した児童で養護施設に措置された児童に様々な「問題行動」があったことを示しています。東京の一時保護所経由分だから、一層はっきり出ているといえるかもしれませんが、中学生以上になると、ほとんど「問題行動」といわれるものを持って養護施設に行っているといえるでしょう。

このことは前節であげた、養護問題の範囲の考え方と一致します。

以上のことは、今日の養護施設では、特に数字にとりあげなくても、毎日ひしひしと実感させられる事実です。その傾向は歴史的に形成され、一施設の問題でなく、全体的傾向なのだということを確認する必要があるでしょう。

三　今日の養護問題をとらえる仮説—養育機能障害論

養護問題を広くとらえ、前節のような「問題行動」をもった児童の問題も含む養護問題の考え方が、いま必要になっているのではないかと考えます。それは養護問題の発生を予防する上からも、起こった養護問題に対応して、それを克服するためにも必要だといえるでしょう。私たち、児相研——児童相談所問題研究全国連絡会——では仮説的に次のように

表1．養護相談年齢別件数の推移

年度／年齢	1972 年度	1976 年度	1983 年度
総　数	33,684（100)	31,057（100)	29,103(100)
0 歳	5,379(16.0)	4,124(13.3)	3,765(12.9)
1	4,446(13.2)	3,354(10.8)	3,040(10.4)
2	4,391(13.0)	3,846(12.4)	3,014(10.4)
3	3,375(10.0)	3,192(10.3)	2,233(7.6)
4	2,642(7.8)	2,591(8.3)	1,820(6.3)
5	2,262(6.7)	2,256(7.3)	1,654(5.7)
6	1,816(5.4)	1,940(6.2)	1,489(5.1)
7	1,470(4.4)	1,564(5.0)	1,471(5.1)
8	1,308(3.9)	1,288(4.1)	1,366(4.7)
9	1,133(3.4)	1,267(4.1)	1,389(4.8)
10	992(2.9)	1,018(3.3)	1,325(4.6)
11	854(2.5)	1,043(3.4)	1,232(4.2)
12	920(2.7)	861(2.8)	1,226(4.2)
13	787(2.3)	832(2.7)	1,196(4.1)
14	631(1.9)	692(2.2)	1,023(3.5)
15	778(2.3)	674(2.2)	842(2.9)
16	226(0.7)	192(0.6)	304(1.0)
17	110(0.3)	I36(0.4)	335(1.2)
18 歳以上	146(0.4)	187(0.6)	379(1.3)

厚生省報告例 74

表2　56年度養護施設措置児の問題行動（一時保護所経由分）

1982.12.18 児相センター

性別	学年	入所総数	初期非行											性向							その他		計
			家出	盗み	怠学	不良交友	家庭内暴力	性的非行	金品持出し	喫煙	シンナー	施設から無断外出	放火	登校拒否	家で会話しない	心身症自律神経失調	弱いものいじめ	知らない人にお金をせびる	嘘をいう食事を乞う同情をひく	火遊び	低学力ボーダー	右上肢がうごかない	
男子	中卒	1												1									1
	〃3	6	2	1	1				(1)		(1)			2									6 (2)
	〃2	20	2 (1)	1 (3)	1 (2)	2	2 (1)					(1)		3 (1)		1							12 (9)
	〃1	8	1			1	1			(1)	(1)			1									4 (2)
	中学以上計	35	5 (1)	2 (3)	2 (2)	3	3 (1)		(1)	(1)	(2)	(1)		7 (1)		1							23 (13)
	小6	18	1	3 (1)			1		1 (2)					(1)			(1)					1	7 (5)
	〃5	10	1	1																			2
	〃4	11	1	1			1		(1)									(1)	1	(1)			4 (3)
	〃3	11	1	(1)										1									2 (1)
	〃2	6		1 (1)									1										2 (1)
	〃1	11	1	(1)											1		1						3 (1)
	小学生計	67	5	6 (4)			2		1 (3)				1	1 (1)	1		1 (1)	(1)	1	(1)		1	20 (1)
	男子計	102	10 (1)	8 (7)	2 (2)	3	5 (1)		1 (4)	(1)	(2)	(1)	1	8 (2)	1	1	1 (1)	(1)	1	(1)		1	43 (24)
女子	中卒	2				1						1 (1)											2 (1)
	〃3	7		(1)	(1)	3		1		(3)				1									5 (5)
	〃2	8										1		2									3
	〃1	10	1 (1)	1	(1)	1						1									1		5 (2)
	中学以上計	27	1 (1)	1 (1)	(2)	5		1		(3)		3		3							1		15 (8)
	小6	9	1	1 (1)										2									4 (1)
	〃5	6						1															1
	〃4	6																					
	〃3	9																					
	〃2	6																					
	〃1	3																					
	小学生計	39	1	1 (1)				1						2									5 (1)
	女子計	66	2 (1)	2 (2)	(2)	5		2		(3)		3 (1)		5							1		20 (9)
男女計		168	12 (2)	10 (9)	2 (4)	8	5 (1)	2	1 (4)	(4)	(2)	3 (2)	1	13 (2)	1	1	1 (1)	(1)	1	(1)	1	1	63 (33)

（注）（　）内は従訴別計

「昭和56年度乳児院養護施設．虚弱児施設措置をめぐって」（児相センター措置問題検討プロジェクトチーム報告 No.2）より

考えました。大雑把なスケッチをしてみます。

子どもは自ら育つ力をもっています。それは仲間同士で働きかけあい、大人の援助を受けながら、力を発揮します。この育つ力を引き出し、伸ばす機能を養育機能とします。生まれたての赤ちゃんから高校生までそれぞれの年齢での働きかけ方の違い、養育機能の内容の違いはありますが、必要な一定水準があると思われます。

というのは、様々な子どもたちに接してみると、「手がかかっていない」と思われることがとても多いのです。お互い実感するところではないでしょうか。そして本人自身のさびしさも、ひしひしと感じられます。それは大人から子どもへの働きかけ、子ども同士の働きかけあいが、必要な一定水準まで達しないで不十分なことに由来すると考えられます。

どんな年齢の時にどんな働きかけが行われるかが必要なことです。それが不足すると、子どもの発達にどんなつまずきが生ずるかは簡単にはいえないものの、解明に努力がなされつつあります。

この育てる働きの担い手は、①家族、②地域、③社会的養育の手だて（保育園、幼稚園、学童保育、児童館、学校等）が主なものであり、これらは相互に関連し、相互に補い合っていると考えられます。

育てる働きの不十分さは、家族では、①育てる担い手の欠除（母の病気入院、蒸発など）、②育てる力の不足（親の慢性的疾患など）、③家族間の葛藤、④育てる方法の混乱、⑤育てる理念の欠除や不適切さ――などとなってあらわれると考えられます。

例えば父は存在しても関与せず（実質的には担い手の欠除）、その背景には父と母の子育てに関する葛藤があり（③）、子どもが起こしている盗みや家出、登校拒否などの現象だけを追及し、子どもの気持ちの理解の上に従来の対応の変更を試みていない養育方法の不適切さ（⑤）、あるいは盗みがあった場合など事実を把握しないまま、誘われたというだけの理解で、事態に対応しようとしなかった養育方法の不十分さ（⑤）などです。

地域における育てる働きの不十分さは、①子どもを持つ家族同士のつながりの薄さ、②養育の理念や方法についてのバラバラな状況、③地域の子どもについて、住民が無関心や関与を避けること、④金もうけを中心にした行動様式による養育の阻害――等です。

例えば車上ねらいをした子どもがいたとします。この親たちは、相互に相手が主導者で自分の子はたまたまそこに居あわせただけとみて、互いに話し合ってもいなかった、そういうつながりの薄さ（①）があり、子どもが車を片端からのぞいていても「君らそこで何してるの？」と声をかける近所の人もいない（③）、ゲームセンターに一万円札をもって行って遊んでいても不思議と思わない（④）等が重なっている場合があります。

社会的な養育の手だてにおける育てる働きの不十分さは、①公的なものの不十分さ、②人手の不足、③親とそこで働く者のバラバラな状態と葛藤、④専門性を確保する困難さと不十分さ、⑤養育の理念と方法についての対立、混乱――などです。

例えば、児童館が近くになく、家の外での遊びの経験が少ない（①）、いじめやリンチ事件で、親は教師にまかせて、その処理の方法を批判し、教師は家族の非協力、無関心をなげき（③）、事件に対する明確な方針と対処が一貫してできなかったため（⑤）、事件は更に陰湿になり、親と教師は不信感をつのらせる（③）という結果を生じているような例は少なからずあります。

非行が「複合汚染」であるといわれる意味は、このように育てる働きの不十分さが相互に関連し、増幅していることなのだと考えます。そのことはまた、このままではいけないと気づいたところで、できるだけの対処をすることが汚染の増幅を食い止め、逆に育てる働きを強める方向に増幅させて行くことを可能にするとも言えるでしょう。

こうしてみると父と母が大きな方針を統一させること、親たちが手をつなぐこと、養護施設などの社会的養育の担い手が、子どもたちの実態と要求をつかみ、子どもの自ら育つ力をはぐくみ伸ばすこと、施設の職員や教師が主導して地域の子育ての機能を高めること、などの位置づけや意味の重大さが理解できます。またそれが本当にできた時には、相当の前進がえられることも私たちは経験的に知っています。

四　養育機能障害をひき起す貧困

養育機能障害は、親や働く者が心構えを変えれば克服できるという問題ではありません。一定の構造の上になり立っています。例えばどう見ても「ダメ親」とみえる人も、その生活歴や現在の拘束されているいろいろな条件をみると「そうさせているもの」があります。

（1）　養護問題が生じたといった時の典型例を、高度経済成長期のものにみてみましょう。

高校進学の余裕がなく、中卒後、集団就職して上京。しかし、長時間労働と孤独な生活の中で同じような境遇の若い男女が、人間のぬくもりを求めて、ちょっとしたきっかけで知り合う。相手を見極めるゆとりもなく結婚し、すぐ子どもが生まれる。契約条件が変わったと今までのアパートを追われ、子どもがいてもよいという条件のアパートに移る（当時の東京の下町は、地下鉄東西線の開通もあり、今までの畑が宅地となり、安いアパートが沢山できたという背景もあった）。

通勤距離や子育ての都合から、主に母親の方が仕事を変え、場合によっては両方とも転職する。低学歴と手に職がないこと、手っ取り早く相当の収入になることから、母親の仕事は水商売である。中卒ですぐ社会生活へ入ったため、家事、育児の具体的処理方法を身につける余裕もなく、家庭の経営に二人とも未熟なため、夫婦間のいざこざが生ずる。そして店の客との異性関係、しかも転居のため地域での知り合いも少く、両方の間に立ってくれる人もいないし、親戚も自分の生活で精一杯、夫婦の関係や養育の問題を心配して具体的に援助してくれる人はいない。――これが「母蒸発」の場合の典型でした。

父親の仕事が運送などの不規則な労働時間のため、生活が混乱しての家庭崩壊というケースも目立ちます。低収入、苦しい生活、学歴による差別などを背景に投げやりになって酒、ギャンブル、異性関係、借金などと「お定まり」のコースでした。

（２）　貧困問題を裏付ける共通する型と共通する事情と経緯、児童福祉司になって間もなく、こういう問題に直面して、私はこれには地域性と法則性があるのではないかと思い始めたのです。国勢調査の職業分類による分析を行って、東京各地の特徴と生活保護率との関係を明らかにされた江口英一先生の業績がありますが、同じようなことが養護問題にもいえないだろうかと考える一方、私たちの先輩が養護問題の家庭について、階層調査をしていることを思い出したのです。

そこで手初めに東京において乳児院、養護施設に入所している児童の出身世帯を、費用徴収の階層によって調べてみました。予想通りＡ（生活保護世帯）Ｂ（住民税非課税世帯）、行方不明世帯を併せると七二・七％でした（一九七一、一二、現在）。

同じ方法で丹野さん（当時全養協）が神奈川県の調査を行いました。養護施設や乳児院だけでなく教護院、里親、虚弱施設の入所児童の保護者にまで対象を広げてみたところ、Ａ、Ｂ階層及び行方不明者が併せて七九％を占めました（一九七四、一〇、一現在）。

（３）　最近の資料　全国の児童相談所で、一九八四年二月の一ヵ月間、受け付けた養護相談を調査したものを、全国児童相談所長会が発表しています。

この中で生活状況は図1のとおりです。「余裕あり」と「普通」を加えて二割そこそこですし、生活保護と余裕なしを加えれば約七二％で、一九七一年東京、一九七四年神奈川の調査と余り変わっていないことがわかります。

また父母の学歴は図2のとおり、中卒以下が六〇％を超え、父母の職業は図3のとおりで不安定な仕事が目立ちます。こういう中でサラ金から借入のある養護相談が全養護相談の中で約三割を占めるということが起こりました（表3）。

（4）　個別の相談の中でみられる典型的事例と、これらの調査とを併せてみると、養護問題を貧困の問題として考えないと、本当のところはつかめないのではないかと思います。それは同時に、「ダメ親のために、不幸になった子を、かわいそうだから救ってやる――かわいそうな子のために、相談所や養護施設に働く者が仕事をする」ということではな

図1　生活状況

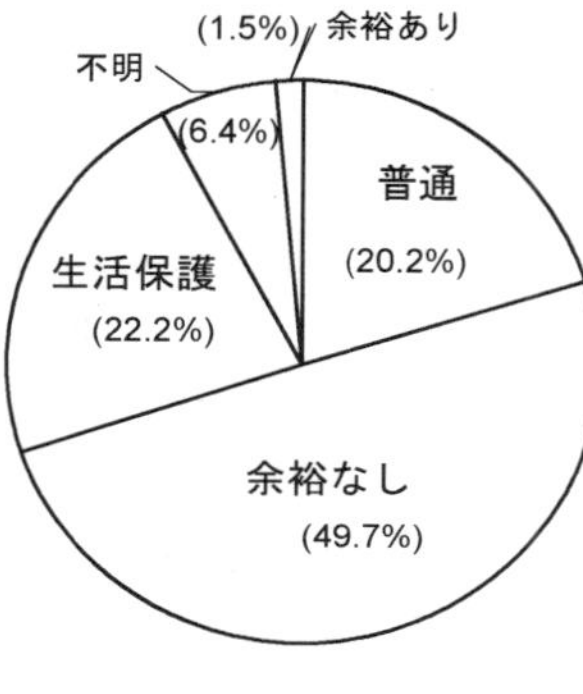

図2　父母の学歴

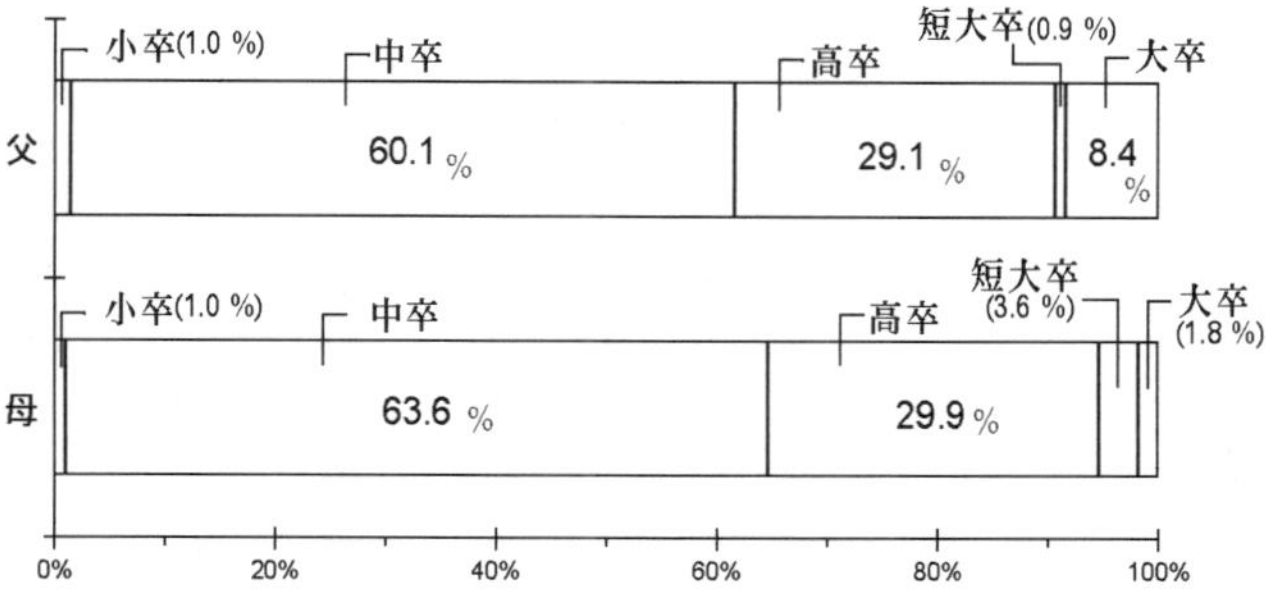

図3　父母の職業

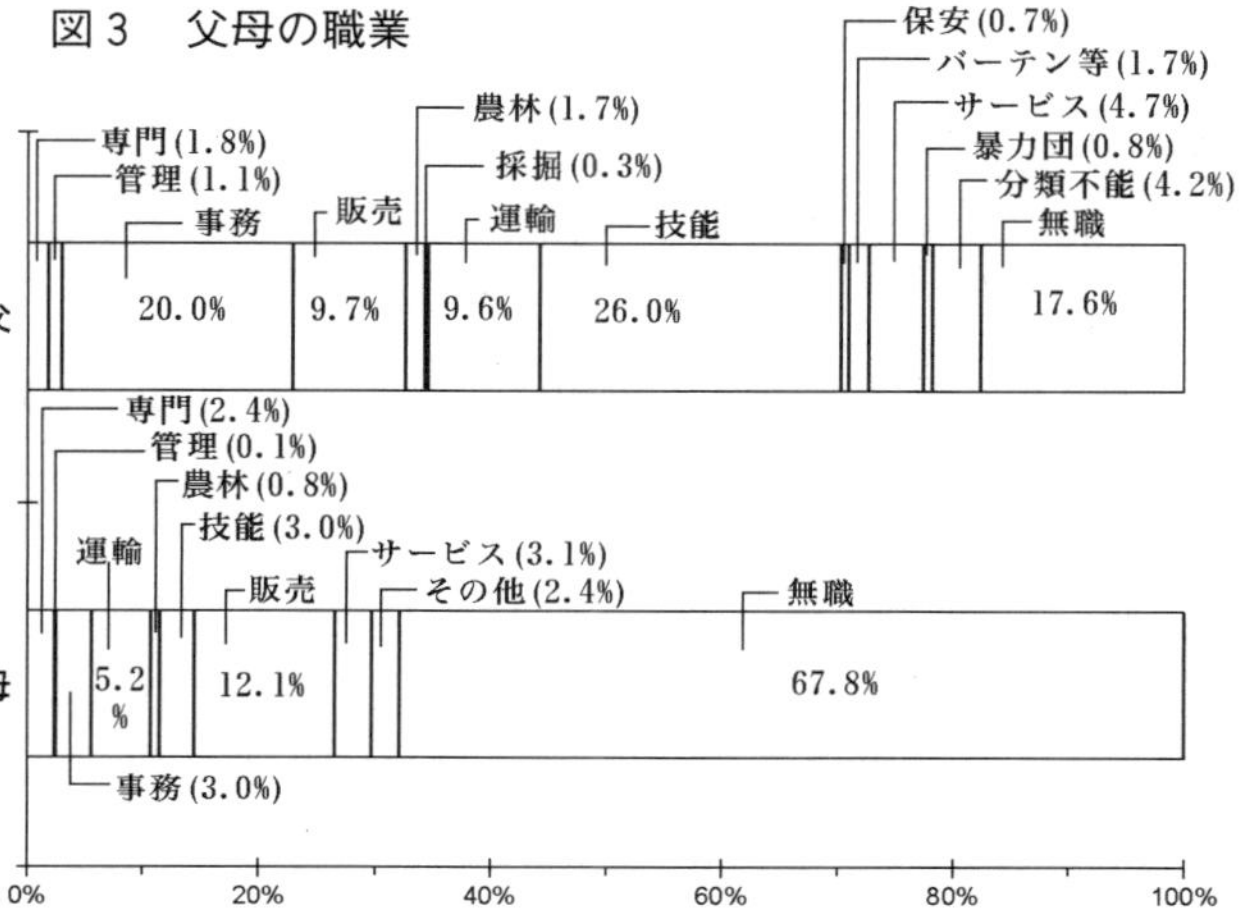

いということを意味します。

　養護問題は、直接的には個々の家庭の、それぞれ個別の事情から起こって来る問題のようにみえます。けれども、その個別的事情はきっかけに過ぎないもので、基本にはその家庭が落ち入っている貧困の問題があり、養護問題は家庭がこわされ、子どもを育てられないという形であらわれた貧困問題のあらわれ方の一つではないか、だから社会問題としてとらえるべきではないかということです。従って、児童相談所や養護施設の職員は、養護問題という形をとった社会問題に対応しているということです。

表3　サラ金借入のある養護相談

ブロック　区分	件　数	養護相談中の比率(%)
北海道	16	29.9
東北	29	38.2
関東甲信越	107	19.5
中部	53	30.8
近畿	128	41.2
中国	31	25.6
四国	23	41.8
九州	73	31.3
大都市	85	18.5
大都市以外	375	33.2
計	460	28.9

1984.6　全国児童相談所長会資料　「養護相談調査の概要」（速報）
（1984.2 の１ヵ月間の養護相談の中より）

五　貧困のとらえ方について
――この見えにくさ――

　児相で働く者の中にも、養護施設で働く者の中にも、研究者の中にも、いまだ根強く残こっている考え方があります。その一つは次のようなものです。

「養護問題の中には、確かに経済的貧困の問題はある。このことは否定しない。しかしそれは養護問題の一部であり、ある要因の結果である場合もかなり多い。例えば疾病が先行してその結果経済的貧困となる場合、人格的問題があるため、雇用関係が安定せず低収入になる場合等々。だから養護問題を貧困の問題というのは言いすぎではないか、いろいろの要因を考えるべきだ」という考え方です。

　現象的にみると、この考えはあてはまります。けれども貧困を単に目の前にある生活の困難（経済的貧困）だけに限定して考えるのは、現在の日本の資本主義が、とても複雑な形で勤労国民の生活を規定しているということを見逃すことになるのではないでしょうか。

　例えば単身赴任です。イヤといえば会社はクビになるか左遷されるかでしょう。単身赴任をする人たちは食うや食わずの生活を今までして来たのではありません。また単身赴任によって経済的には相当の圧迫を受けはするものの、明日の食べるものがないという状況でもありません。

しかし、家族が共に生活する時間が極めて限定され、家族関係が稀薄にされてしまうことは避けられません。また赴任した方も、留守家族の方も、不安、緊張、さびしさ等精神的な不安定が生じます。

例えば疾病です。長時間や不規則労働、「めしを噛み噛み」仕事をするという休憩時間の実態、休日出勤、夜や休日の営業上の交際。これらによる肉体的精神的疲労の蓄積が、現代日本の勤労国民の疾病と無関係とはとうてい言えません。早期発見と治療なんていっても、病院に行く時間がない（休暇がとれない）ため思うように通院できないなんて、日常茶飯事になっています。

貧困を考える場合、日常の労働と生活の中で、資本と労働者がどんな関係にあり、働く者がどんな規制をうけることによってにんげんにとって必要なものが欠けてくるのか、ということを見ることが大切だと思います。

六、権利侵害の連鎖と累積

具体例にみたように、貧困は、権利侵害の連鎖と累積の上に生じています。低学歴→不安定就労、低賃金、長時間労働→狭い住宅などが連鎖していることは見やすいと思います。連鎖を断ち切ることは現在の社会状況では相当に困難です。個別的努力や個別的事情によって、可能である場合があったとしても、それは稀な幸運に属するものであり、誰でもが、努力さえすればということにはなりません。社会的に連鎖を断ち切る運動が必要です。

社会的にその運動が前進しない時、個人の中では権利侵害は累積されて行きます。こればかりでなく世代的にも累積します。具体的にみてみましょう。

家族による児童虐待は、養護問題の端的なあらわれです。一九八五年、日本児童問題調査会は、『児童虐待』という報告書を出しました。昭和五八年度児童相談所で受けとめた児童虐待ケースを調査してまとめたものです。その中の統計のいくつかをあげてみます。

まず父親の就業形態です。全体でみると約半数四八・九％が不安定就業となっています。（表４）

そのため、家計の状態は余裕がありません。「とても足りない」「時に赤字になる」が併せて全体の半数を超え、「貯金ができない」を加えると約八割となり、大部分の世帯が余裕がないことがわかります（表５）。

では、家計不足の時はどうするかが表６です。「借金す

表4　父親の就業形態

	身体的暴行	保護の怠慢・拒否	性的暴行	心理的虐待	計
1. 勤め人（常勤）	38.6	44.0	21.3	56.4	38.3
2. 勤め人（日雇い・臨時・パート）	19.6	16.9	30.9	13.0	20.0
3. 自営業（農林業）	2.2	—	—	4.3	1.7
4. 自営業（内職）	0.5	—	—	—	0.3
5. その他の自営業（職場と自宅が同じ）	8.6	—	2.3	8.6	6.0
6. その他の自営業（職場と自宅が別）	3.3	3.4	9.4	4.3	4.6
7. その他	2.8	11.8	4.7	8.5	5.0
8. 無　職	23.6	23.7	30.9	4.5	23.6
計	100.0	100.0	100.0	100.0	100.0
（うち就業不安定　2,4,7,8 の計）	46.5	52.4	66.5	26.0	2.8
9. 父親は同居してない	18.8	43.2	8.6	32.3	25.2
不　明	3.5	3.6	—	—	2.8

表5　家計の状態

	身体的暴行	保護の怠慢・拒否	性的暴行	心理的虐待	計
1. 今の収入で十分	16.1	4.5	6.5	26.4	12.1
2. 貯金はできない	20.6	19.8	13.0	29.4	20.1
3. 時々赤字になる	22.8	18.0	28.2	17.6	21.6
4. とても足りない	31.8	45.0	43.4	26.4	36.2
不　明	8.5	12.6	8.6	—	9.1
計	100.0	100.0	100.0	100.0	100.0

表6　家計の不足の時の対応

	身体的暴行	保護の怠慢・拒否	性的暴行	心理的虐待	計
1. よく借金する	8.5	18.9	4.3	2.9	10.6
2. 時々借金する	15.7	19.8	15.2	5.9	15.9
3. たまに借金する	13.5	3.6	15.2	—	9.9
（借金する　計）	(37.7)	(42.3)	(34.7)	(8.8)	(36.4)
4. 公的扶助を受けている	24.7	16.2	26.1	17.6	21.9
5. その他	9.0	9.0	10.9	2.9	8.9
6. 何もしない	9.9	16.2	8.7	38.2	13.7
7. 不足することはない	17.9	12.6	8.7	32.4	16.6
不　明	12.6	18.9	23.9	5.9	15.1

表7　一人あたりの部屋数

	身体的暴行	保護の怠慢･拒否	性的暴行	心理的虐待	計
1.　　～0.25室未満	0.4	1.8	2.1	—	0.9
2. 0.25～0.5室未満	17.4	15.3	10.8	8.8	15.3
3. 0.5～0.75室未満	34.0	31.5	39.1	35.2	34.3
4. 0.75～1.0室未満	13.0	13.5	13	17.6	13.4
（1室未満の計）	(64.8)	(62.1)	(65.0)	(61.6)	(63.9)
5. 1.0～1.25室未満	13.9	19.8	15.2	17.6	15.9
6. 1.25～1.5室未満	3.1	4.5	6.5	5.8	4.0
7. 1.5～1.75室未満	1.7	—	—	5.8	1.4
8. 1.75～2.0室未満	—	—	—	—	—
9. 2.0室以上	2.2	1.8	—	2.9	1.9
10. 住居不定	0.4	2.7	—	—	1.0
不　　明	13.4	9.0	13.0	5.8	11.5
計	100.0	100.0	100.0	100.0	100.0

表8　加害者がその親から受けた体験

	身体的暴行	保護の怠慢･拒否	性的暴行	心理的虐待	計
1. 溺　　愛	4.7	2.3	6.4	2.6	4.0
2. 厳　　格	18.7	2.3	4.2	18.4	12.8
3. 放任無視	16.3	32.8	25.5	5.3	21.2
4. 拒　　否	8.7	6.9	2.2	21.0	9.0
5. 身体的暴行	20.8	3.0	4.2	5.3	12.8
6. 保護の怠慢.拒否	9.2	30.5	17.0	5.3	15.7
7. 性的暴行	0.8	0.8	14.9	—	2.4
8. 心理的虐待	2.8	3.0	4.2	34.2	5.5
9. 特にこうしたことはない	22.4	15.2	17.0	18.4	19.4
不　　明	28.3	32.0	25.5	26.3	28.8

表9　加害者の虐待についての認識

	身体的暴行	保護の怠慢･拒否	性的暴行	心理的虐待	計
1. すべて他の責任に帰す	15.5	13.0	21.2	26.2	16.2
2. 行為は認めるが虐待とは認めない	67.1	56.4	48.8	47.3	60.6
3. 虐待を自覚	8.6	11.4	10.6	7.9	9.8
4. 行為を覚えていない	2.7	6.1	8.4	13.1	5.1
5. そ　の　他	2.6	1.5	8.4	2.6	2.2
不　　明	3.8	11.4	2.1	2.6	5.7
計	100.0	100.0	100.0	100.0	100.0

る」のは全体の三六・四％、公的扶助を受けているのは二一・九％です。こういう背景では生活空間として重要な位置を占める住居も狭く、一人当たり部屋数が一室未満のものが約六四％となっています（**表7**）。

子どもに虐待した加害者が、その親からどんな養育をされたかをみると、同じような体験をさせられたという事例が多いのに驚きます。即ち身体的暴行の加害者はその親から身体的暴行を、保護の怠慢拒否は放任無視や怠慢拒否をうけ、心理的虐待はやはり心理的虐待や拒否、厳格等の養育をうけていたということです。性的暴行についていては、加害者の性別の問題もあってか、放任無視と保護の怠慢拒否が多くなっています。何れにせよ十分に愛情をもって、手をかけて育てられなかったことがわかります（**表8**）。

そして加害者の親もおそらくその職業、収入は不安定であったのではないかと推測されます。

こういう中で、加害者は虐待を行いますが「自分が虐待をした」という認識をもっているのかどうかが問題です。**表9**の示すところでは、自覚したものは全体で約一割しかおらず、「行為は認めるが、虐待とは認めない」が全体には六割となっています。

この「児童虐待」という報告書はその結びで次のように言っています。

「親や親に代わる保護者に、児童虐待というような尋常ならざることが起こっている場合は、その背後に尋常ならざる不幸な生活史があるのであり、真に問題とすべきは、その生活史の方である。結果としての虐待への対応とともに、真の解決と予防は、むしろ生活史の悪循環を切断し、健全化への軌道修正、その再統合にこそある、と思う。そのあたりの、より深い解明こそが、また、次の事例・調査研究の課題である」

ここで言っている「尋常ならざる不幸な生活史」とは権利侵害の連鎖と累積を意味していると思います。そして、それが更に子どもに加わり、世代累積をしているといえないでしょうか。

七　養護問題を背負う子どもを権利主体に育てる——養育障害の具体的展開

養護問題は、権利侵害の連鎖と累積の上に生じ、その問題自体が更にそれを増幅するという構造をもっているとすれば、児童福祉にかかわる者は、それを断ち切ることを課題としなければなりません。

さしあたっての衣食住を保障することから出発し、生活リズム、仲間、教育、家族関係の再構成等々を保障することが必要です。これは社会的な養育の手段のはたらきによって、養育機能を高めることにほかなりません。このはたらきは、主に権利侵害の連鎖を克服する方向にはたらくでしょう。

権利侵害の累積を断つのは、子ども自身を権利主体として、生活の主人公に育てることだと考えます。

1　自らの養護問題を子どもがどのように認識するか

親が自分を育てられない特殊事情にある→親が意気地がないため施設生活をする→肩身が狭い→たまたま施設に肩身の狭い同士一緒になったので生活する→できるだけ早く親に引きとってもらう。

こういう流れは、親が養育責任を放棄したかわいそうな子どもたちを、施設が代わって育てるという考え方です。子どもは保護される対象であり、養護問題を突き抜ける力は、子どもの自然発生的な成長と発達によるしかなくなります。慈恵思想（かわいそうな子を恵んで助けてやる）や、劣等処遇（親が自らの義務を果たさず、皆の税金でまかなっているのだから、一般国民より低い水準で生活するのは当然）の考え方にもつながります。

子どもが自らの養護問題を「だらしない親によって生じた肩身の狭い問題」としてとらえるか、「社会問題が根底にあって、それにほんろうされた親と子の問題」としてとらえるかは、親子関係をどうつくるか、養護問題をどうつき抜けるかにとって、決定的に影響する問題だと考えます。

もちろん、子どもの年齢や発達によって、その理解の内容、しかたなどは違って当然ですが、この問題は、子どもが養護問題に直面した場合に、避けて通ることができない、しかもずっと継続する問題だと思います。

これに関して、私たちは教育の実践の歴史から多くのものを学ぶことができます。その一例をあげます。

教育において、子どもの生活の現実を重視し、それを子どもが自ら認識する力を育てる試みは古くからありました。しかも、戦前それは権力によって弾圧さえされたのです。その試みの一つとして、「北方教育」といわれるものがあります。貧困と封建的因襲が支配する東北地方にあって、生活綴方によって、現実をしっかり認識する力を子どもの中に育てようという実践です。

その実践を進めた考え方は、いま養護問題を考える私たちに貴重な教えを残しています。

「私たちは子どもたちの肉体の現場——生活の発足点——そこを極めて重視する。子どもたちの生活事実

――一様に北方の陰影に蔽われながらも、各々特殊性であるところの生活事実、それがたといロマンチックであろうとも、不道徳的で、狂暴性であろうとも、痴鈍であり、偏狭であろうとも、その子どもがそうである限り、その事実のみからしか起ち上がらせる契機はない。私たちはその生活事実を裁判官のように既成の法文にかけて計量しようとはしない。不道徳性の拠ってきたるところ、偏狭性の由因を可及的に考える。そしてプランする。私たちはこの発足点を重大視する。」「まず私たちは、北方の子どもたちに、はっきりと、この生活台の事実をわからせる。暗さに押し込めるためではなく、暗さを克服させるために、暗いじめじめした恵まれない生活台をはっきりわからせる。わかったために出てくる元気はほんとうのものであると私たちは考えている。それも決して観念で、遠いところのお話としてではなく、特定の尾留川君なら尾留川君の生活事実としてである。(ほんとうの生活を目かくしして虹のような目標で引っぱって行っているのは誰だ) 私たちは、長い歴史のうちに耐えてきた北方に、北方の強敵な血が流れていることを知っているから、それを掘り出さなければならない。」(『綴方生活』七巻七号昭和一〇年七月号「北方教育」一八五～一八六頁)

私たちからみれば、現実の養護問題が起こったきっかけは、子どものことも考えない父親や母親の「不道徳性」を指摘せざるをえない場合が確かにあります。生活を自ら閉ざして、結局、自分を追いつめてしまう「偏狭性」もかなりみられます。

でも私たちはその「由因を可及的に考える」ことをしているでしょうか、そうではなく、自分を安全圏において「その生活事実を裁判官のように既成の法文にかけて計量し」ているのではないでしょうか。

そして子どもたちに「生活台の事実をはっきりとわからせる」ことを怠っていないでしょうか。「暗さに押し込めるためでなく、暗さを克服させるために、暗いじめじめした恵まれない生活台をはっきりわからせる」ための努力をどれだけしているでしょうか？

五〇年前の東北での教育の分野の格闘は、私たちの現実認識と実践の方向を示して、いまなお新鮮です。

このような考えにたち、実践をくみたてる時、養護施設に生活する子どもたちは、肩身の狭い寄り集まりから次のようになります。現象的には違っても、社会問題としての養護問題を自らの生活の中に背負った子どもたちであり、それを認識することによって「奪われた権利の回復(注)」を要求し、実現するという共通の立場に立つ仲間である。彼らが背負っている問題は労働者の問題とつながり、従って親の生活、職場の生活の問題と共通する。養護問題を認識しそれを乗り越える力が、やがて労働者となった時、労働者の問題を認識し、それを乗り越える力の源になり、自覚的労働者のあとつぎになる。

集団主義養護が必要だという根拠はここにあると私は考えています。

2　具体的方法

わたしたちの仲間や先輩は、（1）で述べたようなことを考え実践しています。真剣にこれを学ぶことが必要です。ここでは児相と養護施設の例を一つずつあげます。

①子どもの自分史をあとづける

児相研で報告された実践です。愛知の児相に心理判定員として働いていた加藤さんという人が（今は児童福祉司になっています）、一時保護した子どもとじっくりつきあって自分史を学ばせ、綴らせて、施設入所に当っての子ども自身の目的、方向をつかませるという実践です。

その前段としては、子どもの余りに投げやりな態度に怒って、机を叩いてガラスを割ってしまい、心理的かかわり方をこわしてしまったという前提があって、余りに悲しくなって「人間一人をそんなに簡単に施設へやれるか」とつぶやいたのをきっかけに、子どもとの話が始まるという劇的な経過があるのです。

今まで自分のことを真剣に考えてくれた人がいなかったと思っていたその子が、生まれてから転々とした土地を、地図によってたどり、当時の生活を思い出し、親の苦労や自分の苦しみなどをふり返り、跡づけて行く。その間に親の生活と子ども自身の生活や教育を重ねて思い出し考える指導が行われています。そういう上で、自分の歴史を作文にまとめる、それも生活と心の動きを突っ込んで見つめて、表現するための援助を、何回も間に入れながらです。

その作文によって、いま自分がどういうところにいるのか、これからどんな生活をしていくか、何を目やすに生きて行くかを、子どもが自覚して行く、という実践です。

これに似たようなことは、養護施設でも行われ、実際に自分の生活していたところを職員が子どもと一緒に行ってみて、自分史をつくる援助をしているという事例もあります。

②養問研の第三回目に報告された当時、東京の養護施設の指導員だった皿海氏の実践です。

新しく入所した子どもの歓迎会を同室の子どもたちと開き、そこで、新しい子に自分は何でこの養護施設に入ってきたかを説明させる。指導員はその説明をできるだけ、自分でちゃんと説明できるよう援助する。先輩の子どもたちも自分が何で入所したかを交互に新入の子に話す。これも自分でできるだけ的確に話せるよう援助する。こうして子どもたちに共通の事情があることをわからせ、共通の基盤にたっての生活を始める、というものです。

その前提に、皿海氏は、子どもの親を家庭訪問し、ある場合は夜遅くでないとあえない親と酒をくみかわしながら、語りあうこともやっています。そういう中で親の生活、苦しみ、悲しみ、子どもに対する思いなどをつかみ、子どもに返しています。

この実践の素晴しさは、親と子どもの事情と思いをしっかりつかんでいること、個々の子どもの養護問題を、集団的に検討することをくぐらせて、生活の共通基盤としていることなどだと思います。

①や②の実践が成り立つ前提は、児相や施設で働く者が、養護問題に対する社会科学的認識を持とうと努力し、その上にたって、個個の親と子どもの事情と精神的葛藤に、共感的理解をしていることだといえましょう。

3　施設における「生活指導」の意味

施設における生活指導は、普通、幼児では日常的生活習慣の自立や友だちとどのように社会関係を結ぶかなどの指導を意味します。また年齢の高い子には、モノやカネを使ってどのように生活を学んでいくか、社会関係をどのように結ぶか、集団の中でのルール、社会秩序に対する対応などの指導をその内容としていると思います。もっとも、学校と施設の規則を守ることを中心としているといわれると少々情ないのですが。

日常的生活習慣の自立や、モノやカネを使って計画的に生活するということは、外界に働きかけて、拘束から自分を開放するという意味をもち、人間として生きる不可欠の側面です。社会関係を結ぶということも、その内容や結び方を吟味する必要がありますが、人間としての不可欠の側面です。

この二つが生活指導の基本だと考えますが、もう一つ、現在の日本の社会のように、社会的矛盾が激しく個々人の上にのしかかっている社会では、社会的矛盾を、子どもの発達矛盾に転化する、ということは生活指導の重要なもう一つの側面ではないかと思います。

昔から正反対の諺があります。「艱難汝を玉にす」と「貧すれば鈍する」です。私は社会的矛盾が、発達矛盾に切りかえられるか、あるいは、権利侵害の連鎖と累積の方向に進むかの違いではないかと思っているのです。

従って、社会的矛盾をどのようにつかみ、大人たちがどのように行動するかは、このわかれ道に大きな影響を与えると思います。生活指導の中味として考えるべきことではないでしょうか。

4　社会的養護の形態と権利主体形成との関係

現在の制度では社会的養護といわれているものに、施設養護という形態と里親という形態があります。施設養護か里親かという二者択一的議論は、長い年月にわたって存在し、現在もそれが克服されているわけではありません。養問研の分科会などでも、多かれ少なかれ毎年といっていいほど出ています。いまは「形ではない、どんな養育内容が保障できるかだ」という議論が多くなっていますが、私は養育内容という時に、養護問題をどのように子どもがつかむか、それをどのように援助するか、は重要な要素だと思います。

今回の講座でずっと述べてきたようなことを里親さんに理解してもらうのは大変困難なことです。まして子どもが養護問題を社会問題として認識するための援助は、望む方が無理ではないでしょうか。更に集団的検討をくぐらせて、認識を確かなものにするなどということは、学校教育の特別な協力がない限り、ほとんど不可能でしょう。

そういう意味では施設養護は優位に立つ条件が与えられていると思います。もちろん、一斉養育と集団養育とは全く別な、対立するものでさえあるということや、個別の要求の尊重はグループ処遇の中でも不可欠であるということなどを前提とし、その通りの実践が試みられての上ですが。

八　おわりに

私たちは、養護問題がどんな問題であるかをしっかりつかむ必要があります。そのため、様々な努力がされてきています。しかし、問題の本質、構造をつかむ、ということと、わたしたちが何を目標に、何をどう行動するか、ということとは必ずしもストレートに結びつきません。今回の話はそこを結ぼうとしたものです。

いま児童の問題にかかわっている者は、大きく三つの行動をとることが必要だと私は考えています。それは権利侵害の連鎖と累積を断ち、人間らしい心豊かな生活をみんなが営むことを目標にしてです。

第一は、地域での連帯です。

第二は、目の前の子どもを権利主体に育てることです。

このことはやや詳しく説明しました。

第三は、世の中に対し、子どもの問題、養護の問題の本質を訴え、権利侵害問題、貧困の問題を社会全体で解決することを主張することです。

特に現在労働運動が右傾化し、労資協調の名のもとに、賃金も労働時間も雇用も、資本のいいなりになる勢いが進んでいます。資本はそのもうけをふくらませるために、創意をこらし、様々なことを労働者に要求します。経営者の中からさえ、労働者はごまかされているという警鐘が鳴らされ、もっと賃金、労働時間の条件を前進させるべきという意見が出されています。

子どもが健やかに育つことを抑えられ、様様な問題が起こっている、そのもともとのところ、権利侵害の連鎖と累積をもたらす構造をいまの日本は拡大再生産しようとしています。そのことについて、児童問題にかかわっている専門家として、「ノー」と明確に意見を表明すべきでしょう。まして、戦争については、真先に、徹底して「ノー」を貫くべきです。養護問題の歴史の中で、戦争は孤児をはじめ深刻な養護問題をひき起こしてきました。その痛ましい経験をくり返してはなりません。戦争「ノー」、権利侵害「ノー」を力一杯社会に主張すべきだと思います。

子どもを権利主体に育てる意味を歴史的にもつかむ必要があると思います。現在の右傾化した日本、資本が思い通りに事を運んでいる日本は、二〇年から三〇年の長期の歩幅でつくりあげられたものです。それは養護問題を深刻化する構造であり、わたしたちと直接に密接に関係します。その構造は、教育を管理支配することと、労働運動に資本の代弁者をつくり出すことと、二つを大きな柱にして来たと思います。

児童福祉に働く者が、児童福祉問題が社会問題である本質を全国民の前に徹底して明らかにし、権利主体を育てて、教育の同じ志の実践と結んだ時、二〇年、三〇年の歩幅で、やがては労働運動も左右し、日本の世の中を変える力になるのではないでしょうか。

注

東京都児童福祉審議会意見具申「開かれた児童相談所を求めて」一九七九年)で児童相談所の役割は「奪われた権利の回復」だとしました。しかし、この役割は児相だけではなく、児童福祉や福祉全分野の機関と施設の役割だと考えられます。

二―2―①

心配ごとの相談とそのとりくみ方

（一九八一年一〇月　新日本婦人の会編『非行・暴力から子どもを守り心身ともにすこやかに育てるために』に）

子どもの公の相談機関は……

児童相談所というところにつとめて、児童福祉司という仕事をしております鈴木です。だいたい三人の先生方からお話されたことでつきるわけですが、私は公の相談機関につとめている立場からお話をしたいとおもいます。

子どもについての相談をする公の機関というのは、行政の系列ごとにいろいろあります。

教育の分野では、教育相談所、あるいは教育相談室というのがあります。東京でいえば、都立教育相談所が混んで、相談できる日がかなり先になることもあります。また、区や市に教育相談室というのがいろいろの運営のしかたであります。

司法の系統では、家庭裁判所があります。そこで調査官が相談にのってくれるようになっています。だいたい家庭裁判所とか、児童相談所は悪いことをしてつれていかれるところだと、思っていらっしゃる方が多いとおもいますが、どちらも事前の相談にのってくれます。それから、警察の系統では少年センターというのがあります。また、保健関係では保健所があります。これは、児童でいえば小さい子どもが中心なんですけれども、薬物の問題などについて、相談相手になってくれます。それから最後になりましたが、福祉の関係で、福祉事務所とか児童相談所というのがあります。

これらは、それぞれいろんな重なりあいをしながら、しかし取り扱う年齢とか相談の種類だとかに特色をもっています。

このように、いろんな行政系統ごとに公の相談機関があるにもかかわらず、子どもの自殺や非行や家庭内暴力やさまざまな問題があとをたたないという状況にある、というのが現在の問題だろうとおもいます。

児童相談所というのは、児童福祉法でつくられた公の相談機関です。零歳から十歳までの子どもについて何ごとも相談をうけることになっているのですが、実際はなんでも簡単には解決していません。全国では約百六十ヵ所あって、今の日本の子どもの問題に対応するにはたいへん少ないわけです。働いている者は約四千人です。

そこに非行の問題だけではなくて、養護の問題（お母さんが蒸発しちゃったとか、あるいは家庭で育てられないとかいう問題）や障害児の問題（障害をもっている子どもさんにどうやって訓練をしていくか、どの程度の発達をしているのかなど）、あるいは登校拒否や情緒障害、しつけの問題、その他もろもろの問題が持ち込まれています。

これからお話することは、こういう児童相談所で働いている仲間たちが、全国的に集まって年一回セミナーを開いていますが、そこで討論された結果を、私なりに整理したものです。

おどしの道具に使わないで

話の項目として第一に、相談機関を利用する時に注意する点を、第二に、子どもが起す問題をどうみるか、それに関連して第三に、児童相談所からみた場合に子どもを育てるということについて、どんな問題点があって、それをどう克服していくのかということを、第四に、非行の問題を克服する途に大きく二つの違った途があるのではないか、わたしたちはどの途をとるべきか、ということについてお話したいとおもいます。

第一の相談機関の利用のしかたですが、児童相談所がおどしの道具に使われている感じがとてもするわけなんです。たとえば、家庭でいろんな問題がおこった時に、お父さんやお母さんが叱ったりさとしたりして、言うことききかないと、〝そんなことすると、少年院に入れてしまうから、児童相談所に連れていくぞ〟というわけですね（本当は児童相談所から少年院に入れることはできないのですが）。

しかも家庭だけではなくて、学校の先生たちまでがそれをいうので大変困っているわけです。若林先生や三上先生のような方達ばかりですと、わたしたちはたいへん心強いのですけれども、いろいろな先生方がいらっしゃって、〝こんどやったら児童相談所につれていくぞ〟とおどすことがかなりあります。結局、児童相談所や施設を親や先生が勝手に懲罰の場にしたて上げてしまうわけです。こういうことは、今までの養育のしかた、教育のしかたの集大成なのではないか、と思うのです。

私たちが学校の先生に接していると「教育の限界だから福祉にまかせる」という考え方にぶつかることがあります。家庭の方でも「家庭はここまでやったのに、ちっともよくならない、あとはそちらで何とかやってください」という考え方に出会います。

限界があるから他のとこでやってもらうという考えは、どうも問題があるのではないか、家庭でも教育の現場でも率直な反省が必要ではないか、とおもっています。ということは、家庭の父親や母親が、あるいは学校の先生たちが、自分自身の力で子どもの問題に本当にたちむかっているかどうかということを疑問に思うからです。

あとでふれたいとおもいますが、子どもたちに何をつたえたいか、何を教えたいかということについて、自分自身があまりはっきりしていなくて、今までの道徳とか規則とか、あるいは家庭でいえばお巡りさんとか、となりのおじさんとかを引きあいにだして、他に頼っていないか、ということです。

たとえば、〝そんなことをするると、隣りのおじさんに叱られるからやめなさい〟とか、規則では許されないのだからやめろとかいうことです。大人自身の価値観をぶつけてたちむかうということが、家庭でも学校でも大人たち全体に必要になっているのではないか、そのことには、限界はないのではないか。

児童相談所などを利用するに当っては、自分の方に限界をつくって、相談機関にまかせるのではなく、家庭も学校も真正面からそういう努力をしながら、専門機関の力をかりる姿勢が大切だということです。まして、脅しや見せしめのために相談機関を利用するのは、大人たちの養育放棄ではないかと思います。

ＳＯＳをどう、とらえるか

第二に、子どもの問題行動をどうみるかということです。わたしたちは子どもが「助けてくれ」という赤信号を出しているのだ、ＳＯＳの発信なのだととらえたいのです。

ところが、そのようにわかってもらえないことが多いのです。「こんなにいっしょうけんめいやっているのに、どうして子どもはわかってくれないのか、どうしてついてこないのか」と訴えられることは少なくありません。けれども「いっしょうけんめい」やればやるほど、子どもの心が遠のいていくこともあることを知る必要があります。

子どもの要求をわかろうとせず、現象ばかり追いかける時は、必ずそうなります。子どもの問題行動がおこった時に、いちばん先に考えなければならないのは、それをどうみるかです。赤信号だととらえた時には、今までの家庭の養育や学校の教育のやり方でよかったのかと考えなおすということが、まず一番先に必要になってきます。これが問題行動を個別的にみる時の視点です。

物は豊かでも貧しい

もう一つ、社会的な広がりでみた時には、わたしたちは貧困のあらわれだととらえています。さきほど、物が豊富になったというお話があって、貧困とは関係がないようにみえますが、わたしたちは貧困のあらわれ方は時代によってかなり変ってきたと思っています。お米だとか、衣類だとかの生活物資が足りないことによって、人間が生活する上で自由が奪われている時代がありました。

その次には個人的な生活物資の欠乏は少なくなったけれど人間が生活するのに必要な自然が破壊されたり、社会的に整備が必要な生活環境が貧しいため人間の生活の自由が奪われるという時代がありました。空気が汚れたり、騒音がひどかったり、公害病がたくさんでたり、婦人が働くのに必要な保育園が整備されなかったりというのが具体例です。

今は貧困の第三のあらわれ方として家庭の中でも地域の中でも生活するうえでの活動が破壊されているため、人間にとっての基本的な力（外に向って働きかける力と人と人が結びつく力）が育ちきれず、貧しくなっている。このため人間が生き生きと生活する自由が奪われているのではないか、ということです。生活物資が商品としてたくさん押しよせてくるための変化だと思います。

極端な例はインスタントラーメンです。食事をつくるということは、お父さんがこういうものが好きだから今晩はこれにしよう、味はこういうのが好きだからこうしようねと材料は買ってきても、手も身体も動かして、つまり生活のための活動をして作ることです。ところがインスタントものを使った時には、そういう活動はなくなり味も規格化されてしまう。

しかも作りながら子どもに手伝わせたり、それを通じて教えたり、いろいろな話をしたりする、そういう生活活動を通じての親子の関係が非常にうすまってしまう。一方では資本は大もうけをする。これが現在の貧困のかたちなんだと考えているわけです。

子どもの問題行動を考える際に、こういう背景をしっかり見すえていく必要があると思います。

やさしさときびしさを求めている

第三の児童相談所からみて、子どもを育てるということで、どういう問題点があって、どのように克服していかなければならないかということに移ります。

最初に子どもたちは、やさしさときびしさを要求しているのではないか、ということです。児童相談所には一時保護所というのがあって、子どもたちが二十四時間生活しています。非行の子どもたちや、お母さんが病気で家庭で育てられないとか、さまざまな理由で一定期間生活するわけですが、人気のある保母さんというのは子どもに言わせれば、やさしくてきびしい先生ということなんですね。やさしさというのはべたべたしてひざの上にのっけるというよりも、子どもが何をもとめているのか、何を感じているのかをうけとってそれに対応するということなのです。小さな子どもだけではなくて中学生でも、高校生でも不安でさびしいといったものはあります。

中学の女の子で先輩先輩といって先輩のところに泊りに行ってなかなか帰ってこない子がいました。「どうしてそんなに先輩のところにいきたいのだ」ときくと、「だって先輩はやさしいもん」というんですね。どういうふうにやさしいんだときいたら「あたしが何か浮かない顔してたり、しょげたりしていたときにそっとそばによってきて、ちょっと声をかけてくれる。だからあの先輩はとてもやさしいんだ」というわけです。自分の心が動揺している時、それがわかってくれる、わかってくれて対応してくれるというわけです。

だから、家出をする子のお父さんやお母さんによく言うんですが、子どもの心については綱引きをやっているのではないか、つまり自分たちの方に引っぱるか、あるいは非行グループの方に引っぱられるか、ということは常に引っぱりあいの力関係によってきまるのじゃないか、その引っぱりあいの中心はさびしさをどの程度理解できるのか、対応できるのかということではないだろうか、ということです。

このことは、非行に走った子どもたちだけでなくて、非行をおこさない子どもたちについても同じだと思います。

社会的活動をしている人の家庭で子どもさんの心配ごとをききます。親の姿をみれば、どんな活動しているかわかるから、それで育っていくんだということを今までいわれていました。しかしそれだけではいけないんではないか。子どもの中にある心の動きやさびしさを理解しながら、子どもの心とつながりをつけていくという努力が、必要なんではないかと思うのです。

言葉だけで行動のない大人

もうひとつのきびしさの問題です。これは大人としての子どもへの要求を自らきちんと持って子どもに対応しているかどうかです。町でよくみかける例をあげます。

小さい子に「あぶないよ、あぶないよ」と言葉だけで注意して、行動を許している場面に出会います。あぶないよと、いったらバチッと行動をとめれば、それであぶないからやめなさいということがわかるわけですが、大人の行動がないため結果においては「あぶない」ことを教えていないわけです。大人の要求を伝えていないわけです。

私たちが相談でつきあうお母さんたちは、言葉数が多い方がほとんどです。最近子どもは「めし」「かね」「うるせー」とこの三つの単語で生活しているといわれていますが、お母さんだって「はやくしなさい、はやく!」とか「ちゃんとしなさい、いくらいったらわかるの」というような言葉が一日のうちの言葉のかなりの多くを占めていないでしょうか。いくら「ちゃんと」「ちゃんと」といったって「ちゃんと」の内容がちゃんと伝わってないわけですから、うまくいかないのはあたりまえなわけですけれども、それですましてしまう。

また「はやく」っていったって、親の都合で早くはやくとせきたてるくせがついて、「はやく」といわれてから子どもは動作を開始する、というくせがついてしまっている。「ちゃんと」や「はやく」が多くなれば「うるせー」と反発せざるをえなくなるというわけです。

けっきょく、言葉数は多く、いろいろなことは言うけれど、子どものいいなりになって大人が何も要求していないし、何も教えていない、ということが子どもの年齢の大きい・小さいにかかわらず、一貫してあるのではないか、ここを改めないと子どもを育てる上では問題が出てくるのではないかと思います。きびしさとは体罰のことではなく、大人の子どもに対する要求をしっかりさせることです。

自分の価値観を持とう

子どもを育てる上での問題点と克服のしかたの二つめは、前のきびしさも関連するのですが、大人が価値観を持つべきだということです。いま大人たちは「多様な価値観」などといって、自分の価値観を持つこと、鍛えることを怠ったり、迷ったりしていることがかなりあるんじゃないかと思います。

非行の問題でいえば、二つのあやまりを克服していかなければいけないと思うのです。一つは今までの価値観をかりて子どもにおしつけるというやり方です。それは学校や家庭でもやってることなんじゃないか。めんどうくさくなると、旧来の価値観でもっておしきっていくということがあるのではないか。

もう一つは、自分だって昔は悪いことしたんだ、子どもにちょっとぐらい悪いことはつきものなんだ、少しぐらいの非行は、そんなに目くじらたててゴチャゴチャいうな。今の社会が悪いから必然的に非行は出る。社会を改めないで子どもの非行ばかり言っても意味がないとの議論もかなりあります。

安易な態度とアナーキーな態度、この二つを大人たちは克服していかなければいけないと思います。ではどう克服するのかです。私は二つの価値観を大切にして子どもたちにしっかり教えていく、伝えていくということが必要だと考えています。

例えば窃盗をした子どもが警察から通告され、児童相談所で会って話してみます。「ほんとうにやったのか？」っていうと、「やりました」「やったことについてどういうふうに思うのか」ときくと、「悪いことをしました」「どうして悪いと思うのか」というと、「いや、悪いことをしたのです」とくり返しになります。親の方でも「悪いことだって教えてあるのに、とうとうやっちゃった。こまったことなんです」というだけですね。

どうして悪いのかを教えていない。僕は「どうしてだ、どうしてだ」って、ゆさぶるわけですが、子どもはそのことについてはっきり教わっていないし、まして考えていない。

私は、ひとつは、相手の権利を侵害するってことなんだ、もうひとつは人間と人間とのつながり、連帯というものを破壊するということなんだ、この二つは人間としてゆるすことはできないんだということをはっきり伝えるべきじゃないかと思っています。

相手の権利を認める、自分の権利もみとめる。その権利を侵害するということと、連帯を破壊するということはもう、社会的にゆるしがたいことなんだということを明確にして伝える必要があるんじゃないか。このことを大人たちは、価値観としてしっかり持っていくべきなんじゃないかと思うんです。

そういう非行の批判ができないと、社会的な問題とのつながりが出てこないんではないか、連帯を破壊し、あるいは権利を侵害するからこそ戦争を許さない、命をかけて戦争に反対するということを大人たちも一所懸命やる、その生き方の中で非行を許さないのだということを伝える必要があるんじゃないかと思っているのです。

愛情を物ですりかえないこと

子どもを育てる上での問題点と克服のしかたの三つめは、生活をしっかり身につける、たてなおすということです。さきほどふれた貧困の問題とも関連してくるわけですけれども、家庭で愛情というものを、ものとか金でもってすりかえていないだろうか。

「こんなになんでも買ってやったり、言うとおりにしてやっているのに、どうして悪いことをするんでしょうか」というお父さんやお母さんによく出会います。そんなに物を買って与えるからこそ、問題がおこるんだけれども、その辺がわかっていない、つまり愛情を伝えるということは、買ってほしいというものを与えることだと勘違いしているのではないか、生活のしかた全体がそういうふうになっているのではないだろうか。

ある子どもの日記を見せてもらったことがあります。そしたら一日おきぐらいに外食しているんですね。誕生日のお祝いは、友だちと一緒にお父さんに車に乗せてもらって、ホテルニューオータニへ行ってごちそうを食べさせてもらっているわけです。これは極端な例とは言えないのではないだろうか、そのへんをたてなおして行かなければと思うんです。それから、学校の先生たちにも、そこの家庭が何を食べ、何を考えて生活をしているのかということを知ってほしいと思うのです。生活をもっと見つめて、たて直すようなことをやらないといけないんじゃないか。どのようにたて直すかといえば、大人たちが直接心をかける、物を媒介にしないで手をかけるということです。

これは一つ目のさびしさをわかって対応することと関連します。また大人が子どもに対してだけでなく大人同士のつながりの中でも必要なことなのではないかと思うのです。

大人たちが手をつなぐ

私たちは、どうしようもない親なんだと言われている家庭とつきあうことがあります。

子どもに問題が起っているから話し合いをしようといっても昼間は忙しいからいけない、家に来てもらっても会えないとか、最初は色々言うわけですね。いつだったら会えるのかというと夜の八時からだったらいいなんて言うわけですね。その時に行くとむこうは、一杯のんじゃって「いやっ、どうもごくろうさん」なんていい気持でいるんですね。この次はどうしようかと言うと、やっぱり、九時でないと駄目だとか、余計難題をふっかけるわけです。

　また九時に出掛けていくと、また酔っぱらっているわけです。こんどは「いつもどうもすいません」なんて言って、ちょっとあいさつが変わる、そんなことを二、三回やってると、こんどは「自分の方から出かけていく」と言い出すんです。「お父さんは日雇い賃金で大変じゃないの？」「いや、子どものことですから行きます」なんていうことになるんですね。

　人間として大切にされなくて、ふんだりけったり色々されてきて、本当に。まわりから支えることがなくて、「べきだ」「べきだ」と押しつけられてきた経過があるのではないかと思うのです。人間になるには、他の人間の直接的な心のかけ方や支えが必要なのではないか、それは相手に代って行動するのではなくて、人格の独立性を認めた上で悩みや困難を分ちあうことだと思うのです。

　子どもを育てる上での問題点と克服のしかたの四つ目は、大人たちがバラバラな点を克服していく必要がある、しかも辛抱づよくやっていく必要があるということです。

　グループ非行で典型的な例は、親たちは学校の先生はどうもよくない、あの先生とこっちの先生の言うことが違う、やることも違う、困ったものだと言う。学校の方は、どうも親たちは家庭でしっかりやってなくてこまるんですという。親同士はまた、Aさんの家庭がひどい家庭であいう家庭があるからうちの子どもはひきずられちゃうというのですね。つまり、みんながバラバラでお互いに非難をしあい、不信感を持ってる。このへんを克服していかないとグループ非行は必ず拡大します。

非行克服の途は

　最後に大きな四番目として非行を克服する途についてふれます。大きくわけると民主的なやり方と、右翼的なやり方と出てきていると思います。学校では警察力に頼ったり、学校そのものが、規則をたてに権力的に力で押え込む方向も出ています。

　家庭でも有無を言わせず、体罰で仕込むやり方が勢いをつのらせています。これでは非行現象は一時的に影をひそめても、子どもが自分の頭で考え、自分たちの力で社会を築いて行く力を育てることになりません。大人たちがいま、非行克服のどの途を選ぶか実践するかは、日本の社会のあり方まできめる大きな選択になっています。

大人がまず、一歩をふみ出す―質問に関して

私に対する質問は一点だと思います。価値観の問題をかなり大上段にいいましたので、ポルノやたばこの問題が出てきたのだと思いますが、ファッショ的に一つの価値観で統一しようというのではない、ということは明確にした方がいいと思います。

価値観というのは、いろんな人がいろいろと持つわけですが、自分の価値観をちゃんと持とう、というのが第一です。そのつぎに、自分の持っている価値観がどういうところから出てきたのか、大げさにいえば自分の立脚点ですね、どういうところから築いてきたのかを、自分自身で認識をするし主張するということだと思うんですね。第三にいろんなちがう価値観ときちっと討論する、これが価値観を持つということの原則だと思います。

自分の価値観と思っていたものが、どのように形成されたかを問いつめてみると、実は、新聞やら雑誌やらの断片をよせあつめていた、という例が少なくないと思うのです。事実に即して自分の価値観を自分の力でねり上げることが必要ではないだろうか、ということを主張したかったわけです。

ポルノの問題、異性の問題で言えば、いわゆる不純異性交遊といわれることをやっている子ども、とくにこれをやった女の子がひらき直るんですね。「へるもんでもないのに、どうして悪いんですか」と。先生たちも返答に困っちゃって「悪いものは悪いんだ」とか「君の将来に傷つく」とか、そういう言い方でしか対応できていないことが多いのです。

第一にセックスの問題と愛情の問題を、人間の生きるという上でどう位置づけるかを、家庭でも学校教育でも、あまりきちっと教えていないのではないかと思います。

第二にセックスやポルノが今の日本ではもうけの手段として使われているのは歴然とした事実ですし、女性の人間性を尊重するためにとりあげているとは思えないわけですから、人間の権利や自由からどうなのか、考える必要があると思うのです。

いま子どもを育てる上での基本的な心構えから、ハウツウものに至るまで、いわなくてはならないことは大体いわれています。でもいっこうに非行も登校拒否も減っていない、それは、やはりどうやって一歩ふみ出すかにかかっているのではないか、一歩ふみ出す前提は、大人たちがもう少し、みずみずしい感受性をもつ必要があるのではないかと、思っています。

二―2―②

「非行の低年齢化」をどうみるか

――児童相談所の立場から

（一九八三年一月　『教育実践』三七号に掲載）

はじめに

児童相談所は、〇歳から一八歳までの「子どもの問題」に関して、公的な責任で相談をうけ、措置や指導、助言をおこなう機関です。それは児童福祉法によって設置され、各都道府県（特別市を含む）に最低一ヵ所はあり、全国では約一六〇ヵ所設置されています。

この稿は児童相談所で働く者の立場から、少年非行をみようというものですが、児童相談所の数も少なく、そこで働く者も全国で約四五〇〇人というごく限定された条件の中で、相談されたものや警察からの通告をうけたものと取組む過程で考えたことです。

しかも児相に持込まれる問題は非行問題に限りません。養護問題（何らかの事情で親の手許で育てられない問題）、障害児問題、長欠問題（従来の分類でいえば怠学や登校拒否問題）、育成問題（しつけの相談その他）等「何でも」相談をうけることになっています。したがって非行問題は仕事の一部であり、全力を集中して非行問題に取組んでいる状態でないのは全国共通です。

これらの事情から「非行の低年齢化」について、一般的に語るのはためらいを覚えます。しかし児相に通告、相談されるものが現実に毎日存在し、児相はそれと格闘していることは、まぎれもない事実ですし、児相の立場では非行問題だけでなく、他の児童問題との関連で考えざるをえないという特色もあります。また児童福祉法と少年法との関係から一四歳以下の非行問題を福祉の立場で扱っているという位置づけもあります。

これらのことから、ここでは「低年齢化」のあれこれの像をえがくのではなく、数字の意味と、長欠その他とも共通する問題としての育てる働きについて考えてみたいと思います。

一　「非行の低年齢化」について

まず、警察の統計を中心にこのこと（低年齢化）を考えてみます。

概括的にみると、戦後の少年非行は、一九五一年をピークとする第一の波（年長少年特に有職、無職少年による窃盗、強盗、詐欺等の財産犯が中心）、一九六四年をピークとする第二の波（年少少年による凶悪犯、粗暴犯が中心）、一九七〇年代に始まり今なお「ピーク形成期」にある第三の波（低年齢化一般化。万引き、自転車盗等の初発型非行の多発、校内暴力等の粗暴性の強い非行の増、年少少年による衝動的、無差別的凶悪犯の増加特徴）が推移の特徴としてあげられています。

そして、一九八一年には全刑法犯の検挙人員（触法少年も含む）に占める刑法犯少年と触法少年（刑法）の割合は、五二％となり、検挙（補導）人員の半数以

表１　刑法犯少年・触法少年（刑法）の年齢別状況（1977 ～ 81 年）

区分＼年次	1977	1978	1979	1980	1981
10 歳以下 （　）内は指数	9,617 (100)	10,232 (106)	9,887 (103)	10,778 (112)	9,598 (100)
11　歳	3,733 (100)	4,258 (114)	4,658 (125)	5,751 (154)	6,029 (162)
12	6,720 (100)	7,759 (115)	8,058 (110)	12,011 (179)	14,693 (219)
13	15,267 (100)	18,669 (122)	19,078 (125)	25,343 (166)	37,586 (246)
14	23,929 (100)	27,660 (116)	31,573 (132)	37,023 (155)	47,424 (198)
15	27,649 (100)	32,665 (118)	34,685 (125)	43,218 (156)	46,745 (169)
16	25,542 (100)	30,234 (118)	31,364 (123)	35,469 (139)	41,225 (161)
17	18,057 (100)	20,844 (115)	20,380 (113)	22,689 (126)	23,305 (129)
18	13,724 (100)	14,344 (105)	14,546 (106)	16,237 (118)	15,524 (113)
19	10,298 (100)	11,054 (107)	10,610 (103)	11,437 (111)	10,679 (104)

＜昭和 57 年度警察白書＞

表２　触法少年（刑事犯）年齢別推移（指数）

	総　数	8歳以下	9　歳	10　歳	11　歳	12　歳	13　歳
1972（47）	100.0	100.0	100.0	100.0	100.0	100.0	100.0
'73（48）	107.2	102.8	97.8	107.0	108.5	104.9	111.5
'74（49）	100.1	87.2	92.2	94.2	98.4	98.1	109.1
'75（50）	98.5	89.2	87.4	92.4	86.3	95.3	111.0
'76（51）	95.6	86.8	85.9	80.3	86.4	88.7	110.8
'77（52）	97.8	85.5	96.0	86.7	84.3	95.5	110.5
'78（53）	113.3	85.7	96.1	104.2	96.2	110.2	135.2
'79（54）	115.4	84.5	93.7	97.8	105.2	114.5	138.1
'80（55）	149.1	86.5	101.8	114.3	129.9	170.6	183.5
'81（56）	188.0	70.3	93.5	108.3	136.2	208.7	272.1

＜警察庁保安部「少年の補導及び保護の概況」より作成＞

表３　刑法犯少年・触法少年（刑法）の年齢別人口比（1981年）

区　分	11歳	12	13	14	15	16	17	18	19
人口比	3.1	7.8	20.2	25.8	32.5	22.9	14.0	9.5	6.7

＜昭和57年度警察白書＞

上が少年になっています（刑法少年は一四歳以上二十歳未満、触法少年は一四歳未満）。

年齢別に過去五年間の推移をみると、**表1**のとおり、増加率は一三歳が最も高く、次で一二歳、一四歳の順になっています。

では年少化といわれるのはどの程度の年齢までなのか。それをみたのが一四歳未満の触法少年の一〇年間の推移です。**表2**でみると大きな増加率を示しているのが一三歳と一二歳で、増加のきざしをみせているのが一一歳といえるでしょう。学年でいえば中学一年、二年が増加が顕著、小学六年が増加のきざし、一〇歳小学五年も警戒を要するというところだと考えられます。

しかし補導された子がその年齢の人口の中でどの程度の比率を占めるかをみると、**表3**のとおり、一五歳が最も高く、一四歳、一六歳、一三歳の順になっています。

非行の行為の内容はどんな構成になっているかをみたのが**図1**です。一九八一年では窃盗が全体の四分の三以上を占めています。
補導される率が以前と比べ高くなったのはどんな行為かをみたのが図2です。占有離脱物横領（所有者不明で放置されている自転車を勝手に使うなど。後にこの問題は議論します）と窃盗が総数の伸び率より高くなっています。

図1　刑法犯少年、触法少年（刑法）の包括罪種別構成比（1981年）

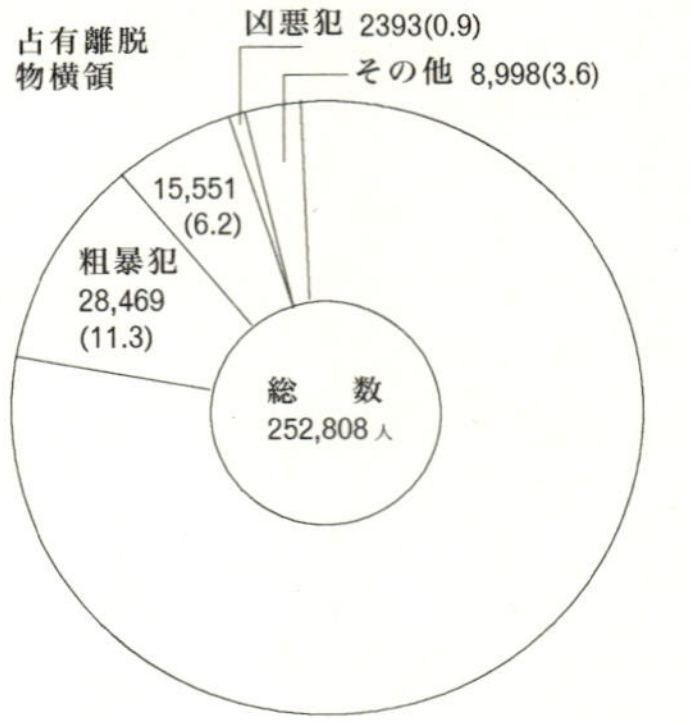

これらを総合すると、第三のピーク形成期といわれる現在は、中学生の非行が著しく増え、小学六年生も増え方が大きくなりつつある。そして占有離脱物横領や窃盗の行為が増加の中心であり、一九八〇年以降はいわゆる「粗暴犯」に分類されているものも増加率が高くなりつつある、というのが数字にあらわれたものです。

しかしこれらの数字については、次のことに留意する必要があります。

まず非行の発生数と補導数は異なり、いうまでもなく前者が後者より多いことです。また補導の件数は、その時々の社会の事件の状況や、警察の都合により違ってくることです。たとえば社会的に大きな事件がある時は少年の補導数が少なくなったり、〇〇月間と称する企画が警察の中で行われると、「占有離脱物横領」のようなものはすぐ件数が上昇します。児相に送致されてくる通告書の中には、次のようなものもあります。

「少年は前日英語教室に勉強に行く途中、〇〇駅近くの路上に放置してあった自転車一台をみて、帰宅の足代りに乗った。

少年の乗っていた自転車について被害届の有無、現場付近の聞き込みをしてもその所有者を発見することができなかった。

以上から何者かが何れかから窃取してきて放置した自転車を、少年が発見し自己のものとして乗っていたことから、触法（占有離脱物横領）少年と認められたものである」

だから「ピーク形成期」といわれる数字がつくり上げられた虚像だというのではありません。しかし、数字が集まってくる過程や中身は、よく吟味したうえ数字をみる必要があると

図２　刑法年、触法少年（刑法）の包括罪種別人員の推移（1972 年～ 1981 年）

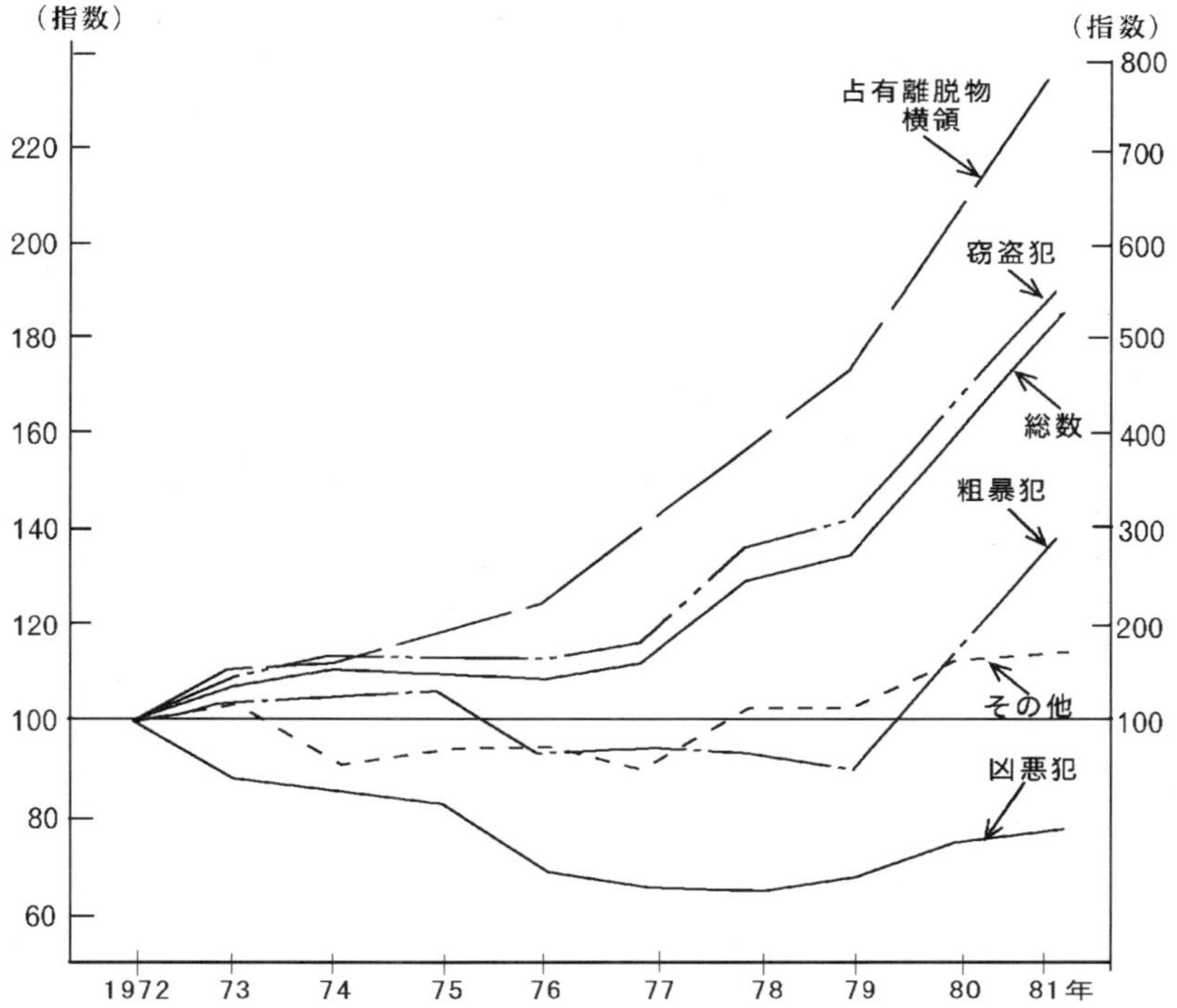

（実数）

	1972	1973	1974	1975	1976	1977	1978	1979	1980	1981
総　数（人）	136,980	146,957	151,631	152,382	150,164	154,536	177,719	184,839	219,956	252,808
凶　悪　犯	3,108	2,736	2,648	2,555	2,126	2,008	2,005	2,104	2,299	2,393
粗　暴　犯	20,625	21,552	21,758	21,922	19,330	19,588	19,316	18,637	23,418	28,469
窃　盗　犯	103,451	111,529	116,863	116,849	116,838	119,805	140.611	146,469	172,842	197,397
占有離脱物横領	1,987	3,021	3,203	3,712	4,489	6,067	7,706	9,502	12,582	15,551
そ　の　他	7,809	8.119	7,159	7,344	7,381	7,068	8,081	8,127	8,815	8,998

注）指数は、左側に示されているが、占有離脱物横領のみは、右側の指数による。

＜昭和 57 年度警察白書＞

考えたいのです。

二　育てる働き（機能）から非行をみる
――具体的事例を通して――

小五の女子に盗みがあるという相談で、そこの家庭や子どもとのつきあいが始まりました。指導をしているうち段々にわかってきたのは、小三の頃から家の金の持出しのあること、また同じ頃にクラスの女子の間にリンチ事件がありこの子も加害者として巻き込まれていたことでした。

更にわかったことは、家の金の持出しの時の、父と母のそれぞれの対応が余りはっきりせず、父はほとんど無関与であったことです。また、リンチ事件の内容についても、概略は母親は知っていましたが、父親は知らず、その時の対応も学校まかせ、子どもたちまかせでした。このため様々な友人関係のトラブルが、その後に生じていることが子どもの話からわかりました。

小六の男子二人が車上ねらいをして成功し、ゲームセンターで消費し、帰途に補導されました。二人を別々に児相に呼んだところ、両方の親が、共に「自分の子は相手の子にさそわれただけ、そんなに大ゲサにするとかえって子どもが悪くなる」と主張しました。

しかし警察からの通告書の内容を子どもの前で読み、「このことは本当にそうだと警察に言ったのか」ときくと本人はその通りと言います。それはお互いに誘いそれぞれが分担して交替で車上ねらいの行動をしていました。きいていた母親が、そういう風にやっているのならやはりこの際考え直さなければならないと、素直に反省を始めました。

この二例だけでなく、年少の非行児とつきあってみると、最初の問題（家からの持出し、クラスのリンチ等）の発見が早いか遅いか、事実を正確につかんだかどうか、どのように大人たち（親や教師や地域の人々）が対応したかは、その後の子どもの発達とそのつまずき（非行行動等）に大きな影響を及ぼしていることを痛感します。

非行を発達のつまずきととらえることは、教育でも福祉でも現場の実践では支持され広がっています。それは裏を返せば、育てる働き（養育機能）が欠けていたり不十分であることです。

私たち児相で働く者の研究会（児相研）では、非行に限らず登校拒否やその他の「問題行動」、養護問題など子どもがかかえている様々な問題と、発達を育てる働きについて次のように考え実践的な検証をすすめようとしています。

非行でも登校拒否でも、その子どもをみると、本当の意味で「手がかかっていない」という印象を強く持ちます。本人自身のさびしさも、ひしひしと感じられます。それは大人から子どもへの働きかけ、子ども同士の働きかけあいが、必要な一定水準まで達しないで不十分なことに由来すると考えられます。

どんな年齢の時にどんな働きかけが行われることが必要な水準であり、それが不足すると、子どもの発達にどんなつまずきが生ずるかは、解明の努力はされつつもなお未解決の課題になっていると考えられます。しかし子どもと直面すると、育てる働きには一定の水準があると考えざるをえなくなります。

この育てる働きの担い手は①家族、②地域、③社会的養育の手だて（保育園、幼稚園、学童保育、児童館、学校等）が主なものであり、これらは相互に関連し、相互に補い合っていると考えられます。

育てる働きの不十分さは、家族では、（ア）育てる担い手の欠除（母の病気入院、蒸発など）、（イ）育てる力の不足（親の慢性的疾患など）、（ウ）家族間の葛藤、（エ）育てる方法の混乱、（オ）育てる理念の欠除や不適切さ、などとなってあらわれると考えられます。

前二例でいえば、父は存在しても関与せず（実質的には担い手の欠除）、その背景には父と母の子育てに関する葛藤があり（ウ）、盗みという現象だけを追って追及し、子どもの気持の理解の上に、従来の対応の変更を試みていない養育方法の不適切さ（オ）、あるいは事実を把握しないまま、誘われたというだけの理解で、事態に対応しようとしなかった養育方法の不十分さ（オ）が見出されます。

地域における、育てる働きの不十分さは、（ア）子どもを持つ家族同士のつながりの薄さ、（イ）養育の理念や方法についてのバラバラな状況、（ウ）地域の子どもについて、住民が無関心で関与を避けること、（エ）金もうけを中心にした行動様式による養育の阻害等です。

前二例でいえば、車上ねらいをした二人の親たちは、相互に、相手が主導者で自分の子はたまたまそこに居あわせただけとみて、互いに話合ってもいなかった。そういうつながりの薄さ（ア）があり、子どもが車を片端からのぞいていても、「君らそこで何してるの?」と声をかける近所の人もいない（ウ）、ゲームセンターに一万円札をもって行って遊んでいても不思議と思わない（エ）等が重なっていることが見出されます。

社会的な養育の手だてにおける、育てる働きの不十分さは、（ア）公的なもの——不十分さ（イ）人手の不足（ウ）親とそこで働く者のバラバラな状態と葛藤（エ）専門性を確保する困難さと不十分さ（オ）養育の理念と方法についての対立、混乱、などです。

前二例でいえば、児童館が近くになく家の外での遊びの経験が少ない（ア）リンチ事件で、親は教師にまかせて、その処理の方法を批判し、教師は家族の非協力、無関心をなげき（ウ）、リンチ事件に対する明確な方針と対処が一貫してできなかったため（オ）、リンチは更に陰湿になり、親と教師は不信感をつのらせる（ウ）という結果を生じています。

非行が複合汚染である、といわれる意味は、このように育てる働きの不十分さが相互に関連し、増幅していることなのだと考えます。そのことはまた、このままではいけないと気づいたところで、できるだけの対処をすることが汚染の増幅を食い止め、逆に育てる働きを強める方向に増幅させて行くことを可能にするとも言えるでしょう。

こうしてみると父と母が大きな方針を統一させること、非行グループの親たちが手をつなぐこと、教師が主導して地域の子育ての機能を高めること、などの位置づけや意味の重大さが理解できます。またそれが本当にできた時には、相当の前進がえられることもわたしたちは経験的に知っています。

わたしたちはまた、育てる働きの不十分さが、決して心構えの問題ではなく、一定の構造の上に成立っていることを見ぬく必要があります。

生活の苦しさ、共働きによって辛じて経済的には一定の収入をあげてはいても、収入をうるための労働時間が長く、従って生活時間が少なく、育てる働きに支障を来たす例は少なくありません。しかも、生活の忙しさのため、生活が商品に占領されて、生活活動が失われ、生活費が多く必要になるという結果を生みます。これは現代の貧困の一つの形態と考えられますが、育てる働きを十分に発揮するよう手をつなぐことは、この現代の貧困との闘いの一つの分野だと考えます。

わたしたちは、非行にどう対応するかを契機に、子どもとその家族の生活を見つめなおすこと、福祉や教育という分野による分断を克服して協業をつくりあげることを、気づいたところからふみ出すことがいま求められているのだと考えています。

二—3—①　現代日本の子どもの虐待を考える

（一九九二年四月『保育情報』一八一号に掲載）

はじめに

最近子どもに対する虐待についての関心が高まっている。日本の中で子どもを虐待する事件が後を絶たず、子どもを死に致らしめることさえ少なくないという事実が、経済大国といわれることと際立って矛盾していること、そういう状況に対して大阪の虐待防止ホットラインや東京の虐待防止一一〇番が開設され、その内容がマスコミに報道されはじめていること、などが関心の契機になっていると言えよう。

ただ残念なことに、虐待事件が起こった場合のマスコミ特にTVの報道の仕方は、一種の定型になっている。虐待をする親の事情への触れ方や、表現の仕方は多少違っていても、「芸能人」などのコンメンテイターと称する者が、「たとえどんな事情があるにせよ、親は子どもを守らなければならないのに、なんという親か、それでも人間か」「物は豊かになったのに、心は貧しくなった」という論調で、一時的に一斉にとりあげるという型である。

また、虐待防止一一〇番などの活動をとりあげる場合は、事件報道とは異なった取り上げ方はしていても、後述するように、一部の状況を一般化する安易な報道になっている。このため、日本の中に起こっている虐待の諸相の情報を提供し、国民全体がこの問題の全体像と、その対応を考え合う媒体になるという、マスメディアが本来果たすべき機能を果たしえていない。

しかしこのような報道姿勢にもかかわらず、虐待に関する市民の関心の高さには、次のような背景があるものと考えられる。第一に、高度経済成長期以後の家庭や地域の状況が、子どもを育てることを困難にしているという実感を市民が強く感じていること。第二に、自らの養育を含めて、現実に見るさまざまな養育の中に、虐待につながる可能性がひそんでいることを危惧をもって実感していること。第三に、いわゆる「先進工業国」といわれる国々のホームレスや虐待問題などが、やがて日本にも同じように現れるかもしれないという予感があること、などである。

かつて虐待は日本では起こらないと言われてきた。前述の虐待事件に関するTVの報道姿勢にしても、「昔から親子は愛情深く結ばれているのが日本の特徴なのに、最近の風潮は何ということか」という認識が暗黙の前提になっていると思われる。こういう認識は法律家の間でもかつては同じようにあったという。

たとえば近代的な法体系整備がはかられた明治初期に、民法の中に、虐待をした親の親権を喪失させる規定を置こうとしたところ、「これほどまでにみにくい条文は見たことがない。わが国においてはこのようなことはあるはずがない、仮にあったとしてもそれは万に一つのことであって、そのために法律を設けなければならぬという必要はない。この条文は民法全体を汚すものである」という強烈な反論があったという。(1)

しかし日本にも虐待は古くからあり、間引き、捨て子、貰い子殺し、人身売買、身売り奉公などが起こっている。それらの虐待現象は社会的な問題、特に貧困とどのような関係にあったか、またその社会における支配的な価値観とどのような関係にあったか、などが十分に検討されなければならないであろう。

ところで虐待に限らず、子どもの問題は、その時々の社会のありようと、その社会の中で営む人民の生活問題と深くかかわる。現在日本で起こっている虐待問題は、高度に発達した資本主義社会の中で生活する家族が、養育という営みの上で生じているものであり、日本における虐待問題を理解するには、現在の日本社会の運営原理と人民の生活（国際化時代で日本にも多数の外国人労働者が生活している状況を考えれば、「国民の生活」という概念では理解できない）、そしてその上に立った子どもの養育について、立ち入った検討が必要になる。

それは極めて複雑な要素をもっていて、様々な側面からの接近を必要としている。直接的に関係する分野だけを挙げても、保健、医療、心理（発達、臨床）、法律、家族、地域、社会福祉等々の側面がある。そしてそれぞれの側面から理論的にも、臨床的にも検討されたことが、総合され、実際の虐待防止や、発生した虐待問題に対する具体的な援助として生かされなければならない。
ここでは主として福祉の立場から考えてみたい。

一　先進工業国と虐待

日本の子どもの虐待問題を考える前に、いわゆる先進工業国、特にイギリス、アメリカの虐待問題の状況に若干ふれておきたい。両国の虐待の状況は今後の日本の参考になると思われ、また、ともにいわゆる新保守主義の政策をとり、虐待の対策にもそれが影響しており、同じ新保守主義の政策をとっている日本にも示唆を与えると思うからである。

一九九一年の世界子ども白書は、世界の子どもの権利侵害状況を述べている。その多くは発展途上国の子どもについてであるが、同時に東欧の子どもたちや先進工業国の子どもたちのことにも触れている。この実態を別の資料からみてみよう。

まずアメリカである。以下は米国公的社会福祉協会（APWA）の研究・調査部長である多々良紀夫氏が述べられたものである。[2]

アメリカでは。専門家、担当役人、児童問題に関心をもつ市民の間に、危機感が高まっている。子どもたちの健康や安全を脅かす問題は、①虐待、放任の増加、②それと関連した里親養護の増加、③親の薬物乱用（特にコカインや麻薬）による子どもの犠牲、などが指摘されている。

このうち虐待、放任の増加では、一九八九年に虐待や放任として当局に申し立てられた子どもの数は、二四〇万で、一九八一年と比べ三五・五％の増加であり、子ども一〇〇〇人に対して三五・四人に相当する。一九八八年中にニューヨーク市では一二七人の虐待死が報道された。そして虐待された子どもに対する措置は不十分で、ベッドが少ないため、ニューヨーク市では、子どもたちを事務室に眠らせたり、一日ないし二日毎に寝場所を変えたり、年少の子どもを拘束性の高い施設に措置している。

また②については一九八六年に二八万人だったのが、一九八九年末には三六万人になり三年間で二八・六％の増加となっている。

またアメリカ下院「子ども、青年、家族にかんする特別委員会」報告書は、危機にひんしている子どもと家族について、沢山の事実をあげている。[3]

こういう背景の中で、児童虐待を放置した公的責任を問う形で、損害賠償請求事件が起こり、一九八九年アメリカ合衆国最高裁は、公的責任否定の判決を下した（少数意見は公的責任を認めた。）[4]

虐待をはじめとするアメリカにおける子どもの権利侵害の実態は、多様であって述べきれないし、本稿の目的でもないので以上でとどめるが、それでもアメリカ社会の深刻化した子どもの権利侵害状況をうかがい知ることができる。

一方イギリスにおいては、児童虐待に関して、主要な報告が次のように出されている。一九四五年デニスオニール事件報告、一九七三年マリア・コウエル事件に関するフィッシャー報告、一九八八年グリーブランド事件に関するバドゥ＝スロス報告などである。

前三件が里親、義父、実親による子どもに対する身体的虐待が、死を招いた事件であるのに対して、グリーブランド事件は、児童の性的虐待、それも男子を含めたものであり、また医師の意見の対立を始めとして関係機関の認識と意見が食い違い、混乱を起こしたものであった。一九八六年から八七年にかけて、グリーブランドで小児科医師が、性的虐待（男児を含む肛門虐待、女児の膣虐待）の対象となった子どもを多数発見した。

被虐待の子どもは病院から里親委託或いは施設措置をされたが、それらは一杯になり、児童は居場所を失った。被虐待児は増え続け、その対策に迫られる状況を児童虐待防止諮問委員は「危機（crisis）」と呼んだ。この間、警察医が肛門虐待を否定したり、裁判所が性的虐待の事実がないと判断し、子どもの保護を決定することなく、両親のもとに帰したりすることも起こった。これらのことが社会問題となり、下院の法に基づく調査が行われた。

この下院の調査結果では次の実態が報告された。①〇歳児を含む非常に年少の児童が性的虐待の対象になっていた、②男児も性的虐待を受けていた、③肛門へのインサートは男児、女児の別なく行われていた、④実父による性的虐待が三〇％を越えており、四％台の義父のそれを超えていた、⑤年齢により性的虐待の部位が違っており、女児でも低年齢は肛門虐待が膣虐待を超えていたなどである。

更にこの下院調査では、「危機」と呼ばれる実態の増大は次のことに起因することが指摘された。①児童の性的虐待に関する管轄機関が他の機関の役割を正しく理解していなかったこと（機関間の連携が不十分だったこと）、②中間管理職の見解の相違が上級管理職に十分把握されていなかったことなどである。[5]

このようなアメリカ、イギリスの実態は、日本の今後の虐待問題を考える参考になると思われる。やがては日本も、程度や様相に違いがあるにしても、同様な問題に直面する可能性を誰も否定できないからである。そして、またこのような状況は、一九八九年国連総会で採択された「子どもの権利に関する条約」が、決して発展途上国の子どもたちだけに必要なのではなく、子どもに関する諸法制が一定程度整備されている先進工業国の子どもたちにとっても、極めて現実的な意味をもつことを示している。

二　日本の虐待問題

では日本の虐待問題の実態はどうであろうか。今まで行われた虐待調査と、最近開設された虐待防止のための電話相談（大阪、東京）の状況とで見てみよう。

1　いろいろな分野からの虐待調査

虐待の実態を把握するうえで、重要なのは「何をもって虐待とするか」という虐待の定義である。定義により虐待の把握のされ方が違ってくるからである。虐待の定義は歴史的に形成されてきた。かつては身体に加えられる暴力（child abuse）を中心としていたが、次第に精神的なもの、放置なども加えられてきている。日本における虐待の調査とその定義は**別表1**のとおりである。

また虐待をしている家族の生活実態を示すものとして、一九八三年児相調査の一部を**別表2**に示した。

現在日本における虐待の全体像を把握しきれていないが、数からいえば、年間約一万件が発生しているのではないか、というのが専門家の推定である。(6)

この虐待のとらえ方について、最近では、家庭での保護者と子どもの関係を中心としたとらえ方でなく、「大人対子どもの構造的な力関係のもとでの強制力の行使」というとらえ方も生まれている。この構造的力関係というのは、「個人の力では容易に変えることができない一定のパターンとして、社会的に存在する力関係」を意味している。(7)

2　虐待防止の電話相談の状況

一九九〇年大阪で児童虐待防止協会が「子ども虐待ホットライン」を発足させた。この活動に促されて一九九一年東京でも、子ども虐待防止センターが「子どもの虐待一一〇番」を発足させた。いずれもボランティアによって相談が受けられている。

これらの電話の「虐待」相談の概要は**別表3**のとおり

別表　虐待調査とその定義、数(5)

調査	虐待の定義	数
73厚生省(1)	「暴行など身体的危害、長時間の絶食、拘禁など、生命に危険を及ぼすような行使がなされたと判断されるもの」 (遺棄の定義＝「いわゆる捨て子として受理したもの。病院、施設、駅構内に置いたまま、実父母等が行方不明になったもので親族に置き去ったものを除く」)	四〇一例
83児童虐待調査研究会(2)	親、または、親に代わる保護者により非偶発的に(単なる事故ではない、故意を含む)児童に加えられた、次の行為をいう。 (1)身体的暴行――外傷の残る暴行、あるいは、生命に危険のある暴行(外傷としては、打撲傷、あざ〈内出血〉、骨折、頭部外傷、刺傷、火傷など。生命に危険のある暴行とは、首をしめる、ふとん蒸しにする、溺れさせる、逆さ吊りにする、毒物を飲ませる、食事を与えない、冬、戸外にしめだす、一室に監禁するなど) (2)保護の怠慢ないし拒否――遺棄、衣食住や清潔さについての健康状態を損なう放置(栄養不良、極端な不潔、怠慢ないし拒否による病気の発生、学校に登校させないなど) (3)性的虐待――親による近親相姦、または親に代わる保護者による性的暴行。 (4)心理的虐待――以上の(1)(2)(3)を含まない、その他の極端な心理的外傷をあたえたと思われる行為(心理的外傷とは、児童の不安、怯え、うつ状態、凍りつくような無感動や無反応、強い攻撃性、習癖異常など、日常生活に支障をきたす精神症状が現れているものに限る)。	四一六例 (一九八三年一年間全国一六四児童相談所でで受理した)
小児科調査(3)	被虐待症候群(虐待された子)――親または親に代わる養育者により加えられた虐待行為の結果、小児に損傷が生じた状態で、以下の要件を満たすもの。〈虐待行為〉＝a非偶発的であること(事故でないこと)、b長期にわたり反復的、継続的であること、c身体的暴行ないし性的虐待を含むこと、d通常の躾、体罰の程度を越えていること〈損傷〉＝治療を要する状態〈親子関係〉＝治療的対応を要する状態であること 愛情剥奪症候群(放置された子)――親または親に代わる養育者が、小児の健康と発育発達に必要な保護、最低限の衣食住の世話、情緒的、医療的ケア等を長期、慢性的に放棄した結果、治療を要する症状が生じた状態。親子関係が治療的対応を要する状態であることを要件とする。なお心中、遺棄は、これらに含まれないものとする。	被虐待症候群　一七二例 愛情剥奪症候群　五六例 特殊型　三例(年次を問わず一一四診療所から報告されたもの)

80 児童相談所長会調査(4)	83 児童虐待調査研究会の定義に殆ど同じ（棄児・置去りを独立項目に、「保護の怠慢ないし拒否」の項の「学校に登校させせない」を削除、また「親または親に代わる保護者により云々」は削除されている）	一九八九、四〜九（半年）全国一六七児童相談所で受理されたもの一〇三九例

（1）一九七三（昭四八）年厚生省調査（全国一五三の児童相談所を通じて行った三歳未満児の虐待調査一九七三、四〜一年間）

（2）全国児童相談所を対象として実施した厚生省委託研究「昭和五八年度全国児童相談所における家庭内児童虐待調査」、その結果は『児童虐待』日本児童問題調査会刊（八三）

この調査の定義は、国際児童虐待常任委員会 International Standing Commitee on Child Abuse ISCCA の児童の不当な扱いについて、型と程度を定義したもののうち、家庭内における不当な扱い」にほぼ拠ったとされている。

（3）全国五〇〇余の医療機関小児科を対象に行われた「親子関係の失調に関する社会病理的研究——小児医療の場における被虐待児の実態」一九八六

（4）全国児童相談所長会による調査（一九八九）で「子ども人権侵害例の調査および子どもの人権擁護のための児童相談所の役割についての意見調査」の一部である。『全児相』四七号（一九八九、三）

（5）この表に挙げた調査の他に次のものがある

①七九全養協調査（一九七九年全国養護施設協議会が国際児童年を機に全国五二八ヵ所の養護施設入所児を対象として行った「子ども人権調査」）その概要

A	父または母の直接的暴力、暴力により家庭崩壊したケース	三九七
B	父または母の暴力、暴行等に起因して離別、家出等により家庭崩壊したケース	一二〇四
C	父または母の放任、過干渉等過度な状況により虐待されたケース	八七二
D	父または母の精神障害、薬害等により虐待されたケース	四六二
E	父または母の性的行為、暴行により児童が被害者となったケース	五六
F	養父母、継父母等による性的行為、暴行により児童が被害者となったケース	四一
G	同居、同棲者等の第三者による性的行為、暴行により児童が被害者となったケース	五七
H	その他児童の人権が侵害されていると思われるケース	四三七一

②小児科調査（一九八三年小林登氏らが全国のベッド数二〇〇以上で小児科がある病院計一〇〇六施設に調査表を送り、六三九施設から回答があったもの——九〇施設が被虐待児を経験、その数一二九人（入病一一〇、外来一八、不明一）捨て子五一

③日本法医学会の委員会被虐待児剖検例調査（一九六八〜一九七七の一〇年間）総数一八六件

別表２　'83 調査集計表の一部

①加害者の続柄

	身体的暴行	保護の怠慢・拒否	性的暴行	心理的虐待	計
1. 実　　父	44.2	26.7	55.3	34.2	39.6
2. 継　　父	9.5	6.1	21.2	7.9	9.5
3. 養　　父	3.5	2.3	8.4	―	3.4
4. 里　　父	―	―	―	―	―
(父　　計)	(57.2)	(35.1)	(84.9)	(42.1)	(52.5)
5. 実　　母	22.3	51.1	2.1	34.1	29.4
6. 継　　母	9.1	6.1	―	5.2	6.9
7. 養　　母	1.2	0.8	―	―	0.8
8. 里　　母	―	―	―	―	―
(母　　計)	(32.6)	(58.0)	(2.1)	(39.3)	(37.1)
9. その他の人	9.4	3.8	12.6	18.3	8.9
不　　明	―	3.8	―	―	0.8
計	100.0	100.0	100.0	100.0	100.0

②加害者がその親から受けた体験

	身体的暴行	保護の怠慢・拒否	性的暴行	心理的虐待	計
1. 溺　　愛	4.7	2.3	6.4	2.6	4.0
2. 厳　　格	18.7	2.3	4.2	18.4	12.8
3. 放任無視	16.3	32.8	25.5	5.3	21.2
4. 拒　　否	8.7	6.9	2.2	21.0	9.0
5. 身体的暴行	20.8	3.0	4.2	5.3	12.8
6. 保護の怠慢・拒否	9.2	30.5	17.0	5.3	15.7
7. 性的暴行	0.8	0.8	14.9	―	2.4
8. 心理的虐待	2.8	3.0	4.2	34.2	5.5
9. 特にこうしたことはない	22.4	15.2	17.0	18.4	19.4
不　　明	28.3	32.0	25.5	26.3	28.8

③加害者の虐待についての認識

	身体的暴行	保護の怠慢・拒否	性的暴行	心理的虐待	計
1. すべて他の責任に帰す	15.5	13.0	21.2	26.2	16.2
2. {行為は認めるが虐待とは認めない	67.1	56.4	48.8	47.3	60.6
3. 虐待を自覚	8.6	11.4	10.6	7.9	9.8
4. 行為を覚えていない	2.7	6.1	8.4	13.1	5.1
5. そ　の　他	2.6	1.5	8.4	2.6	2.2
不　　明	3.8	11.4	2.1	2.6	5.7
計	100.0	100.0	100.0	100.0	100.0

④被虐待児の身体の発育状態

	身体的暴行	保護の怠慢・拒否	性的暴行	心理的虐待	計
1. 良　　好	8.9	7.2	32.6	5.8	11.0
2. 普　　通	53.3	63.9	56.5	52.9	56.4
(普通以上の計)	(62.2)	(71.1)	(89.1)	(58.7)	(67.4)
3. やや不良	24.2	18.0	6.5	23.5	20.4
4. 不　　良	12.5	9.9	2.1	17.6	11.0
不　　明	0.8	0.9	2.1	—	0.9
計	100.0	100.0	100.0	100.0	100.0

⑤加害者の虐待の動機

	身体的暴行	保護の怠慢・拒否	性的暴行	心理的虐待	計
1. 子どもが気にいらないため	64.3	19.8	10.7	52.6	45.2
2. 子どもに対する愛情と憎悪の混乱	17.6	3.8	8.5	42.1	14.8
3. 子どものしつけのため	47.1	8.4	6.4	36.9	31.1
4. 子どものことを考える余裕がないため	12.8	63.3	2.2	7.9	25.4
5. 欲求を直接みたすため	7.6	10.7	89.3	10.6	17.1
6. 不満の吐け口として	34.4	17.5	38.4	44.7	31.0
7. そ　の　他	8.0	4.6	—	2.6	6.0
不　　明	2.0	8.4	—	—	3.4

⑥家族の問題

	身体的暴行	保護の怠慢・拒否	性的暴行	心理的虐待	計
1. 経済的問題	53.4	68.5	63.0	50.0	57.9
2. 父親の転職の多さ	30.5	37.8	37.0	26.5	32.9
3. 母親の転職の多さ	4.0	10.8	6.5	—	5.8
4. 住居の問題	15.2	23.4	17.4	8.8	17.3
5. 老人の介護	1.8	4.5	2.2	—	2.4
6. 家族員の病弱や障害	18.8	6.3	13.0	8.8	13.9
7. 家族関係の不和	47.5	55.9	47.8	50.0	49.8
8. 育児の大変さ	25.6	25.2	19.6	20.6	24.3
9. 育児の忌避	18.8	45.9	10.9	5.9	24.0
10. 育児上の差別	25.6	10.8	6.5	35.3	20.2
11. そ　の　他	10.8	6.3	26.1	23.5	12.5
12. 特にない	3.1	0.9	4.3	—	2.4
不　　明	0.9	2.7	2.2	—	1.4

⑦家計の状態

	身体的暴行	保護の怠慢・拒否	性的暴行	心理的虐待	計
1. 今の収入で充分	16.1	4.5	6.5	26.4	12.7
2. 貯金はできない	20.6	19.8	13.0	29.4	20.1
3. 時々赤字になる	22.8	18.0	28.2	17.6	21.6
4. とても足りない	31.8	45.0	43.4	26.4	36.2
不明	8.5	12.6	8.6	−	9.1
計	100.0	100.0	100.0	100.0	100.0

⑧家計の不足時の対応

	身体的暴行	保護の怠慢・拒否	性的暴行	心理的虐待	計
1. よく借金する	8.5	18.9	4.3	2.9	10.6
2. 時々借金する	15.7	19.8	15.2	5.9	15.9
3. たまに借金する	13.5	3.6	15.2	−	9.9
（借金するの計）	(37.7)	(42.3)	(34.7)	(8.8)	(36.4)
4. 公的扶助を受けている	24.7	16.2	26.1	17.6	21.9
5. その他	9.0	9.0	10.9	2.9	8.9
6. 何もしない	9.9	16.2	8.7	38.2	13.7
7. 不足することはない	17.9	12.6	8.7	32.4	16.6
不明	12.6	18.9	23.9	5.9	15.1

別表3−1　1990年度 子どもの虐待ホットライン報告書（1991.5　児童虐待防止協会より）

①相談者種別　（%）

種別	虐待に関わる件数				ノイズ	情報求む	その他
全件数	計	虐待者	被虐待者	目撃者			
1453 (100.0)	708 (48.8)	534 (36.8)	39 (2.7)	135 (9.3)	63 (4.3)	40 (2.8)	642 (44.1)

②相談者性別

相談者＼性別		男	女	計（%）
虐待	虐待者	20	514	534（36.8）
虐待	被虐待者	13	26	39（2.7）
虐待	目撃者	17	118	135（9.3）
ノイズ		45	18	63（4.3）
情報求む		9	31	40（2.8）
その他		77	565	642（44.1）
計 （%）		181 (12.5)	1272 (87.5)	1453 (100.0)

③相談者年齢別

相談者＼年齢	10歳未満	10～	20～	30～	40～	50～	60～	70～	計
虐待者		2	243	143	23	4			415
被虐待者	1	25	5	2	1	4			38
目撃者		3	28	20	10	10	5	1	77
ノイズ	5	17	9	3	4	1			39
情報		1	4	1	1	1			8
その他	9	147	132	71	41	9	3	1	413
計 （%）	15 (1.5)	195 (19.7)	421 (42.7)	240 (24.2)	80 (8.0)	29 (2.9)	8 (0.8)	2 (0.2)	990 （100.0）

④相談者と虐待の型

虐待の型 相談者	身体的	心理的	ネグレクト	性的	その他	不明	計（%）
虐待者	397 (74.4)	86 (16.1)	14 (2.6)	11 (2.1)	20 (3.7)	6 (1.1)	534 (100.0)
目撃者	20 (51.3)	7 (17.9)	1 (2.6)	11 (28.2)			39 (100.0)
目撃者	93 (68.9)	7 (5.2)	18 (13.3)	8 (5.9)		9 (6.7)	135 (100.0)
計	510 (72.1)	100 (14.1)	33 (4.7)	30 (4.2)	20 (2.8)	15 (2.1)	708 (100.0)

⑤虐待者分類

虐待者	件数	（%）
実母	578	(80.3)
実父	75	(10.4)
※養母	23	(3.2)
※養父	22	(3.1)
祖母	4	(0.6)
祖父	1	(0.1)
姉	2	(0.3)
兄	3	(0.4)
養兄	2	(0.3)
他の親族	1	(0.1)
里親	1	(0.1)
母の友人	2	(0.3)
家庭教師	1	(0.1)
その他	5	(0.7)
合計	720	(100.0)

※養父・養母は現在養育している父および母であり、養子縁組していない場合も含んでいる。

⑥虐待者の性別と年齢

年齢	虐待者		
	女	男	計
10 ~	2 (0.5)		2 (0.5)
20 ~	237 (59.5)	6 (37.5)	243 (58.5)
30 ~	134 (33.6)	29 (56.2)	143 (34.5)
40 ~	22 (5.4)	1 (6.3)	23 (5.5)
50 ~ 60	4 (1.0)		4 (1.0)
計	399 (100.0)	16 (100.0)	415 (100.0)

⑦被虐待者の年齢と虐待の型

虐待の型 / 年齢	身体的			心理的			ネグレクト			性的			その他			小計			計(%)	
	男	女	不明	男	女	不明	男	女	不明	男	女	不明	男	女	不明	男	女	不明		
胎生期						1												1	1	1 (0.1)
0	15	15	6	1		2			4				1	2	2	17	17	14	48	48 (6.8)
1	26	18	5	11	3	1	2	1	2				3		2	42	22	10	74	74 (10.4)
2	62	35	1	9	7		4	2	3				3			78	44	4	116	220 (30.5)
3	52	31	4	3	6	2		2	1				2	1		57	40	7	104	
4	29	41	3	4	8		4	2	1							37	51	4	92	136 (19.0)
5	18	11	4	7	4											25	15	4	44	
6	20	8	2	1	2			2			1				1	21	13	3	37	159 (22.1)
7 ~ 9	21	29	4	8	13		4	1						1		33	44	4	81	
10 ~ 12	9	18		3	3	1			1		6					12	27	2	41	
13 ~ 15	2	11	3	4	1	1			1	4	8	1				10	20	6	36	62 (8.8)
16 ~	5	5	2	2	5					3	4					10	14	2	26	
年齢不詳	7	4		1			1	1					1			10	5		15	15 (2.3)
小計	266	226	34	54	52	8	15	11	13	7	19	1	10	4	5	352	312	61	725	725 (100.0)
計(%)	526(72.6)			114(15.7)			39(5.4)			27(3.7)			19(2.6)			725(100.0)			725(100.0)	

⑧重症度と緊急度、虐待の型、紹介先機関、処理方法

重症度		生命の危険あり	重度	中度	軽度	虐待の危惧あり	不明	計（%）
件数		19	88	251	255	68	27	708
（%）		(2.7)	(12.4)	(35.5)	(36.0)	(9.6)	(3.8)	(100.0)
相談者	緊急	17	39	9	4	1	1	71 (10.0)
	早急	1	41	128	20	9	3	202 (28.5)
	非緊急	1	8	112	231	58	6	416 (58.8)
	不明		2	2			17	19 (2.7)
虐待の型	身体的	19	60	198	200	23	10	510 (72.0)
	心理的		7	25	42	24	2	100 (14.1)
	ネグレクト		6	18	7	2		33 (4.7)
	性的		15	9	3		3	30 (4.2)
	その他				1	19		20 (2.8)
	不明			1	2		12	15 (2.2)
紹介先	紹介状送付	5	14	14	3	21	2	38 (5.4)
	連絡・調査依頼	6	10	11	4		1	32 (4.5)
	機関名のみ	3	19	72	57	21	2	174 (24.6)
	機関の Tel・場所	3	15	45	34	7	1	105 (14.8)
	その他	1	4	9	4	1	2	21 (3.0)
	紹介先なし	1	26	100	153	39	19	338 (47.7)
相談者	一回で終了	7	38	133	172	54	9	413 (58.3)
	再 Tel 勧奨	8	39	104	71	13	7	242 (34.2)
	継続	2	3	6	3			14 (2.0)
	※中断	1	3	6	7	1	10	28 (3.9)
	その他	1	5	2	2		1	11 (1.6)

※　中断は6月16日から計上したものである。

⑨相談者と重症度

相談者＼重症度	生命の危険あり	重　度	中　度	軽　度	虐待の危惧あり	不　明	計(%)
虐待者	11 (2.2)	45 (8.4)	183 (34.2)	222 (41.5)	64 (12.0)	9 (1.7)	534 (100.0)
被虐待者		7 (18.0)	17 (43.5)	7 (18.0)		8 (20.5)	39 (100.0)
目撃者	8 (6.0)	36 (26.6)	51 (37.7)	26 (19.3)	4 (3.0)	10 (7.4)	135 (100.0)
計(%)	19 (2.8)	88 (12.4)	251 (35.5)	255 (36.0)	68 (9.6)	27 (3.8)	708 (100.0)

⑩紹介状送付先期間の内訳

機関		児童相談所	保健所	家庭児童相談室	社会福祉施設	計
件数 (%)		14 (35.9)	22 (56.4)	2 (5.1)	1 (2.6)	39 (100.0)
相談者	虐待者	3	16	2	1	22
	目撃者	11	6			17
重症度	生命の危険あり	2	4			6
	重　度	9	5	1		15
	中度	2	10	1	1	14
	軽度		2			2
	虐待の危惧あり		1			1
	不明	1				1
緊急度	緊　急	9	10	1		20
	早　急	5	10	1	1	17
	非緊急		2			2
虐待の型	身体的	11	18	2	1	32
	ネグレクト	1	3			4
	心理的		1			1
	性　的	2				2
重症度	大阪府	1	8			9
	大阪市	4	2	2		8
	兵庫県	4	3			7
	神戸市	2	2			4
	京都府		1			1
	京都市		1			1
	奈良県		3			3
	和歌山県		1		1	2
	広島県	1				1
	名古屋市	1				1
	神奈川県	1				1
	東京都		1			1
返信受理		10	※18	1	1	29
返信未着		3	5	1	1	10

※児童相談所が受理し保健所にリファーした件数1を含んでいる。

別表３－２　児童虐待防止センター子どもの虐待110番の現状 （1991年12月31日現在）

電話相談件数　874件（分析ケース　761件）の内訳	件数
A．被虐待児本人からの電話	50
(1) 逃げたい、隠れたい	(4)
(2) どうしたら良いか知りたい	(28)
(3) 内容が曖昧な電話	(18)
B．虐待者（親など）からの電話	325
(1) 罪悪感、治療の要請	(70)
(2) 虐待にあたるかどうかについての質問	(66)
(3) 社会的孤立や生活困難に関する相談	(8)
(4) 育児相談	(168)
(5) 内容が曖昧な電話	(13)
C．虐待者の配偶者などからの電話	(23)
(1) 緊急な避難場所の要請(妻が暴力的夫から逃れようとしている、など)	(9)
(2) 加害者の治療についての要請（夫のアル中について、など）	(4)
(3) 虐待にあたるかどうかについての質問	(2)
(4) 内容が曖昧な電話	(8)
D．近隣の人から電話	(38)
(1) 緊急保護の要請	(7)
(2) 援助の可能性に関する質問	(14)
(3) 近隣に対応の仕方に関する質問	(10)
(4) 虐待が生じていると考えるべきか否かに関する質問	(6)
(5) 内容が曖昧な電話	(1)
E．虐待問題を含まない相談	284
(1) 育児相談	(143)
(2) 情報を求める	(20)
(3) 性の相談	(40)
(4) その他	(81)
F．その他	38

であるが、一定の条件下での数値であることに留意する必要がある。それは第一に、電話相談という方法なので、相談する意思をもつ者だけが対象になっていること、第二に、虐待についての判断は相手の話す内容だけで判断せざるをえないこと（実態調査や子どもの身体的な診断が不可能であること）つまり相談相手が「虐待だ」としていることをとりあげていること、第三に、虐待の防止を中心的な課題としていること、などである。

従って、従来の虐待調査（第三者が関与し、ある程度事実の確認をしているもの）と比較すると、虐待の範囲は広くとられているし[8]、また現れた状況もいささか様相を異にしているのはむしろ当然なのかもしれない。

この電話相談の中で、自らの行為を虐待と認め、その行為を何とかやめられないかと悩んで相談する者の特徴は、次の言葉に象徴的に現われる。以下は、東京の虐待一一〇番第二回シンポジウムでの発言から印象的なものをひろったものである。

〔ある「虐待」経験者の話から〕

①母親の育ち――核家族で都市生活。親戚も多くない。受験世代で一所懸命勉強し、親のいうことをよくきく「いい子」だった。

②妊娠するとすぐ妊娠の本を一杯買ってきて片っ端から読んで勉強、万全を期して出産に臨んだ。離乳食もテキストを買ってきて、一所懸命つくった。それを食べさせようと思ったら子どもがブーと吐いた。それを見て殺意を抱いた。

③母親は新生児を生んで高揚した気持ちでいる。私が生んだ。わたしが育てている。苦労してつくった離乳食を受け入れないなんて、わたしを受け入れないのか、と。

一方で母親になった途端、社会から「子どもをかわいがるお母さん」のメッセージを受け取っている。

これらの結果思いつめる。

④育児書には、「子どもには声をかけなさい、たとえ言葉は出ていなくても、声をかけることが大切」と書いてある。ところが声をかけても反応がない。本には子どもの反応について書いてない。

⑤自分を肯定できないことが一番問題なのではないか――他人がよく見えてしまう。

⑥近所の母親は、競争関係になっていて、相談相手にならない。

この人ならと思った人でも「うちの子は肥満で」といえば「うちの子はやせてんのよ」と返ってくる。

〔カウンセラーが報告した相談者の言葉の中から〕

⑦「子どもに損はさせられない」と二歳から塾にやっ

た。もう一方で「二歳から塾にやっていいのか」という情報を受け取っている。

⑧「わたしもいい母親になりたい」

⑨（地域からも夫からも孤立して）「結局自分一人で子どもを育てるしかない」——相談の中で夫の影がない——相談できたとしても夫は親身になっていない。

⑩子どもが「優しい」「弱い」「自己主張がなく」大人の顔色を伺う場合にイライラが多い。「お母さん大好きだからぶってよ」という子ども。→こんな子どもだったら、いじめられっ子になるのでは、と。

子どもは元気で、腕白で、動きまわってというイメージがある。

⑪ある母親の言葉「自分は競争社会で今までずっと勝ってきた。ところがいままで勝ってきたと思ってきた人が子どもを育てて幸せそうになっている。自分は子どもを育てることで勝てない。負けている」

「妊娠中責任ある仕事についていた。お腹が段々大きくなるのが憎らしかった」

⑫ある母親は「わたしは頼まれて育児をしているように思う」

3　どう考えるか

従来のような、病院や学校や地域で発見され福祉の相談機関などに通告される虐待と、最近の虐待防止の電話相談の「虐待」とを、どのように考えたらいいのだろうか。大阪においては、相談された内容について、重症度、緊急度によるアセスメントを行った結果、一五％は重度かつ生命の危険があるものと判断されたという。

こういう状況をみると、電話相談の中にも、従来取り上げてきたような深刻で生命にかかわる虐待もあることがわかる。

しかし、電話相談の多くは自分の行為を虐待とし、その行為をなんとかやめたいと思って電話する者だという（別表3—2参照）。一年くらいの資料と若干の人々の発言だけで軽々な推測は慎むべきだとは思うが、この両者を同質のものと理解することは適切を欠くと考える。

と同時に全く異質のものとして裁然として区分し去っているのだろうか。両者の関係を検討することは、今後の課題と考えられるが、上記の①～⑫の言葉を参考にしながら、児童相談についての筆者の経験と実践・研究運動での討論を合わせ考えると、仮説的に次のように考えざるをえない。

電話相談の「虐待」は、従来の諸調査の虐待より、育児不安や育て方の価値観と方法、文化的要素などをより多く含んだもので、しかも実際には子どもが一定の被害を受けている、という高度経済成長期以降の日本社会の養育関係の一つの特徴をもつものだといえるのではないか。その特徴は具体的には、

A　母親の問題

①自分自身で自己肯定がされていない——成績主義と勝ち負け。

②生身の人間とのつき合いで、

(ア)赤ん坊にふれた経験が乏しい。また自分の親、祖父母、親戚、近隣などの人々が、赤ん坊がむずかった時の対応する様子やあやす姿を、直接的に見聞する機会に乏しかった。

(イ)自分の思考、行為に対して否定された経験が少ない。このため「ノー」に対した時に相手の反応を確かめながら対人関係を調整する力が獲得しきれていない。

③マニュアルがなければ行動できない。マニュアルから少しでも外れると戸惑って自信を失う。

B　競争関係の中で位置づけられ、「勝ち」「負け」が中心的な関係になっている。このため同じような年齢の子どもをもつ親同士でも、競争相手としての関係しかもてないので、地域や友人関係で共に育てる仲間となれない。そればかりか「勝ち」「負け」の勝負が自分を追い詰める。

C　家庭内での孤立

労働者である父親が企業に時間的にも空間的にも買い取られ、専業母は家庭内での孤立と独り育てに追いやられている。搾取というやや古く、しかもいささかドギツイと日本では感じられている言葉を使うのが、最も適切と思われるような、働く者の生命を搾りに搾って死に到らしめるような日本の資本の貪欲さが、家庭関係を正常に維持していくことを妨げる。

以上の特徴を総合すると次のような教育と生活と文化が色濃く反映されていると思われる。それは

a　生活や地域から、自然が失われ、社会関係も薄く、直接体験が貧しい。このため直接体験から出発して情報で体験を豊かにするのではなく、逆に情報を得てそこから現実をみるという生活態度となっている・こと。

b　能力主義に基づく教育——○×、偏差値、受験競争に象徴され、「考える」「考えを試す」「試した結果

をまた考える」「一緒に力を合わせて何かをやりとげる」などの力が獲得されていない、あるいは剥奪されている。

c　これらの結果としての家族と地域における共同関係の破壊

こう考えてくると、電話相談の多くの「虐待」は、現代の高度に発達した資本主義社会である日本の、極めて多様化して見えにくい権利侵害の諸相が、現在親となっている者の上にのしかかり、子どもの養育の中に鋭く現れている結果といえるのではなかろうか。

それは一九六三年の経済審議会答申「経済発展における人的能力開発の課題と対策」で提起された能力主義による教育と社会運営の、三〇年後の帰結の一つというべきではないだろうか。

ここで「極めて多様化して見えにくい権利侵害」というのは、例えば別表2の従来の虐待調査にみられるような、比較的に捕捉しやすい形として現れるのではなく（これとても易々と捕捉できるものではなく、意識的にデータを集めなければ、実態が把捉できないが）、一見「普通の家庭」に忍びこんでいる、何か事が起こらなければ、そしてかなり突き詰めて考えなければ、見えにくいという類の権利侵害である。

このことは自己開発セミナーなどの心理産業に吸い寄せられる若者たちや神経症を病む企業戦士の背景と同根のものではないだろうか。(9)

また電話相談の多くの「虐待」が従来の虐待と著しく違う点を仮説的にあげれば、一定の復元力を持っているものと思われることである。第一に虐待を自覚して、なんとかその行為をやめたいと思っている。第二に一定の社会関係を持っていて、全くの孤立、或いは極めて緊張の高い対抗関係ではない、などからである。

三　いま必要なこと

上記のように考えると、もし夫婦でゆったり語り合い、友人や近隣の人々と交流する時間がある中で、子どもを育てることができれば、日本の子育て事情も大きく変っていくことであろう。それが可能な社会基盤を整えることと及び、学校教育の基本的転換が、子どもの問題の基本としていま強く求められていることをまず指摘しなければならないが、ここでは虐待問題に限って述べてみたい。

1　虐待とその対応についての総合的な検討を

現在の日本社会で起こっている児童虐待は、その内容も含めておよそがとらえられているわけではない。公立、民間を問わず各機関、施設（病院、保健所、保育所、幼稚園、学校、児相、福祉事務所、児童福祉施設、法律相談、虐待電話相談など）でとらえられているものは多様であって、しかもそれぞれが重なり合いながら独自の特色もうかがわれる。

例えば虐待防止の電話相談では、電話相談という性格もあろうが、相談者の七〇～八〇％が「自分が虐待している」と自覚して相談している。しかし一九八三年の児相調査では、虐待の自覚ある者九・八％、すべて他の責任に帰するもの一六・二％、行為を認めても虐待と認めないもの六〇・六％となっている（別表2――調査日は現在と約一〇年のズレがあるが、その後の相談実態からみてもこの数値が大きく変わったとは考え難い）。

虐待の諸相の違いは当然対応の違いを導く。先に述べたのは従来の虐待と最近の電話相談の「虐待」について、乏しい資料からのわたしの仮説であるが、それをあえて試みたのは、一部の現象とそれへの対応を度外れに拡大して虐待一般として扱ってはならないことを強調することが、いま大切だと思うからである。

すでに大阪府では一九八八年に大阪児童虐待調査研究会が、府下全域の保健所、児相、福祉事務所家庭児童相談室、小児科医を対象とした虐待の調査を行い、検討している。現在把握されている虐待の諸相を数量的にも内容的にも明らかにし、諸相に応じた対応の方法を検討するこのような試みが、全国の各地域で全国的規模で進められる必要がある。

例えば、従来の虐待については、83児相調査では諸データの上にたって「親や親に代わる保護者に、児童虐待というような尋常ならざることが起こっている場合は、その背後に尋常ならざる不幸な生活史があるのであり、真に問題とすべきは、その生活史の方である。結果としての虐待への対応とともに、真の解決と予防は、むしろ生活史の悪盾環を切断し、健全化への軌道修正、その再統合にこそある、と思う」と分析されている。(10)

この尋常ならざる生活史とは、教育権、労働権、生活権をはじめとする諸権利の侵害が玉突きのように連鎖し、個人にも世代間にも累積した結果として、生活問題が重層化していることを意味していると考えられるが、現在の虐待防止の電話相談のすべてにこの認識をそのまま持ち込むことは妥当とはいえないであろう。と同時に、現在の電話相談の「虐待」像とそれへの対応を以て、虐待一般を議論することも大きな危険を孕む。一九九一年一一月ＮＨＫが放映した虐待問題の映像はこの危険な例である。

　ある婦人雑誌の編集長が（その雑誌の投書欄には、完全な母親を目指すあまりカッとなって子どもに乱暴するという投書が多いという実態から）「もっと育児を片手間にやったらいい」と語っている。また同じ番組で自らも子どもを叩いたことがあるという人が、その経験に基づいて「母親の周りでよかれと思っての助言が母親のストレスを招いている。重大な問題になることは極く一部で大体子どもが二～三歳になれば乗り越えられるのだから、少しぐらい叩いたってどうってことはない。あなたのやり方でいいんだといってくれれば、「早く乗り越えられる」といっている。これらの発言に何らかの限定的なコメントがつけられないままであった。

　児相の通告や相談では、養護相談を中心に、虐待とまではいかないまでも、育児のネグレクトに近い養育状況のため、子どもが被害を受けている場合が少なからずある。また自分のことに集中しすぎて子どものことに関心が薄く、片手間育児による不十分な育児が比較的広く現在の日本で存在するため、保育所などでも苦労しているところである。更に叩いて身体で覚えさせる育児という名目で、虐待が進行する例は決してごく稀だとは言えない。

　完全主義からの解放や、自らの存在と行動に関してそのマイナス面も含めて肯定されるということの意義は、決して否定してはならない重要なことではあるが、虐待問題をそういう側面だけで理解し、対応すればいいと受け取られるような放映は、全国ネットでは問題だといわざるをえない。

　それは放置や初期的な虐待を正当化する危険があるからである。経験論的な安易な一般化ではなく、諸相の実態の共通性や関連性を検討することによって、それぞれの場合の対応の共通性と独自性を検討することが、いま求められていると考える。

2　具体的な援助の中に福祉の視点と方法を

　最初に述べたように虐待に対しては様々な側面からの接近が必要だが、このことは、様々な分野の視点、方法があることをも意味する。

　ところが福祉の視点、方法は必ずしも明確でない。また日本の社会では福祉について、劣等処遇の原則を払拭できず、条件整備も後回しで、切り捨てる時は真先という扱いを受けてきたため、社会の要求に応えられないことが続いてきた。このため福祉に対する不信感は社会の中に拭い難く大きい。特に行革後の福祉は、第一線の住民と接する部分にその矛盾を最も大きく露呈している。

虐待問題についての公的相談機関も例外ではない。特に児相の問題点は大きい。「児童相談所が虐待はすべて自らの機関が管轄し、それで十分と自負する(12)」のは論外の態度である。

しかし困難な状況と闘いながら、長年にわたり蓄積してきた福祉の視点、方法を無視して、福祉分野では基礎的な処遇原則とされているものから遠い対応が、他分野の相談の中であるとすれば(実際に見聞するので)、これも大きな問題といわなければならない。

では福祉の視点、方法とは何か、筆者は最低次の三点を挙げたい。

第一に、生活基盤の重視である。世帯の中の誰が、どのような労働で、どこから、どれくらいの収入を得て、どんな支出の仕方で生活を営み、その労働、生活の中でどのような社会関係を結んでいるか、それらが世帯の時間と空間の枠組みをどのように制約、拘束しているか、などを重視することである。

第二に、具体的な生活の営みと問題の関係をとらえること、換言すれば問題を生活問題としてとらえることである。第一の基盤の上に立って、具体的な生活の営み――どんなモノを購入し、どのように使用し、結んでいる社会関係の中でどのような感情の交流を伴い、制約された時間、空間の枠組みの中で、具体的な生活がどのように進行しているか――と問題の発生、当事者の認識、解決への行動とがどのように関連しているか理解することである。

第三に、複眼的に対応することである。それは第一、第二の理解の上に、問題に直面している者への共感性の上にたって福祉の保障の活用を援助しながら、問題に直面している者の自らの選択を援助することである。

それはまず時間的に、当面緊急に対応すべきこと、短期的、中期的に対応すべきことを援護方法として用意することである。もうひとつは最善の対応を用意し、その実現をはかることは勿論だが、本人の意思や周囲の条件などにより、その実現が困難な場合に備え、次善、三善の対応を用意しながら、最善のものに結びつけることである。

福祉現場の実際の処遇過程では、以上のような考え方、方法が援護を必要としている者の諸条件に応じて具体的に展開される。そして第一、第二の視点を深めれば深めるほど、問題の背後に横たわる多様な様相を呈した現代の貧困に直面せざるをえない。

具体的な例を挙げよう。世帯主がその妻と子に乱暴し、身体的な傷を負わせるため、妻は子を連れ、再三家出を繰り返すが、暫くすると再び子と一緒に夫のもとに帰るという事例は、児相、福祉事務所、婦人相談所では、日常的に直面する事例である。

この妻の行動を、正義の視点から糾弾することが適切でないことはいうまでもないが、妻が乱暴されることに喜びを感じているという解釈で終わらせては事態の改善に結びつかない。

福祉の視点からいえば、子と一緒に夫のもとに帰るという行為の中には、夫との性的な関係も重視しなければならないが、同時に収入や住居や子育てや社会関係がどうなるのか、再び夫に探し出されて以前に増してひどいめにあうのではないか、などという生活についての見通しがもてない不安が根強くあり、他の要素と混然となっている場合が多いことに注目する。

しかもこういう夫は妻子が逃げないために、自分から離れたら福祉の援護も受けられず絶対に生活していけないという一方的な情報を強調していることは多いのである。

この種の相談に直面した時、一時的に母子の安全を確保しながら、いままでの生活をふりかえる機会を保障し、生活不安を取り除くための福祉制度の利用の方法を助言し、新しい生活への決断を援助することは、福祉関係者が日常的に実践しているところである。

また妻（母）が夫（父）と別生活をいとなむ決断がつかない場合でも、家族関係の再建への援助は勿論だが、それとともに最低限、次の二つは不可欠な対応である。

その一つは夫（父）の乱暴に対する対処のしかたを妻にも子どもにも教えることである。虐待された時、どこへどのように訴えたらいいか、その場合に考えられる様々な局面とそれに対処する方法を、特に子どもにはその年齢、理解力、行動力に応じて具体的に教示することである。

子どもの意見表明権を唱えるだけでは権利は保障されない。実質的に意見を表明できる条件を整えることが重要である。子どもは自らの安全が当面も将来も確保されることが実感できて、はじめて虐待の事実やそれから逃れたいという意思を示すのが通常だからである。

もう一つはモニターの依頼である。再び問題が起こる可能性を考え、周囲の親戚、教育関係、医療、保健機関、福祉機関、施設などに、問題の徴候があれば、通報することを依頼しておくことである。勿論、子どもや妻の了解を前提とするが。

これらの視点や方法だけが虐待問題の対応ではない。

しかし虐待問題への対応には、どの分野の相談であってもこのような社会的に蓄積されてきた知恵が尊重され取り入れられるべきだと考える。

3　既存の福祉制度が役割を果たすために

虐待が社会的孤立と深い関係にあるとすれば、地域の児童福祉施設、特に保育所、児童遊園、児童館（幼児のグループも含めて）や生活施設、相談機関（児相、福祉事務所など）は虐待防止と対応に重要な役割を負っている。

その役割を果たすために二つのことを提起したい。

第一は、既存の施設、機関の職員が虐待問題に敏感に、かつ適切に対応することである。例えば保育所に通う子どもの給食の食べ方、身体や衣類の汚れ、怪我、動作、気持ちの揺らぎ、言葉の端々などから被虐待を発見することは決して稀ではない。

また子どもの問題行動として、嘘言、過食、反抗、家出、窃盗などを親が訴えた場合、それらの行動が虐待の結果であることはしばしば経験するところである。これらの子どもの状態を鋭敏につかみ、虐待との関係を見抜くことである。

しかし、「敏感に」見抜くことは虐待を摘発することではない。虐待の可能性を鋭い感度をもってつかむことであり、日常的な対応の中で前述のような福祉的な接触を意識的に行うことである。

具体的には現在の社会的条件のもとで、子どもを育てる困難さについて共感しながら、その子どもに対応するしかたによって、様々に変化する特徴を親と共有し、子どもの行動の表わすメッセージを親に伝え、子育ての孤立化と不安と焦燥を解消する共育てを行うことである。

第二は政策とかかわるが利用の拡大と保障の手厚さの保障である。いま公的保障を縮小しようという政策がとられている。

虐待の防止と対応を本気で行うつもりであれば、保育所の入所基準の拡大、児童遊園や児童館の専任職員の配置、児童福祉施設最低基準の改善、相談機関の充実特に専門性の確保、児相一時保護所の充実などは緊急不可欠の課題である。経済大国が生活大国を目指すというのであれば何よりも力点を置かねばならないところである。

これらはそもそも児童福祉法上子どもを健全に育てる上で必要な援護とされてきたものである。最近、さまざまなメニューの「家庭支援対策」が打ち出されているが、そもそもの保障の充実を放置した上に展開される「貧困の中の豊富」であってはならない。

地味なしかし極めて重要な改善を前進させることは虐待問題の対応にも大きな意義をもつと考える。

おわりに

虐待問題について、いま警戒しなければならないことが二つあると私は考えている。

一つは、虐待に関心をもち何とか対応しようと思っている各分野の善意の人々が大きく手をつなぐことである。そのために各分野の視点や方法を積極的に学び合うことが必要であろう。

その観点からすれば、一部の事例をもとに、「児童相談所と家裁の対応は、年々ふえつづけつつある虐待に対し、いかに抗弁しようとも一万件の虐待に対して目をそむけて、子どもの犠牲のもとで役割を果たしていないという他ないと考える[12]」と断じ去るのは、いささか乱暴でかつ相互不信を拡大するものといわなければならない。

推定一万件の虐待が全部親権剥奪や家裁審判による児童福祉施設入所を必要としているという根拠はないし、親権剥奪や親権停止、家裁審判による施設入所だけで、虐待問題が対応できるものではないことはいうまでもない。

勿論深刻な虐待問題に対して、児相が無為に等しい極めて不適切な対応を行い、子どもの権利侵害を放置している例は、児相の内外から見聞して筆者も苛立つことが最近多くなってはいる。

しかし弁護士のかかわらないところで、子どもの権利実現のために、行革下の悪条件の中で黙々とそして営々と虐待に対応している多くの実践があることを無視してはならない。それは、児相、福祉事務所、保育所、養護施設等々さまざまな職域に存在する。福祉分野特に児相で、虐待問題に対してどのようなことを検討されているかを沢山の事例を通じて認識を深めた上で慎重に発言してほしいと考える[13]。

いま必要なことは、さまざまな公的機関と弁護士など民間の専門家が、虐待問題の対応のために、それぞれが役割分担をしながらいかに協業できるか、ということを一歩でも前進させることではないだろうか。

警戒すべきことのもう一つは、公的な保障に対する不信のあまり、その改善に無関心となり、民間のボランティア活動のみを推進する傾向がなきにしもあらずということである。

行革による諸条件の切り下げは、もともと公的な保障の中に強固に存在する官僚性を増大させた。革新首長の実現によってようやく、住民の要求に応えようとする行政の民主化は踏み出されたが、行革はその動きを逆転させ、いま公的な保障を住民の要求に応える方向に改善することは非常に困難な状況にある。

このためボランティア活動によって当面の援助を行うことが各分野で進んでいる。このことは大変重要なことで前進面として評価されねばならないと思うが、それと公的な保障の改善とを結びつけることが必要だと考える。

特にボランティア活動の実践をもとに、既存の機関、施設の充実を具体的に、ことあるごとに求め、運動することが重要な課題となるであろう。

注

(1) 樋口範雄「児童虐待と法的対応」『家庭科学』五七巻四号

(2) 多々良紀夫「危機下におけるアメリカの子どもたち」『世界の児童と母性』三〇号

(3) 一九八九年一一月米下院「子ども、青年、家族にかんする特別委員会」報告書『世界政治――論評と資料』八二一(一九九〇・九下旬号)

(4) 樋口範雄 前掲論文、および上坂昇「レーガンコート12――児童虐待に間に合わない法整備」『世界週報』九〇・五・二九

(5) 桑原洋子「イギリスにおける児童の性的虐待と社会サービス」『季刊社会保障研究』二七巻 二号

(6) 東京子どもの虐待防止センター第一回虐待シンポジウムにおける上出弘之氏及び斉藤学氏の発言

(7) 内藤和美「児童虐待と母子保健活動」『家庭科学』五七巻 三号(一九九一・三)

(8) 東京虐待防止センター第二回虐待シンポにおける大阪児童虐待防止協会服部氏の発言

(9) 「あそこへ行ってからとても優しくなれた、こういう自分と出会えて自分がいとおしくなった、他人に対しても受容的になれるように変わった――という感想を、私は別の体験者から聞いた。ということはたえず自分のなかに「お前はどうしてそんなにダメなんだ」とじぶんを責める自己卑下の感情があって、血を滲ませるまで責めたてる、そんな〝責め具〟にとり巻かれている人が多いということであろう。その〝責め具〟とは頭がよいか悪いか、勉強や仕事ができるかできないか、早く処理する能力があるかないか、役に立つか、立たないか、という物差しで人間の価値を測り、序列をつける価値観、人間観であり、そういう価値観で人間を果てしない競争に追い立てる構造ではないだろうか。」

（斉藤茂男『飽食窮民』二二二頁）

「こんな神経症見本市のような話を聞いていると、何やらみんな外見上は平穏無事、何事もなく暮らしているように見えるが、たえず一〇〇%完璧であれと自分に要求し、叱咤するもう一人の自分との葛藤に疲れて、人知れず苦労しているのだなと思えてくる。それは企業を中心に回っているこの社会が、激烈な競争と高い緊張を押しつけていることをうかがわせる。」（同上三五頁）

(10)　児童虐待調査研究会『児童虐待』日本児童問題調査会（一九八五・一）三五頁

(11)　児玉勇二、泉薫、木下淳博「児童虐待について――われわれは何をすべきか」一五頁

(12)　児玉他、同上　二四頁

(13)　虐待問題について児相の中で法的な問題と関連してどのような検討がされているかについては山縣文治「児童虐待に対する援助システムの課題」『大阪市立大学社会福祉研究会紀要』　七号（一九九〇・三）

また家族関係に力点をおいたものとしては『発達』（ミネルヴァ書房）一三巻　四九号（一九九二）特集子ども虐待と家族などを参照

二—3—②

子育て不安と家庭支援

（一九九四年八月『子ども白書』一九九四年版に掲載）

「子育て支援政策」はどのように出現したか

かつて政府や各種審議会は「育児放棄の無責任な親の出現」を嘆き、「婦人よ家庭に帰れ」と叫び、保育所など子育てのための社会的な手立ての充実には極めて消極的な姿勢をとってきました。それが大きく変化しています。

一九九三（平成四）年版『厚生白書』は、タイトルを「未来をひらく子どもたちのために――子育ての社会的支援を考える」とし、子どもをめぐる問題をメインテーマとしています。この刊行にあたって大内厚相は子どもをめぐる問題は「高齢化への対応と並んで厚生行政のいわば車の両輪ともいうべき重要な課題」といっています。

また一九九四年三月厚相の私的諮問機関である「高齢化社会ビジョン懇談会」（宮崎勇座長）は、「二一世紀福祉ビジョン」をまとめ、「高齢者と障害者の公的介護システムづくりと子育てを社会的に支援すること」を今後の社会保障の柱にすべきだと提言し、そのための増税に触れています。

今や「安心して子どもを産み、育てられる環境づくり」（二一世紀福祉ビジョン）のための「子育て支援」は日本の社会にとって大きな課題になってきました。逆にいえば現在は安心して子どもを産み育てることができない環境にあることを、政府もそのシンクタンクも認めざるを得なくなってきているといえるでしょう。

このような政府の転換はいわゆる「一・五七ショック」一九八八年）以降の出生率の著しい低下を契機にしています。一九八九（平成元）年版厚生白書は出生率低下要因として、「非婚化、晩婚化と有配偶女子の出生率の低下」

をあげ、後者の要因として「老後の子供依存の低下」「育児への精神的負担感の増大」「子供の将来への不安」「教育費の増大」「仕事と家庭育児の両立の難しさ」をあげています。

一九九〇年八月、政府は「健やかに子供を生み育てるための関係省庁連絡会議」を設置し、この会議は一九九一年一月に報告書を提出し、育児休業制度の確立、育児相談態勢の確立、住宅対策、ゆとりある教育などの「子育て支援」に総合的な政策を提言しました。

図1　出生率低下の原因のアンケート結果

「出生率低下の原因は何だと思いますか（3つ選択可）」

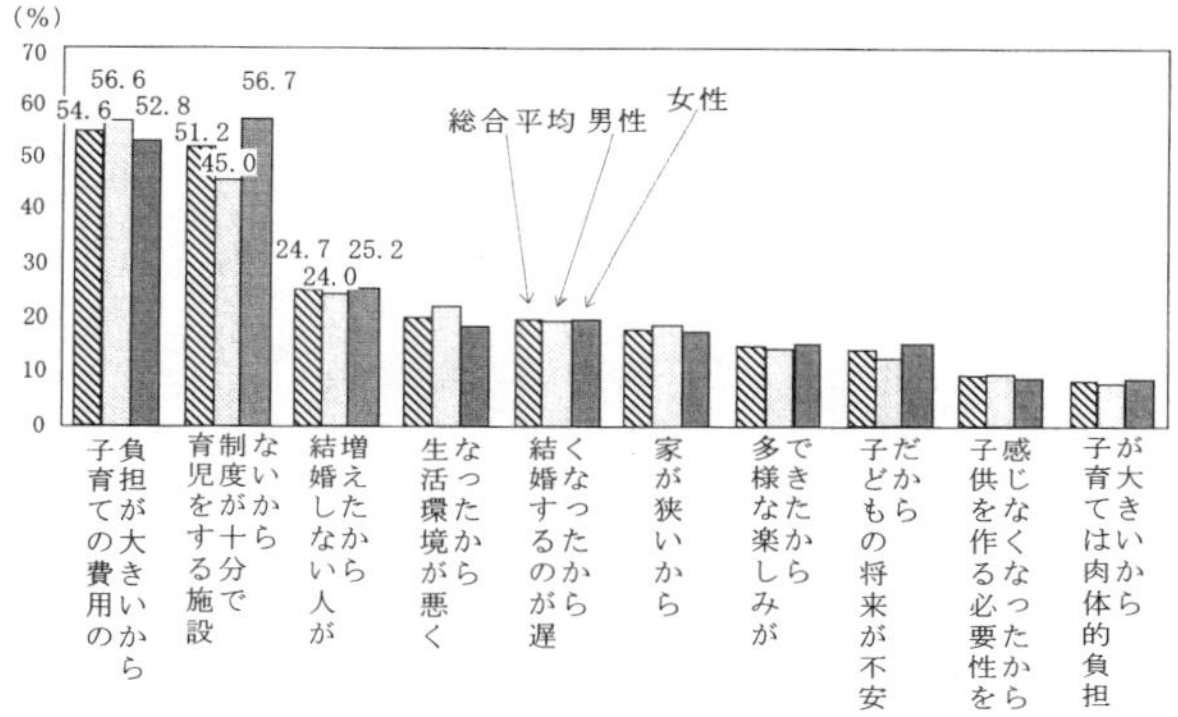

（備考）　1．経済企画庁「平成4年度国民生活嗜好度調査」により作成。
2．対象は全国に居住する20歳以上の男女2,440人。
3．比率の高い上位10項目について挙げている。
4．それ以外の項目として「身近に子供の世話をする人がいない（7.0%）」「避妊技術が発達したから(5.6%)」「よくわからない(3.3%)」「子供が嫌いな人が増えたから(1.6%)」「その他(1.0%)」「無回答(0.4%)」がある。

1992年度『国民生活白書』より

その後、機会あるごとに、子育て環境の問題と子育て支援は強調されてきました。一九九二年度『国民生活白書』（経済企画庁）では、その副題を「少子社会の到来、その影響と対応」とし、出生率の低下の状況、原因、影響などを詳細に分析しました。その中で一九九二年度国民生活選好度調査の「出生率低下原因のアンケート結果」をグラフで示しています（図1）。そして一節を割いて先進諸国の家族政策を述べ、「むすび」では「安心して子どもを生み育てることができる豊かな社会の確立」と題し、総合的な諸課題を指摘しています。

このように、出生率低下の要因が、共働き家庭の子育てを支える社会的システムの不備や、専業主婦も含めて一般的な子育て不安への対応が不十分なことにあるとして、「子育て支援」政策が登場してきました。ここでは子育て不安に重点をおいて述べます。

今子育てにどんな不安、悩みがあるか

現在の日本には、子育ての不安は広く存在しています。

具体的に見てみましょう。

ミルクの与え方に自信がもてない、離乳食の作り方、与え方がわからない、身長や体重が「標準」に達しない、おむつがとれないなど、具体的な育て方に不安が募る、あるいはちょっとしたことが引き金になり、子どもをたたいたり、ことばで傷つけたり（「あんたなんか生まなきゃよかった」「ベランダから捨ててやる」など）、無視したりする「いらだち行動」をしてしまい、自分を責め悩み、どうしたらやめられるのか、自分は親の資格がないのではないかと不安にかられる、というような子育て不安が今広がっています。

この種のものは新聞、雑誌の投書欄や電話相談などに多く現れ（電話相談には深刻な虐待も含まれています）、悩みに共感してたくさんの投書の反響があるという共通性があります。たとえば一九九四年一月朝日新聞は、「つい手が出る情けない自分」「たたいたあと落ち込みます」という二つの虐待をめぐって寄せられた一〇〇通以上の投書について、肯定と否定の両論を二回に分けて掲載しました。

子育ての中のこのような「いらだち行動」を、「小さな虐待」と名づけ、その背景を、①母子密着の環境、②育児情報過多の中で選択を迷うこと、③他の子と比較が気になり、子育てについての自分の評価につながること、④早期教育の風潮の中であれもこれもとチェック項目が多く細かくなっていること、⑤出産後の生活について父親は変わらないのに母親[注1]は子どもに縛られること、などの指摘があり、育児不安全体の背景を適切に示しています。

一方、一九九〇年六月総理府が行った「家庭教育に関する世論調査」（一八歳以下の子どもをもつ二〇歳以上の既婚者二二五八人に対して行った調査）では、自分の家庭教育が「うまくいっている」「大体うまくいっている」とする人は九〇・一％であるものの、子どものしつけや将来については、悩みや不安を感じたことが「ある」と答えた人が五四・六％に達しています。その内答は（複数回答）、「子どもの生活態度、習慣、性格など」が五〇・三％、「子どもの将来の進路」が四五・七％、「子どもとの意思疎通、信頼関係」が一二・一％となっています。

また一九九一年九月二〇日、厚生省児童家庭局が行った「児童環境調査」（調査対象は全国の五五八〇世帯）では、子育てについて、「不安や悩みがあると答えたのは全体の四八・五％で、その内容は「子どもの性格、くせ」「健康」「勉強、進学」が上位三位を占めています。

不安や悩みの解決方法としては（複数回答）、「家族で話し合う」「子どもと話し合う」「信頼できる身近な人に相談する」がそれぞれ半数以上を占め、「保育園、幼稚園、学校の先生などに相談する」が二三・六％、「自分で考え解決する」が二三・四％ではぼ同率、「専門家や公的機関に相談する（電話相談を含む）」は六・四％に過ぎない結果になっています。

どんな政策が、そしてその問題点は

「家庭支援政策」と称するものは、細かいメニューがたくさん並べられています（**表1**）。その共通点は次の通りです。

①根っこ問題（企業社会の克服や勤労者の生活基盤の充実）には手がつけられていない（触れても作文で終わっている）。②本来の事業は貧弱な諸条件（職員配置、建物設備など）で低水準のまま、付加的な事業あるいは新事業として行われることが多い。③この事業は少ない予算での、あるいは予算とは別枠の児童環境基金（一九九四年度創設）による細かい施策で、しかも公的責任で行うことを崩す方向、利用者負担の増加、市場原理の導入などと結合して行われている。

要するに、いわゆる子育て支援政策は、「少子社会」における子どもの発達への影響などに触れつつ、子育ての問題点に当面の対応をする形をとりながらも、基本的には労働力政策（①将来の労働力不足が経済成長に悪影響を与え、「高齢化社会の担い手」の不足を防止する。②当面の女子労働力の安定的確保）であり、しかも公的な保障を取り崩し、福祉の市場化と結合した方向で展開している、という性格をもっているといえましょう。

その典型例が保育の「措置制度改革」案です。多様なニーズに対応するとして市場化を部分導入しようとしました。最近では「二一世紀福祉ビジョン」に見るように、高福祉、高負担を名目にした増税と表裏の政策であることがあらわになっています。

本当に安心して生み、楽しく育てられるために

次の三つの具体的政策が必要です。

（1）　土台を固めること――労働における人権保障と生活基盤の安定です。実働労働時間の短縮、その他十分な育児休業期間、その間の所得保障、一時的介護休暇、参観休暇その他両親がともに子育てができる条件をつくることです。

このために一九八一年の「家族的責任を有する男女労働者の機会均等および平等待遇に関するＩＬＯ一五六号条約・一六五号勧告」を批准、実施し、労働法の改正と

表1　「エンゼルプラン　プレリュード」

一九九四年度にこれら総合政策の中から取り組む第一段階として上記のように名付け、主として次のような項目を予算化している。

○子育て支援政策のための基金の創設――児童手当て基金から三〇〇億円を拠出し、民間主体の子育て支援の事業を行う財団の基金とする。

○特別保育対策（乳児保育や障害児などの「特別保育対策」の対象人員を拡大する

○時間延長保育サービス事業の拡大（保育所の保育時間を午後六時から二時間、四時間、六時間と段階的に延長する。

○保育所等地域子育てモデル事業の拡充

○事業所内保育施設への運営費助成の創設

○在宅保育サービス事業――残業、夜勤等に対応して企業が、登録されたベビーシッター会社等と、年間利用契約を結ぶ場合の経費の一部助成

○駅型保育モデル事業の実施

○放課後児童対策事業の拡充（実施箇所の増）

○子どもにやさしい街づくり事業――遊び場、ボランティア活動等の実施

○育児関連情報二四時間ネットワーク事業（コンビニエンスストア等身近な場所にコンピュータ端末を設置、情報サービスを提供する）

○共働き家庭子育て休日相談等支援事業（デパート等において土曜、日曜などに医師、保健婦が相談や情報提供を行う等）

○病後デイサービスモデル事業（保育所等へ通所中の子どもを対象として病気回復期のデイサービスを乳児院や診療所等を活用して実施する）

その他「一九九四年度保護児童対策」の中に在宅関係として次の事業がある。

（1）都市家庭在宅支援事業（大都市における家庭内の育児不安、虐待、非行等の養育問題に悩む家庭に対し、民間の養護施設等のベテラン指導員を「児童福祉アドボケーター」に指定し、その専門性を活用して、電話相談、訪問援助、家庭支援ネットワークづくり等の在宅支援サービスを休日、夜間においても即時的継続的に行う事業）

（2）ひきこもり・不登校児童福祉対策モデル事業　①ふれあい心の友として大学生等を派遣し悩みごとの相談などの援助を行う　②不登校児童宿泊指導事業（キャンプや一時保護所等に宿泊または通所させて指導する）

それに伴う施策の展開が必要です。

また、生活基盤では住宅問題が大きな問題です。安心して住み続けられる公営住宅の増設や国レベルでの住宅手当、建設省の定めた最低居住水準をすべての家族が満たすこと（一九九三年度『厚生白書』が、これを満たしていない子育て世帯が一般世帯より多いことに触れたのは画期的ですが、具体的な施策は作文に終わっています）などが急がれなければなりません。

（2）　総合的な施策を展開すること――保健、医療、児童手当、保育所、学童保育の制度の拡充と充実など多くをあげなければなりませんが、特に教育について、原理を競争でなく、人権とそれに基づく共同に置き換え、自らの力で外界を読み取ることができる権利を保障すること、そのために十分な教師と、適切な児童集団などの教育条件を充実すること、教育機会を保障すること、教育費を公的に保障することなどが必要です。
子どもを比較することに子育ての不安の一因があり、一九六〇年代から社会全体の競争原理の影響と考えれば、長期的な視点からも不可欠なことです。

（3）　自主的な子育ての共同を進めること――地域でさまざまな実践が行われています。不安に対応しながら育児文化を具体的な育児行動によって伝えるとともに、同じ悩みをもつ者の共同をつくり出すことです。
これらは先進諸国で行われているものに多く、そこから学ぶこともたくさんあります。家族の形成を人権としての一環として一九九三年度『厚生白書』は、「第一〇回出生動向基本調査」（一九九二年）を元に、特殊合計出生率の低下の主因を未婚率の上昇によるとしています。私たちの身近な二〇歳代から三〇歳代前半の未婚の男女を見ると、結婚の意思をもちながらも仕事に多忙で、交際の機会も時間もままならないことが少なくありません。

もし、このことが未婚率上昇の一因であるとすれば、あらゆることに優先して資本蓄積を急激に貪欲に行う日本の企業社会は、子どもを生み育てることを困難にしているばかりか、さらに進んで人間の基本的な営みである家族を新しく形成する権利も奪う事態を招いているといえます。企業社会を変革し、家族を形成することを人権の一環として確立することの重要性を、あらためて確かめる必要があるでしょう。

注

（1）『東京新聞』一九九四・二・五記事「あなたは大丈夫?·小さな虐待」山田利恵氏の指摘

二―4―①

障害児の保育保障と児童福祉行政

――現状、問題点、権利実現のための課題

（一九七九年三月『現代と保育』一二号に掲載）

はじめに

（1）　障害をもつ幼児の保育は、十年前と比べると大きく前進しました。児童相談の第一線で働く私は、そのことを強く感じます。同時に、まだ多くの不十分さが残っており、障害をもつ幼児やその親はもとより、相談労働や保育労働をしている者も、たいへんな苦しみを毎日味わっていることを膚で感じて知っています。これは障害児の保育保障に「谷間」と「薄さ」がたくさんあるからです。

「谷間」とは、制度と制度の間や、施設種類と施設種類の間がすきまだらけで、どこからもはじかれて行き場がなく、谷間に突き落されるということです。「薄さ」とは、①制度や施設はあるにはあるが、その保障の内容が医療、教育、福祉などの大きな分野のうちどれか一つだけに限られ、それぞれの分野が重なりあって保障されることが少ない、ということ、②一つの分野の保障にしても職員の配置や設備条件などが手薄で、サービスの内容が貧弱だということ、などです。

この小論は、右のような現実を出発点に、児童福祉法を中心にした障害児保育に関する行財政を調べ、今後の課題とそれを実現する力にふれたいと思います。

（2）　議論を進めるにあたって私は次の四つの観点が必要だと考えていますので、できるだけその上にたって検討したいと思います。

第一、障害児自身の全生活の中でみること、これは①障害をもつ個人の一生涯のうち、一番最初の乳幼児期に、

保育がどのように行なわれるか、そのことが障害をもつ者の一生の中でどんな意味があるか、①障害をもつ乳幼児の、現在の二十四時間の生活を視野におき、社会的保障、家庭、地域がつながって、それをどう支えるか、という位置づけです。

第二、障害児の医療、教育、福祉と、その家族の労働と生活とをあわせ考え、家族の全生活の中で位置づけること。

第三、障害児が生活している地域で、おとな達と子ども達全体、健常児達と障害児達、それぞれの関係をどう結ぶか——地域の中で次代を背負うあとつぎ達をどう育てるかという中で位置づけること。

第四、行政の施策を構造的につかむこと。一定の政策にはそれが生まれる経過があり、現実の運営があります。それは運動と権力のぶつかりあいが、歴史的にも現実的にも行なわれていることの反映とみることができます。

このぶつかりあいの背後には、一方で国民の生活実態とそれに基づく要求があり、要求を実現しようとする勢力とその力の結集があります。他方生活実態を個人的責任に帰し、できる限り社会的保障を少なくして、国民を管理しようという権力の志向があります。障害児保育という一つの政策の中にも、こういう構造的なものをみていこう、ということです。一口にいえば障害児保育という政策も行政の民主化過程の一環としてみよう、ということです。

（3）現在の日本の法律の中で幼児の保育をみると、教育と福祉の二つの体系に分かれています。そのこと自体の問題点はしばらく置き、その体系をまとめると表1のようになります。こういう体系の中で福祉の分野を中心に、この小論をすすめることにします。

一　障害幼児の保育に対する福祉行政の実態

1　相談や措置からみた保障のしかた、問題点の変化

まず、約十年間に障害幼児の相談がどのように変化したかです。児童相談所の窓口からみると次のようになります。

一九六九～七〇年頃は、まず相談の時期が、学齢期直前、あるいは学齢になってからというのがかなりの数を占め、早くて三歳児検診後という状態でした。これは、相談に対する応じ方にも問題があったためで、「まだわからない、個人差かもしれないから三歳を過ぎてまたいらっしゃい」とすべてを先に延ばす対応が多かったことも一因といえるでしょう。三歳児過ぎの幼児に対しても、

発達のおくれは宣告しても、ではどのようにして家庭の中で保育するか、社会的に保育するところはないのか、という問いにはこたえきれない状態でした。

また、障害幼児をどこかで訓練させたいという希望には一部（ろうあ児や視覚障害児や一部の肢体不自由児）を除き、ほとんどこたえられていなかったというべきでしょう。まして、最初から障害児とわかって幼稚園や保育所に入園できるなどということは、一部の先進的実践を行なっていた幼稚園・保育所は別として、ほとんど不可能でした。

このように家庭内での育て方がわからず、家庭外での保育の保障が望めないという中で、障害をもった幼児は狭い家の中にこもりがちになり、少し動こうとすると禁止に出会い、運動不足、あそび不足に陥ります。

その結果、いわゆる二次障害が生じて、「問題行動」は一層重く複雑になっていきます。このためわずかに開かれた保障の門も「問題行動」ゆえに拒否され、悪循環は反復されます。

表１　障害幼児の保育保障の法体系

			一般	特別
教育	（学校教育法）	24時間生活		障害学校幼稚部（寄宿舎）
		通所	幼稚園	障害学校幼稚部
福祉	（児童福祉法）	24時間生活	乳児院 養護施設	精神薄弱児施設　情緒障害児短期治療施設 肢体不自由児施設　盲ろうあ児施設 国立療養所（委託）重症心身障害児施設 （虚弱児施設）
		通所		精神薄弱児通園施設 肢体不自由児通園施設
法外施設	国の通知・助成のあるもの	24時間生活		自閉症児施設（昭44.9.29厚生省事務次官通知「自閉症児の療育について」）
		通所		小規模通園事業（昭47.8.23厚生省児童家庭局長通知「心身障害児通園事業について」） 自閉症児施設（昭44.9.29上記厚生省事務次官通知） 難聴幼児通園施設（昭50．7．2厚生省事務次官通知「難聴幼児通園施設の設備及び運営について」）
	国の通知・助成のないもの	24時間生活		無認可障害児施設 （自治体によって補助金）
		通所	無認可保育所	病院のデイケアーグループ 保健所、児童館等の公的施設利用の自主運営グループ 準公立（社協等）のグループ 公立公営のグループ （自治体によって補助金）

こうした中で、親達が自主的な通園グループを自らの地域につくりはじめます。親達やボランティアの手によって保育されると障害児達は目にみえて発達します。それに力を得て、グループへの助成金、公的な通園施設の建設、幼稚園・保育所への入園などの要求で自治体への運動がはじまります。こういう要求を不十分ながらも実現していくことによって、相談の内容が大きく変わってきます。

まず年齢では三歳児前の相談が増えます。内容も変化します。「保育園に入る予定だが、入園後の保育の指針をえたい」「保育園へ通っているが、今のままの保育でいいかどうかを知りたい」などという積極的なものも出てきます。しかし、「発達の遅れはそれほどでもないが、母の稼動や疾病がないため保育園に入れず、また近くに受け入れてくれる幼稚園がない」「肢体不自由児通園施設に通っているが、遠くて子も親も疲れて訓練にならない」などというように訴えられても解決できない悩みもかなりあります。

次にこういう変化を、障害の専門施設といわれているものについてみましょう。五種類の施設の措置児について、五年間を比較してみたのが**表2**です。

五歳以下の幼児についてみると、①二十四時間生活施設の措置児数の増（重症心身障害児施設は減）に比べると通園施設の措置児数の増が著しい。これは施設数の増加割合にもあらわれている。②通園施設の措置児は、低年齢の児童が増加している。特に肢体不自由児通園施設にその傾向が強い、ということがわかります。

全体的傾向として、①家庭、地域で生活することを前提に、通園施設の充実を求めていること、②しかもできるだけ早期に通園することが求められていること、③それらが前進すれば二十四時間の生活施設（収容施設と呼ばれてきたもの）の性格は、家庭で養育することが困難だという養護問題に対応するものと、一定期間を限定した二十四時間生活訓練のためのものとに変化すること、などがあげられますが、表2で示された事実はこういう全体的傾向の一つのあらわれとみることができます。

また一般の保育所へ障害児を措置入所させることは、要求→先駆的実践→要求の拡大→保育現場、自治体とのトラブル→自治体内での条件整備、制度化国の助成開始→自治体の条件整備の拡大という経過をたどって、大都市を中心に前進しはじめました。国の助成開始は一九七二年で、その内容は後でふれるようにきわめて非現実的で実効性が薄いものでしたが、「国さえも」ということが自治体への要求運動と、自治体が行なう保育条件整備と

表2　五種の障害児施設年齢別在籍者の比較

施設種類／年齢	精　薄　児		精薄通園		肢体不自由児		肢体不自由児通園		重症心身障害児	
	1972	1977	1972	1977	1972	1977	1972	1977	1972	1977
0歳	—	4	—	—	12	41	—	23	—	2
1	—	4	—	3	52	98	21	101	3	2
2	3	13	1	74	123	142	70	218	23	20
3	21	41	33	445	229	234	119	309	48	38
4	81	84	212	1028	343	423	136	296	87	60
5	195	202	479	1365	462	561	118	248	115	86
計	300	348	725	2915	1221	1499	464	1195	296	208
6	505	497	399	754	588	629	49	126	140	100
在籍総数	23015	21960	3972	5876	8220	7794	588	1467	3132	4315
施設数	337	352	122	200	75	76	22	49	28	45

1972、1977年とも10.1現在の在籍者数
厚生省大臣官房統計情報部「社会福祉施設調査」1972年版、1977年版より作成

にはずみをつけることになりました。

いま全国でどの程度の数と率で障害児が保育所に措置されているかは詳しくはわかりません。これは「障害」について統一的に理解することが難しいことなど技術的な問題もあってですが、全国保育協議会・全国保母会の調査[1]では回答したうちの四四・四％の保育所に障害児が在籍している、となっています。

また全体の保育措置児に対しての率は地域によりかなりのばらつきがあると考えられますが、それはその地域の運動のひろがり方、自治体の姿勢、条件整備の進展状況なども大きな要因ですが、基本的には地域での一般的な保育要求に対し保育措置がどの程度対応できているかという状況、具体約にいえば保育未措置児がどれくらいいるか、未措置児の状況はどうなっているか、で決まるものと考えられます。

地域の幼児の保育保障が一般的に遅れている中では障害児が保障されるはずがなく、逆に障害児の保育保障がないところでは一般の幼児の保障もおぼつかない、という関係なのだといえるでしょう。

2　障害児の全生活からみた保育問題

障害児をもった親はどんな心配をするでしょうか。

①わが子が障害を持っていることがわかった時、あるいは発達のおくれがあることがわかった時、親はまず何とか治せないものか、と医療機関をかけ回ります。この段階ではまず発見を早くしたいが遅れる、という状態があります。

最近ではボイタ法などの技術的発達とその導入によって、保健所の検診などで発見される率は高くなってはいますが、ある地区の調査[2]では、障害があると認められた児童のうち、約半数は、異常の発見から診断確定までの年齢が四ヵ月〜三歳になっています。そして乳児検診で受診しても「何も言われなかった」が三分の一を占めています。また「開業医は、障害児について知識が乏しく」「発達の遅れに対して〝未熟児だったから〟と母親の心配をとりあげず、障害の発見が遅れた」という意見が出されています。

こういう傾向は一地区だけでなく一般的にもあるといえそうです。また、専門医がどこにいるかという情報に乏しく、それを教えてくれる保健所や医師に出会えばよいが、そうでなければ自ら乳幼児をかかえてかけ回ることになる、というのもあちこちでみられる現象です。

②障害があることはわかっても、この子をどう育てたらいいかわからずに迷います。家庭での養育のしかた、子どもたちの仲間の中で育てる保育などを求め、またまたあちこちの公私の相談機関・研究所・施設などをかけ回ります。

前記の調査でも「指導が一般的で家庭での訓練や育児に役立たない」「訓練機関を紹介してくれない」などが出されています。家庭での具体的な保育の方法がわからず、また近隣の子とあそぶことも、ほとんど不可能な状態ということもかなり一般的です。それは同年齢の子が少ない、あそび場が少ない、大人の仲だちが必要だができない、などの理由からです。こういう事情から訓練機関や幼稚園・保育所への要求が強まります。

しかしここでも、「親子通園なので家の仕事や距離の関係で通いきれない」「幼稚園で受入れてもらえない」「母親の稼動状況から〝保育に欠ける〟指数が低いから（指数の高い順から保育所入所は決まる）今年は保育所に入所できない」などのことが起こります。

③学齢に達すれば、この子の教育はどこが一番いいのだろうか、そこに入ることにより〝お客さん〟になったり、みじめな思いをさせられたり、差別されたりすることはないだろうか、放課後や夏休みなどはどんな生活をしたらよいか、などの心配が出てきます。

学校や学級が遠くなったため、同年の近所の顔見知りとの関係が薄くなったり、学童保育や児童館へ行きたいが行かれず、放課後や休みには家の中に閉じこもりっきり、ということも生まれます。

④学校を卒業する頃になればこの子は働き口があるのだろうか、ひとりで自分の日常生活をやりくりしていけるだろうか、親が生きているうちはいいが、あとで兄弟の負担になって両方がみじめな思いをしないだろうか、などという悩みが新しく生まれます。

障害児をもった親のこのような心配は、そのまま児童の権利状況を示しています。[3]年齢と共にぶつかる壁の様相や厚さがさまざまに変わりますが、障害をもつ児童が大人になり老人になり一生を終るまで（老人になるまで生きること自体が大変難儀なことですが）の期間の中で、生まれてから学齢期に達する時機に、どんな育てられ方をするかは、その一生を左右します。

特に家庭の外で同年齢、異年齢の仲間達とふれあう機会があるかないか、保育をされる機会があるかどうか、その内容はどんなものか、によって、障害児のその後の生活は大きく制約されます。たんに本人だけの問題でなく、家族や地域もそのことによって大きな影響をうけます。

二　児童福祉行政における障害幼児の保育保障

1　行政は教育と福祉を一般的にどのように位置づけているか

障害幼児の保育保障は、表1で明らかなように、教育（学校教育法）と福祉（児童福祉法）の体系にわかれ、そのほかに法外のものがあり、その中でも福祉系の通知により国に認められ助成されるものとそうでないものがあります。

ところで教育と福祉について、その関連を行政側がどのように位置づけてきたかをみてみると、教育は正常なもの、一般的なものを、福祉は異常なもの、一般から排除されたものを対象とする、という姿勢が貫かれていたと考えられます。

たとえば幼稚園と保育所をみれば、幼稚園は養育能力のある家庭の児童の教育のための施設ですが、保育所は保育に欠ける児童、すなわち家庭の養育能力が部分的に欠除した状態にある児童を保育する施設になっています。

また、精神薄弱児施設や精神薄弱児通園施設の入所条件に、就学猶予《ゆうよ》または免除の手続が前提になっていたのを削除したのが一九七三年四月だったことをみても、教育で排除した落穂を拾うという役割を福祉行政に課してきたことは明白です。

文部、厚生両省の通知によって長期にわたり、普通学級→特殊学級→特殊学校→精神薄弱児施設というＩＱによるふるい落としのシステムで障害児を含む児童全体を管理してきたことは記憶に新しいところです。

たんに体系の上だけではなく、具体的なサービスの面でも労働条件の面でも福祉には、劣等処遇の原則（ひとりだちのできない者のために税金を使うのだから、一般より低い条件で処遇するのは当然。そこで働く者は、あわれな者のために働く慈善者だから、労働条件についてガタガタいうべきでない、という原則）が貫いていました。

2　児童福祉の保障手段の特徴(1)――ツギハギだらけと量不足

児童福祉法は成立、施行以来二十五次の改定をしていますが、その少なからぬ部分が施設体系の改定になっています。しかも現実の要求が強くなって押えられない状態になった時に、はじめておくればせにいくつかの施設種類を追加しています。精神薄弱児通園施設（第十五次改定、一九五七年）、重症心身障害児施設（第二十五次改定、一九六七年）がその典型例です。

こういう経過から当然に、保障のてだてが体系化されないでツギハギだらけ、という結果が生まれます。これが最初に述べたような保障の「谷間」の原因です。しかもそれぞれの保障手段は量的にも乏しく、質的にも不十分であることが続きます。このことは施設体系に関する法改定がある度毎に、国会でとりあげられています。

たとえば精神薄弱児通園施設ができた一九五七年の第二十六回国会で政府は質問にこたえ、「一九五二年調査では要保護精神薄弱児は約四万五千人だが、対象児童と現有勢力との間が余りに開いていて何年計画をたてるというところまで進んでいない」[4]としています。

一九五二年には国有財産特別措置法の制定があり、これにともない児童福祉法も改正されています。これによって国有財産の譲渡、貸付が臨港施設や電源開発と同じように、児童福祉施設にもできるようになったにもかかわらず、しかもこのように保障手段の不足が著しいことが明白であるにもかかわらず、国有財産を利用したのは産業基盤の造成が中心であったことは、国の姿勢がどんなもので、その結果が児童にどんな影響を与えるかを示すものとして注目しておくべきでしょう。

3　児童福祉の保障手段の特徴(2)――福祉の中の階層化（排除のための専門性）

前にみた教育と福祉の一般的関係と同じように、福祉の中でも階層化が行なわれます。

一般と特殊という形で保育所と精神薄弱児通園施設、肢体不自由児通園施設などの関係にそれがみられます。後にふれる保育所における障害児保育について措置を行なう行政側の考え方に、端的にあらわれていますが、「ここは一般児の入るところだから障害をもった特殊な児童は専門施設へ行ってください」と専門が排除の道具に使われます。

障害児の発達の中に健常児の発達と同じ道筋を認めることは現在では常識になっていますが、特殊をことさら強調し、共通の一般的な基盤を無視するところがこの特徴です。この論理は働く者をバラバラにすることにも使われ、しかも働く者がしっかり見抜かないと有効な管理方法になります。

4　児童福祉の保障手段の特徴(3)――ツギハギの上にまたツギハギ＝法外の無認可施設の増加

特徴(1)で述べたように、ツギハギだらけと量不足ですから、当然保障からふるい落されるものが出てきます。その保障を求めて運動が起こります。その結果が表1の法外の保障の手段です。この中にも、運動の発展と行政施策の中へのとり入れ方との関係でいくつかの段階があります。

最も素朴な出発点では、まず子どもを放置できない、だから自分達で保育しはじめる、というものです。これにも親が中心になってはじめるものと、病院や保健所、福祉事務所、児童相談所など診断や相談の役割をもつ機関ではじめるものがあります。前者の親達の負担は大きく、公的な助成への要求が必然的に起こります。

次の段階は公的な場所の提供や公費による助成を得て自主運営するものです。さらに行政施策へのとり入れが進むと、社会福祉協議会などで経営したり（社会福祉協議会へは市区町村が公費で助成する）、公立公営に進みます。

しかし、現在の児童福祉法の施設は、一定以上の定数、単一の対象（精神薄弱児とか肢体不自由児など）、措置は都道府県知事が行ない、身近な自治体（市区町村など）が行なえない、などの制約があって、直ちに認可申請にふみきることができないという事情から、無認可の公立施設が存続します。

たとえばある市の少人数の、肢体不自由児も精神薄弱児も自閉症児も一緒に適所している施設は、もし認可施設にしようとすれば、肢体不自由か精神薄弱かどれかの単一の対象児を入れなければならない、また一定数以上の定員にしなければならないし、そこの市の住民だけを市の主導で措置することもできなくなる、という問題が起こってきます。

そこで国は児童福祉施設ではないが、それに準ずるものとして、厚生事務次官通知や児童家庭局長通知によって事業を認知し補助金を支出します。それが小規模通園施設などです。しかしその補助金の支出のしかたは「谷間」をうめるものになっていません。たとえば一九七八（昭和五十三）年度でみれば、表3のとおりです。

表3　小規模通園事業の運営の実態

昭53年度予算
　補助対策115カ所
　国基準の1/3補助（国1/3, 都道府県1/3, 市区町村1/3）
　国基準の内容
　　事務費　月額53,290円　×12ヵ月
　　事業費　月額53,530円　×12ヵ月
　　新規に53年度に補助対象になったものは
　　　固基準×6カ月＋20万円（初度調弁）

東京都A市の場合　運営の実態
　　児童数　24
　　年　齢　おおむね3歳～学齢
　　障害状況　精神薄弱，肢体不自由，自閉症等
　　指　導　毎日（除日曜）10時～2時
　　　　　　（通園バス9時～，～3時）
　　職　長　園長1, 保母8, 看護婦1, 計10名
　　　　　　入所障害児に応じてパート保母を増配置
　　市立保育園との交流遊び週1回
　　予　算　事業費のみ430万円

ここでのしくみの特徴は、①予算総額、補助対象数が最初に決まっている、②補助額積算の国基準が決まっていて、現実の運営をその基準では行なえない、③補助対象になるしくみが、国の一方的管理によっている（都道府県が補助対象の申請を国に対し行ない、国はこの中から補助対象を予算の範囲内で選定する）などです。このため東京都の一九七八年度をみるとこの事業についての国の補助対象はわずか五ヵ所になっています。

その一つの施設を例にとれば、年間予算四百三十万円（職員十名の人件費は別）ですから、国の補助はその三分の一にみたないことは明らかです。こうして自治体の莫大な超過負担が発生します。その結果は、ツギハギの保障手段のスキ間をまたツギハギした所に大きな穴があく、ということになります。「谷間」と「薄さ」はいつまでたってもうまらないわけです。

5　児童福祉の保障手段の特徴(4)——制度の中途半端さと実態にあわない国の補助

もう一つ保育所における障害児保育の制度化を検討し

てみましょう。

前述のような経過をたどって保育所における障害児保育は前進してきましたが、国はこの過程で国民や自治体の要求に押されて「障害児保育事業」を一九七四年からはじめました。厚生事務次官通知による実施要綱で具体的な補助対象と方法を決めています。

それによると、対象はおおむね四歳以上で、障害程度が軽いものに制限されています。そして補助対象になる施設は定員がおおむね九十名以上で、対象児（障害児）が一割程度入所していることが条件になっています。その場合保母二名の配置について（すなわち最低障害児九対保母二の割合）国はその費用の三分の一を補助する、というものです（もちろん保母の人件費の実費で計算するのでなく国の定めた基準を算定基礎にしています）。

この制度は一九七四年度二十ヵ所、七五年度三十ヵ所、七六年度四十七ヵ所、七七年度が四十七ヵ所の予算になっていました（七七年度のこの事業の予算総額四千七百万円）。この場合も補助対象の選定のしかたは小規模通園施設と同じで、都道府県の申請→予算範囲内での国の選定というしくみです。東京都の場合一九七四年度から七七年度まで補助対象指定は毎年度わずか二ヵ所になっています。

こういう内容——障害児を四歳以上に限定したこと、補助対象を保育所とし、総定数の一割程度の入所の条件としたこと、保母二名分の補助、費用の算定基準の低さなど——は少しでも障害児保育に関心のある者なら、非現実的な実効の少ないものであることは明らかです。

国は一九七八年度からこの制度を変えました。一九七八年厚生省児童家庭局長通知「保育所における障害児の受入れについて」で次のような方針と助成を決めたものです。

方針は「保育に欠ける障害児で保育所で行う保育になじむもの」で、一般的に中程度までの障害児」で、「集団保育が可能で日々通所できるもの」とし、受入れる人数は「障害児と健常児との集団保育が適切に実施できる範囲内の人数」としています。

そして保育所の条件としては、障害児保育について「知識・経験等を有する保母がいること」「便所等の設備及び必要な遊具が備わっていること」など「受入れ体制が整っている保育所に入所させるよう配慮」し、健常児との混合保育にするといっています。

国の助成については、対象を特別児童手当の支給対象児としています。この稿の執筆時には未だ国の補助に関する要綱が定っていませんが、この事業に関する国の一九七八年の予算総額は一億一千二百万円、対象児童一人に対し三万五千六百円の補助ということになっています（厚生省母子衛生課調べ）。

年齢をとりはずし障害児を補助対象にしたことで以前よりは現実的になった、とはいうものの、未だ次の問題点を含んでいます。

(ア)　特別児童手当の支給対象児を補助対象としているため軽度の児童は補助対象から排除されるおそれが生ずる。

(イ)　「保育に欠ける」ことが前提になっているが、そのことと障害をもつこととの関係を明らかにしていない。

(ウ)　「集団保育が適切に実施できる範囲内」「集団保育が可能」ということが、どんな内容で誰が判断するか、に問題が残る。

(エ)　条件整備や混合保育はいいが、保母の研修、職場内討論の保障のための時間や職員配置、設備や遊具の整備などに必要な財政負担をどうするかが明らかにされていない。障害児一人につき三万五千六百円の範囲で直接的な処遇職員の増配置とこれらのものを処理するという方針なのだろうか。

(オ)　何よりも直接処遇職員の増配置にこの金額では無理となる。しかも補助対象児の障害が重くなっていればなおさらである。

(カ)　補助対象の選定のしかたは依然として国の一方的な選定で、しかも予算の範囲内になっている（実施してみて足りなければ補正予算で追加するのが、憲法二十五条の本旨）。

こうしてみると、国が障害児保育を実施する方針を打出したといっても、どんなに中途半端で実態にあわないか、補助をどんなにケチケチけずろうとしているかがわかります。どうしてもロッキードやグラマン、ダグラスと比較したくなります。国の姿勢が「谷間」と「薄さ」をつくっており、もしそれをうめようとすれば、自治体の莫大な超過負担を財政危機のもとでも行なわなければならない、ということを示しています。

6　児童福祉の保障手段の特徴(5)——入れモノ中心　中味と前後のつながり無視

今まで国が保障手段をつくるやり方は、何か事が起これば国民や自治体から迫られて、問題が相当深刻になってから手をつける、というのがほとんどでした。しかもこの手のつけ方は、入れモノをつくる、そのことだけによって対応している姿勢を示すのが常でした。

すなわち、①入れモノの前後のつながりを連続して考えず、そこだけをとり出しただけでした。精神薄弱児通園施設を例にとれば、家庭保育との関係、幼稚園・保育所、学校教育との関係、幼児、重度児、学年齢に達したあとのこと、待機児の問題などが真剣に検討されなかったわけです。②中味の具体的サービス内容を考えないで、逆にあやふやな根拠しかない面積、定数などを先にきめ、与えられた条件から中味を規制していました。

また、精神薄弱児通園施設でみると、指導内容から部屋の面積、庭の面積が考えられ、具体的な指導の目標によって職員配置が考慮されるのでなく、すでに与えられた建物面積・職員配置からできる範囲の指導をするということになるわけです。

三　障害児保育をめぐる行政の考え

――保育所における障害児受入れ問題を通じて

国の制度の問題点は前述しましたので、直接的に保育措置を行なう自治体行政について、その考えを検討してみましょう。自治体の考えが最も端的にあらわれるのは予算と、不服審査における弁明書です。ここでは後者について、二例を検討します。予算も思想により編成されますし、その予算でつくられた実態をもとにして弁明を行ない、しかも予算をつくった思想を最も論理的に述べようとしたものが弁明書だからです。

保育所入所措置の申請書が出されると、措置権者（市区町村長）は、措置を行なうか、保留にするか、却下するか、いずれかの処分を行ないます。措置の対象児が障害をもっていた場合は、入所が内定（福祉事務所の措置会議で保育に欠けると判断し、措置をすること及び措置先の保育所を選定すること）したあと、保育所の健康診断や面接の結果によって、内定が取り消されることがあります。

また、「仮通園」の形で短期間通園したあと、保育所は無理だから、とことわられる場合もあります。さらに一度措置されて通園したあと、集団保育に適さないからと、退園届を無理に書かせられたり、措置解除されることもあります。

そうしたとき、「しかたがない」とあきらめるか、いろいろ交渉しても、けっきょく「実際の保育者の理解がえられないのならかえって子どもがかわいそうだ」と退園してしまうことが多いのが実情です。しかし、行政不服審査法に基づく不服審査請求によって、争った例も数は少ないけれどあります。その場合措置権者（行政処分庁）

は、なぜ措置できないかを具体的に明らかにしなければならないため、行政としての考え方が文書ではっきり具体的に示されます。

ここでは東京都の二つの不服審査請求の事件で、行政側の弁明書が共通に持っている考え方を整理して検討してみたいと思います。まず事件の概略は次のとおりです。

一つはA市のI・Sちゃんの事件です。ダウン症のSちゃんが保育所措置後約五ヵ月で解除されました（措置理由は母出産のためでしたが、母親は出産後働くことを明らかにしていました）。このため不服審査請求が出され、両親と行政処分庁それぞれの主張が何回か提出され交わされたあと、市は約六ヵ月後突然Sちゃんの保育所への復園を認めました。一九七二年～七三年のことでした。

もう一つはB区のI・Aちゃんの事件です。やはりダウン症であるAちゃんは、内定後約一ヵ月の仮通園ののち、集団保育が不可能といわれ、区側と交渉しても事態が打開されなかったとして不服審査請求が出されたものです。これもそれぞれの主張が交わされたあと、審査途中でAちゃんの措置が行なわれました。一九七四年～七六年のことでした。

これらの経過の中で行政側の弁明書で共通している問題点は次のとおりです。

①いまの人的物的条件では受入れられない。障害をもつことによって集団保育が不可能である、とはいっていませんが〝現在〟の職員配置や物的設備では、障害をもっていることによって生ずる行動に対応できない、というものです。普通に発達していないのだから特別な処遇を必要とする、しかるに保育所は障害児の専門施設ではないし、現在の最低基準（都の加算があっても）では保育できない、というものです。

A市の場合はさらに現在の児童福祉施設の最低基準では、保育所の最低基準は精神薄弱児通園施設のそれより低いから、保育所は障害児を対象としない、と解釈しています。いまの職員配置や物的条件では対応できないとすれば、どんな条件なら可能だと考えているのか、その条件がなぜいまつくれないか、についてはふれていません。現在の人的物的条件を動かせないものとして、それをもとに対象を切りとる論理です。

前述のように国の施策の不備が著しく、超過負担が大きいことがこのような論理を成立させる基盤になっているとしても、児童福祉法第二条「国及び地方公共団体は児童の保護者とともに、児童を心身ともに健やかに育成する責任を負う」及び第三条「第二条に規定するところは児童の福祉を保障するための原理であり、この原理は、すべての児童に関する法の施行にあたって、常に尊重されなければならない」などから逸脱しています。

人的物的条件が不十分なら、それを整備するのが地方公共団体の責任です。その責任を明確にしたうえ条件整備についての現実的な障害を明らかにする、という論理にたっていません。

SちゃんやAちゃんは「保育に欠ける」ことが認められたわけですから、その保育についての条件整備をして措置することが地方公共団体の責任になります。二つの事件がいずれも措置入所で結着がつき、それに伴い職員配置も不十分ながらされたということは、行政の姿勢が大きな問題であることを示します。

地方公共団体がその育成責任を果すために保育の条件整備を行なうことを決意し、それを実行するか否か、これは障害の具体的内容と保育との関係を正確に理解することとともに基本の問題になります。

②憲法や児童福祉法より、市や区の条例や規則を重視し、これに根拠を求めていること。

A市の場合は市立保育園管理規則を、B区の場合は保育園設置条例をそれぞれ持出して、措置解除や不措置の根拠にしています。これは児童福祉法第二十四条「児童の保育に欠けるところがあると認めたときは、それらの児童を保育所に入所させて保育しなければならない」や第二条、第三条の上に条例や規則を置いています。

しかもAちゃんの場合、措置をしないのなら、第二十四条但し書「但し、附近に保育所がない等やむをえない事由があるときは、その他の適切な保護を加えなければならない」に基づき、具体的に「適切な保護」の方法を明示せよと不服申立人が反論したのに対し、B区の行政処分庁は再弁明書で具体的な方法を示していません。

日本の法律の管理手法は憲法、諸法の総則、各条文、施行令、施行規則、自治体条例、自治体規則、などという流れの中で抽象的であればあるほど権利を認め、具体的になればなるほど権利を制限して行政の権限を強化するよう解釈の幅を広げ、それに基づき国民の要求を押える、という運用をとっています。二つの事件の弁明書はこの手法を適用したものになっています。

③医療と福祉の連携がはかれず、福祉だけの負担でこの問題を判断している。

二つの事件の措置対象児はいずれもダウン症児ですが、処分庁の弁明書や医師の意見書には、ダウン症に関する記述とダウン症児の保育に関する理解に、適切を欠くものがあると申立人側の専門医(小児精神科医・小児科医)に指摘されています。しかもそれらのことが保育現場に

「いつ事故が起こるかわからない危険な児童」という大きな不安を与えたことは、弁明書やその付属資料に明らかです。

障害児保育をすすめるためには、障害児の状態や行動を発達的観点からとらえ、現場でさまざまな創造的試みがなされることが不可欠ですが、そのためには職員の増配置や物的条件の整備とともに医師やその他の専門家の援助と激励、経験した仲間からの学びあいが必要です。

二事例はいずれもそれらを行政として保障しなかったため、保育現場に大きな不安と負担を与える結果になりました。処分庁の弁明書の中で二例とも「子どもを監視する」という文言が保育について出てくるのは、行政姿勢をあらわすものとして象徴的です。

この二つの事例にあらわれた行政の考え方を要約すると、現在ある諸条件をもとに、対象範囲のワクをつくり、範囲内のものはキリトッて対象とし、範囲外のものはキリステてしまう。しかも福祉という一つの分野だけで処理をしようとする、ということです。

こういう考え方と政策が保育現場に人の配置も物的条件の整備もせず、不正確な情報を与えて混乱をひき起し、保育要求をする側には現場に働く者が理解がないように思わせ、働く者には保育要求をする者が不当であるかのように思わせ、対立させて行政費任をあいまいにするという一連の現象を生んでいます。ここにも「谷間」と「薄さ」をつくるしくみがあることがわかります。

四　今後の課題とそれを実現する力

障害児保育をおし進めるにはたくさんの課題がありま す。ここでは行財政問題に限定して今後の課題を考えてみます。

1　行財政と発達

前述のように、「わが子に保育の場を与えたい」という素朴な願いが運動になり、その発展段階と、行政への反映のしかたによってさまざまな保障手段の状況が出現します。その中で、保障手段があることが確実に子どもの発達に役立っていることを認識します。

もし公費の助成や公立化など公的な行財政で子どもの発達が保障されていることがみえれば、行財政が子どもの生活と発達の支えになっていることがわかります。また、行財政をそのように変えた親や働く者の力の大きさと、その力が行財政を通じて子どもを支えているのがわかります。いわば保障手段を求める運動により、自治体や国の主人公として、その力の一部を発揮したことになります。

また、保障手段の整備について不十分であれば（国の例はこの典型です）、そのしくみを学び何が不十分にさせているのかを見抜くことが必要になってきます。それは行財政全般にわたって見直さないと、本当にわからないものですから、しくみ全体が、働く者が本当に主人公になれるようになっているかどうか、ということの検討にまで及びます。

障害児の保育保障を本当に求めようとすると、そこまで行きつくことになります。これはわが子の、あるいは目前に通ってくる子の保育保障をもっと充実したものに、と求めることを通じて、親自体が、また働く者自体が発達していることを示します。

行財政の問題をみる時は、たんにどこまで進んでいるか、どこまで進ませるか、ということだけではなく、そのことを通じて障害児や親や働く者が、どこまで主人公になっているかを点検し、要求運動と労働実践の運動を通じて、職場の、自治体の、国の、主人公になっていく、ということを課題の基本にして意識的に追求していくことがたいせつです。

2　保障手段について

いままで保障手段という言葉を使ってきました。耳なれない言葉だと思いますが、次のような考え方からです。保育を例にとってみると、児童の養育は本来、社会的に次の世代を担うものを育てる、という社会的性格をもつ営みです。しかしそれが、家族の養育という形でいわば私的な形態で担われてきました。

ところで資本主義が広がり高度化するにつれ、働く者の家族の生産は一人のかせぎ（たとえば世帯主の働き）だけでは支えきれなくなります。このため家族の中に妻をはじめとして職をもつ者がふえてきます（労働力の価値分割）。

資本もそのほうが都合がよくなります。①お互いに競争させればより安い賃金になる、②一人の賃金で一家を養うより、幾人かの家族で生活を推持する方が一人当りの支払い賃金が少なくてすむ、という理由からです。

家族の中に働く者が増えれば、当然の結果として、いままで家族内で処理してきた、育児、家事はできなくなってきます。先にあげた私的養育形態（家族の養育）はこうして掘りくずされていきます。したがって、その代りになるものが必然的に求められてきます。

それは保育要求を始めとする福祉要求を中心にさまざまな要求としてあらわれてきますが、ことの次第からあたかも親が養育を放棄しているようにみえ、要求が無責任な親のあと始末のようにさえみえてきます。保守都政下で保護者会の代表が「自分の産んだ子も育てられないのにとやかく言うな」といわれたのもこの端的な例です。

資本主義の社会では個人主義の原理が貫かれますから保育問題、養護問題などのほんとうの姿は奥にかくれてみえにくくなり、個人である親の責任にみえてくるわけです。

資本主義の発達による私的養育形態の破壊、という契機によって、養育の社会性と私的養育形態の矛盾があらわになってくると、当然社会的形態による養育が必要になってきます。その一つが保育所です。

同時に障害児の場合、私的養育形態では空間的制約（狭い住宅、近隣を気にしての諸活動の禁止など）や時間的制約（受動的時間の増大、たとえばテレビが朝から晩までつけ放しにされているなど）がとくに大きな発達上の阻害要因になることや、障害の発見、治療、教育などでの技術的高度化等々により、家庭内の養育だけでは十分育てきれなくなってきます。

ここに、社会的に養育する手だての整備が求められてくる必然性が生じてきます。社会的に保障する手だての、という意味で保障手段というわけです。

しかも教育形態の社会化を通じて、いままでそれぞれの家族の中で私的な価値観によって（もちろん私的にみえても国家が常に支配しようとする力が強く働いていますが）養育されてきた子ども達が、一層社会化した価値観を通じて育てられることになります。

具体的には、競争原理や適応理論によるものもあり、また集団主義、発達保障の立場もあります。いずれにせよ、保育現場の労働者を通じて、労働現場の力学を通じて、一層社会化した価値観が反映されます。

養育形態の社会化は文化の伝達のしかたにも変化をもたらします。それは家庭というフィルターを通さない、直接的に社会化したしかたも生み出してきます。ここに保育労働者の大きな役割が生まれます。また、親の保育への参加や保育所における保育と家庭保育の統一が必要なのもこういう文化的側面を重視しなければならないからです。

このようにみてきても、資本主義国家は個人主義の原則にたって私的養育形態を基本にしますから、必要な養育手段を保障手段としてとらえず、親の養育の欠けた部分を補うものという消極的な役割しか与えません。

二の1でふれた保育所のとらえ方もここから生じてきます。しかも財政支出は企業活動の助成を重点にするため、福祉部門は必然的に圧迫され、保障手段は貧困な状況を呈します。「谷間」と「薄さ」の基底はここにあります。

3　今後の課題(1)——重層的保障体系について

既述のように保障手段はまったくツギハギだらけで行き当りばったり、その時々に一番さわがれた問題に応急手当をしてそのままになっています。ということは、必然的に体系的でないことを意味します。

今後の課題は保障手段を社会的な共同生活手段としてとらえたうえで、体系化することが必要です。それは障害児者の全生活の中から生まれる要求を基本に、それに対応するものとしてくみ直すことが必要です。障害幼児の保育でいえば、妊娠期、出産時の健康管理や、医療的保障、乳幼児検診、母親指導、などからはじまる一連の保障の中で幼児保育を位置づけることです。

しかも体系化は重層的であることを必要とします。それは次のような考え方と具体的内容をもったものです。

①考え方

人間の生活は複雑で多面的です。したがって、一つの目的を達成しようとする場合でも、切っても切れない関連した側面が生まれます。このため単一の機能をもった施設やサービスですべてを満たすことができません。ですから保障体系は、

(ア)　一定の施設、サービスにいくつかの機能を複合させること(主な機能とそれを補完する副次的機能というように)

(イ)　主な機能が異なったものが副次的機能を媒介に重なりあっていること

が必要になってきます。

②具体的内容

(ア)　保障手段が生活年齢にそってつながりあっているばかりでなく、重なりあうこと。

(イ)　一つの目的、たとえば保育に対して、保障の手段がたった一つでなく、いくつも存在すること。しかもそれぞれが特色をもちながら重なりあっていること。その選択は利用者の生活や労働の状況によって自主的に行なえること、それが可能なだけの量的質的整備があること。

(ウ)　一つひとつの保障手段の中に、医療や教育や福祉の機能が主なものと、それを補完する形で重なりあっていることなどを意味します。

4　今後の課題(2)——今ある保障の手だてを最大限に活用する

障害児保育の手だては、たとえばツギハギで貧しい内容であってもいくつかあります。それを障害児の福祉を真剣に求めてきた仲間達の力の反映として、具体的諸条件に応じて、段階的に積極的に活用していくことです。そのためには次のことが必要です。

①保育における一般的なものと特殊的なものについて、統一的に把握すること。

従来障害児の保育だから、といって問題視したことの中には、実は一般的に問題にすべきことがたくさんありました。

たとえば、集団保育＝一斉保育という考え方のもとに個別の発達課題をみなかったこと、「問題行動」としたものが「健常児」の発達にも一定の期間みられること、「問題」のとらえ方が発達要求との関連で考えられていなかったこと、職員配置の不足は障害児保育に限らないこと、職員の意志統一も障害児問題に限らず困難であったこと、等がそれです。

特殊とみたことが、実は一般的なことに気づくことによって、障害児保育は発展してきました。しかし、「同じ」を強調するあまり、「ちがい」を見落すと、画一化と手抜きに陥ります。障害をもっていても発達は一般的な道筋をたどるといっても、発達の遅れがある事実を見逃すと特別手厚い処遇を手抜きし、何でも一緒にという名目で放っておくことになります。保障手段も同じです。「特殊」を強調して一般からはじいていた段階はたくさんの残りかすはありますが、克服されつつあります。しかし、「同じ」を強調するあまり、「ちがい」を切って捨てる誤りも生まれています。

保育所という一つの手段を唯一のものとして固執し、それに入れなければ差別だという考えは、こういう誤りの一つです。「同じ」を確かめその上にたって「ちがい」に応じて保障手段を使っていくこと、段階的であったり、重ねあわせたり、具体的諸条件に応じて組みあわせていくことが必要になります。

②保育における行政責任を明確にすること。

障害をもつことによって発生する保育問題は、家族を含めての全生活を検討してはじめて明らかになります。地域差はあるにしても、現在の一般的な保育要求とその充足状況からいえば、障害児である、ということだけで保育に欠ける、ということを第一義的に強調するのは強引にすぎます。

しかし、障害児であることによって、障害児自身も、家族も深刻な保育問題をかかえている場合が多いことも事実です。「あれか、これか」で画一的、観念的に裁断するのではなく、事実に即して判断し、行政の責任、とりわけ自治体の責任を明確にすることが必要です。

そのことによって、保育条件整備の姿勢も積極化しますし、「一つの施設を利用しているのだから他の種類の施設利用はあきらめよ」というような官僚性の壁をくずすことも可能になってきます。

③保育要求を行なうものと、相談労働、保育労働を行なうものとが、現象的に対立する部分があることをごまかさないで、はっきりさせること。そのうえで、対立させられているしくみを明らかにし、どんな条件が確保できれば統一できるか、その実現を阻むものは何か、について共通の認識を獲得していくこと。

しくみや阻害要因は主に働く者が明らかにする責任があると考えられます。共通の認識から相互の信頼が生まれ、既存の手段の利用についても排除や切り捨てでない、という確認の上で積極的に進める道が開けます。

5　今後の課題(3)——障害児保育保障委員会について

すでにみたように、現在の保障手段は体系化されていないため、いろいろな問題が起こっています。体系は望んでいれば、あるいはどこかの先生に頼めばできるものでしょうか？　違います。

それを求める者が自ら身体を動かし、エネルギーを集中して初めて実現への道をふみ出します。前述の重層的保障体系が障害児保育に実現するまでにはかなりの長期間を要し、いくつかの段階を必要とするでしょう。それを試論として考えてみます。

第一の段階

現在、地域にはいろいろな相談機関があります。しかもその情報はバラバラにつかまれ、障害児のために活用されていません。

たとえば新しく手当の制度ができても、一般的なお知らせだけで、「あなたのところは今度新しく該当しますから、手続なさる場合はこうです」と教えられる地域はそんなに多くありません。市区町村単位の事業でその給付が受けられる人を、市区町村以外の機関（たとえば児童相談所や病院）が握ってる場合事業を行なう主体がほとんど知らないままに事業を実施することは少なくありません。

そういう欠陥を克服するため一つの事業——保育でも手当でも——を実施するのに関係する機関、施設などが集まり、連絡協議会をつくることはできます。後に述べる保障委員会の萌芽形態として、この協議会はその事業に必要な情報の交換と協力態勢とを最小限つくることはできるでしょう。すでにこれを実践している地域もあります。[5]この場合、実際に働く者が中心になって運営することがたいせつです。

第二の段階

右の協議会を基盤に、具体的要求や問題点をとりあげ解決の道筋とそのための相互の協力の方針をたてる、という組織をつくることです。

たとえば障害児の保育所入所申請が出されたが、現在の保育所のアキの状況では家族の稼働状況からいって入所困難で、どう対応したらいいか、あるいは、現在入所中の障害児の保育について、困っていることがあるが解決の道はないか、などのさまざまな問題です。すでにある制度（例えば障害児保育の巡回相談）で解決できるものはいいが、そうでないものに対応していくことです。

これはすでに存在する保障手段を最大限活用するということにつながります。同時に現在の保障手段でどうしても足りない部分、「谷間」と「薄さ」を共通の認識にしてひろげていくことでもあります。

第三の段階

市区町村に障害児保育の保障委員会をつくるということです。障害が発見された時、病院、保健所、関係機関などの発見者はこの委員会に通告する。委員会はそれをうけて保護者の要求をもとに保育保障の方針をたて、関係機関への協力を求める。関係機関は具体的保障を行ない、委員会に報告する。保障委員会は何らかの形で住民のチェックをうける（委員会の構成員になるとか運営委員になるとか）。

この保育保障の方針は家庭保育の具体的援助（これも保障手段の一つ）も含めて、それと保育所や専門施設の保育をつなげてたてられる必要がある、というのが大体の内容として構想できると思います。

地域保育計画といわれているものは、重層的保障体系の保育部分と考えられますが、いくつかの留意が必要です。第一は誰がそれを計画するのか、第二は実施のチェックは誰がするのか、第三、具体的要求に対し計画の実効性をどう保障するか、などです。

これらは基本的には運動だ、といえましょうが、具体的な問題をもとに計画や体系をチェックしていくシステムをつくることが必要だと思います。そのための足がかりとして、三つの段階の委員会を考えたわけです。

6　今後の課題(4)——財政と行政の民主化

充実した障害児保育を行なうには、さまざまな分野の改善が必要になります。そのいずれもが財改負担と無関係ではありえません。地方財政危機は障害児保育の行手にはだかる障害物です。財政危機のしくみを見ぬき、国の財政構造にまで目が及ばないと、打開の道は開かれません。

また国の財政支出の中での福祉や保育や障害児対策の内容を、他の産業に対する支出と比較して位置づけを認識しておく必要があります。財政は障害児保育にとって物質的基盤である諸条件を規制するものです。

また行政の民主化もあわせて課題とすることが必要です。革新知事と保守知事とで都政がどんなに変わったか、福祉がどんなに変わったかは多くの人が直接的に体験しました。いまや行財政の問題は特別の政治問題ではなく、私達の生活の問題であり、子どもの発達の問題です。

7　課題を実現する力

大きな課題を実現するには大きなエネルギーを要します。それをどこからつくり出すかは基本の問題です。

それを考えるうえで、分野は違っても長野県篠ノ井旭高校の実践は教訓的です。同校の若林校長はいいます。「〃誰かがやるだろう〃と期待してもおそらくその誰かは出てこないだろう。それらの生徒を救わねばならないことは全員が認めているとおりである。本校がその〃誰か〃にならねばと思うのだ」(6)と。

自らが、やらねばならない〃誰か〃になる力はどこから生まれるのでしょうか。教師集団の力です。「ルーフィンが〃教師はローソクの炎のように自らを燃やして生徒を啓発する〃といっていたそうですが、わたしたちはこの言葉が大好きです。(中略)生徒が燃えないのは濡れたり湿ったりしているからではなく、私たちの燃やし方に工夫が足りないからではないでしょうか」という同校教師のレポートがこのことを示しています。(7)

しかし、この実践の教訓をそこにとどめておいては不十分だと思います。こうした力を生み出す前提に、生徒数減→教師の首切り→労働権、生活権を守るための首切り撤回闘争という経過があり、そのギリギリのつきつめた闘いの中で、対象(生徒)から学び、対象の要求(学習要求)に目を開いていったこと、長期的にものを眺める習慣をつけていったこと、などをしっかり学ぶべきでしょう。

行政の主人公は私達であること、あらゆる具体的な場面で主人公になる努力をつみ重ねることが、課題を実現する力だと考えます。

注

（1）　全国社会福祉協議会、全国保育協議会、全国保母会『障害児保育に関する調査報告』（昭和五十三年十月）

（2）　練馬区実態調査（昭和五十一年）『ちゃぼとひよこ』四九号（練馬区障害児を持つ親の会）

（3）　これらを関東各都県の一定地域で調査したものが報告されている。一九七八年児相研セミナー第二分科会（障害児）報告「障害児に必要な保障体系と児相の役割」

（4）　第二十六回国会参議院社会労働委員会、高田浩運政府委員、神田厚生大臣答弁

（5）　津田光輝・大村久美子「障害児保育の制度化をめざして」障害をもつ子どものグループ連絡会編『はばたけ子どもたち』ぶどう社刊　二七頁～三四頁

（6）　若林繁太『教育は死なず』労働旬報社　一八六頁

（7）　同右　一六三頁。

二—5—①

ベビーホテル問題を考える

——現代日本の家族と子育て問題を中心に

（一九八一年一二月『教育』四〇六号に掲載）

一　ベビーホテルの実態と問題の所在

一九八〇年、第九一回国会で、国会としては初めて本格的なベビーホテル問題の論議が展開された。

衆院社会労働委員会で田中美智子議員は、ベビーホテルの実態として、建物の危険な状態、お粗末な給食の例、処遇内容の問題点等をあげ、政府が実態をどう考えているのかを迫った。政府は、ベビーホテルの閉鎖性と、立入調査の法的根拠がないことを理由に、実態がわからないとした[1]。田中議員はさらに衆院法務委員会で、具体事例を示しながら、ベビーホテルの処遇のひどさを明らかにし、人権問題ではないかと政府に迫った。政府もそれを認めざるをえなくなった[2]。

一方TBSを中心にベビーホテルの実態を報道するキャンペーンは続いた。実態が明らかになるにつれ、国会でも超党派でこの問題をとりあげ、政府も重い腰をあげ全国的な実態調査をせざるをえなくなった。

一九八一年三月から四月にかけ行なわれた調査では、原則として一〇人以上預っている施設を対象にして、五二三施設を調査している。これによれば①保健衛生面では、採光、換気の悪いもの二七%、衛生管理に問題のあるもの二九%、②防災面では、物理的に問題があるもの三六%、避難訓練を行なっていないもの八五%、その他の項目もあわせ、全体の九四%が問題点がある、とされている。

また朝日新聞の調査では、一九八〇年一月～一九八一年三月一二日の間にベビーホテルで三五人の児童が死亡している。この数も新聞記事になったものや警察、自治体、保育団体等の情報によっており、実際の数はこれを上回っているものとみられている。[3]

このような実態があるにもかかわらず、ベビーホテルに子どもをあずける人は絶えない。ベビーホテルもまた存続しつづけている。

このことは現代の日本の子どもの問題状況のなかでどんな意味をもっているか、非行、校内暴力、家庭内暴力、登校拒否等とはかかわりがあるのかないのか、現代日本資本主義の下で生きる勤労国民にとってどんな意味をもっているのか、とくに家族の生活にとってどうなのか、この小論はそれらへの接近を念頭に置いた試論である。

二　ベビーホテル利用者の実態

ベビーホテルをなぜ利用するかは、この問題を考える際の不可欠の前提である。ところがベビーホテル利用者についての調査は多くない。厚生省調査は、施設や処遇の調査さえ不十分であり、まして利用者の実態にまではおよんでいない。

ここではTBSが一九八〇年一〇月一日～一一月三〇日に実施した、東京都および周辺都市のベビーホテル利用者四五〇サンプルの調査[4]を資料に検討してみよう。

この調査は実態について、たくさんの様相を示しており、さらに詳細な調査と分析の必要性を提起していると考えられるが、さしあたってここでの議論に必要な要約はつぎのとおりである。

（1）　母親の職業は会社員が二三・六％ともっとも多く、水商売は一七・一％である。会社員、教育者、保育者、医者、店員、パートをあわせると四〇・一％となっている。家庭の形態も両親健在が八三・三％を占めている。

（2）　預け始めの年齢は、〇歳四〇・〇％、一歳二八・九％となっており、二歳未満が全体の約七割を占めている。これに呼応して母親の年齢は二五～二九歳三八・九％、三〇～三四歳三七・一％となっている。

（3）　預ける時間帯では昼間のみが六三・六％で過半数を占めている。また夜間のみ一八・七％があり、昼夜とも、長期とあわせると夜間の利用者は三人に一人になっている。

（4）　昼間のみ預ける場合の退園時間は、五時から六時が四五・二％と最多で、六時までで全体の約四分の三が、七時までで九割が、八時までで九五％が家庭に引きとられている。

そして母親の職業と退園の時間の関係では、会社員が五時〜七時に多く、自由業が六時〜八時に、自営業、店員が七時以降に集中して、はっきりと関連がみられる。

（5）　保育所利用については、申し込んだが入れなかった、これから申し込む、入園まち等あわせて三四・五％、保育時間があわないのであきらめた三〇・七％が注目される。

（6）　ベビーホテルを選んだ理由では（複数回答）、一年のうちいつからでも預ってくれるから三七・一％、昼夜保育をしてくれるから三六・九％、このようなところしか預ってくれない一四・七％、産休あけ、出産直後から預ってくれるから一一・八％となっている。

これらを総合すると、「ベビーホテルの利用者は母子世帯の水商売の人が中心の特殊な問題」という従来の漠然とした社会常識は覆える。それは、

ア　産休あけ保育
イ　保育時間
ウ　夜間保育
エ　保育入所時期
オ　一時的期間の保育
カ　長期滞在にみる養護問題

等についての公的保障と要求の矛盾が、ベビーホテルという形であらわれていること、そして右にあげた項目だけでなく、学童保育、母子寮、相談機関、保健公衆衛生等にわたる児童福祉全体の、実態にみあった体系化が求められていること、それらの背後には婦人労働問題が存在すること、さらに勤労国民が生活を維持し、子どもを育て、家族全体が健やかに暮すために日本の社会に何が必要か、勤労国民自身の課題は何か、などの問題が存在することを示していると考えられる

三　ベビーホテル問題をどのようにとらえるか

1　勤労国民の主体的条件

（1）　勤労国民の労働実態、生活実態と社会的養育への要求

一九八一年版労働白書によれば、一九八〇年の女子労働人口は前年にくらべ二五万人増、労働力人口に占める女子の比率は三七・八％となり、一九六〇年にくらべ女子の雇用労働者は一・九倍に達し、二〇年間に約二倍になっている。

高度経済成長政策のもとでは、インフレ、耐久消費財を中心にした消費の強制的平準化、住宅費、教育費の負

担増等のため、オイルショック以降の低成長期では、価格操作による高物価、倒産、失業、賃金抑制等のため、生活維持の必要に迫られ婦人労働者は増大し続けている。しかも中高齢の既婚者の増加が著しく、女子雇用者の平均年齢は一九六〇年二六・三歳、一九八〇年三四・九歳となっている。

女子の新規就業者の就業理由（表参照）の比率をみても、一九七一年と一九七九年を比較すると、「失業していたから」が二倍の比率になり、「収入をえたかったから」が増加している。

そして増加した女子労働者は、第三次産業に大きく流れ、雇用者総数に占める女子の割合で、行商、露店、販売従事者は、一九七五年の五三・八％から一九八〇年の七六・五％に増加している。

しかも合理化の嵐のなかで一般的に労働密度が高くなり、定められた時間内に仕事ができないのは能力を問われるという空気のなかでは、不払残業が多くなる。このような労働時間の実態に応じて、生活時間に対応する第三次産業の労働時間も変則的、長時間になる。

これらが総合された結果は、増加した婦人労働者から、家事労働とくに育児労働を社会化する要求が、しかも労働実態、生活実態にみあって社会的に養育する手だてへの要求が、必然的に生まれてくる。

（２）　勤労国民の生活活動の変化

高度経済成長期から、国民の生活は大きな変化を強いられた。その様相は多様であるが子どもを育てる、という点からはつぎの諸相は重要である。

ア　養育活動を商品に奪われたこと

「三種の神器」「消費は美徳」等で象徴される消費材の家庭生活への大量流入は、資本による家庭生活の占拠ともいえるものであった。それは一面では家事労働の省力化という積極面があり、婦人労働者にとって必要な、家事労働の社会化について、一つの形ではあったが、資本の利潤実現の手段として、資本の主導のもとに推進されたという基本的性格は、家庭での主体的生活活動を奪う結果を生んだ。テレビ漬けインスタント食事の生活はその象徴である。

生活のなかでの活動を通じ、①外界にたいする働きかけによって外界を変え、自らも変える②生活における社会関係を結び、また従来の関係を再構成する、というのが「にんげん」の発達にとっての生活活動の意義と思われる。しかし商品の占拠による生活活動の衰退のため、家庭のなかでのこれらの力がきわめて弱くなっている。

さらに問題なのは、そのことによって、社会関係とく

表　年齢、就業理由別女子新規就業者

（単位　%）

年	年　齢	総数	失業していたから	学校を卒業したから	生活困難になったから	生活困難ではないが、もっと家計収入をえたかったから	学資，小づかいなどをえたかったから	余暇ができたから	その他
一九七一年	年齢計	100	1.9	46.8	7.8	19.1	4.4	9.2	10.9
	15～24歳	100	1.9	77.1	1.4	6.1	3.4	2.3	7.6
	25～34	100	2.1	1.7	16.7	36.9	6.0	18.9	18.0
	35～44	100	1.7	—	17.7	42.5	6.6	19.3	12.2
	45～54	100	1.4	—	21.1	38.0	4.2	19.7	15.5
	55歳以上	100	2.8	—	16.7	33.3	5.6	22.2	19.4

年	年　齢	総数	失業していたから	学校を卒業したから	収入を得たかったから				知識や技能を生かしたかったから	余暇ができたから	その他
					計	生活費をえなければならなかったから	収入を得る必要が生じたから	生活をより豊かにしたかったから			
一九七九年	年齢計	100	3.8	27.9	37.8	11.5	12.9	14.1	5.5	10.2	14.8
	15～24歳	100	3.2	66.5	14.9	3.6	5.6	5.6	7.3	1.8	6.6
	25～34	100	3.8	1.4	52.3	14.5	16.8	21.0	6.1	17.4	18.8
	35～44	100	2.4	0.3	57.1	17.9	18.4	21.1	3.2	17.1	20.0
	45～54	100	8.0	—	56.7	21.3	18.0	16.7	2.7	12.0	21.3
	55歳以上	100	9.5	—	46.0	20.6	11.1	14.3	—	12.7	31.7

資料出所　総理府統計局「就業構造基本調査」

に家族関係が、行動によってではなく、モノやカネによってとり結ぶことができるという錯覚と、さまざまな生活上の矛盾をモノやカネで解決できると考える短絡的行動様式が日常生活のなかで浸透し、強化されているという点である。

イ　地域における連帯の欠除

労働力の流動化政策によって労働者の移動が激しく行なわれた。また住宅政策の貧困から子どもが生まれるたびごとに、あるいは契約期限が切れるたびごとに転々とする生活、公営住宅に入居できても従来の生活とはまったく縁もゆかりもない土地で、まったくの他人のなかで生活を始め、隣の人とさえ意識的に交際しなければ顔もわからない生活時間のズレや生活空間の孤立。

こういうものが地域の連帯を阻んでいる客観的条件であることは明らかである。日常的なつながりがなければ子育てについても連帯は困難である。逆に幼稚園や保育園に通い始めて、地域のつながりができるというのが現在の実態となっている。

ウ　子育て文化の伝達の破壊

労働力の流動化政策と住宅問題は核家族化を生んだ。賃金抑圧、生活の苦しさ、教育費の高騰は、児童数の減少を生んだ。子どもは子守りをした経験もなく育ち、育児経験をもつ親からも離れ、もっぱら育児書を始めとする「提供される情報」を頼りに育児をする。中卒で集団就職した母親は、家事・育児についてほとんど経験をすることなく、その真只中に投げ込まれる。

同年齢の子の減少や日頃のつきあいの少なさは、地域での育児についての交流を乏しくさせる。

こういうタテとヨコのつながりが断たれ、育児文化は破壊されている。

以上のような諸相の総合的結果として、養育活動の内容が貧しいものとなっている。このことは現在の日本の子どもの問題、非行、登行拒否、家庭内暴力、校内暴力等に直面している教育、福祉等の現場では、もはや共通の認識になっているといってよいであろう。

養育活動の貧しさは、それゆえにいっそう、金さえ出せば簡単に手に入り、便宜がえられる商品への、依存度を高める。

2　国の政策と資本の動向

たとえば片親が子どもをかかえて生活をしようとする時、生計のための労働をまず第一に考える。当然労働している時間帯の養育が親以外の手で行なわれる必要が生じる。「親以外の手」をどんな形で行なうか（社会的責任でか、個人的な関係による相互扶助でか、資本の供給する商品でかなど）、その内容をどんな水準に保つか、子育ての責任をもつ親が、子育てと労働の関係をどのように調整するか、等々は現状の諸条件で制約され、諸条件は時の政府の政策によって規制されている。

そこでベビーホテル問題と直接関連すると思われる、子育てと家族問題についての政策を検討してみたい。

ア　児童福祉政策

児童福祉法に規定された施設サービスを中心にこの政策は展開されているが、その特徴は、勤労国民の労働実態、生活実態とそこから生ずる要求から常時大きなズレを生じていることである。学童保育はその端的な例で、必要に迫られた運動によって、法定されていない施設サービスをつくり出し公的に認めさせてきた。

ベビーホテルと関係の深い保育問題の政策も、いくつかの点で勤労国民の要求からかけ離れたものになっている。

それは基本的理念がかけ離れているからである。勤労国民の労働実態、生活実態の上にたって、親の労働権と子の発達権を統一的に保障するという理念ではなく、逆にその二つを対立的にとらえ、親の労働権の制約を打ち出すものであった。中央児童福祉審議会保育制度特別部会中間報告のいわゆる保育七原則（一九六三年）や中央教育審議会の期待される人間像（一九六八年）などはその代表例である。

政府の理念に立てば、保育所はやむをえず働かねばならない婦人労働者のための救貧的施設となる。高度経済成長期に、婦人労働力の確保の必要性から、保育に関する行政責任の明確化や、保育所緊急整備五ケ年計画となってこの姿勢は修正される形をとるが、性格としては必要悪であることは脱し切れないものであった。

このため、保育所の数は不十分であり、保育措置申請者のなかから、保育に欠ける指数によって選別して入所措置を行なうことが定着した。

労働時間プラス通勤時間の保育時間要求も、零歳児保育も、子どもの発達のためには好ましくないとして、政府は常に消極的姿勢をとり、勤労国民は、自らの労働形態を保育所の運用状況にあわせて変更するか（たとえば常勤労働者からパート労働者へ）共同保育所などによって、自らの労働、生活の実態に見合った保育をつくり出すかのいずれかをとらざるをえなかった。公認保育所で夜間保育を始めようとしたところ、厚生省の反対によって、とりやめた事例もある。(5)

勤労国民の運動によって革新首長の自治体を中心に零歳児保育、長時間保育が認可保育所で始められ、国も一定の措置を講ずることを迫られてからも、その措置費は不十分であり、自治体の独自負担がないと事業が遂行できないことは現在も変わっていない(6)。

イ　労働政策

ＩＬＯ「家庭責任委員会」は「男性および女性労働者の機会と平等待遇――家庭責任をもつ労働者」条約・勧告案を一九八〇年採択した。それは、子どもや両親など扶養義務のある近親者を抱えた男女労働者を「家庭責任のある労働者」とし、家庭責任のある労働者が差別されることなく、自分たちや家族の健康と福祉を損うことなく、職業と家庭責任の両方を果たせるような施策の実施を要請している。

具体的には、交替制、夜間勤務、転勤等の場合の配慮、パートタイムの促進、両親いずれかにたいする育児休暇（社会保障給付金で保障）の法的保障、看護休暇等の施策である(7)。

零歳児保育や長時間保育に消極的であるのなら、日本の政府はせめてこのような労働政策を積極的に推進したのだろうか、わずかに、労働力確保のための特殊な職種にたいする育児休業法（無給）はある。

しかし基本はむしろ、常勤労働者のパートタイマー化、交替制や転勤を利用した婦人労働者への退職強制等の個別資本の労務政策を容認し、擁護して、大量の低賃金不安定婦人労働者を創出して、生活と子育ての不安をもたらしてきたのが日本政府の労働政策であった。

ウ　資本の利潤獲得の方向

日本の資本主義は、軍需、設備投資とともに国民生活全般の商品化で消費をあおり、景気の一つの柱としてきた。それは生活に必要なモノから生活活動を代替するモノ（洗濯機、炊飯器、掃除機など）へ、さらに生活活動をサービス商品として提供する方向を志向してきた。「産業のニューフロンティアとしての福祉関連産業」「社会サービスの産業化」が提起され、子ども産業、学生産業、マタニティ産業、乳幼児産業等、あらゆる属性を商品化、産業化することが現在議論されている(8)。

このことは第二臨調の「行政改革」と軌を一にしている。従来公的保障で対応していたもの、あるいはそれを目標にしていたものを、「民間活力の活用」という名で産業化し、商品売買の形をとることによって、一方では利潤の対象とし、他方では「消費者」の完全な自己負担とすることを保障する。

ベビーホテル問題は、以上述べた勤労国民の主体的条件の変化と国の政策、資本の動向の総合された結果として発生した、ととらえられるのではないだろうか。そして臨調行革路線を先取りした性格をもつものといえるのではないだろうか。

四　ベビーホテル問題解決への道

1　政府の対策

児童福祉法改正（立入調査権を都道府県知事に与えること、一定基準以下のベビーホテルの禁止、罰金の強化など）、長時間保育の実施（朝七時～夕方七時）、夜間保育の実施（夜一〇時まで）、乳児院の短期入所措置、等がこれまで打ち出された政府の対策である。

これらに一貫しているのは政府の支出を最小限にすること、利用者負担を強化することである。当然三つのことが予想される。労働者の労働強化、子どもの処遇水準の低下、利用者負担の増大である。公的保障のベビーホテル化に道をひらく、こういう内容での対策を勤労国民は許すわけにはいかない。自らの解決策を用意する必要がある。

2　勤労国民の手で解決への道を

ことは簡単ではない、生活破壊、人間破壊が資本の力によって凄まじい勢いで進行している。そのなかでの解決への道である。これは勤労国民が主体的に自らの後継ぎを育てる運動とならざるをえない。

ア　基本的理念について

育児労働の社会化を勤労国民の立場で主体的につくり出すことである。

主体的の意味は勤労国民のそれぞれが、①どんな「にんげん」に育てるか、の方向と具体的内容をもつこと、②子育てについてどんな形態の社会化が必要か、逆にいえば現実にある社会化の形で、どんな内容の養育が可能であり、どんな内容が困難であるのか、①の実現にどんな道があるか、③親子の関係を、その内容をつくる過程ごと明らかにすること。

従来公的保障による社会化を要求する運動も、このような子育ての主体としての内容が弱かったのではないか、ともすれば入れものづくりに終わっていたのではないだろうか。

一定の入れものがつくられたあとでは、単なる消費者になった人が多くなったこと、運動を十分継承できなかったこと、など革新知事下の東京の保育運動の教訓は生かされねばならない。まして子育ての社会化が商品によって行なわれる場合は資本の論理が貫かれる。

しかし、子育ての社会化において主体的側面がなかったわけではない。保育内容充実の運動、保育内容についての親と保母の話し合い等はその一例である。勤労国民はこれらをさらに発展させる必要がある。

イ　さしあたって必要なこと

現在ベビーホテルの利用の一つの理由になっている零歳児、長時間の保育について、国からの補助金を実態に見合って支出し、体制を整えて実施すること、これが第一である。

第二に子育ての社会化に関する公的保障について、勤労国民に周知することである。保育園の利用のしかた、手続きのしかたすら知らない国民がまだ少なからず存在する。具体的に知らせるべきであろう。

第三に地域における子育ての施設・機関が、地域での子育ての相談にたいして援助が可能なように充実させることである。地域・連帯の薄さ、育児文化の伝達の破壊に対応するためには、社会的な施設がその機能を担うことが必要になっている。

第四に、未婚の母の家、母子の家、父子の家、親子の家のような、親の労働態様に応じた子どもの養育を社会的に行ないながら、さらに親子関係を育てる施設が必要になっている。乳児院、養護施設、母子寮、宿所提供施設等々既存の社会的な手だての運営を拡げ、このような機能をもたせることが現実的であろう。そのための政府の財政措置が必要である。

ウ　長期的に必要なこと

まず勤労国民の主体的立場にたった子育ての社会化の体系と具体的手だてをつくり出すことである。さしあたって必要なことを実現させながら、その試行した実態と要求とを検討しながらつくり出す必要がある。それは憲法二五条の日常生活化の作業でもある。

第二に、右のような具体的検討や試行を通じながら、育児労働の社会化についての理論的な整理を行なうことである。

婦人解放の立場からは家事、育児労働からの解放が主張され、家族生活を中心にした視点からは、家事、育児労働は生活にとって欠くことのできない基礎的構成部分で社会的にもかけがえのないもの、というとらえ方がされ、民主的運動のなかでも統一されているとはいえない。しかも最近の登校拒否、非行等の問題の克服のなかで、家事、育児活動の意義と実践例が強調されている。

具体的実践にもとづいて、理論的に整理することは、勤労国民が子育ての社会化を主体的に獲得していくためには、避けられない重要な課題である。

注

（1）一九八〇・四・一六、第九一回国会衆議院社会労働委員会、竹内厚生省家庭児童局長答弁。

（2）一九八〇・五・一四、第九一回国会衆議院法務委員会、中島法務省人権擁護局長、および倉石法務大臣答弁。

（3）一九八一・三・一二『朝日新聞』。

（4）「ベビーホテルに関するＴＢＳ調査総合報告書」（一九八一・三）ＴＢＳ報道局。

（5）一九七二年大阪府岸和田市岸和田学園八木保育所の例（一九七二・一一・二〇『朝日新聞』）。

（6）たとえば零歳児保育について厚生省は「乳児特別対策事業」として、利用者のうち低所得階層のみに補助金を出している。

（7）柴田悦子編『現代生活と婦人』大月書店、三二一頁。

（8）総合開発機構発行『産業のニューフロンティアとしての福祉関連産業』、同『社会サービスの産業化』。

二—5—②

保育の措置制度の権利性について

——人権から社会福祉の措置の実態を検討する／序説

（一九九三年九月　『日本社会福祉学会第四一回大会報告要旨集』に掲載）

保育の措置制度を九四年度から変えることを目指し、厚生省内で検討が行われている。社会福祉の措置の実態の中で、保育措置の位置を検討し、人権の立場から措置制度の意義を考えることは緊急の課題であろう。以下はその試みの序説的なもので、項目にしたがって報告する。

一　検討の立脚点＝人権

（1）市民的、政治的権利と経済的、社会的、文化的権利の統一としての人権（世界人権宣言、国際人権規約、日本国憲法）

（2）人権から措置制度を検討する場合の指標（仮説的提起）

①　保障のための情報提供及び相談はどのように行われているか

②　保障を求める意思の表明はどこで、どのような形で受け取られているか

また保障を求める意思の表明が不可能であるが、保障が必要な場合はどこがその把握を行っているか

③　保障の必要性について公的な意思決定が行われているか、実際の保障にあたってどこがどのように決定しているか

④　保障手段（施設・サービスなど）の選択は、そのための情報提供も含めて、保障されているか

⑤　保障の担い手（施設等）の受託義務、拒否権はどうなっているか

⑤　保障要求及び手立ての選択に対する応答がどのように行われているか、公的な意思を文書によっ

て告知しているか

また要求はないが必要と判断される場合、告知が行われ本人の意思確認がされているか

⑦ 保障が不可能な場合、あるいは保障が必要とされながら充足されない場合に、それが社会的に認識されるシステムが確立しているか

⑧ ⑦の場合に争うこと（不服申立て、裁判等）ができるか

⑨ 保障条件について保障要求する者と具体的な保障を提供する者とが平等の立場で協議し、約束することができるか

⑩ 提供される保障及び運営について、苦情申立て及びその代弁がどのように行われているか

⑪ 経済的な能力によって利用が不能になることはないか（実質的な平等）、そのための公的責任による保障が行われているか

⑫ 保障が人間の尊厳に相応しい水準を保つための公的責任による負担と監督はどのように行われているか

二　児童福祉法による措置

（1）保育措置

（2）母子寮、助産施設への措置

（3）（1）、（2）以外の措置

三　児童福祉法以外の社会福祉諸法の措置の大要

（1）身体障害者福祉法による措置

（2）精神薄弱者福祉法による措置

（3）老人福祉法による措置

（4）関連する法の施設利用（老人保健法など）

四　ショートステイ、デイケア（通所施設）などの利用と措置

五　最も権利に近いものとしての保育措置

六　措置の実態にあらわれた日本の社会福祉政策の特徴

二―6―①

児童福祉の最近の動向と児童館・学童保育

（一九九〇年六月 『社会保障情報』一一号に掲載）

はじめに

ご承知のように、「行革」が始まったのは一九八〇年代の初めですけれども、それから福祉や教育の現場は運動がなかなか進まない。要求が実現していかないということがずっと続いています。そのうえ現在、財界や政府は膨大な計画と緻密な戦術で今までの方向を一層強力に進めようとしています。

情勢を知るということは、政府や財界の意図を知って、「この上さらにやられるのか」とうんざりすることになりがちですが、同時に日本の国民や世界のいろいろな人たちが、苦しみながらがんばっている、その流れをつかむことが大切だと考えています。そして、私たちもその一翼としてがんばるための確信にまで高めることが情勢を知る意味だと考えています。

日本の中でも一昨年あたりから、さかんに「豊かさとは何か」ということが議論されはじめました。埼玉大学の暉峻さんの『豊かさとは何か』（岩波新書）は、売れて売れてしようがないという話があります。ということは、日本の国民が豊かさを肌で感じることができない状態があるということを意味していると思いますし、それを反映して本当に豊かなのかということをいろいろな方面から疑問が投げかけられている状態だと思います。そういう疑問がいままでの経済至上主義、効率至上主義の論理をくつがえすきっかけにしていく必要があると私は考えています。

この話は四つの構成で考えたいと思います。

一つは、児童館や学童保育というのを私たちの先輩たちがどういうふうに考えてきたのか。

二番目には、子どもに対する世界の流れがどう動いてきているのか。ことしの九月二九、三〇日には、国連で「世界子どもサミット」が開催されます。ゴルバチョフもブッシュも出席、わが国の海部総理大臣も出席の意向を示しております。国連で子どもの問題に関するサミットを開いて、いまの世界の子どもの状況を改善しようという動きです。そういう世界の動きを二番目に見ていきたい。

三番目は現在、日本の福祉、とくに福祉をめぐって意見具申や答申や、あるいは法の改正がいろいろ出ています。それらをつらぬいているもの、どういう方向に財界や政府が日本の福祉を動かそうとしているのか、あるいは子どもの福祉を動かそうとしているのか、ということについて。

四番目には、そういうことを踏まえたうえで、児童館や学童保育の問題をどう考えるのかという構成です。

一　児童館・学童保育の位置づけ

先輩たちは児童館・学童保育を児童福祉法の体系のなかでどういうふうに考え、あるいは運動をしてきたのかということです。まず児童館でいえば、日本では児童福祉法が一五年戦争のあとでつくられました。これは主権在民の憲法に基づいて、つくられました。

1　「歴史の希望」としての児童

現在の児童福祉法ができるまでにはたくさんの案がつくられました。一ヵ月間に何回も案が出されています。そのなかに児童は「歴史の希望」であるということをいちばん最初にうたおうという案がありました。

歴史の希望であるから、それまでの児童保護法のように特別な子どもたち、たとえば家庭がない子ども、あるいは障害を持った子ども、そういう子どもたちだけの法律ではなくて、つまり、社会的なあるいは身体的なハンディキャップをもった子どもを保護することだけを目的にした法律ではなくて、一般的な子どもを健やかに育てる、次代の日本を背負う歴史の希望として育てる、そういう考え方で、児童保護から児童福祉という形にしよう、一般の子どもも対象とした児童福祉法にしようという考え方が出てきています。「歴史の希望」という文言は消えましたけれども、児童福祉法の制定過程にはこのような先輩達の考え、思いが込められています。具体的な問題でも例えば、児童相談所をどのようにつくろうかという議論をする際に、児童館の中に児童相談所を置こうかというような案も出されています。

だから児童館も、健全育成の砦として「歴史の希望」を育てる一定の公費も支出して地域の中につくって、その機能を果たせるようにするということで出発しています。

ですから、児童館を条例でもって否定してしまうというようなことが荒川区で出されたという話を聞きますが、こういうのは児童福祉法のそもそもの考え方とはまったく相反するものです。そして児童福祉という観点からいえば、特別な条件にある子どもだけを保護するという戦前の児童保護の姿に児童福祉全体を追いやる。そういう考え方があると言っていいと思います。

2　学童保育の児童福祉法上の根拠

学童保育については法律的な根拠、児童福祉法上の根拠が必ずしも明確ではないということがあります。

児童福祉法の二十四条の保育に関する措置を根拠にして主張してきたという経過はありますが、学童保育を児童福祉法上にもっと明確に明文化しようという要求も持ち続けてきました。子どもが保育園を出て小学校に入学をする。そのとき、いままで一定の時間、保育園で保育をされてきたのに、小学校一年生になれば非常に早く帰ってくる。両親が働いている家庭の放課後をどうするかという問題はずっと古くからありました。

そのなかでいろいろな事件が起こりました。一九四八年、大阪市のある保育園の卒園児が放課後、隣家から金を盗んだ事件、一九五六年枚岡市（現在の東大阪市）で留守番をしていた放課後の子どもが絞殺された事件、一九六一年横浜で留守家庭の小学生が中学生に殺害された事件など、これらがきっかけでそれぞれの地域で放っておけないと学童保育が始められます。学童保育をつぶす方向に追い込んだときには、子どもの事件がまた同じように起こらないとはいえません。

学童保育は、働く父親や母親の労働の権利や生活の権利を擁護する意義や、地域での教育力を高める中核になるという意義も持ちますが、何より子どもの生命と生活を守る意義があることを決して忘れてはならないと思います。それは子どもたちの尊い生命とひきかえに得られた教訓なのです。

現在の子どもの状態は、いわゆる空間、時間、仲間という三つの「間」がなくなった、といわれていると、「厚生白書」でも言わざるをえなくなってきております。現在の大きな流れとしては、経営研究会などのように「行革」の先兵として福祉を公的なものからとっぱらってしまえという考え方と、もう一つは、そうは言っても現在の実態から言えばできないだろうという二つがあります。

特にいま、いじめの問題、登校拒否の問題、非行の問題と非常にいろいろ問題が起こっています。何らかの形で現実にそういう問題にかかわっている人たちが懇談会とか、審議会などの委員として出ていますが、そういう人たちは現実の子どもたちを見ていますから、ある程度子どもの現実を重視をせざるをえない、ということで意見や報告を出しています。この二つがないまぜになって、行政、あるいはそれに近いところの文書が出ているというのが現実かと思います。

3　学童保育と児童館は車の両輪

学童保育と児童館をあわせて考えてみると、児童福祉の成り立ちからいってたいへん意味のあることではないかと考えています。というのは、児童福祉法は、一つは、一般の子どもの健全育成をうたうとともに、もう一つは特別なハンデキャップを持った子どもも保障をしていく。先での保障をしていくという両面を持っています。

「行革」路線でいえば、特殊なハンディを持った子どもたちのサービスは利用者が少ない。一部の者のために税金をそんなに使うべきではないという理くつで縮小の方向にいきがちですけれども、しかし、それはそこの地域の中に保育問題が起こったとき最低限の保障が、そこの地域の人たちの誰でもに公的になされるというたいへん大きな意味を持っているわけです。

いま利用している子どもとその家族だけの問題ではなくて、地域全体の問題であるということが一つです。特別な条件にある子どもと家族の問題は固定したものではなく、いつその条件が生ずるかわからない、その時には、必ずこういう保障がえられる、という一般的な意味をもっています。

もう一つの一般的な子どもたちをより健やかに育てようというのが、児童館などの一般的な子どもを対象とした施策ですが、この二つが両々相まってはじめて子どもを保障する。子どもの発達や生命やそういう権利を保障していくということが成り立っていくものだと思うのです。ですから児童館と学童保育というのは、地域の子どもたちの児童期に車の両輪のように重要な意味を持っているということではないだろうかと考えています。

二　世界の流れはどうなっているか
――私たちの方向は世界の主流――

いま世界がどう流れていくのかということを「世界子ども白書」と、「子どもの権利に関する条約」を中心に考えてみたいと思います。

1　「世界の子ども白書」の提起

「世界子ども白書」のなかでいろんなことを言っています。たとえば、いま世界では五分の一の人口、約一〇億の人たちが水がないとか、飢餓だとかいうことで、人間としての基本的な要求が満たされないでいる。そして一週間に二五万人の子どもたちが世界の中で死んでいる。そのなかには簡単なことでもって命をとりとめることができる子どもたちがいる。

たとえば安いワクチンで予防できるのに、はしかや百日咳、破傷風で毎日約八〇〇〇人の子どもが死んでいる、ほとんどお金をかけないで防げるのに、下痢性の脱水症で毎日七〇〇〇人の子どもが死んでいる、低いコストの抗生物質で治療できる肺炎で毎日六〇〇〇人の子どもが死んでいる、というようなことが並べられています。こういう事実を前にして、大人たちは考えなければいけないのではないかということを「世界子ども白書」は提起をしております。

そのなかで事実の認識という点でたいへん私たちは注目をしなければならないことがあると思うのですが、こういうふうに言っています。この世界が軍備と借金の返済で子どものことをそっちのけにしている。低開発国では借金の返済で、つまり先進国から借りた債務の返済でたいへんな思いをしている。そのために子どもの命や教育や発達が犠牲になっている。

低開発国の借金の返済というのは、第一に、子どもの健全な発育を犠牲にしている。第二に、子どもの健康を犠牲にしている。第三に、子どもが教育を受ける唯一の機会を放棄している。低開発国はこういう子どもの犠牲において先進国への借金を返済しているという事実がある。いま先進国が手だてを考えれば子どもを救う道があるはずだと指摘しています。

この日本でも、子どもの犠牲において高度成長がされてきたのではないかということをわたしたちはずっと指摘してきました。たとえばお父さんやお母さんがたいへん長時間労働で、労働密度も高いため家事がお粗末になったり、あるいは子どもとの濃密な接触ができなかったりというようなことで、非行や登校拒否や、いろいろな問題の一因になっている。

そういうことはいまの勤労者の全体の生活を変えないかぎりは、ということは勤労者の働き方を変えないかぎりは、企業が労働者を使うやり方、つまり働かせ方を変えないかぎりはうまくいかないんだということを、さかんに言ってきました。教育労働者も福祉の労働者も言ってきました。

ユニセフのほうでも低開発国が子どもの犠牲において借金を返済して、経済の均衡を保っていると考えている。これは高度成長した日本と低開発国という違いはありますが、同じことの指摘だと思います。

また、いま何をすべきかということを「世界子ども白書」は言っています。世界中の軍備を五％から一〇％削減するだけで、人間の基本的な要求が満たされない一〇億の地球上の人たちを救うことができる、基本的な要求を満たすことができるということを言っております。

つまり、これは日本でいえば、軍事費を減らして福祉と教育を、というのと同じだと思います。日本では軍事費を減らして福祉と教育を、というスローガンを掲げて署名運動をやると、あれはひとにぎりの一派ではないかということで、その趣旨には賛成するけれども、どうもなんていうことがあるわけです。署名はいろいろ集まりますが、それを国民的な合意として形成するというところまでは残念ながら行っていない。

しかし、ユニセフはそれを提起して、それをやりとげよう、そのために子どもサミットを開こうと言っているわけです。だから大国であるソビエトやアメリカの大統領も呼ばなくてはいけない。全世界の軍備を五％から一〇％寄せ集めれば世界中の苦しんでいる人たちを救うことができる、それほど軍備と世界の人々の福祉、あるいは子どもの権利と関係してくるということを指摘しているのです。

私たちが日本のなかで、目の前の子どもや福祉の問題でこう考えることができるのではないか、あるいはこう要求すべきではないかと言ってきたことが、決して日本のなかの一部の考えではなくて、いまや世界的な潮流になろうとしつつあるということをみてとる必要があります。

2　子どもの権利に関する条約の意義と内容

もう一つ、「子どもの権利に関する条約」があります。そういう世界中の子どもたちのことを考えた提起があるわけですが、同時に具体的に子どもたちをどういうふうに保障していくのかということについて、「子どもの権利に関する条約」をつくろうということで国連の中に委員会をつくり検討してきました。

世界の子どもがどこにいても、どの国で生活をしていても、子どもの権利が保障できるようなそういうものを国連でつくろうということで、条約という形態にするというので一〇年越しで検討してきました。それがようやく実って去年の一一月に、国連総会で「子どもの権利に関する条約」が採択されました。

これは非常に画期的なものです。子どもを権利行使の主体としてとらえる。日本でも児童憲章というものがあります。子どもは人として尊ばれるとか、受動態で書かれています。児童憲章はたいへんいいことを言っているのだけれども、受動態ということが問題だということをずっと指摘されてきたのですが、この国連の「子どもの権利に関する条約」というのは、子どもを単に権利を享有する主体としてだけではなく権利行使の主体として真正面から取り上げていこうということが特色の一つです。

それから、これは従来ずっといわれてきたわけですけれども、子どもの最善の利益を大人たちは考えるということをうたっています。いろんなところで子どもの最善の利益という言葉が出てきます。

もう一つは、権利の総合的な保障ということで、たとえば、親のない子どもはどういうふうに保障されるのかということだけではなくて、そういうことも含めて、子どもの自由権、たとえば意見表明権――自分の関係していること、自分の身にふりかかることについては子ども自身が意見を表明する権利があるんだ、大人たちはその子どもの意見を聞かなくてはいけない、正当に尊重されなければならない、ということがうたわれているわけです。たとえば意見表明権とか、集会・結社の自由とか、そういうことが入れられています。

具体的な保障だけではなくて、総合的に権利を保障されるということがうたわれている、ということがもう一つの特徴です。

児童館の問題や学童保育の問題を考えるときに、とくに三一条というのがあります。休息、余暇、遊び、文化的、芸術的生活への参加というのがあります。子どもが休息しかつ余暇を持つ権利、その年齢にふさわしい遊び及びレクリエーション的活動を行う権利、ならびに文化的生活及び芸術に自由に参加する権利を認める、というふうになっています。つまり、遊ぶということが権利だといっているわけです。

この権利条約について子どもたちが発言しているのが

ありますが、一人の子どもが「子どもが遊びの権利が認められたのはとってもうれしい」と発言をしております。どうしてかというと、家に帰ると、お母さんは「勉強しろ勉強しろ」というから、今度遊びの権利が認められたということは、これは僕にとってはとってもうれしいことですと。素朴ですが、非常に的確にいまの子どもの状態と気持ちを表現していると思います。

それから集会・結社の自由について発言しています。「学校ではほかの学校の子どもたちとつきあうなということをいわれて、つきあったら怒られる。反省書を書かされたりする。だけど、人とまじわっていくということを権利として認められることはとってもうれしいことです」というのです。少年団というのはそういうことをずっとやってきたのだけれども、学校のなかでもそれが権利としてこれから認められるということになるとたいへんうれしいことです、という発言です。

この権利条約を子どもの日常的な生活のなかで、具体的にどう実現していくかというのが課題だと思いますが、遊び、レクリエーションなどを子どもの権利として大人たちが認めなければいけないということになりますと、日本ではそのために児童福祉法というのをつくり、児童館というものをつくってきた。もちろん遊びの権利を保障するのは児童館だけではありませんけれども、しかし法的にそれを保障するということを児童福祉法で約四〇年間やってきたわけです。そのこともう一度この権利条約は確認をして、積極的にその意義を明らかにしているのではないかと思います。

遊びの条項だけではなくて、この権利条約はいろいろなところで子どもの権利について触れられていますので、ぜひ一読していただきたいと思います。

もう一つは一八条の親の第一次的な責任と国の援助ということです。この三項は締約国は、つまりこれを批准した国は、働く親を持つ子どもが、受ける資格のある保育サービス及び保育施設から利益をうる権利を有することを確保するために、あらゆる適当な措置をとる、ということが書いてあります。

ここでは幼児と書いてありませんが、働く親を持つ子どもが保育サービスを受ける権利があることを述べております。これは当然学童保育なども範疇に入れた考え方と思いますが、そういうことがこの子どもの権利条約のなかで全世界に、いま世界にいる子どもたちがどこに生活をしていても、こういう権利は保障しようということを国際的に認め合おうということです。

3　権利条約の批准と意義、誕生までの歴史

この権利条約は、批准国が三〇ヵ国になったときから三〇日を経て、国際的な効力を発するということになっております。批准をした国ではどういう法律上の位置になるのか、ということは学者の間で論議のあるところですが、憲法に次ぐ上位法というふうにいわれています。憲法が一番上にあって、その下に批准をした条約がほかの法律より上にあるという説です。だからこの法律に抵触するような法律があった場合には、それを直さなければいけないということになってきます。

四月の末ぐらいまでの状況では、この「子供の権利条約」を批准した国が四ヵ国（ガーナ、ベトナム、エクアドル、バチカン）、それから署名国つまり将来、批准いたしますよという意思をあらわした国が八三ヵ国になっていますが、残念ながら日本は批准をしていませんし、署名もまだしていません。

国会で問題になりました。参議院の総括質問で山中議員が、子どもの権利条約をどうするのか、批准すべきだと思うがどうだと質問しましたが、総理大臣の答弁は、「ただいま国内法との調整を行っています」ということで、批准するともしないとも言っていなかった。

その後、いろいろなところで取り上げられて、中山外務大臣は衆議院の予算委員会で、「批准をする方向で考えていく」というようなところまでいったようですが、国内法との関係だとか、いろいろな調整があるということを理由にしています。日本政府をもっと積極的に批准の方向に動かさなければならないと思います。

子どもの権利条約を実際の日常生活に生かすことはたいへん重要です。

例えば、意見の表明権というのがありますが、教育の現場でも福祉の現場でも叱る時に、叱ろうと思った子どもが、どうしてそういうことをしたのかということについて意見表明権があるわけですね。そういうことをちゃんと聞いて叱っているかというと、たいへん問題になります。教育の現場でも、福祉の現場でもいろいろなことが出てきます。

また、施設に入らなければならない事情があるときに、自分は施設に入りたくないと主張したらどうするかという問題だとか、あるいはあの先生と一緒にご飯を食べたくないといったときにはどうするかとか、児童館だってあの先生と一緒に遊びたくない、リーダーはあっちの先生に来てほしい、というふうにいわれたらどうするかとか、具体的な場面ではいろいろな問題が起こってきます。

条約には子どもの意見は「正当に評価される」と書いてあり、これを楯にとって空洞化していくということもできないこともありません。

怖いのは日本は批准したけれども、現実的には変わらなかったというようなことになると問題ではないかと思っています。具体的な問題は、教育や福祉の現場で、もっと徹底的に詰めていく必要があると思いますが、世界の中で子どもの権利を権利行使の主体として認めて、大人たちがそれをもりたてようという条約をつくったということは、人類の歴史にとって画期的なことだと思います。

この子どもの権利条約ができるまでの経過を簡単に見ましょう。

一九二四年に「ジュネーブ宣言」というのが出ています。これは第一次世界大戦でたいへんひどい目にみんながあった。そういうことを再び繰り返してはならない、子どもたちを大切にしようということで宣言を出しました。その前文には、人類は子どもたちに最上のものを与える義務があるということをうたっています。

それから二四年たって一九四八年には、第三回の国連総会で「世界人権宣言」が出されています。その翌年の一九四九年には、「児童権利宣言」が国連総会で採択されています。これは「ジュネーブ宣言」を発展させたものです。一九六一年には世界労連が「社会保障憲章」というのを出しました。労働組合の国際的な結合体ですが、労働者が国際的連帯で社会保障というのをこういうふうに考えて、各国で要求運動していこうという内容です。

それから五年たった一九六六年には国連で「国際人権規約」というのがつくられました。A規約、B規約となっています。Aという規約は、経済的、社会的及び文化的権利について、Bという規約は、市民的及び政治的権利に関して決めています。それから一九七九年は国際児童年で、児童権利宣言から三〇年たったので、もう一度あらためて子どもの権利を見直そうと国連が呼びかけていろいろな国で国際児童年の取り組みが行われました。

そして一九八二年には、もう一度世界労連が「社会保障憲章」というのをつくり直しました。これは新しいその後の状況の変化に応じて、社会保障をどういう内容にしていくかということを明らかにするという内容です。

そして一九八九年には「子どもの権利に関する条約」というのが国連で採択されます。こういうことを並べたのは、子どもの権利というのは子どもだけの権利としてではなくて、人間の権利、労働者の権利を前進させることなしには確立はできない。人間の権利、労働者の権利と子どもの権利は、相互に関連しているということを国際的な歩みのなかで見たかったわけです。

いま、社会主義国がたいへん問題になっていますけれども、国際的な人権に関する条約や規約がつくられる際に、社会主義国が大きな役割を果たしてきたことを見逃してはならないと思います。たとえば資本家の負担や国家負担がたいへん不十分だ。だからもっと徹底すべきだとか、保障内容をもっと高めるべきだとか強い主張をしていきます。そのことが内容について前進をさせてきた一つの力になっているといえるでしょう。

子どもの権利といったときには、当然大人の権利も同時に考えなければいけないし、権利自体は国際的にも相互的に関連をします。それはメーデーをみても明らかだと思うのですが、八時間労働を要求したメーデーの起こりというのは国際的に波及して、いま私たちは八時間労働、週四〇時間労働、週四二時間労働ということでやっているわけです。

ことしは国際的にメーデーを起こしてから一〇〇周年といっているのですが、テレビや新聞などでも、あまり取り上げないわけですが、国際的な連帯というのが具体的な権利の前進のためには、目には見えないけれどもたいへん大きな力になっているということを考える必要があるだろうし、子どもの権利もそういう歴史的な経過があって、国際的な連帯の力が働いていることを忘れてはならないと思います。

国際的な連帯、その歴史の中でつくられた「子どもの権利に関する条約」は児童館や学童保育を前進させるための武器になりうると思っています。

三　国の動き、都の動き

そういう国際的な動きを背景にして、日本ではいまどうなのかという話に移りたいと思います。

1　児童健全育成と家庭支援対策

「長寿福祉社会を実現するための施策の基本的考え方と目標について」というのが、一九八八年一〇月二五日に厚生省、労働省と二つの省の合同で出されました。高齢化社会になると大変だから、年金をどうする、医療をどうする、健康保険をどうするということがずっとやられてきました。そして老人の介護の問題とか、いろんな問題が出されてきました。

子どもの問題はそっちのけで、老人の問題が中心なんだというような空気がつくりだされましたけれども、一九八八年ごろから少し風向きが変わってきました。高齢化社会をささえるのは子どもで、その子どもをどうするかというのが問題になってきたわけです。

国の文書の中でこれをかなり明確にしたのが「長寿福祉社会を実現するための施策、基本的考え方の目標について」という文書です。

このなかでは、今後の目標と方向として八つを示しています。その三番目に「児童の健全な育成と家庭の支援対策の強化」をあげて、五項目にわたって述べています。

簡単に言いますと、育児休業制度の普及をはかる等、婦人のライフステージに応じた就業条件の整備をさらにいっそう推進する。乳児保育・延長保育と保育事業の多様化に対応した保育対策を充実する。これが一項目です。

二項目めは、親や子どもが持っている悩みに対して相談、支援態勢の充実をはかる。ここに児童館等の整備により健全な遊びや自然との触れ合いなどを通じ、子どもたちがたくましく、かつ情操豊かに育つような施策を進める、というふうになっています。政府の文章にも、児童館を整備することが長寿社会の長期的な目的のなかに入っているわけです。

三番目は出生率の低下や少子家庭の増大に対応して、児童手当制度のあり方を検討する。

四番目は、児童扶養手当、特別児童扶養手当の支給、あるいは介護人の派遣等のことを言っています。

五番目には、子ども、妊産婦、あるいは家庭婦人の心身の健康管理ということをあげています。どういう長寿社会を目指すのかというなかにも、それをになうものとしての子どもを健全に育成する。その一つに児童館の役割というのを言っています。

ただ、これは全体的にいえば、生産力説に立っている考え方だと思います。子どもは将来の高齢社会をになう子どもたち、将来の負担能力を持つ者として、健全に育てようという考え方なのです。これは従来の生産力説とあまり変わっていない。高度成長政策をとったときに、教育投資というのを経済審議会が言いはじめて、それが子どもや教育に関する全体的な考え方になりました。

一九六二年に経済審議会の「人的能力部会」が報告書を出しました。そのなかで、教育に投ずるお金は、将来の生産に役立つ投資である。そういう立場を明確にしました。そのあと中教審やそのほかの教育や福祉の議論のなかには、この経済審議会の能力部会の教育投資論を中心にして展開をされるケースがたいへん多くなりました。

そのことが、たとえば中教審でいえば、人間を三つに分ける。トップクラスの計画を立てる者、執行指揮をする者、働きバチと、三つに階層を分けて、それに応じた教育をするというのが出されますが、これは教育投資論に基づいた具体的な人づくり政策です。

その結果が偏差値主義や、いろいろな問題が起こってきたわけですが、この長寿社会に関する負担能力論というのは教育投資論と基本においては変わらないものです。将来、高齢社会をになう子どもたちを、いまのうちしっかり育てておこう、つまり投資をしてしっかり育てておこうということですから。

2　これからの家庭と子育てに関する懇談会

その後、あとで触れますけれども、そうではない。将来をになうから大切に育てようということだけではなくて、いま生活している子どもたちがいろいろな問題に直面しているではないか。それをどうするかということが問題だということを指摘している報告書も出てきています。

それが次の、「これからの家庭と子育てに関する懇談会」という長い名の懇談会の報告書です。一九九〇年一月に出されました。

たとえば子どもが少ないことによって、仲間たちのつきあいが薄くなったとか、あるいは家庭の中で子どもが少ないということになると、子どもが少ないままに大人中心の家庭になってしまうとか、いろんな点をあげています。いま子どもが少ないということによって起こるいろいろな問題点をあげています。

ただ、それは現象として私たちが言ってきたようなことに触れているわけですけれども、残念ながら、それがどうして起こってきているのかという構造については触れていないのですが、しかし生産力説からいえば前進していると思います。

この報告書は子どもが健やかに生まれ育つための環境づくりということで、いくつかの提言をしています。子育てに関する総合的な相談支援態勢を整備する。いろんなところに相談機関のネットワークをつくりなさい。たとえば保育所や児童館などで相談態勢をとる、そしてそれらのネットワークをつくることが必要だとしています。

それから児童手当制度の見直し。ただ、これは見直しの観点ということを言っているだけで、どういう方向で見直すべきかということは言っていません。

それから働く女性に対する支援策拡充ということで、保育を充実させる。あるいは雇用環境の整備をする。具体的には、育児時間、育児休暇、育児休業その他のことが充実されることを「期待」する、としています。

さらに地域社会における健全育成の推進ということをうたって、児童館、児童遊園などの遊び場のハード面の充実とネットワーク化を挙げています。児童館、児童遊園などの整備を引き続き進めることも重要だが、それらのネットワーク化、機能の高度化と効果的な利用を図ることが重要といっています。更に多様な経験の場の提供やリーダーの養成などソフト面の充実を提起しています。

これらの提起の中には矛盾した内容がありますが、例えば「自然環境の保護」の大切さを一方で指摘しながら、「都市化した環境下で、それに慣れ親しませることも考えるべき」といっているように、児童館や児童遊園に対する期待は持っています。ただ、それを公的な責任でという点が明確ではないのが問題です。

3　厚生白書の子ども問題

次は厚生白書です。八九年の厚生白書、これは珍しく「長寿社会における子ども・家庭・地域」というサブタイトルをつけました。厚生白書に子どもの問題がかなりウエイトを持って登場するというのは久し振りです。

「これからの家庭と子育てに関する懇談会報告書」の影響をかなり受けた内容になっています。いま子どもが少ないことによって、どういう影響を受けるのかということについての説明もしております。ここで出生率が非常に低くなっているということに触れています。

そのなかの、人口の生産力調査で夫婦に対して子どもの数の理想を問います。その数と実際の子どもの数との差がある。その差がどうしてなのかということを一九八二年の調査で同時にやっていますが、家が狭い問題であったり、育児にお金がかかる、教育費が高い問題であったり、あるいは、育児の肉体的、心理的負担の問題であったりしています。

出生率が低い問題がどこからきているのかについて、ある程度触れているということは珍しいことだろうと思いますが、社会的な問題の影響をあげています。

4　東児審意見具申の問題点

次に、八八年の六月の東児審の意見具申「地域における児童の福祉を推進する方策について」についてです。これは児童福祉全般についていろいろな観点から意見具申しています。いま子どもの問題、非行やいじめの問題が出てきて、それに対応することが必要である。学校教育に問題がある、あるいは家庭の養育機能の低下は時代の趨勢だというふうにもいっています。

このいい方はいままでの文書とかなり違っています。

今までの意見具申や報告では家庭の養育機能が低下しているということは、最近の親になる人の自覚が足らないということをずっと言ってきたわけです。ところが、家庭の養育機能の低下は時代の趨勢だ。だから、それを前提にして対策を立てなければいけないというところまで言いはじめた。

そういう積極面をもちながらも、不十分な側面、非常に危険な側面も併せ持っていると思います。児童館の問題について言えば、「遊び場が単に児童に遊びの場所を提供するにとどまらず、健全育成のための諸活動がそこを拠点として積極的に推進されることが必要」として、職員の専門性というのを重視しなければならないということを言っていますが、それを支える公的な責任についてはあいまいにされています。

いま東京都のなかの児童館が建物提供の方向すらある、ということについて、分析も警告もしていない。そればかりでなく、「今後の高齢化社会の進展に伴い、高齢者の人材を有効に活用することも必要であり、児童健全育成活動の施設に高齢者のサービスセンターの機能を併設するなど工夫していくべき」といっています。これは非常に危険な側面を持っていると思います。

それから地域の子育てに重要な役割を果たしている学童保育、これには触れていないわけです。だから児童福祉の総合的な施策という点からいえば、かなり欠けているところがあるのではないか。

そのかわり養護施設の通所部門を設けるべきだと言っています。養護施設というのは二四時間生活をしているところです。親のいろんな事情によって、家庭で子どもを育てられないから、二四時間施設で生活するわけですが、親から引き離さないでも通所という形で子どもの保護をしたり、あるいは勉強をみたりということが必要なのではないか。そういう養護施設のなかの通所部門として設けるべきではないかというふうに言っているのです。

そういうことを言うのだったら、どうして学童保育の問題に触れないのかということが、素朴な疑問として当然出てくるわけです。しかも養護施設は、東京都全体で五四しかなく、二三区には二五しかないのです。都外にあるのも七つもあるのです。千葉とか、神奈川とか、静岡にあるのです。東京都のなかの市部には二二ヵ所、区部が二五ヵ所です。

そこに通所部門を設けるということよりも、いま地域に密着している学童保育をどう充実させるのかという方が、先決ではないか、養護施設の通所部門のニーズがあるというのなら、学童保育のニーズとどう関係するのか、ということを明らかにすべきでしょう。そういうニーズは地域に密着して発展させてきた学童保育を充実させることで解決するのが適切な方法ではないかと思います。

5　児童手当制度基本問題研究会報告

もう一つ、児童手当の問題についての国の研究会、「児童手当制度基本問題研究会」というのがあります。これは八九年七月に報告書を出しています。

これも資料に載っていますが、ここでたいへん注目すべきは、児童手当というのを考える際に、お金だけではなくて現物給付、つまりサービスの面もあわせて考えるべきだという考え方をとっているのです。これはすでに厚生省の人たちも都道府県への説明のときなどの機会に、そういう話をしております。

ここでも三歳未満の子どもについて第一子から手当を出すべきだけれども、三歳以上の子どもは、むしろ保育サービスや健全育成サービスで対応するといっています。もともとはこの児童手当というのは、家計調査をやった結果必要だということでつくられた。子どもが一人の場合、二人の場合、三人の場合、家計のなかでどのくらい子どもに対する支出がふえているのか。あるいは父母が使うお金はどうなるのか、そういう調査をやったのが中鉢正美という先生を中心にしたグループです。福島県の農村世帯と川崎市の大企業の労働者世帯、それから静岡県の掛川市の世帯の調査を綿密にやって、児童手当が家計の安定のためには必要なんだということを出しているわけです。

また、高度成長には労働力の流動化をする必要がある。家族手当という形で企業ごとに違っていたんでは困るから、児童手当ということで一定の線を引こう。それを労働力の流動化のてこにしようという政策的な配慮もありました。

児童手当はこうしてつくられてきているわけですが、現在ではできるだけ手当は削減をしようということで、三歳未満児の第一子からということにするが、「現物給付」も重視する。そういう考え方になってきています。児童館なども形を変えた現物給付としての児童手当なんだという考え方です。これは注目すべきではないかと思います。

6　三福祉審議会の意見具申と社会福祉事業法改定

国の動きなどがいっぱいあり、言いきれないのですけれども、三福祉審議会の意見具申とこれに伴う、社会福祉事業法の改定問題というのがあります。この考えていることが、もうすでに児童館に、学童保育にあらわれてくるのではないかということでお話をしたいと思います。

これは端的に言えば、社会福祉事業の考え方を変えようという考え方です。いままでは措置というのを中心にして社会福祉事業を考えてきた。しかし、この措置というのはいろいろと弊害がある。いま国民は豊かになってきたから措置という形を最小限にして、サービスを売買するという市場原理を中心にして福祉の運営をしていこうという考え方です。

三審議会の意見具申もそれほどまで極端に言っていませんし、措置の制度は残すといっていますが、社会福祉事業の範囲を「地域福祉」の名のもとにもっと広げようという考え方できているわけです。この考え方でいうと、いままで措置するという形態をとった施設さえも措置は残すけれども、自由契約の部分を広げ、措置そのものが形骸化される、そういう考え方でこの意見具申や社会福祉事業法の改定という問題がおこってきています。

措置で行う施設さえそういう状況ですから、まして児童館というのは、特定な子どもが限定して入ってきているわけではありません。学童保育は自治体の条例で行われるという点はありますけれども、児童福祉法上は必ずしも明文化されていない、そういうものを真先に整理をすることは当然考えられるわけです。それは措置制度の廃止と連動していくものではないかと思います。直接的には関係ないけれども、基本的な福祉のものの考え方では一貫しているということです。

もう一つは専門性の問題です。現在「行革」が進んだ段階では、公務員の場合ははっきりいってしまうと、福祉の専門性は必要ない、役人の専門性を求める。これがいまの国や自治体の考え方になっていると思うのです。それはいたるところにあらわれています。

四　運動の方向、基本の考え方

運動の出発点は、「世界の子ども白書」などでも指摘していますが、子どもの実態から出発をするということです。

それをもう少し丁寧に、いま地域の中で子どもや勤労者がどういう状況にあるのかということを明らかにしたうえで、いままでの効率中心の考え方を転換するという方向でなければいけないのではないかと考えています。

国際的な経済学者の集まりのなかでも、もう一〇年ぐらい前から物資の量が沢山あるということが生活の質が高いということにならないのではないか。もっと生活の質について重視すべきではないかというのが国際的な会議（生活様式の転換に関する国際会議）で言われています。いま日本でも広く問題にされ始めたと思うのです。

生活の質を重視するというのは、今までの効率至上主義で物の量が多い程いいという考え方の転換をすることを意味します。子どもの問題を考える時には、この転換が必要です。それは世界的な流れになっているということです。

1　公的責任の意味を考える

それを基本におきながら公的な責任とか、公務員ということの意味をもう一度明らかにしておく必要があるのではないかと思うのです。

公的な責任といった場合の具体的な意味は、第一に、いま困っている問題とか、解決しなければならない問題というのを社会的に、つまり個人の問題として個人が解決する問題としてではなくて、社会的に認識をして解決をする。これが歴史的につくりあげてきた考え方だと思うのです。

つまり、ある区で遊び場がなくて困っている子どもたち、あるいは遊びが家の中に閉じ込められている子どもたち、そういう子どもがどれくらいいて、その子どもたちの遊びを保障する必要がある。あるいはその区の中にお母さんやお父さんが働いていて、一人ぼっちになってしまう。いわゆるカギっ子になる子どもがいる。その子どもの養育について、そこの区域の全体の人たちが、社会的に認識をして解決をする。これが公的な責任の意味の一つだと思うのです。

第二に、その当事者が、つまり親なり子どもなりが問題を解決するということを社会的に要求できるかどうか、私はここで困っているものを解決したい、それを社会的に訴えられるかどうかということだと思います。

たとえばこれを全部商品サービスの売買で還元してしまえば、困っている人はお金を持っていって、サービスを提供する人との個人的な契約になります。そうではない。そこの地域社会で起こっている問題について、社会的に認識するわけだから、困っている人が、解決をしたいという要求を社会的に訴えられるかどうか、これがもう一つだと思います。

第三に、要求が満たされなかった場合は権利として争うことができるかどうか。これは争訟権などと言っています。

第四に、必要なサービスに対する負担が社会的に行われるかどうかということです。

公的に責任といった時に、その内容を具休的につめる必要がある。たとえば区が建てて区が運営すれば、それですべていいかというとそうではなくて、その内容についてもう少し細かく明確にしていく必要があるのではないかと思っているわけです。

2　公務員であることの意味と官僚制

児童館、学童保育の問題の運動の際、交渉で公務員の問題が出てきていますが、どうして公務員でなければならないのかということです。

公務員というのは憲法を守る義務があるのです。憲法で健康で文化的な生活を保障する規定があり、公務員はそれを守る義務があります。日本で「子どもの権利に関する条約」が批准されれば、その条約の内容を実現する義務を負うわけです。それはたいへん重要なことではないかと思います。

単にサービスを提供するということではなくて、そのサービスを通じて国民の主権者である権利を擁護する、実現する、そういう意味があります。子どもの遊びの権利や親が働いているときの保育の権利を公務員として担うということは、それを実現する義務を負っているということだ思います。

それから地方公務員法では秘密を守る義務というのを持っているわけです。学童保育にしても児童館にしてもいろいろな秘密を知る機会があるわけで、しかも退職後もその秘密は守らなければならないとなっているわけですから、それはたいへん重要なことであります。

もう一つは、金や権力による支配から自由に、一部の人に手厚くということじゃなくて公正にサービスする。これが地方公務員法に定められた地方公務員の義務であるわけです。こういうことをもう一度確認しておく必要があるのではないかと思っております。

業務の民間委託の理由などによく出てくるのですが、公的なものは規則や法にしばられて柔軟性に欠けるということをよくいいます。柔軟性を欠いてきたのは官僚性であって、私たちはそういう官僚性を克服して、もっと柔軟性を持つべきだということを言ってきた。

現実の問題を解決するために法文や規則をどう使うかという立場に立つのか、あるいは法文や規則を現実にあてはめて、その法や規則に基づいて現実を切っていくのか、この仕事の仕方の違いだと思うのです。

私たちは、自治研や研究運動のなかで現実の問題を認識して、その問題を解決するために、いまある法文や規則やいろいろなものを利用するという姿勢を強調してきました。それを阻んできたのが官僚性でした。官僚性の克服をしないで、これを民間委託の理由にするのはたいへんおかしなことです。もちろん自分たち自身のなかの官僚性、雇われ者根性を克服していかなければならないと思うのです。

例えば、そこの地域の子どもが持っている問題に対して、児童館なり学童保育なりがどういう役割を果たすべきかということを議論すると、それは職制の考えることであって、私たちの考えることではないという議論が場合によっては出ることがあるかもしれません。私は職場の中でそういう議論をだいぶ聞いてきました。

それは雇われ者根性ではないか。つまり賃金奴隷にならされちゃって、そこで労働の主人公になっていないということではないかと思うので、自分自身の中にある官僚性や、あるいは雇われ者根性とたたかうことなしには、この公的な責任、あるいはいま行っている学童保育や児童館が公的責任を遂行するための公務員であるという意味を実現することは困難だと思っています。

3　権利条約を知らせる拠点に

子どもの権利条約のことについては、権利行使の主体者である子どもたち自身が権利条約の内容を知るということが必要です。それを知らせるということが大人たちのいまの義務だろうと思うのです。ある学校ではそれを子どもたちにわかりやすいように翻訳をして知らせているというのがあります。

地域の児童館や学童保育に働いている人たちが自分の職場を、この条約を子どもたちに知らせる拠点にしてほしいと私は願っています。君たちは権利行使の主体者であるということを知らせ、子どもたち自身が立ち上がることを側面から援助することができるのではないか、それをやる必要があるのではないかと思っております。

新聞にも出ましたけれども、この権利条約を批准することを推進する一〇代の会というものができています。一〇代の子どもたちが、自分たちが主体者だから、自分たちが立ち上がろうといって会をつくりました。

もっと感心したのは、自分たちも権利の侵害者になりうるということを言っているわけです。たとえばいじめだとか、そういうことによってほかの人の権利を侵害するということもありうる。そのことを考えながら、自分たちは権利の主体だということを考えていこうということを呼びかけているわけです。

児童館や学童保育に働く人たちが子どもの権利条約について、そこを利用する子どもを通して、地域の子どもたちに知らせる拠点に、児童館や学童保育をしてほしいということを切に願っております。

4　地域の子ども全体を考える

もう一つは、いま利用している子どもたちだけではなくて、地域の中で、地域の全体の子どもたちが、いまどういうふうな状態になっているのかということも視野に入れて、児童館や学童保育のことを考えてやってほしいと思っております。

たとえば母子が孤立しているというようなことがたくさんあります。あるいは養護問題が起こっている。子どもと親が離れたくないけれども、たいへん養護問題で揺れ動いているという家庭もあります。それから非行の問題や不登校の問題などもあります。学校に行かないで児童館に来るのだけど、どうしたらいいんだろうかなんていう相談を、僕は児童相談所にいたものですから、児童館の人から受けたことがありました。

非行のグループが三人ぐらい児童館に毎日毎日来ているというんですね。そういう子どもたちにとって児童館とは何か、学童保育とは何かというようなこと。地域全体の子どもたちの状況のなかでの果たす役割、いままでの児童館や学童保育の役割だけではなくて、さらに広げた役割がありうるんではないだろうかと思っております。

「東京における児童」という調査報告書があります。このなかでは、放課後放ったらかしになっているというような子どもも相当数出ておりますし、児童館の意義とか、学童保育の意義を再認識するような調査結果もあります。それらを考えながら、保育とか、養護とか、そういうものの壁をとりはらいながら、子ども全体を考えていく必要があるのではないかと思っています。

それから、東京都の事業計画のなかにも児童館に対してイベントにお金を流すことがあるようですけれども、生活の上に築く文化ということをもう一度考える必要があるのではないかと思っています。

また生涯教育との関係ということで言えば、生涯教育だから貸し館事業でお年寄りにも利用できる施設にするみたいなことがいわれていますが、そうではなくて、児童館なり学童保育なりを拠点にしてそこの地域の文化やエネルギーを結集するそういう役割を持つのではないだろうか。そのためにはどうしても専門的な力量が必要だということではないかと思っております。

戦後児童福祉を推進してきたのは、働いている者と要求をしている父母が力をあわせて前進させてきたと思っております。そういう力を、私たちは自分たち自身の中に持っているという確信を持つ必要があるのではないか。

その力は世界的な流れにとってはもはや主流になりつつある。世界子ども白書や権利条約のなかでそのことが明らかになりつつあるということではないかと思っています。やられっぱなしの感があった八〇年代からがんばる九〇年代にぜひしていきたいと思っております。

二―6―②

学童保育の「法制化」について

（一九九四年七月　全国学童保育協議会編『よりよい制度の確立のために／学童保育の〈法制化〉に関する研究者からの提言』）

一　学童保育の「法制化」を考える

学童保育の「法制化」を考える際には、現実の矛盾、要求運動の強さ、現在の社会福祉の政策動向という三つの絡み合いの中でどのような意味あいをもつのかを考える必要があると思います。

わたしは現在の政権下での諸状況では、二つの意味をもっていると考えます。以下それを述べます。

1「現在の政権下の諸状況では」という意味

（1）　現在の政権は自民党の枠組みをそのまま受け継ぎ、憲法を変え強権的な政策を一層強めようとしています。福祉においてもあらゆる領域で自己責任を強調し、市場原理を広げ、公的責任を放棄する政策を進めています。これは憲法第二十五条の解釈改憲の道です。

（2）　一方長年にわたる資本蓄積を最優先する政策のもとに、勤労者の生活を犠牲にしてきた結果が出生率の著しい低下をもたらしました。

八八年版および九三年版『厚生省白書』や九二年版『国民生活白書』が詳しく分析しているところです。出生率低下が産業にとっての危機として認識されたことを背景に「子育て支援政策」が登場します。

この政策は将来の労働力の確保と現在の婦人労働力の安定的確保を主眼に、現在日本の家庭に広がっている子育て不安（これも基本的には労働問題、生活基盤の脆弱さの問題、教育に関する諸問題、能率主義による競争原理が生活に浸透している問題等の複合と考えられる）にも対応するものとして非常に細かいメニューが羅列されています。

こういう政策動向の中で学童保育問題は「子育て支援政策」の一環としても位置づけられ、「法制化」が進められようとしていることをまず押さえておきたいと考えます。

2 「法制化」の一つの側面――運動の成果

学童保育の制度化の要求運動は、国にむけても各地方自治体にむけても、ねばりづよく続けられてきました。その結果、少しずつではあっても前進を獲得してきました。

当然のことですが、今回の「法制化」は運動による前進面――国の「放課後児童対策事業」やさまざまな地方自治体での正規職員化、条例化、補助金の上乗せ等々――をさらに一歩進め、実態をもった「制度化」へのステップになるものだといえるでしょう。

児童福祉法の中に（どの条文であっても）学童保育が定められるとすれば、児童福祉法第二条の「国及び地方公共団体は、児童の保護者とともに、児童を心身ともに健やかに育成する責任を負う」ことの具体的な内容の一つを構成するものとして位置づけられることになります。

これは学童保育問題を社会的な問題として認識し（個人の問題ではなく）、その解決の手立ては国や地方自治体が責任をもって用意すること（個々の親が手立てを探すのではなく）を社会全体が合意したという意味をもちます。学童保育を増やし、内容を充実させる運動をさらに発展させる可能性を広げる意義は大きいと考えます。

3 「法制化」のもう一つの側面――措置制度解体を促進する役割

（1） 現在の政策動向から学童保育を児童福祉法の中で位置づけるとすれば、恐らく事業としては第六条の二（児童居宅生活支援事業）に、保障のしかたとしては第二十一条の十（居宅における介護等）に一項として入れ、国の費用負担は五十三条の二で「政令の定めるところにより、その二分の一以内を補助することができる」とし、実際の運営は従来の「放課後児童対策事業」と予算の若干の増という方法がとられることが予想されます。

これらの条文は九〇年の福祉八法改定でできたもので、それまで厚生省の通知による事業と予算による補助金という形をとっていた事業――障害児の通所施設のサービス等――について「法制化」したものです。

学童保育もいままでは国の「放課後児童対策事業」と

して補助金で行われてきたので、行政上は同じ性格のものとして以上のことが予想されるわけです。

（2）この仕組みは曲者です。二十一条の十は障害児の通所施設サービス（二項）を例にとると、「市町村は」「必要があると認めるときは」障害児を施設に「通わせ」または「委託」の措置をとることが「できる」となっています。

保育措置の規定とこれを比較すると大きな違いがわかります。

保育では、市町村は「児童の保育に欠けるところがあると認めるときは」「保育所に入所させて保育する措置を採らなければならない」（第二十四条）となっています。そして児童福祉施設最低基準で諸条件を定め、措置費の国負担分は国庫負担金（支出するのが国の義務）となっています。

もし保育に欠ける事情があっても子どもが保育所に入所できないときは、保護者の不服申し立てにより行政の義務違反（「措置をとらねばならない」ことに反している）を追及して、権利を貫徹する方法をとることができます。「できる」規定は文字通り、市町村の都合により「する」も「しない」も決定できますし、サービスの諸条件を規定する最低基準もありません。また「補助金」を支出するかしないか、また支出額をどれくらいにするかは行政の都合により決定できます。

必要であっても学童保育が保障されない場合でも、市町村は学童保育をすることが義務ではなく「できる」だけなので、子どもの権利として確立するものとはいえません。このように行政側の裁量によって内容が違ってくるので、児童福祉法第二条の国及び地方公共団体の責任を薄めてしまう結果を生みます。

（3）保育措置の問題が重視されたのは、利用する子どもが他の児童福祉施設と比べ格段に多いということのほか、基本的には社会福祉全体の中でもっとも権利性が強く、行政の責任を明確にしているものだから、これを、突破することが大きな意味をもつからです。

通所施設で措置制度をとっているのは保育しかないということを措置制度を変える理由の一つにあげる議論が研究者の中からも出ていることを考えれば、もし学童保育の「法制化」が第二十一条の十の一つの項となった場合は通所施設についてこの条文の中に包含される事業が一層多くなり、現在の保育措置制度もこの二十一条の十に合わせる危険性は大きくなります。学童保育の「法制化」が措置制度解体の方向を強めるテコにもなりうるということです。

二　学童保育の運動の発展のために

学童保育は子どもが生活するところというとらえ方、「制度化」の内容を明らかにして「法制化」と区別していること等々、全国学童保育連絡協議会の考えはよく練り上げられていて敬意を表したいと思います。一つだけこれからの運動の発展のために望むことを述べます。

それは子どもの意見を大事にして、その上にたって運動を進めていただきたいということです。

活動方針には父母と指導員が手をたずさえてということが強調されていますが、学童保育のサービスを受ける主体は子どもです。自分の学童保育について何を不満と思い、どうして欲しいと思っているかなど子ども自身が感じ、考え、発言し、求めることを援助しながら、子どもの意見を中心にしていただきたいのです。

どんな学童保育をつくるかは子ども自身が主人公だと考えるからです。

そのためには子どもの権利条約を子どもも、指導員も、父母も、そして行政の人々も、一緒に学習することから始めることだと思います。学童保育の運動も子どもの権利条約の実践として進めてほしいということです。

三　児童相談所、児童相談実践

三—1—①

児相のこれからを考える

（一九八三年八月『児相研ニュース』五号に掲載）

児相のこれからを考える際に、検討する必要があると思われる事項の幾つかについて、問題提起として述べてみたい。

一　何を考えるか（枠組について）

社会的役割、労働過程（技術過程と組織過程）の三側面は必ず考えなければならないものだと思う。考える際には、①三側面それぞれについて対立した考え方があり、現実的に拮抗していること、②相互に関連しあっていることを留意する必要がある。

1　児相の社会的役割

社会全体の中での福祉、その中での児童福祉、更にその中での児相を考える。ということは国民の生活問題、その中での児童問題、それを解決するための児相という考え方をして行こうということ。

役割を考える時(a)対象——誰に対して仕事をするか、仕事の相手の状況と問題は何か、(b)目的——問題のどんな解決を目指すか（子どもをどんな人間に育てるか、養育の中で家族、地域の人々などがどのように発達するか）、(c)機能——どんなサービスを提供するか、を考える必要があろう。

主に運動要求の立場に立つと(a)が(b)(c)を規定すると考える。(b)が(a)を切り、(c)を規定するという考え方は主に管理的立場に立った時。現実には運動の立場と管理的立場がぶつかりあった結果としての様々にセットされた条件が、機能を規制し、その結果として(a)を制限し、(b)を制約すると考えられる。

具体的にいえば、現在進行中の臨調行革の中では、「日本型福祉」を目指して、対策を「真に福祉が必要なもの」に限定する。この場合児相の機能も措置を中心にした限定したものになってくる。しかし運動の立場に立てば、貧困の拡がりと深まりの中で、様々なあらわれ方をする児童問題を対象とし、そこから目的（貧困の克服）、機能（権利保障の具体化）が生れてくる。また児相の周囲の医療、教育などの状況によって、児相に求められる機能も違ってくると考える。

2　労働の技術過程

これはサービス内容と方法の問題。労働の専門性と関連する。基本は排除と専制の専門性か、集団、民主の専門性かということ。

京都府の児相が集団で取組み、「親へのメッセージ」を出したことは、児相の専門性について、今後の方向を示す一つの試みだといえるのではないか。具体的検討項目の若干をあげてみよう。

①方法論の検討　直面する児童問題の構造が複雑になっているので、その理解と処遇の具体的方向を見出すため、問題構造を解く仮説を考え検証することが必要ではないか（例えば『ケースワークの基礎知識』の中の児童相談の部分。一九八二セミナー基調報告の子どもを育てる働きの部分など）。

②個別と集団の区別と統一　子どもは様々な集団の中で生活している。「問題」はその中で生じている。従って問題を解決する場合の接近の方法として、一人の子どもとその家族を中心としたものだけでは済まなくなってくる。

例えば登校拒否の背景に学校でのイジメや校内非行の問題がある。それに対応する学校全体の、クラス教師の姿勢と具体的指導の問題がある。クラス全体の関連と動きの中での問題である。個人とその子が生活している諸グループとの関連をどう把み、対応するかが問われている。今まで試みられた実践をこういう意味で検討、整理する必要があると考える。

3　労働の組織過程
――分業と協業のしかたをどのようにつくるか

①児相の中での問題としては、集団性をどう確保するかということ　実際には職種間の差別があったり、職場が官僚的であったりして働く者の自立性に基づく集団化が難かしい状況がある。

本来は主観的な処遇や官僚的運営の克服のため設けられたはずの受理会議や措置会議も、管理強化のための御前会議になっている場合も少なくない。その民主化は児相という職場の民主化の重要な柱であり、また分業が協業という共通基盤をもてるかどうかの重要な要素だと思う。

もう一つ考えておきたいのは職員規模の問題。経営管理では部下をコントロールできる範囲があるとスパン・オブ・コントロールということを云うが、民主主義を貫くために、職員が直接参加できる範囲があるのではないか。

いわばスパン・オブ・デモクラシイというべきものがあって、これを超えると物理的にも官僚性が生じ易くなるのではないか。〇〇センターと称し、幾つもの機能をあわせ持ち、機構も複雑で、人員も多いものが増加して行く傾向があるがその中ではこのことがもっと検討される必要があるのではないだろうか。

②地域における他の機関・施設との協業と分業　児相は地域で何がどんな役割を果しているかでその求められる機能が違ってくる。

保健所、病院、幼稚園、保育園、障害関係の相談機関と指導のための機関、施設、学校、教育相談所、福祉事務所、婦人相談所、各種福祉施設、少年相談所等々の役割との相互関連が検討される必要がある。

児相は子どもの問題について、最後の公的相談機関だという立場は、他の機関、施設がたとえどんな状況であっても、貫かれなければならない立場だと考える。

二　現実に果している機能

児相が現実に置かれている状況の中で、どんな機能を果してきたか、他の相談機関と比べどんな特色をもっているか、は「これからの児相」を考える際には検討しなければならないもう一つの柱になる。児相は子どもの問題のどんな問題も持ち込まれる、という建前から次の特色をもっていると言えるのではないか。

（1）　労働対象からみると、①一番深刻な問題を持込まれていること。②相談種別（養護、非行等）を超えて、「現代日本の子どもの問題」の共通項がみえ易い立場にあること。③それは主としてマイナス面を通じてであること。④それらを引き起す社会的諸要因の具体像（家族問題、学校の問題など）を直接的に経験しうること。

（2）　機能、権限からみると、①施設入所等の措置権があること。②子どもの二四時間生活を児相の中でみる一時保護機能があること。

現実にこれらの特色を生かし切っているか否かは別にして、極めて限定された現実的条件の中で、多くの問題点をかかえながら、なお現実の児相はこのような特色をもたざるをえない必然性があると考えられる。

三　児相の歴史的検討（東京都の場合）

（1）　戦災孤児、浮浪児問題に直面したあと、児相はその時々の社会的背景から来る児童問題の「処理」に追われていた。この間クリニック機能論、措置機関論等の議論はあっても現場で直接的影響は大きくはなかった。

行政当局は、その時々のトピック（健全育成、情緒障害、クリニックなど）に飛びついて、「児相の整備計画」をつくったが、それは現実の問題点を明らかにしない机上論で、所管課の「空想」を出なかった。

（2）　一九六七年みのべ氏知事に当選。その頃「収容施設改善闘争」があり、養護、教護、障害児施設に職員増などの成果があった。児相一時保護所は取り残され、その不満から改善要求が生れた。

当局はその要求にこたえるためと称して一九六九年中央児相への集中化を行った。子どもも職員も一ヵ所に集中し、しかも職員増を伴なわないものだったため、幼児四〇人を一グループにし、保母四人で養育するという無茶苦茶な事態が生じた。幼児養護が社会的に大きな問題になっていた時であり、矛盾は誰の目にも明らかになった。

保護児童の死亡事故を契機に児相（一時保護所及び相談部門）改善闘争が始まり、一時保護所の職員増・児童集団の縮小・集中化の再検討などが行われるようになった。

（3）　一九六七年、東知事在任最後の月に、東京都社会福祉審議会の「東京都における社会福祉専門職制度のあり方に関する中間答申」が出された。ここでは福祉事務所、児相の再編整備と専門職問題が提言された。

次いで一九六九年、東京都社会福祉審議会から「東京都におけるコミュニティ・ケアの進展について」という答申が行われる。ここでは児童福祉のコミュニティケアとして、①児相の充実（クリニック機能強化、児相センター新設、地域性の強化、一時保護所の強化の四本柱）②里親制度の強化充実が実際上重要な柱であった。

この答申をうけて一九七〇年東京都児童福祉審議会の意見具申「東京都における児童相談所の機能整備について」が出る。この意見具中では、情緒障害児の増大、しつけの混乱などアーバンゼーションによる児童問題の増大、これに対応するクリニック機能の充実、そのための児相センターの建設、児相センターと他児相の役割分担（従来の養護非行問題は他児相で、新たなアーバンゼーションに基づく児童問題は児相センターで）などが提言された。この意見具申で初めて児童の「権利」という言葉が出てくる。

一九七一年東京都児童福祉審議会は「東京都児童相談センターの建設について（意見具申）」を出す。一九七三年、東京都児童相談センター開設準備委員会「東京都児童相談センターの開設について」中間報告、一九七四年、同最終報告、一九七六年、東京都児童福祉審議会意見具申「地域社会に開かれた児童相談所のあり方」等が出された。

（4）このような一連の動きについて、現場ではどう対応したか、主として労働組合運動の考え方と運動を述べる。

東社審の「中間答申」については大きな問題となり、自治労、都職労、同民生支部、何れも批判の見解を出した。東社審のコミュニティケアの進展の答申及び東児審の児相の機能整備問題については、基本の考え方、児相改善の具体的内容について、予算要求交渉などの場で主として児童部とのやりとりを通じて、厳しい批判を加え、働く者の側にたった基本的な考え方と改善の具体的内容を要求した。

基本的な考え方としては、

（ア）対象についてアーバンゼーションによる問題とは何か。それと「従来の養護、非行等の問題」とはどう違うのか、現在の日本資本主義の矛盾のあらわれとしての児童問題をとらえるべき、養護、非行の問題もすべてこの矛盾を背負ったものととらえるべき、

（イ）児相の充実は、センターをつくって解決する問題ではない。従来の問題点の克服（児相の福祉司、心理判定員、保母等の人員の徹底的不足）にふれていないのは本末転倒であり、また一時保護所の集中化の問題点を明らかにしてその改善を提言していないのは現実をみていない証拠、組合要求を実現せよ。

（ウ）クリニック機能と措置機関を対立的にみることは誤り、権利保障の具体的行為として位置づけよ。

などであり、具体的内容は多項目にわたった。

当局とのやりとりの中で明らかになった相互の主張は一九七四年自治研資料「新しい児童相談所を求めて」で

まとめられ、第一回児相研セミナーでの東京の大塚、福島報告はこれをもとにしている。

また一九七六年東児審は「地域児相の充実整備に関する意見具申の骨子」を発表し、各職種からの「意見聴取」を形式的に行った。

形式的にせよ意見具申の前に、現場の意見を求めたことは、従来の児相の運動の反映と思われるが（児相改善運動と一九七五年には児相研が発足している）、これについて労働組合としては、見解を表明（内容の批判、東児審の民主的改革についての意見）すると共に、東児審に対し労働組合との意見交換の場を求めた。これは実現しなかったが骨子は大幅に変えられた意見具申となった。

四　今後の課題

基本の問題は、養育の社会化と子どもの発達及び子どもが結ぶ基本的社会関係である親子関係の発達をどのように統一するか、だと考えられる。

養育の社会化は資本主義的形態（ベビーホテル）と、社会保障的形態とがあり、現在の日本では前者を強化する方向にあっても、歴史的には後者が主要なものになると考えられる。

その場合、子どもの発達にとってどんな働きかけが必要か、子どもの営む生活の上にたった社会関係をどのように結ぶか、養育の社会化の際に生ずる「生活を共にしない」場合の親子関係、その上に立った子どもの発達について、どのように整理し、養育の社会化の中味をつくって行くかは児相として基本的な問題になると思う。

それによって、人間にとっての新しい社会関係と、社会的保障の内容、形態が規定されると考える。

三—1—②

児童相談所と研究運動

——児相研活動の経過と課題

（一九八四年一二月『児童福祉法研究』四号に掲載）

今回は児童相談所（以下児相という）の活動が、今後地域の中でどのような役割を果すか、ということを児童福祉法との関連で報告したいと思います。[1]

一　児相における児童相談と児相研

児相は言うまでもなく児童福祉法に設立根拠をもつ公的な相談機関です。児相に来る相談は日本の児童問題の中でどう位置づけるかについて簡単に述べたいと思います。[2]児相の相談受理件数は、増えているというわけではありません。しかしその相談の内容からみると、日本の児童問題の中で一番深刻な問題が集約されているという性格をもっていると思います。

そういう相談現場で毎日働く人を中心に、一九七五年に発足した労働実践運動が児相研です。[3]これは労働実践運動としては発足が遅い方に属しますが、発足に当っては客観的条件と主体的条件がありました。

客観的条件というのは、大雑把にいえば社会的矛盾のあらわれ方の問題です。日本の資本主義の矛盾が、個々の国民の生活上ひき起す矛盾のあらわれ方は、一九六〇年代と七〇年代とは違ってきた。

六〇年代は目に見え易い形で、例えば公害とか、生活を営むための公共的手だて（公園、上下水道、保育園など）の不十分さとか、の形であらわれていた。しかし七〇年代は、見えにくい形で、例えば家族の解体が激しくなるとか、児童の身体の発達や人格の発達がゆがんでいるとか、一見個人的な問題のような形で、しかしよくよ

く追究すると日本の資本主義の矛盾であることがやっとわかるという形で、あらわれてくる。(4)

そういう中で、発達とか人格とか家族とかと密接に関連する児童問題を扱う児相が、今までのやり方では相談に対応できなくなる。こういうことが全国的に起ってくる。相談が求めるものと提供するサービスの間の矛盾、これが児相研が発足した客観的条件だと考えています。

七五年から現在まで七年間経過しましたが、私はこの労働実践運動が第三期に入ったと考えています。第一期は「この指とまれ」の時期。どこにどんな人がいるかわからないのでとにかく集まってみよう、継続してみようという時期です。第二期は全国に拡げる時期。関東と関西で一年毎にセミナーを開催することができるようになりました。

今は第三期に入ったといえるでしょう。日常的な労働実践活動を組織化していくこと、児相研の組織的運営を確立する課題を果す時期です。これからが本格的活動の時期だと考えています。

こういう経過を経て労働実践運動の中味ではどんなことが獲得できたか、です。報告や討論を通じて、いわゆる対象論、処遇論ではいくつか挙げることができると思います。(5)また方法論的にも幾つかの提起がされています。(6)

二　児童福祉法と児相研活動

児相研活動はセミナーと研究部活動、会員の個人活動等がありますが、セミナーでは、実態論、処遇論が中心です。実態論では労働対象の実態と職場実態についての議論です。処遇論ではどういう処遇の方法を実践するか、したかということと、処遇のために、どんな職場の体制をくむか、ということが議論されています。

児童福祉法との関連では、この議論は法一一条児童福祉司の職務、一五条の二児童相談所の業務、二六条及び二七条の児相及び都道府県知事のとるべき措置、三三条の児童の一時保護などを中心に、関連する諸条文、関連する機関・施設の機能との関係等の実態と問題点が討論されているということです。

具体的なものを思いつくままにあげますと、措置の問題（法二六条、二七条）では、どういう時に措置をするのかという措置基準がないではないかという問題です。これは古くから議論されてきました。また、措置を権利の問題とかかわらせて、どう考えるのかということが議論されています。

とくに現実の問題として、施設に措置しなければならない子どもがいるにもかかわらず、施設の整備が不十分なため、措置できない状況があり、大きな問題になっている。不服の申し立てはできないかということが法的にも検討されてきました。それで小川政亮先生にも再三ご意見をいただいてきたわけです。

施設論は、要するに施設の目的、対象、運営のしかたの問題が議論されていますが、具体的に言えば、要求される施設の機能と現実の施設とのギャップをどう克服するか、今までの施設の枠組を拡げ、内容を充実する方向についての議論です。これは児童福祉の保障の体系と内容の問題でもあります。

親権の問題は措置とからんで養護問題を中心に議論されてきました。とくに虐待問題では親権の性格が問題になっています。

また親権者の引取りをめぐって、施設と児相の意見の違いなども論議されています。「児相は、親権を容認しすぎている、親権に対して姿勢が弱すぎるのではないか」という意見が養問研の方からも出されています。また児福法二八条を児相としてどう使うかも課題として提起されています。

これらが児相研活動と児童福祉法との関連の具体的なものの幾つかです。

三　児相の実践を貫く理論仮説としての「養育機能障害」

児相研の討論の中で、児童問題は広義の養護問題ではないか、ということが言われてきました。(5)

それをもう一歩すすめると、相談種別を超えて、児童相談としてあらわれた児童問題には、共通の問題構造があるのではないか、ということです。

それを理論的な仮説として「養育機能障害」という形で提起してみたらどうかと、今議論をすすめているところです。二〜三年前位からちらほら議論されてきたことですが、未だ未熟な概念で、児相研の内部でもこれから更に討議を重ねる必要があるものです。

しかし児相での労働実践、あるいはもう少し拡げて児童福祉の労働の上で、有効な仮説をつくる手がかりになり得るのではないか、とも考えられますので、若干私見もまじえて整理して、この機会に検討の叩き台にしていただきたいと思います。それは次のようなものです。

子どもが大人になって行く、人格的にも発達して行く、そのためには大人側の一定の働きかけの水準が必要なのではないか。その「必要な水準」は子どもの状態によって違ってくる。

例えば身体的・精神的障害をもつ、もたない、あるいはどんな障害なのか、によって違う。またどんな家庭的な状況であり、それが子どもの年齢の変化とともにどのように変ったか、によっても違う。様々な要素の複合として子どもの状態を考えています。

その状態によってどういう働きかけの水準が必要なのかが決まると考えられます。また実際に子どもを育てる際の知見や技術の発展の段階によっても、その水準は制約されると考えられます。

必要な働きかけの水準を満たすに足る養育機能が働かないというのが機能障害ということではないだろうか、という考えです。

機能障害といった時、子どもの生活から三つの分野のものが考えられる。家族、地域、公的保障がこれです。

家族の養育機能の障害は、四つ位に分けられる。

第一は養育の担い手の欠除です。担い手は父親、母親が中心です。極端なのは孤児です。母親の蒸発、父親の入院あるいは単純な場合は、出産のための母親の入院などです。養育を担う大人がいないため機能の果しようがない、ということです。

第二は養育力が不足あるいは欠除しているという場合です。養育する力が形成されなかったり形成されても不十分だったりすることが、最近とくに目立つように思います。端的な場合は親の知的発達が遅れていて、家事を処理する力、具体的養育場面で判断し、状況に応じて働きかける力などが不足するということがあげられます。最近ではかなりの学歴をもっていても、生きた人間である子どもの刻々と変化する状況に自分で判断し、対応する力が不足していて、ある人から云われたことを機械的にやっているという親も生じています。

第三には養育をめぐる社会関係の矛盾です。今までは親子関係とくに母子関係が重視されてきましたが、必ずしも母子や親子の関係だけではなく、兄弟姉妹の関係、母方、父方の祖父母や伯父伯母と子どもやその両親との関係、同年齢の親戚の子との関係等々、これらの複雑な組合せの中での矛盾です。

第四には養育方法と子どもの発達要求との矛盾です。すべてに先まわりしてやってしまう親、子どもの言いなりになってしまう親など、子の養育方法上の問題です。非行問題、登校拒否の場合はこの例がかなり多く、その背後には養育をめぐる社会関係の矛盾（例えば偏差値による選別進路、学歴社会で呻吟する父親の労働など）が存在することが少くありません。

これらの類型は相互に関連しあって、しかも実際にあらわれる場合は、幾つかが重複することがほとんどと考えられます。

家族の「養育機能障害」は、このように考えられますが、地域の問題、公的保障の手だての問題の二つは、わたしたちの中でも未だつめていません。

四　「養育機能障害」の背後にある貧困

「養育機能障害」といった時、パッと飛びついて機能主義的にとらえられると大変困るので、ここではっきりとさせておきたいと思います。

児相の仕事でいえば、いろいろな「困った問題」として相談が持込まれ（現象）、それが生じて来たのには「養育機能障害」があり、その背景には貧困の問題があるということを言わざるをえないと考えています。

そこで貧困の内容ですが、[7]金や物と人間との関係でみると、大雑把にいうと三つのレベルで考えられるのではないかと思います。

一つは生活資料が不足するというレベルです。これはかなり古典的なものであり、いわゆる「貧乏」という言葉で頭の中に描く生活がこれです。自分の支配できる生活資料が不足することによって、人間の生活、人間の自由が拘束されるということです。

二つ目は、一定の生活資料を得るために（「人並な生活」をするために）一定の所得が必要となり、その取得のために非常に長い労働時間、苛酷な労働態様を甘受しなければならず、結果としては生活時間が非常に少なくなり、また生活時間内の活動密度が薄くなり（例えば、労働の疲弊で生活活動を十分行えず、商品を頼りにした生活時間となるなど）貧困な生活内容となってしまうということです。

生活資料は「人並みに」得ることはできても、そのための家族のエネルギーと時間の大半を割かなければならない。従って表面的には生活資料の不足から自由を拘束されることからは解放されているかに見えても、その実、「人並みの生活資料」獲得のために生活の大部分が吸いとられ、人間としての自由が大幅に拘束されてしまうということです。

このレベルとても、住宅のような基礎的な生活資料は十分ではなく、たとえ自己所有の住宅を確保できても、狭くて遠い（勤務先から）という拘束を受け、しかも長期のローンが今後の生活をしばるという場合が多く、これが現在の日本の「人並み」になっているということも見逃せないと思います。

つまり第一のレベルの貧困が克服されきってはいない、その上に立って、第二のレベルの貧困が見かけは貧困とは縁がない形で出ているということだと思います。

第三のレベルは人間の生活活動についてです。端的にいえば生活の中に商品が大きな位置を占め、それだけ生活の中での活動が失われ、生活活動を営む上での工夫や努力や創造によって得られる「生活する力、技術」が獲得されず、生活の上につくり上げられる文化がしなびてしまい、資本によって作られた画一的な商品に支配される、更にそういう生活がくり返され、拡大されることによって、生活活動を通じてつくられ確かめられ、強化していく人間と人間の関係が薄い、形だけのものになって行く、という貧困です。これは商品が豊富になって行くことによって、一方では資本は利潤を増し、他方では「にんげん」の自由な創造的な活動とそれとともに結ぶ社会関係が壊され、弱まり、孤立化して行く、という貧困です。

この現象は一見商品によって、家事、育児の労働から「解放」されたかのようにみえて、その実は商品（資本の利潤の実現のための形態）による生活の占拠であり、人間としての主体的生活活動の喪失です。

これら三つのレベルの「自由の拘束」が、資本の利潤の増殖と表裏のものとして出現するということが現在の日本の貧困であり、それが、個別事情に応じた幾つかの媒介項を経て「養育機能障害」を起しているのではないか、というのが今わたしたちが考えていることです。

五　養育の社会的保障について

最近の福祉論の動向との関連で考えたいと思います。例えばベビーホテルの問題でいえば、とにかくいま働かなければならない、それが必要だから時間的にも柔軟に子どもを預ってほしいという要望があります。

これに対して従来のサービスでは不十分にしか対応できないから様々なサービスシステムをつくって対応しよう。金を出せる者は出してもらう、サービス提供の方も、公的なものと民間の金の出しあいや、民間だけの企業的経営も認め、公的保障も併せてメニューを揃える。「様々なニーズ」に「供給のメニュー」を対応させる、利用者の方も金の出せる者は出す。その代りサービスもよくする。こういう発想が最近の福祉政策論の中に出ています。

夜働く必要がある、だから子どもをあずけたい、といった時、契約で預るところがあれば金を出しても預ける。

こういうことになります。現にそれが行われています。

それでいいのかという問題です。わたしたちにはどうも、あらわれた現象に対して、その場限りの解決をするという発想に思えるのです。子どものことで言えば、子どもを育てるということを非常に安易に荷物をあずけるように簡単に考えた政策論だと思えるのです。

子どもの相談に対応していると、表面的な主訴だけではとらえられない、本当の問題があること、しかも相談する本人がそれに気づいていない、という場合がかなりあることを痛感します。

このことが「養育機能障害」を考えた一つの動機でもあるわけですが、少くとも子どもを育てるということについての保障体系を考える時には、次の二つのことが貫かれる必要があると考えています。

第一は差当っての問題の解決ということだけでなく、「〃問題〃と感じていること」の奥にある「養育機能障害」、貧困などについて解決する手だてが用意できる保障内容、体系であることです。

相談に当っていると、今子どもをあずかったとしても、問題が先に引きのばされるだけに過ぎないと思われることが少くありません。子どもを含んだ家族の生活を営んで行くのに何が問題なのかを検討することが本当は一番大切なことだということが、差当っての問題にふりまわされて見えないのです。従って必要なことは、差当っての問題をどうするかの主訴に対応しつつ、本当の問題に相談者が気づき、その解決が可能なような保障内容を用意することです。

第二は社会教育的機能です。第一と関連しますが、本当の問題に御本人が気づくこと、そして養育主体をして自らを形成して行くことに対する援助です。

最近、育てることに自信のない親、わからないまま余り考えようとせず独善的に育てている親、育てるという具体的活動の中で親も親として育ち、親子関係がつくられて行くということが自覚できない親、などがかなり数多くなっています。

こういう状況では即自的要求に対し、心情を受入れつつも問題の所在や解決の方法について、相談者本人が考えていたことと違った考え、解決の方法などを提言し、一緒に考えて行く、というような養育主体の形成に向けての役割が必要になっています。

これら二つのことは、即自的要求に対し、「多様なニーズに応じた供給システム」を用意し、契約的な処理によって解決するという最近の福祉政策論では、抜け落ちてしまうと考えられます。

その福祉政策論はニーズを現象的に机上で考え（たとえニーズ調査をしていても、生活実態に食い入る調査でなく、表面的な願望を小ぎれいに整理した調査で）、財政のことも考慮に入れた物わかりのよさで（そのくせ国家財政全般の中での防衛費、公共投資内容の分析や、社会保障の中での資本と労働の負担割合など、財政問題にとって基本的な一国の価値の流れについての分析は手抜きしておいて）、提言されているため、このような問題点が生ずるのだと思っています。

そこで上記の二つの機能を果すためには、公的な責任による保障が必要だと考えています。ただその場合、独善的なあるイデオロギー（例えば子どもは本来親が育てるべきだというような）の押しつけになる危険性もあります。それを抑止するのは専門性だと考えています。だからこそ自主的研究、労働実践の運動が重要だと思うのです。

以上の保障体系に関する議論は、児童福祉法でいえば、児童相談所、福祉事務所、児童福祉司に関する条項、及び第二章福祉の措置及び保障についての条項の、主としてｓｏｆｔの部分に関してのものです。

六　今後の課題

（１）　具体的な課題の話に入る前に、わたしたちの前に課せられている共通の、しかも緊急の課題について認識を一致させる必要があると思います。

それは児童問題について右翼的傾向の組織論、方法論がかなり強力になってきていることです。児童問題を「甘やかし」の結果とみて、だから「厳しさ」を外形的な形で（例えば体罰、規則、管理強化などで）示し、問題を解決しようとする傾向が、家庭教育でも、学校教育でも、非行や登校拒否の問題を持つ児童に対応しているところでも生じていることです。

現在の日本の仕組みから生み出された児童問題を、解決するためと称してもう一度仕組みの問題点を強化する形で再編成する勢いが強いということです。

先日ＮＨＫで非行問題の討論をやっていました。その中で元女番長という子が画面にあらわれ、「私はいま右翼に入っているが、もし左翼からさそいがあればそっちに入っていたかもしれない」と言っていました。これは考えなくてはならない問題を幾つも含んでいると思います。右翼化の全体的傾向の中で、わたしたちは平和や民主主義を主張し実践する必要がありますが、児童問題の中でもこのことを徹底することが課題になっているということ、しかもそれが大きな問題であると同時に個々の子どもたちの問題でもあるということです。

（2） 労働実践、研究の運動体の交流、成果の共有、共同実践、研究など。

このような共通の課題がある中で、現在労働実践、研究運動体は福祉の中でも様々な分野に分かれています。それは「分断し支配する」という支配、管理の原則が分野別、分野内の何れにも貫かれていること、それに対抗するためには、まず分野内での分断を克服するために、労働実態の交流から始めなければならなかったこと、の反映だと考えられます。

例えば同じ福祉事務所と言っても県により、また同じ県でも福祉事務所により、同じ福祉事務所でもケースワーカーにより労働のしかたが違い、考え方が違う、ということがあります。それは児相にももっと言えることです。

そういう中では、いきなり分野を超えてではなく、まず分野の中での共通性を確かめ、法則性を探ることが必要で、そのことが団結を拡げることになると思います。

しかしそれぞれの分野の労働実践運動が一定の歴史と蓄積をもち、更に福祉への攻撃が一定の認識と戦略のもとに、分野を超えて共通にあらわれている現状では、各分野の実態の交流、労働実践と研究の成果を交流し、共有することが必要になっています。それが全体の要求運動を支えることが客観的にも明らかになっています。

現に少しずつではありますが交流は始まっています。児相研と公扶研、児相研と養問研、児相研と全障研、児相研と司法福祉研、こういう交流は児相研が始まって以来ずっと続いています。最近では養問研と司法福祉研、公扶研と養問研、公扶研と全障研などの交流も始まっています。保育合研、児童保育連絡協議会などには、自らの要求も加わって、各研究運動体の活動家が参加してきました。

こういう交流と実践、研究の共有を意識的、組織的に行う必要があると思います。例えば、児童の問題でいえば、結局根源的な問題である「人間になる」ということが、どういうことなのかということに行きつく。そのために、子どもの成長の時期に、何が必要なのか、どんな保障が必要か、が経済的条件も含めて、検討される必要がある。そこに各研究運動体が参加するということです。

こういう基盤の上に児童福祉法の研究も大きく前進するのではないかと思いますし、また、児童福祉法研究会自体が、この動きを促進する役割もあると思います。現にこの研究会の会員は様々な分野の労働者、研究者を含んでいますし、一つのテーマの討論にしても、各分野から行われています。

（3）　戦後児童問題史の追究

「養育機能障害」論を仮説的に出しましたが、それを実証する意味でも戦後の児童問題史を少し丹念に追って行く必要があると思っています。これは児福法の改正過程を調べた時もつくづく思ったことでしたが、現在の時点ではとりわけ、児童問題のあらわれ方の歴史の持つ意味は大きいと思います。

鹿島開発などに典型的にあらわれていると思っているのですが、児童問題があらわれてくる基盤と、過程とあらわれ方を、一定の仮説をもって追究するという作業が必要ではないかと思います。これは児相研ではやりきれない大きな問題なので、共同研究が必要だと思います。

（4）　戦後養育イデオロギー史の追究

（3）とも関連し、「養育機能障害」論とも関連することですが、養育イデオロギー史が必要だと思います。それも大衆的な養育イデオロギーを中心にしたものです。

例えば、婦人雑誌、新聞の家庭論、ラジオ、テレビの養育論などを集めて、大衆的な養育イデオロギーがどんな形で形成されて行ったかを検討することです。その背景には勿論、政府の養育イデオロギー、運動のそれの対抗関係があり、それとの関連を明らかにすることは必須の要件です。

この必要性を痛感するのは、仕事からです。登校拒否、非行の相談で両親の話をきいていると、親子関係を「友達のような関係でありたい」とか「欲求不満を起してはいけないと思った」とか、いう場合に多くぶつかります。

このような養育イデオロギーが、現在の親子関係や養育をめぐる社会関係を規定している部分がかなりあるのではないかと思っています。そして欲求不満論は、一つは戦時中の反動だとは思いますが、戦後の日本資本主義の発達、とくに高度経済成長政策と大きな関連があるのではないかと思います。

生産の増大と消費市場の確保は「消費は美徳」という言葉を生みました。欲求不満論もこの社会経済的基盤と無関係ではないと思います。この考え方が、具体的な養育活動にどんな影響を与えているかは、現場の中では豊富な事例にぶつかっています。

こういうことを追ってみる必要があるだろうということです。

注

（1）この報告は、児相研合宿の報告を補足し整理したものである。整理は報告から約一〇ヵ月を経過して行っているが、この間児相研内部の議論などから、主張は変化発展してきている。それを最少限の範囲で報告の中に折り込み補い、整理したものである。但し討議の素材になった「養育機能障害」については、ほとんど報告のままとした。

この「養育機能障害」の発想は、具体的処遇の中で生じたものである。親子関係の混乱、養育方法の不適切、地域での孤立等の問題があった時、単に施設入所によってその問題を解消するのではなく、一時保護により混乱した状況を一時的に凍結したうえ、社会関係を調整することにより解決をはかることも有効な処遇方法でありうるという実践から出発したものである（第五回児相研セミナー飯野報告）。

（2）詳しくは「児童相談所からみた日本の子ども」『教育』三〇巻三号、一九八〇・三　六九〜七二頁参照。

（3）正式名称は、児童相談所問題研究全国連絡会。児相研の特色は①他の労働実践、研究運動体に比べ遅れて発足したこと、②成立の基盤が非常に小さいこと、③関連分野が広いこと、④発足当時から明確を原則をもっていたこと——現在では五原則（自主開催。職種を超えて。実態から出発した実践中心。現状変革につながる研究。関連分野との連帯）、である。詳しくは『社会保障運動全史』（社会保障運動史編集委員会編、労働旬報社刊、一九八二・九　一〇三七〜一〇四二頁）

（4）詳しくは鈴木「福祉における要求運動、労働実践運動」『福祉研究』四三号　一九八〇・一一（日本福祉大学社会福祉学会）参照。

（5）例えば①児童問題の複雑多様化は貧困の拡大によるものであること、②相談種別の問題は「親が子どもを育てられない」という広義の養護問題であること、③狭義の養護問題は階層からはっきりと貧困の問題であること、④保障の手だては親の労働態様、生活態様に応じたものである必要があること、など。詳しくは（2）の前掲論文参照。

（6）児相は心理主義的傾向が強く、適応理論が中心的であった。そこに発達論、教育論、人格形成論などを参考にした方法論が模索されてきた。また対象論については貧困論が提起されてきた。問題を理解するのに個別具体的問題、その背後にある構造、もう一つ背後にある本質と、三つの段階でとらえることを提起している。詳しくは鈴木「福祉労働の方法をつくり出すため

に――児童相談労働を中心に――」『社会福祉学』二〇号、一九七九・九（日本福祉学会）

（7）　詳しくは鈴木「貧困との闘いとしての子育て」『ジュリスト』総合特集一六号「日本の子ども」所収、及び（4）の前掲論文、『福祉問題研究』一号参照。

（補注1）「養育機能障害論」はその後児相研でも様々な議論が行われ、現在も継続して行なわれている。議論の過程でその名称が内容の理解を妨げることがわかった。「機能」「障害」がその原因である。「子どもが自ら育つことを保障するハタラキ」の不十分さや欠乏といった方が内容を伝え易いと、現在では考えている。

一九八二年一一月開催された児相研セミナーでは基調報告の一部でこの「養育機能障害」論が仮説として提起された。その当時までの常任運営委員会、基調報告委員会などでの討論されたものの集約である。次頁以下の【**資料**】はそれである。

（補注2）「子どもが自ら育つことを保障するハタラキ」の不十分さや欠乏は、子どもの側からの法的表現でいえば「養護請求権」の内容だと考えられる。親権にからんで出されたこの「養護請求権」は内容的にも具体的に検討される必要があると思われるが、「養育機能障害」はその対になる概念に近いかと考えている。（「養護請求権」については、日本弁護士連合会『養護施設をめぐる法的諸問題』一九八一年二月、参照）

（補注3）　現実にある矛盾が全て『子どもが自ら育つ力』を押しつぶすとは限らない。諺でいえば「艱難汝を玉にす」と「貧すれば鈍する」とをわけるものは何か、それは子どもが直面する矛盾を、自らの発達矛盾に転化させることができるかどうかであると考えられる。

子どもの内部に蓄積された力、発達の最近接領域、矛盾についての大人たちの把握のしかたと発達矛盾に転化する働きかけ、子どもを支える力等が大きな要因となると思われる。討論の中で出されたように母子世帯であるから問題が直に出るのではなく、母子世帯であることによって直面せざるを得ない矛盾を、どのように受けとめ、乗りこえて行くか、が問題となる。その意味で社会的な養育の手だての意義、とりわけ理念、方法、養育関係などは重要だと考えられる。

【資料】一九八二年　児相研セミナー基調報告（抄）

§4　子どもが自ら育つことを保障する働き（養育機能の不充分さの克服）と児相の役割――仮説的に――

一　何故提起するか

嵐の中にある勤労国民の生活と児相、この中で児相に働く者は、何を目指し、何を基軸に仕事をするのか、子どもと親の権利を守るという時、具体的にはどんなことをいうのか。

これからの児相研の実践と研究を進めるためには、未熟な内容であっても仮説的に提起し、現場の検討によって、一定の指針を得たいと考えます。

提起する直接的な理由は四つあります。

第一に、現在の児相の役割を歴史的経過をふまえ、具体的に明らかにするためです。

子どもの問題は、世の中の様々な動き、流れが個々の具体的条件をくぐって個別的な姿としてあらわれたものだと、わたしたちは考えてきました。

児童福祉法ができ、それに基づき児相がつくられた当時と現在とでは、子どもの問題の内容も、人々の生活も、地域の状況も、社会的な養育の手だても、何れも大きく変化しています。

子どもの問題の解決の道筋として、従来、理念を明らかにし、それを実現する条件を整備することが指摘されてきました。そしてその条件としては、制度とか、社会的な養育の手だての種類とか、その量的側面が強調されてきました。

日本の子どもの問題の現状をみるとき、あらためて人間の営みの重要な柱の一つとして、育てる働き（養育機能の果たし方）をとりあげる必要が生じていると思われます。それは児童相談の現場で、「これが人間といえるのか」と疑うような子どもたちに出会うことが少なからず生じているからです。理念と条件の間に「育てる働き」を考えるということです。

児相にあらわれる子どもの問題は、世の中の最も深刻な部分であり、それだけに児相の役割は大切です。子どもの問題の歴史的経過と現状をふまえたうえ、児相に働く者が、集団で、実践的に自らの役割を明らかにすることが必要になっています。

第二に、臨調路線の中で強まりつつある、子どもの問題と児相機能についてのとらえ方に対抗する理論的武器をつくるためです。これは第一の理由と関連しています。

いま子どもの問題を単純化し、親の責任にすべてを帰し、問題の解決を親の責任と地域の相互扶助ではかり、「真にやむをえないもの」についてのみ公的責任で対応するという発想が勢いをつのらせています。

こういう発想の中では、児相は「真にやむをえないかどうか」「どんな施設へ入れるか」の鑑別機能をもった措置機関としか位置づけられなくなります。従って児童福祉司や心理職の職種の存在理由や仕事のしかたも再検討の対象になっています。さらに児相そのものの存在さえ検討の組上にのせられようとしています。

この動きに対抗するには、子どもの問題について権利と公的責任を軸に、①問題点の理解、②問題展開の見通し、③対応の重点（どこにポイントを置くか）とその方法、を明らかにし、処遇の有効性を確保する理論的な武器が必要になってきます。

それはまた、児相の専門性が、目の前の子どもの処遇を通じて、勤労国民の生活と日本の歴史に、どんな役割を果たすかを明らかにすることでもある、と考えます。

第三に、新しい装いをした「複雑多様な福祉ニーズと供給システム」論を、実態に即して批判し、わたしたちの保障体系論を積極的に主張するためです。

一部の「研究者」を中心に次の議論がされています。それは「現在の日本では、〝複雑多様なニーズ〟があって、公的責任だけで保障する従来のシステムにはなじまない部分がある。従って自己負担を強化したり、市場メカニズムを導入したり、ボランティアを活用したりして供給システムの多様化をはかるべきだ」というものです。

これを理論的背景にすでに国や地方自治体では、公的責任の保障を縮小する政策が沢山出されています。

臨調路線は一方では、このような新しい装いをもった「理論」となってあらわれ、他方では第二にあげた単純な形であらわれています。

わたしたちは、「複雑多様なニーズ」の内容を、現実に根ざして、国民の福祉要求として明らかにすることが必要だと考えます。

特に、人間が生きて行く上で必要な水準が奪いとられている実態を明らかにしたうえ、それに対応すべき具体的保障の不十分さはどこから生じているか、必要な保障体系とその内容は何かを提起する必要があると考えます。

第四に、児相研の討論経過を整理し、討論を発展させるためです。

いわゆる養護問題だけでなく、登校拒否、非行、その他の児童問題は、広い意味で養護問題であることが、養護問題分科会を中心に、児相研の中で討論されてきました。

その内容を整理して様々な児童問題に適用して有効性がえられるよう理論化し、現場の検証をくぐらせる必要が生じています。

以上、四つの理由から提起しますが、その内容は仮説的なもので、みんなでつくるためのたたき台です。現場で働く者だからこそ大胆に提起し、卒直に論議し、素直に修正して、実践の指針としての理論をつくり出して行きたいと考えます。

２　内　容

（1）　子どもが人間として育つためには、衣食住を始めとして、自然環境を含んだ物質的基盤が必要です。その上にたって、大人からの働きかけ、子ども同士の働きかけ、それらに触発された子ども自身の能動的な活動が必要です。

働きかけの内容は、必要な一定の水準があり、それは子ども自身の条件と社会的諸条件により決まると考えられます。

働きかけの水準について、どんな時期に、どんな水準が必要であり、それが子どもの発達にどんな影響があるか、ということをいま明確にすることはできません。

しかし、わたしたちは仕事の中で、子どもの問題点が、育てる働きの不十分さから生じていることを経験しています。そして育てる働きには一定の水準があることも推測されます。

（2）　働きかけの水準をきめる条件は、次の要素が主なものと考えられます。

Ａ　子ども自身の条件

年齢、生物的な条件（例えば、障害をもっているかどうかなど）

Ｂ　社会的条件

①　物質的基盤（その時の一般的水準、例えば日本の○○県の○○町で生活している一般的状況）

②　医学、心理、保健、その他の養育上の技術水準（例えば自閉症に対する解明の度合い、子どもの身体と人格との関係の知見等）

③　養育についての考え方の対立状況（政府の考え方とその徹底のしかた、それに対して働く者の側にたった養育の理念、運動、実践の状況）

④　子どもの社会的、文化的環境

（3）　一定水準の育てる働き（養育機能の果たし方）が欠けると、

（a）子どもが育つ上で必要なものと（b）子どもが現実に得られるものとの間に食い違いが生まれ、子どもの発達に問題が生じてくると考えられます。

この一定水準の育てる働きを保障するものは、大人たちの社会的責任です。

（4）育てる働き（養育機能）の主な担い手は①家族、②地域、③社会的な養育の手だて（保育園、児童館、学校等）です。

これらは相互に関連しています。

（5）家族においてあらわれる「育てる働き」（養育機能の果たし方）の不十分さや欠乏は、次の形をとります。

①育てる担い手の欠除（短期的――母の病気入院など、長期的――片親家族など）

②育てる力の不足あるいは欠乏（例、親の慢性的な病気、障害など）

③家族間の葛藤（父と母、祖母と母、子どもと継父、兄弟同士の葛藤など）

④育てる理念（なってほしい人間像についてのホンネ）、方法についての不適切さや混乱。

これらは相互に関連しています。例えば片親であるため（①）、子どもは一流大学を出したいと思い勉強を頑張らせる（④）、このため親と児童の葛藤を生ずる（③）、などです。

（6）地域においてあらわれる「育てる働き」（養育機能の果たし方）の不十分さや欠乏は、次の形をとります。

①児童をもつ家族同士のつながりの薄さ（バラバラになっていて、幼稚園や学校へ行って始めて近所に同年齢児童がいることがわかる。学校のPTAでも手をつないで何かをやろうということがなかなかできないなど）

②養育の理念や方法について全くバラバラで相互にぶつかりあいもしない（例、グループ非行の際の家族の対応の違い）

③地域の児童についての無関心さや養育について関与を避けること（例、児童の買い物や行動にちょっとした言葉かけや注意が欠けて、見逃し、問題行動の早期発見や予防が難しくなっている）

④金もうけを中心にした行動様式による養育の阻害（例、ビニ本の自動販売機）

（7）社会的な養育の手だてにおいてあらわれる「育てる働き」（養育機能の果たし方）の不十分さは次の形をとります。

①公的なものの不十分さと私的なもの、金もうけのためのもの、右翼的なものが広がる状態（例、公教育の不十分さのため、塾や教育産業が盛んに

なるなど）
② 公的な手だての中の人手の不足
③ 親と働く者（教育、福祉の労働者）のバラバラさと葛藤（例、教師・職員は親の無責任さを、親は教師や職員の働きの不十分さを言いあい、対立と葛藤が甚だしいなど）
④ 専門性の不十分さと確保の困難さ（例、基礎的知識のないまま配置されたり、子どもや親の問題、地域の問題を理解する以前に人事異動で交替させられるなど）
⑤ 養育理念と方法についての対立、混乱（例、同じ学校や施設であっても、どんな子に育てたいか、その方法について合意ができていないで、討論さえ十分されていない）

(8) 家族、地域、社会的養育の手だて、それぞれの不十分さや欠乏は、単一の要素だけで決定的な問題点を生ずるのでなく（例、片親だからみんな問題が生ずるのではない）、相互の関連の中で不十分さが増幅され、「育てる働き」の低下を招くと考えられます。

逆に家族、地域、社会的な養育の手だて、これらの何れかが一定の養育を保障すれば、その子どもを育てる働きの水準を引きあげる契機にもなり、置かれた環境を自らのりこえる力を、子どもから引き出す契機にもなります。そして子どもはそういう内面的蓄積をもつ人間に生育します。

現在の日本では、家族だけで子どもを養育することが困難になっています。それだけ社会的な養育の手だての重要性は増しています。

(9) 「非行は複合汚染である」という意味は、家族、地域、社会的な養育の手だて、それぞれが相互に関連しあい、増幅して問題を生じていることの表現だと考えられます。

また、いわゆる養護問題で、質の変化が言われて久しくなりますが、それは家族の中の養育の担い手が欠ける（①）ことについて、全く欠けてしまうもの（孤児）から部分的なもの（片親）への変化であったり、家族間の養育関係の葛藤（③）、養育方法の混乱や不適切さ（④）に比重が移っていることの総括的表現だと思われます。

(10) 児相は学童保育、児童館、その他の児童福祉施設や学校などと共に、社会的な養育の手だての一つです。

(11) 子どもを育てる働きは、単に機能としてだけとらえるのではなく、機能を支えている構造があって、その制約をうけること、従って機能の内容や果たし方が不十分であったり、ゆがんでいたりする時には、そうする構造があること（§2参照）に留意する必要があります。

3　児相の役割

児相は目の前にあらわれた子どもの問題を、措置という枠組でフルイワケするところではありません。育てる働きとの関連で問題点を整理し、どこでどのように保障したら、当事者が問題をのりこえる力をつけられるかを明らかにし、具体的な援助を行なうことが役割だと考えます。

保障のしかたは、児相自らも、児相以外の社会的養育の手だて（例えば施設など）からも提供されますが、児相は個別具体的な養育問題の全体像と、必要な保障の内容と、現状で利用しうる保障とを結びつけるという、独自の役割をもつものと考えます。

4　この保障論の今後の課題

子どもの発達にとって、どんな時期にどんな水準の内容の働きかけが必要か、それが不十分な時には、どんな問題が生ずるかを明らかにすることは、今後の重要な課題です。

親子関係論や子どもの発達の節という議論がされ、その接近も発達心理学を中心になされて来ていますが、未だ年齢を通して具体的に明らかにされきれているとは言えません。しかし試論は出されています。わたしたちは、児相研自体で検討を進めるとともに、他の実践研究運動とも協力してこのことを明らかにする必要があります。

（一九八九年二月　『福祉研究』五八号に掲載）

三―1―③

「行革」下の児童福祉実践

――児相職員の創意あるとりくみ

はじめに

はじめに私の報告の限定をしておきたいと思います。

（1）　一九八八年三月まで私は児童相談所の労働者として働き、労働実践を行ってきました。

しかしそれは学内学会アピールにあるような「創造的実践で困難を打破り、福祉の危機を乗り越える」という類のものではありません。むしろ悪戦苦闘の実践です。

今まで福祉を前進させてきた力と方向を根底からひっくり返そうとする力が、現場を官僚的・経済効率的実務処理機関として位置づけ、実践が成立するための諸条件を切り崩し、現場労働者自らが事務処理に走ることを強いる政策が貫かれようとする中で、福祉を求めて相談に来る人達の奪われた権利の回復に、どれだけの力が注げるかという悪戦苦闘です。

この悪戦苦闘は、児童相談所問題研究全国連絡会（児相研）に集る人達と共通し、共有する実践でもあります。毎年の児相研セミナーで報告される沢山の実践の中で、アピールとの関係でいえば、「臨調行革を突き破る実践」を作るために曙光となるものがあるかもしれない。そういう意味で、幾つかの実践でお話したいと思います。

（2）　児童相談の実践の位置づけについて限定しておきたいと思います。

第一に、それは雇用という形で労働が売買され、賃労働の上に立った実践だということです。従ってもともとは雇用者の事業目的に従属する側面をもちながら、同時にそれを食い破り、労働者自らが目指す目的を設定し、その実現を目指すという側面も併せもつということです。

その実践はこの側面の葛藤の中に常にあるということです。ボランティアの実践とはこういう点で違いがあります。

第二に、それは相談労働です。二四時間生活する人たちの生活施設での労働実践や、一定期間、一定目的のため通所する通所施設での労働実践とは、共通項をもちながらも、違った側面をもっています。

第三に、それは児童相談を対象としており、金銭給付を伴う相談ではありません。この点同じ相談労働でも、福祉事務所での生活保護の相談とは違った側面をもちます。

第四に、それは実践・研究運動の中で報告された実践です。実践・研究運動は要求運動と関連しながら相対的に独立しており、参加する者が相互に学びあい影響しあう実践です。

（3）労働実践について述べる際には、国民生活の実態についてまず触れ、それに対し行政がどんな対応をしようとして来たか、労働者はどう考え、実践してきたかを述べる必要がありますが、時間の関係上、行政の動向だけを実践の前提として概略触れます。

一　「行革」は児童相談所に何を求めているか

児童相談所（以下児相）は行政機関の一つですが、国民からは相談の内容とそれに対する処遇について専門性が求められています。公的責任で児童相談についての専門的な対応を保障するための機関です。しかし「行革」は効率的に法を執行する行政機関を求めます。最小の費用で最大の効果（政権党の求めている事業目的の達成度を高めること）をねらいとします。

それは、機構、人員配置基準、人事異動に端的にあらわれます。厚生省は一九八五年、新たに通知を出し、児相と他の行政機関（精神薄弱者更生相談所、身体障害者更生相談所、婦人相談所等）との併設を認めました。今までは、それを好ましくない、として来たものです。

すでに「福祉センター」という名の併設をしている県がありますが、その実態は問題点が幾つか出ています。児相の仕事と他の判定、相談機関の仕事と両方を業務の形でやらなければならず、本来の仕事が十分できないというのが一番大きな問題です。職種が同じなら兼務の形で人員の配置を薄くする、その結果生ずるものです。

人員の配置基準については、明確なものはなかったのですが、それでも執務提要の中に児相を四ランクにわけ、それぞれに職種と人員を示してきました。しかしこれも一九八五年、人員数を削除し、職種のみを示すものに変えました。

人事異動については各自治体毎に実態は違っていますが、短期に異動するという県が多くなっています。その結果は職場に経験が蓄積されず、職場の中の「仕事をするための集団」が壊され、腰を据えて地域に根を張る活動や、実践を検討しあう研究を成立ちにくくします。相談する住民の問題点をつかむ力や問題解決能力などが低下し、「どの部署でもこなす能吏」を養成するための通過機関となる傾向が強まっています。

これらの行先は明白です。複雑、困難な問題を解決できない役に立たない児相→クリニック機能は民間に期待、児相の役割は措置の事務的処理のみに限定→措置の官僚的運営が問題だから自由契約へ。つまり公的責任による専門性に裏打ちされた保障ではなく、サービスの売買への道です。

二　児相研等で報告された実践の中から

こういう流れに抗して、公的機関の専門性でなければできないものを示唆する実践をあげてみたいと思います。まず、子ども自身が自分の問題をどうとらえて、それに立向う力をつけるか、という実践例です。

シンナーや窃盗をやり、学校では教室にバリケードを築いてこもった子です。ある県の児相の一時保護所に入所しました。作文を書く指導が大体全国的に行われていますが、この子は作文に「オレの一四年間は、食って寝て、遊んで生きただけだ」と書いて一時保護所での指導的な対応を否定していました。

心理職での個別面接で、「本当の気持は一時真面目になろうと思っていたけど、意思が弱かったんだと思う。友達と一緒に中学を卒業したかった」と述懐しはじめたのですが、「くだくだとまあめんどくさい、まあええ。どうなってもよー。よけいにぐれたるだけだわ」と開き直ったものです。それを聞いて担当の心理職は「いまどんな時に立たされているかわからないのか。どうなってもいいだと？」と思わず叫んでしまう。ここで心理的接近が崩れてしまった後悔に、心理職は「めんどうくさいとは何だ。そう簡単に一人の人間をホイホイと施設に入れられるか」とつぶやく。それを聞いてこの子は突然涙を流して面接者をびっくりさせる。

そこから自分の生育史を子どもが辿る作業が職員の援助を媒介にして始まる。地図で母と子が辿った場所を探しながら、その地で生活していた時の苦しい思いや悲しい思い、楽しかったこと、知り合った人たちのことなどを思い出しながら、母親がどんなに苦労したかなどを考える。という作業が続きます。そういう中で、この子は、自らの選択として教護院に入所してやり直そうと決意します。（一時保護期間中、教護院に関する情報が、仲間からも、職員からも誇張を含めて与えられていますが、その中で自らの道を選択することは大きな意味をもちます。）この中で報告者は次のように言っています。

「子どもにとって心理検査はどんな意味があるのか、その子の臨床像や発達課題が、その子自身から切り離されて形成される危険はないのか」「生活史を綴るということは、大人が、専門家が、その子の内面理解の手掛かりを得るという以上に、子ども自身が繰り返し自らの生活史を綴る作業を通じて、自己の内面を把握して臨床像を手中にし、発達の可能性に確信をもつという上で重要」「非行の子どもに生活を綴らせるのは容易ではない。多くは三〜四行で終ってしまう。でも彼らの生きた歴史は三〜四行でしか表現できないような生き方ではなかったはずだ。だから彼らには苦痛でも綴らせる。大人との共同作業の中で綴らせる。彼らは日本の現代史の中で、小さな身体をもって、辛さと怒り、悲しみと願いをいだきながら、人間の本当のねうちをつかもうとしているはずだから」

「生活史を綴るということはどんな意味があるのか。①少年の否定的側面だけでなく、積極的側面も含め、生活全体が浮き彫りになる。②ズタズタにされた今までの生活を繋ぎあわせることにより自分の生きた歴史を自分の手中に獲得できる。③自分をめぐる親。兄弟、友人、先生などの生活に目を向け、それらの人との関係で自分をとらえ直していく」。④自分を見つめ今までの「何となく生きてきた自分」「あなたまかせの自分」であった自分の発見と、それを克服するための自覚を促す」。

二つめに紹介する実践は、子どもの問題の共通基盤についてです。

ある児童相談所が管内の学校の協力を求め、遺尿、肥満の子どもについて調査し、その中の希望者にキャンプを実施したものです。保護者の願いは問題の解決ですが、職員の目的は、問題現象を窓口にして、子ども全体の問題の解明の手掛かりと解決の方法について考えようというものです。人間としての生きていく力を引き出そうという試みです。

具体的には、問題現象にかかわりなく、毎日「遊びきる」ということで、宿題もせず、TVも見ずに、あさり掘り、海水浴、追跡ハイキング、魚釣り、パンづくり等の行事に九日間とりくみました。この間子どもたちはTVを見たいとは言わなかったのです。そして帰ったあとの問題現象の状況や検査結果をみると、明らかに改善されていたのです。このことから、子どもたちに「遊びきる」ことができない現実があり、それが問題現象の底に共通して横たわっていることがわかったといえるでしょう。

三つめに紹介するのは個別処遇のための「社会調査」について、保護者と実践者が共同で行う試みです。

個別処遇のための「社会調査」は、兎角一方的になりやすく、児童票をうめることが主眼になりがちで、しかも「何のためにその項目を調査するのか」ということがわかりにくいということがあります。これでは「調べられている」という感じで相談する者が自主的に考える契機にはなりませんし、相談そのものさえ煩わしいと敬遠される場合が出てきます。

そこで、調査書をつくり、調査の項目が何故必要なのか、相談を進めていくためにどんな意味があるのかについて、項目のわきに解説し、ゆっくり思い出しながら書き込んでもらう、それをもとに共同の追体験の意味を持たせて面接する、という方法です。そしてその項目は、社会的なものと関係させて並べるという試みです。最初「書く」ということに、大きな抵抗があるのではと予想されたのですが、子どもの年齢とともに歩んできたことについては、保護者は比較的よく覚えていて、書き込むことに抵抗がそんなにないことがわかりました。

相談種類によってこの方法が可能なものと、そうでないものとがありますが、保護者と一緒に生活史を辿るということが、共感関係の基礎になったり、育て方の客観化につながったり、問題を社会的にみることを自覚する契機になるという意味は少なくないと考えられます。

四つめに紹介するのは、地域の子育てと児童相談所の役割についての実践です。

ある児童相談所では、児童相談所の相談ケースから、地域に返せる教訓についてまとめ、「児童相談所からのメッセージ」としてパンフレットにして地域に配りました。またある児童相談所では、障害児の通所グループを続けながら、そこで出された親たちの疑問、苦労、工夫等をまとめて整理し、解説をつけてパンフレットにして同じ悩みをもつ親たちに配り、親たち自身がつくる子育て書にしようと試みました。

児童相談所の専門性のあり方を、地域に対して専門家が啓蒙するという位置づけでなく、地域で生活する人々の悩みと工夫の中から、経験と教訓を引き出し、地域の人々に返していくという位置づけにしようというものです。それは、大衆の活動を基盤にして、大衆に開かれ、大衆と交流する専門性を目指すものです。

五つめに紹介するのは、子どもの入所定数の増加、集団規模の改善という労働実践の条件を改善するための実践です。

東京の一時保護所は、幼児を二五名の集団規模で、四人の保母で処遇していた時期がありました。これを三班つくったのです。このため処遇は惨憺たるもので、一時保護中の幼児が死亡した事件がおこりました。児童相談所の改善運動はこれを契機に始まりました。また東京はかなり長期にわたり、「一時保護待機児童」がいました。それは一時保護が必要なのに、一杯ですぐに入れないという子どもたちのことです。これも「本来あってはならないもの」という観点から、全体の定数拡大を要求してきました。

ねばりづよく運動した結果、毎年改善が積み重ねられ、障害児も、一五歳以上の子どもも一時保護できるようになりました。こういう条件改善の運動は直接、処遇ではありませんが、わたしは実践の一つに考えたいと思っています。それは「外界に働きかけてこれを変え、それによって自らも変わる」という実践の本来的な意味にあてはまるものだと考えるからです。

そういう意味からいえば、六つめにあげたいものがあります。それは保育要求について四日市市の公立保育園の労働者が行った地域調査です。

地域で子どものある家庭を訪問し、専業主婦といわれている世帯も含めて子育ての実態を調査したものです。専業主婦といわれている人々に育てられていても、遊び場、子ども同士の交わり、育児の不安、生活リズムその他様々な条件のため、本当は保育に欠け、社会的な保育が必要な子どもが沢山いるという調査結果が出ました。

これはその地域において、子育てがどうなっているか、その中で保育園がどんな役割を担うべきかということについて、労働者が主体的に、積極的に明らかにした活動で大きな意義があると思います。

三　いま福祉の実践を考える――児童福祉の分野から

私たちの実践はいま大きく広げて考える必要があると思います。児童福祉の分野でいえば、戦後の経過は、いろいろな運動が福祉を前進させてきました。

保育園が足りないという時、〇歳児保育ができないという時、長時間保育ができないという時、それらは共同保育を突破口として克服してきました。学童保育がなければ自分たちの手でつくりだし、自治体に条例をつくらせて保障をかちとってきました。障害幼児の通園施設がないといえば、親たちが自主グループをつくり、自治体から、後には国から補助金を支出させました。子どもたちの権利の運動は、このような方法で展開してきました。

それは最初「はこづくり」といわれるものから出発して、施設をつくったあとの労働実践で裏打ちし、研究が実践を整理し確め、それによって要求を更に深め、運動を推進するという螺線的な発展をさせてきた歴史です。児童福祉の制度と保障内容を実質的につくってきたのは、こういう運動です。

実践という時「はこづくり」「実践に必要な条件づくり」は労働実践と併せて、相互に密接に関連し、影響しあって、螺線的に発展させ得るものとして据えることが必要ではないでしょうか。それは福祉の「従事者」が「実践主体」として「対象」に働きかけるという狭いものではなく、要求実現、権利実現を求める者自身も、外界を変え、そのことを通じて自らも変わるという、能働的な実践主体として位置づけること、更に福祉を要求する者がそういう主体に「なる」ことを支援する活動を含めて、実践というべきだと考えます。行革を乗り越える実践という時、歴史の大きな教訓としてこのことを学ぶ必要があると思います。

もう一つ。福祉の実践は、奪われた権利を回復し、権利を実現することにあるとすれば、それは必然的に人間の全体性、総合性の回復を目指すことになると思います。

いま権利の侵害は、働く者の団結をバラバラに破壊することによって進行するばかりでなく、ひとりひとりの、人間としての労働や生活をバラバラに分解して、資本が支配する形で出現しています。この上さらに「福祉制度改革論」の主張するように進めば、生活する側からいえば、生活の部分、部分についての便宜を、外注、サービスの売買によって得て、生活はそのモザイク的合成になって主体を喪失し、資本の側からいえば、生活の部分を出来るだけ細分化して切り取り、利潤の対象として啄むという市場拡大であり、人間の全体性がますます失われることになるのではと考えています。

戸塚ヨットスクールや不動塾は、非行、家庭内暴力等の現象を抑えるために、高額の料金を出して養育を委託したものであり、非行や家庭内暴力を起こさざるを得ない子どもの苦悩や要求が、生活全体の中でどのように生まれてきたのか、それを克服する道は何かということには応えていません。結果はご承知の通りです。

人間の全体性、総合性を発展させ、自主性を培う実践こそ、行革を乗り越える実践の方向ではないかと考えています。

三―1―④

福祉労働論からみた「児童相談所運営指針」

（一九九二年一〇月『日本社会福祉学会第四〇回大会発表要旨集』に掲載）

はじめに

（1）なぜ「児童相談所運営指針」か

社会福祉の保障を求める者と法、制度との間を結ぶのは具体的な労働であり、現在の日本では賃労働により担われている。

この具体的労働の指針としてさまざまな名で国が標準を定めているが、児童相談所（以下児相）にも「マニュアル」「執務提要」などの名で、厚生省の局長通知として示されてきた。実際にはその存在さえ知らない職員もいるように、労働現場では具体的な労働がそれに則ってすべて行われているとは言い難い。

このこと自体が問題で、何故かを検討する必要があるが、とりあえずは標準の有効性（実態からの乖離が大きく、かつ具体的な処遇プロセスが提起されていないなどのため、霞ヶ関の希望的作文とする声もある）や、現場労働の経験主義や慣習主義などが挙げられよう。この標準は有効性に疑問があるにせよ、児相の機能をどのように考え、どのような具体的な労働によって推進しようとしているかという国の意図を知る点では、注目すべき文書であると考える。

一九九〇年三月の厚生省児童家庭局長通知「児童相談所運営指針」（以下「指針」）は、都道府県の団体委任事務になった児童福祉の相談、指導、措置の業務の運び方について、国が通知で定めることの意味や妥当性など、前提として議論しなければならないことは少なくないが、①決定までの過程で、全国の児相の意見を求めていることと②必要な職種や標準的な組織を定めるだけでなく、それらがどのように協業するかについて定めていること、の二点で従来の執務提要とは違ったものがあり注目された。

この決定の過程では、児相の意見だけではなく、関心ある有志や実践研究運動団体である児相研が、指針案では子どもの権利条約の具体化が不十分であるとして、具体的な問題点を挙げ厚生省に対し是正を申し入れている（当日資料）。

憲法――子どもの権利条約――児童福祉諸法規―運営指針という児童福祉の体系の中で、権利実現という一本の赤い糸が貫かれるためには「指針」について労働の側面から検討することが必要だと考える。

（2）なぜ福祉労働論か

福祉労働論は福祉現場の具体的な労働を検討する際には有効な枠組みをもっていると考えられる。労働の対象、目的、手段、方法、それらを総合する過程としての労働過程（組織過程、技術過程）などの概念は労働の社会的な性格を検討する上でも、技術的な検討を行う上でも、不可欠であると考える。

ここでは労働対象、労働目的、組織過程を中心に「指針」を検討する。この検討を通じて、児童相談所の具体的労働について若干の提起をしたい。

以下の項目に従い報告する（詳しいレジュメは当日配付）。

一　労働対象について――「指針」に欠如しているもの

（1）生活主体としての子どもと親――「問題」と生活と社会

（2）権利主体としての子ども

（3）問題の解決に挑む行動主体としての子ども、親

（4）生きる場としての地域の位置づけ――地域は単なる「環境」か

二　労働目的について――特に子どもの権利条約との関係――「指針」が回避できず消極的に触れたもの＝「指針」の曖昧な、抽象的な労働日的

（1）労働目的としての子どもの権利と福祉の意味

（2）児童相談の具体的な諸場面での子どもの権利について

三　組織過程特について――集団的労働としての「チーム」をめぐって――「指針」の混乱

（1）「指針」の中の「チーム」――その位置づけと内容

（2）処遇チームと協議の基礎単位としてのチーム――東京都児童相談センターの実態と議論

（3）「対象」の像について――子ども、家族を

a　「専門分野」に分割して「診断」したものを付け合わせるモザイク像か

b　分割不可能な一つの単位として、その全体的な姿に各々の専門的方法により接近し共同で総合する像か

bの方法――

ア、同時面接、同時訪問

イ、原資料の共有

ウ、各々の専門的方法による資料の共同検討

エ、方針の共同検討

オ、助言、指導などでの役割の分担、交換

カ、結果の共同検討

四　精神的労働と肉体的労働を一時保護所についてみる

――「指針」が触れていない問題

（1）生活の意味

（2）生活を支える労働の意義と「行動診断」

五　専門性を保障する基礎条件と具体的条件――具体的条件を欠いた標準

三―1―⑤

児童相談所における相談・援助活動の検討

――児童の権利に関する条約を具体化するために

（一九九四年一〇月『日本社会福祉学会第四二回全国大会発表要旨集』に掲載）

一　研究の目的

子どもに関するあらゆる分野で児童の権利に関する条約（以下児童権利条約）を具体化することが、いま強く求められている。

児童相談所は児童福祉の中枢機関とされながら長年にわたってその役割を果たせず、各方面から多くの批判が行われてきた。この条約の具体化の前提として児童相談所の相談・援助活動の具体的過程における課題を検討し、その実現を図る諸条件を明らかにしたい。

二　基本の視点

（1）　現場実践、実践研究運動と児童権利条約

日本国憲法のもとにありながら日本の社会福祉では、政策主体においても、実践現場においても、長い間、権利、人権という言葉は「特殊な思想」をもった人々の使う言葉という受け取られ方をしてきた。

それにもかかわらず「憲法をくらしに生かす」ことを目指して、児童福祉分野においても、子どもの権利、親の権利、労働者の権利を統一的に保障することを目標にしたさまざまな要求運動、労働実践、実践・研究運動が取り組まれてきた。

また権利という言葉は掲げなくても実質的には権利保障を目指した労働実践も営々と試みられてきた。児童権利条約を外在的な黒船としてとらえるのではなく、これらの歴史的財産を引継ぎながら、実践を飛躍的に発展させるため、高い理念、総合的な体系、具体的な内容をもった児童権利条約を基準に検討することを第一の基本の視

点とする。

（2）実践を規定する諸条件と「現状と課題」

条約と「現状」とのギャップは大きい。「現状」をそうあらしめている諸条件を明らかにすることは不可欠である。同時に諸条件に逃げ込んで結果的に現状を肯定したり、条件還元主義になることに手を貸してはならない。諸条件を「無視せず」諸条件に「逃げこまない」検討をすることが第二の基本の視点である。

三　児童相談所における相談、援助活動の検討

（1）児童相談所の相談・援助活動の流れ（児童相談に関する情報提供、利用の便、相談および通告、インテーク、受理会議、社会調査、心理判定、一時保護、処遇会議等々）の中での主要な問題について、［現状］［現状をもたらしている条件］［課題］［児童権利条約］［児童福祉法、児童相談所運営指針］を検討する。その内容は資料1として当日配付する。

（2）特に検討すべき緊急の課題―「触法通告」、「虐待通告」、養護問題などへの対応で現在特に問題になっていることについて、直ちに着手すべき最低限について資料2として当日配布付する。

（3）結論は児童権利条約を具体化しようとするなら、量、質とも飛躍的に充実した人手、保障手段の種類、量、質の充実が必要であり、そのための「締約国の義務」が遂行されなければならないこと、およびそれを実現するためのNGOの活動、とりわけ実践・研究運動、オンブズマンの活動、要求運動が不可欠であるということである。

四　児童相談所の相談・援助活動の特徴
――三の（3）と関連して

以上は現行の児童相談所の位置づけの上にたった議論である。今後どのような形態の機関、施設等による相談・援助活動が行われるにしても、児童福祉法施行以来の児童相談所の活動の中で、不十分、不徹底であっても、つくりあげられてきた特徴を引継ぎ、発展させるべきであり、それは次の三点に集約できると考える。

①生活視点（解決あるいは軽減すべき問題を生活を基盤に援助活動を行う）

②チーム処遇に基づく総合的専門性（異なる職種が一つの処遇単位として機能すること―その上により大きい協議単位も必要であるが処遇単位と協議単位は区分する必要がある）

③「措置」と「クリニック」の総合

五　「児童福祉改革」について
——三の（3）と関連して生活、権利の水準から積み上げる「改革」を

制度論、責任分担論、施設形態論等の「改革」論が盛んであるが、供給システム中心でであって、政策主体あるいは経営主体の立場の論議になっている。生活主体および労働主体の側からの、生活と権利の水準を確立する「改革」が必要である。その内容をスケッチすると

①基本的な要素は、「生活空間」（居住空間を中心にした）、「生活集団」（共同の生活時間も含めた、子ども同士や大人と子どもの関係を適切に結び合える集団規模）、「基本的養育活動」である。

この三つは家庭、里親、施設等の生活形態を貫く要素であり、これを人間に相応しい水準として確保することである。このことを前提に豊かな生活活動が営み得る条件を子どもや家族の状況に応じてどう保障するか、が供給システムの問題であろう。

②基本的養育活動の内容については資料3として当日配付する。養育活動に大きな影響を与えるのは、労働、養育者の人間としての育ち方、文化などである。労働は家庭、里親であれば家庭に責任をもつ男女労働者の保障（「家庭的責任を有する男女労働者の機会均等および平等に関するＩＬＯ一五六号条約、一六五号勧告——一九八一年総会採択——の内容の保障）、施設であれば労働条件（児童福祉施設最低基準）が重要な意味をもつ。

③これからの児童相談の相談・援助活動は家庭、里親、施設などの生活形態の如何を問わず次の二つが必要であろう。

ア　基本的養育活動への援助

イ　基本的養育活動の上に更に特別な問題に対する濃密な援助

現在のように子どもや家族がさまざまな問題を背負っている状態では、社会的養護についても完結した養育が行われる（べき）とせず、基本的養育活動を行う場としてとらえ、ア、イの援助が必要だということである。

「改革」でいう「普遍化」の内容を上記のようにとらえ、子どもの問題に関する相談援助活動は四の特徴を持つパッチシステムを考慮すべき段階に来ていると考える。

三―2―①

非行に立ち向かう力を

――〝事件〟を起した子どもと児童相談所の役割

（一九八〇年五月『少年補導』二五巻五号に掲載）

一　児童相談所の持つイメージ

児童相談所に働いていると、学校、地域、親などから、よく次のような相談のされ方を経験します。

1　学校教師から

「実は私の担任しているクラスの子に、盗みをしたり、外泊したりして、どうにも手のつけられない子がいます。家庭はもうめちゃくちゃで、何度か学校へ呼んでも父親も母親も来なくて、仕方なく訪問すると、〝何とかします〟というだけで生徒の状況はちっとも変らないのです。職員会議でこの子を施設へ入れることをきめましたのでよろしくおねがいします」

「施設へ入れるというのは、盗みをしたり困ったことがあるから入れようというのですか、それとも家庭の状況が悪いから入れようというのですか」

「家の状況も悪いのですが、いまのままだとクラス全体、学校全体が落着きません。この子一人のために全体を犠牲にはできません。もう教育の限界だと会議で結論を出しました」

「お考えになっている施設とは、どんな施設ですか」

「……いや、施設です。あの矯正をする施設です」

「子どもや両親はどう考えているのですか」

「生徒の方には、〝今度やったら施設へ入れる〟と前から言っておいてあります。親の方はぐずぐずいっています。その説得の方もおねがいしたいのです」

2　ある母親の声

「実は私もお父さんも今度のことでカンカンに怒りました。お父さんは〝こんなことをする奴はオレの子じゃない、今すぐ出て行け〟と叱ったのです。すぐ出て行かれても困るので私は、〝お前はもう、うちに居られないから少年院にでも行ってもらうよりしようがない、だから児童相談所へ行って入れてもらうように話してくる〟といって出かけて来たのです」

いわゆる非行ぐ犯の子について、児童相談所は施設に入れるところ、というイメージが非常に強くあるようです。

学校では生徒に対する切り札として、「今度やったら児童相談所へ送るぞ」というセリフをしばしば使います。親の方も「いうこときかないんなら児童相談所へ行ってくる」と脅しの手段によく使っているようです。

事実悪いことをした子どもたちは、警察へ呼ばれ取調べをうけたあと、又児童相談所から呼出しがかかります。児童相談所は、「手に負えない」子どもの行くところ、という印象が学校でも家庭でも地域でも「社会的常識」になっているといっていいかもしれません。このため逆に「何とか児童相談所には送りたくない」と無理をして学校内だけで処理して来たため失敗した例もあります。

二　マスコミの報道によるイメージ

こういう児童相談所に対するイメージは、今までの様々な経過の中で長い間かかって作られてきた、といっていいでしょう。

○　児童相談所が数が少ないためふだん余り知られていない。話題になるのは子どもの状況がとてもひどくなった時だけだった。

○　戦後の〝浮浪児狩り〟の時からずっと児童相談所は何かの事件や社会的な問題が話題にのぼった時に登場してきただけだった。

○　今まで相談してみたけど、すぐ施設に入れることに話がもって行かれて、ちっとも役に立たなかった。

○　電話をかけてきいてみたけど、忙しそうに他のところを紹介してくれただけだった。

などなど、数えればその要因は沢山あります。

しかしその中でマスコミがつくるイメージは決して無視できない大きな影響を与えているといえるでしょう。最近非行ぐ犯が低年齢化し、ショッキングな事件を小学生が起すこともしばしばあります。こういう時、事件の内容と共にそのてんまつ（「加害者」である児童が児童相談所に送られるという）が記事になることも多くなりましたが、その書き方が児童相談所のイメージに大きな影響を与えています。

具体事例をみてみましょう。一九七九年一〇月は小学生が二つの大きな事件を起しマスコミにより報道されました。一つは東京上野池の端で、小学校四年の少女が、小学校二年の少女をマンションから突落し死なせた事件（以下事件A）です。他の一つは岡山県倉敷市で小学校六年の少年が少女をしめ殺した事件（以下事件B）です。この事件の報道を新聞と週刊誌でみてみます。

1　最近の二つの〝事件〟の場合

「同署はA子が一四歳未満の児童のため、児童福祉法二五条（要保護児童発見者の通告義務条項）にもとづき、一一日夜同署に保護したあと、一二日『保護者に監護させることが不適当』との通告書をつけて、都中央児童相談所に預けた。同相談所では、これを受けて家庭環境などを調べたうえ、教護施設に預けるなどの処置を決める」（一九七九・一〇・一五　読売）（事件A）

「上野暑ではA子を『触法少年』として児童福祉法二五条にもとづき一二日午後、身柄つきで児童相談センターに通告処分する」（一九七九・一〇・一二　朝日　夕刊）（事件A）

「上野署はA子が靖子ちゃんにひやかされ、カッとなって殺す気になったとの見方だが、犯行の背後に別な理由があったかどうかは東京都児童相談センターでの事情聴取を見守りたいとしている」（一九七九・一〇・一三　朝日　朝刊）（事件A）

「捜査本部を置き調べた結果、近所に住む一一歳の小学校六年児童の犯行とわかった。同本部は同夜、この児童を殺人の疑いで補導、身柄を倉敷中央児童相談所に送った」（一九七九・一〇・二九　読売）（事件B）

「捜査本部は午後七時半すぎ、身柄を倉敷児童相談所に引き渡し」（一九七九・一〇・二八　朝日）（事件B）

2　報道された〝内容〟が一人歩き

「殺人少女『くやしいのメモ』（タイトル）

（前略）同署ではこれで、直接の殺人の動機はほぼつきとめられたとして、近く捜査を打ち切ることにしている」（一九七九・一〇・一二　朝日　夕刊）（事件A）

「おとなが読みきれなかった殺人少女の『乾き切った生活』（タイトル）

「日ごろから〝ウソつき女〟などと友達からかげ口をた

たかれていたA子だっただけに、『部屋についてきた』『屋上に遊びに行った』という供述の真実性には疑問が残る」

(『週刊サンケイ』一九七九・一一・一号)(事件A)

「池の端少女殺し『加害者少女の〝新聞にのらなかった〟証言』」(タイトル)

この記事の中でA子の行動として

○ 育ての親S夫婦と一口も話をしなかった

○ みかんやお菓子をあげてもすぐ投げ出した

○ ごはんのおかずにも恐がって全然手もつけなかった
白い御飯に醤油だけかけて食べていた

(以上育ての親S夫婦の友人の話としてある)

○ 気に入らないことがあると頑固に抵抗した

○ 夜でも外に飛出し、アパートの一階の隠れやすいところに隠れて出てこないことがあった

○ 公園みたいなところの砂場でオシッコしてその砂を自分で舐めた

○ 気に入らないとアパートの上から通行人に砂をまいた

○ 気に入ると何が何でも手に入れたがった

(以上S夫婦の近所の奥さんの話としてある)

○ 育ての親の財布から二万円盗んだ

○ 近所の子どもと共謀して、駅の新聞売りの売店から、金を盗んだこともある。この時は近くのスーパーマーケットの前にあるポストの下に、ツリ銭を隠していた

(以上何処を調査した結果か、誰の〝証言〟かは全く記されていない)

○ 友だちの鉛筆や消しゴムを大量に持って帰ることもあった

(学校関係者の話としてある)

○ 変った子ですごく大人びた口をきく、生活の話とか星占いの話とか。それでいて突然四歳の幼児のように甘ったれた言葉づかいをする。アンバランスだった

○ 「でも本当に寂しかったんでしょうね、一人ぼっちで屋上に昇り、二メートル近い柵を越え、ベランダに出て不忍池の写生をしたり、筆をなげ出してビニールで篭を編んだりしてました」

(以上マンション管理人の話としてある)(以上何れも『週刊文春』一九七九・一〇・二五号)(事件A)

これらの記事を読むと事件について自ら一定のイメージができ上るようにできています。(記事の傍点は筆者)

第一に、児童を「犯罪者」としてハッキリきめつけてしまっています。「犯行」「殺人少女」「殺人の動機」等大人の犯罪報道の時と全く同じに報道しています。

第二に、児童相談所に、刑務所や検察庁や警察のような機能を記事が勝手に与えてしまっています。「身柄つき

通告処分」「身柄を引渡した」などはもとより、児童相談所の調査や発達の検査などによる接近を「犯行の背後の理由」を探る「事情聴取」として取調べの延長としかみていないことです。

確かに新聞記事には珍らしく、正しい解説も部分的にはされています（児童福祉法二五条についてなど）。また「身柄通告」「行政処分」などの言葉が官公署の中では使われてもいます。しかし社会面で新聞記事として使う言葉としては不適当です。更に児童相談所の処遇を先取りして、「教護施設に預けるなどの処置を決める」などと具体的に行先を例示してしまっています。

第三、更に輪をかけて、大げさなタイトルやドギツイ表現、粗雑な記事などによって「加害者」をきめつけ、「こんなに悪い奴」だから「当然起した事件」と読者に印象づけています。

「殺人少女の乾ききった生活」「日ごろから〝ウソツキ女〟と友だちからカゲ口」などというタイトルや記事をはじめ、すでに育ての親によって克服されてきた子どもの問題点を古く遡って暴きたてること、どんな調査で明らかにしたか根拠が全く不明な「盗み」の事件、「でも本当に寂しかったんでしょうね」という管理人の言葉があるのに、子どものこころの動きに迫る努力をしない取材、等々。これらによって事件を起した少女は必然的になるべくしてなった殺人犯人に仕立てあげられています。

こういういろいろな問題点が総合されて、「こんなに悪い奴が、事件を起した当然の報いとして、刑務所に入れられるところを、年齢が低いので、施設に入れられる。それをとり運ぶのが児童相談所だ」という印象がつくり上げられていきます。

事件に関する記事を断片的に読むと、「児童相談所へ行くようになったら、子どももおしまいだ」「あんな悪い子は児童相談所へ突き出せばいいんだ」という考えを読者がしらずしらずにもってきます。

ここに到ってマスコミの創作がひとり歩きして社会を一定の方向に誘導します。

三　〝事件〟の見方が逆立ちしてはいないか

子どもは大人たちによって育てられます。親だけではなく広くいまの社会を支えている大人たちによって（制度や手当や教育の内容や、様々な文化をつくり出している大人たちによって）養育されています。子どもの状態は大人たちによって育てられた結果です。そこに基本を置かないと子どもの問題は本末てんとうでスリカエが生じてきます。

　今まであげたマスコミの記事には、カギッ子だったとか、十分に養育されていなかったとかもふれられてはいます。また識者の意見というのも必ず載り、現象だけをみるな、育て方や社会の責任も考えよ、ということも言われてはいます。しかし報道の基本姿勢は前述にみるように、現象だけを追い、〝加害者少女〟の問題点だけをあげています。

　これは全くの本末てんとうです。〝加害者少女〟は本当は十分に育てられなかった結果としてあります。十分に育てられなかった責任の追求は本当の犯人の追求になります。そこにふれないのは、本当の犯人をかくすことに手を貸していることになります。

　児童相談所に検察庁の役割をマスコミが勝手に押しつける、ということは、実は子どもの事件についての見方の逆立ちがマスコミにある、ということです。決して児童相談所の機能やイメージのことだけではなく、子どもの問題に関する基本的な考えの逆立ちこそ、一番問題にしなければならない点です。

　事実非行児の生活とこころに接近してみると、「本当に寂しかったんでしょうね」という素朴な推察がピッタリの場合がほとんどです。

　それは子どもにとって必要なことが充たされず、要求が阻まれてきた結果といえます。

　子どもに直接に接し、問題と格闘している人たちは、教育の分野でも福祉の分野でもこういう考えで実践をすすめてきています。

　その事実を無視して、報道・出版分野の資本が、その力にものをいわせ、とてつもない発行部数で逆立ちした考えを国民に押しつけている、というのは一種の暴力といっていいでしょう。

　児童相談所に働く者は、子どもの問題に真剣にとりくんでいる人であれば誰でも、こんな逆立ちを許しません。子どもの問題は、大人たちにいつくしみ育てられなかった結果として考え、実践ですすめています。声高ではないにしろ、これは逆立ちを押しつける巨大な勢力に対する抗議でもあります。

　児童相談所で働いている者の中で、このような立場にたつ仲間たちが一九七五年から自主的に研究集会を開いています。全国のあちこちで極めて不十分な条件と闘いながら、着実に実践を重ねている仲間たちが沢山います。その実践と理論を交流し、研究をすすめようというものです。児童相談所問題研究（児相研）セミナーがそれです。

毎年開かれるこの集会の中で、特に非行ぐ犯と関連する基本的な考え方と実践を、私個人の実践ともかかわらせながら次に述べてみたいと思います。「マスコミが逆立ちしているというのなら、児童相談所は一体どう考え、どんな実践をしているのか」という問いに対する答えです。

四　子どもの〝問題行動〟をどうとらえるか

児童福祉法第二五条によって児童相談所に通告された子どもたちに対して、児童相談所は子どもと親に接触します。その時、

1　まず事実を確認することから

まず事実を確認することが真先に行なわれなければなりません。私自身の経験では、窃盗とされた児童について、事実の再確認を求めたら、どうもそういえないのではないかと思えるものにぶつかったことがあります。

例えば家の近所の空地に何ヵ月も放置されていた自転車があった。機械いじりのとても好きな子だったのでそれを分解し、掃除、手入れをしてぬりかえ、組立て直して乗っていた。ある日、無灯火で注意をうけ「その自転車はお前のか」ときかれたので正直に詳しく言ったら、窃盗になった、というのです。

前の所有者の名前をぬりつぶしたのも事実かもしれない、誰のものかわからないのを放ってあったからといって黙ってもってくるのは「占有離脱物の横領」になるのかもしれない。けれども、子どもにすれば、放っとけば朽ちて行く自転車をひろってきて、手入れをして使えるようにした廃物利用は、決して悪いこととは思っていなかったわけです。

家裁では裁判官が人定尋問や事実の確認を本人に対して行うけれど、相談機関では警察の通告をうのみにしがちです。これは学校でも親でも同じことが言えそうです。通告書には最後に「右録取し読みきかせたところ」本人がその通りと認めた、と書いてあります。

しかし私自身の経験からいうと、警察の録取には不正確なところがよくあります。ケースの参考人として呼ばれ、児童福祉司の立場だったら、「いやそこは違います。こういう表現にして下さい」といえますが、「悪いことをした」場合に取調べられたあとでは、そう言えず「間違いないな」といわれ、「ハイ」と拇印を押さざるをえなくなる、というのはむしろ必然のなり行きなのではないでしょうか。

マスコミの報道が事実とくい違いやすいのも、そういう警察の調べをもとに記事を構成することが多い、ということも大きな理由にあげられると思います。

2　育て方の赤信号「助けて」の叫び

「どうしてこんなことをしたのか」と大人たちはまず言います。けれどそれから大人たちの育て方の反省には直接的には結びつかない場合が多いのです。「こんなにやっているのに何の不満があるんだ」ということの裏返しの言葉として最初の疑問はあるからです。

親に「今までの育て方に対する赤信号と思って下さい、育て方とは学校も地域も含めてですが、親ごさんには、家庭での育て方に対する赤信号と受け取っていただきたいのです」「子どもが〝今までどおりではダメだよ〟と行動で叫んでいるのだと考えてみたいのです」というと、ギョッとした顔が先に来ます。予想外のことだったのです。

次に学校や友人、地域の問題点が出されます。最後に「そうですね、うちの中でももう少し考え直してみなくては」と反省のきっかけが出てきます。一回の面接の中でここまで来ることもあり、何ヵ月たって、何回も会ったあとでやっと、という場合もあります。

学校の先生に同じ意味のことを言います。「家庭での生活や教育も含めてのことですが」と付け加えると、まずその家庭の問題点が強調されます。そこで終ってしまう場合もあり学校教育の反省が出される場合もあります。

こういう状況は現在の日本ではかなり一般的といえるのではないでしょうか。ということは大人たちが子どもの養育をしていながら、自分の責任で自分のかかわりを点検することが日常的に行なわれにくい、ということを示しているのでしょうか。あるいは、それが行なわれにくいところに子どもの〝問題行動〟が出やすい、ということでしょうか。

児相研セミナーでは、子どもの養育上の問題は、九歳以下では養護問題（家庭で養育できない）という形であらわれることが多く、九歳を超えた年齢では、子どもの〝問題行動〟としてあらわれることが多いと議論されています。[1]

児童相談所では子どもが〝問題行動〟を起した背後に、どんな要求をもっているか、それがどんな実現のされ方（阻まれ方）をしているか、今までの生活の中で発達がどのように獲得されてきているか、そのユガミはないか、などを探ります。「助けて」の叫びの内容を明らかにすることが、社会的に負わされた任務だといえるのでしょう。

決して決して「事情聴取」して「犯行の動機」を明らかにすることではないのです。

今までの養育が子どものからだやこころにどんな結果を生んでいるか、を考えて行くとその背後には、現在の日本の資本主義が、勤労国民の生活と文化をすさまじい勢いでぶちこわしている、ということにぶつかります。

それが一番端的にあらわれているのが地域開発です。児相研セミナーの第三回特別報告[2]で鹿島開発と子どもの実態が報告されましたが、大雑把にいえば次のようになります。

開発のため土地を買上げる、買上げに応じない者には暴力団が動員されて一役買う。例えばトバクで捲き上げて土地を売らざるをえなくさせる。土地の売上代金で商品がどっと家庭に入り込む、今まで持ったことのない指輪、電化製品、自動車、金ピカの家等々。

消費生活の大変動に伴って、今まで勤労生活の上に保ち続けられてきた文化が、成金文化に侵しょくされる。地味な勤労ができなくなる。幼児が駄菓子屋にツケで食べたい放題の菓子を買う、親が月単位で一括して代金を払う。中学生が登校にタクシーを使い千円札を出して「釣銭はいらねえよ」と置いて行く。こういう中で非行問題が多発してくる。

試験管の中の培養のように、典型的に現在の日本の子どもの状態と、それが生ずる過程を示しているのが鹿島開発だと、わたしたちは考えています。

こうしてみると、親も学校教師も子育てについて点検する、ということは、激しい勢いで生活と文化を押し流す資本の力を、見抜き、その流れに抗して知恵と力をふりしぼって子どもを守り、力をあわせて生活と発達を保護して行くことだといえるのだと思います。

3　大人が価値観をしっかり持って

非行といわれていることについて、大人たちはどのように子どもの内面に迫っているでしょうか。「いけないものはいけない。理くつ抜きで無条件でいけないことを教えるべきだ」という議論もあります。

わたしたちの社会のオキテとして、有無をいわさず断乎として伝えるということも意味があるように思えますが、そういうことで、現在の日本の子どもたちが常にさらされている危険や誘惑に、打克つ力をもつことができる、とはいいきれないものがあります。また理くつ抜きで善悪をしつけるやり方は、わたしたちの社会を更に発展させるという展望の中で、どんな位置づけをもつのかという点がはっきりしません。

このことについて児相研有志で討論した結論は次のようなものです。

「非行については、社会的に認められない行動であることをはっきりさせる。それは、(ア) 相手の権利を侵害すること (イ) 社会的な連帯を破壊すること、二点で絶対に容認できないものである。そのことを事件に即して、具体的に明らかにする必要がある。何年か後にはわたしと同じ働く仲間になるいまの子どもたちに、このことをしっかり身につけてもらうことが、今働いているわたしたちのしなければならない責任になる。」

ここでいっている権利の尊重と連帯の強化の二つは、勤労国民の生活と文化を発展させる原理でもあります。だからこそ、子どもの非行の否認は、ロッキード事件やKDD事件に対する怒りや闘いとしっかり結ばれるものになります。

ここで大人たちは、陥り易い二つの誤りを克服しなければなりません。

一つは安易に従来の道徳を押しつけるやり方です。自分で考える手間を省くと、大人たちはつい手近かなものに頼りがちです。自分では従来の道徳が必ずしも確信が持てなくても、子どもを育てる時にはそれに依存することが往々にしてあります。そして結局は「世間体が悪い」ということでしかなかったり、「人並みに」ということが、確信のないマネでしかなかったりする事例は沢山あります。

もう一つは逆に、「大人だって悪いことをしているのだ、子どもにばかりは言えない」とか「古い道徳からみれば非行だけれど、本当に悪いといえるのか、いまの社会こそが悪いので、社会がよくならなければ子どもを改めたって無駄だ」という全くアナーキーな考え方です。前者のやり方では子どもは反撥し頑なになります。後者の考え方では子どもはしたい放題めちゃくちゃになります。

大人たちは「多様な価値観」の中で迷ってばかりいないで、自らの価値観を自らに問い、苦しみながら創造すべきでしょう。そういう意味で人間にとって基本的な権利と連帯は譲ることのできないものとして子どもに伝えて行く必要があります。

実際にいくつかの非行ケースに直面してみて、「やったことがどうして悪いの?」と子どもに迫ってみても、「悪いことをしたと思う」程度ではっきりした答えは返ってきません。親にきいても「ひとのものをとるのは悪いんだと言ってきかせている」とか「こんなことは悪いから決してするんじゃないとふだんから言っている」というだけしか返ってこないのが普通です。

わたしが子どもに、具体的に相手の権利をどのように侵したのか、連帯をどう破壊したのか、それが人間にとってどんな破壊的な意味を持つのか、を話してみると、最初は「そんなこと初めていわれた」というようにキョトンとした顔になります。話しているうちに段々と「そういうことなのか」というような顔に変ります。

五無主義などといわれている現在の子どもの非行に立向うには、子どものこころをゆさぶることがどうしても必要です。大人がこういう価値観で非行に対決するのは、真正面からの真剣勝負です。そして子どももそういう真正面からの対応を望んでいると思われます。

この価値観は既成の道徳を再検討する時の基準としても必要です。学校でも家庭でも押しつけられた「守らなければならないこと」が子どもにとって多すぎるのではないでしょうか、その反面、肝心な「ひとさまとの関係を自主的につくる」ところが大きく抜け落ちているのではないでしょうか。

以上の諸点で総合すると、子どもの非行について児童相談所がとろうとしている基本的な考え方は、「非行を発達のつまずきとしてとらえ、発達要求が社会の発展の方向にではなく、逆の方向にあらわれたものとして理解し、それ故に要求を肯定し行為を否定し、子どもの要求の実現を社会の発展方向に一致させることを援助する」ということです。

そして発達のつまずきは、子どもの今までの生活や育て方から生まれること、それは資本の巨大な押しつぶす力に対して、有効に抗うことができなかった結果であること、このように考えようというのです。

いま全国の児童相談所のすべてがこのような考え方をもっているわけではありません。先にあげたマスコミの記事と大して変らない考え方で、子どもが「扱われ」ている場合もあります。しかし児童相談所で働く者の努力の結果、以上のような考え方とそれに基づく実践は各地で始まり着実に拡がっています。

五　具体的な指導のなかでどうすればいいのか

非行問題に直面した時、親からも学校からも必ず出される疑問は「何故こうなったのか」「どうしたらいいか」です。これらについて児童相談所の対応は、個別事例の状況により違いますが、どの事例にも共通な考え方を次にふれてみます。

1 「何故こうなった？」について

「何故か」を問いながら、その実自分に正直になれなくて、大事な事実を隠したり飛ばしたりしている場合が少なくありません。そして大事な事実だからこそ触れたくなくて、触れないことが大きな影響を与えるわけです。「正直でないとわからない」――それは事実ばかりでなく、感情の動きも含めてです。しかし裸になればもっと楽になるし、事態も善い方向に進展することはわかっていても、それができないところが問題だ、という場合がかなりあります。

また自分たちは余り考えないで即答を求めがちです。これには、今まで自分たちのしてきたことに対して、同意してもらいたい願望が込められているにしても「すぐにはわからない→自分で考えないとわからない」ことをはっきりさせて行く必要があります。

児童相談所は占い師のように原因を当てるのではなく、混乱している気持を受けとめ、考え方のヒントを提示して条件をつくり自分たちで考えられることをめざします。

2 「どうしたらいい？」について

子ども、親、学校が自主的に考えられるための具体的な手がかりを提供することが必要です。

第一に、生活全体を見直し改善することが基本になります。

児相研が出来たのも、従来のように社会的側面、心理的側面、医学的側面、一時保護等の生活面、というようにコマ切れで子どもの部分をみて、それをつなぎあわせても子どもの全体像は見えない、という問題意識があったからです。

非行の子どもを見ると、生活のリズム全体が狂い、生活を営む活動が著しく衰退している場合がほとんどです。生活全体をとらえる必要性は、東京都立教育研究所の「学習と校外生活との相互関連についての調査」(3)をみても明らかです。

また子どもの成長、発達を第一の層（基礎的生活活動・基本的生活習慣など）、第二の層（遊び仕事等の狭義の実践活動）、第三の層（学習、狭義の文化活動）とわけ、第一、第二の層が充実しないと第三の層が内容のないものになる、という分析（川合章教授）からも、生活全体をとらえることの大切さがわかります。こういう視点から、一時保護所の位置づけやその利用が注目され、実践例も出はじめています。

第二に、事実をはっきりつかむことです。

学校でも親たちでも、判断や推測を事実と混同することが多くあります。とらえにくいことはわかっていても、こういう混同はとんでもない間違いを生じます。しかも親や学校がそれぞれ把握している事実が、お互いに知られていない（知らせない）場合すらあります。こういう場合は必ず失敗します。

第三に、大人たちが力をあわせ、しかもあきらめないことが、非行に対応する絶対的条件です。

父親と母親の意見が対立し、非行グループの親同士が互に非難しあい、教師は親を、親は教師を攻撃し、相互不信をつのらせているという構図は、グループ非行によくあります。子どもたちはこれらのスキ間をついて行動を拡大します。こういうスキ間をつくりながら大人たちは比較的早くあきらめます。それが子どもたちに絶望をもたらします。

しかし度重なる外泊にもあきらめず、探し探して苦しんでいる親の姿を友達がみかねて情報を提供してくれ、転落寸前に見つかった例も少なくありません。また子どもを少年院に入れざるを得なかった父親が述懐していました。「私が〝もう駄目だ〟とあきらめた時から底なしに行動が拡がった」と。これは大きな教訓です。

第四に、子どもが自立できるように親が子離れすることです。

子どもが自立していないことと非行は表裏です。自立していないことはわかっているがどうしたらいいかわからない、という悩みをきいてみると、先廻りして親が言ったりしたりしてしまうことが多いのです。

そうしないと必ず失敗するからみていられない、というのですがそれが悪循環して、しかも悪循環とわかっていて「わかっちゃいるけどやめられない」というのです。親の方から子離れ宣言を出し、親の隷属から子どもを解放することが今の日本では非常に大切になっています。

以上第三と第四は、非行に対決する時の価値基準、権利と連帯を、大人と子どものかかわりの中にも持込んだものです。（大人たちの愛情ある養育を享受する権利、親の隷属から解放される権利などの保障。大人たちの連帯による養育など）。

第五に、子どもの活動を本源的な立場にたって再検討し、人間としてのもともとの意味に返すことです。

従来の養育に対する赤信号というからには、具体的にこれを行なう必要があります。

例えば①沢山の経験、特に仲間の中で自分の力が認められ、役に立つという実感を経験させることです。五無主義とかいう子どもたちに会ってみると、決定的に経験が不足しています。人間にとって基本的活動である外界に働きかける、ということを意識的に強化することです。

②学習について、試験成績のために学習することが親も子も当然のようになっていますが、そうではなく、外界に働きかける時に必要な法則性をつかむために学習するという基本にかえり、学習のとりくみをすることです。

③子どもの「仲間と一緒の活動」を保障し、その活動を通じ、自分の生活と考えと行動が仲間とどうつながるか、自分たちの仲間の活動が社会とどうつながるか、を考えさせることです。このことがあるかないか、は「ひとりぼっちの寂しさ」の克服ができるかどうかにつながります。(4)

以上の五つは〝どうしたらいいか〟の基礎的な部分です。この上にたって、学習やスポーツなどの文化的諸活動が試みられる必要があります。

児童相談所はこのような非行問題に立向うための具体的な手がかりを提供し、関係者と共に具体的改善を進めようとします。

六　教護院は〝刑務所代り〟ではない

教護施設は一四歳以下の子どもの「刑務所がわり」ではありません。「教育の限界を超えた子ども」を収容するところでもありません。生活全体をたて直すことを基礎に、再教育する場です。仮りに施設自体がその立場にたち切れていない場合でも、児童相談所はそれを求め続けて行く必要があります。従って先進的な施設における実践例は常に掌握し、施設との連けいを強める努力が重ねられています。

子どもの施設入所が具体的にどんな経過をたどって決められて行くかは重要です。事例により違いはあっても、子どもの持っている発達課題の達成を子ども自らが自覚する、ということが原則になります。児童相談所で試みられている一例を紹介します。

非行が重ねられる時は大てい生活全体が大きく乱れています。当面改善しなければならない最低限の課題を、子ども自身で生活を点検させながら明らかにします。その課題の実現を試みさせても、それが果せない時施設入所の問題が生じます。

それは「自分で自分をコントロールできない生活」から抜け出すために、外的な力を借りて全生活をたて直すことです。こうした時には、子どもは「望んではいないが、自らの選択結果として、自らの責任で、施設入所する」という結果になります。

おわりに

以上のような考え方と実践は、毎日各地の児童相談所で子どものことを真剣に考えている職員によっておし進められています。未だ全体的にみれば多数派に至らない、あるいは多数派を形成途上のこの考え方と努力は、地をはうようにひたひたと拡がっています。

この動きは児童相談所だけではなく、学校教師の中でも、家裁調査官の中でも、保護観察官の中でも、福祉事務所のケースワーカーの中でも、児童館の中でも学童保育の中でも、そしてマスコミの中でも着実にその勢いを増しています。

この力を更に大きくし、非行に立向って行くためには、各領域各分野の実践と理論を交流し学びあい、相互援助することが必要になっています。それは一九八〇年代の課題として、わたしたちの力で実現しなければならないことです。

注

（1）詳しくは拙稿「児童相談所からみた日本の子ども」教育科学研究会編『教育』一九八〇年三月号参照

（2）安藤圭祐「開発の中の子どもたち――鹿島からのレポート」一九七七年第三回児相研セミナー報告書九四～九八頁

（3）東京都教育研究所「子どもの学校での学習と学校外の生活との相互関係についての調査」一九七七年一〇月

（4）加藤俊二「中学生の非行と子どもの成長、発達」「一九七七年日本の子どもと児童相談所」（第三回児相研セミナー報告書）九四～九八頁

三―2―②

〈共同調査報告〉濃厚処遇を要する児童の一時保護について

（一九八三年一一月　東京児相研有志『自主研究ノート／緊急時の児童の一時保護を考える』所収）

はじめに

児童問題は、人生の多様な場面の中で多様なかたちとなってあらわれる。そしてそのあらわれ方に応じた保障の要求が、児童相談現場に持ち込まれる。相談を受ける側は保障について制約された条件のもとで、問題を解決するための対応を行う。

従って児童相談現場では、常に、（A）問題の多様さに伴う保障要求の多様さと、（B）制約された条件との矛盾の中で具体的な保障方法を探る作業を行う。そしてしばしばその矛盾の大きさに呻吟する。

緊急に児童の保護を要する養護問題は、上記の（A）、（B）の矛盾が厳しい対立を示す典型ともなる。例えば、家庭における養育の担い手の欠如（母の家出、置き去り児など）や養育関係の悪化に伴う養育方法の不適切（虐待など）があった場合、養護問題の緊急性は高まる。

ところがその児童の健康、発達等の状況は、制約された条件の中で日常的に行われている対応に（例えば健常児への対応のような）都合のいいように調整されてはいない。制約された条件では、直に対応しかねる場合も生じてくる。しかも事態の緊急性からすれば、時間を争ってなんらかの対応を迫られることは、現場では決して珍しいことではない。

例えば母親の急病による入院と、児童の水痘、麻疹が重なった場合、障害児を養育していた母親が重傷を負って入院した場合、置き去りにされた児童が耳下腺炎らしいと分かった時等々である。

この場合、保障手段の側の制約された条件が、どれほどの柔軟性をもっているか、と言うことは保障の内容を決定する。従ってその柔軟性は国民の生活にとっても、児童の健康、生活、発達にとっても、職員の労働内容と労働条件にとっても、それらの具体的内容を規定する重要な要因である。

どんな場合に、どんな条件が、何故に必要であり、諸条件の相互関連はどのようにあるべきかを、明らかにすることは、日常的に問題に直面している現場の労働実践の課題である。同時に労働実践によってもたらされた結論を尊重し、それに基づいた条件整備を行うことは政策的課題でもある。

ここでは、病児、障害児等特別な濃厚処遇を要する児童の一時保護問題について、主として児相の一時保護所における取り組みの経過を整理することによって、この労働実践課題への接近の試みとしたい。

一　「濃厚処遇」の意味

この言葉は、現場実践の中から生まれた。通常の処遇より濃密で手厚い処遇という意味である。指導場面で具体的に言えば次の問題が考えられる。

① 児童の要求を把握するのに特別な配慮と検討を必要とする場合

例えば児童が特別な行動（飛出し、他児を突然つねる、一見前後の関係なく泣き出すなど）をとる時、児童の生育歴や発達段階に即して要求を把握することが必要だが、そのためには問題行動の細かい内容、前後の状況など細かく検討されなければならない。その前提として、児童の行動や言葉の細かい観察や、指導する側の意識的働きかけとそれに対する反応の把握が、重要になってくる。これらの努力が必要であるということ。

② 児童の指導上、特別な努力を必要とする場合

例えば同じことを何回もくり返し指導する、指導した結果を通常より長い時間をかけて待つ、働きかけ方に様々な工夫をこらす、特別なケアを必要とするなど。

③ 児童の状況と指導の適切さの関係について、特別な細かい検討を必要とする場合

例えば児童の行動について、一定の仮説をたて（①）、一定の方針をもって指導した（②）場合、それが適切だったかどうか、引き続いて同じ指導方法を行うべきか、あるいは変更すべきか、いま何に指導の重点を置くべきかなど、細かい検討をすることが多い。

これら三つの場合を示したが、児童によって、（ア）一時的に生ずる場合（病気、パニックなど）と、（イ）常時必要とする場合――障害児等がある。

二　一時保護所の条件整備と濃厚処遇の可能性について——東京都の「観察室」設置の経過

都の場合、どのような経過で一時保護所の整備が行われてきたか、それと濃厚処遇が可能になることとの関連について、極めて概略的だがふりかえってみたい。そこに教訓が含まれていると思われるからである。

一九六九年、東京の児相の一時保護所は統廃合が行われた。統廃合以前は、中央児相以外の保護所は、児童定数一〇名（幼児、学齢）、保母二〜三名であった。せめて人並みの休みがとれる勤務体制を、という要求に対し、当局は統廃合により児童、保母の集中化をはかった。

この統廃合によって当時の中央児相一時保護所は、児童定数一〇〇名のマンモス保護所となり、幼児部門と学齢部門に分けられ、幼児は児童定数四〇名、一室児童二〇名の二四時間の生活を保母四人が交替で処遇する状態であった。

幼児養護問題が増加しつつあった当時、この体制では児童処遇上も労働条件上も問題が続発し、しかも問題の内容は深刻であった。

麻疹、水痘、耳下腺炎等に児童が罹患するのは常態だった。遂にこれらに全部罹患した上、死亡した幼児が生じた。保母は過労で健康を害する者が続出した。死亡した幼児の母は一年後の命日に自殺し、当時の保母で過労のため現在も疾病を背負っている者もいる。

この中で働く者たちは、次の教訓をひき出した。

①　児童の集団規模が大きすぎること

例えば一人が水痘を持ち込めば、一室二〇名のうち未だ罹患していない者が全部罹患する。一人一人の潜伏期が違い入退所の変動が著しい保護所では長期化する、その間に麻疹、耳下腺炎も発生する。虚弱な児童はこの中にあって、ほんろうされる。処遇上も棄子が一人入所して泣き始めれば、二〇名全部が泣き出す。一人一人の児童の状況や児童同士のかかわりについての把握が不充分になる。児童同士も到底集団の態をなさない状況になる等。

②　職員の不足があきらかなこと

夜間一人、昼間一〜二人の勤務では幼児二〇名（しかも一時保護所という不安定な状態に否応なく投げ込まれている）を処遇するには決定的に不足していること。

③　児童処遇上大きな問題が生じていること

①②の結果として児童の生命の維持、安全確保、身辺の世話だけで精一杯になっている。しかもそれさえ不充分にしかできないでいること。

④　職員の疲労が極限に達していること

四日に一回の二六時間拘束勤務（業務当直）と昼夜の仕事量の多さによる慢性的疲労状態が続いていたこと。

⑤　病気をした児童を保護所内で、一般児童とは離れたところで特別処遇する必要のあること

当時附近の病院と提携し、水痘児の入院先を確保したが、病院側は元来入院の対象ではないという理由で場所の提供だけであった。従って入院児童の看護、養育のために保母が手薄の中から派遣され、このため一時保護所は一層手薄になった。

このような教訓をもとに、（ア）児童集団規模の縮小、（イ）病児室の設置、（ウ）職員配置基準の改善等の要求実現のため運動が展開された。

当局も問題点を認め、次の改善が行われた。（i）児童の集団規模を一室二〇名から約一五名に縮小し、二室から三室にした。（ii）他に観察室を造り児童定数を五名とした、（iii）職員の増配置により、保母及び保健婦の超勤体制をとった（保健婦については十分な配置がないため、週三日の超勤となった）。

この経過は、後に一時保護所の増設に伴い児童定数の拡大が行われたこととともに、幼児の一時保護処遇前進の契機となった。

三　一時保護所で特別処遇を必要とする児童の処遇の実態

一般処遇以上の配慮を必要とする病児、障害児等の処遇は、その児童だけでなく、同じグループに属する他児の処遇にも影響する。その意味で一般的な意義をもつ。

一九七五年度から一九七八年度までの間に特別処遇を必要とした一時保護児童は**表1**のとおりである。何をもって特別処遇とするかについては、当時実際に処遇に当たっていた者が複数で討論を行い、観察記録、児童票等をもとに整理したものである。従って一時保護所をもつ児相のうち、討論と調査が可能であったところのみの資料である。

この中で一九七五～一九七七年度では、他児相に比べ児相センター観察室が特別処遇を要する児童の比率が格段に高いこと、一九七八年度ではそれが低下していることがわかる。これは幼児の一時保護数が減少してきたため、センター内の幼児室の児童集団が減少し、特別処遇の必要のある児童の受入れが比較的容易になったこと、及び「観察室運営は行っていない、単なる幼児班に過ぎない」という運営方針をとったためと考えられる。この

表1　特別処遇を必要とした一時保護児童数　　　（　）内の数字は％

年度 / 児相 / 項目	1975			1976			1977			1978(3)		
	観(1)	墨田	北	観(1)	墨田	北	観	墨田	北	観	墨田	北
最初から障害、病気がわかっていた児童	9 (20.5)	5 (5.6)	—	7 (18.4)	1 (1.0)	—	7 (11.7)	5 (8.3)	8 (7.5)	5 (7.4)	4 (3.6)	9 (9.1)
一時保護中に特別処遇が必要とわかった児童	5 (11.4)	7 (7.9)	—	6 (15.8)	10 (8.8)	—	10 (16.7)	8 (7.0)	10 (9.4)	3 (6.3)	8 (7.2)	11 (11.1)
伝染疾患等のため隔離を要した児童	3 (6.8)	—	—	7 (18.4)	—	—	12 (20.0)	—	—	2 (4.2)	—	—
入所児童総数	(2) 44+α	90	—	38+α	113	—	60+α	114	106	48+α	111	99

（1）観は児童センター観察室　　（2）２月末までの数
（3）センター全体の一時保護児童ではなく、観察室の総数。αは迷子

表3　墨田児相一時保護児童中、特別処遇を要した児童の内容（1975～1978年度）

○基本的生活習慣の介助	13		
○病気、ケガのあるもの	11……病気、ケガ等の内容		
○特別な行動のあるもの	9	アトピー性皮膚炎	虚弱
○障害のあるもの	6	気管支炎	中耳炎
○精神的ショックのあるもの	6	上気道炎	内出血、外傷
○コトバが出ないもの	7	気管支ぜんそく	ねんざ
○他児とのかかわりができないもの	3	自家中毒	斜視
（一児童で重複あり）			

運営によって一時保護所に入所できず、他の方法で対応した事例も出現していた。

児相センター観察室と他児相がどの程度の特別処遇を必要とした児童を受入れていたかは、表2（二九四～二九七頁）で観察室の事例を、表3で墨田児童の例を知ることができる。

観察室の事例で注目すべきは、①かなり長期間の保護が続く場合が多いこと（観察期間を必要とすること、措置交渉に困難なことが理由と考えられる）、②一時保護中に、かなり病状や発達のプラスへの変化がみられること、③これらの結果、児童の行動特徴の理解、留意事項、指導方法などについて一定の指針がえられること、などがあげられる。

これらの結果はまた、児童集団規模と入退所の流動性とをある程度調整できる可変性の比較的高い処

遇班（観察室はその例）の必要性を示していると思われる。

このような観察室の運営は、次のような条件の考え方によるものであった。

① 部屋が幼児の他班から独立していた（寝室、遊び場、食事の場所等日常活動の場が独立していた）。

② 入室した児童は健常児、病児、発達上問題がある児童やいわゆる「集団不適応児」等であった。

③ 児童の集団規模は、病児等特別な濃厚処遇の必要な児童の数と問題状況に応じて三～六名の間で調整していた。

④ 保母は養護施設、障害児施設、教護施設等で処遇体験をもった専門性の高い者が複数いて、六名のチームの中核的役割を果たしていた。

⑤ 医師、保健婦等との密接な協働が行われ、個々の児童の処遇上の留意点について、事前の打合わせを行い、また処遇経過の診断治療への反映が試みられていた。保健婦の変則夜勤（週三回）ローテーションにより、病児等への速やかな対応ができるよう、体制が整えられていた。

⑥ 一般幼児班、学齢班で処遇困難と判断された児童が観察室に移室される場合があった。これに伴い、観察室に入っていた児童（健常児ばかりでなく、状況に応じて病児や障害児も）が、一般幼児班等に移室される場合もあった。

要するに観察室の運営は、特別な児童のみではなく柔軟に運営されたが、基本は独立した部屋、児童集団規模を児童の状態に応じて調節すること、職員の専門性と関連職種の協働であった。

児相センター以外の児相の一時保護所でも、病児、障害児等を処遇していることは、**表1**にみるとおりである。しかし、①その時の一時保護所の状態で処遇可能な児童は限定されている、②受入れ後は児童数の調整を行っているがそれにも限度がある、③部屋の条件、入退所が激しいこと、医療体制などから特別処遇を必要とする児童は、内容的にかなり限定されている。

四　一時保護所の児童処遇と職員の働きかけ

一時保護所の児童処遇に当たって、どんな条件が処遇上のどんな内容とかかわるのかにふれる前に、一般的な前提について整理しておきたい。

1　児童に対する職員の働きかけについて

の状態と処遇状況など

処遇上の特別配慮	一時保護期間	一時保護中の変化	退所後
○言葉かけを多くする。 ○食事—徐々にキライなものを食べさせる（主食の中に混ぜてやる。牛乳の飲み方を工夫する） ○ TV の制限。 ○聴力検査	186 日間	○偏食はほとんどなくなる ○言葉—一単語を出すようになる（チョーダイ、ネコ、アカ（色）など） ○父親のところへ飛んで行き面会後は泣いた。同室の子に手を出したり関心を示すようになった。	養護施設措置
○ケイレン発作の処置と観察、喘息発作に対応（予防——風邪をひかさない、発作時の処置） ○身辺の全面介助と自立指導興味の拡大のための働きかけ、所在の確認と安全の確保、言動かけ を意図的積極的に、脳波検査、X 線写真（上肢）	29 日間	○職員と視線が合うようになる。 ○食事時にウロウロしないで座っていられるようになる。 ○名前を呼ぶとふりむくようになる。 ○排尿——時間をきめて便所へつれて行くと沢山するようになる。 ○表情（笑い怒りなど）が出てきた	家庭引取（のち施設措置）
○所在の確認と安全の確保 ○興味のあるものをもとに働きかけ、興味を拡げる。 ○恐怖感の除去 ○感情の受入れ	4 日間	（学童室から移室）	梅ケ丘病院入院
○所在の確認と安定の確保 ○身辺面の自立をはかる。 ○落着かせるために雰囲気づくり（環境整備） ○興味、要求をみぬいて、興味にそって働きかけ ○脳波検査 （○幼児室から移室）	63 日間	○外に出たがることがなくなった ○同室の子とおしゃべりができるようになった ○一つの遊びに集中可能になった ○人混み、大勢のところに出ることに抵抗がなくなった ○表情がやわらかくなった ○着脱衣やる気が出てボタンがはめられるようになった ○食事——こぼすのが少なくなった	虚弱児施設措置
○所在の確認と安全の確保 ○偏食の矯正 ○言葉かけを多くする ○排泄の訓練、身辺自立への働きかけ ○他児との交流を多くする ○興味を拡げる	116 日間	○偏食がなくなる ○興味の範囲が拡がるが集中できるものはない。 ○着脱衣と洗面は自立 ○小便→トイレで自立（大便は男子朝顔でやる） ○他児とのかかわりが出てくる（自分の方から手を出してつねるなど） ○異食はなくなる ○特別児童に対し拒否感情 ○放浪一度もなくなった ○表情が豊かになる ○水道の蛇口を自力で開閉できるようになる ○かかわりに対し受け入れるようになる	虚弱児施設措置（一年後、精薄児施設へ措置変更）

表2　東京都児童相談センター観察室に受け入れた特別処遇を必要とした、一時保護児童

児　童	病　名　等	状　　態
No.1 3歳0ヵ月	自閉症？ 精薄？	言葉なし、偏食、異食（粘土等）興味の固執（マークなど）、TVCMがすきでボリウムを最高にする。周囲に無関心。 最初は父親にも無関心
No.2 3歳7ヵ月	精薄 （愛の手帳4度） 喘息発作 虚弱体質	熱性ケイレン（白眼、手足硬直、チアノーゼ、失禁）喘息発作、身辺面全面要介助。どこにでも排泄してしまう。ガムをかむようにチリ紙をかむ。紙をチギリ室内に散らかす。居室、廊下等をウロウロする。洋服などをかむ、押入れのフトンがすき、音（鈴など）及び水以外無関心。名前を呼んでも応答なし、時々奇声、母にも無視心。
No.3 6歳3ヵ月	自閉的？	多動、急に泣く、恐怖感が強い。言葉を一方的にしゃべりまくる。オーム返し。特別なもの（マーク、細かい文字や標識など）に関心を示す以外は関心なし。無表情、浅眠（夜中に目ざめ独語や泣いたりする）、扉を開けて外へ出ようとする。
No.4 3歳2ヵ月		○多動（トイレの窓より脱走、バスの終点で保護される） ○興味の転動はげしい ○同じことをうわ言のように繰返して泣く ○子どもグループの中に入れず大泣き ○着脱衣、洗面は介助 ○泣く、イライラしているということが多い ○自分の思い通りするため泣いて要求を通そうとする。強い固執性がある ○食事をこぼすことが多い
No.5 3歳4ヵ月		○放浪癖 ○異食 ○言葉が極めて少ない（イヤ、オンモ、パパ） ○ミニカーを横に並べて眺める ○トイレをいやがる ○身辺未自立、全面介助 ○他児に無関心 ○夜中に目ざめ独語 ○睡眠中パンツ、ズボンを脱ぐ——自慰？ ○ベッドにいると落着く ○かかわりに対し拒否的（イヤッ） ○無表情

処遇上の特別配慮	一時保護期間	一時保護中の変化	退所後
○てんかん小発作に対する処置と観察医師との連絡、服薬の厳守 ○所在の確認と安全の確保 ○排便等身辺自立の指導	62日間	○表情がでてきた ○指示を素直に聞き入れ行動をとる ○食物に対する興味が出る ○歩き方がしっかりする（転ぶ回数が少なくなる） ○排便の予告が完成	精薄児施設措置
○安静厳守 ○病状観察、検査資料の提供（尿の一定時間毎の採取） ○医師との連絡 ○服薬厳守 ○風邪をひかせない	189日間		虚弱児施設へ措置
○安全の確保 ○身辺自立の援助（入浴等の配慮） ○便座、つかまる便所等、諸用具環境の整備 ○医師との綿密な連絡 ○他児の本児への配慮の指導 ○歩行練習	37日間	○安全は確保された ○顔色がよくなった ○歩行はかなりの長距離をかなりの速さでできるようになった ○性格が明るくなった ○補装具のヒモが結べるようになった	盲児施設措置
○所在の確認と安全の確保 ○偏食をなおす ○意思表示の方法を指導する ○脳波検査	78日間	○動作で意思表示できるようになった ○偏食がなおった ○感情表現が豊かになった ○着脱衣半自立した ○甘えが出てきた ○興味が拡がった ○指示には素直に従うようになったた ○排泄のコツを覚えた様子	精薄児施設措置
○服薬と薬の塗布 ○医療センターで診断治療 ○感染力の強い皮膚病のため、下記事項厳守の指示	66日間	○全治した ○他児への感染は防止できた	虚弱児施設へ措置
①衣服、布団類、入浴等一切別にし、日光消毒を行う ②タオル、その他の日用品は専用にし消毒すること ③服薬と薬の塗布 ④入浴時薬を使う ⑤他児に感染させぬよう配慮 ⑥医師、保健婦との連絡	（この間児童集団は4人）		

（表２の続き）

児　　童	病　名　等	状　　　　態
No.6 ４歳７ヵ月	小頭症 てんかん発作 精薄	○服薬するも小発作頻発 ○転び易い ○多動 ○表情が固い ○注意に対し泣きおとしをする ○食物に対し興味を示さなかった ○排便の失敗が多い
No.7 ３歳６ヵ月	川崎病の疑い（医療センター診断）	○高熱が続く ○要安静 （○幼児室より移室）
No.8 ６歳３ヵ月	マルファン症候群	○強く押されたり衝撃をうけたりすると失明の恐れあり ○視力ほとんどなし→常時要介助 ○結合組織が弱い ○補装具（下肢）装着
No.9 ３歳１ヵ月	精薄	○奇声（ビビ、ビビ、ババババなど） ○失禁多し、便をぬりたくる ○多動 ○偏食 ○空室がすき ○指示を拒否し強いかんしゃくを起す ○身辺全介助 ○周辺の物事に興味関心なし ○ガムのように紙をかむ ○リズム音楽に反応あり ○常同運動あり ○ベッドのフトン、タオルケットを役げて喜ぶ
No.10 ５歳２ヵ月 （♂）	皮膚病 （かんせん）	○入所時より兄妹とも全身に細かい発疹（父親も他の兄妹も同様の症状あり）
No.11 ４歳０ヵ月 （♀）		○激しい痒み ○就寝中患部からの出欠がひどく、シーツ、ねまき等がかなり汚れる。

一時保護所に入所する児童は、二四時間の生活を一定数のグループの中で過す。その中で職員が児童に働きかける実態は多様である。しかも職員が複数になれば複雑さは一層増す。しかし一定の整理は可能だと考えられる。以下はその試みである。

①職員の働きかけの類型——児童に対する直接的なものとは次に示す三つの基本型と、それぞれの基本型の中での変化型が考えられる。②職員の働きかけの内容——基本型、変化型を貫く職員の働きかけの内容は、ア児童の状態の観察→イ判断→ウ働きかけ→エ結果の観察→オ判断→カ働きかけの修正（継続、強化を含む）と考えられる。

職員が複数化することによって生ずる問題（観察、判断、働きかけをどのように統一するか、職員の持つ特色をどのように発揮するか、個々の児童と個々の職員の感情交流等の個別的関係をどのように考え、生かすか、働きかけの中で複数職員が分業と協業をどのように成立させるか等々）は、別の機会に詳しい議論が必要だと考えるので、ここでは①②の問題についてのみふれる。

2　基本型と変化型

三つの基本型は、次のものが考えられる（具体事例は幼児の場合をあげてみた）。

A　児童個人と職員の働きかけの関係

図1のとおりである。職員の働きかけは、前述のア～カの内容である。児童の実態によって幾つかの変化型が考えられる。例えば児童の意思、感情の表出がみられない時は、児童からの実線は消え、職員からの働きかけのみの段階がある。幾つかの段階を経て図1に達すると考えられる。

B　児童同士のかかわりあいと職員の働きかけの関係

図2のとおりである。これにも児童の実態により幾つかの変化型が考えられる。例えば、ある児童が他児童とのかかわりを自ら持てない場合などである。

図1

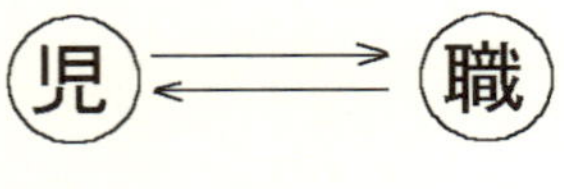

図2

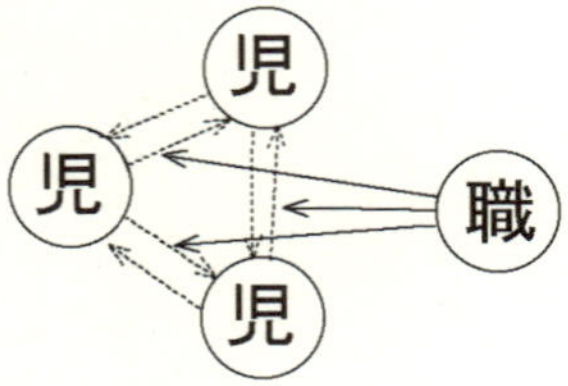

図3

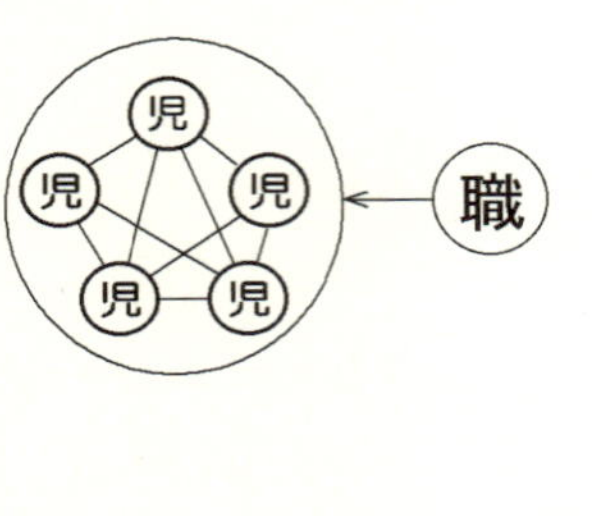

C　児童のグループ全体と職員の働きかけの関係
図3のとおりである。これにもグループの大きさ、児童の構成（同年齢か異年齢か、どの年齢が多いか、その他）等によって幾つかの変化型が考えられる。

3　児童同士の関係

児童同士の関係は、職員のかかわり方を左右する。①一般に児童の数をnとすれば、児童同士のかかわり方はn（n－1）1／2通りあるといえる。②しかも個々のかかわり方、例えば児童aと児童bとの関係であっても、毎日の生活の中で様々な変化が発展をみせる。③個々のaやbが、どんな個性やハンディキャップを持つか、それを相手がどう受取るかによっても相互のかかわり方は違ってくる。④更にaとbの関係は、他の児童との関係例えばaとc、aとd、及びcとd、dとeなどによりより影響をうけ、逆に影響を与える。

このようなダイナミックな関係は、nが増せば複雑さが増す。

一時保護所の場合、nの構成が一定でなく、毎日変化することもあるほど流動的なものである。従って児童のそれぞれのかかわりの質は表面的になり易く、一人の児童が一緒に生活する児童の数は驚くほどの多さになる。もしnを限定すれば、児童同士の関係は一定程度の安定を保つことができる。しかし限定しすぎると、児童同士のかかわりの複雑なシゲキ（マネ、ケンカ、相互抑制など）は減少する。例えば障害児aが他児二人と生活していた二週間にみせた状態は、少し年齢の高い児童が一緒に生活し始めたその後の一週間の状態とはかなり相違し、問題行動視されていた行為はほとんど消失したという例もある。

職員の働きかけは、このような児童同士の関係の上に行われる。前述の基本型B、Cの前提である。

五　条件と処遇内容の関係

特別な濃厚処遇の必要な児童を処遇する場合、条件（特に観察室運営の中であげた部屋の独立性、児童集団規模の調整）がどのように先にあげた基本型の内容に影響するかを考えてみたい。

〈基本型A〉では①安静の確保が容易になる、②個々の児童の観察と働きかけが濃密になる、③危険（飛出し、異食、自傷他害など）の発見と防止が、物理的にも働きかけの上でも容易になる、④訓練的配慮が日常生活上必要な場合（マルファン症候群の例のように）具体的指導が十分行われうる。

〈基本型B〉では児童同士のかかわりの範囲が一定程度に限定されるため、その内容、微細な変化、変化の萌芽等をつかみ易くし、また児童同士のかかわりについての観察と働きかけが濃密になる。

〈基本型C〉では児童グループ全体の掌握が容易になり、死角に入る児童がなくなる。

部屋の独立性と児童集団規模の調整は、しかし一方では処遇の閉鎖性と児童の集団関係の貧弱さを招く可能性もある。この矛盾の克服のため児童構成、指導プログラム（園庭遊び、自由遊び、行事等の場合他班児童と交流をする等）が検討されてきたのである。

六　結びにかえて——重層的保障のために

いま、幼児の一時保護需要の減少が言われている（本来は幼児人口と短絡してみるのではなく、養護問題を生ずる諸要因を媒介項として社会科学的に検討し、長期的な現象を分析したうえ、予測をたてるべきである）。

また、非行問題も緊迫している。福祉全体が減量経営の中で削減に揺いでいる。一時保護所問題について、減量経営の枠内で、幼児より非行問題という発想が持込まれる気配は濃厚である。

しかし、一時保護児童の内容は、濃厚な処遇を必要とするものが増加している。医療施設や障害児施設の緊急一時保護と児相一時保護所の間に谷間をつくるか否かは、それぞれの保障手段がどんな条件を可変にして柔軟に対応するかにかかっている。児相は相談の窓口である。多様な児童問題に対する社会的保障を前進させるために、その内容と方法を明らかにする社会的責任を負っている。

一つの問題について保障の手だてが重なりあって谷間がなく、しかも医療、生活、教育が重複して保障できる重層的保障体系のために、児相の一時保護所は保障体系の中での位置づけを明らかにし、相談された困難と直接ぶつかって相談者と共に悩むという特色を発揮した柔軟な運営が求められている。

そのためにかつての教訓と労働実践から学び、政策化することが求められている。

［編者注］　この稿は、「特別な濃厚処遇を必要とする児童の一時保護について——児相センター観察室の労働実践を中心に」（『児童相談／研究と報告』第四集　一九八二・三　赤羽稔子、佐藤和子、松山京子、鈴木伸江、松本節子、鈴木政夫）に、鈴木が加筆したものである。

三―2―③

〈共同調査報告〉　非行問題と児童福祉行政の隘路

――教護院及び一時保護所に入所困難な場合についての調査

（一九八三年　東京都児童福祉司会　昭和五七年度専門委員報告）

一　はじめに

二年ぶりに再開された専門委員会では教護問題をとりあげ、特に一時保護所・教護院の入所が難しいことで、処遇上どんな問題が生じているかをとらえることを目的として、標記の調査を行った。（なお、量的な問題については、児童相談センター施設措置問題検討プロジェクトチーム報告書No.1「昭和五六年度教護院措置をめぐって」を参照されたい）

ケース毎に調査を行ったが、いきとどかなかった点や掘り下げが足りなかった面もあり、又、職員の異動等によりあがってこなかったケースもかなりあると思われるが、四十一ケースが集まった。集まったケースを概観しても、受け入れの不備のため立ち直りの機会を失し、結果的に好ましくない状況に至ったケースも数多くみられ、早急な対応が望まれるところである。

以下は調査結果の概要であるが、このまとめが施策の改善に向って、少しでも役に立てば幸いである。

なお調査票等で「教護児」という言葉を使っているが、これは「非行という問題行動を起した児童で、一時保護所、教護施設等に入所を要すると判断されたもの」という意味であって、「教護児」「非行児」等の児童がいるという考え方を示すものではないことをお断りしておきたい。

二　調査票及び集計結果

〔調査票は次ページ以下に掲載〕

一時保護を考えた理由

教護院入所を考えた理由

3. 教護院・一時保護所入所が不可とされた以後の状況、その時点で以後の指導に困難を感じたこと

不可とされた時点での事務処理

福祉司指導（　年　月　日）助言（　年　月　日）その他（　　　）

その後の状況

児童の問題行動が 拡がった 変らない 改善の方向にある 不　明	中卒者の場合　※ 進学（現在も通学・怠学・退学） 就職（現在続いている・続いていない） 中学を卒業できなかった 不　明

その後の措置状況

現在も福祉司指導　指導解除（　年　月　日）　その他（　　　）

他機関とのかかわり　※

警察からの再通告	家裁への通告	その他
有　無	有（処遇　）無　不明	（　　　）

児童の現在の状況

4. 特記事項

〔担当児童福祉司　　　　　〕

教護児に関する調査㊙

1. 児童・家庭の状況（相談時）

児童の状況

氏　　　名	（男 女）	年令・学年	才　カ月　（小 中　年）
非行の状況	※ 盗み　暴力　薬物乱用　家出外泊　不良交友　性的非行　怠学　その他（　　　）		
	非行の初発年令　　才頃（小・中　　年頃）		
能　　　力	上　中　下	学校での状況	問題行動がある　ない
父との関係	良　普通　不良　なし	母との関係	良　普通　不良　なし
特記事項			

家庭の状況

家族状況 実父母でない場合・異父母兄弟の場合は△、別居しているとき□	※父　母　兄（　人）　姉（　人）　弟（　人） 妹（　人）　その他（　　　）
居住地	区市町村
特記事項	

2. 相談以後の状況（教護院・一時保護所入所を考える迄）

相談時期	年　月　日
相談・通告者	父　母　学校　警察　家庭裁判所　その他（　　　）
主　　訴	

施設入所についての考え方

保護者の考え	最初から施設希望　話合・説得により希望　希望せず
学校の考え	最初から施設希望　話合・説得により希望　希望せず

一時保護所・教護院入所について

	入所を考えた時期	一時保護期間	入所をあきらめた時期	あきらめた理由
一時保護所	年　月　日（頃）	年　月　日 ～　月　日	年　月　日（頃）	※ 一杯　時期を失した 保護者が反対　本人が反対　その他 その他（　　　）
教護院	年　月　日（頃）	年　月　日 ～　月　日	年　月　日（頃）	※ 一杯　時期を失した 保護者が反対　本人が反対　その他 その他（　　　）

〈資料〉〔調査依頼状〕

児童福祉司の皆様へ（お願い）

教護児に関する調査について

この調査は、教護院・一時保護所の入所の困難なことが、教護院の処遇に当って隘路となり、問題を生じている現状を、ケースの実態からとらえ、福祉司会で問題の改善を訴えていく上での資料とするものです。ご多忙のところ恐縮ですが、ご協力をお願いいします。

なお、記入に当っては、下記の点にご留意下さい。

○調査対象――昭和五六年四月以降五八年三月迄の間に、教護院或はその前提として（又は観察のために）一時保護所に入所させることを考えたができなかったケース。五七年一二月現在交渉中のものも記入し下さい。

○ケース毎に記述又は○により記入して下さい。

※については、該当するすべてに○をつけて下さい。

○児童相談所の扱いを離れた場合、それ以後の状況を記入して下さい。

○入所不可とされたが、間隔をおいて教護院に入所できたケースは記入して下さい。

（例、中二の二学期で不可・中三で入所）

提出は二月二八日（月）迄に、下記の専門委員又は各所の幹事あてお願いいします。又、不明の点は知野又は吉田に照会して下さい。

昭和五八年一月

児童福祉司会専門委員会

委員―知野（北）　吉田（台東）　鈴木・沖（児相セ）　市川（墨田）　佐藤（杉並）

三　調査結果についての若干のコメント

――集計表Ⅰを中心に――

1　集計数について

もっとたくさんのケースが集まる筈なのに、思ったより少なかった。これは調査対象のケースが無いというわけではなく、次のような理由のためと考えられる。

①　日々の仕事に追われ、調査に応ずるいとまがない。

②　もう済んでしまった過去のケースを今更、という気持――それなりにカタがついて、今更掘り返してもどうなるものでもない。心も痛む。

③　こんな調査をしても、何になるのか。少しも現状は打開されないではないか。いつもいつも同じことを。もうあきらめている。等々。

2　集計表Ⅰについて

こういう調査は、まとめて数字として出してみてもあまり意味は無く、一つには括れないものがある。まとめきれない部分にこそ、問題の本当の姿があるのではないだろうか。あえてまとめの中で、気のついた点を幾つかあげてみる。

○非行状況

男女ともに、不良交遊、家出外泊、怠学、そして盗みが多い。どのケースもこれらがからみあって、だんだんエスカレートしてゆく有様がわかる。

○非行の初発年令

六歳が四人（男女各二人）。相談時の年令が八歳、九歳であることと比べると、もっと早い時点で相談に来てほしかったケースが幾つかあると思われる。

○相談通告者

警察通告は別として、実母が二〇と多い。親子関係をみると、実父は数の上では一六なのに、通告者としては二である。さまざまな事情はあろうが、家庭、子育てへの父親の消極性がやはり目立つ。

○入所についての考え

学校が最初から入所希望したものが二九と多い。学校から「教育の限界」と称して持ち込まれることが多い実態が裏書きされている。

○入所をあきらめた理由

「一杯のため」「時期を失した」が一時保護所入所の場合で三四（八二・九％）教護院入所ではこれと「一時保護できず」と合わせて二九（七〇・七％）となっている。この数字は「その後」の項と併せ見て欲し

2. 相談以後の状況

（相談時期）……〔期間内再度のケースあり〕

昭 56.3 以前	4
56. 4 ～ 6	7
7 ～ 9	3（1）
10 ～ 12	5（1）
57. 1 ～ 3	5（3）
4 ～ 6	4（2）
7 ～ 9	7（3）
10 ～ 12	10（3）
58. 1 ～ 3	2

（相談通告書） 複数回答

父	2（2）	祖　父	1（1）
母	20（7） （うち異母 2（2））	祖　母	1
		本　人	1
学	10（1）	福祉事務所	1
警　察	20（3）	養護施設	1（1）
家　裁			

（入所についての考え）

	保護者	学　校	施　設
最初から希望	12（5）	29（9）	最初から 1（1）
話合により希望	16（4）	10（2）	
希　望　せ　ず	13（3）		
話　合　せ　ず	1（1）	2（2）	

保護者と話合せず…｛親がいない／養護施設在園ケース｝

学校と話合せず…｛養護施設在園ケース 1／学籍なし 1｝

（あきらめた理由） 複数回答

	一時保護所	教護院
一　　杯	23（7）	7（3）
時期を失した	11（3）	3
保護者が反対	4（1）	8（3）
本人が反対	2（2）	3
火傷のため	1（1）	0
一時保護できずあきらめた		19（6）

教護院欄数字不足分

保護観察　1（1）
教護院入所　2

3. 入所不可とされた以後

（事務処理）

助言（訓誓）	12(5)
福祉司指導	19(4)
経過観察（未処理）	4(2)
家裁送致	3
教護院	1
保護観察	1
虚弱児施設	1
養護施設継続	1(1)

（その後）

問題行動が拡がった	20（5）
変らない	13（2）
改善の方向	5（2）
不　　明	1（1）

他に教護院入所　2

集計表　Ⅰ

（　）は女子再掲

1．児童・家庭の状況（相談時）

（児童の状況）

男	29
女	12

（年齢・学年）

8歳	1（1）	小2	1（1）
9	2	3	1
10		4	1
11	1	5	1
12	5	6	2
13	18（3）	中1	15（3）
14	13（7）	2	17（7）
15	1（1）	3	3（1）

（非行状況）　複数回答

盗み	暴力	薬物乱用	家出外泊	不良交友	性的非行	怠学	徘徊	放火	学校破壊（器物）	喫煙	家庭内暴力	金銭浪費
22（4）	11（1）	5（2）	27（10）	28（10）	6（4）	27（6）	2	1	2	3	1	1

（能　力）

上	0
中	20(8)
下	21(4)

（学校での状況）

問題行動有	37(10)
〃　無	4(2)

（父との関係）（母との関係）

良	1(1)	良	1(1)
普通	6(1)	普通	14(2)
不良	17(7)	不良	21(8)
なし	17(3)	なし	1(2)

（非行の初発年齢）

6歳	4（2）
7	1
8	1
9	1（1）
10	5
11	4
12	12（2）
13	12（7）
14	1（1）

家族の状況……（親子関係）

両親			片親				祖父母	
実父母	実父・異母	異父・実母	異父・異母	実父母	実父・祖父			
10(3)	4(2)	5(2)	1	2	18(5)		1	

い。「問題が拡がった」二〇、「変わらない（即ちそのまま非行が続いている）」一三、となっている。併せて三三（八〇・五％）である。

相談、通告があっても、行政として必要な手だてがとれず（後述のように保護者や本人が反対という時も、時機を失した場合が多い）八割の児童は非行が続いたり拡大したりしている。わずかな数の改善された者も、児童福祉司の必死の努力と親、教師の努力によって結果がえられたものである。

四　ケース事例——集計表Ⅱの中から——

＊　集計表Ⅱは巻末に添付

〔事例1〕　I・Tケース（養護院へ直接措置）

○氏名　I・T（男　一一・二歳）E区立小五

（主　訴）

最近三ヵ月に八回盗み、忍び込み、家出をくり返し、三つの警察署で補導された。

ウソも上手。このまま放置できない、どうしたらいいか（学校のすすめで母相談）

（家族状況）

父＝三二歳、A県生まれ、中卒後上京、新宿の飲食店を転々、結婚後は運転手（数年）飲食店員（一年）。現在は会社の運転手として日中働き、夜は近くのロバタ焼店を手伝う。朝七・三〇頃出勤、帰宅は深夜、日曜も午前中働く。子どもたちと顔を合わすのは日曜の午後だけ。養育は母まかせ、酒好き、酔うとくどくどと子どもを叱る。

本児はこれをいやがる。

母＝N県出身、中卒後集団就職で名古屋の紡績工場で働く（五年位）、一時N県へ帰り再び大阪でお手伝いさん、熱海でゴルフ場キャディ（何れも一年位）、上京後はバーのホステス。この時本児の父と知り合い一年位交際の後結婚。東京の三区、埼玉などを転々、昭五四から現在の都住に居住。父にただ従い、子どもにも甘い。毎日三〜四〇〇〇円父から受取り生活費に当てるが生活は苦しい。

他に妹（九歳、小四）、弟（七歳、小二）、弟（五歳）、妹（四歳）がいる。

（住居の環境）

これといった家具はなく、室内乱雑。一時は料金不払いのため水道をとめられたことも。家賃数ヵ月滞納？

（本児の健康）著患なく健康。

（非　行　歴）

昭五七・八（本児小四）より次の行動が出る。

○下級生宅へ侵入現金を盗む（補導されず）、他に家人にみつかり侵入で補導されたもの二件
○盛り場はいかい（補導一回）、家出二回（何れも補導）
○盗み　店番の財布（補導されず）、自転車二回（うち一回補導）
これらは何れも児相に通告されていない。（家庭での状況）
行動を問われた時などにウソが多い。また外へ出て偽名を使う。（学校での状況）
授業中落ち着きなく手遊び、私語目立つ。授業内容により興味を示し、活発に手をあげる。成績は下位。
友達二～三人に限られ、中学男子と遊ぶ。オドオドして友達のいいなりになるところあり。欠席は一学期一日、二学期六日。
担任は若い先生で熱心に学業、生活指導の両面を指導していた。
（処遇経過）
○昭五七・一一　児童福祉司指導（児童福祉法二六条）訪問による母と子の指導。本児の相手を窺うような感じの目つきが気になる。
○五七・一二　四日間家出。警察に保護される。この時自転車の荷台から八万円窃盗、ゲームセンターの遊びや買食いに使った。
○五七・一二　父と一時保護、施設入所を話合う。父は入所反対、本児と相手する時間をもっととりたいと。
○三学期　自転車窃盗、サイ銭盗みがあったが、担任教師の努力（クラス委員にした）によって落ち着き、学習に興味を示し出す。
○昭五八・三　四日間家出、ゲームセンターにいたという。
○五八・三　又家出し翌日戻る。
○五八・四　小六となり比較的落着いて登校し勉強していた。
○五八・五　警察署より連絡あり。本児が昨夜半、近くの会社事務所に窓ガラスを破って侵入、室内物色中非常ベルが鳴り補導。身柄通告すると、
◎児相センターでの一時保護はすぐにできない。早くて四日後という。しかし放置はできない。
教護施設H学園に緊急事態を訴え、即日入所措置をとった。

本来一時保護したうえ、児童の生活、行動を観察し、具体的処遇方針をたて、施設措置を行うのが児相としてのプロセスである。一時保護期間中、本人の施設入所の心構えも一定程度形成される。

このプロセスを経ないまま、教護院に入所したため、入所後落ち着かず好ましくない結果を生んだ事例もある。

（その後の措置）

現在も福祉司指導	16（4）
指導解除	5（1）
助言（訓戒）	4（1）
教護院	3
一時保護	3（1）
少年院	1
保護観察	1
既に助言で済んでいる	8（5）

（他機関とのかかわり）

警察通告有	10（1）
家裁通告有	13（2）
警察家裁共に　有	1
警察で指導・マーク	2（1）
学校通告	1
なし	14（6）
不明	1（1）

（児童の現況）　複数回答

保護・観察	3（1）	その他（問題あり）	3（2）
鑑別所	3	行方不明	1
少年院	3（2）	稼働	2
教護院	6（1）	各種学校	1
覚せい剤逮補	1	その他（改善）	4（2）
家出中	3（2）	他県へ（改善）	1
怠学等	3（1）	不明	5（1）

本児の場合も大きなカケであったが、放置できないため「保護」を主要目的とした施設入所となった。ここに至って父も施設入所に同意した。

（指導経過の概略）

通所（心理判定も含め）　四回

訪問指導（父に面接二回を含む）　八回

学校訪問　四回

〔事例2〕　R・Yケース

（少年院入所ケース）

○氏　名　R・Y（昭四三・二・二生）

一三歳八ケ月

○学　校　I区　第五中学　二年

○家族構成

父（一〇・七・二〇）四六歳

そば職人

母（一〇・九・　五）四六歳

パート

弟（四五・四・二二）小四

福祉司指導中

○主　訴

昭五六・一〇・七　Ｉ警察から通告（通告内容）

昭五六・八・二七　同学年のＨ、Ｍと共に原動機付自転車一台を窃取。非行仲間との交遊関係に問題があり、校内暴力のリーダー的存在であり、児童福祉司の助言指導が必要。

○通告にもとづく調査内容（学校では）

　中二の夏休み頃から同学年の非行グループが形成され、Ｒ・Ｙはその番長的存在になっている。学校や町会備付けの消火器をまき散らしたり、他家の鯉を突いて殺したり、オートバイを窃取し乗りまわし壊したり、縁日のテキヤの手伝いをする等の問題があった。二学期には、角刈り、剃りを入れ、学ラン、白エナメル靴で登校し、校舎内での落書き、器物破療、給食をまき散らし食器を投げる、授業妨害、エスケープ、喫煙等、問題行動は拡大していた。非行グループは七人だが、他の生徒にも共感、同調する者がふえつつあり、授業が成立しなかったり、学校もその対処に追われて手を焼く状況で、中心となっているＲ・Ｙの施設入所を希望していた。

（家庭状況は）

実父母と弟の四人家族だが、父親は昼はそば職人として食堂で働いているが、夜は飲んだり歌ったりで深夜帰宅が続き収入も入れず、母親が朝五時から豆腐屋につとめて生計を維持している。父親は能弁で、子どもの養育は文盲で働き疲れている母親の責任に帰し、家庭内は乱雑な状態で夫婦喧嘩が絶えない。弟も家出、窃盗を繰りかえし、昭五六・五・一一スリの現行犯で身柄通告され一時保護の上教護院入所を説得したが父親がきき入れず無理にひきとり、五六・六・一〇から児童福祉司指導になっていた。父親は、少年院・刑務所での生活経験があることから、子どもの施設収容には消極的であり、かつ、児相の指導には稼働を理由に非協力的であった。

　Ｒ・Ｙについては、学校・家庭と連絡をとりながら当分の間、児童福祉司指導とすることに決定。（昭五六・一一・一八措置会議）

○第二回警察通告が、昭五六・一二・一四　Ｔ区Ｉ署よりあり、五六・九・二九　非行グループ七人が公園にて、地中学の生徒数人にいんねんをつけ、なぐる、けるの乱暴を働いていたことが判明。

○その後も学校内での暴力行為はエスカレート、一二月早々、担任の女教師に乱暴をし、全治二〜三週間の打撲傷を腕に負わせた。教師から被害届を出さなかったため警察問題にはならなかった。自宅謹慎等の処置がとられたが、親子とも児相の指導にも拒否的で、教護院の見学もすすめてみたが父親が同意しなかった。
○一時保護について
昭五六・二・二三　I警察から電話があり、本児とH、Mが、学校内昇降口で下校しようとした中一の子をなぐり、連日の乱暴を心配して迎えにきた母親にも果物ナイフをつきつけ「お前らぶっ殺してやるぞ」とおどす事件がおき、警察としては、おどされた保護者から被害届が出された時点で、R・YとH、Mを身柄通告する予定という連絡だった。

このため「一時保護」の申込みをしたところ、「現在、一時保護所は満員の状況であり入れられない。また本児の状態から、一時保護所での対応は無理ではないか」という回答がもどってきた。

しかし児童福祉司としては、「一四歳未満でもあり、身柄通告といってもぐ犯であり、一時保護すれば落ち着くのではないか。これまでの調査からも、学校と家庭から切り離せば指導できると思う。一時保護を一度もしてないし、もし一時保護から無外等あったら、家裁送致の手続きをとっても遅くはない。児相として手をつくして、やりきれないという時点で家裁送致すべきではないか。」という考えだった。家庭の指導は勿論、学校側のこれまでの対応にも問題を感じていたため、一時保護の上、観察したいという気持が強かった。何回も会ったR・Yは生活環境を変えれば対応できると思えた。
○観察措置決定
結局、一時保護不能のため、一二・二五　I警察から児相へ身柄通告、即、児相から家裁送致の手続きがとられ、同日、鑑護措置が決定し鑑別所に収容された。
○審　判
昭五七・一・二〇の審判で、裁判長から、いくつかの課題が出され、五七・二・二六審判を行うということになった。R・Yは五七・二・二　一四歳になった。延期された審判で、R・Yは課せられた裁判長との約束が履行されなかったことから「少年院送致」が決定した。

同じ経過をたどったH、Mについても、一四歳の誕生日以後に審判が延期され、保護観察処分となった。
○R・Yは昭五八・二退院し、高校受験をしたが失敗し、就職した。少年院収容時は、特に問題はおこさなかったとのことである。

〔事例3〕

氏名　H・Kケース（一四歳六ヵ月）

A区立　中学二年生（家　族）

母　四一歳　無職　病弱、生保受給

弟　一三歳　中一

父　昭四四年離婚（主　訴）

登校拒否　家庭内暴力

（家族の状況）

母…東京O区の工員の家で育つ。二三歳で父と結婚したが、父が酒乱、働かなかったため昭四四年離婚、二児を母方実家を通じて養護施設に預け、家政婦となって働く。

昭四七年本児入学の際引き取り、そば屋の店員と再婚。この頃から腎臓を患い、入退院をくり返したため、二年で離婚。以後人工透析治療をしており、生保を受給している。

常識的だが、子供には甘かった。

実父…プレス工。甘やかされて育ったため、祖母死亡後は殆んど働かなくなった。片足が不自由だった。

（住　居）　都住　2DK

（本児の状況）

○健康状態は特に問題なかった。

○昭四四～四七年　弟とS県の養護施設で生活

○S区M小（小一～）→A区K小（小三～）→A区Y小（小五～）→A区四中と転校

○母の再婚相手が厳しく、萎縮していた。

○中一の頃は友達付合がよく、明るかった。中一の夏休み後から怠学が始まる。（数学の先生が厳しいからとの理由）

○中二になってからは、初めの二〇日間位しか登校していない。学校につっぱりの児童が多く、お金を持ってこいといわれ、おどかされることが頻繁にあり、（自分もつっぱってはいたが）登校をいやがるようになる。中二の二学期になってからは、仲間を恐れて昼間外出せず、常に大人のそばにいるようになり、外に出られない腹いせもあって、母・弟へのなぐけるの乱暴（母へは金を要求）がはじまり、ひどくなっていった。

○盗み、シンナー等の非行は超していない。

○学校では無気力だが大きく荒れることはなく、それ程問題視はされておらず、学校側は施設についても入れるようならば結構といった感じであった。

（相談後の経過）

昭五六・一二・二一　同じ都住の仲間のY（それ迄福

祉司が指導）の母に紹介され電話

一二・二三　母子来所。本児はYと共に施設に行き、やり直したい気持を話す。母も施設入所を望む。即日心理判定を実施。（ＩＱ九三　自己中心的、対人関係は逃避的等）福祉司としても、一時保護をした上で施設を考える気持に傾いたが、保護所は年内は入れないとのこと、又、直接教護院入所も不可能な状態だったので、在宅での課題について本児と母に話し、努力するよう話す。

昭五八・一　三学期になり、本児の気持が変わり、在宅での課題にも取り組まず、施設はやめたといい出し、学校へ行き出す。しかし、授業妨害、教師への乱暴が多く、怠学も多かった。母も適所指導には応ぜず、拒否的な気持に変わって行った。このため、福祉司は家庭訪問を重ねた。学校の態度も変わり施設を強く望むようになったが、施設状況は変わらなかった。

昭五八・二・～三　保護者は本人遵の希望という理由で、Yと二人をE区でアパート生活をさせる。（児童相談所には内諾。）一ヵ月位で追い出される。この時点では母子共に指導にのらない状態で、五八・二・二三　助言処理とする。（この後も福祉司は近くに行った時に家庭訪問を行い、また学校と連絡の際本児の状況把握はやっている。）

昭五八・四以後　中三では学校に殆んど行かず、行っても授業妨害、いたずら、乱暴等が多かった。辛うじて卒業はしたが、中卒後も就職はできず、ブラブラしている。

以上の経過をみると、相談のあった時点でタイミングよく対応できなかったことが、本児の再生の一つの機会を失わせたといえるのではないだろうか。

五　調査結果とケース事例が示す意味

「一時保護所及び教護院に、必要に応じ随時入所できない」という状況が、児童自身の挫折を克服しようとする努力や、児童福祉司の活動に対し、どのように障害になるか、それによって、児童の福祉をどのように損い、児童福祉司に労苦を強いるかを、（集計表Ⅱを中心にした）調査結果とケース事例を参考に、相談の展開過程に従って述べてみたい。

1　初回面接に当って

警察からの通告、学校からの通告、親からの相談など様々な経路で、非行問題は児童相談所に持ち込まれる。何れの場合も第一段階は初回面接である。

これは、相談に来たものがどんな問題を解決したいと思っているか、相談所をどのように利用しようと思っているかを話し、相談所側からはどんなサービスを提供できるかを伝えるものだと言われている。警察からの通告の場合は、どんな触法行為が行われたと通告されているか、本人自身がそれを認めるかどうか、児童福祉法によりどんな考え方で相談所として対応するのか、ということが明らかにされるのが望ましい姿であろう。

〈児童福祉司の活動からみると〉

初回面接に当る者は、児相として何ができるかを背景に、ケースの展開過程、援助過程を漠然としてではあっても予測しながら面接する。特に緊急の対応が必要かどうかは重要なポイントとなる。

「直に一時保護できない」事情を背景にすると、次のようにゆがんだ初回面接になる。

① 一時保護の必要性やその時機を判断するため、児相のサービスの情報を提供しながら相談を進めるよりは、「何とか持ちこたえる方法はないか」を探す一方的な面接になり易い。

② 自分の手持ちのAケースやBケースに比べ緊急度を比較しやすい情報をうるための一方的な面接となり易い。

③ 一時保護所や教護院の情報は軽々しく言わない。情報を提供する場合でも直に入所できないことと同時に言わなければならない。

〈児童や親からみると〉

①②と対応して、一方的にきかれるだけで児相として何をどうしようとしているのか、はっきりわからない。

③に関連して情報は提供されても奥歯に物がはさまった様で「結局どうなのか」ときいてもよくわからない。

2　処遇過程において

生ま身の人間が生きていく過程の中にケース処遇はある。児童自身の内面の葛藤、友だちとの関係、家族関係、学校内での様々な動き、地域の中での児童とその家族の位置と評価などなど、諸要素のからまりあいが刻々と変化し、揺れ動いている中に非行問題はある。

その中にあって児童自身、親、教師と児相の模索、実践があり、ケースワークの処遇過程もその一環である。

（1）　タイミングを失する問題

処遇過程の中で成否を左右するほどの重みをもつものが、タイミングの問題である。一時保護や施設入所は、児童自身の保護（同園の環境からの）、家族や学校との関係がこじれ、緊張が高まった状況からの一時的解放など様々な理由と目的で、しかもしばしば複合した理由と目的で、その必要性が判断される。そしてこれらの入所に当ってはタイミングが必要である。

児童自身の気持の揺れ動きの中で、これではいけない、何かをしなければと思う瞬間、非行を続けながらもひるむ時機、自ら約束したことが果せず、自らのコントロールができないことを認めざるを得ない時、家族や学校との緊張が高まって、いたたまれない時、非行が拡大しようとするきざしの時、等々、そのタイミングは必ずある。早すぎても遅すぎてもいけない。その時機をとらえることが処遇上の重要なポイントである。しかしタイミングをとらえ入所ができることは東京では殆どない。

このことは事例調査で一時保護及び教護院入所をあきらめた理由にはっきりあらわれている（集計表Ⅰを中心にしたコメント参照）。

保護者及び本人の反対であきらめた例もあるが、それも多くは、(a)話し合いの段階で入所決意した時直ちに入所できない場合、(b)話し合いの時「直ちに入所ができない」という事情のため、児相例の姿勢が消極的になる場合、(c)本人や親が「考えさせてくれ」と言っている間に、友人、親戚などの意見や憶測、誤った情報が伝わり入所反対の意思表示となる場合、であると思われる。従ってこれらも「時機を失した」という理由に近い内容と考えられよう。

これらの事情は、より詳しくは個別表で「以後の指導に困難を感じたこと」の次の言葉に端的にあらわれている。

「その時なら母を説得できた」

「一時保護可能となったがその時は家出中」

「当初承諾、一ヵ月半たつと反対」

「本児は納得、父と話し合い不能に」

「身柄通告でも一時保護できず、父母は入所させる気がなくなる」

「身柄通告で一時保護できず、戻したら再び家出」

(2) 児相に対する不信感と指導の困難性の増大

行政施策の不十分さのため、今まで述べてきた困難が生じているが、このことが更に非行問題を増幅させている。それは児童と親の中に児相に対する（というより行政や、世の中全般に対する）不信感を深く植えつけてしまうということである。

一時保護所や教護院入所は非行問題の処遇の中でも、最後の方法としてとられる手だてであることが多いが、それすら不可能とすれば、①入所を決断したあとであれば裏切られたと感ずるだろうし②入所を迷っている状況の中では「いつ実現するかわからない選択肢」として重みのないものとなり、児童は〝わが道をゆく〟ことになる。

一度児童や親に児相（行政）に対する不信感が生じたら、以後かかわりを許さなくなるのは当然だろう。事例調査の中で「以後の指導に困難を感じたこと」の次の言葉は、このことを卒直に示している。

「母の指導困難」
「親子とも児相の指導に従わない」
「通所に応じない」
「入れないなら〝もういい〟という態度」
「身柄通告で一時保護できず戻したら、再び家出」
「非行がエスカレートして家裁送致」
「男のところへ行っていることが多かった」
「児相に頼れないと、父母が指導に乗らなくなった」

これらは大別すると①指導にのらなくなる、②子どもの非行がより一層危険な方向に拡大する、という結果を生んでいることを示している。

特にケース事例3のH・Kは、子ども自らが「仲間から抜け、施設に入ってやり直したい」という主訴で相談に来ているのにもかかわらず、一時保護ができず、児相はやむをえず通所指導の方法をとったが応じないで、問題行動が拡大して行ったものである。

自発的に立ち直ろうとして児相の門を叩いた児童が、行政から裏切られたという事実を児童福祉法上どのように理解すればいいのだろうか。

（3）　不適切な処遇

事例のI・Tケースは一時保護出来なかったため教護院入所を直接行ったものである。児相として必要なプロセスをふむことができず、大きなカケを行わざるを得なかった。それでも教護院にたまたま入所できる機会があったからこの方法がとれた。それが出来なかったのが事例2のR・Yケースである。

生活環境を変えて指導することにより、児童の立ち直りのチャンスを保障したいと考えた児童福祉司のねがいは実現できず、家裁送致→鑑別所→少年院送致となった。家裁裁判長からの課題を児童が履行できなかったからとはいえ、問題のある環境のままでの観察だった。生活環境を変えての指導という機会があれば立ち直る可能性もあったかもしれない。

このような不適切な（手を尽さない一件落着的）処遇は、これらの事例だけではない、むしろこれらは氷山の一角である。

3　地域の中で

このような事態が続発していると、地域社会の人々は、児相を公的相談機関として評価しなくなる。学校教師も、保護者も、地域の児童関係者も、「児相に相談してもあてにならない」ということが定説になり、相談する者は段々遠のいていく。

ある児童福祉司は自らの経験を次のように語っている。「警察通告が来たので、学校に調査協力の依頼をした。そしたら前に学校から相談した○○についてはどうだったかと切りかえされた。一時保護が必要な子だったが、それができず不十分な処遇だった。学校の切りかえしに十分こたえられなかったが、学校の方はしらけた感じで極めて非協力的だった。〝調べてその先どうするんだ〟という態度がありありで、こちらも本当に困った」。

これが東京都における地域の中での児相の実態である。

4　非行対策の中での一時保護所及び教護院入所問題の位置づけ

非行問題は複合汚染といわれる。その対策も多面的で、しかもそれぞれが十分なものであることが要請されている。

当然のことながら、一時保護所、教護院の入所問題が解決すれば、非行問題が全部解決するものではない。しかし予防や初期対策に重点を置けば（実際そうなっていないが）、一時保護所、教護院入所問題が混乱していても大勢に影響がないかというと、そうではない。

非行対策の基底的なものがこの問題である。生活が破壊され、養育機能が果されていない場合、緊急にあるいは長期的に環境を変える必要がある場合など、児童が最も困難な状況に直面した時に十分な保障が行われているかどうかは、全体の対策の構造やその質を規定する。その意味でこの問題は福祉の側面から非行問題に接近する場合の基底となる。

5　行政責任と児童福祉司の責任

ある児童福祉司が主張していた。「野球で投手がヒットも四死球も与えないのに、野手のエラーで点をとられることがある。それは投手の責任ではない。そのことを示す自責点というものがある。行政の責任が第一線の児童福祉司に全部かぶさってくることはおかしい。行政責任を明らかにするため行政施策、児童福祉司の自責点を明らかにして都民の前に示すべき」と。

「昭和五六年度教護院措置をめぐって」（児相センター

プロジェクトチーム報告）の中では、五六年度一時保護申込みケースの処理状況が示されている。一時保護申込み二五九件中、取り下げ八三件、待機一七件で申込み数の約半数四〇件が児童福祉司指導、助言、移管、不明となっている。児童福祉司指導の内容については前述のとおりだが、指導にのらないいため「助言」という処理をする場合も少なくない。

最近、児相は八王子、足立、葛飾と増設計画が進み、一時保護所の児童定数も、問題を多く残しながらも（既設保護所の削減、待期児解消の可能性に対する疑問など）増加はしている。しかし最近の非行問題の拡大と深化に対応した教護施設と一時保護所の十分な量的整備と内容の充実（指導理念、方法、体制、児童集団規模の適正化など）がないと、問題はいつまでたっても解決しない。

行政の施策の不十分なため立ち直れるであろう女子を男友だちのところへ追いやったり、自ら立ち直ろうと決意した子どもの願いを砕いて、再び非行グループへ追いやるようなこと、行政による子捨て、をなくすため、関係各方面が認識を高め、努力されることを心からねがうものである。

六　調査を終って

青少年の非行問題が報道されない日はないといって過言ではなく、マスメディアには「有識者」の意見、分析、警告が氾濫している。その間を縫うように戸塚ヨットスクールの事件が起っている。

こういう中にあって、非行問題をもった児童が、行政によって保障されないため、益々問題を深刻化させて背負って行くということが長年にわたって存在することを、世の中の人々は全くといっていい程知らない。

そしてこれは、児童相談所や児童福祉司が、どんな役割を果そうとして、何故果しえないでいるのかということが世の中に知られないことでもある。

非行問題への対応は緊急性、タイミングが殊に重要である。行政上の不備で機を逸した結果が、どうなったかを今回の調査ではとりあげた。そのことを訴えることが、わたしたち第一線の児童福祉司としても、今まで不十分だったと考えたからである。

ささやかな調査であったが、この調査から行政上の隘路のため、非行問題に悩む児童や親が、そして第一線の児童福祉司が、どんなに苦しんでいるか、を読みとっていただきたい。

非行問題についての行政上の問題点は、この調査以外にも、警察通告の内容と児童の中立が相違した場合の児相としての処理、児相の決定を児童や保護者に伝える方法、教護院の在院期間と入所、退所の時機など数多くあるが、その検討は後日に譲りたい。

この調査については、当初五七年度の年度末にまとめる予定が、調査票の集まり工合から対象期間を延ばしたため、大変遅くなった。お詫びしたい。調査に協力ねがった児童福祉司各位に感謝し、これを機に問題点の改善のため、一層努力することをお互いに誓いたい。

なお今回の専門委員は次のとおりである。

市川　重治（墨田）
佐藤栄三郎（杉並）
鈴木　政夫（児相センター）
知野　淑子（北）
吉田　純一（台東）

（五十音順）

三―3―①　児相における通所指導と地域における親の会の比較検討

（一九八〇年八月　『日本の子どもと児童相談所／第五回児相研セミナー報告書』に掲載）

はじめに

各分科会のレポート二本が原則だったが、連絡や準備の関係で一本の提出が困難になったため、穴埋め的に報告することになった。それをまずおわびしておきたい。

以下に報告することは、私の職場で日常的に話題になっていることをとりあえず整理して、問題提起にしたものである。ここで問題にしたいことを簡単に言えば、次のとおりである。

障害を持つ子どもの親たちが、養育の主体として、自主的に考え活動するまでに到るにはどんな過程が必要か、児相は何をやったらいいか、「通所指導」の形態をとっている公的機関の援助の中で、親たちが養育主体になることは可能か、可能とすれば具体的な方法は何か、それを自主的な親の会をつくり自分たちで集団保育の場を獲得しようとしている人たちとの活動と比較して考えよう、ということである。

一　児相における通所指導

（1）　発足までの経過

要求運動によって司三、心一という基準を獲得し、心理職が一名増員になった時、障害幼児についての通所指導が、心理職の中で検討されたが意見の一致を見ず見送られた。

人事異動で心理職の構成メンバーが変って再び検討が始まった。

この結果一九七六年（昭五一）発達遅滞幼児の通所指導が始められた。現状は別紙（三二五頁）のとおり。

（2）特　徴

どこの児相でもやっている通所指導であるが、実践の中で次の特徴をもたせることになった。

①性格　社会的な保障の谷間をうめるという意味で補完的であること。

②体制　不備な現実を前提に、最大限やってみる。その中で不備な点を具体的に明らかにしながら要求運動をすすめる。具体的な体制では、児童福祉司や心理職が固定した役割でなく転換しながら、それぞれの特色を生かそうとしていること。

③方法　職員間では、スタッフの意見の統一できたことを実施する。一致しない部分は保留するという方法を徹底したこと、親同士の関係では、一人一人の経験を重視し共通の教訓として行くことに努めたこと。

（3）問題点と課題

親が養育者として主体性をもって育てることを目標にした時、幾つかの困難をのりこえる必要があると思われる。グループ指導等で直面した、親の陥り易い型は、養育の主体になる場合の困難な内容を示していると考えられる。それは、

（ア）あきらめ型（どうせ障害をもっているのだから、何をしてもムダ）

（イ）おまかせ型（障害児は専門家に治してもらう。治してもらう場を探すのが親の役目とかけまわる）

（ウ）拱手自然主義型（親が何かを働きかけるのは干渉だと考え、自由に野放しにすることが発達のためによいと何もしない）

（エ）情報リピート型（種々の情報を知っており模範回答は話では出てくるが、実践的には何もやられていない）

（オ）不信独善型（どこへ行っても何も役に立つことを教えてくれなかった。自分のやり方でやる以外にないと思い込んでやる）

（カ）代行型（どうせ普通にはできない子なのだから親のわたしが面倒をみてやらねば、と先まわりしてすべてやってやる）

（キ）訓練型（この子のために僅かの時間でもムダにしないで発達のために訓練させてやりたい、遊ばせておくのは親の怠慢ではないか）

等があげられる（親の全部がこの何れかに該当するというのではない。陥り易い型である）。

あらわれる型は違っても親は共通の矛盾をかかえてい

ると思われる。これは（a）子どもを発達させたいという要求と、（b）その方法がわからない、あるいは不安がある。困難があってとりくめないという、見通しや具体的手だてが獲得できない状態、との矛盾である。（a）（b）の葛藤の結果が（ア）～（キ）の型になってあらわれてくるのではないだろうか。

従って、親自らが子どもを含んだ家庭の生活の総体の中でこの矛盾の内容を自覚して行き、矛盾を克服する具体的な方法を発見し努力をして行く。つまり親が養育の主人公に生成する、という自己運動が障害児の発達のためには必要になってくる。そして児相はこの自己運動をどのように触発し、促し、支えて行くのか、が通所指導の中での親の指導の課題であろう。

二　地域における自主グループ――親の会

「周囲の区には障害児の通園施設があるのに自分の区にはそれがない。肢体不自由児の通所訓練も子どもを背負い、上の子を連れ一時間以上かけて通う。子どもは着いたらぐったり、気嫌が悪くなり、訓練にはのりにくい、ケイレンさえ起こすことも。区の中に通園がほしい」こういう切実な訴えと、「どうしたらいいか」と迫る真剣さに直面して、保健婦、福祉事務所ケースワーカー、児童福祉司が相談してあと押しをきめ、相談を受けた人たちの中で同じ訴えをしていた人と「親の会」をつくる相談を始めたのが一九七九年一月。

「集まれば一ヵ月位で通園施設ができるかと思った」とあとで親の一人が述べていたような「すぐに施設を」という焦りを、親の共通の場を拡げることにエネルギーを転化しながら、通園施設の自主開設準備をしているというのが大雑把な現状。

月一回親の会を開き、自主的グループの先輩の話、発達の話、などを勉強しながら、自分の子どもの困っている状況や様々な工夫、将来の不安、障害がわかった時のショック、現在のホンネ等が話しあわれている。

この中では、ある父親が「そうはいっても本当は早く死んでくれた方がこの子も幸せだと思っている」とホンネを出し、他の母親や保健婦はギョッとして暫く沈黙が続いたのち、「でも母親としてはそうは行かない」と一人がいい始めて、ショックから立ち直った母親が次々と頑張りたい話をして、全体の空気が盛り上っていった例。

兄弟とも筋ジス児を持つ母親が「オムツをしていた方がいい。外出の時に便利だから」といったのを、重度障害児の母親はオムツがとれたらどうなったかという経験を話し、他の母親は「排泄を教える」ことがどんなに大きなことかを話し、そういう中で「やっぱりオムツをとることに頑張ってみる」と考え直した例、などがある。

三　両者の比較検討と児相の役割

両者の比較から学ぶ点、検討を要する点は次のとおり。

第一、親同士の学び合いの深さと影響の大きさである。児相の通所グループでもそれがみられるが、自主的グループには端的にあらわれている。前者の場合、常にそれがあるとは限らず、むしろ学びあいをいかに成立させるかが困難であり、従って大きな課題になっている。

その検討の内容としては動機づけ、期間、構成メンバー等々項目は多いが、基本的には公的機関が行なう通所指導において親の自主的積極的参加——グループの主人公になるということ——が可能かどうかという問題になる。

公的機関の通所グループと自主グループの違いは与えられたものと獲得するものとの違いと単純化するのは問題があると思われるが、そうだとすれば主人公になる条件が明らかにされる必要があろう。話しあいの主人公になっているか否かは学び合いの質を決定すると思われるからである。

第二、児相の専門性の内容について。

さきにあげた親の陥り易い型の中に親をあてはめることが、意識的ではないにしても、児相の職員にありがちだったのではないか。そして「あの親はこうだから」「障害認知が不十分だから」と児相職員のレベルで親を採点して子どもの指導の効果の上らないことの大きな理由にしていたきらいはないだろうか。

いくつかの型を矛盾のあらわれ方とみたのは、児相職員が矛盾の内容を洞察することが、親の自己運動にかかわる場合重要であり、それが専門性の一つと考えたからである。

また、親の学びあいに当って児相の職員がどんな専門性をもつべきかも課題であろう。

幾つかその内容はあげられると思うが、話合った内容(疑問点や経験)を子どもの発達や親の養育活動の中に位置づけ、一人あるいは一グループの経験や実践を地域に返して共通なものにして行く媒介になることも専門性の重要な一つであろう。

回覧したパンフは墨田児相の通所グループの親たちの発言を項目毎に整理し、職員が位置づけて、同じ悩みの人にも経験が広がるよう試みたささやかな例である。

おわりに（セミナー後のつけ加え）

ここで養育の主体ということを強調したのは、社会的保障の手だて、体系が、運動によって少しずつ進んできていても、親が養育の主体として、自らの養育活動の一環として（それは国民の教育権の一部でもある）それを活用する、という立場を確立しておかないと社会的保障の手だての整備が、支配構造の強化につながってしまうからである。

特に革新首長下の福祉政策によって前進した諸サービスを利用した人たちが、この立場に必ずしも立ちえなかったことが、首長を保守勢力に再び渡す大きな要因になっていると考えたからである。

（別紙）墨田児相発達遅滞児通所グループの概要

①対象　児相に相談に来た三歳前後の発達のおくれのある子で、保育園・幼稚園・障害児通園施設等に入れない状況にある児童。

②目的　ア　子どもの集団指導による発達保障

イ　親の学びあいにより養育の態度やしかたを獲得すること。

③形態　週一回、一時間、六ヵ月を単位

④内容　ア　子ども一課題（点呼、手遊び、くつ着脱、体操、リズム等）

イ　母　親――グループで養育上困難なことや工夫したことの話合い

ウ　その他一月一回一時保護児童と共に保護所の庭で自由遊び、効外指導、親の保育参加、家庭訪問

⑥体制　司四、心三、その他（時に事務職の参加、年間を通じて実習生の参加等）

親グループの担当　五名

子どもグループの担当　二名

それぞれのグループのうち一名は期間を通して専任になり、他はローテーションで子どもグループになったり親グループになったりする。（司は地区を持ちながらのため、緊急ケース等で揃わない時の方が多い）

⑥予後　グループ指導の最後に、地域の保育、教育の保障の場と結びつけている。諸事情により継続指導の必要な場合は更に次の期間指導している。

三—3—②

福祉現場からの証言

——マイタウン建設のために鈴木都政は子供の福祉に何をもたらしたか

（一九八五年四月　東京児童相談所問題研究会刊のパンフレット）

一　はじめに——何が問題か

（1）　児童相談所（以下児相という）は、児童福祉法に基づいて設置運営されている児童の公的な相談機関である。一八歳までの児童の相談を受け、その福祉のため必要な助言、指導、措置などを行なう。

東京には一九八五年四月現在一〇ヵ所設置されている。その一つの児童相談センターに相談のあった、ある母子世帯への対応について、経過と問題点を明らかにしたい。

（2）　二人の子供と母のこの世帯は、従来婦人相談所、福祉事務所などが再三かかわっていた。

そして児童の福祉についての援護は不可欠と判断していた。母子で浮浪を繰返し、二人の児童は共に学齢期に達しているが一日も通学せず、かつ二人とも発達の障害が疑われる状態にあったからである。

（3）　たまたま母親自ら電話で児童相談センターに相談したことが契機となって、相談を受けることになった。まわり道をしたうえではあったが、母親は一時保護所[1]に二人の児童を預けたいと自ら希望した。

ところが一時保護の段階でセンター管理職は一時保護所への入所を拒否した。

（4）　その背景には、その月（一九八四年一一月）の末までに児童相談センター一時保護所の一つの班（四班と呼ばれていた）[2]を人員削減のために廃止するという都の方針があり、それを強行するセンター管理職の姿勢があった。従来だったら当然保護した児童であることは、後の会議でも確認されている。

（5）この一時保護をめぐってセンター内部のやりとりに時間がかかり、母子を待たせた結果、母親は態度を変え「児童相談所には頼まない」と母子浮浪の生活に戻っていった。児相の不適切な対応が、母親の決断という形をとらせ、母子浮浪に追いやったと言えるのではないか。これが問題の核心である。

（6）「人員削減によって、福祉の水準は後退させない」と言切る鈴木都知事、福祉局長、児童部長などの言葉が、どんなに事実から掛離れた空虚なものであるかを、この経過は示している。

福祉の現場に働く者は、鈴木都政がマイタウン建設のための基金づくりを目指して福祉を切捨て、もっとも福祉の援護を必要とする者を拒んでいる実態を、具体的に明かにする義務があると考える。それは現場に働く者だけが知る事実だからである。これがこの冊子を発行する理由である。

二　世帯の概要と必要な対応

（1）家族構成

母　無職（時に飯場の炊事）

長子　G市小学校三年に一応在籍しているが一度も通学せず

次子　同上小一

父　別居中

（2）経過概要

七六年六月　A福祉事務所より婦人相談所に一時保護→B寮へ

以後父と一緒に暮らしたり、再度父と別居して婦人相談所の一時保護所へ入所したり、東京近郊C市、都内D区などを転々とした。また母子寮に入所したこともあった。

八三年一〇月　母親自ら婦人相談所に一時保護を希望。婦人相談所に来たが、次子の風邪のため検診しようとしたら拒否し母子で出て行く。

その後、S区内で浮浪中の通告があり福祉事務所などが捜しに行くが発見出来ず。

八四年二月　E警察防犯課より婦人相談所に保護依頼、婦人相談所に来るが母親は検診を拒否、一時保護に至らず。

八四年二月　F区福祉事務所に母親自ら保護を求めて現われる。転宅資金によりG市へ。

（3）G市福祉事務所H係長の話

①　生活保護は続けているが、子供のことについては、

家庭児童相談室、児童相談所共にタッチできないでいる。子供の「コ」でもいうと母親は血相を変える。

② G市所在のI県の婦人相談所につなげようとしたが母親は「I県なんて田舎だ、そんな所に行けるか」と話にならなかった。

③ 子供の状態は、学校も行かず、このままでは大変問題があると考えている。

④ 母親自らが子供の相談をどこにでももちかけることがあれば、とにかく接触して欲しいと考えている。

（4） 児童の状況

① 婦人相談所心理主査の話　観察した所では、

長子——母との分離が難しく情緒障害的、表情に乏しい。

次子——発達の遅れはあるが重度ではなさそう。

② 児童福祉司の面接時の状況

「次子」

○一～二〇までは間違いなく書く。しかし、二一を一二とするなど、それ以上は間違いも多い。

黄色い電車をかいた保護所児童の絵を見て「西武だ。何行きと書いてあるの?」と母に聞く。

○なれると極めて乱暴な言葉使い。

○大人の顔色をみながら行動。

○遊びにうえている感じ。

○男性に対し性的ないかがわしい行動をとり、ひわいな言葉を吐く。

「長子」

○弟の間違いをそのままなぞる。

○弟につられキャーキャーいって遊ぶが年齢相応のものはみられない。

○表情に極めて乏しい。

○電車の行先の、大宮、上野などの漢字は書く。

「二人共」

母が静止のため叱責するとシュンとなって静かになる。しかし、しばらくたつとまたキャーキャーと走り回る。通常の静止では聞かず、母の物凄い怒鳴り声でようやく行動は止まる。

③ 推測

ア　二人共発達の遅れはあると思われる。

イ　日常的な生活習慣、しつけ、学習等、広い意味でも狭い意味でも教育がされていない感じがする。

ウ　友達と遊ぶ遊び方なども身についていないと思われ、友達付合いに相当ぎくしゃくが生じると考えられる。

エ　次子は、未だ排尿便の自立がされていない模様

（5）　必要な対応

概要から見て児童に対して取るべき対応は、「公的機関が児童の問題について、なんらかの接触が出来る場合には、差当たって最大限受止め、可能な方法で、出来るだけ速やかに一時保護を行なう」というのは、福祉現場では当然求められるものであろう。

一時保護についての母親の同意、及び長子と母との分離は、かなり困難だと予想されるが、それだけに、母親自らが相談する場合には、滅多にない機会として、直ちに対応することが常識であろう。児童福祉法一条、二条を引用するまでもなく、それは地方自治体の責務である。ところが、実際はそうならなかったのである。

三　経　過

児童相談センターの相談に現われて以降の経過は次のとおり。

（1）　一九八四年九月〇日　母親から電話相談「飯場から東京に出て来ている。家はI県（東京近郊）にある、変な男が来るので帰れない。新しいアパートを借りるための金を稼ぎたい。ついては子供を一時預かって貰いたい。いま毎日深夜喫茶にいる」

ただちに相談に来所するように促すが、「もうすぐ五時になる。わたしの話は長い話が中途半端になるのは嫌だから明日行く」という。今から来て五時過ぎても話を聞くから、来所するようにいうが、翌日の相談に固執するので、翌日一番で相談に来るよう話す。

（翌日以後ずっと来所相談せず）

（2）　一時保護を希望するまで

①　一九八四年一一月〇日　母親より電話「二児を預けて働きたい、現在I県（東京近郊）のG市におり、これからそちらに相談に行く」と。

母親より再度電話「遅くなるが待っていて相談に乗って貰いたい」と。

②　〇月〇日午後六時半頃来所

（a）　母親の最初の希望は「二児を一か月位預け働きたい、今のアパートは、かつて交際した人から、脅かされているため転居したい。その資金が必要だから」ということであった。

（b）　話しているうちに「本当は子供を離したくない」といい始め、次の希望順位だという。

ア　婦人保護施設B寮入所

イ　母子寮入所

ウ　二児の一時保護

(c) ア、イの希望については、福祉事務所での相談を要する(母親もそれは知っている)。婦人保護施設もB寮と名指しなのでL区福祉事務所と相談するよう助言。こちらも福祉事務所に連絡することを約束。

(d) 児童の状況は世帯の概要どおり。

(e) L区福祉事務所と相談するまでの間、祭日を挟むので、二泊あるがその間どうするかと聞くと、「野宿する」という。この間だけでも児童の保護が必要だと考えられたが、「母子分離」に極端な抵抗感があり、児童の保護をすすめるとかえってこじれる恐れが多分にあるので、他の方法がいきづまった時、一時保護した方がよいと判断する。

(f) 児相センターの技術次長(医師I、事務次長、保護課長は一時保護の場合の判断のため待機していた。児童の診断が必要だと考えられたので、技術次長にあらかじめ面接の依頼がしてあった。ただし面接の経過からみて母親の相談態度が変化する恐れがあったので、技術次長の面接は避けた

③ 八四年一一月X日　L区福祉事務所に母親が相談。いろいろの経過をへたうえ、日曜を挟んで翌翌日朝まで、婦人相談所一時保護所に母子共に入所することになった

(3) 児童の一時保護を希望

① 婦人相談所一時保護所を朝出た母子は、L区福祉事務所で児童福祉司等と相談、

(a) 母親は「B寮も母子寮も入所不可能なので、一一月末まで六日間、二人の児童の一時保護を希望する」と申出る。

(b) 母親の計画は「この間働いて転宅貸金の一部にあて転居する」という。G市福祉事務所と連絡して「条件が整えば転宅資金も出る」と母親は自ら確認しているが生活保護の転宅資金では、二児がいる場合ほとんど無理なので、働いた金を加えて転居したいという。

(c) 二人の子供に母親が一時保護のことを話すと、長子が抵抗を示し、母親は、「お母さんの気持ちは、このおじさんがわかっていてくれるから大丈夫だ、このおじさんの所で泊まりなさい。その内にはきっと迎えに来るから」と説得する。

(d) 児童福祉司としては面接の結果

ア　一時保護は必要である。

イ　保護する所は児童相談センター以外にはないと判断する。

理由

（ア）相談と保護を分断しないため。

（イ）母親との信頼関係をくずさないため。

（ウ）母子に安心感があるため…二人の児童は一度児童相談センターに来ており、母親の相談している間、保護所の児童をみているので安心感がある。母親も保護所の外観、保護児童の雰囲気は一度はみているので、未知の所より安心感はある。総じてセンター以外では母親が拒むことが予想された。

（e）出先での相談のため児相センター相談課に連絡、二児の月末までの一時保護について受入れ手続きを依頼。

（4）一時保護についての児相センター内での経過

電話連絡で四回のやりとりがあった。

〈第一回目〉

診断指導課長「G市で生活保護受給中なのでI県M児相で相談を受け一時保護を行なうべきで、当児相センターでは保護すべきではないと判断した」

児童福祉司「所長も同じ判断なのか、この世帯の事情について直接話し判断を求めたい」

事務次長「所長は来客中で出られない、所としての判断である」

児童福祉司「若しその道りにしたら、この母子は再び浮浪状態を繰返すと判断している。原則としての対応がそうであっても、特別な事情にあるものとして、緊急時の例外的事例と判断し、センターに一時保護して欲しい」

事務次長「再検討する」

〈第二回目〉

事務次長「協議したが結論は変わらない。①M児相にあたって欲しい。まったく連絡せずに一時保護するのは問題だと思う。②子供を預けて母親が働くといっても、社会通念上好ましくない仕事につくことが予想されるのに、子供だけ預るのは、それを肯定することになるので疑問。③保護しても一一月末で引取るとは限らない、こういう状態なので、[3]期間の延びる可能性のあるものは困る。④仮に一一月末で引取ったとしても、そんなに短期間の保護でどんな意味があるのか」

児童福祉司①「M児相に連絡して、相手が一時保護するといったにしても、この母子が納得しないで公的機関との連絡を断つことが問題なのだ、再び浮浪状態が続き、児童の発達の問題には手が付けられず、学校教育も見通しなく機会を失う、児相としてそれが問題なのだ、M児相と連絡することはやぶさかではないが、M児相管轄の児童について、こちらで保護するという通告、あるいは保護した後の方針の協議という意味しかない、今は当センターで一時保護するという判断を行なうべき。」
②「母子共に安定するということは児相としては当然望ましい。しかしこの世帯の従来の経過と、児童の発達状況では、今とりあえず児童を保護することが何より急がれなければならない。母親の仕事のことをいっていては、何にも手がつかない結果になることは明明白白。」
③「母親は〝母子分離〟にこだわりを示している。一一月中に引取るといっているので、この母親の場合はほとんど確実にそうなると考えられる。」
④「本当は六日間といわず、もっと長期の一時保護と、その後の処遇が必要だが、今までまったく直接接触できなかった児童に、二四時間の生活を通じて接触し、発達等の状況を一定の限界はあっても把握することは、今後の処遇には大きな意味がある。従来こういう特別な場合、他県に居住地があっても保護をしていた、また事例によっては措置まで行なって来た。このことは処遇会議でも議論し、処遇上の判断として例外的な対応が必要なことを、所長を始め皆がみとめあって来た。この世帯にも処遇上の判断をすべきである。

事務次長「その意見はわかるが、現在のこういう状況もあり、わたしの立場もあるI県M児相への連絡だけはして欲しい」

児童福祉司「M児相に何を連絡するのか。」

事務次長「M児相で相談を受けるかどうか、一時保護ができるかどうか、ということ。」

児童福祉司「そういう連絡をしても、前述のセンターとしての判断が必要なことは変わらないと考える。しかし連絡結果を待って判断すると言うのなら、連絡してその結果を報告する。」

M児相へ連絡したところ、「M児相で相談は受ける、一時保護も行なう」とのことであった。

（第三回目）

M児相への連結結果を報告すると共に、その前提に立ってなお、児相センターとして管轄を問題にするのではなく、処遇の問題として判断し、センターへの一時保護を決定するよう、「児童福祉司の専門性をかけた意見」として要望する。

事務次長「きついことですね。協議のうえ再連絡する。」

（第四回目）

事務次長「現在のこういう状況[3]でもあり、児相センターの一時保護所へは入所させられない。M児相へ保護する旨母親に言ってもらいたい。センターから車を出し、児童を送ることとはする。」

児童福祉司「そういうことは面接の流れの中で不可能だと判断しているから、ずっと意見を言っている。長く待たせたため、母親の気持ちはいらだって今も荒れ始めている。電話口で様子は聞こえると思う。センターへの入所判断をして欲しい。」

事務次長「意見はあると思うが、とにかく母親にそう話してもらえないか。」

児童福祉司「それが言えるかどうかわからない、いつまでも結論を引伸ばせないから、もう一度会ってみる。その流れの中でそれを言うかどうか判断する。その結果はまた連絡する。」

(5)　結果

第四回目の児童福祉司と事務次長のやりとりの最中から、母親はしびれを切らして「お前らよってたかって母子分離をさせようとしているんだろう」「影で何をこそこそやってんだ」などと大声をあげ始める。物や人にあたっている。

面接室に入ったとたん「もういい、子供はあずけない、お前たちは金だけ出して追っぱらおうとしているんだ」とわめく。

「子供をあずけたいと言ったのは、そちらで、今その手配をしているところではないか。感情的にならずに相談しよう」「もういい、相談することなんかない」というやりとりで、母親の感情は段々とエスカレートして、言葉や行動も荒れて来る。

福祉事務所職員、児童福祉司等に悪口憎言を激しい口調で言い募り、ついに福祉事務所から交通費として法外援護の若干を受取り、二児を連れ退去する。

四　経　過　(二)　——その後の処理

(1)　結果についての評価

児童福祉司として、以上の結果は堪え難いものであり、不満の極みであった。

面接終了後、婦人相談所を訪ね、今後この母子が現れた時の婦人相談所の対応をきいた上、児相内で事務次長及び診断指導課長と面談。

児童福祉司は次のように述べる。

「本日の〝所の決定〟と称する対応について、児童福祉司として不満であり、適切ではないと思う。直接面接している児童福祉司の判断を無視した結果、予想通りのことが生じた。子どもについては見通しなく児相の手から遠のいてしまった。一五年間の児童福祉司の仕事の中でこのように専門性をふみにじられ、悪い結果になったのは初めてである。この経過、対応についてはいろいろなところで問題にして行きたい。所内においては、処遇会議で議論したい。」

事務次長「熱心にやってもらうのは結構だが、こういう時期でもあり、原則は原則でやるべきと考えた。処遇会議で議論すべきことではないのでは。」

診断指導課長「処遇会議では、処遇について皆の相談が必要な時は、議論している。」

（2）チーム協議(4)

担当児童福祉司より、経過を説明し、今後の問題として、

① 母親自らが再び相談を申し込んだ時どうするか（S区だけではなく、センター管内他区で発生した場合も含めて）。

② 浮浪状態の母子が発見された場合、児相として、警察その他にどのように連絡し対応するか。

について議論。とりあえず①について、処遇会議提案の結論を出す。

（3）八四年一二月某日　処遇会議の内容

① 担当児童福祉司より「世帯の概要」を配付し説明した。

② 今後の処遇方針として、チーム協議結果を提案。

「母親自らが相談に再び現れたら相談に応じ、一時保護の申し出、あるいは同意がえられたら（できる限りそのようになるよう努力する）直ちにセンターで一時保護を行う。」

③ 討論経過（次のような意見が出た）

（a）チーム協議結果の今後の処遇方針は当然ではないか。今までもやっているのにどうして処遇会議にかけるのか——A福祉司

↓提案の中では、経過について触れず、争点があったことは明らかにしなかった。今後の処遇方針として白紙で議論してもらうため提案したので、このような疑問が出た。↓簡単な経過説明を行い、「当然のこと」が行われなかったための提案である旨を説明した。

（b）母親の今後の生活も考える必要がある。社会通念上公序良俗に反するような仕事につくことが予想されるのに、それを承知で児童だけを一時保護することは問題ではないか。母子共に健全な生活を営めることを考えないといけないのではないか。——相談課長

（c）　母親のことを考えるのは当然だが、そんなことを言っていられないで、母子分離をしなければならない場合は沢山ある。今までもそれで措置をしてきたではないか。このケースの場合もそうだと思う。母親の仕事を云々するより、まず子どもを守るため母子を切り離すべきで、相談のあったところで一時保護すべき――B福祉司

（d）　母子の両方を考えるのは原則だが、それが不可能な時もある。（b）の意見だと児童福祉法二八条は何のためにあるのか――担当福祉司

（e）　I県（生活保護を受給している県）で相談を受け、一時保護するのは当然だが、まず相談に来たところで一時保護しておいてから連絡すべき――A福祉司

（f）　ケース処遇上タイミングというものがある。それを逸しないため処遇上の判断で管轄について例外的扱いをした事例もある。これもそういう扱いをすべき――C心理職

（g）　最近アメリカでは少年少女の性的売買が大きな問題になっている。この児童もそれらの心配がある。一日も早く保護する必要があるので接触可能な時と所で保護すべき――D心理職

（h）　面接者の判断は尊重してほしい。従来からもこれからも――E福祉司・B福祉司

（i）　こういうケースを処遇会議にかけることは会議の性格上なじまないのではないか――相談課職員

→従来から措置だけではなく、処遇に関する問題・疑問・意思統一の必要があるものなどは協議しようということになっていた。こういうケースの場合は処遇会議でキチンと論議すべき――担当福祉司

（j）　生活保護受給の状況（実際の受け取り、その時の様子）は、把握する必要がある――A福祉司・相談課職員

（k）　このケースは児童福祉法二八条該当ケースかもしれない――所長

④　結論

①　母親の方から再び相談があったら、相談を受けたところで、必要があれば保護する。

②　「必要があれば」の判断は、直接面接者の意見を尊重する。

③　生保受給の福祉事務所と連絡をとり、受け取り時の状況などにつき、可能な限り把握しておく。

④　以上を今後の処遇方針とし、今回は終結処理とする。

（4）　その後も度々S駅付近に母子であらわれるので、G福祉事務所・M児相・E警察防犯係等と連絡協議を行い、S駅周辺で母親が泥酔し、二児をつれていた場合の対応について協議し、具体的分担を決める。

五　背後の大きな力

事務次長がしばしば「こういう時期」といっていたのは、一時保護所の休止・廃止等による人員削減を、何が何でも現実のものにする山場が、八四年一一月末だったことを示している。その経過を簡単に辿ってみる。

（1）　児童虐待・非行・登校拒否その他の児童問題が社会的問題として大きくとりあげられると共に、児相はその充実が強く望まれてくる。児相は社会の要求にこたえられる活動をしていないという批判は、相談した国民の側からも、関係機関・施設・学校等からも強い不満として、従来から蓄積されていた。

一方児相の職員も、労働過重の中で、不満足な相談活動しかできないことに悩みと憤りをもち、職員の増員・児相の増設・保障手段の充実を労組や職能団体を通じて要求していた。

これらの結果として、美濃部都政時代より児相の増設と職員の増員を中核とする児相の充実計画がつくられ、中期計画等に組み入れられていた。

（2）　児相の充実を求められる事情は鈴木都政になっても変わらず、児相の増設は、計画から遅れながらも実現せざるをえなかった。

しかし、美濃部都政と鈴木都政が基本的に違うのは、「配分定数主義」である。新規事業といえども、その局に配分した職員数を増加させることは認めないという鈴木都知事の方針である。

このため、児相は、八王子（一九八三年度）・足立（一九八五年度）を増設したものの、既存児相の人員の一部は削減され、機能縮小が行われる。

一九八三年度には、児相センター保護所の二つの班その他が削減され、一九八五年度には北児相一時保護所の休止による削減と数児相の相談事務・管理事務の削減が行われた。

新しい児相ができれば、既存の児相のどこかが削られるということが強行されてきた。

（3）　わたしたちはこれらの削減による児童処遇上の問題点を訴えてきた。

その最も端的な例として挙げてきたのが、一時保護を要する児童の切り捨てであった。

幼児養護の問題が激増していた時（一九六九～一九七四頃）には幼児を一時保護しきれず、「一時保護待機児」が生じていた。非行問題が激発していた時には小学校高学年から中学生の「一時保護待機児」が常に存在していた。「一時保護待機児は児童福祉法上あってはならないもので、速やかに解消しなければならない問題」だと歴代児童部長は認めながら、「待機児は0《ゼロ》になるとは言えない」と認めざるをえない状態が何年もの長い間続いた。

一時保護は様々な機能を持つが、その中の緊急保護の機能が果たせるかどうかは児童の生命にもかかわる。時機などということがあってはならないことは言うまでもない。「待機」させられたために起こる問題は非常に深刻なものがある。[5]

新しい児相は、今までの不充分さを解決するためにつくられるものである。新児相と引きかえに今までの児相の人員削減が行われ、全体としての増員がなければ、児童福祉の充実を強く求める都民要求に全くこたえられない。全体の児相の充実を行うべき、というのが私達の主張だった。

これに対し福祉局、児童部などの回答は、一時保護については「都の全体で対応するから後退させない」「他の社会資源も使い、従来の水準を低下させない」として来た。

（4）　財務当局の査定により削減されたものの、現実にはそれが必要であるため、削減された保護所に子どもたちは入所し続けて来た。廃止や休止ができなかったのである。さすがに鈴木都政といえども入所している子どもを追い出すわけにはいかなかったからである。

廃止された児相センターの二つの班のうち一班は（四班と呼ばれていた）小学校低学年の児童を中心に保護をしてきたが、児童集団が小規模であること、職員の人手が比較的手厚いこと（幼児班の暫定運営としてのものだったため）から、発達障害・情緒障害・病児等、普通の児童集団の中では生活することが困難な児童も相当数保護してきた。児相センター所長も、処遇会議の中で「この子は四班で保護すべきでは」と意見を出し、その存在価値を認めていた。また、組合との交渉の中でも「四班が小規模学齢班として果たしてきた意義は認めるし、その存続は望ましい」と言明してきた。

「四班は一九八三年四月から廃止する」というのが財務査定だったが、運営が続けられてきた。一九八四年三月末をもって廃止の方針が出された時も、現実に入所している児童を追い出せないので、廃止の日限は次々に延ばされた。八四年九月末から一〇月末に、更に同年一一月末にというように。

（5）　その部屋でなければ処遇できない子どもがいる。→だから入れる→途中で追い出せない→存続する→だから入所するということが生ずるのはなぜかを当局は考えるべきだった。それが「廃止という政策の間違い」として認識され、政策の是正が行われるのなら都政のフィードバック機能は正常というべきであろう。

しかし当局がこの経過の中で考えたのは逆であった。「一時保護を行わない」ことを強行してこの循環を打ち切ろうとした。一九八四年九月中旬からの入所制限は凄まじいものであった。

労働組合のレベルで他の児相の分会から「センターの一時保護所はどうなっているのか。申し込んでも返事がこない」と児相センターの分会に調査以来がきた。センター職制と交渉すると、相談課長は「入所制限はしていない」と答えた。しかし分会側から具体的に問いつめた結果、相談課長は次の事実を認めざるをえなかった。

①　一時保護の申し込みのあった時、その緊急性について相談課長または担当者から「どうしても今すぐ入れなければならないのか。少しは待てないのか」と問い合わせている。

②　「今すぐでなくても、少しは待てる」と答えたものについては待たせる。申し込み時に一時保護所に入所している児童数が、定数より少なく、空きがあって入所可能な状態であってもそうしている。

③定数上一時保護所に「いま入れない」と答えた場合、後から入所可能になっても、児相センターの方から申し込んだ児相に連絡しない。[6]

これらは公務員としての児相センター相談課長のサボタージュであり、職務怠慢であることは明白である。こうして学齢児の一時保護を制限し、都民の要求を抑圧したのである。

（6）　今問題としているこの母子が、相談にきた時が丁度一一月末であった。二人の子どもたちは発達のおくれの心配、基本的生活習慣の未自立、情緒の不安定などがあり濃厚な処遇を必要とした。児相センターで保護すれば、四班以外での処遇は考えられなかった。そうなれば四班廃止は三度延ばされることになる。

しかし、一一月末廃止というのは既に至上命令としてある。そのために営々として入所制限を行ってきたのである。事務次長が「こういう時期」と再三言っているのも、保護の期間を重視したのも、理由にならない理由をあげたのも一一月末廃止を完成するためだった。廃止という行政上の方針を貫くため、児童相談の本質的機能である処遇問題を切って捨てたのである。

四班が廃止できさえすれば、それが処遇会議の席上どのように言われようと、管理職としては任務を遂行したのである。既成事実を強引につくって押し切るやり方が現場にまで浸透しているといえよう。

六　まとめにかえて

（1）　幾つかの事実を列記する

①　この母子はその後浮浪をくり返した。なじみの「副都心」の駅に、夕方から夜にかけ時々あらわれる。通行人から「子どもだけでも何とかならないか」「お前ら一体何やってんだ」と、鉄道公安室、E警察署、一一〇番、福祉局、児相センターなどに電話が入る。

一度警察通告により、子どもたちを一時保護しようとしたが、子どもが母親から離れず一時保護はできなかった。

②　センターの一時保護所四班は目論見通り一九八四年一一月末で廃止された。それは管理職の実績として残った。

③　当時の事務次長と相談課長は一九八五年四月の人事異動で転出した。そのポストは当然左遷ではなく、役人としての階段を昇がるものであった。

④　四班を始めとする様々な削減のあと、都庁舎の新宿移転が決定した。これに関連する事業に要する費用は三三〇〇億円といわれている。

また、テニスのビッグタイトルむけのコート一つを建設するため、五〇億をこす税金をつぎこもうとしている（有明テニス・センターコート建設――六一年度港湾局予算要求を含む）。

（2）「決定しないことによって〝相手があきらめたり、怒ったりして、自らの選択として福祉の領域から去る〟ことを待つ」という手法は、役人が比較的得意とするものである。

かつて保守都政では盛んに行われ、都民の不信を買った。いままた臨調行革下の鈴木都政で、福祉の分野にあらわれている。人間の行為としては陰湿で悪質なものである。主権者の付託をうけ仕事をする公務員は、その手法がとられていることを主権者に明らかにする義務がある。

（3）　この事例の場合、一時保護を行ったとしても、母親との間に様々なトラブルが起こり、すぐ引き取る事態が起こったかもしれない。しかし一時保護によって子どもたちが変化し、母親の信頼が生まれ、違った展開をしたかもしれない。

児童の福祉の可能性を最大限求めて対応するのが児童福祉法に基づいて設立された児童相談所の責任である。〝母親の行動特徴〟を理由に不適切な処遇を正当化することは許されない。

（4）いま都庁に働く者は、否応なく「現在の都政の方向に従うかどうか」を厳しく問われている。

「組織の一員だから、組織の決定に従う」という言葉が自己の正当化に使われている。特に管理職にこの発言が目立つ。その組織の決定が住民にとってどんな意味があるのか、人間の尊厳を侵すものかどうか、についての「人間の一員」としての判断と行動を停止してはならない。

それはその組織が民主主義の貫くものになるか、ファシズムの塊になるかのわかれ目である。地方自治体にファッショ的運営がされた時、地方自治は死に、住民の諸権利のを阻む大きな壁になる。東京都庁にいまそれが進行している。主権者はそれをほとんど知らない。

だから福祉現場に働く者は「人間の一員」として具体的証言をしなければならない。「新庁舎を中心にしたマイタウン計画は、最も援助を必要とする子どもたちの手をどのようにふりはらい、見捨てた上に建設されようとしているか」を。

注

（1）児相に付設された施設で、児童が二四時間生活し一定期間保護、指導、観察を行なうところ。

（2）幼児のみを受入れる班であったが暫定的運営により小規模学齢班となっていた。詳報は、五の（3）、（4）を参照。

（3）五の（4）～（6）を参照。

（4）児相センターでは、地区毎に児童福祉司と心理職が一定の数でチームをくんでおり、週一回「チーム協議」で処遇上の協議を行っている。

（5）詳しくは昭和五七年度専門委員会報告「非行問題と児童福祉行政の隘路――教護院及び一時保護所に入所困難な場合についての調査――」東京都児童福祉司会を参照。

（6）詳しくは参考資料を参照。

〈資料・1〉

不当な入所制限に抗議し、一時保護待機児を減らすための申し入れ

一九八四・一〇・一六

児童相談センター分会

四班に関する見解が所と分会でわかれている。こうした状況下で所側は一時保護所の入所を抑制しているといわざるを得ない。そうでなければ一時保護所のあきが一〇人もあるのに各児童相談所に一時保護待機児が多数いることを説明できない。

もしそうではないと言うのなら、一時保護申し込みのあるケースについて、一時保護を行うべきである。また、今日までなぜ一時保護をしなかったのか理由を説明できるはずである。

我々は都民や子ども達を切りすててかえりみない所側の態度に抗議し、ただちに改めるよう申し入れる。

所側はこのような不当な手段を使って一時保護所の入所実績を抑え、四班廃止を正当化しようとしている。我々はこの事実を広く訴える。これは、当局の福祉切り捨ての姿勢と四班廃止の不当性を証明するものである。

以上のような事態をふまえて、私達は下記の事項について所の回答を求める。

記

一　一時保護の日取り決定に関する事務手続きはどのように行われているのか明らかにすること。

二　一時保護の申し込みを受けているケースそれぞれについて、一時保護の日程が決まらない理由を明らかにすること。

三　それぞれのケースをいつ保護するのか明らかにすること。

四　待機させるケースについては、待機させる理由を明らかにすること。

五　一時保護待機児を一人でも減らすために、また子ども達によりよい処遇を保障するために、四班も活用すること。

〈資料・2〉配布ビラ

緊急保護を何故しないのか

―― 一時保護所は空いているというのに ――

緊急保護の返事を10日以上も行わず

小1の女子と6才の姉弟の緊急保護が、10月9日品川児相から、センターに申込まれました。急に父子世帯になり、父親が働かなければならないので、できるだけ早く、緊急に保護する必要があるというものです。

ところが児相センター一時保護所は、10月24日午前9時に到るまで、いつ保護所に入れるかの返事をしませんでした。児相センター保護所は空いているのにです。

子どもの心も、親の不安も無視

子どもは家族の激動で大きく動揺しています。親もいつ子どもの保護ができるのかがわからなければ不安はつのります。できるだけ早く保護の日時を決定し、親の不安を解消し、子どもにも心の準備をさせて保護する、というのは児童相談所の最低の義務です。児相センター一時保護所は、それをサボタージュしています。親の不安がつのり、事故につながらないと云いきれない問題です。

センター当局、不当な入所制限

センター一時保護所の待機児（入所待ちの子）は10月17日現在、23名います。

一時センター一時保護所は10月20日9時現在、次のように空いています（幼児は耳下線炎発症のためストップ）

項目	学令男子	学令女子	4班	幼児
定員	19	13	8	16
現員	8	11	6	6

数度にわたる交渉の後、10月24日に品川児相の姉弟は（やっと）保護されました。

（小1の子は4班で処遇しています。）

都職労民生支部　1984.10.30

三―3―③

東京都の養育家庭制度について

――開始時の経過と発足後の若干の問題点を中心として

（一九九二年八月一七日作成　フロッピー文書）

はじめに

東京都の養育家庭制度については、評価が大きいが、問題点はあまり指摘されていない。この制度を子どもの権利実現の手立てとするためには、発足時に議論されたことを再検討すること、発足後の経過から教訓を引き出すこと、諸外国の事例から学ぶことなどから、改善すべき事項を速やかに解決することが必要である。そのための提起としたい。

イギリスの『養護児童の声』の中で、里親に何回も委託された子どもが、いやな思いをしたという感想を述べているものがある。従来から日本の社会的養護の特徴は「施設中心」で里親制度の軽視が際立っているという指摘がされてきて、諸外国の里親を評価することが多い中で、重視すべきことだと考える。

子どもを里親（養育家庭）に委託措置する場合、子どもの権利を保障する具体的な手立てを講ずること、その運営にあたって慎重に行うことの重要さを痛感する。国、地方、時代を問わずこのことは大きな重みをもつものであり、日本の、東京都の、一九六〇年代の後半から一九七〇年代の前半にかけてという時代に、幼児養護を中心として、養護施設の改善や里親制度について議論し、運動したことが、単に歴史的、地域的な特殊な性格をもつだけでなく、普遍的な意味ももつものだと考える。

そこで東京都の養育家庭制度の発足時に、特に児童福祉現場で議論した内容を整理して、この制度について社会的な意味と、子どもの権利を発展させるために留意すべき諸点を明らかにしたいと考える。

筆者も当時児相の児童福祉司として、また東京の養護問題の解決のために労組を通じて運動した者として、いわば当事者として、東京都の養育家庭制度の発足時の議論と発足後の教訓の一端を述べてみたい。

なおこの内容については、当時ともに真剣に議論した労組の執行委員や児童福祉司（こういう人はもうほとんどいない）とも資料をもとに記憶を整理しあい、議論したものである。

一　開始時の議論

東京都の養育家庭制度は〔本稿末尾の別紙〕**資料1**のような歴史的な経過を経て始められたが、養育家庭制度要綱案が出されて後、各児相での業務レベルと、組合レベル（児相、養護施設の各分会、都職労民生局支部養護特別対策委員会――以下養護特対――など）とで議論された。そこで出された要綱案の問題点の概要は次の通り。

1　政策目的について

（1）「安上がり」ではないのか

養護問題が多発し、施設が量的にも質的にもそれに応えられないため、①措置が必要とされながら入所できない「施設待機児」が発生し、②緊急の保護を使命の一つとする児相の一時保護所も一杯になり、「一時保護待機児」というあってはならないことが発生している。このため子どもの人権問題として社会問題となっている。

その中で児童福祉現場も組合も、当面の緊急対応として「緊急施設の設置」を要求してきたが、養育家庭制度が当初緊急対策の一つとして出された。

もし施設設置より予算が少なくてすむ（安上がり）ためと考えられたとすれば問題外である。いままで里親委託の拡充が問題になった時は、施設が量的にも質的にも養護需要に対応できない場合が多かった。今回も同じ発想ではないのか。

埼玉県では養護施設が一杯のため、里親に委託措置した親が、恨んで児童福祉司を刺傷したという事件が起こった。養護問題に直面している親は、里親委託は子どもが「取られる」という意識をもっている場合が少なくない。それが偏見であるにしても、対応する場合に考慮しなければならない条件である。

養育家庭制度の提起は、緊急施設の早急な実現が同時になければ、安易な「安上がり」にすぎない。

（2）「肩代わり」ではないのか

施設では子どもの処遇が不十分なので、養育家庭制度を発足させるというのであれば、このことも大きな問題。施設での処遇はいままで運動により前進はしてきたが、非常に不十分であって、子どもの集団の小規模化と職員配置の増加を要求して久しいが実現していない。この施設整備を怠って、「施設が不十分な処遇で子どものためにならないから、養育家庭制度をつくる」という「肩代わり」政策であれば安易に過ぎる。

養育家庭制度が子どもの要求に応えられるようにするには、施設整備に劣らずきめの細かい政策的配慮（養育家庭を支える職員を十分に配置することや養育家庭に対する経済的保障を十分行うことなど沢山の配慮）が必要である。特に現在の日本は実子を育てることさえ様々な困難と闘うことが必要なように、一般的に子どもを育てることが困難な状況にある。養育家庭制度を成功させようとすれば、施設整備に劣らず予算のかかる配慮が必要である。

また養育家庭制度を本当に子どものためにつくり充実させようというのであれば、施設処遇が充実していなければならない。養育家庭の処遇が子どもの要求を満たさなければ、いつでも施設措置に切り換える保障がなければ、「施設処遇のひどさよりましだ」ということになり、養育家庭の充実も不十分となって、結局子どもの権利保障にはならない。

（3）処遇体制の整備を行わず、不備のまま拙速で実施するのは問題

児童相談所は、従来から児童福祉の中枢的機能を担うものといわれながら、実際は役に立たないとして社会的な批判を浴びてきた。このため児相の増設、児相職員の増配置、専門性を高めるための手立てなどについて多くの要求をしてきた。しかし要求の実現は極めて不十分で、子どもの生命が失われた事件を契機として、わずかに一時保護所の部分的な改善と、若干の職員の増、児相の増などがはかられただけであった。

基本的に必要な改善を放置したまま、新しく養育家庭制度をつくっても、全体の子どもの相談が充実するはずはなく、養育家庭制度の運営に対応することも不可能になり、制度だけが宙に浮いてしまう。養育家庭制度を発足させる度合いは、児相の基本的な整備をはかることを前提にして、さらに新制度のための体制を充実、整備することが必要。しかしそれらの具体的な条件は全く提示されていない。

（4）民間への依存、下請けで公的責任を放棄する方

向ではないか

基本的な児相の整備を行わずに、この制度を実施しようとするから、民間にその担い手を求めることになるのではないか。本来児相で担うべき仕事について、養育家庭センターに業務の多くの部分を任せるという案は、民間の積極的な活動を評価するとしながら、予算獲得の技術上の問題にすり替えて（予算獲得上困難な職員の増配置を避け、新規事業で付きやすい金で対応するという）、公的な責任を放棄する方向ではないか。

2　子どもの権利について

（1）　親を中心とする子どもの社会関係を発展させる面会権保障

施設措置の場合は実親を中心として、いままで形成されてきた子どもの社会関係を結んでいた人々（親戚、近隣、保育園、学校などの先生、知人、友達など）との面会は保障されているが、里親委託の場合は子どもが実親と面会することを好まない場合が多い。新たに発足する養育家庭では、従来の里親と違って、子どもが実親や社会関係を結んできた人々と面会する権利が十分保障されるのか

（2）　里親不調の場合の保障

養護施設が一杯で更に一時保護待機がある状況の中で、養育家庭委託後若し不調になった場合、子どもの措置変更が可能な条件がなければ、不調のまま委託を継続することになり、子どもの人権を侵すことになる。この問題をどのように解決するのか。

もしこの制度が、施設措置ができずにいる施設待機児の対策として、施設増設の代わりとして発足させるものではなく、子どものよりよい処遇のために社会的養護の選択肢を広げるためにつくられるというのであれば、不調時の保障は不可欠のはず。

（3）　処遇基準とその条件保障としての最低基準問題

児童福祉法では里親の最低基準を定めることになっているが、児童福祉施設の最低基準はあっても、里親の最低基準はまだない。養育家庭制度を発足させるにあたっては、処遇基準、最低基準を都として設定することが必要ではないか。

3　実親の権利

（1）　養育家庭の選択権

子どもが養育家庭を選択する権利は当然であるが（引き合わせの後、子どもの意見を聞くことは通常の里親委託の場合でも行っている）、養育家庭制度の場合一定期間

後、子どもが実親に帰ることが予想されるので、どんなところで、どんな育ち方をするのか、養育家庭の養育方針や養育態度を知り、実親として養育家庭を選択することができる保障がなければ、実親としては安心して養育家庭への委託を承諾しないであろう。

施設の場合は養育の考え方は一定の方針を持っているが、中立性が保たれるというのが実親の期待である（実際には様々な問題があるが、施設内の集団的検討や、問題の大きな場合は行政による監査や指導により、是正される手立てがあって、その機能が果たされることが期待されている）。

しかし養育家庭は一つの家庭であって、その養育についての考え方は自由で独自のものをもっている。実親は当然その考え方に介入はできない。そういう養育家庭に預けられる場合、その家庭の養育の考え方が子どもに濃厚に作用する。また問題があった場合の是正の手立てがどうなるのかという不安があって、実親はその点が大きな気掛かりとなる。この点からも最初の養育家庭の選択について実親の選択権は重要になる。

（2）　子どもがどのような環境で養育されているかを知る権利

子どもが委託された後、どんな家庭環境の中で養育されているかを実際の場面で確かめたいというのは実親の心情であろう。子どもが養育されている養育家庭の中に実親が入ってくるのは、里親も好まず、今までの里親委託ではほとんど考えられないことであった。社会的養護の選択肢の一つとしての養育家庭制度というのであれば、この点の保障はどうなるのか。

（3）　委託後の養育について意見を述べ、是正を求める権利

養育家庭の養育については、前述のような施設と違う点がある。特に養育家庭という一般市民に預けられる場合、実親は肩身の狭い思いをするのが、日本の現状である。さらに養護問題の場合は、「自分で育てられないで文句をいうな」という雰囲気が一般的なもので、児相の中にも少ないとは言えない状況にある。

養育家庭への委託が子どもの養育に最善と考えられた場合に、その措置が円滑に行えるためには、実親のこのような権利を保障することが必要になるが、養育家庭制度ではどうなるのか。

4　業務運営上の児相と養育家庭センター（以下センター）との関係

（1）　養育家庭の認定問題

認定のための調査はセンターで行い、その結果を児相

経由で児童福祉司と児相長の見解を付して知事に進達することになっているが、

① 実際調査しない児相がどうして見解を付することができるのか。

② もしセンターの調査だけでは養育家庭の実態が十分明らかでないと判断した時には、児童福祉司も所もどのように対応するのか。

③ 調査結果についてのセンターの見解と児相の見解とが違った時はどうするのか。

（2） 里子と里親との引き合わせ、委託措置の実際について

子どもの委託措置は児相が行うことになっている。子どもと養育家庭との引き合わせ、子どもの委託措置について、児相と養育家庭センターの分担はどうなるのか(協業ときれいごとを言っても実際は混乱するのではないか、あるいは混乱を避けようとすれば、養育家庭センターにお任せになり、児相の責任回避が起こるのではないか)

5 養育家庭と親権

（1） 親権と養育家庭の監護権とはどんな関係となるのか

養護施設への措置では児童福祉法により施設長が親権代行者になる。いままで里親委託の場合この問題はあいまいのままであった。今回の養育家庭制度の場合は養育家庭の監護権との関係はどうなるのか→当局回答（確かにその問題は検討すべきだが、発足してから検討したい）→未だに検討されていない。

二 研究的実施と「養育家庭制度委員会」の設置

資料1のような養育家庭制度について組合の要求行動と当局の回答があり、**資料2**の基本的事項を確認した上で、一九七四年度から一年間養育家庭制度は「養育家庭制度委員会のチェックのもとに、研究的試行が行われた。これは大きな議論になった施設が足らないために委託する「肩代わり」が実際に起こらないかを点検することが主な点検内容であった。しかし当初は既に里親となって子どもを委託されている家庭が、養育家庭に横滑りするものが多かった。

三 経過の中での教訓

1 教訓

（1） 養子縁組と養育家庭との関係

養子縁組を求めている家庭が安易に養育家庭になるべきではない→裁判の教訓。

（2）　児相と養育家庭センターとの役割を明確に

①　児相は子どもの立場、養育家庭センターは養育家庭の立場と割り切ることが必要――協同の場合は役割分担を明確にしたうえで、協力を。

②　委託時の見解の違いの調整

児相と養育家庭センターとの見解の違いがかなりある。この場合にどのように調整するか――委託の公的責任を明確にすること。

③　養育に問題があった時のセンターから児相への連絡

大きな問題になってから、児相に報告がある場合が多い。もっと頻繁に、初期のうちに連絡し、協同すべき。

④　更新時の子ども、養育家庭、児相、センター、実親との関係

更新時に養育家庭センターの報告に基づき、今までの養育の特徴、問題点などを児相と養育家庭センターが協同で検討し、両者が実際に訪問して子ども、養育家庭に会い、その意見を充分聞き、親権者にも確認し、その結果委託の継続か否かを決定するという手続きが必要。

⑤　不調時の見解の相違――引き上げの遅れ→虐待問題も発生

最も大きな問題点。養育家庭センターの養育家庭の立場からの判断（養育家庭の面子を重視する）が強い――問題の処遇については、躊躇なく委託解除すべき――児相の判断と果断な実行が必要。

・養育家庭の不服申立ての制度

・不調についての見解調整の委員会(第三者も入った)の設置

等の検討が必要。

（3）　養育家庭センターワーカーの専門性の確保

①　児相の児童福祉司に劣らず、ワーカーの異動が激しい。

②　ワーカーに専念すべき――児童指導と兼任することは好ましくない。

③　専門性については児童指導の面だけではなく、家庭の諸問題に対応するケースワークの面が不可欠――この点で不十分。

2　総括がされていないこと

養育家庭制度発足一〇年の時に総括を行うべきであったが、それが行われていない。発足時の議論、発足後の教訓を発足二〇年を期に行うべき。

四　改善すべき事項——教訓と合わせて

1　引き合わせまで

（1）　養育家庭の児相への推薦について

（2）　引き合わせについて

児相が養育家庭に面接することは不可欠の条件とすること。

（3）　委託について

①　児相は養育家庭への委託を養育家庭センター任せにすることなく、自主的に判断すべき——かなりの不調ケースはセンター任せの場合が多い。このためにも児相の委託前の養育家庭への面接は不可欠。

②不調からまた委託へというような安易な委託は行わないこと——委託実績を養育家庭センターの評価基準としないこと。

［別紙］東京都における養育家庭制度に関する資料

（資料1）東京都における養育家庭制度の歩み

☆一九六八・二　東京都児童福祉審議会意見具申「東京都における里親、保護受託者制度の改善について」

・当面改善すべき施策五項目を提起

①　里親登録手続きの改善→一般里親と養子縁組里親の登録別扱い

②　制度の積極的推進のため児童相談所の指導体制の充実、強化

③　普及のための啓発活動の強化

④　里親の養育技術の向上→里親の研修体制など

⑤　里親手当て等処遇経費の改善

☆一九七二・一一　東京都児童福祉審議会意見具申「東京都における里親制度のあり方について」（四八・

六より東京都児童福祉審議会の里親制度専門分科会の論議をまとめ意見具申）

・論議内容

▽里親制度発足以来の東京都の状況、制度が進んでいる県の状況（宮城、大阪、神戸、神奈川等）

▽いわゆる純粋里親と養子縁組里親とを別にすることの是非

▽児童相談所の実情では里親の開拓や制度推進が十分に行えないのでは↓児相と養護施設の協同作業による案（窓口をどこに置くかの議論）

▽養育家庭を準専門的養育を行うものと位置づけ↓養育経費、養育手当てなど施設に準じて支弁すべき

・養育家庭制度実施要綱案も意見具申に含まれる。

① 養育家庭制度は養護施設と里親が協同して養育を展開し、児相を含め三者協力の関係で運営する。

② 専門窓口として養育家庭センターを施設に設置する。

③ 養育家庭の登録は二年経過後に更新再申請することによって継続の意思を確認する。

④ 委託は現行の法制度により児童相談所長が行うが、実務上は児童福祉司とセンター指導員とが協働して行う。

⑤ 養育家庭に委託する児童数は特別の場合を除き、一家庭につき二人までとし実子のある場合はその子と同年齢の児童は委託しない。

⑥ センターの運営経費、ワーカーの人件費、および里親に対する特別経費（養育家庭手当て、養育家庭奨励金）を都が負担する。

⑦ 養育家庭に委託する児童は、地域社会で生活する上で困難な問題をもつ児童を除き特に限定しないが、当面就学前の幼児を対象とする。

☆一九七三・二・一三　都職労民生局支部養護問題特別対策委員会（養護特対）資料「養育家庭制度（案）に対する私たちの要求づくりのために」作成、配付

☆一九七三・四・一一「東京都養育家庭制度実施要綱」制定（東京都民生局長決定）

☆一九七三・四・一一　民生局児童部長通知「東京都養育家庭制度の運営について」

☆一九七三・五・二四　都職労民生局支部養護特対「養育家庭制度及び養護施設改善・拡充に関する

要求書」を児童部長に提出

・要求は養育家庭制度、施設の整備拡充、緊急施設の三項目で、養育家庭制度については「次の五点を早急に実現されたい」とした。

①児童相談所と養育家庭センターに新たな人員と予算の配置を行うこと、人員はソーシャル・ワーカー、事務とし、数は別途支部と協議し決定する。

②委託児童の養育に要する経費は、委託費によってすべてまかないうるものとすること。手当てはその労働の質と量に見合った社会的水準を確保すること。当面児童を一人につき二万円を下らないこと。

③センターとなる養護施設は、一定の積極的な地域活動の実績があること。

④委託児童に集団保育の機会を保障し、専門職員によるケースワーク、緊急事態及び不調の場合の保障体制をつくること。

⑤親権者による社会的養護の選択権を保障すること

・以後児童部長と都職労民生局支部との交渉

☆一九七三・八・二八～九・四　都職労民生局支部の要求実現行動、養育家庭制度に関する業務拒否、要求に対する回答と言う経過があり、その結果・養育家庭制度について支部より新たな申し入れ

①条件付きで七三年度発足に協力する。

②条件として「養育家庭制度委員会」を設置し協議していく。なお別紙の基本事項を確認する。

③七四年度には既設センターの人員、設備の充実をはかり、新たな増設はしないこと。

・児童部長大綱合意、ただし「民間施設でセンターを希望するものについては考慮したい、公立センターは次年度は創設しない」――妥結

・この結果

①七四年度は研究的試行の段階として進める。

②養育家庭制度委員会を設置して、実際のケースについて討議する（引合わせ前及び委託前の二回についての労使の検討）。

（資料2）民生局児童部長と都職労民生局支部との確認事項（一九七三・九）

養育家庭制度委員会（仮称）発足にあたっての確認事項

一、養育家庭制度は、家庭を破壊された子どもたち

の失われた権利を回復するために研究的に発足させるものである。

二、この制度は、子どもの権利を保障する住民運動に依拠するものとして追求される。

三、失われた権利の回復は、子どもの生命と暮らし、発達の権利を家庭的生活と集団的教育の場を保障するものとして位置づける。

四、この制度が保障する内容は、次の諸条件に対応するものとして十分に整備されなければならない。

(1)　家庭崩壊をもたらす社会的要因が、すべての家庭に及んでいる現在の家庭一般の状況と、社会的、経済的不平等等の存在

(2)　現在の都市問題「核家族化現象」の中で生ずる家庭の児童養育機能の限界

(3)　これらの諸条件の中での、児童養育に払われる家庭の負担と犠牲、

(4)　児童養育機能の社会化

養育家庭制度委員会（仮称）は、上記の原則に基づき、養育家庭制度の充実、具体化をはかる。

この委員会で必要と認められた条件は、当局により、速やかに実現される。

（資料3）　養育家庭制度の運営についての児童部長通知

49民児育第四六八号　昭和四九・一一・一一

各児童相談所／養育家庭センター長殿

民生局児童部長

東京都養育家庭制度の運営について

このことについては、東京都養育家庭制度実施要綱（昭和四八年四月一一日民生局長決定）（以下「要綱」という）に基づいて実施しているところである。この制度は、児童相談所が本来的な機能としてかかわりをもつものであるが、養護施設を中心とする地域社会での養護を期待する意味から、特定の施設を新たに「養育家庭センター」として指定し、児童相談所と密接な連けいのもとに、施設養護とあわせて家庭的養護の推進を図ることとしたものである。

ついては、これの運営にあたっては、下記の事項に留意のうえ、所期の目的達成のため遺憾のないよう配慮されたい。

記

一、養育家庭委託対象児童

(1)　児童の成育歴等を考慮し、家庭で養育すること

が望ましい児童とする。

当面は幼児に重点をおくが、学童であっても個別的処遇が望ましい児童については、対象とする。

(2) 家庭での養育が望ましい児童については、東京都児童福祉審議会の意見具申に述べられている指標を参考とし、今後、養育家庭制度連絡会議（昭和四八年七月一二日48民児育第四八六号決定）（以下「連絡会議」という。）で検討する。

二、養育家庭センターの担当地域

養育家庭センター（以下「センター」という。）の担当する地域は、別表のとおり定める。

なお、センターの担当地域を変更するときは、別途、養育家庭制度推進会議（以下「推進会議」という。）の意見により知事が定める。

三、制度の周知

養育家庭の開拓のための資料の作成、および広域にわたるPR等については、民生局が行う。

四、養育家庭の指導

(1) 養育家庭への指導は、当該養育家庭を担当するセンターが、児童相談所と協力して行う。

ただし、この制度の発足前の委託里親を養育家庭に切り替えたケースについては地理的条件等を考慮し、児童相談所との協議によって行う。

(2) 養育家庭に対する研修は、次の区分で実施する。

ア 全体研修

養育家庭登録者全員を対象とする研修は、年二回程度民生局が行う。

イ 新規研修

養育家庭として新たに登録された者、および既登録者に対する実務研修は、随時、センターが行うものとする。

五、養育家庭センター

(1) センターの専任職員は、施設の他の職員との有機的な連けいのもとに、要綱五の(2)に定める業務を行う。

(2) 専任職員の資格要件は、児童福祉施設最低基準（厚生省令六三号第六九条）に規定する児童指導員とする。

(3) センターは、当該施設で養護している児童のほか他の養護施設で養護している。

児童についても、養育家庭への委託を推進することができる。

(4) 養育家庭と児童との引き合わせを行う場合は、児童、および養育家庭を担当している児童相談所と密接な連絡のうえ、行うものとする。

六、児童相談所（長）

(1) 児童相談所長は、要綱五の(2)によりセンターから推せんされた養育家庭について、書類調査を行い、意見を付して知事あて提出する。ただし、必要がある場合は、センターに再調査を依頼し、またはセンターと連絡のうえ、直接家庭調査を行うことができる。

(2) 養育家庭として知事が認定したときの通知は、児童相談所からセンターを経由して当該者に交付する。

(3) 児童相談所は、養育家庭への委託が望ましい児童について、連絡会議においてセンターに連絡するものとする。

(4) 児童相談所長は、この制度の運用について、センターに大使協力、援助を行うまた、養育家庭と委託児童の状況等について、必要に応じて報告を求めることができる。

(5) 児童相談所長は、センターからの意見書によって、養育家庭委託の推せんを受けたケースについて、委託の可否を決定し措置を行う。

七、養育家庭への児童の引合わせ

養育家庭と児童の引合わせは、センターが連絡会議等の情報に基づき行うものとする。

その際、児童相談所と連絡のうえ、担当児童福祉司の立会いを求めるものとする。

八、不調となった児童の取扱い

(1) 養育家庭への委託が不調となった児童は、原則として委託措置前の施設に復帰させる。

(2) 不調となった児童を受け入れるため、センターとなった施設、および委託措置前の施設に用意する空定員の数は、現に委託している児童の数、および個々のケースの状況等を勘案して定める。

九、養育家庭への切替え

要綱一〇に規定する登録内容の変更は、里親申込書および調査書により行う。

この場合、里親申込書の備考欄に「登録内容の変更」と表示し、里親登録番号を記入する。

一〇、その他

その他、この制度の要綱、および本通知によらない事項が生じた場合は、児童部長が決定する。

三―3―④　パンフ「緊急に発行する理由」と「編集にあたって」

――『オウム真理教の施設に生活していた子どもの処遇に関する参考資料集』

（一九九五年春　東京児童相談所問題研究会刊『オウム真理教の施設に生活していた子どもの処遇に関する参考資料集』所収）

〔編者注〕　ここに収録したものは、鈴木が編著として、東京児相研から刊行したパンフ〈B５版九六頁〉の序文と後書きにあたり、いずれも鈴木が執筆したものである。パンフは、オウム真理教にかかわる人身保護請求事件の判決書や弁護団報告および親権変更申立事件の審判書などの資料集である。

はじめに――緊急に発行する理由

一九九五年四月一四日警視庁と山梨県警察合同捜査本部が、山梨県上九一色村のオウム教団施設に生活していた子ども五十三人を保護し、山梨県中央児相に通告した。山梨県はこの子どもたちを一時保護した。

警察が保護する時に「子どもの親」は「子どもを返せ」と叫び、また子どもの中にはいやがっているように見えた者もいた。更に一時保護後も「子どもの親」や信者が山梨県中央児相に大挙して押し掛け、ハンドマイクや肉声で「子どもを返せ」と騒然とした状況を呈した。これに対しては機動隊が児相の周囲を警備し、児相の中には入れさせなかった。

オウム教団の青山弁護士は「児童福祉法のどこにもこんなことは書いてない」といい、「人身保護請求を出す」といっていた（実際この請求は出された）。

この経過はＴＶ、新聞、雑誌等で生々しく報道された。この保護に関して、従来各地で行われたオウム関連の子どもに関する人身保護請求や、児童福祉法二五条の通告や一時保護に関する規定についての検討も行わずに、ＴＶキャスターの主観を流すような反応も一部にはあった。

例えば「子どもの親がいて返してくれといっているのに、どうなのか、警察はもっと説明を」(TV朝日、ニュースステーション久米宏氏）というようなものである。

子どもが一時保護された時点から、児相の処遇が非常に心配された。いずれは子どもたちは出身地の児相に分散され、そこで処遇が決定されると予想されたが、分散された時にオウム教団の組織的に行われる強引な方法で「取り返され」るのではないか、もし各地での考え方や処遇がまちまちになるとオウム教団につけ入る隙を与え、各地で混乱が起こるのではないか、これらの結果、子どもが再び不幸な環境に投げ込まれるのではないか、等の心配である。

そこで従来の判例の資料を集めようとしているうち、被害弁護士団の声明が出た。この声明の内容を正確に知ることと、いままでの弁護活動の中で明らかになった教団施設での子どもの生活内容、生活条件、オウム信者側の「取り返し」のやり方等々を参考にする必要があると考え、弁護団を訪ね資料を頂き意見を聞いた。これは非常に参考になるものであった。

実際に子どもの処遇にあたる児相の職員が、オウム真理教に関するいままでの経験を生かし、周囲に振り回されないで判断を正確に行い、子どもの権利を保障する仕事ができるようにする、ということが児相研の役割の一つだと考え、参考になりそうな資料をとりあえず緊急に発行することにした。できるだけ早くということから資料の様式に統一を欠くところはあるが、ご了承願いたい。

この資料発行にあたってオウム真理教被害弁護団のご協力をえたことを記し、感謝したい。

編集にあたって

以下は弁護団の話を参考に、児相の仕事の流れから子どもの処遇にあたって考えられることをまとめたものである。文責は編集者にある。

一　オウム教団施設に生活していた子どもをどうみるか、そして今回の保護をどうみるか

（1）　オウム教団施設に生活していた子どもは人身保護請求の判決で示されたように、また幾多の報道にみるように、福祉に欠ける状況に置かれた被害者である。その内容は、

①ネグレクト――バランスのいい栄養をとること、衛生的環境で生活すること、屋外で遊ぶこと、学

校教育を受けること、等々がされていない。そればかりか親がいてもバラバラに離され、親子の情を断ち切ることが指導されている。

②情報の制限――子どもの発達に必要な情報がえられないで一方的な情報だけが押しつけられている

③心理的にも拘束されている――オウムから離れれば地獄に落ちるという恐怖を叩きこまれているなど。

（2） 今回の保護は子どもの人権にとって必要な措置であったし、これからも十分な保護育成を必要とする。子どもの最善の利益のためには、仮に親権者であっても、オウム側に再び引き戻されないよう毅然とした態度と緻密な対応が求められる。オウム側は組織的、計画的に力づくで「取り返し」を試みることが予想されるが、関係者と協力してそれを防止し、子どもの人権を保障しなければならない。

（3） 要するに児童福祉の領域で子どもの権利条約を具体化する大きな試金石である。

二 子どもの安全確保＝「取り返し」の防止について

（1） 次の場合は起こり得る。

①出家した親が親権を楯にとって面会にくる

②出家者及び信者が集団で面会に来る

③強引に居室に入って子どもを引っ張っていく

④一時保護所中の、あるいは養護施設に入所中の子どもが外で遊んでいる時、あるいは通学途中で、出家した親またはそのグループが強引に連れていく

（2） 「取り返し」を強行する場合、いきなり行うのではなく、最も有効な時間、場所、方法を探るため二～三日間下見することが多い。周囲にみなれない人や自動車を発見した場合は要注意。

（3） オウム教団の人々を中に入れたら、強引な力で上記のことが行われるので、子どもの安全確保のためには中に入れないことが大切。そのためには警察官が常時警戒することが必要になる。安全のことだけでいえば都道府県単位でできるだけ一箇所に集中して保護することが望ましい。

（4） 強引な方法でなくても、さまざまな方法で子ども「取り返し」を企てる。例えば出家した親権者が「今後は学校へも通わせ、側において監護するから引き取りたい」と申し出るなど。

しかし、一時的にそのようなことが行われたとしても、再び親子してオウム教団に戻るという例

はあるので、親の生活実態についてはかなりの期間にわたって慎重に検討する必要がある。

（5）子どもが再びオウム教団にもどった場合は、手のとどかない所に隠され、子どもを発見することが困難になる。

（6）子ども自身がオウムに帰りたい、と意思表示する場合もあり得る。この場合一二歳の少女についての大阪地裁の判決は参考になろう。

（7）一時保護所を無断外出してオウムに帰ろうとする場合もあるかもしれない。当然のことながら、いままで洗脳されてきた内容がどのように変わり得るか、それと関連して一時保護所での生活とオウムの施設での生活を、子ども自身が比較して意思や行動を決めるであろう。一時保護所の生活や「指導」が非常に大切になる。

三　出家した親の親権について

（1）出家した親権者の親権を他の親に変更した審判例もあり、親権者としての主張ができないように、何らかの形で出家した親権者の親権を法的に喪失させあるいは制限することが必要になる。

（2）とりあえずの措置として児童福祉法二八条の申立てによる施設入所も考えられるが、この場合は管轄児相および子どもが居る施設は明らかになる。その場合のオウム側の出方とそれへの対応も考えておかなくてはならない。四との関係で最も禍根が残らない方法をとるべき。

（3）以上については家裁との事前打合せを十分に行うこと、及びオウム被害弁護団の協力を依頼することが必要になる。

四　子どもの状況の把握

（1）いままでのオウムの施設での養育上の問題はどこにあったのかをできるだけ詳しく明らかにしておく必要がある。九〇年の大阪地裁人身保護事件判決を基礎に、今回のマスコミの報道、さらに山梨中央児相に一時保護された子どもの身体的状況、発達状況、情緒的問題、などを加え、児相のもつ総合的な力を発揮して、各職種ごとに把握するとともにそれを総合し、裁判にも耐えうる資料を整備する必要がある。

五　子どもの処遇について

（1）処遇決定において過去の判決、審判は参考になる（資料参照）。

特に子どもが「オウムの施設に帰りたい」と意思表示した時、どう考え対応するかは子どもの権利条約の意見表明権の尊重という点からも重要である。自由な意思の形成をする条件があったかどうかを含めて、前述の大阪地裁の判決も十分考慮に入れながら、最善の利益との関係で慎重な判断を要する。

（2）親権者以外の親族が引き取り希望をした場合、親権問題の解決が先行すべきであろう。出家した親が親権を楯にとって子どもを連れ戻すことが考えられるから。

次に子どもが通学途中等で「取り返される」危険をどのように防ぐかが、具体的に検討されなければならない。養育の安定性の立ち入った調査も必要になるのは言うまでもない。

要するに親権者以外の親族が引き取ることは困難が大きく、さまざまな場合に対する検討が十分行われ、子どもの福祉が保障される見通しが立てられることが必要となる。

（3）里親委託は子どもの安全確保の上からも困難が大きいと考えられる。

（4）学校に通学していなかったオウムの子どもは学力が非常に低い状況にある。そしてこのことが劣等感のもとになる。学力の回復については特別な配慮が必要になる。

（5）どこで養育されるにしても、学校側の配慮について、具体的に打ち合わせる必要がある——住民登録をしない場合もあり得る、学力の獲得に関する特別な配慮、従来の生活習慣が一般のそれと違う問題を周囲がどのように理解し、受入れるか、拘束された状況での団体生活が続き、親と引き離されてきたことによる情緒の問題など

六　関連する機関、団体との連携

オウムの施設にいた子どもは継続的に福祉に欠け、権利が侵害された状況に置かれていた被害者で、いつまたその環境に引き戻されるかわからない危険性を背負っている。その対応には必要に応じて関連機関、団体、専門家と随時、機敏に相談できる体制が必要であろう。例えばオウム問題に詳しい弁護士、親権問題担当の家裁調査官、教育委員会教師、警察等である。

三―4―①

児童相談所の歴史と仕事

――物語的・体験的議論

（一九八七年一一月『日本の子どもと児童相談所／第一三回児相研セミナー報告書』に所収）

はじめに――働く者の立場からの歴史を

児相は、福祉事務所などと比べると、全国的に弱体です。設置されている数は少なく、職員数も少なく、児童福祉の中枢機関と言われながら、条件も非常に貧弱で行政の中でも片隅に置かれてきました。

ただ子どもの問題で人命にかかわる事やショッキングな事件が起こった時など、何か事が起こった時には「児相は何をしているのか」と言われ、厚生省なども「児相という相談窓口があるので、そこに相談してもらえればよかった」「児相の働きが十分あったら」などと言われてきました。

児相に働く者は非常に貧弱な条件の中で日本の子どもの一番深刻な問題を受け止めるということを、周囲からの非難に耐えながら続けてきました。目の前に現われている深刻な問題と、貧困な条件の板ばさみの中で、それでも何とかしなくてはとがんばってきたわけです。児相の歴史をそういう歴史としてみようというのが私の立場です。

たとえば、『児童相談所及び里親制度に関する実証的研究』という本があります。官庁統計はいろいろ並べてありますが、働いている者が、どんな条件の中でどんな労働過程を通して仕事をし、相談に対してどこまで応えられ、どれほど応えられていないか、ということにはふれられていません。「実証的」と銘うつだけに腹が立つ本です。

直面している子どもの問題の深刻さに立ち向かいなが

三　児童相談所、児童相談実践

ら、何とか解決の糸口だけでもつかみたいと動いても、現場の様々な矛盾の中で壁につき当たる。その壁とたたかいながら、苦しみながら、がんばっていきたい、そういう立場で歴史をみたいと思います。そういう意味で「働く者の立場から」の「体験的試論」です。

私は東京の児相で働いてきました。約二〇年間です。私が体験する以前の児相は文献や先輩の話を聞いて知ることが中心になります。また地域によって、相談の内容も仕事のしかたも大きな違いがあります。ですから私の話は部分的認識だという限定付きで受け取ってほしいと思います。またあまり統計数字を使わないで物語的に述べたいと思います。

児相が社会の中で果たしてきた役割（マイナスの役割や果たせなかった役割を含めて）は、様々な要因によって規定されています。

まずその時代の国民の労働、生活、文化などです。戦後の食うや食わずの時の相談と、現在のような「飽食の時代」（こういう言い方には問題がありますが）と言われる時代の相談とは大きな違いがあります。

また国がどんな福祉・教育の政策をとっているか、国民がどんな運動を展開しているかによっても規定されます。障害児の相談・処遇が児相でどのように行われてきたかを見れば端的にそれはわかります。

さらに、児相で働いている者たちが、どんな考えをもち、何をめざして働いているのかによっても児相の仕事は直接的に規制されます。児相研はこのことを意識してとりくんでいます。児相の歴史といった時は、このような要因との関連で、つまり、世の中全体の動きの中でとらえることが必要だと思います。

一　児相創設の頃

児相は言うまでもなく児童福祉法第一五条により設置された公的な児童福祉の相談機関です。そして児童福祉法は一九四七年一二月に成立しています（一九四八年四月施行）。

この頃の日本は、どういう状況だったのか――もちろん、敗戦後の混乱期だったのです。

一九四五（昭和二〇）年、日本は戦争に負け、駐留軍が日本に入ってきます。都会は東京をはじめ焼け野原。食料はなく、おまけに復員軍人や外地からの引揚者で人口は増え、住宅も少なく、衣食住を確保するのが大変な時代でした。

当然住むに家なく、食うに食なくということが一般的に生じ、浮浪児、浮浪者が発生します。栄養失調で亡くなる人も出てくる。そういう時代ですから、児童福祉法ができる前から、つまり、児相ができる前から浮浪児の問題を何とかしなければという政策が出されていました。たとえば一九四六（昭和二一）年九月には厚生省から「主要地方浮浪児等保護要綱」が七大都府県に通達され、同年一〇月GHQ（日本を占領した「連合軍」――米軍が主体――の総司令部）から「児童保護事業の拡充強化に関する覚書」が出されるなどです。

孤児や浮浪児の数はどれほどかということですが、一九四七（昭和二二）年二月の全国孤児一斉調査で、一八歳未満の孤児は一二万三、五〇三人、うち七、〇八〇人が浮浪の経験ありとなっています。この頃の調査は決して十分なものではなかったと思いますので、おそらく実際はもっと多かったと推察されます。

児相がつくられ、仕事を始める前から七大都府県には一時保護所（一八ヵ所）、児童鑑別所（七ヵ所）、児童収容保護所（一一ヵ所）などがつくられていました。浮浪児の「狩り込み」の受皿としてです。しかし不十分な食料と退屈な生活に子どもたちは逃亡し、再び浮浪することが多かったのです。

児福法がつくられた当時の児童福祉行政は、三つの柱があったと言われています。第一は、児童福祉の理念をはっきりさせること（これは児福法総則や少し後にできた児童憲章でうたいあげていました）。第二は、乳児の栄養補給の問題（食料の配給制度があり、しかも遅配が続いていた状態で、母乳も出ない、ミルクもない、ということで次代を担う乳幼児が栄養失調になるということに対する対策）。第三は、浮浪児対策（主要都市の駅、地下道、公園などにたくさんいて、治安問題、国民全体の健康問題――浮浪児者がシラミを持っている→発疹チフスを媒介する――となった）。この三つだということです。

当時の問題を理解するために、食糧事情、国民の状況、天皇の生活などにふれておきます。敗戦の翌年一九四六（昭和二一）年五月一九日食糧メーデーが行われます。皇居前広場に二五万人が集まったと言われる集会です。当時の食糧事情は生死にかかわるものでした。たとえば、母親は栄養失調のために乳が出ない。お米を水に漬けてスリバチでつぶしてからゆでたのを子どもに飲ませた。その米も買い出しに行かないと手に入らない。[1]

買い出しは命を守るためのギリギリの活動でした。焼け残った着物などを農家に持って行って物々交換で食糧（米と限らない、イモでも何でも）を手に入れる。一家でリュックサックを背負って手分けして運ぶ。そんなにたくさん運べる物が手に入るからではなく、危険を分散するため。というのは、食糧管理法によって、そういう取引きは禁じられていて、列車に乗って運ぶ途中、乗換駅などで警官が取り締まりをする。食糧は没収され、犯罪人の扱いを受けるのです。

物々交換する物を持っている者はまだいいけど、何もない者は配給だけに頼る。ところが配給の量は不十分で、かつ遅配、欠配が続く。だから「栄養失調で毎日のように一人、二人と死者が出た。兵舎のゲタ箱をこわして、お棺を作り、仏さまをみんなしてリヤカーで火葬場に運ぶのが町内役員の日課みたいになっていた」[2]。「戦災者住宅の便所に入ったら、中の便が青い。みんな雑草ばかり食べていて、便までそんな色になっちゃったんですね」[3]という状態だった。

東京では「米よこせ世田谷区民大会」が自然発生的に皇居へのデモに発展した。それが皇居内に入り皇族会のメニューが暴露された。食糧メーデーが行われる一週間前でした。皇族会のメニューというのは「お通しもの、平貝、胡瓜、ノリ、酢の物、おでん、鮪刺身、焼物、から揚げ、御煮物、竹の子、フキ」と、黒板に書かれてあった。[4]

こういうことから食糧メーデーには「朕はタラフク食ってるぞ、汝人民飢えて死ね」というプラカードがあらわれるようになるというわけです。

敗戦後天皇は人間天皇を宣言しますが、それでもなおこういう事実が続いていた。それだけではありません。「人間天皇」は全国を「巡幸」します。児福法ができた一九四八（昭和二三）年一〇月、長野県「巡幸」の際、養護施設の子どもたちに出迎えられました。「こちらにいるのは戦災孤児たちです」という説明に天皇は立ち止まり「あ、そう、戦災孤児か」「みんな明るい気持ちで元気にやってね」と言ったというのです。[5]

天皇は神聖にして侵すべからずという旧憲法時代に戦争を始めることは、天皇の戦争開始の決断なくしてはありえなかったのに、戦争犯罪に問われることもなく、戦後も十分な栄養の食物をとり、「宮廷列車」に乗って「巡幸」し、戦災孤児の頭をなでて声をかける、という行動を続け、「朕ハ爾等国民ト共ニ在リ、常ニ利害ヲ同ジウシ休戚ヲ分タント欲ス…」（人間宣言）とのたまっているのです。

一方では、聖戦と信じ、「天皇陛下万歳」と叫んで戦死し、その子どもは浮浪児になって食うや食わずでうろつき、生き残った者は飢え死にしないために買い出しをし、小便にも行けない満員列車に乗って、やっと仕入れた食糧を没収される。そういう生活をしている。

そういう中で児童福祉法ができ「浮浪児狩り」が行われ、極端な食糧難にあえぎながら養護施設が運営されてきたのです。当時の養護施設では、生活している子どもたちをどうやって食べさせていくかが最大の問題点だったと言います。

当時、児童福祉司にはどんな人がなり、どんなことをやっていたのでしょうか。いろんな経歴の人たちがなっていたようです。校長あがりの人、役場の課長をやめてなった人、新聞社の部長クラスの人がGHQの報道管制と衝突してやめ、児童福祉司という仕事にかけようとした人などです。そういう人たちが浮浪状態にある子どもたちや疲労しきった親たちを相手に奮闘していきました。

心理判定員も配置されているところは少なく、「狩り込まれた子ども」の「鑑別」を行っていた。それだけでなく、駅へ「狩込隊」の一員として出かけ、子どもの頭からつま先までDDTをふりかけて連れて来ることをやっていたという先輩の話です。このへんの事情は児相研でも東京の中彦平氏（退職直前は東京都児相センター診断指導課長）から交流会で話を聞いたことがあります。

児童福祉司も新しい日本をつくる担い手を育てる仕事だというので、情熱を傾けた人が多かったようです。本当はケースワークとか、児童福祉司が何かをやるのかなんてあまりよくわからなくても、目の前には食うや食わずの子どもがいる。放っておけないと親と子の状況がある。それに対して何とかしなければと一所懸命に勉強しながら動いていたようです。東京の先輩の話を聞くと「児童福祉司は子どもの問題についての区長だ」と対外的にも宣言し、役人のしきたりなんかに関係なく直接知事に面会して要望したこともあったといいます。

二　キャロル女史の指導

児福法で児相をつくってはみても、どんな機構で職種がどんな分担で、どのように仕事をすすめたらいいかわからない、という状況があったので、一九四九（昭和二四）年一一月、国連からキャロル女史というカナダの人が派遣されてきました。

この人は宮城県、大阪市、福岡県の児相をモデルとして特別に指導したほか、各地を巡ってケースワークの進め方などを講演しました。そして児相の三部制（相談・措置、診断・指導、一時保護）を提言し、『児童福祉マニュアル』（一九五一＝昭和二六年三月発行）を置土産にしていきました。この時のマニュアルは「キャロルマニュアル」と言われています。

このキャロル女史の通訳をした人、一緒について歩いた人、直接話を聞いた人などが各都道府県市にまだ元気でいらっしゃると思います。そういう人たちから当時の子どもたちの状況とともに、キャロル女史のこともぜひ聞いておいてください。

三　日本の転換期と児相、施設

一九五〇～五一（昭和二五～二六年）年は、戦後日本にとって大変大きな転換期でした。大雑把な図式でいえば次のようになります。

一九四九年一〇月、中華人民共和国が正式に宣言され、中国本土の政権を中国共産党が掌握します。一九五〇年日本共産党非合法化、レッドパージ、朝鮮戦争、警察予備隊（自衛隊の前身）設置、一九五一年日米講和条約、日米安保条約調印と続きます。日本がアメリカの対共産圏戦略の拠点として位置付けられ、行財政もその方向に再編されていきます。

このような骨組みを背景にしながら、一九五一年、児童憲章の制定宣言が行われるのですが、その前年一九五〇年は、四月から児童保護措置費等が平衡交付金の中に繰り入れられ、福祉の財政上大きな困難を引き起こします。

たとえば子どもを養護施設に措置した時、その費用の支払いを都道府県が一定の基準で行いますが、国からはその分の予算が直接国庫負担金として都道府県に流れていたのです。それが平衡交付金となると、その都道府県全体の財政需要の中に計算され、しかもその計算のし方は、国が一方的に決めるという形をとり、全体の財政の中にゴッチャにされ、しかもその全体の枠は国によって締められることになります。こういう変更を児福法第四次改正で行いました。

一九五一年には児福法の第五次改正が行われます。社会事業法制定により福祉事務所が設けられたので、児相の機能、権限との調整が行われるのですが、ここで児相の三部制（相談・措置、診断・指導、一時保護）が明記されます。また児童福祉司は従来どおり都道府県庁の職員であるが、執務の拠点は児相に置く、とされました。

児童福祉司の身分関係、指揮命令系統について原案に対する児童福祉司の反対運動もあってこの形になったと言われています。この第五次改正の国会審議では、児相の数が不足している、福祉事務所と同数必要という指摘がありましたが、政府答弁は、専門家の数が限定されているので増やせないというものでした。

措置費が平衡交付金に繰り入れられたことは、児童福祉にとっては大問題となりました。たとえば、措置はしてもその費用の支払いが遅れるなど、たくさんの問題が出てきて、国会でも当時の政権党の代議士も含めて、改善すべきという議論が出てきます。結局、一九五二年までで再び国庫負担金の方式に戻るのですが、そのための児童福祉法の改正が第七次で一九五二（昭和二七）年でした。第七次の改正では、同時に児童福祉司が児童相談所の職員となります。

これは参議院で修正可決されたものです。当時、行政整理が強行されつつあり、児童福祉もその対象となる恐れも強く、国会には児童福祉司の廃止反対の請願が数多く出されていました。この改正はそういう状況への対応であったと思われます。この時は自分たち自身のことでもあり、児童福祉司会は各地で請願を中心に運動を展開したようです。

こういう妥協の産物のためか、児童福祉司の位置づけは必ずしもすっきり整理されず、それが今日まで尾をひいているように思われます。たとえば法二六条一項二号と法二七条一項二号の児童福祉司指導については、児童相談所の職員としての児童福祉司というよりは、独立的性格をもったもののように受け取れるところがあります（現状では児童福祉司指導といっても、児相の各職種の協業による指導の形になっているとは思いますが）。

食糧難、措置費の不十分さなどで施設が苦労しているその時代に、ホスピタリズム論争が起こり始めます。東京都立の石神井学園々長堀文次が、ホスピタリズムを言いだしたのが一九五〇年です。今でもこの論争は根深く影響していますが、当時の施設の具体的条件を吟味しないで、一般的に「施設で育った子は」と議論を始めたのです。それは子どもの権利が保障されていないことの鋭い告発の意味はあったのですが、短絡的な施設否定の側面ももっていました。

一九五四（昭和二九）年に厚生省から「児童相談所の改善について」という通知が出て、児童福祉司、心理判定員、一時保護所の充実、研修の充実などがうたわれました。これによって、いろいろな県で心理判定員が正式に採用されたりしました。

しかしこの年度の社会保障予算は大削減されます。なぜか、この年の七月、防衛庁、自衛隊が発足します。バターか大砲か、という命題は歴史に常についてまわります。この年の養護施設児童の飲食物費は前年度単価のまま据え置かれます。

その結果はどんなことになるか——養護施設児童の食

費が野犬以下という事態が起こります。野良犬は放置しておくと狂犬病にかかったりして社会的に大きな問題を起こします。そこで野犬狩りをしますが、もし飼主が引きとりに来るといけないというので、一定の時間は餌を与えて生かしておきます。この野犬の餌代より養護施設の子どもの食費が低いということなのです。新聞がキャンペーンをはりました。一九五五（昭和三〇）年から五六（昭和三一）年にかけてです。

すでに児童憲章ができてから五年たっていました。児童は人として尊ばれると高らかに宣言したのに、犬並み、あるいは犬以下とは。全国の養護施設関係者も食費増額に奮闘しました。でも一〇円値上げ要求に対し政府は半額に達しない四円六二銭の増額で答えました。それも一九五七（昭和三二）年九月まで据え置きという条件で。

一九五七（昭和三二）年という年はまた「精神薄弱児通園施設」が児童福祉施設の中に加えられた年です。知恵遅れの子どもをもった親たちが、この子にも教育の保障をと要求しました。国は学校教育の範囲外として福祉で対応する方針を決め、この施設を作ったものです。したがって六歳以上の就学猶予または免除された者が入所資格でした。しかもＩＱ二五以上五〇以下という制限付きで（国会審議）。

この一九五七（昭和三二）年に、児童福祉司の担当区域の設定基準を政令で定めることになり、人口一〇万から一三万に児童福祉司一人としました。これはずっと生きていたのですが、その根拠は薄弱なもので一九五七（昭和三二）年当時の地方交付税の算定が標準県（人口一七〇万人）に一六人になっていることから割りかえしたものにすぎず、仕事の実態とは関係ないため、迫力のない基準になっています。

四　高度経済成長政策期の幾つかの問題

一九六〇（昭和三五）年、安保闘争があり、三井三池の大争議があり、岸内閣は倒れ、池田内閣が成立しました。そして所謂、高度経済成長政策をとります。この時代の幾つかの問題についてふれます。

1　非行問題

一九六一（昭和三六）年は、非行の第二のピークと言われた年です。一九六八（昭和三三）年頃から一〇代の犯罪は年少化、グループ化がめだち始めます。一九五八年上半期は少年犯罪が過去六ヵ年上半期での最高となります。

そういう状況を背景に、一九六一（昭和三六）年、情緒障害児短期治療施設が児童福祉施設の中に加えられます（児福法第二一条改正）。「軽度の非行等の情緒障害児」を短期収容あるいは通所させて障害を直すための施設として位置づけられたものです。しかし、「情緒障害」とは何か、という明確な定義もなく、施設の名前だけが先行しました。

2　養護問題

高度成長政策の矛盾が一番端的にあらわれた問題の一つです。高度成長のために資本の集積、集中が行われます。そして労働者もそこに集中されます。中卒者が若年未熟練労働者として大量に雇用されます。

若年労働者同士が結婚して子どもを生むというのは必然になりますが、経済的基盤も住居も不安定だし（子どもができたらアパートの立退きを要求されることは、東京ではザラだった）、若年で働きに来ているため家庭の維持のしかた、子育てのしかたなどについての文化も少し前の大人たちから十分吸収していない。このためいろいろな生活場面の問題に対応する力が乏しく、家庭が壊れてしまう例が続出する。このため幼児養護が増加する形となります。

また農村地帯でも貨幣収入を得るために出稼ぎが行われる。それはもちろん都会の企業系列の孫請けなどが行われている所への雇用の形で。農村の方は三チャン農業、二チャン農業、一チャン農業と言われるまでに、変化し養育上の問題が起こる。一九六九年、秋田県の児相が調べたところでは、出稼ぎのために養護施設に措置した児童数は、表1のとおりになっているというのです。

また、養護施設措置児童のうち幼児の占める割合が過半数を越すのは、東京では一九六三（昭三八）年度、愛知では六四年度、埼玉では六五年度で、全国では一九六六年度からとなったのです。

ところが養護施設というのは、それまでは学齢それも小学生中心であり、幼児養護については、職員体制も、設備も、その他の諸条件も整備されていなかった。このため余計巷に幼児が養護問題を背負いながらあふれてしまうということになります。

私が児童福祉司になったのが一九六九（昭和四四）年でした。当時はこの乳幼児の養

表1　出稼ぎを理由とした養護施設措置数

年　度	措置数
昭 36（1961）	10
37（1962）	13
38（1963）	20
39（1964）	32

護問題が最大の課題でした。施設に入れないから一時保護をする。一時保護所もいっぱいになる。そういう状況がずっと続いていました。乳児院も遠い都外のところに入所させる。その移送は一日がかりでした。

施設にも一時保護所にも入れない、だから幼い子どもをトラックの助手席に置いて、父親である運転手が一日子どもを連れて歩くなんてことがあり、新聞にも報道されました。

こういう時の児童福祉司の仕事は、情報やコネを利用して、いかに上手に施設に入れるか、知っている里親をつかんでいるか、ということになります。また心理判定員の仕事では、子どもに少々問題があっても、施設交渉が難しくないよう修飾をしたり、問題点を書かなかったりということもありました。全体に仕事の仕方がゆがめられていました。

乳幼児養護問題がピークに達していた頃、埼玉県のある児相の児童福祉司が措置児の父親に腹を刺されて重傷を負いました。入所すべき養護施設がなくて里親委託したのがけしからんという理由からでした。

3　障害児問題

私が児童福祉司になった頃、障害児問題についての保障は谷間だらけでした。「早期発見早期治療」というかけ声はあっても、三歳以下で発達に問題があるのでは、という相談に対して、三歳になってからまたいらっしゃいという場合が多かったのです。児童福祉司も心理職もそうでした。

仮に発達の遅れが発見されても、幼児には通園施設も、児相での通所指導もなかったのです。精薄児通園施設は学齢期の待機児でいっぱい。空きが出てもテスト通園と称して、一定期間通ってみて、処遇できると判断された子どもだけが入所できる、したがって、行動上の問題のある子はほとんど待機のままでした。

通園施設が少なかったこともあります。職員体制が不充分だったこともあります。そして重い子どもたちは家でずっと生活するので二次障害を起こす。ますます施設入所は困難になる、という悪循環でした。施設へ入れたければ、身辺自立についても、問題行動についても、親が努力して処遇しやすい状態にしてください、という意味のことを面接で言っている職員もいました。

通園がそんな状態なので二四時間の生活施設は尚更です。しかも親は疲れが出るので入所希望者は多い、重度になるほどどこへも行き場がない、という状態が長く続きました。たまに空きがあっても、どの子から先に入所できるかは施設が実際上は決める。養護性の問題でなく、処遇可能かどうか、どの子が処遇しやすいかで決まり、子どもに合わせて施設が改善されるということではなかったのです。

待機をしている子どもたちは児童福祉司指導の形になります。けれど、家庭訪問ができない、いつ施設に入れるかと聞かれることは目に見えているし、担当者自身だってまるで予測がつかないのですから。

わずかに先進的な児相が、月に何回か待機の子どもたちを児相に通わせてみようという試みをはじめます。親ちも必至で、各地域に子どもたちが集まれる自主的なグループが作られ、自治体に補助金の支出を求める、という運動が始まります。

全国的にも親や兄弟たちの運動が作られていきます。特に重複障害をもつ者の困難は大きく、それだけに真剣な運動が作られていきます。全国肢体不自由児父母の会連絡会（一九六一年発足）、全国心身障害児をもつ兄弟姉妹の会（一九六三年発足）、そして作家水上勉氏が重症心身障害児の親として「拝啓池田総理大臣殿」を中央公論に書き、対策の樹立を求めたのが一九六三（昭和三八）年でした。

それでもまだ一九七〇年前後は前に述べたような状況が続いたのでした。それがかなり変わり始めるのは革新首長が東京をはじめ大都市に出現し、福祉重視の政策をとり始め、全国的にその相互作用ができてからだと思います。

4　児相そのものの改善運動

もともと児相は運動の起こらないところでした。人数が少ないということもあります。どんな役に立っているのかがあまりはっきりしない上に、職員は専門家意識が強く、要求もまとまりきれないし、まとまっても他の職場で働く責任者が理解しにくい、という点もあったと思います。だから当局は活動家を孤立化させる場として児相を位置づけてきました。しかしそこに要求運動が起こりました。

東京で幼児養護問題が盛んになった頃は、ちょうど「収容施設改善闘争」が始まった頃でもありました。「子どもと労働者の人間をかえせ」というスローガンで始まったこの運動は、人手が足りないために子どもの要求を抑え、「まってね」の連発をし、保母自らは過労で倒れ、あるいは短期間で退職するということをなくすためのものでした。東京でこの運動は一定の成果をあげ、養護施設その他の施設の条件は改善されたのですが、児相の一時保護所がとりのこされました。一時保護所の保母たちは「せめて人並みに夏休みくらいはとりたい」とささやかな要求を出します。

これに対し当局は、職員増ではなく、一時保護所の統合をもって応えます。当時各児相に付設されていた一時保護所は、児童定数一〇名、保母二名というものでした。これは養護施設の職員配置基準二〇対四に準じたものだったのです。それを統合すれば職員数が多くなるので休みもとれやすくなるという発想です。当時の東京の中央児相に児童定数一〇〇名のマンモス保護所を作り、幼児は一室二〇名、保母は四名、業務当直で夜間業務に当たる、という形になりました。

幼児が一室二〇名のグループになったらどうなるか。親から引き離された子どもは不安になるのは当然です。入所したての子どもが泣けば、ようやく慣れてがまんしていた他の子どもも寂しさをあらためて思い起こして泣きます。騒然となったグループを静めるのは大変です。しかもはしか、水痘、耳下線炎の流行は幼児グループにはつきものです。グループの規模が大きければこれらにかかる子どもは次々と出て終息するまでは長期間かかります。

一人の身体の弱い子どもが、はしか、水痘、耳下腺炎と次々にり患した上で、病院にかつぎ込むのが遅れて死亡しました。児童福祉の中枢機関と言われている児相にいながら、子どもの生命が奪われた。このことは働く者にとっては大きなショックでした。

そこで一時保護所の改善運動は必死に行われました。その成果は翌年保母倍増、児童の集団規模縮小、観察室の設置という形であらわれました。その後一度統合された一時保護所は、再び各児相付設の方針に変更され、改築増設等のたびに一時保護所は整備されていきます。同時に相談指導体制の充実も福祉司、心理の増員の形で充実の方向へふみ出します。これが東京の運動でした。

後に児相研ができ、情報や経験の交流がすすみ川崎市の児相が東京に学びながら一時保護所の改善運動、児相増設運動を展開します。

5 いわゆる「情緒障害児」の問題と東京の児相センター建設の問題

高度経済成長政策による社会の変動は、いろいろの児童問題を生みました。それは養護問題だけではなく、登校拒否その他の問題にも及びました。いわゆる「情緒障害児」問題にどう対応するかをめぐって、東京では児童相談センター建設を児童福祉審議会が意見具申しました。

私たちは、それまでの児相の運動の延長線でこの問題に対応しました。

もともと児相の機能については「クリニックガイダンスと行政機関という異質の二つの機能があり、後者のために前者の機能が阻害されている」という議論が根強くありました。国立精神衛生研究所にいた高木四郎博士の主張はこの典型でした。

児相センター建設についての都児審の意見具申にもこの考え方は濃厚にありました。従来からの児童問題は行政機関としての旧児相で、アーバンゼーションによる児童問題は児相センターで、という考え方はこの表われです。

私たちは、この考え方、認識、解決の方法について、原則的な批判をしながら児相充実の現実的な方法を提起しました。その詳しい内容は、児相研の第一回報告集の報告、第二回報告集の基調報告をぜひ読み直していただきたいと思います。

相談に来る児童問題に「従来からの児童問題」「アーバンゼーションによる児童問題」なんて区別はない。第一アーバンゼーションによる児童問題とは何か、高度経済成長政策によって作り出される問題であることは、どの相談も変りない。そして措置も「クリニック」と呼ばれているものも、児童の権利保障の具体的方法としてあるのであり、児童の権利のための処遇として統一する必要がある。

措置の問題があったのは官僚的な運営に基づき児童の権利保障を阻害していたため、そして、一点豪華主義ではなく、その地域の要求をしっかりと受け止める地域児相として、それぞれを充実すべきだ、というのが私たちの主張の簡単なスケッチです。

当局と組合の児相センター建設をめぐる考え方のつきあわせが相当の長期間にわたって行われました。その結果、当局は地域児相の充実は当然行う、その先導的試行として児相センターを位置づける、という方針になりました。

また、児相センター内での処遇は、医師、心理職、児童福祉司が一対二対四の割合で構成する臨床チームが当たり、医師がスーパーヴァイザーとなるという考え方（これは高木四郎氏が提唱して以来、クリニックガイダンス論にはよく出される主張です）に対して、私たちは、児相の処遇は医学モデルで行うべきではなく、社会の中に生きている人間が、生活の中で生じている問題に直面しているのであり、ここの問題の中にある社会問題としての児童問題をしっかりつかむこと、チームは医師を頂点としたヒエラルキーにしないこと（医師の発想は医局という極めて非民主的な発想が根深い）、スーパーヴィジョンは、相互スーパーヴィジョンを基本とすること、チームは各職種が平等であり、それぞれの方法論をぶつけあって、児童の権利保障に向かって処遇を統一することなどを主張しました。

東京の児相センター建設は、本来の（クリニックガイダンスの機能を純化した）児相として、理想的なものを期待をした人もいるようですが（杉本一義、三沢光則『児童福祉の方法』川島書店などもその一つです）東京の児相の現場でとりくんだ者から見ると、子どもの権利の実態からかけ離れた見当はずれの期待だったと言わざるをえません。

五　行革下の児相

石油ショック以降、経済は低成長時代をむかえ、まず、民間の企業で大合理化が行われます。次に臨調行革が行われます。この時代の児童福祉問題はふれなければならないことがたくさんありますが（たとえば、サラ金問題と養護、非行問題、単身赴任や不規則労働とすべての児童相談など）、行革下の児童問題の具体例だけをあげておきます。

行革下の児相についての諸相は児相研セミナーの一九八四年（第一〇回）の基調報告と分科会で、また本質については一九八六年（第一二回）基調報告で議論されています。

ここでは私が処遇上、直接にぶつかった問題について簡単にお話しします。これも詳しいことは、パンフ『現場からの証言――鈴木都政は子どもの福祉に何をもたらしたか』で述べましたので読んでいただくとありがたいと思います。

児相は増設する、しかし職員は増やさないというのが鈴木都政の方針です。したがって福祉局で新しい施設ができて、その職員が必要な時は、同じ局の他の事務所の職員を削り、もってこなければなりません。「配分定数主義」と言います。児相が増設されると必ず今までの児相の一部が削られるのです。一番狙われるのが一時保護所です。

児相センターの一時保護所には、発達障害や、いわゆる情緒障害といわれる子どもたちも入所していました。これは運動の結果、児童集団八名、保母六名という室運営ができるようになったからです。ところが児相増設のためこの一室をつぶし、新児相の職員定数に繰り入れたのです。その部屋をつぶすには子どもが入っていたのではできません。そこで入所させないように管理職は様々な工作をしました。

私が面接した親子は母子浮浪でした。子ども二人は学齢に達しているのに登校していません。二人とも発達障害が疑われるので、従来から一時保護や施設入所をいろいろな人がすすめていたのに母親は逃げて浮浪を続けていました。その母親が珍しく子どもたちを一時保護してほしい、と申し出て来たのです。しかも児相センターの保護所は外から見えているし、出て来た子どもも明るいので、ここがいいと言うのです。

ところがその時は保護所の一部屋をつぶすと当局が決めた日の二、三日前でした。事情を詳しく述べ、一時保護すべきという意見に対し、他県に住居を借りてからという理由で（実際は浮浪をくりかえしているのに）、東京の一時保護所入所を職制が拒否しました。

このやり取りに時間がずいぶんいりました。待ち切れなくなった母親はせっかく希望したのに入所が受入れられないと受取って、暴言をはき、物に当たり散らして子どもを連れて去っていきました。そして再び浮浪の生活を続けたのです。

相手の状況に対応して、子どもの権利のために必要な手立てを講じるということが福祉の原則ですが、行革はその原則は邪魔なので押しつぶすのです。これに類したことは、行革下の児相ではたくさんあります。相手はたくさんの生活困難を抱えて来た人がほとんどなので、相手のせいにする理由も、福祉の場合は見つけやすく、責任逃れもしやすいのです。

六　結局、児相の仕事は何か

最初に述べたように、児相の仕事は様々な条件によって規制されます。

国民の生活実態と文化、そこから生ずる要求、ねがい、それに対する政治権力を持つ者の基本方針と諸政策、この二つのぶつかりあいの中で児相の役割も決まります。そして、児相に働く者が、どっちの方向に向かって、何をするかということを通じて、児相の仕事は現実化します。

ですから働く者の主体的条件――相談という形であらわれた問題をどう受けとめようとしているか、働いている者がどれくらい仲間と手を結ぶことができるか、現実を規制している条件をどれくらい改善したか、改善しようとたたかっているか――が決定的に重要になってきます。児相研の五原則の一つである子どもの問題を権利保障の立場で考え、行動することを貫くこと。児相の仕事はこの一語につきると思うのです。

おわりに

児相の歴史については、物語的にも体験的にも、ふれておきたいことがもっともっとたくさんあります。限定された範囲なので、このあたりで終ります。児相研第一二回（一九八六年）報告書掲載の群馬の河崎さんの話、各児相で出した『児相三〇年史』（同四〇年史）等を参考によく読んでおいてください。

注

（1）大島幸夫『戦後民衆史』毎日新聞社　九頁。
（2）同　一〇頁。
（3）同　一一頁。
（4）同　一〇頁。
（5）同　一九頁。

三―4―②

児童相談所と私

――運動体験からの私的児童相談所論

（一九八九年秋　『日本の子どもと児童相談所／第一四回児相研セミナー報告書』所収）

はじめに

児相の運動と私、という内容でお話しします。

自分たちが考えている児相をつくりあげるためには、まず児相についての考えを固めなければなりません。

それは第一に、相談された問題について、実際の処遇を通して、子どもや親と様々に関わりあうことによって学び考えることが基礎になります。第二に、その上にたって要求実現のために当局とやりとりすることによって、一層、理念や目指す機能やそれを実現する条件が鮮明になる、ということだと思います。

こういうことを通じて、要求実現のエネルギーも高まり、なかまとの討論も拡がり、それが更に目指す児相の像を明確にするという。らせん的発展をするものだと私は思っています。

第二の場合がどんな時かを私の経験でいえば、一時保護所で子どもが死亡して改善運動を始めた時です。児童相談センターを東京都がつくった時です。またそのあと地域児相充実のため東京都児童福祉審議会が意見具申の骨子を出した時です。行革のはしりとして再度の保守都政が児相の人員を削減しようとした時です。

以下節目となったそれぞれの時期で、何をどう考え、運動してきたかをお話したいと思います。

なお私の体験は、東京という地域で、六〇年安保闘争を経験した仲間と共に活動し、革新統一の知事を誕生させた力が職場にも地域にもあった時代を中心としています。そういう条件の中でのものだということを予め理解をしておいて戴きたいと思います。

一　児相の改善運動のはじめ

私が都庁で働き始めた頃、保守都政下の東京都は伏魔殿といわれていました。汚職はやりたい放題、利権の網の目は張りめぐらされ、都民のための仕事は何処吹く風。人事も議員の利害によって動いていました。

こんなことを許しておけないと、労組や都民の運動が議会を変え（刷新都議会）、革新知事の誕生を準備しました。私が東京下町の墨田児相に転勤したのは一九六九年で、既に革新知事は誕生していましたが（一九六七年みのべ氏当選）、児相の仕事は改善されてはいなかったのです。

当時の墨田児相は木造の狭い二階建のガタガタの庁舎で、トラックが通ると地震かと立ち上がり、二階の児童福祉司の部屋は電話が一本しかなくて、一階に電話がかかると、公衆電話が切れない中に電話口に出るため、みんな駆け下りていました。

なにより児相は忙しいばかりで、一時保護所や施設への入所が必要なのにできず、児童福祉司は良心の呵責と腹立ちと徒労の毎日でした。一時保護中の子どもが亡くなったのはこの頃です。

当時幼児養護が大きな問題になっていた時でした。「収容施設改善闘争」によって大幅な人員増が獲得され、労働者の労働時間は短縮されたのに、一時保護所の保母から「人並みの休みを」という要求があがるのは当然でした。

当局はこの要求に対して、増員なしの一時保護所の集中、統合で答えました。一時保護所を集中すれば、増員なしでも交代で休みがとれるという理由からです。しかし、これは子どものことを全く考えない方針でした。

統合後の中央児相の一時保護所は定員が一〇〇名（実際は物理的条件でそんなに入れなかった）、幼児は一室二〇名。一人が泣けば次々に泣き、はしかや耳下腺炎を一人が持ち込めば、次々とかかるという状態が続きました。その中で続けざまに病気をした子どもが衰弱して死亡。母一人、子一人のこの家庭で母親が病気入院中のため一時保護所で通夜、葬儀をとり行いました。みんな大変なショックでした。

児童福祉司の年齢が高く、保母は勤務条件がきつく、要求運動は困難だったのですが、このままでは、福祉の仕事をしながら、自分たちが子ども達の加害者になってしまう、という思いで運動が始まりました。

それは涙と怒号の交渉でした。要求は人員増による、週四八時間労働の確立と、子どもの集団規模の縮小の実現、設備の改善、更に一時保護所の集中政策の失敗を認め分散して各所に設置すること、児相の増設置、諸施設の増設など政策にまで及び、子どもの権利を侵害している現状を緊急に、全面的に解決するための項目が提出されました。

「児童福祉の中枢機関といわれている児相に保護された子どもが死亡し、児童福祉司が国基準以下の配置という実態は革新都政の恥部ではないか」というビラを都庁の中枢である総務局や財務局に撒いて都全体の認識を喚起しました。

それまでも児童相談所の改善については、当局も予算要求はしてきました。しかしその方法は新規事業でなければ予算はとれないという発想で、その時々の流行、例えば非行防止のための健全育成とか登校拒否の増加に対するクリニック機能の強化とか、体裁のいいうたい文句で予算を獲得しようというものでした。

それは迫力がなく毎年度予算要求は実現しないまま、児相の惨状は増すばかりでした。わたしたちは、子どもの権利が奪われている現状こそ問題であり、それを解決するために予算要求をすべきで新規事業の問題ではないと現状の問題点を明らかにすることから始めました。

この時から児相整備の視点、方法について当局との違いがはっきり出て、わたしたち自身も認識するようになりました。

二　児童相談センター建設について

東京都社会福祉審議会は「コミュニティケアの進展について」という意見具申を一九六九年に出しました。この中で、児童福祉分野では児童相談センターの建設と里親制度の強化がコミュニティケアの柱としてあげられました。

その後これを受けて、東京都児童福祉審議会も「児童相談センターの建設について」という意見具申を出しますが、児相の改善運動に取り組んできた私たちは、児相センター建設の問題点を明確にし、私たちが求めている児相の充実とどう違うのかを明確にしていきました。

第一に、児相センターの建設が、その当時の児相が直面している大きな矛盾をどのように解決しようとしているのかが明確でないことです。地域の相談に対応できない職員数、一時保護所入所を子どもが待機している状況。施設も長期に入所待機があるような定員状況、これらの解決策を抜きに、児相センターを建設しても子どもの権利の保障が前進するとはいえないのではないかということです。

第二に、今までの児相と児相センターは仕事がどう違うのか、についてです。「アーバニゼーションによる児童問題（具体的には情緒障害）は児相センターへ、従来の問題は地域児相へ」という振り分けを児童福祉審議会はしたのですが、現場の労働者は全然納得しない。

まずアーバニゼーションによる児童問題とは何かが明確に説明されていない。次に児童問題をそんな風に区別できない。養護問題にしてもアーバニゼーションによる問題は当然含まれてくるし、情緒障害問題にしても実態からいえば広い意味の養護問題であると考えれば、こういう振り分けは児相の仕事に混乱を引き起こすだけになる。

こういう問題点を労組がさんざん指摘したにもかかわらず、当局はどんどん既成事実を先行させるので、児相センター建設に関する「闘争宣言」を出さざるをえなくなったのです。当局もびっくりして、労使協議の機関を設けて検討することになり、そこで児相に関する考え方の鋭いつきあわせが行われました。その概略は、

（1） 児童問題をどうとらえるか（高度経済成長政策下の生活問題の一環としてとらえること。一人の人間を社会的側面、心理的側面、医学的側面などのモザイクでなく、不可分の単位としてとらえることを主張）。

（2） 児相の機能（子どもの権利擁護の役割、児相センターは特別な機能を持つべきではない――今までの児相を充実させることが先決と主張）。

（3） 児相の労働組織（各職種で構成する処遇テールをつくり集団で一定地域を担当し、処遇すること、そして職種間の互換性を強め「主として子どもの」、或いは「主として親の」、担当者として職種を位置づけることなどを主張――当局案は医師を頂点とするヒエラルキーのもとで沢山の課をつくり、ケースをベルトコンベア的に次々と職種と課を通過させ、課間は会議で繋ぐという考え方）。

（4） 児相センターの役割（まず既存の児相の充実をはかり、その上でセンターが必要ならつくるべきで、センターの独自機能としているものは一つ一つつめれば、地域児相が持たなければならない機能だと主張）。

（5）一時保護所問題の重点的解決（大きな建物の中で最もしわよせを受けている一時保護所を、設備的にも充実させること——居室を減らしても遊び場を確保することを主張）。

などです（詳しくは第一回児相研セミナー報告書を参照）。

こういうやりとりの結果、当局は児相センターは「地域児相充実のための先行的試行」と位置づけざるを得なくなりました。

三　「地域に開かれた児相」について

以上の経過から、児童福祉審議会も地域児相の充実について意見具申を出さざるをえなくなりました。そして意見具申に先立ち、一九七五年五月に「骨子」を発表し、現場の意見を求めました（意見の求め方は形式的で大きな不満を呼びました）。

曲がりなりにもこういうことが行われたのは運動の成果の一つであったのですが、私たちはこの「骨子」の理念を始め提言を逐条的に検討し、私たちの主張を述べました。「骨子」がいままでと大きく違ったところは、児相の位置づけを「子どもの奪われた権利の回復」をはかる所としたことです。私たちはこれを評価しながらもなお基本的な問題点があることを指摘しました。その概要は、

（1）「奪われた権利の回復」というのなら、権利を誰が何のために奪ったのかを明らかにすべきであり、そうしないと子どもの問題が社会問題であることが曖昧になり、処遇に影響する。

（2）児相は今まで隔離主義で仕事をしており、差別の機関となっていたので、今後児相の職員は意識改革をして問題を地域に返すべきだという「骨子」の見解について——隔離主義、差別機関化は政府の政策であり、単に児相の職員の意識の問題ではない。また地域の保障手段を現在のままにして、問題を「地域に返す」ことをしたら、新しい慈恵の福祉を地域に生む恐れが多分にあり、保障手段を生活実態に合わせて創造することが先決である——観念主義では現実を変革できない。

（3）一時保護所の問題に触れていない——今までのように「養護施設に準ずる」のではなく、子どもの集団規模、職員配置、設備、面積等に独自の基準をつくるべき。

（4）児童福祉審議会の改組と運営の民主化（労働者側推薦の委員を入れること、労組と意見交換を行う

こと）などでした。

その後出された「地域社会に開かれた児童相談所のあり方について」という意見具申は、「骨子」とは相当違ったものになっており、私たちの動きが一定の影響を与えたと思います。

四　児相の増設と職員定数の削減、児相の特別区移管問題の中で

東京の児相の増設は長年の懸案で、革新知事時代に増設計画が出来ていました。再度の保守都政になっても、この計画を放棄できず、計画に沿って児相は増設されて行きました。しかし保守都政は「増設すれど職員は増員せず」という方針を堅持しました。このため増設する度に既存の児相は職員の削減が行われました。

そのターゲットとなったのは一時保護所でした。このことをめぐって私たちは労組として福祉局のトップと激しい論戦を行いました。「東京都全体として総合すると従来の水準は維持していける」というのが局側のこじつけた論理でした。

私たちは「地域の中の児相の機能が弱体化してどうして全体の水準が保たれるのか、いままでより、時間がかかり、不便になり、手薄になった一時保護所を利用する都民が、水準低下ととらえない方が不思議だ。水準とは単に児童定数が東京都全体で変わらないというような数字の問題ではない。具体的な生活的事実であり、その上にたった有用さである」と主張しました。

皮肉にも、「東京都全体の水準論」が特別区に児童相談事業を移管する問題になると、その問題点を指摘する論理になりました。特別区は東京都独自の制度ですが、いま市並みの権限を求めています。「身近な事業は身近な自治体で」というスローガンのもとで児童相談事業も特別区の事業にすることが都区の合意となっています。

ところが児相は各区に一つの割合ほどには設置されていません。また一時保護所はもっと少なく、もし実際に特別区に児童相談事業が移管された場合に、こういう問題をどう解決するのかが具体的に明らかにされていません。

いままで都全体で辛うじて水準を保ってきたものが、特別区に移管になった途端、自治体同士の関係が複雑になり、非常に煩雑な事態が生じて子どもの権利保障には程遠いことになる可能性は大きいものがあります。

この特別区への児童相談事業の移管問題は、また児相

の専門性とは何かを真剣に考えさせられる契機にもなりました。職場で様々な議論をしましたが「問題を生活を基盤にして総合的につかむこと」「人間を全体的にみること」などにいろんな職種が協働すること、つまり「児相の専門性とは総合性にある」ということに大体が落ち着いたと思います。

社会調査、心理的接近、一時保護所の生活的接近、医学的診断、などを総合して処遇方針を立てるということは、それを担う職種が同じ機関の中にあり、常時協業し、チームを形成することにより可能になるのではないか、児相はその力を発揮することに存在価値があるのではないか（現在十分に発揮出来ているとはいえないことが大きな問題だが）ということです。

以上駆け足で辿ってきましたが、児童相談所の問題を考える時、私は要求運動と結びついてずっとやってきたと今あらためて思います。

子どもの要求に応えられない口惜しさを解決しようと要求し、立ちはだかる壁と闘いながら自分達の主張と論理を鍛えていった、その場合労組と職場の仲間が欠くことのできないものだったとつくづく思います。

三―4―④

〈巻頭言〉 日々新たな児相研を

（一九九五年一〇月『児相研ニュース』一八号に掲載）

児相研の運営委員会が曲がりなりにもできてから、ずっと委員長をお願いしていました鷲谷先生が、ご健康の都合で一九九四年の総会を機に退かれた後を、いろいろな事情でわたしがお引受けする事になりました。

当初から児相研とかかわってきたわたしは、「二〇年を一区切りにして児相研を解散し、現在児相で働く人々がもし必要とするならば、新しい構想で第二次児相研を出発させ、産みの苦しみと楽しみを共有しながら、みんながそれぞれの思いを実現するためにエネルギーを出し合ったらいい」と考えていました。

しかし「人事異動が激しい現状で解散するなんて乱暴な」「児相研はいまや一つの存在としてあるのに、また一から出直すのは問題だ」という意見もあり、わたしはこの考えを引っ込めました。

この二〇年間鷲谷先生は、現在子どもが背負っている問題にとって、児童相談という仕事がどう役にたっているのか、子どもの権利とどう関係するのか、役にたっていないとすれば何故か、子どもの問題は社会の中でどう生まれているのか、などを機会ある毎に提起されてきました。

わたしもまた児相研はその問いを常にもつ研究会であり、何よりも自らの実践を通じてこの問いを検討するセミナーでありたいと考えています。

昨年、セミナーの準備のため、全国をブロックに分けて実行委員会が手分けして実態を交流する小セミナーを開きました。わたしもそれに参加して強く感じたことがあります。それは各地の実態がさまざまなこと、そしてその中にあって子どもの相談に真剣に取り組んでいる人々が必ずいることです。

児童福祉の政策の問題点や人事の杜撰さのしわ寄せに苦しみながら、また自らを含めた官僚性と闘いながら、実践をしている人々によって、辛うじて日本の児童福祉が部分的に機能していると実感しました。そしてこういう人々が児相研に期待し、参加されることは心底嬉しく力強く思いました。

児童福祉の政策は急によくなるとは思えない状況にあります。また人事が専門性を尊重するようにすいすいと改善される期待は残念ながらもてません。ならばいっそうこの会を発展させていくことが必要だと考えます。

ところで児相研の運営状況はどうかといえば、昨年から委員長、事務局長と副委員長の一部が変わり新体制をつくりましたが、まだ軌道にのらないうちに一年を迎えようとしています。

この間沢山の重要な問題が起こっています。愛知をはじめ各地の「いじめ自殺」問題、関西大震災、オウム真理教団の施設に生活していた子どもの保護の問題などです。また今年は戦後五〇年の年で戦後の社会の動きと児童福祉、とりわけ子どもの相談について括って検討してみることが必要だと思っていました。

このような問題に本来機敏な対応をすべきと考えながら、それが果たせていないのは残念であり、申し訳なく思っています。

わたしが昨年のセミナーからずっと健康を害し二度入院したため、委員長の役割を果たせなかったことも一因だったと責任を感じていますが、幸い現在は順調に回復途上にあり、少しずつ活動ができるようになりました。

いま児相研には沢山の課題があります。例えば、セミナーだけでなく各地での研究会を開く問題、財政の問題、セミナーの実施責任と財政負担の問題（全国か、現地実行委員会か）、機関紙の問題などです。これらを解決するために今後四役が密接に協力してその役割を果たさなければならないのは当然ですが、みなさんの積極的なご参加を期待しています。

はじめは、他人がつくった「既存の研究会」の児相研に参加してちょっと得する、という参加の仕方もあるでしょうが、できれば自らの実践をぶつけ合い、議論しあい、考えあい、学びあう、自分たちに必要な場をつくり出す参加の仕方を期待したいと思います。

そのために会をどう運営するかも含めて会員のみなさんの積極的なエネルギーの投入をお願いしたいと思います。こうして『日々新たな児相研』なることを願っています。

四　福祉労働と実践・研究運動

四―1―①

福祉労働の方法をつくり出すために

――児童相談労働を中心に

（一九七九年九月『社会福祉学』二〇号に掲載）

はじめに

この稿は、日本社会福祉学会第二六回大会（一九七八年）児童福祉分科会課題報告で発表したものを、整理し再検討したものである。

同大会の基本テーマは、「日本における福祉的〝処遇〟の展開――社会福祉研究の方法を求めて――」であったが、筆者にはこの基本テーマが理解し難かった。「日本における」の意味、「福祉的〝処遇〟」の意味、〝処遇〟と社会福祉研究とのかかわり、等が不明だからである。

福祉労働者の一人として社会福祉の研究界をみると、わからないことが多いが、日頃私は福祉を権利として定着させるためには、労働者と研究者の提携が必要だと考えているので、大会や本誌で報告する機会を与えられたことを感謝しつつ私見を述べさせていただく。

私はいま児童相談所で働らき、毎日労働経験を重ねている。そして職場を中心とした組合活動や、福祉労働者を中心にした自主的研究運動に参加をしている。こういう中で利用者や働らく仲間から、教えられたり、学びあったことは限りなく深い。

この稿はそれを私なりに整理したものである。研究を本業としないため検討の時間も少なく、概念や論理も未成熟なものも多いが、誤りをおそれず大胆に論議できるのは、労働者の特権だと思っているので、日頃考えていることを述べてみたい。労学提携のための討論の素材になれば幸いである。

一　若干の前提

この稿は福祉研究の方法ではなく、福祉労働の一分野である児童福祉の相談労働の方法について議論するものであるが、その前提として幾つかの事項にふれておきたい。

1　労働と処遇

社会福祉学会第二六回大会の基本テーマでも〝処遇〟となっているが、内容は必ずしも明確ではない。今まで日本の福祉の中でこの語は、「目前の対象者」にいかに対応するか、という意味に使われてきた、といってよいのではないだろうか。少くとも労働現場ではそのような使い方が多くされてきたと思われる。

そしてこのことは、「処遇」が treatment の訳語として使われ、treatment は (Mode of) dealing with or behaving towards person or thing であり、treat は act towords, behave to, apply process to, deal with などという意味をもつとされていることと、[1]一致しているのではないだろうか。

これに対し「労働」は、社会科学における基礎的な概念として、詳しく論じられてきた。即ち「人間が人間と自然との質料転換を自分自身の行為によって媒介し、規制し、制御する一過程」[2]としてとらえられ、外界に働らきかけ外界を変化させると共に、自らもまた変化させるものである、とされてきた。

そして労働過程は、①人間が自然対象を加工する過程をあらわす技術過程、②人間同士が相互に働らきかける過程をあらわす組織過程、の二側面があり、技術過程は、合目的的活動、労働対象、労働手段の三つの契機から成り立っている、とされてきた。

挙証を省いていってしまえば、処遇とは、福祉労働について、労働の本質的な把握や、労働過程や、技術過程の三契機などを意識的に検討する以前の、素朴な原初的なとらえ方をしたもの、といえるのではないだろうか。

従来処遇論の多くが、①対象論を欠いていること、②処遇目的が抽象的であったこと（ある場合は感傷的、慈恵的でさえあったのは、対象論の欠除した反映と考えられる）、③労働手段が労働の一契機としての位置を与えられないこと（このため「物的条件と処遇の内容と、どちらが大事か、あえていえば処遇の内容である」[3]というように、物的条件が労働の外的条件、あるいは処遇と対立するものとして二者択一的にとらえられる場合も発生する）などの弱点をもっていたのは、「処遇」という語が素朴な原初的な労働のとらえ方であることとの反映といえないだろうか。

なお、労働論の立場で福祉労働を意識的に追究したうえで、労働対象に直接的、具体的に働らきかける場面を「処遇」と呼んでいた場合もあるようだが、混乱を避けるため、別の語を使った方がいいと考えられる。

2　福祉労働の位置づけ

福祉労働の性格、位置づけを明らかにすることは、労働の方法を検討する時の目標を明らかにする。

教育、医療、福祉など人間を対象とする労働は共通なものがあると考えられる。それは、①それぞれの労働対象である人間が何れも生物的矛盾、社会的矛盾の統一したものとしてあること、②その矛盾によって生ずる拘束から自らを解放する人間の活動を媒介する労働であること、である。

教育労働でみれば、自然的生命体において、一定の所与である自然的制限から、一定の脱出を行ない、自己解放を獲得することを媒介する労働といえるし、[4]医療労働は、「健康な労働能力の形成、維持増進に寄与し（保健、公衆衛生）、また健康が破壊され、障害が生じた労働能力に健康を回復させ、障害をなくする（治療、リハビリテーション）サービスである」[5]（ここでいう労働能力は「商品としての労働力」ではなく、精神的、肉体的な労働能力の総体、すなわち人格をあらわす）[4]であり、また「自由を拘束された生命としての病気」[6]からの回復は、拘束からの解放ととらえられる。

福祉労働は、社会的諸条件からくる（その結果としての人格問題も含めて）個別的生活問題について、一定の拘束からの解放（生活問題の解決）を媒介する労働、といえるのではないだろうか。

これら人間を対象とする労働は、主要な矛盾が生物的なものか社会的なものか、どんな内容のものか、でその分野が決ってくると考えられる。そして「制限からの解放」は、労働対象である人間が自ら獲得するものであり、労働はこれを媒介するものとなる。

しかし資本主義の下では、これらの労働は賃労働の形態をとるため、様々の制約をうけ右のような労働の実現を阻まれる。拘束からの解放という労働が実現するのは、労働者自らが賃労働を克服する運動の中においてである、といえるだろう。

福祉労働の対象は差当って、政策主体がつくった一定の基準によって、福祉要求をもつ者の中からきりとられた一部である。多くの場合最初から権利主体としてではなく、単に政策対象としてあらわれる。

元来権利は自然的なものではなく、社会的なものであるから、奪う者と獲得する者との対抗関係の中にあり、奪う場合の条件は分断であり、獲得する時の条件は団結とそれに基づく団体行動である。(7)

福祉労働の対象は、多くの場合自ら依拠する集団を喪失しているため、最初から権利主体であることは難かしい。(8)

それ故福祉の労働対象は、単なる福祉サービスの客体でもなく、また単に福祉サービスを消費する主体といいきるのは、現実を反映していない。福祉政策の対象から権利主体に生成する動的なものとしてとらえることが必要であろう。

そして福祉労働は、その労働対象がもっている当面の問題（社会的矛盾によりもたらされる権利侵害）を解決することを援助するとともに、問題をもたらした社会的矛盾を、労働対象の発達矛盾に転化し権利主体生成（これは国民の自己形成の一環として位置づけることができる）の媒介をする労働ということができよう。

3　福祉労働の方法は、誰が、どんな目的で、追究しはじめたか

現在の日本の福祉労働現場は、幾つかの特徴をもっている。その中で労働の方法を追究する主体、目的、意義についてふれておきたい。

ア　歴史的にみて

戦後日本に民主化運動が高揚した時機に、社会福祉はその洗礼をほとんどうけなかったといっていいのではないだろうか。

児童福祉を例にとれば、養護施設の入所児に戦災孤児浮浪児が圧倒的に多かった時代に、戦争問題とどのように関連させて、対象を認識し、労働目的を設定したか、戦後の食糧難の時代に施設職員は多大の労苦を払いながら、米よこせの運動とどんなかかわりかたをしたか（参加、肯定、否定何れにせよ）、労働組合が各分野で続々と結成され労働者の生活権を確保する運動が進む中で、福祉の労働現場における労働組合結成状況はどうだったのか、等をみても明らかであろう。

僅かに、施設養護の内容のひどさを告発した抗議運動に、(9)民主化運動の影響がみられる。これは戦後だけの問題ではなく、戦前に労働運動、抵抗運動が、福祉分野

にはほとんどみられなかった、ということが大きな要因になっていると考えられる。

その背景には、絶大な権力を掌握した政府が、救貧事業を富国強兵政策の一手段として位置づけ、上からの慈恵、感化政策として、家族制度や相互扶助を利用しながら、その事業を行ったこと、そして社会事業界は、その大部分が私立の、財政的に零細な施設で支えられていたこと、全国の労働者数も少なく、その多くが私設事業に雇用されていたため労働条件がひどかったこと、などの全体的状況があげられる。

これを教育の戦前戦後の運動と比べると大きな違いを見出す。

戦前は治安維持法下にあって、弾圧を恐れず、教労、新教、生活綴り方などの運動を展開した歴史をもち、戦後は「教え子を再び戦場に送るな」の合言葉のもとに教職員組合を結集した歴史をもっているのが、教育労働者である。

同じ権力、基本政策の下で、福祉と教育の運動上の違いが何故生じたのか、そして戦後全体的な反動化政策がとられ始めてから、その中心的位置を占めてきた教育政策のもとで、歴史をもつ教育労働運動が、どう変化したか、それは福祉労働運動とどう関連するのか、などの問題は、福祉を権利として定着させる上では避けることのできない課題であり、今後の解明が期待される。

そのような課題を残しつつ尚、今日社会福祉現場で、解雇等の攻撃を避けるために、治安稚持法下のような「非公然組合員」が存在する事実、それが端的に示す前近代的なノコリカスが、全体的反動化政策の中で勢を更につのらせる傾向、その中で労働をし運動をつみ重ねる福祉労働者の実態、こういうものを出発点に、労働の方法の検討は行なわれなければならない。

イ　現在の福祉政策の下で

福祉労働者に対する政府の政策は、低賃金、長時間労働、労働密度強化の徹底である。それは措置費の中に端的にあらわれる。

例えば保育措置費の中で、昇給を計算せず、経験年数を実際より低く見積り（転退職による回転の早さを計算している）退職金さえも計算に入れない。そして長時間保育では措置費の中にそのための人件費を組込まず、住民要求に対しては労働強化、長時間労働で対応させる(10)。

一方福祉政策では、保障体系は穴だらけで、保障水準も低い。国民は福祉要求が満たされず、不満の直接的なぶつけ先は、直面する福祉労働現場、特に直接的に接触する労働者になる。

ウ　福祉労働者の意識と消極的抵抗

福祉労働者の意識は慈恵思想を克服しきれていない。また団結しにくい若年労働者が大量に福祉現場に出現している。

こういう中で政府の福祉政策、福祉労働者政策が、アの歴史的背景をもった日本の福祉労働現場で貫こうとする時、切実な国民要求との間にはさまった福祉労働者は、①慈恵思想を強化して要求する者の不当をいいたて、切りすてるか、②「そんなに求められても対応できない」と逃避のサボタージュをするか、に陥り易い。

何れも自らの身を守るための消極的抵抗であるが、その結果は、現状の条件にあわせ要求を切りすてることになる。こういう姿勢は、要求の実現を目指して条件を変更する努力を行なうより容易であり、労働者自らは、賃金奴隷の枠を脱却できず、労働主体になることからは程遠くなる。

エ　労働運動による労働の点検と労働方法の創造

こういう重さを背負った中で労働者が労働の点検を始める。

組合運動の中では、自治体労働者の自治研、民間社会福祉労働者の社会福祉研究集会などであり、自主的研究運動の中では公扶研、養問研、全障研、児相研等である。それは労働者と利用者の要求運動の中で発生し発展した。財政危機と自治研、朝日訴訟と公扶研、などの関係は利用者の要求との結びつきを示すものである。

また労働者の要求運動としても、幾つかの課題を解決するために——獲得した成果をいかに生かすか、要求運動を更に前進させるためにはどうしたらいいか、労働組合には結集しにくいが、自らの労働については疑問をもつ良心的な労働者を結集して、要求運動を更に発展させるにはどうしたらいいか、など——研究運動は必要であった。

自らの労働の点検は、四つの柱を持たざるをえなくなってくる。

① 自分の労働を通じて、政府の政策が貫徹するか、国民の要求が実現するか、の何れか

② この二つの争いが自分の労働の方法の中でどのように具体化しているか

③ それらが賃労働という形態の中でどのように制約されているか

④ 先輩の残した技能、技術、方法などを、どの程度受け継いでいるか、(歴史的制約と歴史を超えて学ぶものを、自らの労働の創造にどの程度生かしていけるか)

などである。

しかしこれらは、そのすべてを点検することも、一つの事項について徹底することも、容易ではない。特に労働の方法については、苦しみながらの模索が続いている。

最も深刻なのは、利用者の生活時間である二四時間と、労働者の労働時間との矛盾を、交替勤務の形態で、しかも内容の一貫性、統一性を保ちながら解決する、といった時の労働方法である。現状では、未解決な課題になっている課題の内容が難かしいこと、しかし毎日生起している問題であること、から短絡的な誤った考え方が、二つの方向であらわれる。

一つは、労働現場の一部でみられるものであり、自分の労働条件だけを（自分たちのでさえもない）考える退廃現象である。

他の一つは、政府、自治体当局、民間社会福祉経営者、福祉研究者などの一部から執ように主張されるものである。それは、労働の方法論に関連して、福祉労働における労働者性を否定することである(11)。しかも前者によって後者が説得力を持ちやすい、という相補の関係が両者にはある。

この誤った二つの方向は、アのような歴史的な背景をもった日本の福祉現場では、極めて危険である。ア～ウのような情勢、誤った二つの方向への動きがあるからこそ、労働者による、自らの労働の方法の検討は重要な意味をもってくる。

それは、カネをうるための苦痛としての労働から、人類の発展に役立ち、自らも発達する本質的な意義をもった労働への転換を、労働者自らが、推進することであり、労働者が自らを解放する運動としての労働運動の一環を担うものとして位置づけられる。そういう位置づけの中でこそ労働の方法の創造が可能になると考えられる。

二 本論

1 児童相談所における方法論の歴史と問題点

児童相談所は、児童福祉法の制定実施に伴い公的機関として各都道府県に設置された。

その機能、組織、方法論は一九四九年A・キャロルが国連から派遣されて指導に来日して標準化したものが、今日まで行政当局から公認されたものになっている。その後高木四郎氏が米国に範をとり、児相の「チャイルドガイダンスクリニック」化を提唱し、行政機関としての児相と対立する機能、組織、方法を主張した。

極めて大雑把にみると、これらの動きの中で児相の問題点は次のようにとらえられてきた。

キャロル的三機能（相談措置、判定治療、一時保護）→標準から遠い実態（官僚性、非専門性、措置という行政権限中心の運営）→行政機関としての児相と治療教育機能の対立→クリニック機能の強化の必要性

しかしこういう認識のしかたでは、次の問題点が把握されていない。

① 浮浪児に象徴される社会的条件によって生ずる児童の権利に対し、公的責任をどのようにとるか、という権利保障的視点の欠除。

② 「行政機関」「専門機関」の何れの場合でも、労働の組織過程で労働者がバラバラになる問題点――

（ア）鵜飼的管理のもとでの分業、すなわち個々の労働者が係長、課長等の鵜匠の下に縦につながって、その範囲の中での分業であること（個々の鵜は横につながらず、バラバラに分断され、隣の鵜が何をやり、何を考え、どんな矛盾に直面しているかわからない。スーパーバイザーとスーパーバイジィの関係も、こういう中では分断を強化したり、分断に近代的装いをもたす色彩が濃くなる）

（イ）ベルトコンベア式分業と、それに基づくモザイク的人間像のでっちあげ――人間を各要素に分解し、要素毎に職種を配置し、社会調査は児童福祉司、心理面は心理判定員、医学的側面は医師、生活的には指導員、保母と、分割作業工程を労働対象に通過させて、作業工程毎の結果をよせ集めてモザイク的な虚像をつくり上げるという問題点。

③ 技術過程では、労働対象である個に問題を集中する適応主義の問題点――問題をもつのは社会適応が不十分だからとして、所与の外的条件を固定化し、それに適応するよう自我の強化をはかる、そのため前述のモザイク人間像の下で要素毎の働らきかけをする、という点、

などである(12)。

2　従来の方法をこわしたもの

従来、労働者は右にみたような分割された作業工程の部分を、個として受持ち、専門性を高め、労働対象に向う、というのが児童相談所に限らず社会福祉一般に求められてきた。

チームワーク論はあってもその実態は、個々の結果をいかに整合性をもってよせ集めるか、個と個のつなぎを

いかにするか、分割された作業工程を受持った労働者が、お互いにいかに分割部分を尊重しあい、円滑に持分を果すかというものであった。

社会福祉全体のこういう方法をこわす力として、大きくは二つの流れを、現実の中にみることができる。

第一、労働者の労働条件改善の要求から労働者の量的増大をもたらし、その結果従来の労働方法ではやって行けなくなる、という流れ。

これは養護施設、保育園などに端的にあらわれている。一般の労働者並の労働時間の要求（例八時間労働）と、労働対象の保障を必要とする時間（例二四時間の生活、親の労働時間＋通勤時間の保育時間）とが矛盾する。

これを解決するため労働者の量的増大がはかられ、交替勤務、複数担任等の労働形態が生ずる。当然単数で労働していた方法ではやって行けなくなる。意思の統一や目的的活動の一貫性が求められてくる。

第二、労働対象のもつ問題の複雑化、深刻化のため、従来の方法では有効性を保ちえないため、変更を来さざるをえなくなる、という流れ。

例えば虐待、心中、自殺などいつ事件を起すかもしれないという危機的状況の下で、方法が確立していないからといって切捨てられず、公的責任においてその解決を求められるため、いや応なく方法の工夫創造が求められてくる。

あるいは、非行の集団化、登校拒否の多発化、障害児保育の要求等にみられるように、従来の方法では、お座なりになってしまうため新しい方法の創造が求められてくる、といった流れである。

児童相談所においては、相談、判定、治療といわれていた部門――相談指導部門では第二の流れによって、一時保護所は主に第一の流れによって、地域によっては第二の流れによって（例えば一時保護所入所児が全員登校拒否児になっている例もある）、それぞれ労働方法の変更が生じている。

この二つの流れで共通することは、

① それぞれの中での対立した契機を含むことである。第一の流れでは、労働条件を一般の労働者並に考えなければ、即ち福祉労働者を労働者として位置づけなかったし、従来の方法の再検討の必要性は生じて来なかったし、第二の流れでは、労働対象の深刻な問題を、対応できない、と切捨てていれば従来の方法でも済ませていられる。

② 対立した契機の中で労働者として位置づけること、及び国民の要求にこたえること、が優位にたった時、

従来の方法論がこわされて行っていることである。

事実、全国のどこでも従来の方法論がこわされて来ているわけではない。それは二つの契機のどちらが優位にたつかによっての違いである。

このことによっても、労働者が労働運動の中で労働の方法を検討する意義が明らかであろう。

3　実践の模索と労働方法の創造

日本の児童福祉における児童相談労働の中で、従来の方法を止揚した方法が確立されているわけではない。現在模索の苦しみの中にあるというのが真実である。ここでは要求運動、研究運動の中で明らかにされ、実践的にも試みられているものをあげる。

(1)　対象論（問題のとらえ方）について

これは大きな次の二つの特徴をもつ。

ア　相談の問題を矛盾の複合としてみること

〔その一〕

A　児童問題は毎日の具体的生活の中で発生する。児童は衣食住を基盤に一定の空間、時間の中で人びととの交わりの中で生活を営む。生活を規定している諸条件が、児童の生存、発達の要求と対立し矛盾するところに児童問題は生ずる（児童問題の客観的矛盾、生存発達要求⇅社会的諸条件）

B　客観的矛盾に対し、親、子、周囲の大人たちはそれぞれに対応する。それは社会的に形成される人格（属している階級、階層、どんな集団の中にいたか、その中での活動のしかたなどによりつくられ、生活の営みを行なう精神的、肉体的能力の総体）と、生活手段の量と質（社会的生活手段としての諸施設の有効性もその一部）によってきまる。この対応の中で客観的矛盾を解決する道筋がつかめない時、さまざまな問題現象が生ずる（問題現象の中の矛盾、主体的対応⇅客観的矛盾）

C　問題現象（養護問題、障害児問題、登校拒否、非行等）を解決したいという要求と、現実には解決できない、という矛盾のあらわれとして相談問題が生ずる（相談問題の中の矛盾）。誰が、何を、どのように、問題にしているか、で相談問題の矛盾の内容は決まる。

〔その二〕　矛盾の重複

福祉問題の相談では、幾つかの未解決な問題が重なりあった時に生ずることが多い。未解決問題が一つの問題だけの場合は、多くは自ら何らかの形で解決しうることが多いのではないだろうか。未解決問題の重複、それぞれの見透しの喪失、解決力を推持、発展させるのに不可欠な社会関係の不十分さ、この三つの重なりが、問題を相談という形にするものと考えられる。

〔その三〕 当面の問題（矛盾）と基本的な問題（矛盾）

相談に持込まれる直接的契機は、目前の緊急的な問題が解決できない、という場合がほとんどである。そして当面している緊急問題は、基本的な問題が未解決のまま解決の見透しを失っている場合（放置されて来たか、対応しても適切さを欠いて有効でなかったか）に、矛盾が大きくなって限度に達した時に発生する、ととらえられるのではないだろうか。

以上は労働現場の中で生じた仮説である（それも感性的認識のレベルでの）。しかし具体的な労働場面では、意識的にせよ無意的にせよ、全体的にせよ部分的にせよ、実際には使っている仮説といっていいのではないだろうか[13]。

イ 矛盾の内容を貧困問題としてみること

貧困は次の二つの側面の統一として考えられる。（a）資本の蓄積、（b）労働者を中心とする国民の生活が資本に隷属すること、

具体的には、

（ア） 生命の再生産の困難と生活全体の不安、

（イ） 人間の基本的条件である外界に働らきかける力、社会関係を結ぶ力が押しつぶされ弱められること、

（ウ） 資本への依存度が一層進むこと。

こういうとらえ方をすれば日本の児童問題の中では、貧困は次のような具体的なあらわれ方をすると考えられる。

① 生活資料が不十分であり（たとえ消費水準は上ってもそういうものがないと社会的関係を含んだ生命の再生産が困難となる）また将来の不安に常に脅やかされていること。

② 社会的な生活手段の貧困

現在の日本では労働力の価値分割が、かなり徹底して行なわれ有職家族は増大している。この結果、家事、育児に関する社会的生活手段の必要性が大きくなっている。しかし公的なそれは量的にも質的にも整備が遅れている。

保育所に入所させたいが入所できない、一年間待っている間に児童が交通事故にあったという例、学童保育に入れないのでカギッ子になり、そこが非行のたまり場になった例などは端的な事例である。

一方で、資本蓄積を促進する財政支出は様々な理由をつけて増大し、国民生活に必要な社会的生活共同手段に対する支出は、「バラマキ福祉論」により削減される。こういう対抗の中で、有職家族が増加して個別の貨幣収入は増大しても、生活そのものの総体では貧困となる。

③　文化的貧困

生活手段は家庭の中では豊富だが、量的にも質的にも資本に支配された結果としてそれはあり、従って能動的生活を失っているという状況。

洗濯機、冷蔵庫等の電化製品は揃い、一家庭にテレビは何台もある。しかし生活時間がテレビに占領され、食品も衣料もテレビコマーシャルに触発されて買う。児童は手伝うべき家事もなくテレビマンガに熱中し背柱彎曲症や近視になる。

自動車の普及によって観光はしても、緑の輝やき、鳥の声、風のさわやかさは感じられない、生活の営みの喪失のため、受けつぐ文化もわからず、伝える文化もない、空虚で受動的な植物人間化がすすむ。

普通の感性さえ育たず、ロボットのような少年が先日相談に来たが、これは文化の貧困の象徴と考えられる。一方では商品が売れ、利潤が実現し、資本蓄積は進む。資本の蓄積と空虚な受動的植物人間や短絡的人間の増加は、文化の貧困の様相である。

④　疾病及び人格の破壊

精神病、アル中を始め各種の疾病、かけごと、暴力行為、性格的偏向、犯罪等々のため社会生活が営めないことが、相談問題の直接契機になっていることが多い。

このため問題を個人的なものとする考え方が従来から有力であった。しかし疾病に到る経過や人格の破壊される経過を追ってみると、多くの場合人間として尊重されず、権利侵害が集積された結果だったことを発見する。

正に「資本主義は、労働者と勤労農民のあいだにひそむいくたの人材を圧殺し、おしつぶし、打ちくだいた。これらの人材は、困窮や困難や、人間の人格に対する嘲弄の重さに堪えられないで、滅びて行った」(14)のであり、「現在の諸関係が個人に身体的、知的、社会的な不具化隷属化をおしつけている」(15)あらわれである。

疾病や人格問題は原因というより結果として、幾つかの貧困の重なりあいが一人に集約したものとしてとらえる必要がある。

資本主義の下で競馬などギャンブル事業は漠大なモ

ウケをあげ、テレビコマーシャルの時間さえ買って「お父さんお母さんを大切にしよう」などといっているのであり、ギャンブル、アル中の親に困った児童が、それを見ているのであり、酒造会社は大きな利潤をあげているのである。

児童福祉の相談現場では、まず養護問題についてこれらの貧困に気づいた。議論を重ね文献を調べているうち二つのことがわかった。

一つは、現場労働者の中では、かなり古くから養護問題を貧困問題として考えた人たちが存在したこと、二つは、研究者の中では、そういう接近は極めて少数である(16)、ということである。私たちはこういう対象論の立場をとって調査や事例研究をしようとしている(17)。

（2） 労働の組織過程について＝いかに集団化を実現するか

ここでいう「集団」は、一定の原理に基づき結合している社会的結合体をいう。その原理は、構成員の各成員が主権をもち、自由な意思のもとに団結し、相互援助と民主的自覚的規律をもつ、というものである。従って単なる寄りあつまりや、他原理をもった結合体ではない。

労働現場では、違った専門で違った方法で勉強し、違った経験をもった人たちが集っている。右のような結合原理をもった結合体に高めるにはどうしたらいいか、は大きな問題になる。

ア　原理的には

① 最初から方法論をたたかわすのではなく、労働対象のもっている問題の認識と、どんな具体的労働が必要か、から出発すること。

② 意識的に①の問題の認識と具体的労働についての方法論上の基礎を明らかにしておくこと。

③ 具体的な労働の方針について、意見の違った場合は保留し、一致した点で実践する。

④ 問題の緊急性のため保留が困難な時は、何れかの方針で実践してみる。その場合、予想しうる問題点と、それへの対応のしかたを予め明らかにしておくこと。更に一定の実践を経た上で総括を必ず行なうこと。

⑤ 福祉労働の展開の中で生ずる現象は、それぞれが持っている方法論で検討し、その有効性をつきあわせる検討を行なうこと。

などである。

イ　具体的には

① ナマの資料を共有し、その加工について協業す

ること。いわゆる社会調査でも、心理判定でも従来は各分野でナマの資料から一定の解釈を加えて、それをもち寄っていた。こういう中では「干渉されず、干渉せず」が専門性保持の不文律になり討論しにくい労働方法になっていた。これを改める方法は二つある。

一つは、労働対象への働らきかけを共同で行なう中で資料の収集そのものを共同作業化する方法である。これには異職種同職種の同時面接、同時訪問、同時指導などの形態がある。

二つは、資料の収集方針の共同検討から始まり、得られた資料を共有したうえで、解釈等の加工過程からそれぞれの方法論で検討しあう方法である。受理会議、処遇会議、更に組織としての処遇チーム、などがこの形である。

従来管理的に利用され易かったスーパーヴィジョンも、相互スーパーヴィジョンを中心に専門を異にする複数の援助者が加わり、集団化を目指すものとして考え始められている。

ア、イとも労働現場では部分的に行なわれている(18)。

ウ　集団化を阻害する条件

①　何よりも共同で検討したり、相談したりする時間が足りない。職員配置の考え方の中で共働の内容として協議するという要素が抜けていること、日常業務についても十分配置されていないこと、がその原因になっている。

②　行政機関として、組織的に係・課別になっていることから、「共同」を責任の所在が不明だとして忌避する抵抗がある。その本当の理由が、長としての権限を侵されるという役人としての発想であることが少なくない。

③　専門性が排除と専制のそれになり、「私の専門外だから専門のところへ」「専門が私だからつべこべいうな」という態度になる。これと表裏一体の「専門領域についての干渉されず、干渉せず」の不文律。このため検討しあうことが困難になる。

これらが集団化を阻害する主要な要因になっている。

エ　集団化を実現するために

ウであげられた阻害条件をとり除くことが必要であるが、特に次の点を基礎的なものとして強調しておきたい。

第一は、最も基本的な条件として、職場に労働組合の組織と活動を定着させることである。分断的な鵜飼的管理の下では、労働者は、全体の中での自らの労働の位置づけは、自覚できない。この克服の方法も二つある。

一つは管理する側からのものである。自らの労働の位置づけができない労働者は、管理し易い状態であると同時に、全体的な管理運営上から様々な不都合を生じ管理する側からも矛盾となる。解決のためには研修、スーパーヴィジョン、等の形で「自覚」が促される。しかしこれは「持分」を遂行するための他律的なものでしかない。

他の一つは労働者によるものである。自らの要求（つらい労働条件をよくしたい、働らきがいのある労働をしたい）を実現しようとする時団結を必要とする。そして他職種、他職場に働らく者も、問題をかかえていること、あらわれた問題の、カタチは違っても、その中にある矛盾は同一性があること、従って働らく者の要求は関連性、同一性があること、などを発見する。こうして自律的に自らの労働とその条件を全体的な関連の中で位置づける認識を獲得する。

こういう労働者の活動を保障する組織として労働組合が職場に存在し、常に活動していることが、集団化実現の基礎には必要である。

第二は、具体的条件の最も基礎的なものとして、協議時間の確保が必要である。集団化を意図していても、物理的な時間がとれないため、やむをえず従来の方法をとっている場合が少なからずある。

労働時間の中に計画、準備、総括、学習研究等の時間を含め、それに基づき人員の配置をする運動が必要である。こうして集団化の経験を蓄積し、広めることが、現在一番重要なことだと考えられる。

（3） 労働の技術過程について

ア 矛盾の発見のために

対象論で述べた問題のとらえ方をすれば、個々の具体的相談事例への接近において、社会全体の動きと個別的生活を関連させて把握することが必要になる。

例えば父親と子のかかわり方を調査する場合でも、労働時間＋通勤時間と生活時間の関係、労働密度、就業上の位置、就職の形態（集団就職、縁故就職等）、会社の規模、業績（景気がいいか悪いか）、労働組合の有無とその活動状況等々、社会的状況と個別的状況が関連した多くの事項を調べないことには、現状が何故そうなっているかは把握できないし、適切な援助計画もたてられない。

現在は様々な模索が続いているが、こういう立場にたった項目の整理が必要になっている。

イ 生活視点と能動性（営み）の重視

人間を要素に分解する従来の方法を克服する試みは、現場で模索され続けてきた。人間を全体としてみる、と

いうことは、

①　分割不能な一人の人間が最終の単位であり、従来要素的に考えられていたのは、その生活場面での一側面であるととらえる。従って労働対象の二四時間の生活、それにかかわる空間を正確にとらえ、その改善を生活総体の関連の中で具体的に行うという方法をとる。

②　対象論でふれたように、「営みの喪失」が広汎にある現在では、労働対象の生活活動が重視されてくる。児相の機能の中では一時保護所が、緊急保護に対応するだけでなく、こういう意味で活用され始めてきた。また障害児の指導でも二四時間の生活のしかたを重視する実践が注目され児相にも大きな影響を与えている(19)。

ウ　労働対象

福祉労働の位置づけからみれば、労働対象である人間が能動的に問題解決に立ち向うことを援助する労働が必要になる。しかしその内容と形態は、労働対象の状況によって異ってくる。次に現場実践の中からその幾つかをあげる。

①　相談者の自己点検と情報提供

障害児問題では児童の胎生期からかなり詳しい調査が行なわれる。しかし相談する側では、個別的問題を解決する上で、何でその調査が必要なのかわからない。従って全く受身で答えるというのが従来の多くの形であった。

このことは児童の障害を認識する、という点からも重要で、誰かが児童の生育歴を調べてくれて、発達を検査してくれて、発達の状態について判断してくれる、というのでは保護者に障害と発達を正しく認識する力はつかない。

何故その項目を調べるか、の理由と共に各項目を相談者が自ら調査する方法が必要であるが、それが一部で試みられ、一定の成果をあげている。また発達の検査も母親や父親の参加のもとに説明を加えながら行なわれている例もある。

あちこちのこのような実践をまとめて、障害児問題について、相談者が自らの力で点検し、評価し、福祉労働者がその専門性を発揮して援助する、ということが、一貫した方法としてつくられるのも遠くはないであろう。

②　一時保護所の実践

入所児童自らが、その問題点（非行など）を、自分史の中で理解するよう指導する方法が、幾つかの地域で試みられている。そしてその中で労働者の労働目的や合目的的活動のしかたを学びとっている例も報告されている[20]。

このような相談者自らの自己点検を援助する労働の試みは、登校拒否、育成相談など各相談種類にわたって行なわれ始めている。

従来のカウンセリングも次のように内容を変えれば、相談者の自己点検を媒介する労働として位置づけられるのではないだろうか。

即ち、当面している問題、その構造、問題対応の経過、抱いている感情、など客観的なものも主観的なものも含めて、そしてその相互関係もあわせて、自己の力で客観視し整理し、そのことによって問題に立ち向って行く力をつける、そういう自己運動の中で、相談者が当面している内的なトラブルを、外的に対象化することを媒介し、自己運動を発展させる契機をつくる、という位置づけである。

4　保障手段の創造と保障体系の模索へ

（1）ハミ出し問題への対応の類型

先にふれたように、現在の日本の社会福祉全体は、保障手段が量的にも質的にも不十分で、且つ全体が体系化されていない。児童福祉相談においても同じである。現在の保障手段からはハミ出した問題が持込まれ、保障の谷間にぶつかり労働者が困難に直面することも多い。その場合の対応のしかたは大きくは三つの類型に分ちうる。

①　現在の制度、施設などではだめだと、保障手段の現状を基準に切り捨てる対応

②　情報を提供しておいて、その枠内で「自己決定」による選択をまつ対応

③　問題点を整理し、保障の必要性を認め、必要な保障方法を確認し（要求の整理）たうえ、現状の保障手段では問題が解決できないこと、及びその理由、どうすれば展望が開けるかを明らかにし、不満、不安を組織化、運動化のエネルギーに転化する対応

①②では保障手段の創出は不可能である。

（2）保障手段創出の方法

「労働者と住民が共に手をとって」というスローガンを叫んでも、具体的には進まない。次の二つが必要だと考えられる。

①　既存の手段の最大限の利用

ハミ出し問題にそっくり対応するものでないにしろ、それに近い問題の保障手段は多くの場合は存在

する。それを最大限に利用することを試みること。これは二つの意味をもつ。一つは隣接の保障手段に関連する労働者に、解決できない問題があることを明らかにし、団結を広げることができる。二つはもし利用できれば、問題の緊急性の緩和など状況を少しでも変化させることができ、要求実現の行動への保障となることである。

②　有志の手による先行実例の試み

公認を要求しつつも、それをまたず、具体化できるものはまず有志の手で具体化し、先行実例をつくることである。これにも二つの意義がある。一つは同じ悩みをもつ者に同じ試みをする勇気を与え、一層輪を広げる可能性をきり開く。二つは要求を更に具体的に煮詰めることになる。

これら二つのことは障害をもつ児童の保育のための通園事業、共同保育所、共同作業所などをつくり出した運動に典型的にあらわれている。

5　今後の課題

（1）　児童相談の労働の方法について残された課題は幾つかある。

そのうちで現状で特に重要な三課題をあげる。

①　地域ぐるみでの児童問題のとりくみを組織すること。

生活視点から児童の二四時間の生活を活動においてみることは既に述べた。その意味からも地域を重視することは必要だが、実践的には遅れている。

親たちの集団化の試み、その中での児童相談労働の役割、方法について、障害児問題を通じて実践がつみ重ねられているが、地域全体の中で、児童問題解決のための活動を組織化する児童相談労働の試みは、いま見出すに困難である。しかし非行問題、育成問題等をみればその必要性は迫っているものと考えられる。残された課題の中で特に強調するものである。

②　対象論とそれに基づく労働目的を意識的に追究し、技術過程に反映していくこと。

養護問題を例にとれば、当面の労働目的は、家族の中で養育できない児童の生活と教育を保障することであるが、それだけにとどまらず、その児童の養護問題にあらわれた矛盾を社会的矛盾として、児童も保護者も認識できるように働らきかけ、同じような矛盾に直面している仲間らと共に力をあわせ、立向う力をつくり出すこと、即ち社会的矛盾を発達矛盾に転化させる具体的労働方法をつくり出すことである。

養護施設の一部では、既に入所時に自分が何故入所したかを同室の仲間に語らせ、同室の仲間もそれぞれ自らの入所理由を話し、共通の問題意識をもたせる試みがなされている。こういう試みを形態は違っても相談機関、施設を通じて一貫して行うことが課題となる。

③　従来の技術（労働現場では、多くは一定の官製的思想基盤——たとえば適応主義——の上で労働者の個人的関心や好みによって、或る技術を採用していた）を前記の問題のとらえ方にたって、総ざらいすることである。

それぞれの技術の発生、展開には歴史的経過があり、従って制約がある。また技術として一定条件下では有効であった事実がある。その有効性と限界を具体的労働かいくぐらせて検証し、更にそれが何故そうなのかを原理的に明らかにすることである。

従来は、労働現場で或る技術を使ってみて、有効性を保ちえない場合、多くは労働者の技術の未熟練に帰して来た。その構造は原理的にいえば、問題が生ずるのは信仰が足りないという新興宗教と変らないのではないだろうか。

従来の技術を全面的に否定するのではなく、福祉労働の基本性格に基づいた原理に従って、再構成することが極めて重要な課題となっている。

（2）　この稿は福祉労働、特に福祉の要求者と直接対応する場を中心に、方法を論じてきたが、方法論は、政策、制度、運営等も貫ぬくものとして考える必要がある。

福祉に関する方法論の統一性、一貫性を追究する客観的な基盤は、政策にしても制度にしても、具体的有用労働に担われていること、及び帰着点が何れも対象への具体的サービスであること、にあると考えられる。それぞれの方法を模索しながら、意識的に統一性、一貫性を追究することが課題である。

（3）　研究運動における今後の課題は、大きくは次の三つであろう。

①　研究運動を実践運動の中に位置づけること。研究運動は元来労働実践過程を基盤に発生し発展してきたし、運動する者もそれを追究してきたはずである。しかし、研究運動が相対的に独立して歩み始めると、この基本原則から離れることも皆無とはいえなくなる。

研究はあるが実践がない、という事態も生ずる。労働者の運動では、労働実践が勝負であり、研究はそれに寄与するものとして位置づけることを明確にすべきであろう。

②　各分野の自主的研究運動の交流。各分野の研究運

動はそれぞれの経験と理論をもっている。その理論と実践を学びあい、違いの中の同じを発見し、共通の法則性にまで高め、それぞれの分野で適用しながら検証する、ということが必要な時機に来ている。

既に、全障研でえられた発達保障論を児相問題に活用したり、公扶研でえられた対象論を養護問題に適用、発展させる、などの試みがなされているが、これを更に意識的、集団的に（従来は個人的レベルでの活用が多かった）行うことである。

③　既に獲得された理論と実践を、職場の中にいかに広げるか、実践運動、研究運動の担い手をいかにつくるか、特に「若干の前提」で述べた労働者の状態では、このことは大きな課題となる。

（4）　福祉研究への期待

右の課題を解決するためには、労働者と住民運動体、研究者の、それぞれが集団化をはかりながら提携、協力することが必要になる。こういう意味で福祉問題研究者に対する期待は大きい。今後次のことを期待したい。

①　福祉を必要としている現象を丹念に観察し研究することが一層本格的に進むこと。その内容は

第一、生活実態、労働実態から出発すること（文献から出発するのではなく）。

第二、福祉問題を特殊なものとしてではなく、勤労国民の生活の基盤の上でとらえること。

第三、福祉問題に関する各種の実態調査の方法についての検討が（自己批判、相互批判も含めて）進むこと。

従来、単に事実を集める、といった種類の調査が少なくなかった（特に児童福祉において）のではないだろうか。卒直にいえば、学会の報告の中にもこういうものが幾つか見出せるのは、労働者としては残念といわざるをえない。

第四、統計について。現にある官庁統計を再整理して、生活実態、労働実態をより反映しうるものに構成しなおすこと。更に一歩進めて新らしい国民のための統計を実現するために、足がかりをつくり出すこと。これには要求運動、研究運動との協業が必要になるであろう。

②　研究の方法について　現実の生活実態、労働実態の中へ、自らの研究を投げ入れて、きたえ、つくり出す、という方向で前進すること。これは労学提携の基盤である。

こういう奮闘を重ねている研究者は、労働者の信頼と尊敬を集めている。従って講演、研究会の助言者、など多忙を極めている。残念なのはその数が少ないことである。

従来は研究の方法に借りものが余りにも多すぎたのではないだろうか。アメリカが風邪をひけは、日本がクシャミ、というのが福祉研究の大勢で、流行が多すぎた、というのは労働者の感想である。少くとも、ほん訳、文献紹介、事実紹介などと研究を区別することが第一歩として必要なのではないだろうか、

そうすれば現象記述や文献引用を研究と称することはなくなり、研究が厳密に問われると考えられる。

③　労学提携の前進について。現実の社会の動きの中に自らの研究を投げ入れる、ということは、一面ではかなり行なわれている。

具体的には、政府や地方自治体の各種審議会への参加などによる政策諮問にこたえる形、委託調査や委託研究を行なう形などである。それは福祉を管理、支配する側にたっての場合が多い。

しかし現実の福祉事業は、ほとんどが賃労働に担われて労働者は厳しい労働と労働条件の下にある。また福祉を要求する人達は不十分な保障に苦しみ要求運動を起している。研究を投げ入れてほしいのはこういう現実へである。

具体的な形態としては、要求運動への参加、特に要求集約での一定の役割（個々の要求の相互関連、要求の問題点の整理、外国事例の参考など）や、研究運動の中で前記の技術の総ざらいについての協力（これがないとほとんど不可能だと考えられる）などである。

従来はいわば官学提携がかなり強固に築かれてきた。今後は労学提携が、日本の福祉の歴史を推進する上で要求されているといえるであろう。研究者に心から期待したい。

注

（1）　C・O・D
（2）　マルクス『資本論』第一巻、マルクス・エンゲルス全集第二三巻二三四頁、大月書店
（3）　日本社会福祉学会第二六回大会（一九七八年）課題報告、児童福祉分科会での討論での発言。
（4）　矢川徳光『マルクス主義教育学試論』三四〜三五頁、明治図書、一九七一年
（5）　芝田進午編『医療労働の理論』一九頁、青木書店、一九七六年
（6）　マルクス「第六回ライン州議会の議事（第一論文）マルクス・エンゲルス全集、第一巻、六七頁、大月書店刊
（7）　詳しくは筆者「労働現場からみた児童福祉法の措置

について――東京における実態、問題点、権利保障のためのとらえ方と課題――」『児童福祉法研究』創刊号、一二九頁～一三〇頁（児童福祉法研究会発行）参照

(8)　日本社会福祉学会第二六回大会の自由報告の中で、この二つの対象論は幾つかみられた。

(9)　「むちのもとに生存権をおびやかされている収容所の浮浪児をたすけよう、不幸な子どもたちを親身になって保導する寮母の不当かく首に抗議しょう」（浦辺史『日本の児童問題』所収、一二七～一三〇頁、新樹出版、一九七六年）

(10)　「主要地方超過負担の実態調査結果」（地方六団体『超過負担の解消に関する緊急要望』一九七八・一二・五より）

(11)　大谷嘉朗「児童章護の国際的動向」（『養護施設三十年』所収）、この中で同氏は「施設養護の近代化を急ぐ過程の中で」「犠牲・献身・奉仕といった福祉実践姿勢の中に秘められている福祉の心を、偽善・前近代性・可（反？）動的保守性・福祉労働者搾取といった大だんぴらで、独善的にいとも安易に切って捨ててしまったのではないだろうか。我々の眼には、余りにも、貧しいとうつるアジアの国々の施設養護実践現場では、この福祉の心がそれぞれの地域的文化的特色をもって、まだ根強く流れているように思われる。彼等に学んで我々がとり戻すべきものはそれらの国々の児童福祉実践者達の、献身奉仕の姿勢であり、福祉の原点である仕える心である」といっている。

アジア諸国を視察した結果の意見だというが、ここでは①例えば韓国の朴ファッショ政権下で、そういう「福祉の心」がどんな役割を果しているか、②福祉現場の労働者がどんな状態にあるか、③そこで育てられた児童がどんな児童や大人になっているか、についてはふれられていない。

また日本社会福祉学会第二六回大会課題報告、児童福祉分科会の討論で、一部の人から、労働基準法を福祉労働者に適用することについての疑問点が出された。それは労働者性の基礎の上に技術的な問題として出された、というより、生活施設で二四時間の利用者の生活と交替勤務とがうまくかみあわないから、といった短絡的発想のように思えるものであった。

福祉の研究界では、岸・仲村論争以来、余り論争らしいものがないように思われるが、このような基本的問題について、しっかり論争してもらいたい、というのが福祉労働者としての希望である。

(12)　詳しくは、一九七六年第二回児相研セミナー基調報

告、「三児童相談所の実態と役割」参照（一九七六年『第二回児相研セミナー報告書／日本の子どもと児童相談所』一五～一六頁）。

(13) 「矛盾」というからには、差異、対立、矛盾を明確に区別して認識すること、矛盾の発生、発展、消滅とそれらを貫ぬく法則性を明らかにすること、〔その一〕～〔その三〕の相互関連を詳細に明らかにすること、などが必要であろうが、そこまでの検討はしていない。現場の感性的認識レベルでの仮説といったのはそういう意味である。

尚、より詳しい素描は、小松源助・山崎実貴子編『ケースワークの基礎知識』、児相研研究部「児童問題をどうとらえるか」（一三六～一三七頁）「児童問題とケースワーク」（一三八～一三九頁）を参照（有斐閣、一九七七年）

(14) レーニン「モスクワ党週間の総括とわれらの任務」レーニン全集、第三〇巻、六四頁

(15) マルクス『ドイツイデオロギー』

(16) 日本社会福祉学会第二六回大会の前記分科会の討論でも、貧困はせいぜい①を指すだけで、家族問題を中心にとらえ、その家族問題が現在の社会構造の中で何故生ずるか、までは追究せず、現象的に養護問題の要因を分類した議論があった。

(17) 第二回（一九七六年）児相研セミナー養護問題分科会での筆者の報告（『同報告書』、四九～五二頁）、第三回（一九七七年）同セミナー養護問題分科会での報告、小林秀次「神奈川県における養護問題の階層的分析の試み」（『同報告書』、三四～四六頁）、第三回同セミナーパネル討論「足もとの現実を権利保障の場とするために」（『同報告書』、一〇九～一一〇頁）

(18) 一九七五年児相研セミナー報告、大塚勇治「新らしい児童相談所を求めて」『同報告書』、一七頁

(19) 河添邦俊『障害児の育つみちすじ』ミネルヴァ書房、一九七八年

(20) 第三回（一九七七年）児相研セミナー非行分科会での報告、加藤俊二「中学生の非行と子どもの成長・発達」（『同報告書』、九四～九九頁）

四―1―②

「にんげん」のための活動を

――福祉事務所に働く者に期待する

（一九八一年五月『いのちの重みを背負って／福祉事務所現業員白書』所収）

一

「福祉事務所は何をやってんだ」と批難する声をよくききます。私も時々そう言います。それは福祉事務所に働く者に対する批難にとれますが、ほんとうは期待なのです。

「こうあってほしい」という切実な願いが、強く、強くあるからなのです。福祉事務所で働く者はいいわけに精力を費すのではなく、真正面からこの期待をうけとめてほしいと思うのです。

二

毎日毎日の具体的な仕事の中で、自分が権力支配の担い手になっている側面をはっきり認識する力をつけてほしいと思います。特に態度と仕事のしかたの二つに注意を集中してほしいのです。

私が福祉事務所に入ったのは今から二〇数年前。新任辞令をもって初めて行ったら、受付のオバサンが、大きなコワイ声を出して「あんたは何？」と用件をきいていました。どえらいところに来たもんだ、とその時は思いました。

六〇年安保闘争と職場民主化の運動を同時に進めて、一定の前進を獲得した時期に比べると、現在の状況は二〇数年前の状況とあまり変わりないのでは、と思うことさえあります。しかも、若い人にそれをみることがあるのは、とてもつらいことです。

態度は役人でない場合でも、福祉事務所に働く人が、その仕事の中に権力行政の側面が否定し難く存在すること、毎日の仕事にそれが貫く力が強いことを、あまり意識していないのではないかと思うことにずいぶんぶつかります。

福祉労働の中で、権力的な側面と、国民要求にこたえる側面が葛藤していること、しかも働く者自身の中で常に両側面が闘争していることを、最初に発見し運動にたち上ったのは研究者でも政党でもありません。公扶研運動をきり開き、推進した福祉事務所で働く仲間でした。このことを私たちは誇っていいと思います。どうかそれを現場でしっかりと受継ぎ発展させてほしいのです。

例をあげましょう。小川政亮先生がよく言われる「厚生省以上に厚生省的」な、慈恵的な法解釈で仕事をしてほしくないのです。

生活保護の実施要領や行政指導が実態にあわない問題があるのなら、実態をごまかして実施要領にあわせるのではなく、実態をはっきり出して何故実施要領通りできないのか、を争ってほしいのです。

かつて資産活用で、小さな家屋を売ることも、貸すこともできない理由を克明に書いて、実施要領と闘ったケース記録がありました。これに類することを働く者たちはあちこちで起こしてきたのです。

現在の実施要領の中にこういう運動の結果が蓄積された側面があります。もちろん一人ではできません。だから仲間が必要です。仲間の団結と運動を支える労働組合が必要なのです。

こういう困難な時代こそ、本筋を貫く考え方と仕事をしてほしいと思います。

三

生活の営みをたいせつにしてよく把握することについて。よく実態把握といいます。生活保護でいえば実施要領を基礎に保護の安否判定的枠組みで生活実態をつまみぐいすること、児童福祉法でいえば、保育所入所の措置指数の枠組みからだけ実態をキリトルこと、そういう「実態把握」からぬけ出してほしいのです。

「ヨシのずいから天井のぞく」という「いろはがるた」がありましたが、実施要領のズイや保育所入所基準のズイから実態をのぞく、のぞき屋にならないでほしいのです。

その世帯がかかえている「問題」（生活問題や保育問題――生活保護問題や保育所入所問題ではなく）の解決のために、権利の具体的な実現のために、生活実態をしっかりつかんでほしいのです。

しかも生活実態といった時、たんに生活のハードウェアだけではなく、ソフトウェアを重視してどんな営みをしているかを具体的にたしかめてほしいのです。子どもでも大人でも、何を食い、どんな生活空間で、何を着て、何に喜びを感じ、何を口惜しいと思い生活しているか、この中で家族がどんな結びつき方をしているか、などなどです。

　ずっと前も、福祉事務所では食事時をねらった生保受給家庭への訪問はありました。それはしかし、カクシ収入があるかもしれない、という調査のためでした。ここでいうのは「にんげん」の営みがまともに行なわれているかどうか、「にんげん」をとりもどし豊かにすることがどうしたらできるか、というためにです

　そうなれば、生活保護法が適用できるかどうか、保育所に入所できるかどうか、ではなく、生活問題を解決するために、どんな法律が使えるか、生活保護法のどの部分を使いこなすか、保育問題を解決するために、児福法のどの部分を活用したらいいか、保育所に入所できない時は子どもに何をしなければならないか、という方向に働きぶりが違ってきます。

　それは、「にんげん」をとりもどす活動です。そしてまた、福祉事務所に働く者の「にんげん」を回復する活動でもあります。

四

法律をよく読むことについて。「○○法の施行事務」など福祉事務所の機能の一つにあげても、法律そのものをあまり読まない場合が少なくないのではないでしょうか。それが、「厚生省以上に厚生省的」になる要因の一つだと思うのです。

　日本の法律のつくり方は、抽象的であればあるほど権利を認め、具体的であればあるほど権利は認めない、たとえば憲法や、児童福祉法総則では、立派なことをいっても、細かい条文になるとあやしくなる、更に通達になると原則的なところから離れてしまうという構造になっています。

　憲法や各種福祉法の総則など基本的なことをしっかりつかんだうえ、個々の条文について何回も事ある毎に読み込む必要があるのではないでしょうか。実施要領や保育措置基準以上にもとの法律そのものをつかむことです。

五

　福祉の仕事はどこでも、いつでも、「落穂ひろい」の感をうけることが多いのですが、そのことはお互いにたいせつにしていきたいと思います。いつまでたっても世の

中の後ろから追いかけ、間尺にあわないように思われますが、「落穂」をたくさんつくり出すものが何なのか、本質を明らかにすることが「落穂」に直面している現場の者にはできると思います。

それは福祉の第一線に働く者の勤労国民に対する義務ではないでしょうか。特に福祉事務所に働く人たちは、現象の「多様化」の中に、太く貫く貧困を見出し、たぐり寄せ、国民のみんなにわかるように示す力をもってほしいと思います。

六

これからの福祉は、地域で、住民の自治の原則のもとで、いろいろな権利がどのように実現できるかが、大きな問題です。そのためには、福祉事務所、保健所、児童相談所が地域の福祉サービスの中核になることが必要です。とりわけ福祉事務所は、さまざまな問題が持込まれるため、中核中の中核の役割が期待されます。

福祉事務所に働く者が、その職場でしっかりと手をつなぎあうこと、外部の関連部門に働く者と手を結ぶことによって、この大きな期待にこたえてほしいと思います。

四―1―③

専門性と経験年数について

（一九九五年五月二八日作成　フロッピー文書）

はじめに

社会福祉の専門性の内容は、人間としての倫理の上にたった職業倫理その他いくつものことが挙げられる。

福祉現場で最も関心の高いのが経験との関係である。社会福祉の専門性に経験は不可欠である。

しかし専門性の高さは必ずしも経験年数に比例しない。「古きがゆえに尊からず、新しきがゆえにフレッシュならず」とわたしはよくいっているが、このことをもう少し整理して考えてみたい。

この専門性と経験年数との関係は、対人関係の実践の全体にわたっていえるのではないかと思うが、ここでは社会福祉の実践に限ることとする。

一　不可欠な変数―仕事のしかた

まず専門性と経験年数との関係について、もう一つの変数を入れる必要があるのではないかということである。それは「どんな仕事のしかたをしてきたか」である。

つまり、専門性の高さは（仕事のしかた）×（経験年数）に近いものではないかということである。「仕事のしかた」がもし0《ゼロ》であれば、経験年数はどれほど長くても専門性は0《ゼロ》になる。実際は「仕事のしかた」は0《ゼロ》であることはなく、（＋）《プラス》の場合も（－）《マイナス》の場合もあるというのが実態に即しているのではないだろうか。

もし（－）《マイナス》の仕事のしかたを何年も継続していると、むしろ専門性は（－）《マイナス》の値が高くなってしまう。年数の長い故に「経験の垢にまみれたどうしようもない」「職場のガン」「偏った狭い」「頑固な」などで表現されるような実践をする人が実際にいるのは、このことを示していると考える。

しかし本人は経験の長さを唯一の誇りとし、それに拘り、その実践によって、どんなに相手が困惑や不満、不安をもっているか、職場の人々や周囲からどんな眼でみられているか、などについて敏感さを失って、自らの実践の点検を怠り、ますます経験に固執するというスタイルの例は、意図的に探さなくても事欠かないのが残念ながら福祉の現場の実態である。

この「仕事のしかた」の内容は、福祉現場では言葉だけですぐわかったように思えるが、果たしてそれでいいのだろうか。すこし立ち入って考える必要があると思う。「仕事のしかた」にはいくつかの要素が考えられる。

まず対人関係の実践であるから、人間に対するセンスというべきものがある。この内容をいまわたしは明確にし得ないが、感受性や共感性も含めたものである。センスという言葉は主観的であるが、それは要素として大切なものであるのは確かだと思う。

次に問題に対する社会科学的な認識や、それを生み出す思考方法がある。実践の具体的場面から実践対象が直面している問題を「生活問題」(近代資本主義社会以後の労働と生活の上に現れた人権の問題)として認識すること、あるいはその認識を導く思考方法をいっている。

具体的実践場面でこの認識を獲得することはそう簡単なことではない。ノートブック的な社会科学の知識では通用しないような具体像を目前にしたとき、その現象だけにとらわれると、社会科学の知識は知識、現実は現実となり、社会科学は全く役に立たなくなる。

勿論個々の具体的な問題を社会科学で直接解こうというのはあまりに無謀なことであって、いくつもの媒介項が必要であるが、それを押さえたうえで、現象の根っこを社会科学的な思考で認識することをいっている。

具体的実践場面は一回一回特徴をもって現れ、それぞれ独自の姿をもっているから、すぐケース・バイ・ケースとなり易い。しかしこの一回一回の場合、場合を貫くものを認識することが、非常に大切になる。

個別のケースを類型によって考えることが行われるが、この類型そのものをどのように立てるかが問題で、ここに社会科学の創造的な活用の有無が、類型の質を左右する。

さらに「仕事のしかた」の中で大切なのは対象、問題に関する特別な知識である。例えば子ども、障害者、老人などについてである。

例えばテンカン発作についての知識をどの程度もっているかということが、障害児の養護や保育の実践には大きな影響を与える。また問題に直面したとき、家族を含めてどのような混乱がおこり易いかということは、実際の処遇に大いに参考になる。

これは本や論文で学べるし、また自分の経験や他の経験から学べるものであり、その知識をどのように活用するかは「仕事のしかた」に反映せざるをえない。

従来専門性といったとき、専門教育の内容が問題にされ、この特別な知識が重視されてきた。それは「仕事のしかた」に反映せざるをえないということと、最も教え易いということからであると思われる。

しかしそれは「仕事のしかた」の内容を規定する一要素であることを忘れてはならない。経験年数が多くなるとこの知識や認識が豊富に蓄積することが可能になるということであろう。

これはあくまで可能性であって可能性が現実になるには、常に新しい眼で検討をするという条件が必要である。それがないとむしろ「こんなものだ」という「たかをくくる」可能性が現実となる。

さらにもう一つ「仕事のしかた」の要素の一つとして何と呼んでいいかわからないが重要なものがある。実践活動力というべき力である。あるいは力量と呼んでもいいのかと思う。

これはいままで挙げた要素を総合して具体的に活動する、そのときの相手の反応を受取り、その意味を判断し、活動を修正したり、強化したり、抑制したり、機会がくるまで中止したりするという調整をする力のことをいう。この力は実践内容と実践対象との矛盾を鋭くとらえられるかどうかが大きなポントとなる。

普通は「新しき」がゆえにこの矛盾のとらえ方が鋭いが、しかし必ずしもそうではないこともある。また経験年数が多いとこの矛盾についてつい鈍感になり易いということも実感をもてることである。最初は非常に問題だと感じたことも一年たったら、それほど問題を感じなくなるというのはよくあることである。

実践対象の多様なメッセージを受信し、判断し、活動を調整するというこの力は人間に対するセンスともいえるし、メッセージとしての意味を考えるには知識も思考力も必要なので、いままで挙げた要素に分けることもできるが、総合し束ねた一つの力なので特にとりあげたものである。この実践対象との相互作用をどの程度深く行えるか、ということは「仕事のしかた」を決定的にするものだとわたしは考える。

以上挙げた要素の根底には当然のこととして、人間に対する考え方がある。これは詳論を要しないであろうが、自分の生き方とか、人間の尊厳とか、世界の人権の歩みの中に自分自身をどう位置づけるかということなど、実践者の人生そのものが反映する。

実際の「仕事のしかた」はこのようないくつかの要素ごとに（＋《プラス》）と（－《マイナス》）があり、従って、ある部分は「さすが長い経験がものをいう」と評価されるが、他の部分は「やっぱりマンネリになっているからそんなことになるんだ」ということになる、ということではないか。そしてそれらが総合されて全体の「仕事のしかた」となっているものだと考えられる。

二　もう一つの変数――相対化係数

専門性の高さと経験年数とを考えるときに、もう一つ重要な鍵は自分の経験をどのように相対化できるかということがある。仮に相対化係数と呼ぶべきものである。

実践全体の中で、自分の実践をどの部分のものか、どんな意味をもつのかを位置づけ、経験を客観化し、相対化することである。これは実践に限らず実践者の個人的な経験についても相対化する力である。

こういう視点からも実践・研究運動は重要な意義をもつが、個人としても、職場全体としても、この作業がどの程度深くできるかということは、経験主義を克服するためにも、専門性と経験年数を考える際にも不可欠なものとなる。

最初に、専門性は（仕事のしかた）×（経験年数）に近い、といったのはこの相対化係数が決して軽視してはならないものと考えたからである。そしてあえて数的な表現をすれば、この相対化係数は＞1（「1」より大）という値であり、最低は「1」であって「仕事のしかた」と経験年数の積を打ち消しえないと思われる。

社会福祉の専門性はなにか、という議論は数多くなされている。また福祉現場では人事異動や労働者の定着率の関係で「経験の不足」や経験の大切さが論じられている。

それがある場合は経験年数だけを重視する結果を生む危険性を感じる。一方では新しい活力の必要性も議論され、強引な人事政策や前近代的な管理につながる危険も大いにある。そして福祉現場には、年数だけは多く重ねても専門性は高くなく、住民に失望と怒りを呼ぶ実践者がいる。

これらに共通するのは経験を「経験主義的」に考えて

いないかということである。もう少し突っ込んで考えてみたいというのがこの小論の趣旨である。福祉現場で大いに議論してほしい問題である。

大いにというのは自由に、ということを重要なポイントとしている。実際の議論はあれこれの実践者の姿が思い浮かび、それと結びついてしまうことが多くなって自由な議論とはなかなかいかないが、議論しながら自戒を高めてほしいと思う。

四―2―①

福祉における要求運動、労働実践運動の課題

――児童福祉を中心に

（一九八〇年一一月『福祉研究』四三号に掲載）

はじめに

一人の労働者が、手に負える範囲を超えるような、とてつもなく大きな標題を掲げたのは何故か。

八〇年代の福祉の運動を、前進させせようとした時には、個別分野（例えば、児童福祉）に足をつけながら、福祉の全体、全国民的な運動を見渡し、全体的な関連の中でのつながりを、しっかり見極めて実践を進めなければ、確かな前進は期待できない、と考えたからである。

筆者は現在児童福祉の労働現場にいる。従って児童福祉を中心に議論を進めるが、以下は一つの試論として、働く者が「自分たちで考え、行動する」際の討論の素材にしていただければ幸いである。

一　流れの概観と特徴

1　矛盾のあらわれ方

一九六〇年代と一九七〇年代とは、国民生活の上にひき起こされた矛盾は、形の上でも、内容的にも異った特徴をもっていた、ということができるのではないだろうか。

極めて大雑把に言えば、一九六〇年代には、公害や社会的生活共同手段の貧しさ（上下水道設備の不十分さ、公園の不足、保育園の不足、ボロボロの設備や過酷な労働条件下の福祉施設等）、衣食住の不十分さ、など目に見えやすい形であらわれ、内容的には国民生活の安定のために社会的に充用される物質的基盤が不十分であること

が、人間の自由と権利を拘束するという特徴をもっていたのではないだろうか。

一九七〇年代にはその矛盾は、身体とこころの破壊、家族の解体や家族機能の衰退、社会的につながる力の著るしい衰えというような、目に見えにくい形であらわれ、内容的には、物質的な不十分さの改善が、部分的に行なわれても、それが資本の支配下におかれ、人間としての諸活動を破壊し、人間の自由と権利の拡大につながらず、却って人間にとって本源的なものの危機を発生させた[1]、という特徴をもっていたといえるのではないだろうか。

この二つの矛盾のあらわれ方とそのメカニズムは、地域開発政策の中で比較的はっきりと読みとることができ、特に典型的に実験室の中のようにわかり易くあらわれたのが、鹿島開発であったと言えるだろう[2]。

こういう矛盾は自然現象ではない。国家権力が長期的な計画のもとに具体的な政策によって国民生活を管理した結果生じたものである。

特に一九七〇年代の管理の有力な手法は次のようなものであったと考えられる。まず管理し易い労働力の創出。これは①教育の支配（勤評、学テ、中教審路線等の実効による）②労働力の流動化（七〇年代前半）、減量経営（七〇年代後半）による過剰労働力をテコにした労働者支配である[3]。

これらが労働力として労働市場に出現した時には次のような資本の管理下におかれる。

①生産過程では労働者の主体性を奪って、感情、思想まで管理する（労働時間、賃金の問題だけでなく、大資本系列では小集団、ＺＤ、ＱＣ等による労働管理、生き甲斐管理、労使協調、企業ぐるみ選挙等、系列支配下の中小零細企業では、親企業支配の徹底的強化のもとに、労組活動の圧迫、前近代的な労働条件と労務管理。何れの企業にあっても労働者は主体的活動を剥奪する管理のもとにおかれた）。

②消費過程では、テレビのコマーシャルの強力な効果（例えば「子どもは動く広告塔」とまでいわれる）、消費者ローンの浸透、デモストレーションの効果、核家族、共働き、長時間労働のための即席食糧や省力電気器具への依存等々の多様なテコによって、資本の計画通り、商品の強制的消費が行なわれる。この結果、生活における主体的活動が貧弱になり、更に借金等によって生活の不安定さが増幅する。

労働過程、消費過程の何れにせよ、労働者は資本に隷属し、そのロボット化する。

このような資本による支配計画の骨組みが一九七〇年

代にほぼ完成し、その結果としてさきにふれた矛盾が出現したと考えられる。

2 福祉に関する運動

分断は支配の鉄則である。福祉でも分野別に（公的扶助、児童福祉、障害者福祉、老人福祉等）またサービス形態毎に（生活施設、適所施設、相談機関等）バラバラに分断されてきた。そのバラバラにされた中での抵抗として分野別の要求運動、研究運動が生まれる。

例えば一九七六年東京の公立施設で始った収容施設改善闘争が鳥取やその他の県に拡がり、更に民間の社会福祉施設の改善運動に展開した。また保育所づくり運動として長い蓄積をもっていた保育要求運動が革新首長の出現とともに飛躍的に前進した。こういうように要求運動は六〇年代後半から七〇年代にかけ大きく前進した。

一方研究運動も一九七〇年代には、公扶研、保育合研、全障研、養問研、児相研、老問研、母子福祉研、保労研、というように、福祉分野の各領域毎にほぼ出揃った。

このうち特に養問研、児相研、老問研、母子福祉研等家族問題と正面からとり組まなければならない分野の研究運動が一九七〇年代の半ばを前後して発足したのは、先に述べた国民生活の上に生じた矛盾のあらわれ方と呼応しているものと考えてよいのではないだろうか。

これらの動向の中で要求運動は個別的な要求について若干の前進を獲得した。

例えば保障手段についていえば、①その量的増大（保育所や精薄児施設が増えたなど）、②その種類の拡大（学童保育、福祉作業所等法外施設が不十分ながらも公的保障の対象にされ始めるなど）、③その対象の拡大（量的に増えたばかりでなく、谷間をうめるものも出てきた）、④その内容の改善公職員配置や設備等の改善、労働対象に働きかける場合の、時間の増大と質的な濃厚さの増大（労働者の労働条件改善と密接に結びついている）――等である。

これは国の支配機構の矛盾をつく運動により獲得された。その一つは労働基準法と国基準との矛盾である。労基法違反事実を労働基準監督署の調査結果として全国的に出させ、厚生省、大蔵省を孤立化させて追い込んだ。もう一つは自治体の首長の座を選挙を通じて民主勢力が獲得し、首長を通じて、要求を実現するための政策を具体化し、国の拘束を部分的であっても破り前進させたものである。

また研究運動では、労働現場の客観的条件が高まり、主体的条件との成熟とが重なったところから前進している。客観的条件とは、住民からの高まる福祉要求に応えられない矛盾、関連労働者から期待が寄せられても程遠い労働しかできない矛盾である。主体的条件とは、客観的条件を自覚でき、その中で具体的な模索を行なう力量をもった労働者の存在である。

そして一九七〇年代の研究運動は内容的にも福祉労働(者)論と発達論を中心に展開して行なった。これは客観的条件の高まりから、必然的に労働者自らの存在の位置づけと自らの労働の点検が必要になって来たこと、対象を「にんげん」とみた時の具体的内容を明らかにせざるをえなくなったこと、などによるものと考えられる。

しかし要求運動にしても研究運動にしても一九七〇年代に領域やサービス形態のカベが克服できてはいない。

要求運動でいえば領域毎の要求の関連性が一部有志で検討され始めてはいても、多くの他領域は他人事になっている。

また施設の設置運動が内容の要求にまで到らなかったり、施設の内容改善の要求運動が自分の施設だけの問題として、住民や相談機関の要求運動と結びつかなかったりする例は残念ながら克服されていない。

まして国基準全体の改善や財政の政策、制度の改善にまで及んでいない。研究運動にしても、各運動体の相互交流、講座共催、学びあい等が始まり、カベを克服する試みは、萌芽的に存在するとはいえても、未だ本格的に展開するまでに到っていない。

要するに一九七〇年代は要求運動も研究運動も、分断の中での抵抗が組織され一定の前進と示したが、分断そのものの克服には未だ到っていない、といっていいのではないだろうか。

二　要求運動、労働実践運動の課題

一九八〇年代は流れの概観でいえば、二つの方向のぶつかり合いが激しくなる時代といえよう。

それは分断された中での運動が分断そのものを克服し、福祉の中においては各領域毎、サービス形態毎の分断を克服し、更に全勤労者の運動の中でも様々な分断を克服し、団結と統一を獲得して行く方向が一つ。

もう一つは、可能な限り分断を強化し(例えば「納税者」と「福祉受益者」、利用者と未利用者、民間労働者と公務労働者というように違いを対立に仕立てあげる)、分断の上に立った保守的統一性(個人、地域、国家、何れのレベルでも自助を中心に社会性を剥奪し、ファシズム体制に収れんさせて行く)の方向である。

二つの方向の対立は激しく、毎日がその闘いの連続となるであろう。しかも保守の方向は、一九六〇年代から七〇年代にかけ、その経済的、社会的、文化的基盤を十分整え、自信をもって新たな民主的な装いをこらして攻撃して来ようとしている。こういう流れの中で、福祉分野では次のような幾つかの課題がある。

1　運動主体の形成

一九八〇年代の最も重要な課題である。それは国家権力による教育支配、資本による労働支配、に対する闘いである。

福祉の分野でいえば一九六〇～七〇年代の運動の前進によって、その利用者、労働者は大幅に増加した。そのことの積極面は、福祉が一般化され多くの人のかかわるものとして、特殊的なものから社会問題の中の重要な一環に位置づけられ始めたことである。しかし増加した利用者や労働者が運動主体に生成したのだろうか。

要求運動が運動主体の勢力の増大をもたらし、それが更に運動を前進させる、という循環が達成できなかったところに、革新首長を保守勢力に奪還された大きな要因がある。

これは、①民主的運動体が統治の経験に乏しかったこと、②要求の実現がかつてない大幅な前進をしたこと、③従来の水準が抵かったため更に具体的な要求の獲得が必要だったこと、などのため具体的なモノの獲得に重点と関心が集中したためと考えられる。

こういう中で労働実践の運動の展開は、労働者が獲得したモノを使って労働の主体になる試みでもあった。

いま福祉の運動主体の現状と課題をみると次のとおりである。

（1）　福祉労働者　労働者階級の自覚を持てず、未組織の、あるいは組織内にあっても、名目だけの労働者が圧倒的多数を占めている。その中には様々な群像がある。

例えば、中教審路線の教育の影響を色濃くうけて送り込まれた若年労働者――割当てられた仕事をロボットのように機械的にくり返し、感じない、考えない、自ら動かない労働者――、福祉の利用者は怠け者や人格欠陥者だと未だ固く信じている中高年労働者、自らの労働条件のみを主観的に主張し、「断乎闘う」ことを叫んでも、その労働過程では権力のなすがままに支配されている「組合活動家」、「全体の奉仕者」を労働過程での闘争ぬきに教条的に「実践」して自己満足している「民主的活動家」等々。

これらを具体的運動を通じて克服し、労働者の組織を強化し、労働者が自らを運動主体に形成しなければならない。

（2）利用者をみると、現存の福祉サービスを、団結によって獲得してきた権利として、従って更に権利の拡大につなげていくものとして利用するよりも、既にある便益をつまみ食い的に利用するものが多くなっている。

単なる「福祉サービスの消費者」から権利主体に生成すること、具体的要求運動の活動を通じてそれを地道に拡げて行くことが欠くことのできない課題になっている。

（3）右の実現のための諸条件をあげる。

①団結を拡げるために、行動基準の確立（一致点を可能な限り拡げ、一致できる点で行動する。不一致点は保留し検討を続ける）と連帯の拡大（運動の影響のある範囲を可能な限り見定め、そこと討論し、一致点を見出し団結する。例えば施設と相談機関、民間と公立、労働運動と住民運動、児童福祉と教育など）が必要である。

②団結して行動することが、当然のものとして勤労国民に定着するには、国政規模の国民的運動が大衆的行動として組織されることがあらゆる機会をとらえて試みられる必要がある。それを通じて現在の支配機構の具体的な姿を勤労国民自らが学習することである。

③労働実践の重視、資本主義下の運動は、元来労働力の買い手の支配下にある。しかし、具体的労働過程は意思と感情をもつ個々の労働者によって担われる。ここに労働過程の支配を逆転する契機を労働者はもつ。だからこそ資本は労働者の身ぐるみの管理を志向する。この労働過程での闘争として労働実践を位置づけることが、福祉労働の場合は特に、運動主体の形成に不可欠と考えられる。

2　「にんげん」になることを明らかにすること

一九七〇年代は「にんげん」の破壊が著しかった。体温の低温化や背筋力の弱化にみるような、からだの衰退、「別に、どうでも」五無主義に象徴される、こころの未発達。これらがあらためて「にんげん」である内容は何か、「にんげん」になるとはどんなことかという本源的な問題に直面させた(5)。

しかもそれは児童福祉にとっては、非行、登校拒否、家庭内暴力にみられるように差迫った当面の問題を解くカギでもあり、具体的意味をもってきている。かつてホスピタリズム論争があった。いままた母原病という言葉もある。

人間にとって基本的な二つの力——①外界に自ら働きかけてこれを変え、そのことによって自らも能力を高めること、②①を通じて社会関係をとり結ぶこと——を、生活の営みや集団の中でどのように獲得していくのか、獲得することを阻害するものは何か、が明確にされなければならない。

これは福祉と教育を貫ぬく問題であり、具体的には生活指導の内容、児童福祉施設の集団のあり方、里親と施設の関係等の問題の基礎になる。すでに一九七〇年代、各分野の沢山の実践例やそれをもとにした理論の提示がされ始めている。本格的に解明されることが期待される。

3　家族、地域の問題

それぞれが大きな問題であるのを一まとめにしたのは、①何れも二つの流れの争点であること、②資本、権力としてはこれらを一定の考え方によってまとめることによって支配体制の完成とその永続化をねらっていること（その最新版は新経済七ヵ年計画）、③勤労国民の側としては何れも集団主義の原則を貫ぬく必要があること、等のためである。

一九六〇～七〇年代の政府の基本政策によって、旧来の家族、地域の機能が破壊され、解体さえも生じていることは勤労国民の側だけでなく資本、権力の側も認ざをえなくなっている。(6)問題はそれを歴史的な法則と関連させながらどのように認識するのか、どのような方向でつくりかえ機能させるのかである。

資本、政府から出されてきたこれまでの政策の問題点を勤労国民の側は鋭く批判してきた。しかし自らの側がどの方向で、どのような内容をもって、どんなプログラムでつくりかえるかの具体的政策が国民多数の合意を獲得しつつあるとはいい難い。

労働運動、生協運動、住民運動、政治運動等各分野で一九七〇年代には貴重な先進的な試みが行なわれている。これらを集大成し教訓を引き出しながら、多数の合意を獲得していくことが重要な課題である。家族、地域の問題は福祉にとって不可欠な問題であるが、福祉分野だけの運動では解決できない。課題を解決するためには運動の担い手が重要である。

八〇年代は特に労働組合が次のような自らの運動の改善を行ない、有力な担い手になることが期待される。

①　企業内だけに留まらず地域に根を張ること。特に地域の関連労働者を中心に未組織労働者との団結、連帯を強めることとか、労働過程とその結果（商品やサービス）について地域住民と連帯を強めること（具体的には自分達が働いている経営体の出す公害や、商品、サービスの問題点を住民と共に解決する

こと)。

②　労働組合員の生活問題を家族、家庭の問題にまで拡げとりあげること（手当等モノの要求としてだけでなく、困難な問題の相談、解決の援助まで含む——既にサラ金問題ではこういう活動の原型がいろいろな組合でつくられている)。

③　それらは資本、権力の押しつけた枠そのものの批判的検討を立脚点とすること（例えば定年退職後の一家の生活を家族ぐるみで考えさせる講座を設けている大企業労組がある。しかしそれは、現在の定年制の枠組の中で、労働者があきらめ適応する方向を目指している。労働者の要求を集約して現在の定年制やその運用、年金制度を改善する方向ではない。こういうやり方では家族や地域の問題をとりあげても資本や権力の代理人になるだけに終わる)。

組織労働者が中心になり、未組織労働者、地域住民が一つの環をつくって運動の主体を形成する必要を強調したいのは、資本、権力の側が特に地域の問題で急速に活動を拡げているからである。

現状は企業を中心に、資本の応援団体（笹川財団等）警察等の権力機構を周囲に配置して地域の総合的支配が進んでいる。

企業は系列支配を強化して下請を隷属化し、その労働者も強く拘束する。企業ぐるみ選挙の協力状況は下請企業の死活にかかわるため企業は政治の支配も容易になる。企業のスポーツ施設を始め諸施設を使わせ文化的にも地域との結合を深める。

巨大な資金を持つ笹川財団は福祉施設に補助金を出し、児童館にまで手が及ぶ、海洋少年団などを組織し、団体訓練や自衛隊との交流を深める。テレビのコマーシャルを買い、イデオロギー広告を出す。その「青少年健全育成」は警察でも柔剣道指導クラブによって積極的に行なわれている。某市の市長選ではこのクラブが保守候補の票田に活用された事例もある。

経済、政治、文化、教育、あらゆる側面から資本、権力の地域支配が強められようとしている。総ぐるみで進められている地域支配には総ぐるみで対応することが必要である。

こういう中で福祉の独自の問題であるコミュニティ・ケアやボランティアがある。前者が後者とイコールで結ばれがちであるのは必然性がある。

前述のような企業を中心にした地域支配が進められようとしている現状では、コミュニティ・ケアが資本の論理に包み込まれること（資本の行政支配、産業基盤充実のための財政支出要求、福祉への支出削減のためのコミュニティ・ケア）ボランティア依存は当然の成り行きとなる。

勤労国民が、自ら地域の主人公になることを目指し、団結を獲得し、具体的な改善を手に入れた例は、教育や福祉の分野をとってみただけでも様々な地域で発見できる。

資本、権力の地域支配、コミュニティ・ケアと勤労国民の自治の営みが具体的にどのように違うか比較し、わかり易く展望を示すことが八〇年代の初めにまず行なわれなければならない。

4　貧困の内容、構造、福祉との関係

現代日本資本主義の中で貧困の内容をどのようにとらえ、それが福祉とどんな関係にあるかを明らかにする必要がある。

わたしたちは一九六〇年代後半から七〇年代にかけ養護問題を追究しそれが貧困の現象形態の一つであることをみた。非行、登校拒否、家庭内暴力においても同じ追究がされている。[7]「多様化した福祉ニーズ」といわれる背後には、貧困が広く深く国民生活をゆるがしている現実がある。[8]

かつての貧困は生活手段の量的、質的な乏しさが人間の自由を抑圧した。現代の貧困はその部分を残しながら、生活手段の増大によって生活々動を奪われ、商品に拘束されて、人間としての基本の力や自由が抑圧されている、という内容を新らしく広汎につけ加えたといえるのではないだろうか。人間の破壊と資本の増殖が表裏一体のものとして現出するところに、資本主義の貧困の特徴をみるべきと考える。

福祉分野ではその対象分析が各領域で進むことによって（社会問題が対象の生活歴に具体的にどのようにあらわれ、それが生活問題を解決する力量の発達とどうかかわるのかを明らかにすること等の方法で）貧困の内容とその微視的、生活的構造が明らかにされ、更に貧困を克服する道が示されることが期待される。

5　福祉における権利論の再構築

権利を「本来もっている」「具体的にはこのような権利がある」というところで終る静的なとらえ方が、従来勤労国民の中に多かったのではないだろうか。これは「住民エゴ」「労働者エゴ」の攻撃の前に権利を拡大することは難かしい。基本的には次のことを立脚点として権利論を再構築することが必要であろう。

①　個別の主観的ねがいが、みんなの検討をくぐって要求に発展し、それを実現するための行動によって（相手の譲歩をもたらすことによって）始めて具体的権利はつくられてきたこと。従って要求の実現は部分的で不十分であることがほとんどであること。

②　従って権利は、静的に「ある」ものではなく、団結と団体行動によって獲得されてきた結果であり、またその力が常時働いていないと、維持できないものであること。

③　権利の獲得、拡大の行動を通じてのみ権利主体になること。従って現にあるサービスを個別的に利用しているだけでは単なる「政策対象」に過ぎないこと。

④　現にある権利は要求の不十分な実現であるため常に矛盾が存在する。それが権利拡大の契機であることと。権利は拡大の要求と行動がないと形骸化し、縮少していくこと。

このような考え方で児童福祉の領域をみると、具体的には次の課題が解決される必要がある。

①　既に施設を利用している児童とその保護者の団結権、自治権をどのように保障するか、これから利用しようとする児童と、その保護者の団結権と団体行動権を実現する方法

②　現行法の中で権利侵害があった場合のチェックの方法を創り出すこと、例えば不作為について、あるいは利用者に対する処遇について問題点が生じた時、どのようにチェックするか、等である。

6　保障体系と財政問題

福祉についての保障の手段、体系と財政についての課題は極めて多い。ここでは基本的なものの中で八〇年代ではどうしても解決する必要のある課題を述べる。

（1）　保障についての基本の位置づけ

児童福祉でいえば保障手段は、勤労国民の養育活動の一環だと位置づけることが必要と思われる。従来この基本認識が薄かったため、養育活動の代替としてしまい保障手段を利用する場合の保護者の活動と主体性が失なわれたのではないだろうか。また保障手段の要求がモノトリに終り、モノはとったが、代りに活動と主体がとられた結果になったのではないだろうか。

保護者と労働者との「共育」という考え方は、手段そのものを勤労国民の養育活動の一環と考えなければ成立しない。保障手段は使うものであって、全面的に依存するものではない。

（2）　保障体系と保障内容

体系では児童福祉でいえば、親の労働態様に応じて保

障の手段と内容が重層的につくられる必要があること（保障の谷間を解消し、サービスが重なりあっていて利用者が自らの条件により選択できる体系であること）

内容では、いつでも、どこでも、誰でも、一定水準の権利保障が内容的に保たれること。在宅でも施設入所していても東京でも、岩手でも、鹿児島でも、児童福祉法、生活保護法、就学奨励法（教育補助）の何れの適用をうけたとしても、保障水準は一定以上であること。このためにはさしあたって措置費の全面改定が必要である。

（3）　財政問題

赤字解消という一定の枠を前提に、「受益者負担」をテコに福祉削減を実施する財政方針が八〇年初頭から強く打出されている。これには最も原理的な次のことを徹底的に明らかにして行くことが必要と考えられる。

①　資本のとり分と労働者、勤労国民のとり分がどうなっているか、国の生産力とその結果としての生産物全体の中で、価値の配分がどうなっているのか。

②　資本と勤労国民とのとり分の中から、どんな負担比率で税金が集められ、また社会保障の基金がつくられているのか、税や基金運用のうち、福祉、教育等国民生活へ還元する部分と資本へ還元する部分はどうなっているのか。

③　福祉によって本当の「受益者」となっている者は誰か。資本こそが本当の、最大の受益者ではないのか。

④　バターか大砲か、の選択を改めて明らかにすること。防衛予算の別枠をきめるのなら、本来一番最初に別枠にしなければならないのは、次代を担う子どもたちの保障に必要な教育、福祉予算ではないのか。

これらを詳しく明らかにすることによって、福祉の財政問題に関する原則的観点（攻撃をはね返す武器）を勤労国民は手にする必要がある。

要するに一九八〇年代は、具休的な問題を解決しようとすると、最も基本的な問題に直面せざるをえない時代といえるだろう。運動の原則である勤労国民の一層の団結が、分断工作をのりこえて獲得されることが課題解決の基本になるであろう。

注

（1）　具体的には、児童福祉でいえば養護（虐待、子殺し、自殺）非行、登校拒否、家庭内暴力、等の問題としてあらわれる。それらの事例は、児相研セミナー報告書『日本の子どもと児童相談所』一九七五～一九七八年及び筆者「貧困とのたたかいとしての子育て―児童相談

所の事例から―」『ジュリスト』増刊・総合特集一六号「日本の子ども」等を参照

(2) 安藤圭祐「開発の中の子どもたち―鹿島からのレポート」日本の子どもと児童相談所　一九七七年

(3) 「核家族化」「家族機能の衰退」「地域の崩壊」といわれるものは、このような人づくりの中で発生している。

(4) 『現代と思想』二七〇号シンポジウム「現代日本における労働者の状況」参照

(5) 現代日本の子どもの問題点を全面的に記述したものとしては『子ども白書』参照

(6) 児童相談の例でいえば「昨日うちの子が隣の子を泣かせたのですか、あやまりに行った方がいいでしょうか」という電話相談もある。家庭の中であるいは地域で、こういうことを相談し解決する力が著しく弱まっている。

(7) 斎藤茂男『父よ母よ』上、下、太郎次郎社

(8) 季刊『福祉問題研究』一号（一九八〇・四）特集一「現代の貧困」

四―2―②

社会福祉における実践・研究運動の意義と課題

――九〇年代の福祉をきりひらくために

（一九九〇年八月　『総合社会福祉研究』一号に掲載）

はじめに

最近福祉現場でこういう声を聞く。″一九八〇年代は行革によって社会保障、社会福祉は次から次へと困難な状況がつくられた。九〇年代はどうなるのだろうか。世紀末の九〇年代をどのように見通し、どのように展望を開いていったらいいのだろうか″仕事に真剣に取り組んでいる者にこの声は多いように思う。

二〇世紀最後の一〇年間の日本の福祉を考える時、一般社会の動向と、福祉分野の中の力量、及び両者の相互関係を検討せざるを得ない。

前者としては、労働運動と文化が経済運営とどのように絡んではたらくか、ということが大きな要素であり、それが福祉の必要性と内容を規定する基盤となるであろうし、後者では資本、権力の政策とイデオロギーに対し、要求運動と実践・研究運動の力量と方向が、どのように拮抗し、葛藤が展開されるかということが、福祉の枠組みと内容を左右するものと私は考えている。

一九七八年のオイルショック以後から八〇年代にかけて、日本の社会は資本主義的大合理化と行革の進行を軸に展開した。それは労働組合の右傾化をテコにして行われ、市場原理への信仰、効率至上主義、能率万能主義が抵抗を排除して、生産の場だけでなく社会の隅々にまで貫徹しようという勢いにある。

しかし八〇年代の終わり頃からその矛盾がようやく顕在化し、高度経済成長期以後の生活の質や文化について、あらためて問い直す議論が広がりはじめている。

九〇年代の福祉に関して大まかに言えば、日本資本主義をさらに発展させるための合理化による矛盾は、生活と福祉に対する要求を、今までよりさらに範囲を広げ、深刻かつ複雑なものにするであろう。

このため生活困難や不安に対応する方向は二つの厳しく対立するものになるであろう。一つは市場原理を中心とした資本に包摂する方向、もう一つは公的責任及び協同による方向である。

前者の方向では、問題現象を資本主義的な方法で切り抜けようとする手立て（例えば私的保険の多様化、株や金融商品の一層の大衆化、福祉サービスの商品化など、「自助努力」の受け皿）を用意して、その購入へと人々を追い込むことが予想される。

それを支える福祉政策では一九八九年三月の三福祉審議会意見具申の具体化の動向――社会福祉事業法をはじめとする福祉諸法の改変によって社会福祉制度と内容を大きく変える動き――、及びその方向を一層推進するイデオロギーとしての「福祉改革論」の喧しさが予想される。

後者の方向では、生活の総合性が重視され、福祉に働く者、及び福祉を求める者が、それぞれの集団の中で、さらに集団相互間で協同することを基盤とした公的責任による保障が強く求められるであろう。

その中で福祉に関する要求運動と実践・研究運動が大きな役割を背負うことが求められているのではないだろうか。

実践・研究運動で言えば、実践を基盤に生活実態と、福祉要求に対応する制度、政策、内容とについて発言するとともに、社会一般の経済運営や文化の問題にも積極的に参加し、一定の影響力をもつことが期待されるということである。

この小論は、そういう観点から福祉分野の実践・研究運動について述べてみたい。

ここでいう福祉の実践・研究運動とは、差し当たって次のように定義しておきたい。

福祉の実践（従来は主として労働実践）に関して、その対象、目的、方法、及び実践を成立させる条件などについて、実践者自らが研究者や市民等と協力して、具体的な実践に基づいて集団的に研究し、その結果を実践に反映して、福祉実践を勤労国民のためのものに変革するための運動である。

福祉における実践は、労働実践に限らない。ボランティアの実践、経営実践、政策実践などもある。また要求運動とは相対的に独立したものでありながら、密接な関係を持っている。さらに医療、保健、教育、労働等隣接分野との関係も検討を要する。

ここで差し当たってというのは、課題で述べる今後の発展の方向を見据えて、今までの実態の上に立っての定義である。

筆者は福祉労働者として様々な実践・研究運動に参加することによって育った経験をもち、現在も実践・研究運動に一員として参加し続けている。

この小論では、文献を中心に議論を展開するのではなく、現場実践の実態を出発点に、また実践・研究運動についての諸問題を網羅的に述べるのではなく、福祉における実践・研究運動の意義と一九九〇年代の課題に論点をしぼって述べたいと思う。

ただ福祉の実践・研究運動は未だ残念ながら行政系列ごとに細分化している。そして私はその全部に参加し、通じているわけではない。加えてその歴史的な成果について各団体で総括したものもほとんど無いといっていい状態である。

したがって、おのずから議論に限界があることを前提に、実践・研究運動の諸団体が、その内部でも団体間でも、さらに関係者や一般市民も参加して、集団的に検討するための問題提起という性格をもつ小論であることを御了解いただきたい。

一　実践・研究運動の意義

九〇年代の課題を考える前提として、実践・研究運動の意義の概略について、私の考えを述べたい。

1　福祉労働者、福祉の労働過程と実践・研究運動

まず二つの事実を挙げて考える出発点としたい。

一つは一九八九年一二月神戸市で開催された公的扶助研究（公扶研）全国セミナーでのある発言である。「初めて参加した」というその人は児童の分科会で次のような感想を語った。

「札幌の母子世帯の母親餓死事件や、東京荒川区の老人自殺事件、その他いろいろな生活保護に関する報道で、福祉事務所というところ、そこで働いてる人たちは随分酷いものだと思っていた。けれどこのセミナーに参加して、福祉事務所でも本当に一所懸命に頑張っている人たちが沢山いることを知って驚いたし、感動した。」

この児童の分科会では、生活保護世帯児童の高校進学について指導した東京江戸川区福祉事務所の実践（「福祉が人を生かす時」で詳述されている）に触発され、励ま

されて、それぞれの地域で、地域実態に応じて取り組まれた実践が報告され、討論が行われた。それを聞いての発言である。

一九八一年の厚生省のいわゆる一二三号通知以来、全国の福祉事務所で生活保護に関する大削減が進行している。――それは生活保護の「適正実施」（実は削減）計画の樹立と実施、具体的には受理の抑制、プライバシーを侵害する調査、民法の規定をも無視した扶養の強制、資産活用と称する動産・不動産の転売指導、能力活用と称する実態無視の稼働指導、各場面での侮蔑的な面接対応等、数々の手法をもって行われている――その結果は報道されるような大きな事件を発生させ、「福祉が人を殺す時」という言葉で象徴される事態を生んできた。そういう中で前述のような実践がされているのである。

公扶研が無かったらどうなったであろうか。福祉事務所で働く良心的な者は孤立化し、悶々として実践の意欲を失い、国や県、さらには上司からの強圧的で不当な指示・指導に対して、自分たちの実践を対置する力は、微弱なものになるであろう。そして良心的な者は福祉事務所を去り、そのことは一層国や県の生活保護の削減を容易にするであろう。仮に積極的な実践が、さまざまな困難を克服してある地方で行われたとしても、知られる機会も少なく、そこから学び、波及していくことも弱かったであろう。

もう一つは、一九八五年二月に名古屋市児童相談所で一時保護中の児童が保母を殺害した事件が発生した時の児童相談所問題研究全国連絡会（児相研）の一連の対応である。

事件発生と同時に各地の児相研の活動家は、名古屋市の仲間に連絡をとった。名古屋市の活動家は労働組合などを通じて、職場改善の推進力となった。例えば各地の一時保護所の調査、改善のための考え方の提起などである。各地の児相研会員はこの調査に全面的に協力した。近県の仲間は報道関係の記録を収集保存した。ある大都市では活動家を中心に、名古屋市への調査と激励のために交流団がつくられて派遣された。名古屋市職の決起集会には児相研の仲間のいる各地の労働組合の職場組織や地域児相研から激励電報が打たれた。

名古屋市職は奮闘して職員の増員など職場改善について一定の条件を前進させたが、こういう経過を経て、同年五月名古屋市で全国の児相研の有志によって、この事件を検討するための集会が開かれ、各地から八〇名を超す参加者がかけつけた。ここでは事件の経過、原因、教訓などについて名古屋市の仲間から身を切るような深刻な報告が出され、率直な討論が行われた。この議論を基に同年六月一日児相研運営委員会の緊急アピールが発表された。この一連の事実である。

このアピールは、事件をみる視点として、その児童と処遇をめぐる「個別的事情」や、名古屋市児童相談所の「特有な条件」を直視し、その教訓を引き出すべきとしつつも、事件はそれらが重なった偶発的なものとしてではなく、「問題発生の基本構造」があって、起こるべくして起こったものであることを指摘している。

基本構造とは、①現在の社会的状況下で子どもたちが背負っている問題、②そういう子どもの問題から必然的に求められる児童相談所や一時保護所の役割と、現状との厳しい落差——児相の設置数、人員配置、物理的条件、それらを規制する国基準の問題、③運営管理の考え方と実態の問題点、④最近の「臨調行革」の影響が一層問題を大きくしていること、などを挙げている。

また従来からも類似の事件が名古屋市ばかりでなく他県でも発生していること、「問題発生の基本構造」が地域の状況によって先鋭に現実化したものが「特有の条件」であり、「個別的事情」は事件発生の引き金であって、同様な事情はどこにもあり、基本構造が改善されない限り、事件は再びどの都道府県市にでも起こり得ることを指摘している。

皮肉なことにこの事件が生じた同年同月に、行革審の地方行革小委員会は地方行革について報告を行い、必置規制の緩和を勧告した。これを受けて厚生省は同年七月一二日付児童家庭局長名で次の内容を通知した。①児相と他機関との併設可、②児相の執務提要に示した職員の配置基準のうち、人数を削除し職種のみとすること。

この通知は「問題発生の基本構造」を一層拡大させる方向であった。そして極めて残念なことに、このアピールが生かされずに、警告通りにその後、青森県の児童相談所一時保護所で当直の非常勤職員が殺害される事件が発生した。

児相研は名古屋市の事件が起こるちょうど一〇年前に発足した。それ以前であれば、ひとつの児童相談所で起こった問題を全国的な共通の問題にする基盤がなく、全国の児童相談所で働く者は、事件に関心を持ち心配しながらも、新聞やテレビなどのマスコミ報道、あるいは厚生省や当該地方公共団体の説明など、一定のフィルターがかけられて与えられた情報だけで判断するしかなかったであろうし、自分の所でいつ同じような事件が起こるかもしれない不安にかられながら、事件は名古屋市特有の問題とされてしまい、ゴシップまがいのものが断片的に伝わるだけで、考え方を整理し改善すべき方向を見出すことは困難であったであろう。

この二つの事実は、実践・研究運動の第一の意義を端的に示していると考える。それは労働現場に働く者たちがその労働実態と実践の交流を行うことによって、働く者自身の労働の面からの連帯を築くことである。

この連帯は同種職場に働く者だけにとどまらない。福祉分野では機関と施設、公立と民間の労働者間に分断が長く続いた。それぞれが厳しい条件に置かれて十分な仕事ができなかったこと、公立と民間の処遇条件、労働条件の格差が著しかったことなどが、目の前の最も密接な関係にある者への期待を大きくし、それが裏切られると感じることによって不信感を募らせ、おおもとへの追求を不十分にして分断されてきたと言えるのではないだろうか。実践・研究運動は草の根の交流を通じて、労働からの連帯を築こうとしているのである。

この運動の参加者は、全福祉労働者から見れば未だ少数派にとどまるものではあっても、そして行革や人事政策によって、権力の政策に揺すぶられながらも、着実に前進して力をつけてきていると言っていいのではないだろうか。

福祉職場に働く者自身の連帯だけではない。実践・研究運動は福祉の労働を通じて、勤労国民と福祉労働者が連帯する重要な契機になっている。これが第二の意義である。

福祉労働者は政治権力をもつ者の政策にその労働を規定されながら（当面は時の福祉政策を実施する労働を担う性格を持たされながら）、勤労国民の要求とぶつかることによって、悩み、苦しみ、考え、自らの労働が何のために有用なのかを点検しはじめる。勤労国民にとっての有用性を模索する実践・研究運動の全国集会でのナマの声は、この呻きと模索の連続であり、集積である。

このことと第一の意義と重ねて関連させれば第三の意義が生ずる。それは時の権力がその福祉政策を貫徹するためにどんな道具立てと方法を用意するかについて、認識を獲得することである。

例えば予算、監査、指導、人事異動等々。どの地方でも同じような手法がとられていることは驚くほどであり、それが実践に立ちはだかる厚い壁になっていること、その壁と日常的に闘うことなしに勤労国民に有用な福祉は実現できないこと、及び道具立ての背後に政策が、政策の背後に思想があること、などを知る。そして闘いの意味と教訓を共有していく。

こうして労働者は実践・研究運動を通じて、支配権力が国民生活を左右する具体的な姿を認識し、それとの闘いが勤労国民に有用な福祉を模索することと一体のものであることを認識する。そして政策によって規定された労働目的、有用性を部分的であっても食い破って変え、勤労国民が求める福祉の実現に向けて、独自の目的、内容、方法をつくることを推進しようとする。

第四の意義は、これらの結果、実践・研究運動は労働過程において、労働者が時の福祉政策を実現するロボットとして働くこと、すなわち賃金奴隷であることを乗り越え、自らの労働目的を確かめ、労働の主人公となろうとする運動である、と位置づけられる。

労働の主人公になろうとすることは、福祉の労働者が勤労国民の一員として、福祉の内容をその労働過程において独自に編み変えようとする運動の一環である（もちろん、これには限界があり、だからこそ勤労国民が、自らの政策を樹て実施する実権を獲得する運動と連動することが必要になる）。

そしてこのことは、労働者が自身の中で「雇われ者根性」と闘い、労働主体となる努力なしには成り立たない。それは教育や労働や制度によって長年にわたってつくられてきた賃金奴隷のイデオロギーや行動様式と自分自身の中で闘うことである。それまでつくられてきた自分との訣別であり、自己解放の一環である。

労働者が労働過程で主人公になろうとすれば、資本主義社会の福祉政策のもとでは、政策との矛盾は鋭く現れざるを得ない。それは労働過程における階級闘争である。だとすれば、労働組合運動との関係に触れざるを得ない。紙数の関係上項目のみを述べる。

2　労働運動との関係

第一に、実践・研究運動は資本・権力から独立し、要求を基礎に団結する労働組合運動によって支えられる。

上記のように労働過程で福祉政策との鋭い矛盾を生じた時、労働者としての身分とその労働を、労働権として保障するものは労働組合である。

ということは、必然的に資本・権力から独立し、要求で団結して行動する労働組合（人事や政策で癒着して若干の恩恵と引き換えに基本的要求を潰すような組合でなく）、そして労働過程の要求と運動に真剣に取り組む労働組合が必要だということでもある。

実践・研究運動は労働組合運動と相対的に独立しながらも、労働戦線問題に重大な関心を払わざるを得ないのである。

第二に労働権の問題である。労働権とは働いて賃金を得て、生活できるということだけを意味するものだろうか？労働本来の意義の上に立って、発展した姿を描けば、労働主体がどんな仕事を、どんな目的で、どんな方法で遂行するかということを決め、社会的に責任をもつことまでも含めたものと考えられないだろうか。そういう意味では実践・研究運動は福祉において労働権を確立するステップを担っているものと言えるのではないだろうか。

このことについてはK・コーツの「社会に役立つ労働をする権利」「有用労働権」の概念や、ＩＬＯの「国際労働条件・労働環境改善計画」（ＰＩＡＣＴ）の「労働は、労働者が自分の能力を発達させ、社会に奉仕できるものでなければならない」[1]という主張は多くの示唆を与える。

第三に労働組合の要求内容との関連である。実践・研究運動は労働組合の要求について一定の論拠を提供できる。

その一つは福祉労働者の要求についてである。かつては「こんなに酷い状況だ」ということだけで要求運動を前進させることができた。しかしそれではもはや要求運動は進まない状況になっている。

目的と内容と方法、及び条件をしっかり検討した要求が、広い範囲の国民に支持されてはじめて実現するという段階にきている。実践を基礎に、勤労国民の福祉の実現を阻む条件を明らかにしながら実践・研究連動はその論拠を提供することができる。

もう一つは、今後の課題と関連する制度要求等との関連である。福祉は現代社会の矛盾が家族、生活の上に最も鋭く現れた問題に直面する。

例えば、単身赴任や長時間労働、不規則労働などが家族と生活を危機的状況に追い込む基盤となり、幾層かの媒介項を経て結局福祉サービスを求めるという事例は、福祉現場で日常的に直面する問題である。

家族と生活の立場から勤労者の生活実態と現場実践を通じて要求を整理し、制度とその運営への要求に反映させることは、家族の再生産という観点からも必要不可欠になっている。今まで企業のなすがままにされて、結果において福祉は後始末の落ち穂拾いをしてきた感がある。こういう点での福祉分野からの積極的な提起が期待され、実践・研究運動も一定の役割を果たすことが求められているのではないだろうか。

3　これまでの成果から

これまでの実践・研究連動の成果を整理することは、後に述べるように今後の重要な課題だと考えるが、実践・

研究運動の意義と関連して、教訓として最小限度触れておかなければならないことを挙げてみたい。

第一に実践論についての示唆である。

福祉の実践という時、従来は労働実践が中心に考えられてきた。しかし保育運動、障害者運動の歴史で明らかなように、保障手段の「づくり運動」は日本の福祉に大きな影響を与えている。

本来実践は「外界に働きかけ、外界を変え、自分自身も変わる」という意義をもっている。「づくり運動」は政策が不十分なために保障されない子どもや障害者などに必要な保障の手立てと内容をつくり出し、そのことによって運動者自身が、現に政権を掌握する者の政策原理を認識して、現状を改革し政策を変える力をつけ、さらに保障の過程を通じて新しい知見を加え（例えば共同保育所や共同作業所をつくり、処遇することによって、零歳児や重度障害者の発達と働きかけ方を新しく学び従来より進んだ知識を加えるなど）、運動をさらに発展させる契機をつくった。

要求運動実践と労働実践とが結びつき、理論と実践の螺旋的発展の可能性を現実化し、さらに政策実践に発展する萌芽を示した（例えば革新自治体下の政策要求とその実施）。それだけではない。福祉の手立てを生活に不可欠な生活共同手段として位置づけ、例えば家族の養育と社会的養育の「共育て」という新しい概念をつくり出した。

これらのことは、今までの福祉方法論や実践の議論に新しい問題を提起したものだと言えるのではないだろうか。

第二に、対象論とそれに基づく処遇論への示唆である。日本の高度経済成長はさまざまな問題を生じた。例えば公害その他によって障害者問題を社会的につくってきた。また開発は地域の生活と社会関係を壊して、さまざまな児童問題、老人問題を生じさせた。

実践・研究運動はそれぞれの分野で、地域で、こういう対象分析を行い、福祉問題が社会問題であることを明らかにしてきた。端的にいえば、福祉の対象は、権利侵害の連鎖と累積の結果、矛盾が重層化して目の前にあるということである。

そしてこの立場にたてば、福祉の処遇は、当面する最も緊急な問題についての権利の回復から始めること、権利回復の連鎖をつくりだすこと、それらによって長期的な見通しを獲得する契機をつくることだと言えるだろう。

最初に挙げた公扶研の事例はそのことを物語っている。対象論とそれに基づく処遇論の今後の発展に大きな示唆を与えていると言えよう。

二　今後の課題

特に一九九〇年代に力点を置きたい課題について述べる。

1　国民生活、福祉問題、福祉要求と実践・研究運動——生活実態、必要、要求の意識的な把握とその構造を明らかにすること

日本は豊かになった、国民の多数は中流意識をもっている、と言われてきた。しかし本当に国民は豊かになったのだろうか、本当に自分は中流だと思っているのだろうか、という疑問は八〇年代の終わり頃から広がりはじめている。

「金あまり日本」というのは大企業だけで、大多数の勤労国民は、働きに働いて過労死さえ出現し、住む家も持てず、時間貧乏で、一家が一緒に食事することさえ難しくなっている。

登校拒否の子どもは四万を超えて（一九八九年文部省調査）、アトピー性皮膚炎は乳幼児に増加し、「子どもの成人病」という矛盾した名称の病気が拡がっている。土地も家も持たないものが、一度何らかの事故に遇えば、逆落としに貧困に転がっていく。老人が疾病になれば差別的医療を受け、福祉を求めても狭き門で餓死や自殺さえ生じている等々、挙げきれない諸現象が出現している。

一方で、所得の低さからくる諸問題は厳として存在している。他方で、生産される生活物質は膨大な量にのぼり、消費はそれに翻弄され、それらと表裏の問題として、生命の危険、生物体としての機能の衰退、生活力や社会関係を結ぶ力の未獲得あるいは喪失という人間として不可欠なものの危機的状況が、個人、家族、地域に重層化している。

一〇年前、一九八〇年代の福祉を考えるため、実践・研究運動団体を中心に貧困問題についてシンポジウムを行ったことがあった。この時すでに貧困の重層化が指摘されていた。(2)それは一九七〇年代後半から「豊かさ」の内容を問う生活様式の問題が、国際的に議論されていたことと軌を一にしていた。(3)

実践・研究運動が日本の現実の中で、地を這うようにしてつかんだことが、国際的な理論動向と大筋で同じ方向であったことは注目されていいと思う。

八〇年代の終わりの日本社会は八〇年代の始めよりも一層階級格差、階層格差が広がり、不公平が増大してきている。

それは一九七八年の石油ショックを契機とした資本の大合理化政策が執拗に徹底され、労働強化によって働く者は使い捨て同様になっていること、「市場原理」と「効率主義」を至上とした行革で公的な保障が徹底的に縮小されていること、土地を中心とした不動産の高騰を放置する政策によって、持てる者と持たざる者との格差が著しくなっていること、教育の選別が徹底してきていること、司法が行政の追認機関化し違法をチェックする機能が弱まり、上級審になるほどその傾向は顕著であること等々が、他のさまざまな政策と重なりあって格差の拡大を生んだものであることが指摘されている。

この問題点が八〇年代の終わり頃よりようやく一般的にも議論され、八〇年代は「効率」の時代であったが、九〇年代はそれを修正する「公平」の時代だという指摘も現れている。

こういう中で福祉現場に働く者は大きな役割を背負っていると考えられる。それは福祉を求める個々の国民が、どんな生活問題を背負ってきているのか、その人の今まで生きてきた歴史の中で、上述のような社会的な背景のもとに、問題がどのようにつくり出されてきたのか、いま求めていることは何か、長期的に必要なものは何か、などを具体的、総合的に明らかにし集約するという役割である。この役割は実践・研究運動の大きな課題となる。もしこの役割を果たすことができれば、次に述べるような意味で、社会福祉のみならず日本の社会全体に対して、一定の貢献ができるのではないだろうか。

現在日本の福祉分野では福祉改革論の示す政策が不可避であるかのような論議が横行している。一九九〇年二月の総選挙の結果はこの方向がさらに推進されることが予想される。しかし福祉改革論の根拠となるニード論は現実的な根拠が示されていない。

福祉政策は、福祉実践の前提として認識されている問題諸現象を、解決あるいは軽減することを保障するものでなければならない。権力を掌握している側の福祉政策が、勤労国民の生活実態、必要、要求に対応しているかどうか、このことを福祉実践の場で、意識的・集団的に検討して、全国民の前に明らかにすることが出来れば、「自分たちの政策づくり」の基礎を提供することになるであろう。

またこのことは、発達した日本の資本主義下で人間と生活がどのようになっているかということを実証する意味を持つ。

一九八九年の東欧の大変革によって「社会主義は潰れた。資本主義は勝った」という短絡的な宣伝が行われている。しかし、物量の豊富さの一方で貧困の重層化と人間の解体という二つの顔を併せ持つ資本主義の実態と、それと表裏の文化について、福祉の実践・研究運動が具体的に明らかにすることができれば、物量の豊富さだけが誇大に認識され、高い価値が与えられている日本の文化を根底から見直す警鐘ともなるであろう。

それはまた、世界の人々が自らの将来を自由に選択するための一つの材料を、ささやかながら提供することになると考えられる。

2　歴史の結晶をとりだすこと——実践の集積の総括を

実践・研究運動の各団体は、それぞれ一〇年を超えた歴史をもち、実践と研究に多くの実績をもっている。その実践上の意味を明らかにしながら、到達点を整理することである。このことの意義は重視されながら、まだ実現されていない。

例えば先にひいた公扶研の江戸川の高校進学指導について言えば（その実践上の意味を詳しく検討するのは公扶研や「福祉が人を生かす時」に譲り、必要最小限度に言及するならば）、視点、対象論、実践の方法、実践が働きかけた世帯に与えた影響と職員自身に起こった変化、等についての提起として次のようにとらえられるのではないだろうか。

視点で言えば、生活保護世帯の児童に接触する福祉事務所の地区担当員は多くの場合、子どもを親の就労についての情報源と見たり、せいぜい近い将来の稼働収入源として、保護廃止が可能かどうかという視点からしか見ていない実態を克服して、人間として、生活し発達する主体として見ることへの視点の転換である。

言葉を換えて言えば、「生活保護法適用可否の立場からだけで人間、生活をみる保護の要否判定的視点」から「人間が生き発達するために生活保護法や福祉事務所がどのように機能するかという、人間が生きるための生活手段としての視点」への転換である。

また対象論で言えば、対象となった子どもたちは、発達に必要なものが奪われていて、そのままに推移すれば再び貧困、権利侵害が拡大再生産される存在であること、現在の日本の生活、教育、労働、福祉等、社会の矛盾の総和が目の前の低学力の子どもとして現れていること、それを放っておけない存在として認識していることが特徴である。

さらに方法としては、子どもの学力を回復するために、職員が自発的に集団で対応していることと、また実践がもたらした影響として、子ども自身が他の子どもを連れてくるなど自分たちで学ぶ意欲を引き出し、今までの親子関係や福祉事務所との関係を変え、福祉事務所の職員自身も変えるということである。

このようにその意味を明らかにしながら、集積された実践を整理し、総括することは、勤労国民が求める福祉を作り出す創造的な営みを歴史的な結晶として取り出すことであり、それを勤労国民全体の財産として共有することでもあると言えるだろう。

3　線から面へ――各実践・研究運動団体の横のつながりをつくること

現在の実践・研究運動団体は政策の縦割りに従ってつくられている。それは仕事が縦割りにされた中で職場がバラバラになっていた実態があり、まず同じ分野のつながりが差し迫って必要だったという必然性をもっていたと考えられる。

しかしそれぞれの団体が誕生してから一〇年を超えている。そして権力を掌握する側の政策は社会保障、社会福祉を全体的にみて、日本資本主義の中に位置づけて「改革」を企てている。

実践・研究運動を担う諸団体の横のつながりは一九九〇年代にこそ確立しなければならない課題であろう。従来もその企画は何度かあった。しかし各団体の活動家の忙しさが、つくろうとしては消え、ということを繰り返してきた。

横のつながりを推進する方法は幾つかあろう。

一つは可能な地域から可能な範囲で交流を積み上げていく方法である。広島県では地域福祉研究会を中心に各実践・研究運動団体の交流がもたれた。

二つは問題ごとの共同行動による方法。かつて公扶研と児相研が共同の研修会を連続して開いた経験がある。また社会福祉士・介護福祉士法に関して東京を中心として、各団体の活動家有志が連絡し、連続集会を行い、その結果を集約してアピールを出し、専門性についての検討を進めようとしているが、こういう方法。

三つは具体的な問題について長期的な共同作業を行う方法。例えば児童の現状についてそれぞれの分野から認識を交流すること、児童に関する権利条約をどう具体化するかについての意見交換を行うことを継続的長期的に行うというような方法である。

四つは各団体の活動家が小規模でも濃密な議論を行う連絡協議の集会を年一回以上開く方法である。

このように方法は幾つかあり、現に行われはじめたり、計画されたりしており、それらを有効に組み合わせることも考えられようが、横のつながりの基本的な目標は、各実践・研究運動団体が今まで積み上げてきた、生活実態と福祉問題についての認識と実践を、協同で総合し、位置づけ、発展させる方向を探ることではないだろうか。それを基礎にしてさらに、実践を基盤にした福祉の実践、技術、方法をつくるところまで発展させることが期待される。

今後の課題の1、2、3はそれぞれ密接に関連する。特に2を推進するために3が必要である。実践を整理するに当たっては、一定の問題意識を共有して相互に学び合い、刺激し合って行うことが望まれるからである。また各団体だけの検討では気がつかなかった諸側面が、横のつながりによって一層明白になるからである。

4　地域に根ざした実践・研究運動を

（1）　苦情相談への組織的な対応を

機関、施設など福祉サービスに対する不満は多い。不作為、表面的形式的な対応、手続き的権利の侵害、面接態度などについて、特に行革の進行と保守首長のもとで不満は増加している。

それらの不満は行政不服審査法の不服申し立てがしにくい類のものが少なくないし、それができたとしても、そこまでは手続的に耐えられないという場合も少なくない。福祉サービスを求める者だけでなく関係機関や施設から「何とか動かすためにどうしたらいいか」という相談も深刻なものがある。

筆者が現場に在職中はこの種の相談を個人的に持ち込まれたが、実践・研究運動の活動家は多かれ少なかれそういう「アングラ相談」に対応せざるを得ないでいる。

この種の相談を軽視してはならないと思う。各団体が独自に、あるいは共同で、組織的に対応する方法を実現すべきではないか。それは福祉現場の実態を映す鏡でもあり、専門性の内容の点検でもある。そして要求運動とも関連して福祉一一〇番というべきものに発展させるべきではないだろうか。

（2）　地域で具体的な連携の中核となること

すでに行われていることではあるが、一定範囲の地域の中で関連する実践・研究運動の活動家が中心になり、地域の援助の網の目をつくるために、関連する領域が集まり、研究会や連絡会などをつくって連携を進めることを、一層発展させることである。

またそのための情報交換を各団体で活発に行うことができるような手段を考えるべきではないだろうか（例えば情報センターのようなものの設置——従来は家内工業

的に、情報を多く持っている個人がつながることによって、行われていた)。

同じような意図をもって官製のものも企画されるが、実務担当者が中心でなかったり、建前や縄張りが中心のものになることが少なくない。官製のものであっても、実践・研究運動の活動家が入った場合は、現実的で有効に働く場合もある。

自主的なものであれ、官製のものであれ、こういう援助の網の目づくりの連携は、権利保障の原点を貫くことを基本に(必ずしもそれを表面に掲げなくても)積極的に推進するよう実践・研究運動が全体で確認し、取り組みを強化すべきではないだろうか。

この連携は援助の網の目づくりばかりではなく、やがては地域の福祉政策づくりの基礎になる性格をもっているものと考えられる。

5 職場に根を張るために
——職場での運動の具体化に向けて

(1) 実践と研究についての提起を全職場に

実践・研究運動が、その参加者だけでなく、影響を及ぼそうとしている分野の全職場に対して、提案を行うことである。

従来実践・研究運動は全国集会で基調報告を行う団体とそれを行わない団体があり、基調報告がある場合でも、集会全体がそれに沿って運ばれるということは、意図されながらも実現しにくい状況があった。実践・研究運動も一〇年を超えて定着しているのであれば、集会参加者だけでなく、同じ仕事をしている全職場にも影響を及ぼすような運動を展開すべきではないだろうか。

そのためにその年の「検証を要する問題」や「実践についての提案」を行うこと、そして職場のそれに対する反応を持ち寄って討論することが求められているのではないだろうか。その年の集会への呼びかけの時に、前年の集約として出せれば理想的であろうし、どんどん変わる現実の情勢に応じて、新しく提起されるものであってもいいであろう。

それは実践・研究運動がカバーしている分野の全国の職場に、その運動の意義を明らかにすることにもなり、新しい人々の参加を促す契機ともなるのではないだろうか。

(2) 協働の原理を明確にすること

職場は思想、信条、組織、方法を異にする者の集まりである。福祉の仕事は協働によって成り立つ。それぞれが自分の考えや方法を押しつけては協働は成り立たない。

どのようにして協働を成立させるか。

筆者は民主主義の原則（誰でも意見を自由に述べ、誰の発言も検討されるという原則）と統一戦線的原則（意見の違った場合は、一致した部分を尊重して実践し、一致しない部分は保留して進み、一定の実践の後、中間的に総括して、不一致点をさらに検討するという原則）とを職場に定着させることが重要だと考えている。実践・研究運動は職場での協働の原則を積極的に掲げ実践すべきであろう。

このことは労働戦線が分裂しようとしている現在、重要なことである。職場で仕事をとり運ぶには、どんな組合に属していても、あるいは非組合員であっても、協働しなければ成り立たない。その協働の原理・原則を確立しようというのである。

6　運動主体をどうつくるか
――実践・研究運動と労働者教育

いま実践・研究運動の各団体の共通の課題は活動家の層の拡大である。初期の活動家は相当の年齢に達している。しかし新しい活動家が育ち難い、若い活動家になかなか引き継げないという悩みをそれぞれがもっている。

実践・研究運動は自主的なものであり、仕事に矛盾を感じなければ参加しないし、まして活動することはない。福祉現場に働く者が実践・研究運動に結集し難いのはいくつかの原因があると思われるが、筆者は次のように考える。

まず何よりも、新しく福祉職場で働く者の今まで受けた教育である。筆者は大学教育の場に入って痛感するが、中教審路線下の教育、○×選択的発想の影響は極めて大きい。小・中・高の一二年間の教育は歴史認識、社会認識に著しい不足と偏りを日本の若者に与え、現象の奥にあるものを見極める力を押し潰していることが多い。そういう若者が新しい福祉労働者になっている。

このことと関連して福祉政策のイデオロギーが浸透している。権力を持つ側のマスメディアを使ってのキャンペーンの影響は大きい。福祉のことを余り知らない一般市民が影響を受けるばかりではない。現在福祉職場に働いている者自身が影響され、キャンペーンと同じ目によって「対象」を観るということが起こっている。

さらに現場で直面する相手は、現象的には人格的問題、行動上の問題を少なからずもっている。このことも重なり、政策イデオロギーが貫徹し易くなっている。

このような状況の中で実践・研究運動を推進し、新しい活動家を育てるためにどんな課題があるのだろうか？

いろいろな場でこういう問いが出る。私は次のような正攻法が徹底されるべきだと考えている。

（1）当面の出発点——不満などの尊重

現場でのやりきれなさ、さまざまな人々への不信感などを、現実の矛盾の反映として大切にすること、それを交流すること、深めるための討論を組織すること、これらが必要で、できるだけ多くの機会をつくることを試みるべきではないだろうか。実践・研究運動の創設期ではこのことが意識的に行われていたと思う。

歴史が積み重なると、経験を積んだ参加者は実践的にも理論的にも、一定のレベルに達してその水準の議論を行うようになる。そのことは運動の発展に必要不可欠なことであるが、同時に素朴な出発点にある人たちを置き去りにしてはならない。

仕事についての素朴な感情や疑問は、それまでの自分を壊し、新しい自分をつくる契機であり、こういう人々の参加を確保することによって、実践・研究運動自体も新しい運動をつくる活力を獲得することになるであろう。

（2）実践の喜びを育てること

福祉が「どうしようもない」人を救済するための仕事であれば、必然的に勤労意欲は減退し虚しさが先行する。そうではなく、さまざまな可能性をもった勤労国民が、さまざまな社会的条件によって福祉を必要としている現状になっていることに対して、本来持っている可能性を引き出し、実現するのが福祉の仕事であることが実感できれば、実践は大きな喜びになる。この喜びは実践を推進するエネルギーとなる。

実践・研究運動の活動家たちが職場で、そういう実践を新しい職員とできるかぎり協働して創り出すことが望まれる。

（3）福祉を求める人たちの生活実態と問題についての認識の方法を確立すること

（2）の基礎になるものであるが、今までの対象論や福祉方法論を吸収しながら、社会科学の成果を取り入れて、個別の問題の中にある共通の社会問題を抽出し理解する方法を確立することである。このことは生活実態を把握する方法でもあり、二の1の課題そのものでもある。

それは個別の中にある共通の問題を抽出するだけではなく、個別の特殊事情とみられるものも、共通の土壌を基盤に生み出されているということを明らかにすることである。労働を通じて社会と個人に対する認識を獲得し深める方法をつくろうというものである。

福祉では特に共感性が重視されているが、本当の共感性はこういう認識が基底になければ成立しないものではないだろうか。

要するに、新しい職員が実践・研究運動に参加することをどのように働きかけるかということは、一種の、そして、大きな文化闘争である。

それは戦後四〇年間、働く者が主人公になるという民主主義の原則を、孜々営々として職場に築いてきた者たちがそれを伝え発展させることであり、教育政策、マスコミ等によってつくられ、浸透されてきた体制イデオロギーから人間を解放し、自立的な民主主義を広める運動の一つである。

7　実践・研究運動の構成に意識的取り組みを

実践・研究運動がさらに発展するためには、その構成についても意識的に拡げていく必要があるであろう。それは、第一に福祉を求める者や関係者、一般市民の参加を拡げることである。

「づくり運動」が重要な課題である分野の実践・研究運動（全国保育団体合同研究集会――保育合研――や全国障害者問題研究会――全障研――など）では親たち、あるいは障害者自身も参加し運動の中に積極的な位置づけがされてきた。

その他の実践・研究運動でも「対象」とされた人たちが、どのように福祉サービスを受け取っているか、何を求めているかを重視するため、意識的に参加を求めてきた。これをさらに積極的に前進させていくことが必要であろう。

第二に企画部門労働者を実践・研究運動に組織することである。

従来は直接的な対人サービスに携わる労働者が中心であり、企画部門の労働者は参加が少なかった。現場の実態をもとに企画を樹てることは、福祉行政の民主化のためには非常に重要な位置を占めると思われるので、企画部門の労働者の積極的な参加を取り組むべきであろう。

第三にボランティアの参加と位置づけを行うことである。

ボランティアを現在の福祉行政の補完物ではなく、福祉を前進させる運動の中に位置づけるためには、実践・研究運動の中にも積極的な参加が得られるよう努力すべきであろう。ボランティアは相手の要求に基づくことなしには成立しない。その実践は制度の盲点や正規労働者が看過している問題を鋭く問うことも少なくない。その力を実践・研究運動の中に位置づけることが必要であろう。

第四に研究者との関係である。

研究と現実、労働、実践などの関係については基本的な議論が必要だと思うが、実践・研究運動の構成のみについて言えば、産学協同（福祉の商品化を進めようとする時これが強化されるであろう）及び官学共同に対して、勤労国民の福祉を実現するための実践と研究の協働が必要だと考える。

実践・研究運動と研究者が、相互に問題提起を行い、思考協働、共同研究を行うことが、実践・研究運動の発展のためには必要不可欠だと考える。

おわりに

（1）当初労働者と研究者との共同研究、実践・研究運動の共通のシンクタンクとしての共同研究者の問題について少し詳しく述べたいと考えていたが、紙数を超過したので省略せざるを得ない。後日の機会に譲りたい。

（2）以上述べてきたような実践・研究運動が存在することは、日本の社会福祉の歴史の中では、戦後の大きな特色であると言っていいであろう。一九九〇年代は実践・研究運動の新しい、画期的な発展の一〇年間にしたいものである。

注

（1）富沢賢治編『労働と生活』世界書院（一三九頁～一四〇頁）

（2）「特集シンポジウム・現代の貧困」『福祉問題研究』一号（一九八〇・四）所収、ささら書房

（3）成瀬龍夫『生活様式の経済理論』（お茶の水書房、三～四頁）によれば、「なぜ生活様式に関心をもつのか」についてJ・ガルトゥング、D・ボレテンスキー、M・メンガーらは、先進工業社会のさまざまな病理現象が広範かつ深刻なものとして認識されるようになってきたこと、その他を挙げている。

四―3―①

「公扶研再建の基調（素案）」に寄せて

――福祉労働論からの一つの意見

（一九九五年五月『公的扶助研究』再刊一号に掲載）

はじめに

わたしは公扶研をはじめ社会福祉分野の自主的な研究会を実践・研究運動だと考えてきました。しかし公扶研を含めていくつかの自主的な研究会の現実について、必ずしもそういえないのではないかと思いはじめたのは、いわゆる「福祉川柳」問題（以下簡単に「川柳問題」といいます）が起こる前からでした。官製の研修と違った民間の研修会という性格づけや実践を軽視した研究（それも研究者を中心とした）を疑問に感じたからです。

また社会福祉分野を横につなげて福祉労働論の検討をしようではないか、と在京の研究団体の打ち合わせの場で提起した時も、いまの福祉事務所の現実はまったく乗ってこない状況だから無理だ、という反応（かつて公扶研で活動し当時は別の団体にいた人ですが）に愕然としたのも「川柳問題」の起こる前でした。愕然としたのは、そういう状況だから、福祉労働論をやろう、というのではなく、「無理だ」といってしまう、その反応にです。

現場から離れたわたしが福祉現場の変革主体である福祉労働者がこのような状態にあることをどう考え、どうしたらいいのかと考えているうちに「川柳問題」が起こりました。公扶研の会員ではなくなり、機関誌も定期的にとっていないわたしにとって、しかし「川柳問題」は他人ごとではなかったのです。それは次の理由からです。

まずわたしはかつて初期の公扶研に、また都現協（東京都現業員協議会）に、一定期間かかわってきました。また現在わたしが最も密接にかかわっている児相研にはかつての公扶研の会員が相当数います。そして歴史的な経過からも、実践、研究の基本的方向と内容からも、公扶研は社会福祉の実践・研究運動の源流であるとわたしは考えています。

さらに「川柳問題」が起こるような職場状況は、急激かつ極端に現われるか緩慢にしのびよるかは別にして、いまや社会福祉の各分野に広範に及ぶ一般的な問題でもあると考えています。

そのうえ、いわゆる一二三号通知にもとづく仕事の仕方の徹底は、のちに述べるように福祉事務所の労働者を権力のロボットにするテコであり、頻繁な人事異動はこのロボットづくりの必須の条件であるとともに、権力ロボットを福祉の全分野に及ぼす有力な手立てであると考えるからです。

つまり権力ロボットにされた労働者が福祉事務所から他の社会福祉現場に異動し、そこの職場状況によっては権力ロボットを拡大する触媒になりかねない状況があります。最も権力が貫徹しやすい福祉事務所を突破口に、社会福祉分野全体にロボットづくりを波及し完成させていくということは権力側の大きなねらいの一つといえるでしょう。

以上の理由から社会福祉の実践や研究に関係するわたしたちは「川柳問題」を自らの問題として取り組まなければならないと考えるのです。

それにしても、直接的な権力の介入によってではなく、自らの機関誌の中で、自ら選択した掲載内容によって、公扶研としての基本的視点から逸脱し、外部の団体から抗議を受けてから対応するという事態は考えさせられました。

しかし、職場状況を人権から遠いものとして、いやむしろ人権侵害の実行部隊として大きく変えてしまうという条件をつくれば、人権保障を出発点としそれをアイデンティティとしてきた実践・研究運動といえども、内実を変化させ、ある「事件」を契機にして「自壊」させてしまうというのが、現代の権力の管理方式なのか、とも考えます。そして他の社会福祉の実践・研究運動にも同じようなことが起こりうることは肝に銘じておく必要があると思います。

だからこそ「川柳問題」の総括と公扶研の再建にあたっては、問題をもたらした現実の諸条件とそれに対する実践・研究運動としての主体的な活動との関係を明らかにし、社会福祉の実践・研究運動の源流にふさわしい総括、再建にしてほしい、福祉労働論の発展の契機にしてほしい、実践・研究運動の内実をいっそう深める契機にしてほしい、とねがっています。

以上のような視点から『福祉川柳』問題の総括と公的扶助研究全国連絡会再建の基調（素案）」、関連して、公扶研あり方検討委員会の「公扶研のあり方について（提言）」と全国公的扶助研究会「規約（案）」）についてわたしの考えを述べます。以下それらを「基調」「提言」「規約案」と略し、頁数はそれらが収録された『公的扶助研究』特集第四号のものです。

一　公扶研の原点と再建のエネルギーについて

最初に「川柳問題」を通じて発揮された公扶研のエネルギーの素晴らしさに心からの敬意を表します。この事件はいわば「お家の一大事」だったわけですが、総括と再建に向け結集された熱意とエネルギーのほとばしりを痛感しました。

一時の混乱期に会の解散、機関誌の廃刊などがいわれた頃、わたしが出席した関東のある集会で、もう頭の薄くなったOBが「公扶研が解散したら社会福祉の仕事の拠り所がなくなる」と発言していたことが印象的でした。またさまざまな集会にOB、OG、現役を問わず自らの労働の中に人権を実現しようと奮闘している人々が、自発的、自主的に結集したことは、公扶研の原点であり、このエネルギーがあるかぎり、再建を大いに期待できると心強く思っています。その期待ゆえに、以下わたしの意見を述べます。

二　現在の条件の中で福祉労働者が労働対象の認識をどのように獲得するかについて

1　わたしの疑問

「提言」はケースワーカーの意識の変化について「札幌の母子世帯の母親『餓死事件』の時でさえ『どこの事務所で起きてもおかしくない』と現場のワーカーに言わしめるような事態」と指摘しています（四頁）。そしてその理由に一二三号通知以来の国の生活保護行政の運用、行革の強行、マスコミ動員の「適性化」キャンペーン（「提言」四一頁）、「貧困の終焉」と「福祉ニーズの多様化と複雑化」等のイデオロギー、生活保護行政のマニュアル化（七頁）、激しい人事異動（「基調」（一一一頁）、国の方針を徹底する研修（「提言」五一頁）などをあげています。

そして総括にもとづく活動の基本視点として「基調」は「人権の擁護と生存権の確立」など六項目をあげてい

ます。そのこと自体は全く異論のないところですが、率直にいってそれで現在福祉現場にいる労働者が、その労働対象についての認識を獲得できるのかというのがわたしの疑問です。

「不断に社会問題や生活問題に対し、また生活上の困難を抱える人々への認識と理解を深めるための学習と研究を進め、職場で共有しあっていくことが私たちの任務であると自覚します」(「基調」)という認識、理解、自覚は何を契機に、どのように生まれるかを考える必要があるのではないでしょうか。わたしはこのことを具体的に検討することが現在の実践・研究運動の大きな課題であると考えています。そして「福祉現場の状況」をリアルにみつめることから出発すべきだと考えます。

2　福祉現場の状況について

次にあげるようなことが重層的にあるのが福祉現場の状況だと考えます。

第一に、現在福祉現場にいる労働者の相当数は、一二～一六年十α(六・三・三・四十α)の学校教育の中で、労働者として本来獲得していなければならない重要な概念や知識を獲得しないまま、現場労働に入っている。

たとえば、労働、労働者、労働組合等の概念とそれが生み出された歴史的背景、日本の現代史とくに明治以後の戦争や勤労者の生活や民主主義抑圧の歴史、さらに世界人権宣言、国際人権規約を中核とする国際的な人権の歩み等々。そして管理教育のもとに指示やマニュアルが通りやすくなっている。加えて高度に発達したマスコミは権力の擁護を中心とする情報を操作し続けている。これらの結果、労働者は権力により操作されやすく、その主体性を発揮しにくい状況にある。

第二に、職場の民主化の中心である労働組合は、ナショナルレベルで二つに分かれ、一方は権力に癒着するばかりか権力の代行さえ行なう状況にあり、所属労働者を失望させている。他方、権力から独立することを目指す労働組合は陰に陽に行なわれる権力の妨害もあって多数派を形成しえないでいる。

この影響は職場段階にまで及び、非組合員の増加もあって労働者が団結しにくい状況が生まれ、労組が職場で民主主義を推進する主体として十分活動できない状況が多くの職場で現出している。

第三に、行革にもとづく社会保障、社会福祉の政策がつぎつぎにうち出され、法の上に通知、予算を置き、国レベルでは主管庁である厚生省だけでなく、会計検査院や行政管理庁まで、地方自治体においては主管部局だけでなく、監査事務局や財務関係まで、社会福祉の基本理念とは全く関係のない視点から監査、検査、指導等の名目で方針の徹底が行なわれる。

この結果、政策主体が定めた仕事の標準は、労働目的、労働対象、労働内容など労働過程のすべてを強く拘束し、その認識、思考を労働者に強いていく。

第四に、行革下の公務員の専門性は、第三のことと関連して、仕事の内容（社会福祉）の専門性ではない、法律と予算を国や地方自治体の方針どおり忠実に「大過なく」執行する「どこでも使える役人」の専門性である。

そういう能力を高めるためと称し激しい人事異動が行なわれ、人員抑制による人手不足と相まって、住民生活に役立つ仕事を考え、それに取り組むことが困難な状況を生んでいる。こうして社会福祉の専門性は個人の中に蓄積されないばかりか、職場の中にも集団的に形成されにくい状況になっている。このことは国の方針を徹底して実施する場合に、その抵抗者を排除する意味で、必須の条件になっている。

第五に、以上が総合されて福祉現場において、労働者は労働の意義を見失い、政策主体の末端ロボットとなる結果を生む。

監査で文句を言われないための調査や資料収集に追われる多忙、深刻な生活実態からの要求に応えられない精神的重圧と達成感を持ちえない疲労等々、仕事はかつてアダム・スミスがいった toil and trouble そのものの苦痛に満ちたものとなる。その苦痛が政策主体のロボットとされることに起因することを自覚できないまま、労働者はそこから逃れるために転勤を希望し、人事異動の激しさをいっそう促進する。

権力による住民への権利侵害は、直接的に住民に接し具体的な労働をする者の、仕事に対する主体性を蹂躙し、対象認識を統制し、労働者としての権利を侵害することを通じて推進されるという構造が、鮮明に現われている。

以上がわたしの考える「福祉現場の状況」で、第三、第四、第五については「基調」でも指摘されているとおりです。ここで強調したいのは、「川柳問題」をひき起こしたものは社会保障・社会福祉の政策だけではなく、教育や労働の政策を含めた、長期的で根深い総合的な統治方針であって、それらの集約がこの事件ではないか、そこを鮮明にすべきではないか、ということです。

3　活動課題について

したがってそれを乗り越えるには、理念や福祉職場あるいは福祉労働者のあるべき姿をえがく一方、会の運営について改善を提起する（「提言」、「基調」）だけでは困難ではないか、福祉現場の状況のもとで、労働者は政策主体がその対象認識を自分の中に浸透させていく圧力に抗して、どのように社会科学的な対象認識を獲得し、それにもとづく労働目的を設定していくのか、について具体的に提起すべきではないか、ということです。

　これは大変難しいものであり、また労働過程でのみ得られるものではありませんが、実践・研究運動としては少なくともそれを重要な活動課題とすべきではないかと考えます。

　たとえば「活動の基本的視点」（「基調」）は、「常に一人ひとりが人権の意識と感覚を磨きあげ、職場全体を人権擁護と生存権確保の第一線機関としていくために不断の努力を傾注していきます」「不断に社会問題や生活問題に対し、また生活上の困難を抱える人々への認識と理解を深めるための学習と研究を進め、職場で共有しあっていくことが私たちの任務であると自覚します。そのため自主的研究活動を継続し発展させることを通じて、自らの専門性を高め、福祉事務所全体の専門性の強化をはかっていきます」と述べています。

　公扶研の活動について述べたものと考えますが、問題は不断の努力、学習と研究の内容です。多くの職場で「人権の意識と感覚」をもてない状況や、援助を求める者の背負っている問題を「社会問題、生活問題」だなんて思わず、本人の怠けやだらしなさなどの人格の問題、生活の仕方の問題だと決めつけている状況があります。公扶研活動を継続発展させ、会員自らの専門性を高めればそれらは解消するのか、ということです。

　具体的にいえば、毎日の自分の労働と、援助を求める相手とのきしみを、矛盾として感じるのかどうか、その矛盾を相手の問題点から生まれるものとしてしまうのか（わがまま、勝手なことをいう等）、それとも自分の中にもうひとりの労働者としての自分がいて、自分の労働をしっかり客観視できるのか、生活実態とはなにか、それをどうつかむか（所持している金銭や消費財のリストに矮小化していないか）、生活史の意味とそのつかみ方（他法活用の資料収集にしていないか）、問題に直面している人間の悲しみや怒りや諦めや混乱を人権保障との関連でどう理解するのか、そして福祉労働者自身の感覚と考えがどのように労働に反映しているか、それに対する相手の反応をどう理解するか、これらのことをどのように記録し、それを通じて自らの労働を客観化し検討するか、等々の課題です。

　かつてわたしは「公扶研二〇年」に寄稿を求められ、

「生保のズイから生活覗く」姿勢からの脱皮を望みました。いろはかるたの「葦のズイから天井のぞく」をもじったものです。生活保護の要否の視点と範囲だけで一方的に生活と人間をみるのではなく、困難に直面している生活全体をどのようにつかむか。生活の中での喜び、悲しみ、ねがいや暮らし方を生活保障と関連させてどのように理解するのかが大きな課題だと考えたからです。

いまは、もっと狭く「通知のズイから生活覗く」になっているのではないかと憂えます。だから、いっそう、以上述べたことが労働者が社会科学的対象認識を獲得し、それに基づく労働目的を設定する上で不可欠な課題であると考えるのです。

三　福祉労働者および福祉労働の性格について

右の問題と関連して、福祉労働について述べたいと思います。「提言」では「もともと福祉労働には、人間に対する深い人権感覚と専門性が求められ、同時に貧困が決して個人的な問題ではなく、社会的矛盾の産物として存在するという社会科学的認識が根底になくてはならない」（五頁）と述べています。

住民要求を実現する側からいえばそのとおりですが、現在の国家と地方自治体の側からすれば、福祉労働に求めるものは政策を具体的に執行することであり、そのために雇用されているのが「そもそも」ではないでしょうか。

もともと社会保障・社会福祉は、勤労者に対する支配階級の譲歩の産物であり、具体的保障の段階では勤労者に積極的な側面もできるだけ制限し失地回復を企て、福祉労働者はその実行を求められる、とわたしは考えています。

国家や地方自治体が人権実現を大きな柱とする民主的な政体であれば別ですが（いわゆる「革新首長」下の地方自治体といえども住民運動や労働運動などの民主的な力、議会構成、行政、警察の掌握状況、国との関係等で自治の政体とはいいきれず、革新首長は民主的自治体への橋頭堡であったというのが正しいと思います）、現在の日本はそういう状況にないことは前提にしておかねばなりません。福祉労働を議論するにあたっては二つの「そもそも」（便宜上「提言」を（A）、わたしのを（B）とします）があることを前提とする必要があると考えます。

そういう役割を課せられた雇用であるにもかかわらず、しかし福祉労働者は労働過程の中で、援助を求める者の要求とそれを実現できない労働内容との矛盾に直面し、その矛盾と格闘することを通じて、「もともと」(B)の性格を食い破り、社会科学的な認識を獲得するとともに、それに基づく労働をつくり出し、労働者としての主体性を生成していくものだとわたしは考えています。

そして、「もともと」(B)は基本的に労働者を拘束するものであり、しかも常に現場状況を左右するので、葛藤、矛盾は常に繰り返され、主体的にそれと取り組むことによって労働者は、いっそう対象認識と具体的労働の内容を確かなそして豊かなものにしていく、ということだと思います。

このような過程は一人で臨むのは不可能で集団の力が必要だと考えます。①職場の民主的集団、②職場を超えた実践・研究運動の二つの条件が必要だと思いますが、①前述の現場状況のもとで、①はねばり強く追求されるべきですし、②の意義は大きく前述の課題を伴っていると考えます。福祉労働の専門性もこのような過程の中で、その具体的内容がつくり出されていくと考えます。

四　生活主体の位置づけと「民主的人格形成」について

最も議論したいのは生活主体の位置づけです。

「提言」は研究活動の原則として「現代社会がうみだす貧困を基礎とした、さまざまな生活問題と人格発達の阻害状態に対して」①、「全ての労働者と共にその問題の現実的解決と抜本的克服に取組み」②、「正に健康で文化的な生存権を具体的に確保し、かつ民主的人間形成に努めるところにある」③としています(八一頁)。また「規約案」の前文にも同様な文言があります。

①は労働対象を述べたものであり、②は(ア)明示しない労働主体(福祉労働者)と(イ)運動主体が併記され、(a)抽象的労働目的(問題の現実的解決)と(b)運動目的(抜本的克服)が並列的に述べられたものと考えられます。また③は具体的な労働目的を述べているように思われます。

②の(ア)(イ)の併記によりいずれもが(a)(b)にかかると考えると混乱するので(ア)――(a)、(イ)――(b)の組み合わせと考えるべきだと思います。

ここの①②③の関係は混乱や誤解を避けるために文章を整理した方がいいと思いますが、問題は貧困に直面する生活主体の位置づけです。②を上記のように解釈し、「生活問題と人格発達の阻害状況」に対し福祉労働者が「現実的解決」に取り組むとしても、当事者である生活主体はどこに位置づけられるのでしょうか。

端的にいえば、生存権の確保と生活主体＝権利主体（とくに権利行使の主体）はどういう関係になるのか、また援助を求める者は福祉労働者によってその人格を民主的なものに形成される対象なのか、そして「民主的」の内容は誰が決めるのか、これは「民主的人格」の押しつけにならないか、「民主的」という言葉と自己撞着するのではないか、等々がわたしの疑問です。

①で労働対象を、生活問題に直面している生活主体としないで、生活問題と人格発達の阻害状態としたことは、福祉労働者「代行主義」、当事者を協力者と位置づけること、それゆえの「啓蒙主義」などを生む危険が大きいと思います。

かつて学校教育の生活指導で、「民主的教師」がチェック項目（それが健康や精神的安定のために必要な項目であっても）を毎日点検し、生徒とその家庭の生活がそれにより強く規制される、という状況がありました。一歩間違えばそれと同様に、生活主体の主体性抜きに、福祉労働者が一定の「望ましい項目」をチェックする「民主的生活指導」が行なわれることにならないか、と危惧します。さらに福祉労働者の民主的人格の形成はどうなるのかも気になります。

また当事者の自助グループや当事者組織およびその運動と、援助活動、公扶研活動との関係（重要な柱だと考えます）がほとんどふれられていないのは、生活主体の位置づけが明確でないことと関係しているのではないでしょうか。

「提言」や「基調」で再三うたわれている「人間の尊厳」は、何よりも援助を求める人に対する生活主体、権利主体としての尊重がなければならないと考えます。こういう議論をするのは公扶研で生活力の形成論があることを承知のうえで、むしろそれだからこそそのことを明確にする議論が必要だと考えるのです。

労働実践の中で、援助を求める者が飲んだくれであったり、賭事に埋没したり、異性関係が複雑であったり、うそつきであったり、人間関係の切断を自ら招くような状態に直面して、それに対応しなければならない現実があり、仮に金銭給付が十分であったとしても、自立していくことが困難であろう状況を見せつけられ、だから民主的人格の形成を、生活の主人公としての自覚と力を、という成り行き自体はわかります。

しかし、わたしは本来福祉労働の援助活動は次のようなものだと考えています。それは、生活問題の解決あるいは軽減にむけて援助しながら、その中で生活主体としての主体性の尊重を貫くことである、そのことによって、いままで社会的な諸条件により十分に主体的に生きられず、さまざまな消極的側面をもつ人々が生活主体としてまた権利主体として生成することを支援するものだ、と。

そして主体性尊重の具体的内容は、制度を動かない与件としてその中での自己決定というような欺瞞的なものではなく、必要な情報をわかるように提供すること、要求表現の保障、ニーズアセスメントへの当事者の参加方法、苦情処理の保障、可能なかぎりの選択肢の用意、生活主体の判断の援助、生活主体の積極面の発見、励まし、支援など、多くの場面をつくり出すことを意味します。

こういう活動を通じて、福祉労働者もまた自らの民主的人格を形成していくというのが実際の姿ではないでしょうか。そもそも福祉労働者が最初から民主的人格をもっているなどと思わない方がいい、むしろ現場の状況は非民主的人格が形成される危険が大きいし、現実的には部分的にそういう人格を併せもっていると自覚すべきでしょう。

そうだとすれば、援助活動を通じて自らの中にある権力性や慈善性などと闘い、自らも民主的人格を形成していくということを明確にすべきではないでしょうか。わたしは実践経験から、労働者自らのこういう人格形成が相手の人格に影響を与えるものだと考えています。

そしてもし「民主的人格の形成」を目指すのなら、当事者である生活主体と福祉労働者との関係が平等であることが必須の条件だと考えます（本当に平等になりうるかも検討課題です）。「人間が知識を適用して外界に対し働きかけ、これを変革し、自らも変わること」という実践の意義は以上のことを考えるうえでも大切な意味をもっていると思います。

「民主的人格」というとき、わたしは二つのことを想起します。一つはレーニンの言葉です。「資本主義は、労働者と勤労農民のあいだにひそむ幾多の人材を圧殺し、おしつぶし、打ちくだいた。これらの人材は、困窮や、人間の人格にたいする嘲弄の重さに耐えられないで、滅びていった」。

いまさらレーニンでもあるまいという人があるかもしれません。しかしこの言葉は多くの人々の可能性を蹂躙していく資本主義の側面を鋭く指摘していまなお新鮮です。社会福祉の援助を求める者の消極的側面をみる時にも参考になると思います。また日本、アメリカその他の高度に発達した資本主義国の「社会病理」といわれる問題を考える際にも大きな示唆を与えるものだと考えます。

「人間の人格にたいする嘲弄の重さ」を援助過程で少しでも軽減し、尊厳を回復する活動こそがいま日本の社会福祉に切実に求められているのではないでしょうか。

二つ目は世界人権宣言第二二条です。「何人も、社会の一員として、社会保障をうける権利を有し、かつ、国家的努力および国際的協力を通じて、また、各国の組織および資源に応じて、自己の尊厳と自己の人格の自由な発展とに欠くことのできない経済的、社会的および文化的権利の実現に対する権利を有する」（傍点筆者）。

条文は、自己の尊厳と人格の自由な発展を大きな目標とし、それに欠くことのできない経済的、社会的、文化的権利であることを明確にしています。人間の尊厳を蹂躙することと引き換えに不十分な経済的、社会的保障を行なう現在の日本の社会保障、社会福祉の政策と、人権宣言との矛盾は明らかです。

世界人権宣言と関連して「提言」第四章の研究活動の原則の中にある「日本国憲法、地方自治法を遵守して」という言葉にぜひ追加してほしいのは「世界人権宣言、国際人権規約をはじめとして国際的な人権保障の条約、宣言にのっとって」という言葉です。国際的な人権保障の流れの中に公扶研活動が立つことを明らかにするとともに、有効な活動手段を確保できると考えるからです。

日本は国際人権規約（A規約、B規約とも）を批准しています。選択議定書（個人が政府の人権侵害に対して国連に救済申立てができる）は批准していないものの、過労死、警察の盗聴事件等で、当事者と支援の労組、法律家、住民などが団結してNGOとして国連の人権委員会に実情を訴え、日本政府を追いつめている経過があります。公扶研活動にも大いに参考になることだと考えます。

以上のほかに実践・研究運動とはなにか、その他この際議論しておくべきと思われる項目は多くありますが省きます。公扶研再建にあたって、以上述べたことが議論を深める一助になれば幸いです。そして公扶研が社会福祉の実践・研究運動としていっそうその内容を充実させ、大きく発展することを切にねがっています。

〔編者注〕　本稿に関しては、まったく同じといってよいものが、『賃金と社会保障』一一五五号（一九九五・六）にも掲載されている。同誌の『編集部注』には、同稿が『公的扶助研究』誌からの転載であることが記されており、一部手直しがされたことも付記されている。したがって、本書への収録にあたっては、『賃金と社会保障』誌掲載のものを校訂を行なう際のテキストとして使用した。

四―3―②

「養問研の基本姿勢（案）」について

――実践・研究運動を期待する立場からの一つの意見

（一九九五年九月『そだちあう仲間』二一号に掲載）

はじめに

養問研は一九九四年の第二三回大会に、「今日の時代にふさわしい『養問研の基本姿勢』の骨格的試案」（以下「基本姿勢案」）を討議資料として提起し、広く関係者の討論を呼びかけました。

かなり前からわたしは、「他の研究団体についてとやかくいうのは無責任になる」と考え、疑問や意見の公表を差し控えてきました。「基本姿勢案」を見た時も同じように考え、「現在養問研を中心的に担っている人達はこう考えているのか、会員の人たちの間にどんな議論が行われるのだろうか」という第三者的な受け取り方をしていました。

しかし考えてみれば、わたしも創立の時から参加し、中断期間はあったにしても現在会員ですので、疑問や意見を述べ、議論の発展をはかることが一人の会員としての当然のことだと考え直しました。

わたしは養問研を公扶研、老問研、児相研などとともに、社会福祉における実践・研究運動の一つと考えていますし、そうあって欲しいと願っています。以下はその立場からの発言です。ここで述べたいくつかの点について、第二三回大会基調報告委員会でどのように議論がされたのか、また会員のみなさんがどんな意見をもっているのか、などが討論され議論がより深まるきっかけの一つになれば幸いです。

なお以下の項目は「基本姿勢案」の中のもの、頁は『そだちあう仲間』第二〇号（一九九四）のものです。

一　基本的性格について

1　実践と研究について

「一、養問研の基本的性格」の2)（三二頁）で「養問研は、研究活動の成果を前提（中心）にした組織ですが、同時に研究活動の成果を広め実現しようとする姿勢をもっています。その意味で養問研は、研究・運動団体です。」と述べています。

この文章全体からは、研究があってその成果を広め、実践の中に実現していくという意味と考えられます。それでいいのだろうかというのが第一の疑問です。

①　実践と研究の基本的な関係について

研究が現実に根ざして成立しているとわたしは考えます。だからこそ研究の成果としての理論は、実践による検証が大切になるのだと思います。特に「実践こそ社会福祉のいのち」といわれている社会福祉分野では、この視点は重要だと思います。

現在の日本の社会福祉分野の実践の中で、中心的であるのは賃金労働者によって担われる実践＝労働実践ですから、研究は労働実践を根っことしてもつ必要があることを押さえておきたいと考えます（実践はボランティア実践その他がありますが、以下で実践とは労働実践の意味で遣います）。

②　実践を行う者と研究との関係――二つの側面

実践を行う者が研究とどのようにかかわるかについて、次の二つの側面があるとわたしは考えます。

（A）実践を理論に基づいて展開し理論を検証する側面

研究の成果としての理論を学び、それを実践に活用することで、実践が個人的な考え方、やり方、感情などによって左右されずに、一定の水準に保たれるためには不可欠なことです。福祉労働論で「労働の科学化」といわれるものにあたります。そしてこのことを通じて理論を確かめることです。

（B）実践を客観化し理論化する側面

実践する者自身が、実践を抽象化し、法則性を見出し、理論化すること。これは実践が積み重なっていくためには欠くことができないもので、福祉労働論で「労働の科学労働化」と言われるものにあたります。この働きによって理論を検証する力が獲得されていくものだと考えます。

③　ところで2)の文章は（B）の部分が明らかにされていないと感じました。「研究活動」という文言にそのことも含んでいるという説明なのかもしれません。しかしわたしたちが公扶研や養問研をはじめた初心は、現場で

働いている者が、(B)をしっかりやろうということだったと思います。

それは実践と研究とが遠く離れている状況に直面していたからです。

例えば研究者が研究のために現場に入って調べ、実践者からさまざまなことを見聞きし、資料を集めていくが、どんな研究成果が上がったのかが、現場には還元されない、たまに現場に報告されたとしても、多くの場合輸入理論の適用のような研究者の関心のある視点からのもので、現場がいかにあるべき姿(理論)と離れているか、いかに専門性が低いかというような趣旨のものが多く、忙しい中で協力した現場の者にはあまり役に立たないばかりか、読むと腹が立つというような矛盾です。

このような具体的な矛盾を克服することが原点だったので、(B)は明確にしておく必要があるとわたしは考えるのです。

④ (B)を強調するのは初心、原点からだけではなく、次のことが非常に大切な問題だと考えるからです。それは(B)が欠けたり、軽視されたりすると次の問題点を生む危険が大きいということです。

第一に、「わたし実践する者」「あなた研究する者」というように研究する者、実践する者の分離が生まれる危険です。そして研究目的、研究方法、研究成果などが「研究する者」に独占されるという危険です。

第二に、実践する者は実践が「うまく展開しない」という悩みにいつも直面しています。その悩みに対して、理論の理解がたりないから、実践化への努力が足りないからという強迫観念にかられ、講座や本で理論を学ぶことに精力を集中して、いつの間にか現実の矛盾から出発してそれを創造的に解決するという力を失うという危険です。

第三に、第二に関連しますが、子どもや家族の毎日営む生活を通して、子どもの内面や特徴を発見し、理解し、それに基づく働きかけを行うことが貧しくなる危険です。「理論」にはやや詳しくなっても現実を見る力が乏しくなったり、現実を見る目が一定の「理論」の枠組みでしかみえなくなるという危険です。

いま行革に苦しんでいる現場で、ドタバタ走り回るだけでは、実践は前進しない、実践の整理、記録、総括がどうしても必要で、労働時間の中にそれらが含まれるのが当然だ、という声が強いのは、実践の客観化が実践の不可欠の一部であること、この(B)が必然的に求められていることの現れであるといえましょう。

⑤ 現在人事異動が激しく、経験年数の少ない人が数

多い職場で、しかも管理教育の被害を受け、「マニュアル世代」といわれる若い人々が毎年労働実践に参加する状況の中では、（B）は相当に困難です。しかし困難なるが故にその意義は一層重く大きくなっているといえるのではないでしょうか。

以上のことは研究活動の具体的取組とも関係してきます（後述）。

2　「研究・運動」について

1の冒頭に引用したように「研究活動を前提（中心）とした組織ですが、同時に研究活動の成果を広め実現しようとする姿勢を持っています。その意味で研究・運動団体です。」といいますが、さまざまな研究会でも研究の成果を広め実現しようとするものは少なくありません。

この文章ではそういう研究会とどこに違いがあるのか鮮明ではなく「そういう意味で研究・運動団体です」というのも理解し難いところです。

（B）を明らかにし、実践と研究の環を明確にすることを養問研の特徴とすることによってはじめて運動といえるのではないかとわたしは考えます。こう考えればどうしても「実践・研究運動」といわざるをえないのです。

二　社会的養護と施設養護について

「養問研の基本的性格」の1)の②の「社会的養護の現実に根ざして」は異論がありませんが、「現実」とは具体的に何を指すのでしょうか。

何よりも社会的養護を要する子どもがおり、その背景に家族や地域の問題があり、子どもや家族の権利侵害の集積の結果としての養護問題があり、それに対応しようとする（何を目的にどのように対応するかの問題はあるが）社会的養護のシステムがあり、システムをつくり運営する政策があり、政策の根底に思想があり、システムを運営する諸条件があり、そういう構造の中で実際に働く人々がおり、その人々がさまざまな条件に拘束されながら実践を行い、その実践により子どもの人権、あるいは家族の権利が保障されたり、されなかったりする、ということが「現実」だとわたしは考えます。

そうすると「養問研の基本的性格」の1)の③の「施設養護（あるいはさらに広く社会的養護）を築くために」といういい方は不十分ではないか、という疑問です。むしろ「社会的養護（当面施設養護）を築くため」という方がこれからの方向を示すのではないかということです。

①　現実に施設養護の他に、通所による援助、地域の子育て支援、里親などの制度、機能があり、施設養護はこれらとどのような関係を結ぶのかが課題になっています。

②　養問研の分科会などでいままで繰り返し出てきた議論に、養護施設には「限界」がある、難しい問題を抱えている子は一対一の養護が必要で里親の養育を期待する、というものがあります。

施設養護の限界といっても、子どもの生活集団の規模、労働者の数、建物設備の条件、養護活動内容などが検討されないままにいわれることが多いのですが、こういう議論があることを考えれば「家庭養護」への幻想に逃げ込むことなく、まず社会的養護全体の実態を視野に入れることが大切だと考えます。

③　現在児童福祉施設の将来構想が議論されています。しかし多くの議論は施設形態論が先行し、「最低基準の改善は不可欠の条件」とはいうものの、子どもの問題状況とそれに対応する養護内容をどう変えるかについて十分とはいえないように思います。

従来どちらかといえば養護施設を家族や里親とは違った完結した養育単位として見て、学校教育外の全ての問題は施設内で対応するという傾向があったのではないでしょうか。家族も里親も施設も一つの養育単位として考え、その養育内容、養育の条件、養育に困難が生じた時の援助など、現実の養育をどのように変えるかの議論をすることが必要になっているとわたしは考えます。

例えば生活集団の規模、物理的空間、養育者の数、などの条件と、養育活動の内容、養育のさまざまな場面での必要に応じた援助などです。

さまざまな養育形態を横に並べて子どもの養育全体について必要な保障、援助を考える時期にきていると思います。そういう意味で社会的養護の全体像の中で施設養護を考えることが求められていると考えます。

④「基本姿勢案」の立場は恐らく「施設養護が現在の日本の社会的養護の最も多数を保障し、しかも最も深刻な問題に対応している、という実態だから、真先にそして中心的にそれを挙げるのだ」ということだと思います。

しかし社会的養護の最も適切な内容、システムを考えるべき「今日の時代」では、社会的養護を中心に据えながら、その中での施設養護の位置づけを明らかにすべきだと考えます。

⑤　この問題は養問研の出発点の「養護施設問題研究会」乃至は「施設養護問題研究会」か「養護問題研究会」かという議論と関係しますが、養護施設が社会的養護の一環でありながら、なぜ今日のように中心的なものに

なっているのか、養護問題の最も深刻な部分を担はざるを得なくなっているのか、そして子どもの人権の保障を目指しながら、それが侵害されやすいものに何故なっているのかなどの検討も含めて、日本の子どもの養育全体を豊かにする実践・研究を目指すべきだとわたしは考えています。

三　養問研の基本的目標・立場について

1　人権と発達

「目標」の①に「子どもの発達（個人の発達と集団の発達を統一的に追求する）と人権保障を基盤にした児童養護論（さらに広く社会的養護論）を構築する」（三二一頁）としていますが、子どもの発達は人権の中には入らないのでしょうか。

人権保障は括弧内で「子どもを権利の主体として位置づけ、子どもの主体的な参加、子どもの自治を前提とする養護」と具体的に示しています。

この説明では子どもの市民的自由に基づく養護が人権と受け取れますが、社会的、文化的な権利もまた子どもの権利であって、とりわけ養護問題に直面している子どもは、生活が破壊され、貧弱で歪んだ文化の影響を受けている場合が多く、社会的、文化的な権利は非常に大切だと考えます。この二つの側面の権利が保障されることによって、発達は保障されるのだと考えます。

そういう意味では「人権の保障に基づく養護活動によって発達を確かなものとする養護論」というのがいいのではないかと考えます。

2　施設職員論について

「目標」の④では施設職員論の重視として「児童養護にかかわる現場の職員にとって働きがいのある民主的な職場・施設をつくるために職員論を構築する。同時に職員と子どもが育ち合う関係を追求する」としています。

構築すべき職員論の内容は何を意味しているのでしょうか。職業倫理や専門性でしょうか。「働きがいのある民主的職場・施設をつくるため」というのであれば当然働く条件や施設経営の民主化が大きな課題になると思います。

ここで重視することは「処遇条件」と表裏の関係にある労働条件（一般労働者の労働条件より著しく劣悪な条件、公私格差等）、その上にたった専門性の内容、協業と意思決定の仕方（子どもの実態をどう考えるか、指導方針をどうたてるかなどについて、個々の子どもについても施設全体の運営についてもだれがどのように決めるか)、職業倫理などだと思います。

それは職員論というより、実践の諸条件と実践主体としての自覚と倫理の検討ということではないでしょうか。

四　集団主義養護論について

「集団主義養護論は養問研の中で自主的、集団的に自由に討論し整理する課題で」あり、養問研はその理論の「立場に立つ人だけの研究会ではな」い(三三頁)ということについては、次の理由から賛成します。

それは、原理的検討が不十分なまま、「集団」「集団主義」というコトバが使われる場合が少なくないこと、集団主義とは異質な実践がその名をつけて行われる場合があること「集団主義」=「画一主義」という薄っぺらな決めつけが(場合によっては意図的な曲解が)かなり強固に存在していること、などから「集団主義」に反対する人々も交えて、議論を深める必要があると考えるからです。

しかし検討課題とする以上次のことを併せて提起すべきだと考えます。

第一に、「集団主義」はどのようなものとして提起されたか、についての養問研としての蓄積を明確にすることです。

マカレンコがなぜ「集団」というコトバを厳密に使おうとしたか、クルプスカヤが帝政ロシア時代の教育を分析して、ロシアの子どもたちが、どんなに孤立と内心のせつなさをつのらせているかを指摘し(この分析と指摘は現在の日本の子どもの状況にもそのままピタリとあてはまりそうですが)、それを乗り越えるものとして子どもの「連帯性」を育てることを強調したのは何故か、というそもそもについての議論の蓄積です。

また現代資本主義社会での支配的な生活原理と、そのもとにおける人間疎外の状況との関係、それを乗り越えるものとして人間の結合原理としての「集団」という概念や「集団主義」の主張と実践についての議論の蓄積です。

さらに、これらのことが現在の日本の養護問題に直面している子どもにとってどんな意味があるのか、についての養問研の議論と実践の到達点です。

いきなり「集団主義養護論」や積理論の是非、あるいは実践の方法や形態として「集団主義」を議論するのではなく、以上のことを整理し、確認することから出発すべきと考えます。

第二は、いままで日本における、集団主義養護、集団主義保育、集団主義教育といわれた実践の中で、十把一からげの画一的なものが少なからずあったのは何故かということです。いやむしろ十把一からげのやり方が「集団主義」の名をつけて横行したのは何故かといった方がいいかもしれません。

あるいは自治がコトバとして語られるけれど、自分たちのことは自分たちで決める、それを切実に求め、面倒くさい議論や手続きをふみながらもそれを実行する、という子どもの内面の豊かな形成が不十分なまま、学校や施設の中でカタチをつくることに力点が置かれる場合があったのは何故かということです。

この二つのことは、集団主義教育を深く考えた先輩たちが、集団主義の検討にあたって繰り返し指摘していた非常に大切なことであり、検討を呼び掛けるにあたって明らかにすべきことだと考えます。

五　研究活動の具体的取組みについて

「六、研究活動の具体的取組」（三五頁）で四項目が挙げられていますが、何となく研究者を中心とした研究調査部の具体的取組みの課題のように思えてしまいます。

「一、養問研の基本的性格」との関連で、また実践課題との関係で、是非二つのことを課題としてほしいと思います。

それは、第一に現在の養護問題を現場実態から追求する課題です。

養護問題の様相は徐々にあるいは急激に変化しています。それは現在の日本社会を象徴するものだと考えられます。現場実態でみられる子どもの成長、発達の状態、不安や悩みなどの中から、またそれを生んだ家族の諸問題、地域の問題などを明らかにすることから、社会問題としての養護問題の内容を追求することです。

どんな指標をどのように集め、その指標をどのように整理するか、ということは研究調査部を中心に現場実態を踏まえ検討されるべきと思いますが、こういう過程が実践・研究運動だといえるでしょう。

またさまざまな実践・研究運動が、それぞれの領域に現れた福祉問題を同じように追求し、その結果を交流することによって、相互に関連させあい、補完しあいながら、日本で生活する勤労者にあらわれた問題を立体的に明らかにすることができると考えます。このことは大変重要なことだと考えます。

第二に実践を記録することを広く行うことです。

実践を記録するとは、単に○○ちゃんがどうしたということを、べたべた書いたものを集めることではなく、また子どもの行動についてもっともらしい疑似心理学的解釈を断定的に書いたものを並べることでもなく、子どもの表情、行動など→どう考え対応したか→それに対する子どもの反応→それをどう受取り、対応を変えたり強化したりしたか、というような子どもと養育者の相互関連の中で実践がどのように進行したかを客観化することです。

同時に「その実践」が行われた諸条件がどうであったか、そしてその条件が実践にどのように影響したかも不可欠な部分として記録することです。

このことはわたしがいま始めていうことではなく、養問研の歴史の中で行われてきたことです。養問研大会はさまざまな実践が報告されていますが、その多くは実践を記録して客観化し、研究する活動の報告であったと思います。

また第五回大会の基調報告では自らの実践を記録しようという提起が行われています。養問研の活動家の中でこの基調報告の意義が十分評価されているとは必ずしもいえないとわたしは感じていますが、これは実践を客観化し理論化する前提として、大変重要な意義をもっていると考えています。実践と研究を結ぶ大切な環として検討してほしいと思います。

以上の他にも議論したいことはありますが、長くなるので省略します。自由で率直な議論が交流されることを期待しています。

五　福祉の措置と社会福祉の課題

五―1―①

労働現場からみた児童福祉法の措置について

――東京における実態、問題点、権利保障のためのとらえ方と課題

（一九七七年一二月『児童福祉法研究』創刊号に掲載）

はじめに

（1）児童福祉法に根拠を置く措置は、毎日日本中のどこかで行なわれ、又継続中である。児童福祉の労働現場は、措置が具体的に行なわれる場であり、憲法に定められた国民の諸権利が手にとるものになるか否かの具体的な場面の一つである。

措置の問題を解明しようとするときは、解釈法学的に議論するだけでなく（これは勿論不可欠のことである）、国民の生活の中で、措置が現実的にはどう行なわれ、国民の権利にとってどんな意味をもっているのか、という実態から出発することが必要である。そして実態をもたらしている構造を明らかにし、措置の本質に迫り、そこから、措置の中に権利を実現させ、それを拡大する運動の指針となるものを導き出すことが必要である。

労働現場からみた時、従来の措置に関する議論は、法→あるべき姿（外国の例、歴史的経過も含めて）→現実（けしからぬ姿）という構造の上で、具体的な改善は運動論で、となりがちであった。

労働現場では「そんなことといっても口でいう程うまくいくもんじゃない」「けしからぬことはわかっていても、そうしなければやっていけない」等と受取り、結果においては、誰もが批判し、誰もが変革しない、という状況が生じていた。

今後この問題については、「けしからぬ現象」を現実化している力と、それを変革していく力をみきわめ、後者をいかに強化できるか、変革の主体とその組織化も含め

て、明らかにすることが求められよう。この小論は、極めて不十分であるがその一つの試みである。

（2）しかし、日本の中で行なわれている措置は極めて多様である。

それは措置の対象になる個別的ケースの事情が異るからという範囲をこえ、大きな地域差をもっていて、場合によっては全く反対の現象さえ生じている（例えばある地方では養護施設が一杯のため、措置に当って施設の選択ができないが、ある地方では、養護施設が空いているため、措置児数が施設によって偏らないため如何に「公平」に「バラマク」かが課題になる——というように）。この現象の違いは地域、施設種類、措置の種類、年齢等々多くの要因によって生じている。

したがって（1）の観点から措置を検討する時は、全国的な、全般的状況を明らかにしたうえで、様相の違いの持つ意味や位置づけ、共通なものの抽出等を行う必要がある。

しかしそれを行うには集団的な、且つ、かなりの期間をかけた努力が必要である。現状では極めて限定された、内容的にも不十分な資料をもとに議論せざるをえない。そのため主として東京の、児童相談所という相談、措置機関（措置については、知事が児童相談所長に委任したものであるが、以下便宜上こう呼ぶ）に関した、措置について、限定して議論を進める。

したがってこの小論の目的は、（1）の視点にたち、限定された条件下にある認識と問題提起を行うことによって今後の集団的検討を喚起し、共通なものを拡げ、違いを補う調査、討論、及び全体的な問題認識と問題解決のための討論を期待して、その素材を提供することにある。

一　「措置」の意味する内容

1　多様な「措置」の意味内容

「措置」という言葉は、様々な内容を意味するものとして使われている。

身体障害者福祉法では、第二章福祉の措置として、国民に対する指導啓発、調査、身体障害者手帳の発行、更生訓練費の支給、更生医療、その他多くの行為を含めている（身体障害者福祉法第一三条～第二五条）。

児童福祉法をとってみても、第二章福祉の措置及び保障として多くのものがあげられている。このうち法文上「措置」という文言で示されている内容をみると表1の如く多様である。

表1　児童福祉法上の「措置」の内容

種　類	条　文	内　容	措置権者
①施設への入所	22	助産施設	知事、市長、福祉事務所を管理する町村長
	23	母子寮	知事、市長、福祉事務所を管理する町村長
	24	保育所	市町村長
	27 ① 三号	乳児院、養護施設、精薄児施設、精薄児通園施設、盲ろうあ児施設、虚弱児施設、肢体不自由児施設、重症心身障害児施設、情短施設、教護院	知事
②委託	27 ① 三号 27 ②	里親、保護受託者 国立療養所 肢体不自由児、 重症心身障害児	知事 知事
③指導させること	25 － 2 二号 26 ① 二号 27 ① 二号	精薄福祉司又は社会福祉主事に 児童福祉司又は児童委員に 児童福祉司、精薄福祉司、社会福祉主事、児童委員に	福祉事務所長 児童相談所長 知事
④訓戒、誓約	27 ① 一号		知事
⑤児童を親権を行なうもの又は後見人に引渡すこと	28　二号		知事 知事
⑥送致（他の行政機関あるいは司法機関へ）	25 － 2 26 ① 三号 27 ① 四号	児童相談所へ 福祉事務所長へ 家庭裁判所へ	福祉事務所長 児童相談所長 知事
⑦報告又は通知	25 － 2 三号 26 ① 一号 26 ① 四号	措置権者へ 知事へ 知事へ	福祉事務所長 児童相談所長 児童相談所長

その多様さは、単に分類して並べるだけの理解に終らせるのではなく、公権力の「問題対応」のしかたの多様さととらえるべきであろう。後にみるように措置という多様な内容の一つを、公権力が一定の認識と目的をもって選択するところに問題が生じてくるのである。

2　「措置」の四類型と公権力の武器

いま児童福祉法の「措置」について、①措置の対象認識のしかた、②措置権者は誰か、③措置権者はどのように拘束されるかという観点からみると、表2のような諸類型に分けることができる。

この類型をみると、公権力は「措置」について、次の四つの武器をもっていることがわかる。

①「必要と認める」判断

措置権者が認める場合（類型B、C）と措置権者以外が認める場合（類型A、D）があるが、いずれも公権力が「必要と認める」ことが前提になっている。これは当然「必要ではない」と認めること（対立的内容）も含んだ行為である。

②措置内容の選択＝（公的責任以外への責任転嫁）

これは法文上でいえば、「左の各号の一の措置をとらなければならない」という規定である（類型A、B）。A、Bいずれの型も措置権者は措置を「とらなければならない」と義務づけられている。しかし措置内容の選択が可能になっており、それによって公的責任を免れる仕組みになっている。

たとえば施設措置が必要であると判断しても、施設が一杯で入ることができない状況にあれば、児童福祉司、精神薄弱者福祉司、社会福祉主事らに指導させることができるので、施設入所についての公的責任は免れることができる。

しかも、もし事故が生じた時は、それら指導したもの個人（ほとんどの場合労働者である）の責任に転嫁することができる。また「指導」の内容は親としての責任遂行を重点に行うこともできる。この場合児童福祉法総則二条（国及び地方公共団体は、児童の保護者とともに、児童を心身ともに健やかに育成する責任を負う。）を逆用し、公的責任を親の責任に転嫁することを正当化する。

③「できる」規定による選択

類型D、Eは「できる」規定になっている。それは同時に、措置権限をもつ者の都合によって、措置をしなくてもよいことを意味する。公的責任を免れうる仕組みになっている。

④「但し書」による逃げ道

表2　児童福祉法上の「措置」の類型

類型	対　　象	措置権者（①）及び規定のされ方（②）	内　　容	条　文
A	報告送致のあった児童前提 ○児童相談所所長が必要と認める→26① ○家裁が児童福祉法上の措置相当と認める→少年法18	①知事 ①次のうちの各号の一の措置 ねばならない	a. 訓戒、誓約 b. 指導させる c. 委託又は入所 d. 送致	27①
B	福祉事務所長が必要と認めたとき 児童相談所所長が必要があると認めたとき	①福祉事務所所長 ②各号の一の措置 ねばならない ①児童相談所所長 ②各号の一の措置 ねばならない	a. 送致 b. 指導させる c. 報告又は通知 a. 報告 b. 指導させること c. 送致 d. 報告又は通知	25－2 26①
C 1	福祉事務所長が認めるとき	①福祉事務所所長 ②ねばならない、但し、この限りではない	助産施設	22
C 2	同　　上	①福祉事務所所長 ②ねばならない。但し、適切な保護を加えねばならない	母子寮　保育所	23　24
D	報告、送致のあった児童（Aに同じ）	①知事 ②できる	国立療養所への委託 肢体不自由児、（重症心身障害児）	27②
E	福祉を害する場合	①知事 ②できる	a. 入所及び委託（家裁の承認前提） b. 児童の引渡し	28

表3　児童福祉法施行規則によって規定された福祉サービスの申請

児福法施行規則	サービスの内容	申請者	申請の相手	経　由
7	育成医療（法20①）	親権者又は後見人	知事	指定保健所長
9	補装具の交付，修理（法21の6）	うけようとする者	知事	福祉事務所長
10	療育の給付（法21の9①）	親権者又は後見人	知事	保健所
19①	助産施設への入所措置（法22）	措置希望者	知事，市長及び福祉事務所を管理する町村長	福祉事務所長
20①	母子寮への入所措置（法25）	措置希望者	知事，市長及び福祉事務所を管理する町村長	福祉事務所長
19②	保育所への入所措置（法24）	措置希望者	市町村長	福祉事務所長あるいは直接

類型C1、C2はいずれも措置を「しなければならない」としながら、但し書で逃げ道をつくっている。

逃げ道の型は、C1では「やむをえない事由があるときは、この限りでない」と全く底ぬけであり、C2では「やむをえない事由があるときは」「適切な保護を加えなければならない」と一定の義務を措置権者に課している。しかしC2では「適切」さは公権力が判断することになるから、サボタージュを合法化するのに有効な仕組みになっている。

以上みてきたように、公権力は第一段階で、自らの判断によって要求をふるいにかけ、第二段階で措置内容の選択、できる規定、但し書による例外などによって、公的責任を回避するという武器を法的に与えられている。

3　権利主体の側の武器

これに対し権利主体である国民の側の武器はどうか。

①措置に関する申請は、**表3**に示すように限定されている。

たとえ解釈としては「福祉行政における職権主義は、警察行政としてのそれではなく、利用者からの申請をまつだけでなく、場合と受益者の必要により、措置の実施機関自ら管内の住民の実情を把握し、積極的に措置を要する者の発見に努めることを要請するものと解すべきである。したがって職権による措置が、措置の実施機関に課せられた義務であって、希望者からの申請にもとづくものでないとしても、それゆえに、それが利用者に与えられた権利ではなく、公的機関が措置義務があることから派生する反射的利益と考えるべきではない。」[1]としても、それは一つの解釈であって、現実に相談、措置の実施機関がそのような解釈に従って動かない時は、国民の側から何らかの請求が必要になる。

その請求を具体化するのが申請行為であるが施行規則で規定された申請行為は表3のように限定されているから、「これ以外のものは無効であり、従って行政の不作為に対しての審査請求も無効だ」という有権解釈も生じてくる。本来国民の側の武器である申請行為も、このように制限されていては十分な有効性も発揮しえない。

②公権力濫用の制限は、行政行為による権利侵害の防止という意味をもつ。

これは（ア）児童自身にとっては、保護委託の場合のみ（児童の同意が必要、児福法二七⑥）であり、（イ）他の場合は親権保護を中心にしており（施設入所に当たっての親権者あるいは後見人の同意条件、児福法二七④）、その審査も司法機関（家庭裁判所）にゆだねている（例、虐待などの場合、児福法二八①一号、二号）、特に児童自身にとって極めて限定的であることは、権利を能動的に実現するという観点からは、武器として不十分だといえるであろう。

③行政不服審査法に基づく不服申立。

④行政事件訴訟法による不服の訴訟。

何れも後に述べるように現実に権利を確保するために、十分な有効性は期待し難い。

以上みてきたように「措置」の意味する内容はその中に二つの対立物（措置を行う、措置をしない）を含む。そして法的には公権力、権利主体、それぞれの側にそれぞれの意図を貫徹する武器が与えられているが、現実に圧倒的に有効な作用を及ぼすのは、公権力側の武器である。

措置の実態は、公権力の優位のもとに、二つのものの対立がぶつかりあっている結果として現象している。

二　措置の実態と問題点

1　相談→措置の手続き過程の実態

東京における二四時間生活施設への措置を中心に、措置の実態をみてみよう。表4は五種類の施設の主に相談から始まる措置の手続過程の実態とその問題点（◇印）を示したものである。

〈措置過程の問題点〉

◇1　相談したいことをもっていても、どこへいつどのようにして行ったら相談できるのかが、国民に殆ど知られていない。

仮りに知ったとしても相談所の設置数が少なく、距離的に遠い。東京の場合は七ヵ所の設置数であり、住民が三時間以上もかかる児相はざらである。東京の場合すらある。新幹線なら京都へ行ってしまうほどの疎遠さである。

福祉事務所がある、といっても、福祉事務所自体は殆どインテークの入口で児相まかせの説明で終わる場合が多く、また児童福祉司の出張も限度がある。こうして学校や保育園、児童館、保健所等からさえ知られない児童相談所が現存することになる。

◇2　すぐに相談にのりにくいという点では、面接相談員（インテークワーカー）の配置が東京の児童相談所にはないということが決定的である。

児童福祉司は予約された面接、調査、指導と、毎日日程的につまっている。すぐ面接して問題に対応するということは特殊の場合以外困難である。特殊の場合とは、児童相談センター管内の場合（児童相談センターには面接相談員がいる）、あるいは児童福祉司がたまたま予約がなかった時間（事務整理のための）にぶつかった時である。

児童相談所の他の職種も初回面接に応じられる余裕はなく、最も身近な福祉事務所では、児童問題は福祉事務所長の措置権があるもの以外は、相談に応じられる体制に欠けている。

多くの場合相談したいと思った時、問題は主観的には切迫していることが多い。まず問題を受けとめることがどんなに重要かは相談にとっての初歩的なことがらである。あそこに行けば必ず相談に応じてくれるということが、心中事件などを防ぐ拠りどころの一つになるが、そのような機能が果たされていない。

まして通告に即応して相談機能が動くことはよほどの危機的状況でない限り困難になっている。それはケースワークの視点から、初回面接までの間に一定の考える時間をとる、ということとは異質のものである。

◇3　相談への対応が施設の現状を反映せざるをえない。

初回の相談面接では、相談された問題の現状をまず受

措置交渉	措　　置	施設等の量的，質的状況	その他の問題点
◇8　道徳的拒否	◇9　施設の選択不能 ◇10 緊急性をもつ病児の入院不能 ◇11 年齢超過児 ◇12 措置し放し	量的――一応みたしている（2歳児以上が在院しているが、それでも空きがある） 質的――マチマチ、養護施設より遅れている ◇1 児相設置数7カ所 ◇2 インテークワーカーの未配置 ◇7 児童福祉司等の職員配置の不足 ◇10 乳児院の体制不備 ◇11 養護施設の量的不足 ◇12 児童福祉司等の職員不足	a）不服処理――引取ってしまう b）面会制限、外出制限が多い c）不作為についての是正困難 d）在宅援護体系の不十分さ
◇17　施設の要件先行	◇9 $^{-2}$ ◇12 ◇18 措置待機児	量的――不足（養護施設、一時保護所とも） 質的――極めて多様、先進的実践から放任的処遇まで ◇14 方法論の不確立 ◇15 職員体制の不備 ◇16 ◇ 17 ◇ 18 量的不足、資的なものの情報不足	e）保障体系間の谷間（保育所、学童保育、養護施設、養育家庭等の）が大きすぎる。 a）c）d）
◇17 $^{-2}$	◇9、◇12、◇18 $^{-2}$ ◇11 $^{-2}$ 成人施設への連続不能 ◇21 待機児への援助がない	量的――不足、特に重度児と成人が不足 質的――多様、施設の「対象範囲」の限定が厳しいため、谷間が生ずる「対象範囲」は主として職員配置を中心とする体制によってきまる	a）c）d）e）
◇17	◇9、◇12 ◇18 $^{-2}$ ◇21 ◇22 申請に対する応答なし	量的――不足 質的――多様、同上対象範囲は、体制と入所希望児童の状態によってきまる	a）c）d）e）f）保護者の労働奉仕の負担が多い
◇17	◇9 ◇12 ◇25 中5の二学期以降入所不能 ◇26　四つの疑問にこたえられない ◇27　ほとんど義務教育終了で解除あとをカバーできない	質的――1）学科教育がみなす規定による 2）寮内のリンチ事件の横行 3）児相、施設とも、方法論の未確立1	a）d）特に地域の教育力の不足

表4　児童福祉における施設措置の主要な問題点（東京・児童相談所）

番号	施設	条文	措置決定過程				
			相談	調査	一時保護	心理判定	処遇，措置会議
1	乳児院	27①三、57	◇1 相談先の不明と不便 ◇2 相談に即応せず ◇3 問題傾聴でなく施設事情の押付け ◇4 申請ではない	◇5 要求の抑圧＝措置しないための調査 ◇6 調査の省略			◇7 未措置児の処遇について集団的検討がない
2	養護施設	27①三、41	◇1 ◇2 ◇3 ◇4	◇5 ◇6	◇13 一時保護待機児が出現	◇14 施設にあうかどうかが重点	◇15 事後報告的 ◇16 施設の現状からの決定 ◇7
3	精神薄弱児施設	27①三、42	◇1 ◇2 ◇3 ◇4 ◇19 発見と未通告	◇4 ◇5^{-2}	◇20 緊急、観察、治療の三機能とも対応不能	◇14^{-2}	◇7 ◇15 ◇16
4	重症心身障害児	27①三、45の4	◇1 ◇2 ◇5 ◇4 ◇19	◇4 ◇5^{-2}	◇20	◇14^{-2}	◇7 ◇15 ◇16
5	教護院	27①三、44	◇1 ◇23 外的強制による通告、相談	◇24 内容不十分	◇13^{-2}（身柄通告の場合さえも）	◇14	◇15 ◇16

け止めることが出発点となるが、逆に施設の現状（量的不足、処遇水準）を説明することが重点となる場合さえ生じてくる。問題に対応すべき保障体系とその具体的内容を説明するのは必要だが、問題の解決と切り離された一方的な説明になれば、相談に来た者が気が弱ければ、解決をあきらめてしまう。

そして行政的にはその結果は「指導・助言」という措置の一形態となる。「施設の利用が難しいことばかりいわれた」と相談利用者が述懐するのは、こういう実態を示している。

こういう問題点は児相だけではない。保育園入所にしても、福祉事務所の初回面接で母親の状態をきかれたあと、保育園事情を説明され（今頃何をネボケたようなことをいっているんだという態度をされることがかなりある）、申請書も渡してもらえず「ダメだとことわられた」と困っている例は多い。

◇4　施設措置の手つづきが申請という行為でなく、通告、相談となっていることの問題である。

こういう中では行政不服審査法に基づいて不作為に対する不服申立をするという事態は生じていない。

◇5　問題の実態を明らかにし、保障体系の中のどんな方法をもって公的責任を遂行するのか、という判断のために行なわれるより、それと対立する意味での親の責任を、いかに果させるか、という観点から調査を行うことが多い。

このため「母子不分離原則」の説教や、児童福祉司の個人的価値観からの要求抑圧が起る。「親の責任」原則から、自由契約施設（自費による）への紹介もある。

◇6　乳児院は簡単だから、と利用者のことばをそのままに、調査を省略する場合がある。

その結果判断があいまいになり、安易な措置のもとになる。利用者に対する信頼であるかの如く弁護されるが、手抜きの結果は、児童の生活に大きな混乱を持込むことになる。

◇7　未措置児の処遇について、特別な場合を除き、集団的検討を経ることがない。

このため、◇3や◇5は容易に出現する。集団的検討の意思はあっても、その時間的余裕がないためである。

◇8　措置理由（例えば未婚の母など）に関する施設側の道徳的拒否がある場合もある。

◇9　施設の選択はほとんどできない、わずかに希望の条件を尊重した施設交渉が可能である。

保護者が施設を幾つかみて選択することや、施設の養育条件、面会条件が全部わかって保護者が選択することはできていない。

◇10　要養護状態が緊急性をもっている場合でも、はしか、水痘、等の伝染性のものをもった場合は、院内の伝染のおそれから入所困難になる。

◇11　二歳を超過した児童が乳児院に継続措置されている。

児童福祉法五七②から違法の措置というべきであろう。これは養護施設の量的不足が原因である。この違法措置児童は東京では一九七七・二・二八現在二八〇名、同五・三一現在一七五名に達している（都民生局児童部児童課調べ）

◇12　措置後は施設にほとんどまかせ放しで、児童の発達、保護者との関係について手がぬかれ、特別な場合以外は施設との協業はなされていない。

わずかに二歳時に施設変更のため心理判定されているにすぎない。

◇13「一時保護待機」などという、およそ児童福祉法上考えられないことが恒常的に存在する。

虐待されている児童さえ即応できない場合がある。これは養護施設の不足からくる保護所「滞留児」、一時保護児童定数の不足、から生じている。

◇14　心理判定が、どの入れ物にあうか、の観点から行なわれ、児童の発達の課題を明らかにし、具体的な処遇方針につながっていない。

◇15　措置会議が事後報告的であり、集団的検討を行ない、集団思考の場とする実態にはない。

◇16　処遇方針の決定より、入れものの種類の決定になっている。

それは施設の現状からつくられる枠の範囲内で、処遇、措置を決めることであり、「理想的なことをいったり、決めたりしたって、施設の方でとってくれなきゃ、しょうがない」という感想が素朴なゆえに説得力をもってしまう。

◇17　養護施設例の求めている要件（何歳の男・女、どんな児童——「問題行動」の有無やIQの様子——）によって、それに適合する児童のみ措置が決まる。

従って多少の「問題行動」のある児童や発達のおくれがある児童は敬遠される。ある都立施設の係長がある児童の入所を交渉に行った児童福祉司の目前で一時保護所へ電話をかけ「もっといいのはいないかね」とうそぶいた例は象徴的である。

◇9—2　具体的な施設（たとえばA福祉園）の選択権は利用者にはまったくない。

希望は「申出る」ことはできても、施設の方でことわられればそれまでになってしまう。施設は児童の選択はできるが、利用者には施設の具体的な名前は最後の段階ではじめてわかる。従ってその内容もそこではじめて知ることになる。それは無言のうちの「イヤだったらおやめなさい」という宣告である。さらに施設入所後その処遇に疑問があっても施設変更はほとんど不可能である。

◇18　措置会議で措置を決定された児童でも施設の都合によって、措置を待機する、いわゆる措置待機児が毎年発生している。

これは明らかに行政の不作為と考えられるが、公的責任はあいまいにされたまま、不作為に対する不服審査も請求されず、児童にすべてしわよせされている。

◇19　三ヵ月検診、三歳児検診等だけでは発見は不十分といわれているが、そこで発見されたものでさえ、関係機関の中で連けいされていない。

ある機関で把握されている児童が、他の機関では知られていないため、サービスが総合的には保障されてこない。

◇5―2　現状の施設状況から緊急性の優先順位をきめるための調査になりがちである。

これは端的にいえば、どの位の期間、措置をしないでおいても事故が起こらないですむか、という予測資料をうるものだとさえいえる。

◇20　一時保護所で軽度児の緊急保護機能を除き、三機能を殆ど果しえない。

わずかに他の方法（緊急ベッド、重度児施設の緊急枠等）によって緊急保護機能のごく一部が担われている。

◇14―2「医学的、心理学的判定」といわれているものが、児童の発達の状況と障害の度合について、何ができ、何ができないかということを中心に行われている。現状における発達のカベを明らかにし、その上で具体的な指導、援護の方法を示すものにはなっていない。

むしろ、できる――できない（YES――NO）体系から、直接的に既存の施設処遇の枠内に適応するか、ハミ出すかの判断を導き出すものになっている。そこでは児童の発達に施設処遇をあわせるのではなく、既存の施設処遇を固定したまま前提にして物差しをつくり、児童を裁断して、ハミ出したものは切り捨てるという役割をになうものになっている。

なお成人についてもこの判定機能は大きな問題点をもっている。精神薄弱者更生相談所は「施設入所のお墨付発行所的な現状」と精神薄弱者更生相談所長協議会すら認めざるをえない状況である（但しその認識は「施設から在宅へ」と流れが大きく変る状況の中に役割を果しえないから、「判定機能を内包する地域の総合的指導機関」になる必要がある、という文脈の上にたっている。従って施設措置そのものの中で判定機能がどのような役割を果たすべきかの問題意識からではない）。[2]

◇17—2　施設が児童を「選別」することが徹底している。

ある施設は「面接」の結果「合否」をきめ、ある施設は「面接」すら行なわず、「程度」と「問題行動」と発作等の状況をきくだけで「合否」をきめる。

◇18—2　措置待機児が余りにも多い。

東京の場合、施設入所措置までの間、児童福祉司指導などがとられる。公権力の措置選択の具体例である。この未措置児はどの程度あるのだろうか。東京の場合表5のとおりである。大量の待機児が存在する。

◇21　しかも未措置児＝待機児への援助、指導はほとんど行われていない。

わずかに心中などの事故防止のためのなぐさめ、激励などが一般的になっている。この期間は相当長期にわたるため、援助、指導の方法はいくつか可能だと考えられるが、児童相談所や保健所における人手（医師、保健婦、児童福祉司、心理職員）の不足を決定的要因として、方法論の未熟さ、各機関の連携の不十分さもからんで、例外的事例を除いては援助、指導は表面的、形式的にしか行われていない。

◇11—2　成人施設不足のため、過年児が年々多くなり、ある施設は約半数が二〇歳を超えている。

児童福祉法は障害児が一八歳を超えても満二〇歳までは児童福祉施設への入所を認め（三一①②）、また重度・重症者は満二〇歳を超えても入所させておくことができるという特例措置を認めている（六三の2、六三の3、三一①）。

しかしこれは成人施設の不足からきた苦肉の措置で、児童福祉施設では体力のまったく違う成人と児童が同一の生活空間を使用するための問題点や、成人になってもアキがないため児童福祉施設の満杯状態が続いたり、職員配置につ

表5　東京都における障害児の未措置児童

施設種別	人数
重度精神薄弱児	262
盲精薄児	1
幼児訓練（収容施設）	2
その他の精神薄弱児	58
重症心身障害児	551
計	675

（東京都民生局児童部児童課 1977 年 2 月末日現在調べ）

いても児童棟としての配置では不足するなどの問題点が生じている。

◇22　重症心身障害児の措置入所は申請書を出すことになってはいるが、きわめて形式的で、現場では申請権の行使という受取り方ではなく、後にトラブルが生じないための「自発的に申出た証拠」の扱いになっている。

　それゆえこの申請に対する行政の応答も（本来的には知事が未措置通知を出すべきで、少なくとも申請書の受理通知は出すべきと考えられるが）なされていない。わずかに入所までの期間、児童福祉司らの指導（これも前述のように措置の一つ）が行われることを通知されるのみである。

◇23　相談、通告は児童自身の悩みよりは、外的な強制力、例えば、警察通告、学校通告などにより持込まれる。たとえ保護者が相談しても大部分は学校からの強いすすめによる場合が多い。このため、児童自身の問題として自覚できなくなる。

◇24　調査が教護院へ入れるか、入れないかの調査になり易い。

　非行理論が方法論的にも確立していないため、何を何の目的で調査するか、が混乱している。

◇15—2　警察からの身柄通告は、保護者に児童を引渡せないと、警察が判断したことから行われる。しかし、身柄通告さえすぐに入所できないことがある。

　児童を悪い環境から保護するということすら不可能になっていることを示すものである。

◇25　中三の二学期以降は、教護効果が期待しえないと入所を拒否する施設が少なくない。中卒者になればなおさら、昼間の指導の体制がないという理由で、入所は不可能である。

◇26　児童及び保護者は、教護施設入所に当って次の四つの疑問をぶつけてくるのが共通である。

　①施設内の先輩に指導されて、もっと悪くならないか、②施設内には寮生の間からも職員からもリンチを受ける、といわれているがその恐れはないか、③義務教育の内容が不十分で一層遅れてしまわないか、④就職、結婚等のことで本人ばかりでなく、家族も一生差別を世間からうけないか、である。

　これらに真正面から答えられない施設と世の中の現状がある。教護施設の職員自体すら、「ここに長くおくのは可哀想だ」と公式の席上で明言する内容である。学校の教師ですら教護院の暗い側面を強調し、オドシの手段に使う状況にある。

◇27　義務教育が終了すれば、ほとんど解除されるが、そのあと相談にのったり、困難を見透して助言したりすることは特別な場合以外はほとんどない。

〈その他の問題点〉

(a)一度措置した場合でも、その処遇に不満がある時は、施設への要求、措置変更の要求等、いくつかの方法が考えられる。しかし量的に不十分な状況や、児童を帰されたら困るという弱味から、それはできず、ひたすら堪えしのんで早く引とってやれやれとなるのが普通である。

(b)児童の福祉の立場と、その施設の養育理念から、制限が行なわれていると考えられるが、誰がきいても納得のえられる理由がなく、児童の管理のために、それがされている例もある。

(c)未措置の如きは行政の不作為と考えられる。行政不服審査法に基づく不作為についての申立ができると考えられるが、それには法令上の申請が前提になる(行政不服審査法二①)。

通常、措置をしてもらいたいという申し出は先に述べたように通告、相談という形になっており、表5のように規則では、申請は限られたサービスに対してのみ行われる仕組になっているため、不作為についての不服申立ができるか否かの解釈上の争点が発生する。

実際問題としても相談に行くだけが精一杯の障害児をかかえている家庭にとっては、不作為に対する不服審査の請求は困難となる。この問題について具体的事例をつみ重ね、権利性を確立して行くということはきわめて難しいものになっている。

(d)在宅援護の体系が不十分だと、施設への傾斜が強くなる。

(e)養育者の労働態様、生活態様は多様である。それらにこたえる形で保障体系が出来ていないため、保障手段の選択は、全く限定されている。

例えば、保育園が量的に少なく、緊急に保育に欠ける者の入所に即応できず、保育時間も短く限定している、といった状況では、すぐ養護施設措置の要求になってしまう。しかもそれは不満足な措置しかできない。

(f)施設へ入れたら入れっ放しというのでなく、親としての責任を果すこと、そのために一定の日をきめて、施設内の労働を手伝うこと、という理由は、尤ものようにみえる。しかし、もともと在宅で養育できないのは、それなりの理由があってのことである。

労働ができない保護者は金を出して誰かに代りに行ってもらう、ということも生ずる。病院への入院時の如くオムツ一〇〇枚、下着五枚等々大幅に「用意すべきもの」を指示した国立病院もある。保護者負担の増となっている。

2　措置の問題点を担う「専門性」

以上みてきた一連の措置の手続過程の中で注目すべきことは、その問題点が「専門性」に担われていることである。この専門性は相談される問題と措置を結ぶものであり、児童福祉法で児童相談所は「医学的、心理学的、教育学的、社会学的及び精神衛生上の判定を行なう」（一五の二①二号）と規定しているのは、その根拠を与えているものといえるだろう。

問題なのは、その専門性の内容である。権利主体の要求を見出し、それを実現するか、既存の基準によって選別するかによって専門性は二つに分かれる。専門性自体も対立した内容をもっている。

そこから、①人間を一定の生物的土台の上に、社会的に存在する一個の総体として認識するか否かということ（児童福祉法の立場は人間をいくつかの要素に分解し、それをつなぎあわせる方法論であり、モザイク的人間論である）、②それぞれの独自領域の中でどのような方法論をもつかが問題として生じてくる。

措置の必要性を認める判断も、幾つかの措置のうちの一つを選択する判断も、そこから内容が異なってくる。そこでは公権力の武器さえも、専門性の内容いかんによっては、権利主体の武器に転化しうる。

3　施設状況や職員の配置、専門性との関連

措置における実態と問題点の指摘は、措置という現象だけをみるのではなく、措置をめぐる施設の量的・質的状況や、職員の配置状況、専門性の内容とその度合い等と関連させてとらえる必要がある。これについて例をあげておきたい。

措置の問題点を指摘したものに、監査がある。

東京都監査委員の、精神薄弱児対策についての昭和五二年度事務事業監査報告書が最近発表されたが、その中では1に述べたような措置過程での問題点は殆どふれられていない。わずかに◇19、◇20、◇21、◇11―2、◇12、◇18―2があげられているにすぎない。それもそれらを規制する具体的条件抜きに並べている。

例えば◇21については、「児童福祉司の日常の多忙は、了解できるが、児童福祉司指導として措置決定した以上、より一層きめ細かく指導するよう特段の配慮が望まれる」とあるだけで、何故それができないかには全く触れていない。この論理でいえば「できそうもないから児童福祉司指導として措置決定しない」方がよいことになる。

改善事項を指摘するのであれば、インテークワーカー

の未配置、児童福祉司の配置の決定的不足、方法論の未熟、研修、研究時間の保障のないこと、施設の不足等の要因と指摘した事項との関連を分析する必要がある。

また措置待機児（◇18―2）にふれて、施設に定員一杯入っていないことを指摘しているが、定数そのものの設定の妥当性（現状の設備と人員で条例定数の入所が可能か否か）は全く検討していない。

以上の例から言えることは措置の現象だけをみて、それが生じている実体、仕組みをみないと、政府の政策を免罪するばかりでなく、実体、仕組そのものに改善が及ばなくなる。そして直接的に措置を担うものの意識や熟練度に問題を集中する観念論に陥る。その結果は労働者同士の分断、利用者と労働者の分断に道を開き、改善の主体の団結を困難にする。

三　措置過程での対立と措置の実体論的内容

1　措置過程での対立点

以上の具体的な措置過程の中での対立点を整理すると次のようになる。

①　措置をするかしないか（措置、非措置）

②　求める措置か、公権力の用意した措置か

③　措置の実施時期について、直ちに措置するか、一定期間後の措置か

④　求める処遇水準か、既定の処遇水準か、これらの対立現象は措置が社会的諸関係の中に位置づけられ条件づけられていることから生じている。

具体的にいえば次の三点があげられよう。

①相談、通告が持込まれた時点での、ⓐ相談、通告内容の具体的・個別的問題状況と、ⓑ持込まれた相談、措置機関の専門性（問題の中の矛盾を見抜く力、矛盾を解決するために必要な課題を発見する力、課題を解決するための諸手段を用意する力、問題を持つ者がこれらを自ら認識し、行動することによって解決するために、有効な援助をする力等）のぶつかりあい。

②ⓐ相談・通告された問題を解決するための課題と、ⓑその地域、その時点での具体的条件に制約された施設やその他の具体的保障手段の状況、のぶつかりあい、例えばⓐではAという障害児がてんかん治療とコトバの獲得を課題としている、といったことであり、ⓑでは個々の施設の職員の配置――職種、人数、経験、専門性等を含めた――物理的条件など、である。

③ⓐ問題が生じてくる生成過程と、ⓑその時点その地

域での児童福祉を始めとする社会福祉、社会保障の保障体系の総体と、その具体的手段の量的、質的状況、のぶつかりあい。例えばⓐについて、養護問題でいえば、どんな階級どんな階層がどんな生活構造の中で、どんな契機で養護問題が生じて来ているか、ということであり、ⓑでは、問題が発生し、展開する過程で、世帯の稼働者の労働時間から解放された生活時間の確保にどんな保障があるか、住宅、医療、家事サービス、育児について、社会的にどんな保障が用意されているか、などである。

2　具体例——障害児施設

以上の三点について若干の例を障害児施設についてあげてみよう。

例一　施設目的を狭く限定すると目的と目的との間に谷間が生じ、障害が重い場合とか、てんかん発作のある児童とか、行き場のない者が多数生ずる。入所児の範囲の制限は、職員の数と専門性、建物、設備の状況により生じてくる。

東京の場合「どこにも入れない児童のための施設」として東村山福祉園が発足し、ようやく谷間の底はうめられはじめたが、そのためには、職員の配置、建物、設備とも集中的な財政措置が必要であった。そして現在なお決して十分とはいえない。

例二　かつて二四時間生活施設への入所希望には「訓練させたい」という理由が多かった。それは一定の基準のもとに学校や通園施設からはじき出された児童たちの最後のよりどころであった。

そして障害児教育における希望者全員入学が実現した東京では、二四時間生活施設への入所希望は主たる養育者の故障（母の病気など）などの養護問題がその理由の中心になりつつある。

例三　入所措置希望者数に対し、施設の定員能力が絶対的に不足していれば、措置に対する要求は多くなり、緊急度を増す。

未措置の状態が長く続けば続くほど、主たる養育者がいつ倒れるかわからない、しかもいつ入れるかわからない、という不安が強まり、従って早目に申込んでチャンスがあったら入れたいと希望者は多くなる。施設入所についての発達上の意味合いの検討よりも、養育の不安の解決が優先してしまう。

また未措置＝待機の期間が長くなるほど、養育者の精神的肉体的疲労が重なり、緊急事態を生じやすくなる。待機児が多くなるほど、緊急度の高い者からということになり、緊急事態を未然に防ぐことは不可能になる。これらが悪循環をくり返すことになる。

例四、神奈川県では数年前まで例三と同様であったが、現在では異なった様相を呈している。

施設整備の結果、いわゆる待機児はほとんどなくなり、入所児は養護問題をもったものか、一定の時限目的をもっての入所（二四時間の生活を通じての観察や食事その他の基本的生活習慣を獲得するための一定期間の入所。従って一定期間後は地域に帰って生活する）のように機能的に分化しつつある。このことは、施設の量的水準が、質的な内容を規定していることを示しているのではなかろうか。

以上の例によって、二四時間生活施設への措置は様々な規制要因によって様相が変ることがわかる。逆にいえば二四時間生活施設への措置は、その時、その地域の児童の様々な権利保障の水準を集約的に表現しているといえるであろう。

四　措置の本質——措置をどうみるか

1　措置のとらえ方

（1）　措置は抽象的にそれをとり出し、そのことだけで元来権利であるか否かを論じられる性質のものではない。たとえば、「浮浪児狩り」や、非行児の懲罰的入所措置のように、施設措置が社会防衛的に行われることもある。逆に虐待されている児童が放置されている場合は、措置をしないことが児童の権利保障に欠けることになる。

従って、措置は児童の置かれている具体的条件の中で、その権利性が検討されなければならない。その具体的条件は、措置前の児童の状況、措置の内容、その手続過程、措置後の児童に関する公的サービスの内容、その費用負担等である。その具体的条件を貫くものは何か、それが措置の本質である。

（2）　措置はすでに具体的に示したように、その過程で二つの対立物をみることができる。権利主体である国民の側からは、現にかかえている問題を解決するために福祉の保障を公権力に認めさせ、現実に具体的サービスとして手にとるためのステップと位置づけられる。

公権力の側からは、①一定の統治目的のため、選別基準をつくり、②それをもとに「対象」を選択し、③用意した保障体系の中に要求を適合させ、④一定の政策意図のもとにつくられた処遇水準の中に「対象」の生活を適合させるものだと位置づけられる。

これらのぶつかりあいが、そしてその結果が現実の措置の内容を決定する。すなわち、措置はこの二つの対立物の統一としてある。

従って措置の中には、対立物の不断の葛藤、闘争があり、不断の変化がある。毎日行われている各地の措置は、どれ一つとして同じものはなく、その違いは二つの対立物の力関係によって生じている。

それは従来言われていたような「個々のケースの個別事情の違い」ではない。それも含めて先に三で述べた措置の実体論的内容によって規定されている。ここに全国的な様相の「違い」と、その中での「同じ」を統一的に認識する根拠がある。

（3） 対立物の統一であり、不断の闘争をその中に含むのが措置の本質であるから、措置の内容を二つの力について具体的にみる必要がある。

公権力の側は様々な政策や権力行使によって措置の内容を規定しようとする。とりわけ直接的に大きな影響を及ぼすものが二つある。

一つは立法政策と法の運用である。日本における法の管理手法は憲法や社会福祉諸法の総則にみるように、抽象的であればあるほど権利を認め、具体的な条文、規則、通達になればなるほど権利を制限するという方法をとる。それは歴史的な、かつ国際的な運動によって、譲歩せざ

図1　児童福祉法措置における対立物の統一

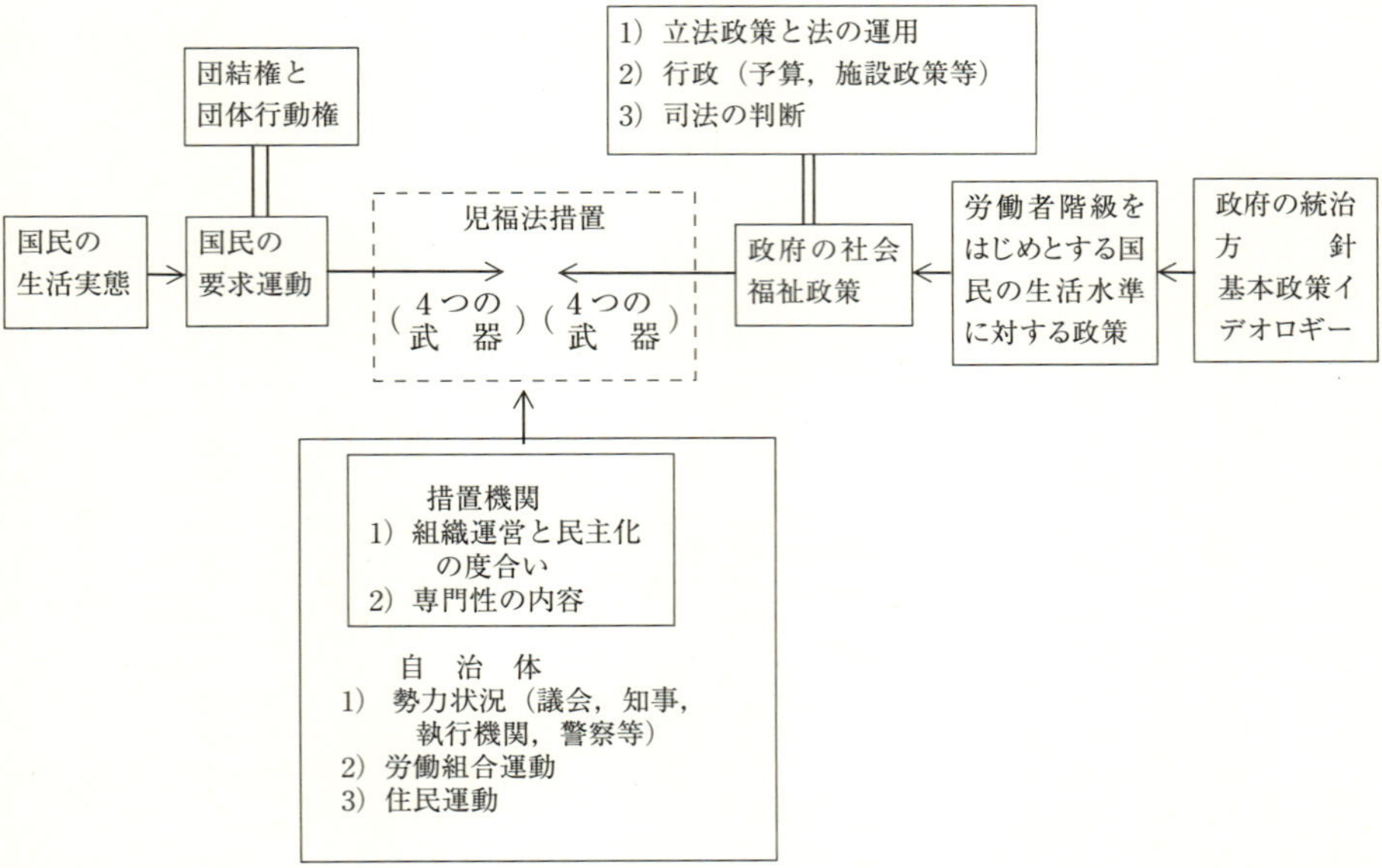

るをえなくなった失地を、公権力によって具体的なところで回復しようとする現れであるといえよう。

直接的に大きな影響を及ぼす他の一つは、予算によって規制される施設等の保障政策、保障内容である。

一方国民の側は乏しい手段で権利を実現しようとするが、法的に与えられた武器だけでは不十分であり、団結と団体行動を最大のよりどころとして、要求運動で権利実現をはかる。

この間に現実的には自治体が介在し、措置機関が存在する。**図1**はこの概略を示したものである。措置はこれらの結節点として現象する。

2　措置に関連する諸問題について

従来措置と関連して論ぜられてきた以下の二点は、措置の本質の理解と直接かかわるので見解を明らかにしておきたい。

（1）　クリニックと措置

措置についての全面的否定ではないにしても、その問題点を指摘してきたものに、クリニック論がある。Ａ・キャロル、高木四郎らを先駆とする児童相談所の「チャイルド・ガイダンス・クリニック論」(6)(7)は、児童を品物のように施設に入れること、問題のとらえ方が経験主義的で非専門的であること、官僚的であることなどを克服することを目指し、措置機関と診断治療機関の分離を提唱したものであった。

この議論は、措置のもっている権利侵害の側面を明らかにし、児童の権利保障の内容について新たな指摘をした点においては、歴史的に一定の役割を果たしたと考えられる。しかし、措置そのものの官僚性の克服と権利保障の位置付けについては触れず、措置を官僚的とした儘の機構の分離論で切り捨ててしまった。更にクリニックの権利保障上の位置付けも明らかにしないまま専門性の問題に熱中していった。

こうして、措置＝行政＝官僚的、クリニック＝専門的という図式をつくった。しかしクリニックとて権力的でありうるし、措置も一定の条件下では権利保障の一環たりうる。

クリニックといわれている内容も、措置もいずれも児童の権利をどのような方法で保障しようとしているかを明らかにする必要がある。そのことによって対立的にあつかわれてきたクリニックと措置が、権利保障形態の相違であることを示しうるであろう。そしていずれの内容も、権利保障の立場と、要求を制限する権利侵害の立場のぶつかりあいであること、それぞれの中にも二つのあり方があることを解明すべきであろう。

（2）　施設の位置づけ

ア　施設は、国民の生活の中で生じた要求と関連させて、位置付けなくてはならない、このためには、国民の生活実態、それをもたらしているものをとらえる必要がある。

国民の要求の基礎にある生活実態をみる時、日本の資本主義の収奪構造、資本の国民生活支配などと共同生活手段との関係を無視できない。国家独占資本主義は経済的収奪体系と国家権力による収奪体系をもつ。

前者には

①　生産過程での収奪（労働強化、労働時間の延長、労働災害などの労働条件の悪化と賃金の労働力以下の切下げなどによる搾取）

②　流通過程での収奪（独占価格とインフレーション）

③　消費過程での収奪（土地の値上り、住宅不足、水不足、上下水道の未完備、交通災害、公害問題など）と支配がある。

後者には国家財政の収入面における税収奪（資本擁護の税制と大衆収奪的税体系）と公共料金の引上げ、支出面における軍備や資本蓄積のための社会資本への支出などがある。[8]

イ　これらの結果、労働者階級を中心とする勤労者の生活は貧困化、窮乏化されてくる。このため、健康の破壊、収入の不安定、労働力の価値分割による有職家族の増加、生活内容の画一化と貧しさ、能動的生活時間の減少、生活空間の狭隘と内容の貧しさ、家族の養育能力の著るしい低下、生活の中でとり結ぶ社会関係の脆弱化、等が生ずる。これらは貧困の現象形態といえよう。

一方、疾病、障害等の進行とそれらの発見、治療、教育等の技術水準は高くなり、それに要する費用も高額になり、公共的サービスに依存せざるをえなくなる。貧困現象の多様化と技術水準の高度化が、私的養育形態（家庭での養育）を困難にする。

ウ　その結果児童の養育は必然的に社会的な養育手段（保育園、学童保育など）を利用せざるをえなくなる。しかし国家権力の収奪体系は社会保障、社会福祉への支出を制限し、一方において税体系は地方財政を圧迫する。この結果社会的養育手段は量的にも質的にも十分用意されないまま、親の養育責任のみが重くなる。まして障害児をもった場合この矛盾は一層激しくなる。

このような生活実態を背景に社会的共同生活手段の一つとしての養育手段への要求が高まり、それが施設措置の要求となってあらわれているととらえるべきであろう。

従って単にコミュニティケアを唱えたり、具体的生活共同手段を用意することなく観念的に「地域の中に問題を返せ」といった場合は、必然的に公的責任を回避し、親の責任に帰したり、血族の扶養に頼ったり、近隣知人の慈恵的好意に頼らざるをえなくなる。次の文章はこの観念的なものの一例である。

「具体的に表現され持込まれた問題をとおして、潜在する真のニードを明確にし、住民の洞察を深め、自らの問題としてその解決に参加協力する姿勢を動機付けていくように、問題の本質と必要な情報とデーターを住民とともに追求しながら、可能な限り子どもが置かれている生活場面の中でその解決を図っていくことが必要である(9)」

地域で児童問題を解決していく基本的前提は、公的責任において社会的共同生活手段を地域に創造していくことである。施設措置もこのような関連の中にその位置づけを見出すべきであろう。

エ　私的養育形態の限界から社会的養育へ、という方向は必然であると考えられるが、養育の社会化の内容については大別して二つあると考えられる。

一つは養育活動の社会化であり、生活活動（食う、着る、ねる等）と生活の中での文化活動（伝達、教育）をその内容とする。他の一つは養育費用の社会化である。

そのうち生活と文化の活動を担うのが共同生活手段としての施設と考えられる。

そして施設の位置づけを私的養育形態（家庭養育）の代替乃至補完と考えるか、必要な生活共同手段の一つとして考えるか、によってこの活動内容に求めるものも異ってくる。

五　権利保障実現のための課題

1　理論的課題

理論的に五つの課題をあげておきたい。

まず、第一に権利の構造と権利を実現する力について明らかにすることである。

従来は権利の構造を生存権、発達権、環境権などとしてあげてきた。そしてそれがどんな内容で、どのように関連し、どのように現実的に阻害されているかが論じられてきた。このことは必要ではあるが、ここでは権利の基底にあるものを考えてみたい。

①　権利は自然現象ではなく社会的なものである。

従って奪うものと、獲得する者との対立の中にある。一度法に明定された権利も、奪う側は常に空洞化しようとし、獲得する側は常に拡大しようとする。権利保障の水準はその抗争の結果である。

②　権利に関する、奪う者と獲得する者の対立は、歴史的、国際的なものであり、その結果がまた現実の権利保障の水準を決定する。

現在のわたしの八時間労働の権利は、メーデーの始源となったアメリカのヘイマーケット事件を始めとする、国際的な労働時間短縮の運動の歴史の結実である。わたしの現在の労働時間の権利は、アメリカの、イギリスの、フランスの、そして日本の、その他あらゆる国の労働者の、弾圧に血を流し、運動に汗をしぼり、行動し獲得してきた成果である。

③　権利が奪われる時は分断された時である。分断し支配することが統治の鉄則であるのはこの原理を物語る。逆にいえば権利が奪われないためには、団結が必要であることがわかる。

④　権利を奪うものが、権利を獲得しようとする者を分断しようとする時、用いる方法の代表的なものを二つあげる。

一つは一定の枠組をつくり、その中で相互に争わせる方法である。一定の雇用数をテコに就業者と失業者を競争させる。一定数の本工採用のもとに本工、臨時工をつくり競争させる。一定数の保育園のもとに措置児と未措置児をつくり、お互いに蹴落す競争をさせる。これらは日常的に体験できる。就業者、本工、措置児保護者の状況を、失業者、臨時工、未措置児保護者の圧力を利用し、権利としてではなく恩恵に転化させる。権利獲得の運動を「下を見ろ」と洞喝することによって押え込む。

他の一つの方法は、権利を獲得しようとする者の中の様々な属性の違いをとらえ、分断支配する方法である。これが差別である。

⑤　権利が、自ら獲得するという能動においてのみ存在し、それが団結を基礎に成立するとすれば、団結とそれに基づく団体行動要求運動こそ、諸権利の基底であるといえるのではないか。

権利を奪う者の、この点への着眼は鋭く、治安維持法で徹底的に人民の団結権と団体行動権を破壊したことは、歴史の教訓である。しかしそれ以上に偉大な運動家はこの点を洞察している。「自分の瞳を守るように団結、一致を守らねばならない」と記したホーチミンの遺言、「万国の労働者よ団結せよ」という先達の叫び、これらは共に権利の基底と権利保障実現のための大原則を示したものと考えられる。

⑥　権利としての社会福祉といった場合、ケースワークにおいても、施設の生活指導においても、基本の目標は人々と団結する力、連帯する力を獲得することにあるのではないだろうか。

　それはまた、資本主義的な社会関係から生ずる諸問題を解決する力であり、社会関係をとり結ぶという人間の基本的な力が、歴史を前進させる方向で発現する現実的形態といえるのではないだろうか。

⑦　「権利主体」という言葉を比較的簡単に使っているが、福祉制度、諸機関、諸施設を利用する者は、「そのまま」では権利主体になりにくく、「対象」そのものである場合が多いのではないだろうか。それは、諸権利を奪われた結果として福祉を利用する場合が多いから、自ら依拠する集団をもっている者が極めて少ない、というところから生ずるものと考えられる。

　このことから、権利保障における福祉労働の位置は、大雑把にいえば、即自的な「対象」から「権利主体」への生成の媒体になることだといえないであろうか。そうなるための第一歩は、福祉労働者が「対象」を統治する立場を変え、「対象」の団結の相手として立ちあらわれることではないだろうか。このような労働過程の変革のためにも、福祉労働者自らが、労働者として団結することが、第一義的に重要であることがわかる。

⑧　ここで福祉労働者が自らの労働の対象論に接近する意義を再検討しておきたい。

(i)　制度論、処遇論の基礎である、という意義

(ii)　権利主体生成への必須の前提になるということ。

　即ち「対象者」自体が「権利主体」に生成するためには自己認識（従来ケースワーク論などでいわれている「自己覚知」の本当の意味は、当面している矛盾と、それをもたらしている構造を、自らの人格構造も含めて、自ら認識することだと考えられる）が必要である。しかし「対象者」自身の「そのままの姿」でそれができる場合は多くはない。むしろ援助の媒介があって始めて可能になる、というのが普通ではないだろうか。

　福祉労働者の労働はその媒介の重要な一契機になるだろう。従って福祉労働者自らが明確な対象論をもつこと、④の分断統治の方法とそのあらわれについて把握していること、この二つはそのような媒介機能を果すための必須の要件と考えられる。

(iii)自らの労働力を売らなければ生活していけない階級の中で、最も尖鋭にあらわれている問題としての福

祉問題の内容を明らかにし、同じ階級の問題に拡げ、提示するという意義。

この三つの意義からすれば福祉の対象論への接近は、福祉労働者が、労働者である限り背負っている任務だといってよいであろう。

第二、児童を「生成する権利主体」と考えた時現在の相談・措置に関する保障体系の総体を基本的に再検討することが必要であろう。

例えば児童相談についてみれば、現行の諸制度は相談者の主体に児童を考えていない。通告され、相談される対象になっている。労働現場で児童相談を扱っている時、問題がむしろ親や学校等にあり、これらが通告されるべきだと考えられる場合は少なくない。しかし、児童が困った時、解決したい問題が解決できない時、相談し、解決するための援助を求めるところが確定されてない。

現行の児童相談所は児童からの相談はうけても、副次的であり、主には親や第三者の大人から相談をうけている。僅かに都の場合では都立児童会館に子ども相談があり、ラジオ・テレビの子ども相談やいのちの電話等がみられるだけである。児童館の相談も法的な根拠をもたず、それ故にまだどの児童館も持っているという機能ではない。

大人から児相に持ち込まれる児童相談の内容をみても、養護問題の相談通告の数と、非行問題の通告相談数の比率が、九歳前では前者が九歳後では後者が多くなっていると報告されている。(10)すなわち養育の問題の現象のしかたは九歳を契機に変化するということである。

非行、登校拒否、怠学等の問題は早期に対応できないことによって解決が困難になっている例は少なくない。もし児童を、生成する権利主体と認めるなら、これらの問題が大人たちに問題として認識される以前に、矛盾解決のために児童自身が相談できるところが必要だといえるだろう。

その意味では児童相談所の設置に関し、児童福祉法成立期に、①都道府県又は特別市は児童相談所を設置しなければならない、②保健所に児童相談所を附設する、③学校、養育院、療育院、教護院、その他適当と認める施設に児童相談所を設置することができる、とした児童福祉法案（昭和二二・二・五案）の意義は、現在改めて検討してみる必要があるであろう。

第三、児童の意思と保護者の意思の関係、および誰がどのように最良の方法をきめるかという問題がある。

①一定年齢以上でないと児童の意思は確認が困難であり、障害児の場合は一層困難となる。こうした場合に児童の意思をどのように確認するか。

②児童の未熟な認識、判断、思考をどのように主体の意思と認め、成熟させていくか。

③親権者あるいは後見人である保護者の意思と児童の意思がくい違った場合、どのように対応するか。

④保護者の希望した内容より、児童の権利保障がよりよく行われるであろう方法がある場合、どのように対応するか。

⑤児童の権利侵害の内容をもった申請あるいは相談がされた場合どのように対応するか、などが問題である。

これらは課題として、今後明らかにされる必要がある。以上の諸問題を検討する場合、相談、措置機関の教育的機能の問題が生ずるが、それをどのような内容として、誰が担うかが課題になろう。課題の検討にあたっては、措置についての集団的検討の場の保障、相談、措置機関内部の民主化、相談、措置機関外の集団の代表参加などが吟味される必要がある。

第四、利用者の自治権、施設の自主的運営権、措置権者の権利保障的措置の三者の関連を児童及び親権者の措置内容の選択権と相関させて、どのように理解し整理するかである。

①現に施設を利用している者は自治権をもっている。これは利用者の基本権である。しかし同時に、現状の自分たちだけを考えて、新しい入所者を拒否する排他的行動も起りうる。

②施設は措置機関等の干渉を排除して自主的運営権をもっている。これは施設運営の基本権である。しかし同時に施設の都合により入所者の選別も起りうる。例えばある養護施設はＩＱ一〇〇以上しかとらない、などである。

③措置の権限を有する者（通常措置権者といっている。この権は権限であって権利ではない）は権利保障の観点からの措置を行ないうる。同時に社会防衛的見地にたった強圧的措置も行ないうる。

これらの対立は現実的には、利用者、施設、措置権者それぞれの中に矛盾として存在し、ぶつかりあい、それが一時的に妥協したものが三者で拮抗していると考えられる。

その上に児童及び親権者の措置内容の選択権があると考えられる。図2はこのことを示したものであるが、実際には、親権の歴史的、社会的性格から、児童、親権者、利用者、施設、措置権者のぶつかりあいは、単純な図式ではあらわしえない複雑な構造をもっていると考えられる。

これらの関係を理論的にも実際的にも、どう整理し、方向を見出していくかが課題となる。児童福祉法四六条の二の児童施設長の義務（措置委託をうけたとき、正当な理由なく拒んではならない）も、親権の制限もこういう文脈の中で理解し整理すべきであろう。

第五、法外施設、サービスの利用の仕方に現われている形態を、どのように位置づけ評価するか、である。

現在の法の規定する施設やサービスでは、国民の生活実態からする要求にこたえられなくなっている。このため、法外の様々なものが出現している。

これらのうち法の改正によって児童福祉施設にとり入れ、措置の形態をとったものもある。情緒障害児短期治療施設、重症心身障害児施設、肢体不自由児施設、虚弱児施設、精神薄弱児通園施設等々がそれである。

しかし制度的に曖昧なもの（学童保育）、制度的には施設としてあっても事情によって児童福祉法の施設になっていないもの（公立、民間の障害幼児通園施設など）等々がある。これらについて、

図2　措置における関係者の相互関係

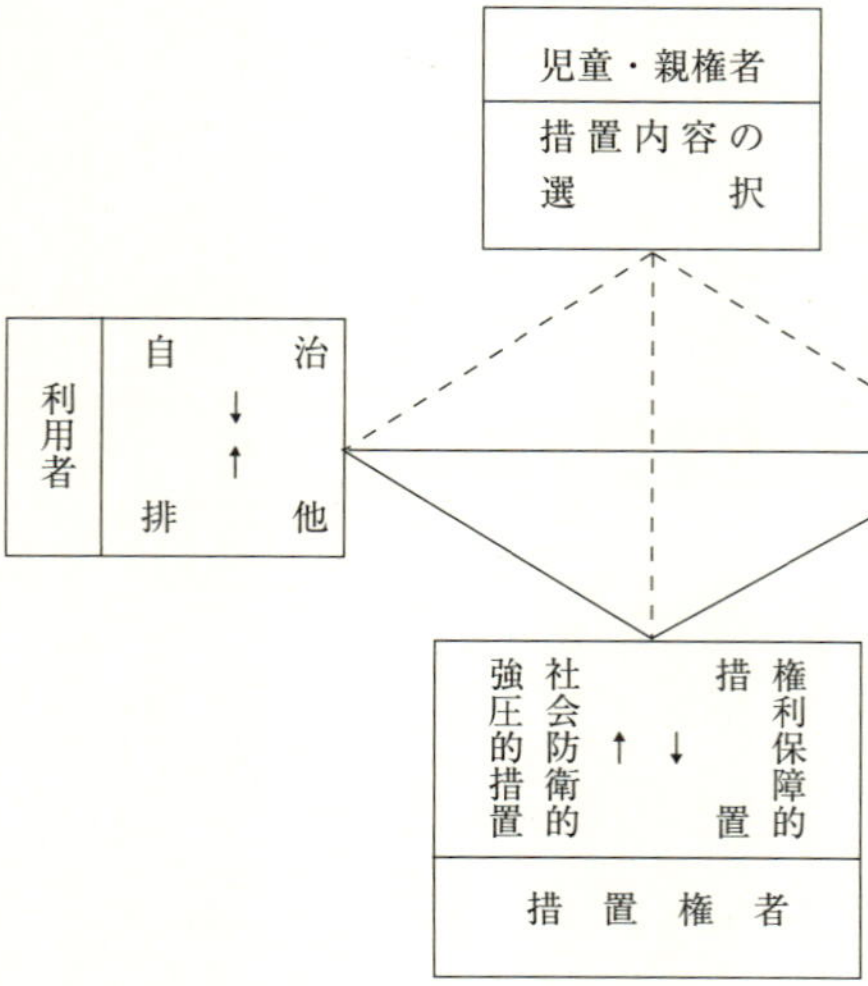

①権利実現の発展のうえでどのように位置づけるべきか、それは(a)内容的権利、(b)手続的権利、(c)公費負担、の三点からどのように評価し位置づけるべきか。

②利用形態として、措置と比較した時、

利用願　↓　利用許可
利用申請　↓　利用許可
相談通告　↓　措置
措置申請　↓　措置

という幾つかの形態があるが、権利保障の実現という点からはどのように整理すべきか。

③①、②の問題を検討する時、自治体の民主化、自治体財政の運営が、設置条例との関係で考慮される必要があるであろう。それは制度、施設、サービス内容、手続等の安定度に大きな影響を与えると考えられるからである。

この問題は児童の問題に限らない、障害児、者の福祉作業所、通所の生活訓練施設、通勤寮等々に続出している問題である。

2　実体論的課題

措置が権利保障になりうる条件をあげてみよう。

第一に、保障体系とその内容がある。

①公的責任で行う保障体系と「社会資源」は、その性格上区別し、前者を量的にも質的にも整備する必要がある。

従来は前者も社会資源の中に含めていた。しかしそれはたまたま社会的に存在するといった性格のものではない。憲法二五条に基づき、公的責任において目的意識的に整備することが追求されるべきであり、社会的共同生活手段の一つと考えるべきであろう。一方社会資源は、その人にとって個有の、たまたま存在する支持的社会関係（知人など）や物的資源と理解すべきであろう。

②保障体系は重層的であることを要する。それは同種の問題に対しての保障手段がそれぞれの特色をもちながら重なりあって存在し、利用者の状況と意思により選択が可能であるという内容をもつことである。

従来は多様な姿はあったが、公権力が選別するためのものであり、貧困なるが故の多様化であった。これを「貧困の中の豊富」といった人もいる。

この重層的保障について養護問題を例にとれば次のようなものが考えられる(11)。

ア　保育園、学童保育の長時間保育と利用者制限（障害の有無、年齢）の撤廃

イ　家事サービス（ホームヘルパー）の提供

ウ　ケア付住宅（福祉住宅）の確保

ケアの内容　a　共同炊事
　　　　　　b　共同洗濯
　　　　　　c　家事サービス
　　　　　　d　保育

エ　通学寮の設置（寄宿舎制度）

オ　健康学園（区、市立）の年齢制限の撤廃と、対象範囲の拡大（怠学、登校拒否、ぐ犯等）

このようなものは決して空想ではない。社会主義の諸国では、両親の労働態様に応じて重層的保障が行なわれている。

例えば、アでは自ら「発展途上国」といっているルーマニアをとってみても、幼児では托児所（各職場や農場にある）と幼稚園（各地域に設けられ三歳～六歳の児童が対象）があり、更に幼稚園は（a）一日6時間制、（b）一日一〇～一二時間制、（c）週間性（土曜の夜から日曜の朝まで両親に引きとられて家に帰る）の三種類があって、両親の労働の仕方にあわせて選べる仕組みになっている、という(12)。

中国でも幼稚園が全托制と日托制になっているのは周知のところである。

日本では制度的にいえば、保育園か、養護施設か、養育里親の制度しかない。従ってそれらの形態のどこかに要求をあわせてしまっている。

しかしそれでも制度的な制限を超え様々な試みがなされている。京都市の吉祥寺病院の夜勤看護婦のための保育から発展した夜間保育などはその例である。

イでは、大企業ではホームヘルパーを採用し、職員の家庭に臨時的な要求があった時（主婦の病気・出産など）厚生事業の一環として派遣している。東京都でも職員互助組合事業として、ホームヘルパー制度が発足している。既に老人、障害者等には公的なホームヘルパー制度が発足しているが、養護問題にも他の保障とあわせ公的な家事サービスを考えてもいいだろう。

ウでは、現存する母子寮、宿所提供施設で、これらに類したことは部分的に行なわれている。

エでは、東京足立区の「家庭に安住することが出来ない者、登校が思うにまかせない者などの不遇児を養育する」通学寮、高知県、熊本県などの町村立寮はこの例である。

このようにあげれば、養護問題に限らず重層的保障体系の萌芽形態は、必要に迫られ、日本全国に様々な創意をこらしながら、しかし個々バラバラに存在していると考えられる。それらを権利保障の立場から保障体系として整備して行くことは、決して夢想ではない。

③権利性の定着のためには選択の自由が保障される必要がある。従来は「あれか、これか」の保障体系を前提に、公権力がその「専門性」をもって選択し、利用者に有無をいわせない仕組みになっていた。重層的保障体系を前提にした場合は、利用者の選択についての支持、助言が専門性の内容になるであろう。

④以上を実現するためには経済効率の論理（資本の論理）との対決を必要とする。経済効率からいえば、重複は不経済という信仰が目先の計算とともに根強いからである。従って経済効率の論理が社会結合の基本原理になっている場合は、以上三点が完き姿で実現はし難いであろうが、実現の方向にふみ出し、前進させることは可能であろう。

第二に、措置についての諸過程の節目に、チェックの方法を考え、実施することがあるであろう（表6）。

措置についての諸過程を大きく、A必要と認める判断、B措置の決定・実施、C不服審査にわけた時、それぞれについてのチェックの方法は三つの過程に重複して存在しうる。

表6　措置過程におけるチェックの方法

措置についての諸過程	（関係）	チェックの方法
A．「必要と認める」判断	a, b, c, d	a．機関内部の集団主義的決定
		b．利用者の代表，地域活動家等の決定への参加
B．措置の決定・実施（措置先を含む）	a, b, c, d	c．利用者団体と措置権者との団体交渉
		d．相談，措置機関の運営委員会をつくり，利用者団体，地域活動家の参加を保障する
C．不　　服　　審　　査	e	e．第三者（利用者団体，研究者等）による審査

a　機関内部の集団主義的決定とは、児童相談所に例をとれば、従来は或職種の個人的判断、活動が中心であった。仮りに複数の人々による検討がされても、個人的活動にもとづいた資料の評価やそれに基づく方針の決定についてであった。

集団的とはしかし、認識そのものから集団的原理により計画され、認識されることを意味する。それは分断による分業のために生じた「干渉されず干渉しない」という「独善の専門性」から相互の方法論、価値観をぶつけあい新らしいものを生み出す集団性に基づく専門性を意味する。

b　利用者の代表、地域活動家等の決定への参加は、団結権、団体行動権の一つのあらわれである。これらの人の背後に集団が形成されていないとその意義は失なわれる。

c　利用者団体と措置権者との団体交渉、これも団結権、団体行動権の一つのあらわれである。

かつて福祉事務所では「生活と健康を守る会」が基準の問題から、ワーカーの態度、個別的要求にいたるまで団体交渉でとりあつかっていた。それが福祉事務所全体の姿勢を権利保障への方向に向けて来たと考えられる。特に個別具体的な事実の判断、措置決定、それらを通じての態度等については、住民の力によって是正するには、この方法が最も有効と考えられる。

d　相談・措置の機関に運営委員会をつくり、利用者団体、地域活動家の参加を保障する。

運営について諮問する機関ではなく、運営に直接住民が参加する形態である。こうして始めて地域に必要な相談活動が計画され、またそれに必要な諸条件（人的・物理的）が住民自身の必要性となり、予算への要求が住民に支持されることになるであろう。

e　第三者（利用者団体、研究者等）による不服審査。

一方の当事者である公権力が、その級は違っても自らの手で審査する仕組みでなく、第三者（利用者団体、研究者等）によって審査される仕組をつくることが公平を期するうえで必要である。研究者等の具体的人選は行政のみが行なうのではなく、行政側、利用者側、双方の推薦によって決定すべきであろう。

3　具体的課題

第一、相談、措置機関における措置義務の発生を明確にすべきことである。

措置の必要性を認めた時は、その時から措置義務が発生したと考えられるのではないだろうか。

児童相談所でいえば、措置会議の決定があれば、措置義務の発生と考えられないかということである。その場合措置権者は独自の通知（要措置と認めたこと、入所措置を行う義務を措置権者が負ったことを相談に来た者に通知する）は行いうるのではないか。さらに直ちに入所措置が困難であれば、その旨とその理由について通知が必要になる。

第二、行政の不作為の是正方法の確立である。

具体的課題の第一と関連して、児童の施設措置（児童福祉法二七①三号）の場合、児童相談所での措置会議の決定があり、かつ知事に対しての報告があれば、法的にも、実際的にも不作為を是正する何らかの方法が考えられないか、という課題である。

第三、通告、相談のもつ権利性（積極的意義）を明らかにすべきことである。

従来、児童相談においては、措置の持込まれ方は、申請ではなく、通告、相談の形であったことはすでに述べたとおりである。このため公権力の専門性の名のもとに、幾つかの手段によって権利性を奪われてきた。しかし考え方によっては、申請よりも強く権利性をもたせることができるのではないだろうか。

申請は一つの行政行為を要求するものである。それは固定した目的をもっている（精神薄弱児施設への入所措置申請など）。そしてそれには回答は二つしかない、YESかNOかである。通告、相談の場合はどうであろうか。児童の権利性の欠落状態あるいはそのおそれについての通告といえるだろう。

憲法二五条、児童福祉法総則一条、二条からすれば、公的相談、措置機関は何らかの措置の義務を負うことになると考えられる（必要性の判断が前提になるが）。その場合申請と異なり、一つの行政行為の可否にとどまらず、複数の保障方法を用意して問題に対応し、権利保障をしなければならないと考えられるのではないだろうか。

この場合、法の解釈から当然そうなるというものではない。その可能性が開かれているということである。可能性を現実性にするものは、一つには相談、措置機関内部の民主化、特に労働者の連動が主導的になるであろう。もう一つは児童の権利保障に関する住民、利用者の要求運動であろう。

第四、相談、措置機関内部の専門性を、権利保障の立場につくりかえるには、どうしたらよいか、という課題である。

一つは、従来の専門性、理論、技術を再検討することである。これまで従来のものに対する批判はかなり鋭くされては来た。しかし「ではどうすればよいか」を余り明確にしえなかった。それを明確にするには、従来の理論、技術が持っている有効性を、一定の条件下においてであることを明らかにし、部分的な理論、技術として、全体的・総合的た理論・技術の中に生かすことである。

二つは、職場において、具体的処遇についての相互の関連を契機に、協業をつくり、労働の集団化を追求することであろう。この場合、往々にして「方法論が違うから、話してもダメだ」と最初から集団化の方向を放棄する場合が少なくないが、目的を共通にした場合、異なる方法論をもっていた場合でも、その違いを明らかにしながら、尚、当面の具体的処遇については一致するということはありうるし、経験的にも多くの実例はある。違いを明らかにしながら、具体的な一致点を拡大し、一定の集積の上で整理をする、という方法は、専門性をつくりかえる上で有効だと考えられる。

第五、措置による処遇内容の保障である。

要求実現の側にたった時、必要な生活条件、達成すべき発達課題、必要な発達条件、具体的な保障方法を明らかにすることが求められる。施設措置はこの条件をみたすことを前提に、保障の一方法としてとられるものである。それは必然的に施設処遇について措置機関と施設の相互間の協業が不可欠の条件となる。

従来、措置機関、施設は相互の「専門性」の名のもとに「不干渉主義」が仁義とされてきた。そのくせ相互の不信感は覆い難いものがある。児童はベルトコンベアにのせられて、相談、措置機関でいじられ、施設で違ったいじられ方をする。その分業は分断に基づくものであった。しかも相互に自らの優位性を主張していた（児童相談所は専門的指導機関としての、施設は生活をみていることの、それぞれの優位性）。それは権利主体抜きの背くらべであった。

処遇内容の保障は施設だけの問題でなく相談、措置機関も協業することによってはじめて可能になるものであろう。逆にこの協業によって、相談、措置機関は処遇方針の判断の適正さを獲得していくであろう。

このような協業と処遇内容の保障があってはじめて、クリニックと措置が分断すべきものではなく、権利保障の形態の違いなのだ、ということが実証できると考えられる。

第六、さきに理論的課題の第二であげた児童相談制度の再検討は、現状で直に法改正を期待することはできない。しかし児童を生成する権利主体としてとらえることはどうしても必要である。

とすれば具体的にどのような方法でその課題を実現するか。それは児童の生活、教育に関係する者、特に労働者が団結すること以外にはないであろう。すなわち幼稚園、保育園、学校、児童館、学童保育、福祉事務所、児童相談所、福祉施設の労働者が共通の認識と目標をもって、それを拡げ団結を強めることである。その上にたって初めて親と地域に連帯をひろげることができると考えられる。

先日司法福祉研究会が非行問題の討論集会を行った。その際私は問題提起の一つとして、治安と福祉との体制の違いを話した。墨田区担当の児童福祉司一・五人（一人は他区ももっている）心理判定員は三人が三区を持っている。これに対し、墨田区に二つの警察があり、その少年係はあわせて二三名、という内容であった。

この時葛飾区の中学教師、三上満氏が、その他に学校教師は一、〇〇〇人は超えるはず、それが一致してあたれば、力強い前進がえられると思うと発言された。わが意をえて大変嬉しかったが、そのような団結を基本にした相談体系でなければ、児童を操作対象とする管理（問題を早期に発見し、早期に治療する、というような）に陥るであろう。

〈追　記〉

この小論の推移を記しておきたい。最初公的扶助研究会と児童相談所問題研究会の有志が討論し、障害児・者の施設措置に関し、一定の結論をまとめる予定であったが、時間的余裕がなく一回の討論に終わった。

それに個人的検討を加え、児童福祉法研究会の例会に報告した。そこでの討論をもとに整理して社会保障研究会児童部会例会に報告した。更にそこでの討論と、何人かの人との個人的な討論を経て「障害児の施設措置について」（『障害者問題研究』一一号）を執筆した。

その小論の不十分な点を補正し、問題を児童福祉全体に拡げて執筆したのがこの小論である。

報告の機会を与えていただいた二つの研究会と御教示をいただいた討論参加の諸先輩に感謝の意を表したい。にもかかわらず、未だ集団的討論は不十分であり、それを反映して、この小論も極めて不十分な内容をもっている。

最初の計画であった、二つの研究運動体の有志を中心に更に討論を深めることを課題とし、同時に読者の御批判と御教示をあおぎたい。

注

（1）佐藤進・高沢武司『児童福祉法50講』有斐閣 七一頁（一九七六）
（2）全国精神薄弱者更生相談所長協議会『精更相』創刊号、五八頁（一九七六）
（3）「昭和五二年度事務事業監査報告書—精神薄弱児対策について」（民生局ほか） 東京都監査委員職務執行者宮沢道夫、同三宅政一、東京都監査委員萩本俊助、同折田二雄
（4）同上 第2・Ⅰ・2（2）イ
（5）高木四郎『児童精神医学論』慶応通信、（一九六〇）
（6）高木四郎『児童精神医学各論』慶応通信、（一九六四）
（7）吉岡健次『地方自治体と地方財政』、新日本出版社、三三六～五四一頁参照（一九七三）
（8）東京都児童福祉審議会意見具申「地域社会に開かれた児童相談所のあり方について」（一九七六）
（9）一九七七児相研セミナー第一分科会（養護問題）報告（横須賀児相小林秀次「神奈川県における養護問題の階層的分析の試み」）
（10）都職労・民生局支部墨田児相分会「昭和五三年度予算要求書」のうち、Ⅳ政策要求（5）
（11）『赤旗』一九七七・八・三〇「社会主義国の婦人たち」

五―1　福祉の措置をめぐって

五―1―②

社会福祉の措置制度を考える

――勤労者の生活にとってどんな意味があるか

（一九九六年一月『資料と解説／社会保障』三二一号に掲載）

はじめに――なぜ社会福祉の措置制度を考えるか

「二一世紀の高齢化社会に向けて」という名目でさまざまな福祉政策がいま打ち出されています。

　その一つに措置制度の縮小、福祉サービスの契約化の問題があります。それはいま「自治体リストラ」と絡んで着々と進行しています。

　生活の上にどんな困難が起こっても、安心できるような社会福祉の保障を勤労者が求めるのは当然です。税金などで集めたカネを主権者の生活のために使って公的保障を果たすように、措置制度をみんなでチャント考えることが必要になってきます。この小論が少しでもその役に立てば幸いです。

一　社会福祉の措置制度とはなにか

措置という言葉は、本人の意思とかかわりあいなく、行政が一方的になにかを押しつけるという語感があります。措置は本当にそんなものでしょうか。措置制度の役割を実際から見ることが必要です。

1　措置の形

社会福祉の保障を定めたさまざまな法律の中で「福祉の措置」は大体各法律の一つの章となっており、その内容は多様です。でも中心的なものは居宅での介護、ホームヘルプサービス、デイケア（適所サービス）と、自宅で生活することが困難な場合のショートステイ（短期間の生活施設への入所）、生活施設への入所（比較的長期の生活の場と生活内容の確保）です。

2　措置の意義

「措置」はどんな意義をもっているのでしょうか。社会保障法の研究者小川政亮氏は次のように指摘されています。[1]

①国民の権利要求にこたえるべき公的義務、責任を表明すること、②申請に対する却下や不作為に対し行政と法的に争えること、③施設など措置による具体的サービスの提供者は、正当な理由がなければ、措置を拒否できないこと（あちこちで断わられて宙に浮かない保障）、④サービス提供に必要な費用は公費負担が義務づけられていること。

つづめていえば、憲法第二五条を具体化しているという意義です。

3　措置の仕組み

保育を例にとると次のようになります。一日の一定時間家庭で保育できない、あるいは家庭で保育することが適切でないときは、

①市町村に保育園利用の申請（保育措置申請）をする、あるいは、必要があれば申請がなくても行政が積極的に対応する。

②申請に対して市町村は応答する（どこの保育園にいつから入れるか、あるいは入れないか）。そのため保育保障が必要な事情を調査、評価し（ニーズアセスメント）、申請に対して決定し、申請者に通知する。市町村が申請に対して何も応えない（不作為）ときや決定に不服があるときは不服申立てができる（行政不服審査法）。

③サービス水準は児童福祉施設最低基準により間接的に保障される。

④費用の保障。保育にかかわる費用の額は国が決める。保育園の運営費である「措置費」（「児童福祉施設最低基準を維持するために要する費用」）は市町村が施設に対して支払う義務を負う。措置費は保護者の負担（その額は保護者の所得階層により決めた国の基準をもとに市町村が決める）と公費負担（市町村、都道府県、国）とで賄うが公費の中での分担比率は法律で決められている。

保育措置の場合、現在は児童福祉法で現在国十分の五、残りを都道府県と市町村が折半十分の二・五ずつ負担している。

4　福祉諸法の措置制度

福祉諸法の措置は法律によりまた事業により、さまざまな規定となっています。

保育措置は他の措置と比べ最も明快な規定になっていて「保育に欠ける場合は市町村は措置しなければならない」と公的責任を明確にしています。

しかし「必要に応じ」「措置をとることができる」としているものも多くあり、公的な費用負担についても補助金として「支出することができる」とし、負担率も「〜以内を」と最高限度を定めている例は少なくありません。これらは行政の都合によって左右される部分が多く、自治体の義務としても、住民の権利としても不十分な規定となっております。

二　「福祉改革」とその問題点

1　「福祉改革」の流れ

一九七三年、政府は「福祉元年」と宣言しましたがその年のオイルショックで吹き飛び、「福祉見直し」論が盛んになりました。一九八一年、第二臨調が発足しその後行革審に引き継がれて、行革が行われました。

それは医療、保健、教育、福祉など国民生活に関連する支出の削減ばかりでなく、公的な事業の民間事業化など新たに資本の投資対象を拡大しました。その根底には国家の役割は国民の健康・福祉・教育を保障することではなく、国際貢献（実際はアメリカの戦略にカネも人も注ぐ）であるとした考え方があります。

福祉分野では措置費の国庫負担の削減（保育措置でいえば国庫負担率は八五年度一年間の暫定措置として十分の八から十分の七に、八六〜八八年度三年間の暫定措置として十分の五に、八九年度以降十分の五に固定）、自己負担の増額が行われる一方、福祉は産業の新しい開拓者として財界から期待されてきます（一九八〇年総合開発機構――財界のシンクタンクで政府と大企業が半々の出資――が「産業のニューフロンティアとしての福祉産業」という研究を発表）。

こういう流れの中で「措置制度は問題が多いので廃止し、福祉サービスは市場関係の中で利用者と提供者との直接契約にすべき」という「福祉改革論」が出されます。

一九八九年中央社会福祉審議会、児童福祉審議会、身体障害者福祉審議会の三審議会の合同企画部会の意見具申は、措置制度による公的な保障を残しながら、福祉サービスの供給は非営利団体、ボランティア、企業が提供するものも含めるべきという「多元的供給論」をとりました。

この意見に沿って一九九〇年にいわゆる福祉八法が改定され、地域福祉の三本柱（ホームヘルプサービス、デイケア、ショートステイ）が法的に位置づけられるとともに、多元的供給論が政府の福祉政策の中心に据えられました。それに沿って福祉産業を育成するための諸条件が整備されました。

営利を目的とするものも福祉事業の中に位置づける法律、社会福祉・医療事業団に財政支出し、そこを通じて福祉産業に融資する制度（八八年度改定）、企業がサービスを提供しても質が保たれることをうたえる資格制度、等々です。

実際に福祉産業は厚生行政だけでなく、産業政策の中に着々と位置を占めてきました。一九八〇年代半ばには中小企業庁は二一世紀にシルバー産業がどれくらいの市場になるかを予測し、一九九〇年には通産省産業政策局編「二〇〇〇年の産業構造」では、二一世紀の産業構造の中にサービス産業の一つとしてシルバー産業が位置づけられるまでになりました。

一九九五年にはそれまでの部分的な「改革」を集大成し、二一世紀の社会保障の枠組みを示す社会保障制度審議会勧告が出されました。日本は所得も向上し、資産を持つ者も多くなったので、二一世紀の社会保障は自己責任と連帯責任が大切だと強調しています。この勧告は次の意義をもつものとわたしは考えます。

社会保障の考え方の転換——生括上の問題を公的責任により保障するという考えから、個人の問題だから個人が対応する（私事化＝プライバイタリゼーション）、個人で解決できないことは個人同士が助けあって（介護保険制度やボランティアで）解決するという考えへ（憲法二五条の解釈改憲）、②福祉サービスの多元的供給、特に企業サービスの育成、③福祉を勤労者のカネの吸い上げポンプ（消費税の増税や保険料）として社会システムの中に組み込むこと、などです。

2　措置制度縮小の問題点

①ところで措置制度の廃止乃至縮小はどんな理屈で主張されているのでしょうか。

○　屈辱感（スティグマ）を伴う
○　非選択性（利用者がサービスを選択できず行政が一方的に決定する）
○　利用者が限定されている（一定の所得があるもの

は対象外になる）

○　硬直性（ニーズに応じた柔軟な対応ができない）

等々があり、措置制度は貧困が広く存在していた終戦直後の生活実態の中で生まれた。所得が向上した現在では公的な関与を少なくし、サービスの利用者が供給者と直接契約すればいいという論理です。そしてこれからの福祉サービスは「いつでも、どこでも、だれでも」利用できるものでなければならない、というスローガンで装っています。

②措置の問題点はなぜ生じたか――問題点は事実です。それは政府のいままでの思想と政策、特に措置制度の運用によってもたらされたものです。

○　住民の権利として措置を認めず、自己努力が足りないから福祉を求めるのだという思想（例えば自分で勝手に生んだのに、育てられないから保育園に入れるなんてけしからん。老人になるまで長い期間があるのだから、自分で老後の用意をするのが当然など）

○　福祉を手厚くすると堕民を生む。ハングリー精神こそ活力のもと、福祉の施設をつくるより経済のパイを大きくするほうが福祉になるという政策

○　劣等処遇の原則（税金を使うのだから一般の人より劣った生活をするのは当たり前という原則）による保障内容の不十分さ

○　洗いざらい事情を「申し上げ」なければ措置が行われない手続き

○　税金を使うのだから勝手な施設選択は許さないという運営・ニーズが変化してもそれは個人の勝手な都合だから、一々それに応じられない、いまある福祉のサービスを前提に生活を調整すべきという硬直した態度

○　これらの総合として人間扱いされない屈辱感などなど。措置の問題点はこれらの集積の結果です。

③措置の問題点を改善しようとするなら

○　措置は国民の権利を保障する手立てであり、公的義務、責任であることを明らかにすること

○　施設、サービスの総量を増やし、その内容を充実させること

○　措置に関する情報を十分に提供すること

○　ニーズアセスメントに当事者の参加の道を開くこと

○　措置を求める手続きを分かりやすく、気安く、気持ちよくできるようにすること

○　保障水準について公的責任をもって利用者に約束

することなど沢山のすべきことがあります。これらを怠って直接契約制度にすれば解決するかのような主張はペテンです。

○　オンブズパーソンによる利用者の不満を解決する道をつくること

④福祉サービスをカネで買う場合はいくつかの問題点が生じます。

○　サービスの種類も内容も供給者側の都合の範囲でしか供給されない（サービス供給側はニーズに適合した提供を行う義務はない）
○　サービス提供者が契約をしなければならない義務はなく、処遇が難しいからと断わられれば利用は宙に浮く
○　福祉サービス利用者は切羽つまった状況にある場合が多く、
○　サービス契約について冷静に判断することができにくい
○　多少不満でも契約せざるをえない
○　サービスが契約と違った時は、民事の裁判によって解決することになり、福祉サービスの必要な人には困難で泣き寝入りが予想される
○　サービスの利用がカネ次第で制限され、いつまでカネが続くか不安にさらされる
○　福祉サービス事業は大量生産によるメリットが期待できない、儲けを生み出すためには人件費を縮小するのは必然。その結果は人手が薄くなるか、安いパート労働で継ぎはぎの処遇になるか、働く者がくたくたになって過労死寸前でやめていくかになる。ところが福祉サービスは人手の厚さと質の高さが求められるのでサービス内容は不十分になる、

などです。

かつてベビーホテルが子どもの死亡事件などで大問題になりました。最近でも全国的なチェーン店である「ちびっ子園」で処遇内容が酷いこと、労働者の人権が侵害されていることなどの改善を労組が要求したことでマスコミが大きく報道しました。

「いつでも、どこでも、だれでも」というスローガンは「カネさえあれば」という隠し言葉によって崩れ、結局誇大広告に過ぎないものになります。

わたしたちは「いつでも、だれでも、どこでも、安心して、気持ち良く」をめざして公的責任が貫かれる制度を追求すべきと考えます。

三　措置制度を発展させる意味

1　措置制度の縮小、軽視は住民をバラバラにする

措置制度が公的責任を貫くものとされ、住民の権利とされていれば、制度や現実の運営が不十分であっても、団結して権利実現を求める運動が起こります。さらに権利が実現できる自治体や政府を求める運動に発展します。かつて革新首長が生まれたのはこのような経過からでした。

もし福祉サービスが個人的な契約になれば、権利実現の運動は起こりにくくなります。措置制度の変革は住民をバラバラにして運動が起こるのを押さえる役割もあるといえるでしょう。逆に措置制度は権利実現を求め、公的責任を明確にするために住民が手をつなぎ合う契機になりうるものだと考えます。

2　公的責任を貫徹する闘いは改憲との闘い

公的責任が貫かれるものとして措置制度を充実、発展させることは、わたしたちの生活が資本に都合のいいように食い荒らされることと闘うことであり、憲法二五条を解釈改憲する動きとの闘いです。改憲は第九条にとどまらず第二五条も標的にしています。

第九条と第二五条は密接に関連しているからです。平和に暮らすこと、安心して豊かに暮らすこと、それをめざして勤労者が団結し運動することがいま強く求められています。

注

（1）小川政亮「社会福祉法制」ミネルヴァ書房

五―2―①

人権を手にとることができる計画に

――老人保健福祉計画を住民の手で

（一九九三年六月『ゆたかなくらし』一三六号に掲載）

はじめに

いま老人保健福祉計画（子どもや障害者の福祉計画も含めて地域福祉計画としているところもあり、以下「計画」といいます）は市町村で策定作業が進んでいますが、編集部からの求めに応じてではあっても、老人福祉の専門でない私が「計画」について発言するのは次の理由によります。

①老人、障害、児童など対象別に福祉を考えていたのではいまの激しい動きを追いかけるだけになる。福祉全体の中で、さらに日本の社会の動き全体の中でそれぞれの分野で起こった問題を考えないと、問題の意味が見えてこないし、私たちが進む方向も見定められない、②とくにこの計画は子どもたちも障害者にも重要な意味をもっている、③個人的経験（母の老後の医療と介護）から考えさせられたことが多くあった、④都の民生局の一員として美濃部知事時代のシビルミニマムの計画を経験し、その教訓を生かしてほしいとねがっている、などです。

「計画」づくりでは二つの道が切り結ぶ、とさまざまな人から指摘されていますが、私は日本資本主義と人権の二つの対立構造の中で考えています。

二〇〇〇年にはシルバー市場が一四〇兆円台規模になることが推計されています。シルバー市場に限らず、妊娠、出産、育児、教育、医療その他あらゆる年齢のあらゆる生活場面を市場化しようという方針は、日本資本主義が二一世紀のサバイバルに向けて採る基本戦略の一つです。

この種の市場においては、商品のベッドや衣類のようなモノもありますが、生活場面におけるサービス部分が大きく、モノのように運搬できないため、生活が営まれている地域を標的にせざるをえません。だから資本にとって、「計画」は市場の開拓とその安定的確保という点から重要な意味をもちます。

一方「生活に学び。生活を変える」教育が生活綴り方などで実践されたように、「生活」は日常的な現実をしっかり把握して支配に抵抗する概念でもありました。教育だけでなく、労働者問題、医学、保健、障害者問題の中でも同様です。生活の場である地域を「生活」のこういうとらえ方の延長上に置き、前近代的な支配が根強い中でも、それと闘いながら、人権を確立していく場にしようとする試みは従来からありました。

ところで現在日本の資本の巨大な蓄積は多くの人権侵害の中で行われてきました。労働現場で（長時間過密労働など）、生活の場で（資本が多くの土地を抑さえたために生じた住宅問題、資本がつくりだす公害など）その例は胸の痛むものばかりです。それらのことが地域の人々をバラバラにしてきました。そのうえさらに地域を資本のついばむ対象にすれば人々のバラバラは一層促進され、そこを相互扶助でつなげようとしても、人権の上にたった連帯は広がりません。

そうではなく地域を運動によって人権と民主主義と連帯を実現する場にする道があると考えます。その立場で「計画」についての私の考えを誌面の許す範囲で述べます。

一　必要、要求を動的につかむことについて

「計画」の基礎として、お年寄りの状態を数字的にどうつかむかが重視されていますが状態を静的にとらえただけでいいかという難問です。

ＮＨＫテレビで「あなたの声がききたい」という特集が放映されました。他の病院で植物人間といわれた患者をはじめ事故や疾病の後遺症で言葉、行動に重い不自由さをもつ患者に対して、札幌のある病院で日常的な生活刺激（食事をする、風呂に入るなど）を計画的に設定して働きかけ、残存機能を意思表現に活用することを繰り返し試み、ついに患者が自らの意思を表現して、選びとるという主体的な人間活動を回復しはじめるという看護活動を紹介したものです。

多くの学ぶ点があるこの実践で、とくに日常的な生活刺激の意味と、意思表明はそれを尊重する周囲の姿勢と働きかけにより引き出され、自ら獲得していくという点

は重要で、障害者にも子どもにもお年寄りにも共通の大事なことを教えていると思います。

人権保障の「計画」とするためには、いままで寝たきりにさせられたお年寄りをどのように起こすのか、またどのようにして寝たきりにさせないのか、という状態を動かすことが大きな柱になると思います。当事者やその家族にとっては大きな問題です。それも機能訓練や訪問看護という特別な設定だけでいいのだろうか、日常的な刺激と働きかけを根気よく丁寧にすることが不可欠ではないかということです。

「老人保健福祉計画について」という厚生省老人保健福祉部長通知（一九九二・六・三〇）も、寝たきりゼロ作戦は一〇か年計画の柱だから「医療との連携を十分に認識しつつ、寝たきりゼロを目指すことを十分配慮すべきである」といっていますが、計画の内容にどう組み込むかは示していません。「策定指針の骨子」ではそのための「啓発活動」に触れてはいても、援助活動そのもの（方法、人手、時間、頻度、計画と総括の協議など）には触れてはいません。

方法が模索状態であるのなら、どのように開発、定着、拡大していくか、パイロット的な実践も含めて、十分な人手の確保も併せ計画の中に組み込むことが必要ではないでしょうか。それは医療分野であるというのかもしれませんが、医療政策が病院を階層化しベッド数を減らして、段々に医療内容を薄くして地域介護に落としていくシステムが進んでいる現状では、落とし込みの流れを遡上する医療的ケアとの重層的な保障を具体化する方向が一層大切になってくると思います。

二 保障の質的な単位を社会的に確立することについて

いままでは〔予算額あるいは職員数対利用者数〕という大雑把な数値により〔費用対効果〕を測定し、行政効率を判断するという財務の論理が、仕事の質の主張を押し切り、福祉はずっと低水準の仕事を余儀なくされてきました。

「計画」ではお年寄りの生活実態を把握し、それに応じた援護システムをつくるというのですから、どんな状態に対して、何を目指して、何が必要であり、その必要を充足するためにどんな職種が何人で何時間、どんな内容で働きかけるか、そしてその頻度（週何回、一日何回など）はどうか、その保障を必要とする人は何人か、ということが明確にされてそれが地域で集約されることが重要になってきます。

この方法で必要人員を算出することが福祉先進国では採られていると聞きますが、「計画」をつくることは一と関連して保障の質的側面をあらわす方法を社会的に確立するチャンスだと考えます。

三　情報へのアクセス、意見表明、意義申立の権利

計画の主人公は住民であり、保障を求める人だということを貫くためには、その主人公に保障に関する情報が提供されるようシステム化されること、意思表明ができるよう援助するとともに、十分にできない場合に代弁することを社会的に保障すること、また保障に対する苦情とくに直接的な働きかけを中心とした援助の苦情に対してオンブズマン制度を組み込むこと、などが不可欠であると思います。

部長通知は「苦情提供体制、相談体制の確保は重要である」といっていますが、それを「計画」の中に権利として位置づけることが必要だと思います。東京都の「計画」では代弁機能の機関の設置を定め、実現していますが、家族間の財産問題が中心になっているようなので、むしろ保障に対する意思、苦情の代弁が大切だと考えます。

四　公的責任による総合的な判断と助言

一人の人間、一つの家庭の必要、要求をどのように判断、助言して主体的な判断を援助するかについて、コーデネイターという「人」が各種サービスを調整することには疑問があります。

さまざまな職種が協業のためにチームを組み、医療、保健、生活、心理などを総合した判断を形成することが望ましいと考えます。勿論チーム内でプロモートする者は必要ですが、それは特定の「人」として役割限定するのは疑問だということです。

現在福祉分野だけをとってみても、老人でも、障害者でも相談、判定、措置、直接援助活動が分断されており、まして医療、保健と分野が違えば、判断、活動は多くの場合他分野とは関係なく行われています。そのことが一見それぞれの専門性を尊重しているようで、実は判断、活動、責任を部分的にしてしまってます。それを調整するのが特定の「人」では部分的な判断、活動はそのままになる危険があります。

ロボットの部品を集めて組立てるような方法で、生活している一人の人間を、要素に分割して誰かが繋ぎ合わせるのではなく、分割不能な一つの生活体として、それぞれの専門とする方法で接近してそれぞれがつかんだ全体像と援護の方法を協議することが必要だと考えます。そしてこのことを公的責任において行うことが大切だと思います。

五　地域の階層を考えること

この計画には生活している者に対する援助という視点が大事で、地域における階層の分析は不可欠だと考えます。「老人保健福祉計画の策定指針の骨子について」では現状把握の項目に世帯の状況があっても世帯類型だけが挙げられています。

これは世帯の介護力を把握する意味をもつのでしょうが、同じ世帯類型でも階級、階層によって労働態様、労働時間、所得、住居などが違い、介護力は全く異なってきます。仮にシルバーサービスを計画に位置づける[1]としても、階層を無視してその利用の可能性を予測することはできないでしょうし、階層の把握は計画のベースとなると考えます。

六　必要、要求、生活、地域、権利について

この計画はあらためて、人間にとっての必要、要求とは何か、さらに地域、権利についてしっかり考え、社会的に合意することを求めていると思います。

私は次のように考えます。人間が尊厳をもって生きる上で、なくてはならないもの、欠けてはならないものがあり、それが必要という客観的なものがある、要求とは生活している主体が必要が充分されないことによる矛盾を認識して、その充足を求めることである、そして必要、要求を充足することが、人間として当然であり、正当であることを社会的に合意することが権利である、と。

地域については福祉ではいままで、個人が生活してきた環境、あるいはこれから生きる環境として個人の中に地域をみるか、あるいは施設などを支えてくれるものとしての地域、というとらえ方が強かったのではないでしょうか。

それを含めて、これからは人間が一定の自然的、社会的な条件のもとに生活する者として集まり、その生活を共同して再生産する場合に共通な必要、要求を充足する場、つまり権利を実現する場として地域をとらえること

が求められていると考えます。

この視点から、いままでつくられてきた保健所、福祉事務所、児童相談所などの公的な機関や、生活施設、通所施設が、また新しくつくろうとしている社会的な保障の手だてが、どのような地域の中で配置され、それぞれがどのような保障内容を提供するのかを検討すべきでしょう。

七　地域での総合的な計画を行革の枠を破って

「高齢化社会」に対応するのが「計画」だとされていますが、行革の枠内で実施すると「高齢化社会」を一層促進する危険が大きいと思います。

日本の特殊合計出生率は一九九一年には一・五三で、さらに低下することが予想され、一九九二年の国民生活白書では少子社会の問題を詳しく分析し、子どもを育てる上での親の負担や困難を分析して社会的な援助が必要だとしています。

「計画」が実施段階に入った時、消費税は導入時の説明のように「高齢化社会」村策に使われることは極めて疑問です。市町村に特別な財政的保障がなければ、行革の枠内だと、福祉分野の中で予算のやりくりが必然的に起こります。

児童福祉は対象である子どもの数が減少しているので、福祉分野内でスクラップアンドビルドが行われ児童福祉の保障は整理縮小されることが予想されます。保育園、学童保育、児童館の廃止や機能の変更、児童相談所、諸施設の縮小、競合、機能変更など既に進んでいることが、一層促進されることは当然予想されます。現に厚生省は保育措置を一部に限定して自由契約型にしようと再検討を始めています。

児童福祉の社会的保障が縮小されると、国民生活白書の期待に反してますます子どもを生み育てることが困難になり、出生率は低下し「高齢化社会」が促進されるという成り行きが予想されます。

それだけでなく福祉の措置のうち、その申請、行政の応答、不服申立てなど最も権利に近く、地域福祉の三本柱の中のデイケアの代表的な保育措置が、極く一部を除き、選択自由の名のもとに自己責任の市場原理に転換することは福祉全体にとって大きな問題です。

地域を六で述べたようにとらえれば、「計画」は、人間が生まれ、育ち、時に病気になり、癒え、障害をもち、老いるという人生を、人間の尊厳に相応しく生きられる地域をつくることになります。従って「計画」には子どもや障害者の問題もその内容に組み込み、地域の医療、保健、福祉の総合計画にすることが望ましいと考えます。

八　その他

（1）　働く者の確保について――部長通知に付けられた「市長村老人保健福祉計画作成指針」では「人材確保」で職種の人数を計画に盛り込むといっていますが、現在の労働条件を大幅に改善しなければ十分な確保は困難です。

（2）　地域で生きるまちづくりを――医療、保健、福祉などの基盤になっている生活の諸条件（住宅＝手すりや段差などの改造、日照権、公団の改築後の家賃問題、高層住宅など、生活道路、交通、文化など）の改善が求められます。これは総合的なまちづくりです。従って自分たちの地域をどのようにつくるかについて発言し、行動できる自治がこの計画には不可欠だと考えます。

注

（1）　老人保健福祉部長通知「老人保健福祉計画について」ではサービス提供の現状把握のところで地域の保健福祉水準に「活動している民間シルバーサービス」を要素に入れている。またガイドライン検討部会の「老人保健福祉計画策走の骨子について」では、「シルバーサービス等の目標量を盛り込むことも可能であれば望ましい」としている。

地方自治体の財政の苦しさから自前のサービスの提供よりもこの側面が強くなれば、計画は市場確保の計画になる。まして福祉に人手と経験が十分でない町村では、一定の数値を提供して計画の作成を業者に委託せざるをえなくなることも起こるが、そうなれば計画の策定そのものが有力な新市場提供になる。

五—2—②

二一世紀福祉ビジョンを斬る！

（一九九四年八月『ゆたかなくらし』一五〇号に掲載）

はじめに

大内厚生大臣の私的懇談会である「高齢社会福祉ビジョン懇談会」は一九九四年三月二八日「二一世紀福祉ビジョン」（以下「ビジョン」）を発表しました。「ビジョン」はこれからの社会保障だけでなく、消費税の増税にも大きな影響を与えるので、いうべきことは沢山ありますが、誌面の関係でその一部を記します。

一　経過は性格を物語る

「ビジョン」は、日本の現状を転換期ととらえ、一、わが国社会保障の現状と課題、二、少子・高齢化社会における社会保障の全体像、三、主要施策の今後の進め方、四、社会保障の負担のあり方、という構成になっています。

その内容を非常に大雑把にいうと、二一世紀は高齢化・少子社会になるのに社会保障制度が現行のままでいいのか、それともう少しましな保障をというのなら選択肢が三つある（次頁の**表**に整理しました）。それぞれの場合に負担が違ってくる。サービスと負担の組合せをどのように選ぶか国民が決めることだとしています。

しかし以下にみるような「ビジョン」発表の前後の経過は、「国民よカネを出せ、そうしたらその一部をこれにも使うことを考えよう」という、増税のための理由づけであることは明らかです。

◎九四・二・三　細川首相深夜の記者会見で「国民福

祉税」七%を提唱、翌二・四国民の大きな反対と閣内不統一により撤回

◎九四・三・二八「ビジョン」発表

◎九四・四・八　政府（細川内閣）は税制調査会に「税制改革」を諮問

◎九四・四二「二一　社会党も含めた連立与党代表者会議で、「間接税の税率引き上げを中心とした税制の抜本的改革」を六月中にまとめることを確認

◎九四・五・一〇　羽田首相所信表明で「税制の抜本的改革」を言明

◎九四・五・二七　大蔵省は政府税調に消費税率試算を提出「六パーセント以下では将来の福祉に対応できない。九パーセントでも歳入不足、一〇%ではじめて歳入超過」と

並べてみれば、「ビジョン」と増税とのかかわりは一目瞭然です。「ビジョン」発表の翌二九日の朝日新聞社説は「二一世紀より明日の福祉が心配」と題して以下のように書いています。

『「こういう目的に使いたい。国民のみなさん、お金を出して下さい』こう切り出すのが常識というものだ。

ところが日本では逆である。

自民党は五年前、消費税導入で国民の支持を失いそうになり、あわてて厚生省に使い道を作らせた。高齢者保健福祉推進十ヵ年戦略『ゴールドプラン』である。国民としては、かねて切実に願っていた内容だ。消費税は実現した。

国民福祉税を唐突に打ち上げた細川首相も、目的と使途を問われて窮地に立った。（中略）『二一世紀福祉ビジョン』は、それを受けたものだ。

高齢者の介護費用を「だれが負担するかは社会の品格にかかわる問題だ。専業主婦が無給労働で負担するか、人里離れた病院の雑居部屋に預けられたお年寄りが悲しみで負担するか、貯金に励むという負担をするか、日本より高齢化の進んだ国のように、国や市に税金を預けて安心できる仕組みをつくるか。

せっかく策定された福祉ビジョンだ。これを機に、

表　21世紀ビジョンで示す選択肢

選択肢	年　金	医　療	老人介護	児童対策
①	現　行	現　行	現　行	現　行
②	現　行	現　行	充　実	充　実
③	「改　正」	「効率化」	充　実	充　実
④	「改　正」	「効率化」	現　行	現　行

「負担」と「福祉」の関係をみんなで考え始めたい。間違っても、安易な増税の道化役にしてはならない。」と結んでいます。

毎日新聞も三月三一日社説で次のように指摘しています。「国民の多くは、消費税が本当に『福祉』や『生活先進国』づくりに使われたのか、今後の消費税アップも従来型の公共工事配分で消えていくのではないか。そんな疑問と反発を抱き続けているのだ。」と。

その他にも「国民負担増を迫る。消費税増税へ巧みな誘導」（日経三・二九）という端的なものもあります。

大蔵省が出した試算についても「大幅な増税をねらう同省の意図が丸見えの誘導的な内容」（朝日九四・五・二八）「あまりにずさんで、国民福祉税構想以来の安易な増税路線がいまだに改まっていないとしか読めない」（日経九四・五・二八）という指摘だけでなく、大蔵省は「当初、減税先行分を除いて増減税の規模がほぼ見合う『減税二年先行・消費税率六％』を試算に加える案もあったが、これを切捨て、大幅増税路線を真っ向から掲げた。財政事情の厳しさを政治家や国民に突き付けて、大幅増税は避けられないというムードをつくり、そのうえで政治に調整をゆだねようとの思惑だ」（朝日新聞九四・五・三――官僚と連立政権）という裏事情記事もあります。

以上のように今日では政権を支える柱の一つである商業紙も、この「ビジョン」は増税と不可分のものと指摘せざるをえない性格のものとして登場しました。

わたしたちは政府税調会長の加藤氏の次の言葉を決して忘れません。「消費税を導入したとき、高齢化社会に備えるためと言われ、我々税調もそう説明しましたが、本当はあれは、ああいえば一般の人にわかりやすいから、ということでした。消費税の本来の意義はそういうものではないんです。暗い徴税である所得税を減らす分、明るい消費税をふやすという考え方が正しいんですよ」（『週刊新潮』九二・九・三号）

増税をする場合はその一部を福祉へということこの「ビジョン」が、「二一世紀の高齢・少子社会の福祉に必要だから増税をする」という理屈にスリカエられ、実際は増税の極く一部しか高齢者対策や子育て対策に充てられないというペテン的な政策になることは、容易に予測できます。

「ビジョン」をめぐる以上の動きはわたしたちが、医療や年金の保障と福祉の保障内容を関連させてしっかり考えるだけでなく、社会保障を支えるカネをだれがどのように負担するか、もともと国全体の税金の集め方と使い方がどうなっていて、社会保障に使われる大枠がどのような扱いになっているのか、などを見破る賢さをもつことが必要だと教えています。この賢さがないと、詐欺的な手口でまんまとカネを巻き上げられ、とんでもないことに使われて、ひどい目にあうということです。

二　「基本的考え方」について

「ビジョン」は「少子・高齢社会における社会保障の全体像」の「基本的考え方」で目指すべき福祉社会像として①公的保障中心の高福祉・高負担型福祉社会、②自助努力中心の低福祉・低負担型福祉社会、③中間型の社会福祉社会、のいずれを選択するかということになるが、③が最もコンセンサスを得やすい方向だとしています。その内容は、

(i)「国民一人一人の自立と社会連帯の意識に支えられた所得再分配と相互援助を基本とする仕組み」で、「国民の自立と参加を基盤にした世代間や制度間、負担者と受益者間を通じて公正・公平が確保された制度」で効率的システムとする

(ii) 年金制度の安定化、医療制度の安定化・効率化を図るとともに福祉水準を引き上げ、現在の年金、医療、福祉等の給付割合五：四：一から五：三：二程度にしていくことを目指す

(iii) 雇用、住宅、教育等関連施策の充実・連携強化をはかる

(iv)「自助、共助、公助の重層的な地域福祉システムの構築」する

(v) 社会保障の安定財源を確保する

などをあげています。

三　年金、医療について

年金制度の安定化、医療制度の効率化という言葉が、福祉充実の当然の前提のように使われています。しかしすでに二つの分野には大きな問題が起こっています。

年金に関してみれば、八二年七月の臨調答申で「給付水準の適性化、支給開始年齢の引き上げ、保険料の引き上げ等により年金保障制度運営の安定化をはかる」という路線にそって八六年には給付水準を三〇％以上も引き下げ[1]、さらに今国会では支給開始年齢を六五歳に引き上げる法案が提案されています。

「ビジョン」でも「保険料の計画的な引き上げが必要」としています。現行の給付水準では受給者の六割近くを占める国民年金は月額平均約三万円という低額である問題点および現在の積立方式（保険料を積み立てて運営する

──多く積み立てた者が多く受け取る──格差が大きい）や保険料についての公費、企業、被保険者の負担割合の再検討など、基本的な大枠はそのままにしていることが大きな問題です。

医療制度の現状の一端をあげれば、病院一〇〇床当たり職員数はヨーロッパ諸国の平均一人五人、アメリカ三五〇人（医師数を含まず）、日本八〇人という状態[2]で医療水準の比較はおよそ想像できます。

また老人病院の入院患者の負担は、一九九一年度のある全国調査によれば、患者の負担実額は全国平均で、法定自己負担一万二千円、保険外負担六万五千円、差額ベッド代を加えると八万二千四百円で、実質的な患者負担率は二七・七％で名目の患者負担率三・九％の五・六倍に達したことが明らかになっています。しかもこの数字は付添い看護料の自己負担分を除いたごく控え目なもので、これは「世界一」のひどさで医療費抑制を行った結果だというものです。

一方医療費に関する公費負担のＧＮＰに対する割合はヨーロッパはもとより膨大な軍事予算を組んでいるアメリカと比べても、日本は三分の一（一九九〇年米四・四％、日本一・五％）、さらに企業。負担は米三・二％（社会保障税の負担を含まず）日一・二％（いずれも一九九〇年）という指摘があります。[3]徹底的に公費と企業の負担を軽くし、その分病気で弱い立場に立った患者とその家族に自己負担が重くのしかかっています。

「ビジョン」がいう「全国どこでも適度の負担で受けられる高水準の医療」とはいえない現在なのに、「ビジョン」の三、主要施策の今後の進め方の（２）のエでは「医療保険給付の重点化を進め」るとしています。

入院時の給食費を初め次々と医療保険給付から外して医療保険制度を根底から崩し、自己負担を中心にする医療に組み換えることになるのは必然です。「安定化」「効率化」の名で臨調基本答申以後の年金と医療の政策を更に強化すれば、国民生活は大きな不安を抱えることになります。

基本的な考え方で述べている社会保障の中の年金、医療、福祉の給付比率五対三対二という目標数字も年金、医療の給付が低水準になれば、福祉の給付比率は相対的に上がることになり、社会保障全体を充実させる目標とはいえなくなります。

四　福祉システムと介護問題

「ビジョン」の基本的な考え方では「自助、共助、公助の適切な組合せ」による重層的な地域福祉システムの構築として「民間部門のサービスの提供を促進」「民間サービスの普及育成」「公的活動、市場経済活動のほかに、非営利活動が大きく伸びていく可能性」などがあげられています。これは福祉多元主義をシステムの基本にすることです。

問題なのは、公的な保障を十分に政策化せず、いままで公的に保障してきたものや、政策化を怠ってきた部分を市場化することです。これは「いつでも、どこでも、だれでも」というスローガンを掲げながら、実はそのあとに「カネさえあれば」という肝心な条件が隠され、この条件が満たされなければ、「だれでも」とは程遠く一部の人しか利用できないことを意味します。

介護問題については、高齢者介護だけでなく、障害者介護も視野にいれていますが、それなら高齢で介護を要する者を高齢障害者ととらえ、(4)そのハンディキャップを埋めるための生活上の諸条件を整えることが社会的な責任であり、自立の出発点であることを明確にすべきでしょう。

この考えからいえば「ビジョン」の介護水準は極めて低いものです。

「ビジョン」は「施設サービスと在宅サービスを通じて目標水準の思い切った引き上げをおこなう」として新ゴールドプランを策定するとしていますが、「試算の考え方」で示されたサービス内容の目標は、ホームヘルプサービスは週三~六回、デイサービス週二~三回、ショートステイ年六回、訪問看護週一~二回で、毎日いずれかのケアがおこなわれるようにする、となっています。

この水準は、ゴールドプランを具体化するため市町村で老人保健福祉計画をつくる際、厚生省が出した通知(九二・六・三〇付都道府県知事あて大臣官房老人保健福祉部長名通知「老人保健福祉計画について」)の中のサービス目標と同じです。

この水準は現在よりましではあっても、安心できる介護の保障というには遠いものです。ゴールドプランの目標水準の「思い切った引き上げ」どころではない、中身のない作文になっています。これでは「ゴールドプランではなく金メッキプランだ」と批判された内容に、もう一度新しい金粉まがいをまぶすだけのことになります。

また「試算の考え方」で「施設入所を希望する者については、待つことなく入所できるような施設整備を進める」としていますが、現在の入所待機の人々をどの様に解消するのか、「待つことなく」入所するためには、施設定員に余裕があることを不可欠とするのに、現状ではそんなことは許されないこと、など現実の深刻な問題については全く触れられていません。

「二一世紀に向けた介護システムの構築」の中では基本的視点の一つとして「多様なサービス提供機関の健全な競争により、質の高いサービスが提供されるようなシステム」としていますが、最も困難な状況にある施設待機のお年寄りの問題を、「多様なサービス提供機関の健全な競争」によって解決できると本当に考えているのでしょうか。

さらに現実の介護労働の大きな問題である職員配置基準には触れられていません。

「介護を支える多様な人づくり」で「今後とも必要に応じ勤務条件の改善を進める」と述べていますが、マンパワーの確保を目的としたもので職員配置に踏み込んでいません。人間の尊厳を蹂躙するような介護が現実に行われている大きな要因の一つに職員の配置基準の低さからくる人手の不足があることを、基本的に解決しようとする姿勢は見当たりません。

また生活施設の住空間の貧しさは、しばしば指摘されてきました。全く違った生活をしてきた者が大勢で一つの部屋で生活すれば、ストレスが生じるのは当然です。個室で生活し、御本人の意思により他の人々との交流の場が保障されるという、人間として当然のことが保障されるべきでしょう。「思い切った引き上げ」という言葉はこういう保障水準を意味するものとして使われるべきでしょう。

五　子育て支援政策について

高齢化社会の問題は寿命が長くなったことだけでなく、子どもの出生率の低下と関連していることは常識です。そして労働条件の厳しさや、住宅問題などの生活条件の困難さとともに、児童手当や保育などの子育ての政策が、生みにくく、育てにくい日本社会をつくってきたこと、その結果として生みたい子どもの数と現実の子どもの数に差が出ていることは、国民生活白書や厚生白書で再三指摘されています。

このため「安心して子どもを生み育てられる環境づくり、社会的支援体制」をつくることはいま日本の社会にとっては必要なことです。問題はその内容です。

「ビジョン」では住環境や遊びの拠点としての周辺生活環境、文化教育環境、自然環境等の整備をうたい、学校教育、社会教育の教育改革の推進をはじめ、母子、父子の相談、ホームヘルプサービス、保育システムの多様化、にそのまま対応していいのかという問題があります。

「ビジョン」は労働時間の短縮、フレックスタイムの導入、育児休業制度の充実についてふれてはいますが、強制的な残業（たった一回の残業拒否でくびになるような企業支配、それを容認する司法判断など）、風呂敷残業、単身赴任、過労死にいたる労働強化の現実をどのように解決するかは、提言がありません。

最も基本的な問題としてＩＬＯが「真の男女平等を達成するためには、育児・介護という家族的な責任を男女共通の問題ととらえる必要がある」として一九八一年に総会で採択した「家族的責任を有する男女労働者の機会均等および平等待遇に関するＩＬＯ一五六号条約・一六五号勧告」を批准すること（日本は採択に賛成しているにもかかわらず未批准）、この条約にそって労働基準法その他の国内法を改正し、内容を具体化することが必要です。しかしこのことには全くふれていません。

また子育て支援を乳幼児期、小学低学年期を中心とした対策としているようですが、現在の子どもの問題は小学高学年から高校にかけての思春期の問題として、非行、いじめ、不登校等のひきこもりなどの問題が大きな比重を占めています。両親が社会的に重い責任のある仕事につく頃に、子どもにこのような問題が起こりがちです。

弾力化、放課後児童対策、育児休業期間の給付、労働時間問題、子育ての知恵の伝承の社会的な援助、社会的、文化的行動が可能な子どもの一時あずかり等盛り沢山のことが並べられています。

しかし一九八九年版厚生白書に掲載された主要諸国の児童手当ての比較で明らかなように、日本の児童手当は支給対象、給付額ともに非常に狭く、低いものです。これを改善するとはいっていません。出生率の低下を食い止めたり（ドイツ等）、上昇をもたらした（スウェーデン）国々の政策の中で、児童手当が一つの重要な政策になっていたことの教訓は生かされていません。

また保育料が大変高いために保育園を利用できない人々もいること、先進諸国と比べ保育園における子どもの集団規模が大き過ぎること、延長保育や夜間保育が職員配置が不十分なため、踏み切れないところがあること、民間活力の名でつくられるベビーホテルがさまざまな問題をおこしていること（つい最近でも全国チェーンのベビーホテルの労働者が、あまりのひどさに労組を結成し、改善を要求しています）その他沢山ある現実の矛盾は無視しています。

現実のニーズに対応することは必要ですが、両親の労働がますますきつくなっていく中であらわれる「ニーズ」

労働の問題はもとより、家族がこの問題に対応するための手厚い援助が必要ですが、このことには「ビジョン」は関心を払っていません。

さらに最も困難を背負っている施設に入所しなければならない子どもたちのことは、全く触れていません。子育て支援と全く違ったものとして考えるのではなく、児童の権利条約にそって子どもの権利を保障する一連のものとしてとらえる必要があります。

伝統的な劣等処遇の原則のため、人間として育つことを奪われている現状を、根っこから解決することは、施設で生活する子どもたちだけの問題でなく、子ども全体の保障の底上げの問題でもあります。

ここでも老人福祉施設と同じように、職員配置基準の大幅な改善と生活空間の確保、生活集団の小規模化がどうしても必要になっています。

六　労働、住宅問題について

現在の日本の子ども、障害者、お年寄りの問題を本当に解決しようとするなら、家族の労働の問題と生活条件の基本である住宅（生活空間）の問題を大きく改善しなければならないでしょう。

「ビジョン」は住宅の重要さを強調しています。このことは日本住宅会議などが長年にわたり主張してきたことが、ようやく政府関係の諮問機関にも認識されてきたと考えられ積極的な意義があると思います。しかしその内容は抽象的で、不十分です。

真に生活空間を人間として相応しいものに保障しようというのなら、持ち家政策を中心としたいままでの政府の住宅政策を転換し、公共住宅を飛躍的に増加させること（このためには土地政策の改革が必要になる）、民間住宅の貸借について社会的な支援を行うこと、建設省の決めた最低住宅基準以下の住宅を早く無くすこと、生活施設の生活空間も住居として抜本的に見直すこと、病院、施設、在宅の住空間の共通の最低基準を保障すること等々が真剣にとりくまれなければなりません。

「ビジョン」は「公共賃貸住宅の的確な供給や優良な民間賃貸住宅の建設に対する支援を推進する」といっていますが「的確」の内容は示していません。

労働の問題については五で述べたとおりです。

七　福祉を支える人手の確保の問題

紙数がないので簡単にふれますが、「ビジョン」は「多様な人づくり」で人手を確保しようとしています。勤務条件の改善、研修の充実、人材の積極的登用、人事交流、資格制度の活用のほか、いかにボランティアを活用するかを記しています。

いま日本の現実は職員が短期間で辞めるため職場に専門性の蓄積ができないという深刻な矛盾があります。

福祉サービスを支える人手の中心である労働者の条件を大きく改善することが、配置基準の改善とともに、行われなければ人手を確保することは困難になり、どんなビジョンも現実のものにならないでしょう。

八　社会福祉保障の理念と財政

「ビジョン」は社会保障を「国民一人一人の自立と社会連帯の意識に支えられた所得再分配と相互援助を基本とする仕組みである」としています。

人権としての社会保障ではなく、憲法二五条もどこかへ行ってしまっています。老人介護や子育て支援で検討したように、現実の人権侵害の実態をどのように解決するかという提起はなく、福祉多元主義の政策を繰り返し述べ、国民の「応分の負担」論に集約しています。

わたしたちはあらためて世界人権宣言第二二条の次のことばを確かめたいと思います。

「何人も、社会の一員として、社会保障をうける権利を有し、かつ、国家的努力および国際的協力を通じて、また、各国の組織および資源に応じて、自己の尊厳と自己の人格の自由な発展とに欠くことのできない経済的、社会的および文化的権利の実現に村する権利を有する」

これに対し「ビジョン」はいいます。

「自立が困難になった場合においては、個人の尊厳に立脚しつつ、家族、地域組織、企業、国、地方公共団体等の社会全体で支える自助、共助、公助のシステムが適切に組み合わされた重層的福祉構造としていく」

この二つを比較すると、社会保障の位置づけに大きな違いがあることは明白です。わたしたちが世界の人権保障の大きな流れを自分のものとして、社会保障を考えることがいまあらためて必要になっていると思います。

一の経過でのべた「ビジョン」の性格は「ビジョン」の「四　社会保障の負担の在り方」で示されています。

「社会保障に必要な税負担については、一般税収の伸びを上回っていくことが見込まれることから、その安定的確保を図る見地から、間接税の増収措置が講じられる場合には、その一定程度を社会保障の経費に充当するといった考え方についても検討に値する」としています。

わたしたちが財政を考える際には、①全体の税金をどこから集めるか（企業の減価償却費、内部留保、使途不明金等は問わないで安易な消費税増税を許すのか）、②全体の税金をどう使うか（国際貢献という名のアメリカの軍事費肩代わりや多国籍企業の儲けを保障するような政策、ゼネコン癒着に象徴される公共投資などを検討しないでいいのか）、③社会保障費の大枠を全体の国家財政の中でどのように決めるのかなどを、納得がいくまで徹底的に議論して主権者としての権利を行使して運動をもりあげるべきだと考えます。

（一九九四年六月二〇日記）

注

（1）　川上則道『高齢社会はこうすれば支えられる』あけび書房　六七頁。

（2）　二木立「『世界一』の医療費抑制策を見直す時期〔2〕」『社会保障旬報』一八二六号（九四・二・一）。

（3）　同右〔3〕『社会保障旬報』一八二七号（九四・二・一四）。

（4）岡本祐三氏の「二一世紀福祉ビジョンシンポジュウム」での発言『週刊社会保障』一七八九号（九四・五・一六）。

附一　随想・自分のことなど

附一―①

〈随想〉仲間、迷惑、団結、権利

（一九八八年五月『保育情報』一三四号に掲載）

四、五年前のことだったろうか、朝の通勤ラッシュから少しずれた時間の山手線の中のことであった。座席が空いたので腰をかけた。

気づいてみると、隣に幼児の男の子ふたりの四人づれの親子が、弟兄父母の順で座っている。兄弟はしきりにふざけあっており、父親が口うるさく注意している。母親は座席の端でそしらぬ顔。

こういう分業もあるものかと思っていると、父親が変なことを言う。「隣のオジチャンに叱られるから静かにしなさい」。どうやら隣のオジチャンとは私のことらしい。

子どもは動くから親の間に子どもを入れるのが当然で、そうすればそれほど口うるさく言わなくても済むだろうと思っていたが、別に子どもも親もにらんだわけではない。しかし、失礼な話である。他人を引き合いに出して自分の子をしかるなんて。そんな育て方をしていると、何年か先に登校拒否や非行で児童相談所に来ることになるぞ、とひそかに思ったものである。

ところが、三度目、父親は一段と声をはりあげて「ほらーっ、隣のオジチャンに叱られると言ってるでしょ」。もうがまんできない。「あのね、僕はなんにも言っていませんよ。子どもをしかるのなら自分の責任で、いけないことはいけないと言って下さい。他人のせいにしないでください」言うほどに語気は強まった。

父親は言ったものだ。「ほらー、とうとうお父さんがオジチャンに叱られちゃったじゃないか。」これを捨てぜりふに四人の親子は下車していった。

児童相談所という職場で労働組合の分会長をやってい

たときのこと。

産休だった人が出勤を始めたらしい。がご本人からはなんの挨拶もないという。回りが釈然としないのもうなづける。産休制度を獲得してきた組合としてなんとかならないか、という訴えを数人から受けた。

「だいたい、ご本人に仕事の話をしていいものやら悪いのやら分からないじゃない。それに、産休代替が確保されないなかで、みんなが協力して権利を支えてきたのよ。権利だから当たり前っていう顔は職制にたいしてはいいけど、支えた仲間には配慮すべきよ。」

団結によって獲得した権利が行使の段階で団結をおびやかしてはならないこと、そのことでみんながとまどっていることを、ご本人に告げ仲間への配慮を促してみた。するとｒ「でも毎日出勤していれば分かると思うんですけど」という反応。受益項目の説明を権利教育のように考えてきた労働組合運動の弱点を思い知ったものである。

仲間、迷惑、団結、権利、支えあい、それらの人間にとってのそもそもの意味を確かめることが今必要なのではないだろうか。

附一―②

〈退職者のことば〉　児童福祉司二十年

（一九八九年五月　東京都児童福祉司会『会報』一二三号に掲載）

鶴田浩二の口調でいえば「物好きな奴だとお思いでしょうが、児童福祉司二〇年、よくまあ続けたものでございます」一九八八年三月末をもって、定年という「くび切り」になります。編集者の求めに応じて幾つかの感想を書きます。

一　児童福祉司の退職は、三月末は無理です

制度上そうなっている、といっても、生身の人間は動いています。現在の学校、幼稚園、保育園などの運営からいえば、子どもにとっては三月が大きな区切りの時です。

養護施設に入った子どもが、高校に受かった、落ちた、三月で子ども引とりたい、指導中の不登校児がどうやら進級できるが、四月からどうするか、などなど、沢山の決断しなければならない問題があります。従来からの経過、親の生活、地域の実情を掌握している児童福祉司が、施設や地域の人々と協力して判断したり、援護体制をつくったりするのにてんやわんやの時期が三月です。加えてあのいまわしい費用徴収認定事務。

子どもとその家族の福祉を保障しようというのであれば、児童福祉司の退職は五月か六月が適当だと思います。そして四月に新しい児童福祉司を任用し、退職する人には退職後の新しい仕事との兼務を認める、という制度にすべきだと思います。

福祉を大事にする都政を売りものにするのであれば、それ位はしてもいいでしょう。都は金あまりなんですから。

二　児童福祉司の仕事について

（1）東京の児童福祉司は仕事が多過ぎます。

東京の司は何と沢山の仕事をかかえているのでしょうか、ケース数のことだけではありません、仕事の種類のことをここではいいたいのです。ざっとあげれば次のような種類のものを扱うことになっていると思うのです。

① インテークワーカー
② 社会調査
③ ケース処遇のプロモーター
④ ケースの指導
⑤ 地域の実態把握
⑥ 事務

このほかにも幾つかあげられるかもしれません。あちら立てればこちらが立たず、一つのケース処遇の上でもそのことが起っています。特にケース処遇のプロモーターの役割は一番大切なことなのに、先の仕事があるということさえ誰も教えてくれない。悔いの残る手痛い失敗を通じて、何年かの経験を通して始めてわかる、そんな状態がいまの東京の児童福祉司の仕事の実態でしょう。

①から⑤までのどれもこれもが、じっくり時間をかけ、考え、判断することを必要とするものです。事務のようにテキパキ処理できるものではないのです。なのに、司は事務屋を要求されます。勢い肝心の処遇の機能は「片付ける」やり方になります。そして、何か事件があれば、司は何をやっていたのか、専門性が問題だと「識者」は指摘します。局も司の責任を問う言動をあらわにします。

「東京の」とことわったのは、他県・市では、必ずしもそうではないのです。インテークワーカーがかんだり、福祉事務所の家庭児童相談室があったり、「相談員」という職種が指導ケースを担当したり、ということが他の大都市では多いのです。

こういう状態は、都が司の専門性を必要と考えていない思想のあらわれです。

定年制もそうです。人間を対象にする仕事は、理論と共に、個人の中に蓄積されたものがあって、はじめて意味のある仕事ができるのだと思っています。定年制という制度によって、「経験者それは確に御苦労さん。でももうそんなの必要ないよ。新陳代謝こそ組織の活性化だよ」と都ははっきり私たちに宣言しているのだと思います。

（2）児童福祉司の特権

考えてみれば、司は大きな特権をもっています。歴史の流れの中で、大きくゆり動かされている個々の家庭に直面しているのですから、歴史の流れがにんげんの個別的な生活をどのようにほんろうしているか、個別的特殊的事情にみえるものが、どのように歴史の流れの中でつくられてくるのか、がよく見える立場にいます。

特別にのぞき見するのではなく、仕事をする上で必要な情報が、そういうことを語っている、それにじかにふれることができる立場です。これは特権です。でもそれを十分生かしているか、といえば、必ずしもそうではないのが気がかりです。

地域もそうです。私の担当だった新宿の一画は、ここ二年位、見る見るうちに安アパートがなくなり、ビルが建っています。中には一時保護期間中に、家主が土地ブローカーに土地を売ったので、転居したという例も出ています。

こういう地域の変りようを、交通実費を保障されて、毎日見て歩くことができるというのも特権だと思います。四全総という大きな力が、東京という大都市の何をスクラップしつつあるのか、何をビルにしようとしているのか、まざまざと見ることができるのですから。

この特権も生かして、国民に報告して行く義務があるように思います。

三　都立養護施設の管理棟は官僚性の象徴です

どうしても腹が立って、言い残しておきたいことがあります。その一つがこれです。

都立養護施設の改築があちこちで行われました。今も進行中、計画中のものもあります。今までの新設（むさしが丘）、改築などで管理棟を二階にし殺風景なコンクリートのかたまりを一階にという形をどうしてつくったのか、不思議です。しかも階下には何の表示もない、というのが多くのところです。

外部の者（例えば新しい入所児童と親）がまず訪れるのが管理棟です。「やあいらっしゃい」といってほしいのです。それでなくても不安や別離の悲しさで一杯なんですから。なのに冷たくコンクリートのかたまりがあり、表示もなく、寒々とした入口から（花ぐらい飾ったらどうだ）、自分でスリッパを出して二階に昇る。

しかも事務室は扉が閉っていて、押しあけて名乗らなければならない。それは「無用の者入るべからず、お前は用事があることをここで立証せよ。施設に入る以上はそれ位の覚悟はせよ」と言っているようです。

一番ひどいのは千葉のN学園。特急でいくと昼ちょっと前に着く。昼食をして行くと昼休みの時間にかかる。入ると正面にバカでかい下駄箱（センスがない、職員のホスピタリズム！）。二階の事務室へ行っても鍵がかかっている。「こんにちわ」といったって誰も出て来ない。一時まで待って、やっと入れる。昼休みだから、というのだろう。ふざけるなこっちだって昼休み中働いているんだ。

新規入所なんて毎日あるもんじゃない。今日の入所は園全体でわかっているはず。「やあ、いらっしゃい、待ってました」とどうして態度で示せないんだ、時間だって言ってあるじゃないか。そういいたいのをがまんして、子どもの引きつぎをして帰ってくる。だから益々腹が出っぱる。こういう次第です。

管理棟というのは、外部との窓なんだという発想が、養護施設の職員の中には全くないのでしょうか。用がある者は探して入ってこい、というのはいかにも官僚性の象徴に思えます。二階に置くことが一般的になりつつあるのは、子どもを二階から監視するためだとは思いたくないのですが。当面、呼鈴を押したら、玄関まで職員が出て来て迎える位の改善はしてもらいたいものです。

児童福祉司は身体が大事。そしてあちこち故障が出がちの「お年頃」です。加えて様々なストレス。どうか健康に留意してがんばって下さい。

附一―③

〈学内学会誌〉　自己紹介

（一九八九年五月『福祉研究』五九号に掲載）

東京の福祉現場に約三〇年間働いていまして、一九八八年四月から本学に赴任し、児童福祉論を担当しています。

福祉事務所の現業員に始まり、資料・調査・研究・研修を行う部課（公的機関としては珍しいセクションですが）や、生活保護の監査、そして児童相談所と働いて来ました。

もともと学校で福祉の勉強をしなかった者が、貧乏に関する仕事をしたいということだけで、福祉の仕事に入ったのですから、最初から最後まで「福祉とは何か」「何のためにこの仕事はあるのか」を問い続けて来ました。

実践・研究運動に参加してきたのもそのためでした。公扶研、養問研、全障研、そして児相研などで、沢山のなかま達からいろいろのことを教わりました。なによりも福祉を求めて来る人達から一番沢山の深いことを教えられました。

それはのんだくれのとうちゃんであったり、異性に走ったかあちゃんだったり、わがまま勝手で頑固なじいちゃんだったり、ふてくされて口もきかない中学生だったり、あっというまに交通の激しい道路に飛び出す多動の重度障害児だったりしたわけですが、時代の大きな流れの中で生活しながら背負っている、生きる願いの強さと、苦しみと悲しみの深さを教えられました。

自分たちが要求運動を起こさなければ、子どもの命にかかわることも、一人の子どもの死によって身体に刻んだ教訓です。

この教訓と六〇年安保闘争とは、わたしを職場からの労働組合運動にかりたてました。革新知事を大衆的に生み出すことも含めて、東京の福祉を運動によって前進させるという、歴史的な事業に参加できたことは幸いでした。

しかし、いま東京では、私たちが二〇年にも及ぶ運動で築いてきたものが、どんどんつきくずされています。

それを聞くと「闘争はこう起こせばいいのではないか」なんて考え、正に血沸き肉踊る感があります。年賀状では「いつまで青春しているのか」とひやかされました。

いま一番いやなのは、希望者の中からゼミの学生を選ぶことと、試験で評価をすることです。

折角一緒に勉強しようというのだから、何人でもいいではないかという思いと、物理的条件との板ばさみが前者です。後者ではいやしくも日本福祉大学の専門科目なのだから、こんな答案ではＯＫを出すわけにはいかないという思いと、折角一所懸命書いているのだからせめて単位だけは、という考えが、こもごもいりまじって迷いは深く、大量の答案を一定の期間に採点するのは、なんとも苦行です。

所詮新米の教員ゆえの悩みなのでしょうか。

附一――④

〈投稿〉人殺しの戦いでなくいのちを守る戦いを

――日本の途は戦争参加ではない

（一九九一年二月　A新聞に投稿原稿のコピー）

れてはならない。一九九〇年九月三〇日、世界子どもサミットで世界の首脳が子どもたちに約束したことを。「子どもの生存、保護および発達に関する世界宣言」は「子どもの福祉には最高レベルの政治行動が必要であり、われわれは断固としてこの行動をとる決意である」「子どもの権利、生存、保護、発達に高い優先順位を与える厳粛な決意をここに表明する」としたではないか。

湾岸戦争の経過とこの戦争に対する日本政府の「貢献」方針をみると、いまこそ日本のとるべき途としてこの世界宣言を実行し、更に世界全体にその実行のために湾岸戦争の即時停戦を呼び掛けるべきだと考える。

この世界子どもサミットの宣言には、ブッシュ氏も海部氏も賛成している。それは迂闊でも、成り行きでも、面子でもなかったはずだ。

湾岸戦争がフセインの侵略を契機としたことはいうまでもない。国際アムネスティの報告によれば、クウェートではイラク兵による拷問、暴行、虐殺が繰り返されているばかりでなく、保育器を略奪したため未熟児三〇〇人以上が死亡したという。しかしだからといって、アメリカを中心とする「多国籍軍」がイラクを攻撃する正当性が与えられているわけではない。

戦争はどんな理由をつけても集団殺人行為である。まして戦闘や戦術による環境汚染が始まっており、更にイラクによる化学兵器の使用が予想され、「多国籍軍」による核兵器使用を否定されていないのであれば（クエール米副大統領二月一日、BBCラジオとのインタビュー）、もはや戦争そのものが悪であり、地球と人類を破壊する行為である。直ちに停戦することこそいま真先に求められなければならない。

ところで湾岸戦争について、日本政府はアメリカからの金も人も貢献せよという要求に応え、「難民移送」のための自衛隊機の派遣と「多国籍軍」に対する九〇億ドル支出の方針を決めた。前者は立法によらず政令で、後者は増税でという。十五年戦争の苦しく、愚かで、悲惨な経験から、わたしたちは日本国憲法をつくった。四五年たった現在、政治権力を握る者が、簡単にこのような決定をすることを許すことはできない。

第一に、政令で自衛隊機を派遣するというのはファシズムである。このようなことが一度行われれば、議会は形骸化し必要なくなる。議会での多数派は国民から全ての国政について白紙委任されたことを意味しない。「そもそも国政は、国民の厳粛な信託によるものであって、その権威は国民に由来し」ている（憲法前文）ことをしっかりと想い起すべきである。

そのことがおろそかになると、「政府の行為によって再び戦争の惨禍が起こること」が繰り返される。憲法前文はそういうことがないように「決意し、ここに主権が国民に存することを宣言し」たのである。今回の自衛隊機の派遣決定は湾岸戦争のどさくさにまぎれて、戦後の民主主義（まだ十分に実現はしていないが沢山の人達が前進をはかって奮闘してきた）を根底から引っ繰り返す火事場泥棒のような行為である。

第二に、戦争放棄の問題である。陸上を通じての難民移送が安全、安価であること、民間機による移送の方が安全であることを無視していることは多くの人から指摘されている。自衛隊機派遣を先行させ、わざわざ使節団が訪問してヨルダンの「理解」を求め、「追い返すようなことはしない」という「理解」が得られたと伝えられる経過は、自衛隊機の派遣が国際的に必要不可欠のものとして求められているものでは決してないこと、憲法の平和主義に対して、事実を先行させて空洞化するために自衛隊派遣に意義があることを示している。

第三に、九〇億ドル支出問題である。その積算根拠、戦争の長期化に伴う負担増の見込みなどが議論されている。この問題の基本はアメリカが目指す新秩序（戦争開始の判断はアメリカ、実際の戦闘はアメリカ軍指揮の「多国籍軍」、戦費は同盟国、名目は国連という体制）に日本が組み込まれ戦費負担の役割を果たすところにある。

九〇億ドルについては使途制限がされていない。仮に制限されたとしても、全体の湾岸戦争の財政の中で一定の役割を果たすのだから、結局は戦争のための費用になる。伝えられるように戦費の一割とすれば、「多国籍軍」ミサイル五発が発射されると、うち一発が日本の金で賄われたことになる。

わたしたちは人殺しのために税金を出しているのではない。人の生命を奪い、地球を破壊するために働いているのではない。この湾岸戦争に関連して、日本は自衛隊を動かしてはならない。ビタ一文金を出してはならない。

日本が参加すべき戦いは、飢え、病苦、環境悪化その他で苦しむ子どもたちの生命を救う戦いである。世界子どもサミットが宣言した子どものための戦いである。そのために人と金を支出し、全世界に協力を呼び掛けるべきであろう。そして人殺しの戦いの即時停戦を呼び掛けるべきであろう。そうしてこそ日本国憲法の「国際社会において名誉ある地位を占め」る途が開かれるのだと思う。

いま日本の中に「湾岸戦争後アメリカの日本叩きが必然」「このままでは世界の中で孤立する」という議論がある。非常に危険だと思う。「世界の正義のためにアメリカの青年が血を流しているのに日本は金を出すだけでいいのか」というのは、「東洋平和のため、お国のため、皆が血と汗を流しているのに戦争反対なんて非国民だ」というかつての軍国日本と同じ発想である。

特に子どもの関係者が中心になって、人殺しの戦いでなく、子どものいのちを守る戦いを日本が真先に実践することを大きな世論とすることを訴えたい。

〔編者注〕 本稿については、フロッピー文書数点のほか、若干手直しして学生に配布したプリント原紙などが残されている。収録したのは、後者の配布プリントである。

附一―⑤

〈随想〉　えんどう豆

（一九九二年九月一日作成　フロッピー文書）

ひょいとTVのチャンネルをまわしたら、土井勝さんの料理教室をやっていた。えんどう豆と小えびをつかった簡単な料理で、若い人に説明していた。

「えんどう豆の煮る時間はね、何分ときめられないんですね。豆によって硬さがちがうんでね、煮えたかなとおもったら、こうやって、一粒とってたしかめてみるんですね。そうやって煮え方をみて、火から下ろすんですね」。「えびを煮るとき、このアク取りを忘れてはならないんですね。面倒くさがらないで、手を抜かないで、アク取りをする。そういうことが料理には大切なことなんですね。手を抜かないで丁寧にやる、こういうことを心掛けていれば、料理はそう難しいもんじゃないんですね」。

独特のアクセントと噛んで含めるゆっくりした口調を聞きながら、うーんとうなった。えんどう豆でも、煮る時間は決まっていない。人間相手の仕事が十把一からげでいかないのは当たり前すぎること。それを教育や福祉の現場で、どれだけみんなで確かめられているのだろうか。

集団保育（養護）を一斉保育（養護）のことだと思っている人がいる。集団保育（養護）を否定する側の発言に多いが、肯定する側でも「一斉に同じことを機械的にやる」ことだと思いこんでいるのではないか、と見える節がある。

えんどう豆の煮る時間は何分と、どんな豆でも決めてかかり、豆の煮え具合を確かめないで、クチャクチャにしたり、ぼそぼそに煮ていないだろうか。その上「この豆は古いから」「産地がよくないから」と材料のせいにすることはないだろうか。

福祉現場では特に処遇の相手が様々な矛盾を抱えて、解決できないことが重なっている場合が多い。子どもの問題でいえば、親が問題に押し潰され、子どもが重い問題を背負い込んでいる。だからこちらの思いと行動が、その通りに相手に伝わらず、却って反対の結果を生む場合さえある。

「こんなに一所懸命あなたのことを考えて努力しているのに」という言葉がつい出る。あげく「この子は～だから」「この親は～だから」となりがちである。それは独善というものだろう。

ほんとうに相手をみているのだろうか。相手の状況に応じた対応をしたのだろうか。豆でさえその硬さをみながら煮るのだという。一粒々々煮えたかどうかたしかめるのがコツだという。まして人間との対応においておや。

魚でも野菜でも、煮たらアクが出る。面倒くさがらないアク取りをする、手を抜かないで丁寧にやるという料理のコツは、また福祉の実践に通じている。日常的なさまざまな働きかけに対してさまざまな反応が返ってくる。コミュニケイションは必ずディスコミュニケイションを伴う。そのディスコミュニケイションを仕方ないものとしてそのままにしないで、アク取りのようにこまめに取り去っていく。このことが意外に重要なのではないだろうか。

福祉の実践は料理ではない。相手は人格があり、主体性を尊重することが、実践の基本である。料理のコツさえ、人間に対応する実践に無視されていることが問題だと思う。手抜きしないで丁寧にコミュニケイトする。このことの重要さを福祉現場はもっと認識していい。

附一―⑥

〈書簡〉〔保育問題検討会の委員宛〕

（一九九三年一二月九日　発信控えのコピー文書）

一人の国民として保育問題検討委員会の推移を見守っています。この一二月一四日には委員会の報告書がまとめられ、これが土台となって以後中央児童福祉審議会諮問→直ちに答申→児童福祉法改定案決定→国会上程→来年度に新制度という一連の作業が一気に進められる予定と聞いていますが、主権者である国民の生存、生活、労働、育児にとって非常に大きな影響があることなのに、このような進め方は国民を無視したやり方で、もっての外と身の震える怒りを覚えます。

そこで検討委員会の委員であるあなたに緊急に次のことを要請します。

第一に、国民に、保育問題の検討に関する情報へのアクセス権を、保障することです。具体的には検討委員会報告書がつくられる前に、素案とそれをめぐる議論の内容を誰にでも見られるように、広く国民に公表することです。

第二に、国民が議論に参加し、自分の意見を反映できる機会を保障することです。具体的には、第一のことを前提に、国民の中で意見のある者は誰でも文書や直接的な対話などにより、制限されることなく自由に、検討委員会に対し意見を表明し、それらが公開され、検討された上で報告書がつくられることです。

第一に対しては、「議論の途中で公表するのは委員に圧力がかかって、委員の自由な検討ができない」という答えが予想されますが、国民は自分のこれからの生活、労働、育児に直接関係する重要な問題を、全然見知らない委員に白紙委任した覚えは全くありません。自分の知らない人々の考えでこれからの生活の土台が決められてしまうことには納得できません。検討委員会でいまどんなことが議論されているかを知ることさえ容易ではなく、大変な努力をしなければ情報を手にすることができないという状況の是正を求めるのは主権者として当然でしょう。

第二については、「望ましいことかもしれないが、時間的にも経費的には大変だから、さまざまな団体の中から代表に来てもらってヒヤリングをしているのだ」「検討委員会は原案をつくるのが目的で、国民の参加は代表である議会で審議を行っている」という答えが予想されます。

しかしヒヤリングの団体の代表は委員会あるいは厚生省が選定した原案賛成者が多く、反対者も若干含まれていても、一方的ではなく「公平」であることを証明するような構成であって、しかもヒヤリングの内容を都合のいいように部分的に取り入れるというのが従来の各種委員会のやり方となっていることは常識です。このような欺瞞的な形式主義は是正する必要があると考えます。

またそんなことをしていたら来年度に間に合わないという見解は、こんな重要なことをあたふたと形式的に決めることこそが、重大な問題です。さらに「国会審議」の問題は間接民主主義をとる以上直接民主主義を認めないという考えで大変危険です。しかも現在の国会は審議日程を先ず決めて質問時間も十分にとらず、形式的にあたふたと行うことが通例になっていることを考えれば、このような保障は必要です。

以上のことを強く要請するのは、決定過程が内容を大きく左右すること、及び「素案」とされているものが粗雑だからです。伝えられる「素案」が、児童福祉法の成立過程や保育措置の立法時の意図や「保育に欠ける」の文言が入れられた改正経過などの歴史的事実を全く無視し、素案立案者の措置に関する主観的な歴史認識を前提として、いたるところで粗雑、乱暴としかいいようのない、論理を無視した文章が出てくるからです。これは契約システム導入の結論が先にあり、それにあわせて無理に理屈を考えたものといわざるをえません。

わたしは児童福祉法を改定するなら「子どもの権利条約」の具体化を徹底するものとすべきと考え、「素案」の主旨には全く反対ですが、賛成、反対の前に民主主義国家としてのルールをしっかり踏むべきだと考えます。そのために必要な時間や経費は民主主義の必要なコストと考えます。

近い将来、わたしたちの後を継ぐ子どもたちのしあわせのためにあなたの御尽力を心から要請します。

以　上

一九九三年一二月九日

鈴木　政夫（教員）

附一　随想・自分のことなど

附一―⑦

〈研究者要覧〉プロフィール・鈴木政夫

（一九九五年五月『日本福祉大学研究者要覧』所収）

教授　**鈴木　政夫**（すずき　まさお）
SUZUKI　MASAO（一九二七生）
慶応義塾大学経済学部卒業（一九五九）
東京都の福祉事務所社会福祉主事（一九五九）
児童相談所児童福祉司（一九六九）
日本福祉大学赴任（一九八八）

【専門分野】
児童福祉―とくに児童福祉における相談援助活動の内容
福祉労働論―とくに現実の労働過程の実態とそれを乗り越える契機

【担当授業科目】
児童福祉論

【ゼミナールテーマ】
子どもの権利と児童福祉問題

【主な研究課題】
一　戦後日本の資本主義と児童福祉問題
日本の資本主義が高度に発展し、そして行きづまる過程で、子どもと家族に現れた生活問題がどのように変遷し、児童福祉の政策がそれにどのように対応したか、あるいはしなかったかをその背景のイデオロギーとともに整理したいと考えている。

二　人権を保障する社会福祉の条件としての福祉労働

福祉労働の労働過程に生活問題と要求と政策が集中的に交差する実態を明らかにしながら、人権が保障される労働過程に変革するために、生活主体と労働主体がどんな位置を占めるか、とくに要求運動と実践・研究運動についての意義とその内容を歴史的事実とともに明らかにしたいと考えている。

【キーワード】

児童福祉問題、児童福祉政策、福祉労働、実践・研究運動、

【主な研究業績】

『人権としての児童福祉と労働』（ひとなる書房、一九九三、一二）

「社会福祉における実践・研究運動の意義と課題」（『総合社会福祉研究』二号　一九九〇、八）

「子どもの権利条約と児童福祉」（日本生活指導学会編『生活指導研究』八号、一九九一、八）

「現代日本の子どもの虐待を考える」（『保育情報』一八一号、一九九二、四）

〈学会発表〉「福祉労働論からみた『児童相談所運営指針』」、一九九二、一〇　日本社会福祉学会

【学会および社会における活動と仕事】

児童相談所問題研究全国連絡会運営委員長（一九九四～）

附一—⑧

〈ゼミ〉専門研究オリエンテーション

（一九九四年四月　Ⅱ部三年ゼミ　学生に配布のプリント）

このゼミの共通のものとして確認しておきたいこと

一　基本視点

児童福祉問題と人権をしっかり考えるためには、勤労者が、現在どんな生活をしているか、それは社会の変動によってどのように影響されてきた結果か、ということを土台にして、具体的な問題を検討することである。

二　ゼミ運営の二原則

①自発性—
- 自分で調べる
- 疑問をもち、ぶつける
- 考える

②集団性—
- 最低限出席する
- 発言して考える
- 他の意見と比較し、「同じ」と「違い」をはっきりさせ、互いの論理を述べ、
- 考え合う

三　ゼミの運営の方法—六段階、三レベル

①調べる
②考える　　個人のレベル
△③まとめ
④報告する　　小集団のレベル
△⑤討論する（考え合う）
△⑥討論をまとめる　　ゼミ全体のレベル

（△は欠ける場合が多い）

附一　随想・自分のことなど

四　報告、討論、まとめの方法

（1）ことばの概念を明確に（辞典、事典などを調べ定義をはっきりと）

（2）要するにどういうことか（核心はなにかを常にはっきりと）

（3）いま報告や討論していることが、テーマにとってどのような意味があるのか（全体の地図を常に描き、全体と部分の関係を位置づけながら行う）

（4）わからない部分、討論で一致しない部分は宿題として、更に皆で調べて継続討論とする（一致点で前進し、不一致点で保留、継続する）

五、自分を鍛えるために——報告、討論の留意点

（1）ゼミでお互いを鍛えあおう——そのためには

①疑問点や考えたことは、率直に出し合い議論しよう

②陥り易い二つのことを克服する必要がある

a　仲良しクラブになること——議論することが相手を傷つけると思って避け、わかったふりをすること

b　背くらべをすること——「頭の良さ」を比べあったり、感情を理屈にくるんで議論すること

③議論の意味を確かめておこう

a　議論は真実への接近を目指して協同すること

b　相手の主張に疑問を投げかけたり、相手と違った意見をいうことは相手の人格を否定することではなく、むしろ相手の意見を十分理解し相手を尊重することである。

c　疑問に答えたり、違った考えをぶつけあったりして、それまで自分が考えていたことより、一段と高いところに達することが議論の意味

（2）数字を拾う場合は、その数値が示す意味を考え、述べること。

（3）論文や本は先行研究として位置づけること

①先行論文の紹介と自分の報告、研究をハッキリと区別すること——「こういう論文がありこういうことをのべている」というのは紹介。その主張に対して、自分はどう考えるか、その根拠は何かを述べるのは研究。また何故その論文を選んだかをハッキリさせること。

②論文引用の際には、執筆者（著者）、「論文名」（図書名）、雑誌名、巻数、号数、引用のページ、発行所を明記すること。

以上

附一―⑨

〈退職が決まって〉　ゼミの皆さんへ

（一九九六年二月一二日作成　フロッピー文書）

一　ゼミの一年間について

三年と四年で指導教員が違うことは決して好ましいことではないと考えていましたが、大学の教育計画の都合でやむを得ずそのような前提でゼミの募集を行いました。最初からそれを承知でこのゼミに応募して下さったみなさんが多かったのに驚きました。

しかも自分でも予期しなかった突然の入院のため、前期の途中で垣内先生に代わって頂き皆さんには二重の負担をお掛けしました。

後期に復帰してからも、ゼミの主題だけでなくさまざまなことについて皆さんと話す十分な時間的な余裕をもつことができず、とても残念です。これらのことを大変心苦しく、申しわけなく思っています。

二　提出レポートについて――一年間に学んだこと、考えたことについて

レポートの提出を求めました。その内容を読んでの感想と私の考えを次に述べます。

皆さんの中に二つの芽生えが力強く生まれていることを感じました。

ひとつは、さまざまな具体的な問題を考えるとき、現象の一面だけでなく多面的に検討し、その多面的な側面が相互に関連しているのをみていこうという姿勢です。もうひとつは、いじめの問題や子どもの権利条約を自分自身の生活と内面をくぐらせて理解しようとする姿勢です。

この二つのことはわたしが重視してきたことで、Ⅰ部の児童福祉論の講義でも折りにふれて強調してきたこと

附一　随想・自分のことなど

提出されたレポートの中でこの二つの芽生えを感じ大変嬉しく思っています。とくに自分の子ども時代の生活、親子の関係、学校教育、地域の状況などを赤裸々に述べ、いまの自分を考えているレポートを複数見ることができたことに感動しました。どうかこの芽を大切に、しっかり、丈夫に育てて下さい。

三　今後のことについて

（1）　四年のゼミ指導は宍戸健夫先生にお願いすることになりました。

ご承知のように宍戸先生は保育を中心に児童福祉について高い見識をお持ちなり、著作や論文も多数発表されています。しかも保育運動その他の運動に深くかかわって来られたわたしの尊敬する先生です。

わたしも現場に働いているときは先生の著作から沢山の教えを受け、運動や実践に参考にさせていただきました。溢れるばかりの見識をお持ちの先生のご指導を受け、積極的に沢山のことを学んで下さい。

（2）　みなさんにまたお会いする機会がないかもしれません。どんな道を歩むにしろ、どういう仕事につくにしろ、わたしがみなさんに期待することを記しておきます。

です。

問題をみるとき、「一見すると—現象が—みえる」「よくみると—問題のつながり（構造）が—みえてくる」「深く分け入ってみることで—なぜそうなっているか（本質）を—見極める」として、意識的にこの段階を踏むことを勧めてきました（Ⅰ部児童福祉論テキスト『人権としての児童福祉と労働』ひとなる書房　五一頁）。

しかもゼミでの議論（必ずしも十分とはいえなかったとしても）の過程でこの姿勢が芽生えたことはとても大切なことだと考えます。

討論は集団思考の一つの形ですが、自分が考えていることを述べ、他の考えていることを理解し、お互いに検討し討論することによって

①より多面的な考え方を知り、

②さらにその相互の関連を考えるきっかけになり、

③討論に参加した者の多くが、より広く、深い認識を獲得する、

というダイナミックな過程が人間にとって欠くことのできないことだとわたしは考えています。

また憲法や子どもの権利条約を条文だけで理解するのではなく、生活の中で、仕事の中で読み込むこと（「生活読み」「仕事読み」）を試みることを勧めてきました。

現実こそ最大の教科書です。現実に食らいつき、格闘することによって、人間としての感受性を磨き、高め、常にＷＨＹ　ＷＨＹと考え、学び、行動する、そういう人になることを期待します。

（３）　みなさんのレポートで発見した二つの芽生えは、わたしを大変励ますものです。日本福祉大学という場でみなさんと会えたことをとても嬉しく思います。

これからどんな闘病生活になるのかわかりませんが、この励ましを力に、健康が許せば、八八年からのわたしのゼミで学び合ったみなさんが、現実に直面して何を感じ、考え、労働し生活しているかを報告し合い、考え合うような、そして時にはわたしの考えも述べるような「鎌倉通信」というようなものを発行したいと思っています。

幸い手伝ってくれるという卒業生もいますので、なんとか発行したいと考えます。みなさんも卒業後それに登場してくだされば幸いです。

どうか元気に巣立ってください。

附一―⑩

〈欠席の挨拶〉　児相研セミナー・総会参加の皆さんへ

（一九九六年一一月二五日作成　フロッピー文書）

第二二回児相研セミナーに参加の皆さんへのメッセージ

毎年皆さんとお目にかかるのを楽しみにして来ましたが、今回は病のためセミナーに出席できません。とても残念ですがメッセージをお送りします。

セミナーの中で何回も確かめられているのでいまさらいうまでもないことですが、児相における子どもの相談は日本の社会の中で最も深刻な部分を反映していると思います。

一つ一つの相談に手と時間がかかり濃密な対応を求められるのに、慢性的人手不足、頻繁な人事異動、予算のカットなどなど大変厳しい条件の中で、深刻で複雑な相談と格闘し、実践している皆さんが、現実に流されずに全国から集まって、ホンネをぶつけて実践を検討しあい、研究しあい、交流することは非常に大切なことです。

今年も皆さんとともに議論したいとセミナー参加を目標に療養してきましたが、児相研二二年の歴史の中で始めてセミナーに欠席することになりました。

特に最近の相談の質の変化や虐待問題、児童福祉分野におけるオウム問題の対応に関する総括、児童福祉法改正問題など、問題はどれも深く掘り下げて考えなければならないものであり、児相以外のさまざまなところでも広く議論されています。

そして議論のあるところ必ず児相が公的相談機関としてどのような見解をもっているのかが、その存在意義とともに問われています。同時にその公的相談の実践者としての認識、対応、見解が、時には非難や期待を交えて、注目されています。

このような問題について皆さんからいっぱい、いっぱい話をおききし、私自身の考えを述べ、児相研の特徴である具体的な現象を押さえながら、そもそもからの議論をしっかりやりたい。そういう議論が鈍感、鈍重、消極的な事なかれ官僚性がはびこる「お役所」仕事の中で、また形式的で表面的な議論をする会議が多い中で、さらには素早い現実対応に走りがちな時流の中で、いま特に重要性を増していると考えているのですが、私自身セミナーの中で果たせないのは口惜しく、残念です。

セミナーでそういう議論ができるみなさんこそ子どもの未来を切り拓く仕事を創り出すことができるのだと確信しています。

どうぞ参加された皆さんが自由に自主的にセミナーを盛り上げ、参加してよかったという収穫を確かめられるようなセミナーにして下さい。

そしてこのセミナーが実践を交流し、考えを深め合うことを通じて、新たな出会いやいままでより一層深い交流ができ、お互いに励まし合う場となって有意義なものになるように願っています。

最後になりましたが、現地実行委員会が大変忙しい中を何回も集まり、このセミナーを一所懸命考え企画して下さいました。その努力に心から敬意を表し、感謝します。

一九九六年一一月二九日

児相研運営委員長　鈴木　政夫

一九九六年度児相研総総会へのメッセージ

児相研の大事な総会に運営委員長が欠席するのは、大変申し訳なく思っています。また運営委員長になってから二年間、殆ど活動できなかったこともあわせて皆さんにお詫び申し上げます。せめて総会だけでも出席を、と準備したのですが、底冷えの京都では自信がなく、残念ですが失礼することにしました。

児相研の今後の活動についてはさまざまな困難と課題があります。皆さんの創造的で自由な発想と活動でこれらを乗り越えて、一層の発展を獲得して下さい。

昭和とともに生をうけた私は熱烈な軍国少年に仕立てあげられ、戦後そこから抜け出すのに大変な葛藤と苦しみを経ました。そしてあらゆるものを疑うこと、実践の中から自分自身の頭で考えること、自分が納得いかないことは一人になってもノーということ、などが大切であることを身に刻みました。そういうことを通じてだけ民主主義は手造りできるのだとわかってきました。わたしの中では児相研もその活動の一つとしてありました。「自主的に、実践を研究し、現実を変える方向を見出す」という児相研の出発点もそこからでした。もうすこし元気になったら「児相研の目指したもの」をまとめたいと思いますが、皆さんの活発な議論がさまざまな困難の克服に有効であり、新しい児相研をつくる原動力になることを願っています。

職場が大変忙しくなっているようです。心身の健康に留意してご活動下さい。

一九九六、一一、三〇　　鈴木　政夫

〔編者注〕　ここに収録した二点のメッセージは、セミナーと総会を病のため欠席せざるを得なくなったことを記した児相研事務局長宛の私信に託したものである。

附二　児童福祉論の出版構想と講義要綱

附二―①

『児童福祉論』の出版構想

（一九九四年八月一五日作成　フロッピー文書）

児童福祉論構想

一　表題

『試論　実践児童福祉論』

二　目的

①学生の教科書

②実践者の自学用参考書――基本的な視点と知識の提供

三　基本的には意識的に弁証法的唯物論を方法論として用い、実践のための児童福祉論をつくる。できるだけ社会、生活及び発達、人格をつなげ、児童福祉問題を勤労人民の自己解放の中に位置づける。

四　具体的には

（1）実践を中心に置く

①問題を解決するための児童福祉論――問題の明確化――保障のてだて――実践という構造を具体的な問題現象に貫く。

②実践の概念と主体を明確にする――必要、要求、対象と実践主体との関係を明確にする。

（2）児童福祉問題を社会問題としてとらえる

①対象論を明確にし、その上に立った処遇論を――労働、生活、家族、教育文化、地域の五つを児童福祉問題を左右する柱として、その相互関連が生活の構造をどのように規定しているか、とその保障を明らかにする。

②保障の制度、運用、内容、理念を、対立物の統一

として歴史的につかむ。

（3）実践研究運動の成果をできるだけ取り入れる

五　従来

・社会問題として取り扱うことが総論では行われても、各論には貫徹していない（井垣章二著『児童福祉論』ミネルヴァ）。
・全体の構成は社会問題となっていても、問題の全体を網羅していない、かつ発達、人格の問題に立ち入っていない（坂寄編『児童と社会保障』法律文化社）。
・社会問題としてはいるが、論者により観念的であり、また不統一であり、問題を網羅していない（一番ヶ瀬編『児童福祉論』有斐閣）。
・社会の動きと関連させてはいても、現象的で対象論を欠き、適応中心の処遇論が中心になっている（その他多数）。

六　本来

児童福祉に関する実践研究運動団体が連合して討議しながら書き、要求運動団体や権利主体が参加してより豊富に充実していくべきもの――現状では長期の年月を要するので試論として発行し、本来へのステップとする。

自ら学び、実践する者のための児童福祉論

はじめに

・沢山の児童福祉論があるのになぜ更にこれを発刊しようとしたか
・困難に直面している子どもやその親に、有効な支援が具体的にどのようにできるかを模索している者、或いは将来そういう仕事につきたいと考えている者のために。

それは自ら学び、実践するための児童福祉論

そのための条件

①実践原論、権利論を基礎理論としてもつこと
②社会問題としてみることを児童福祉の具体的な問題にまで徹底すること――生活構造論、貧困論を具体的な問題現象に貫くこと

〔目次〕

第六編　児童福祉の歴史

第二七章　問題と保障の歴史

第二八章　児童福祉の思想の歴史

別冊

一　年表

二　統計、図表

三　写真

（1）養護問題

・浮浪児『日本の終戦　四六人の目撃者』双葉社刊

一二六頁上

・同『昭和史』一三巻 毎日新聞社 五六頁 右

・同『子どもたちの昭和史』大月書店

一四四頁施設

一四七頁上ねぐら

・板橋戦災孤児収容所『写真記録　昭和の歴史③』

一五〇頁　菊池俊吉写真 五人の子の後姿

・集団就職『写真記録　昭和の歴史⑤』

一四二頁 英伸三写真　集団就職列車

・同　『実録昭和史④』ぎょうせい

七〇頁　集団就職

・出稼ぎ農民『写真記録　昭和の歴史⑤』小学館

一四三頁　英伸三写真

（2）保育問題

・母親大会

・みのべ知事当選と対話集会

・補助金問題——都議会、政府見解

〔編者注〕フロッピー文書はここで終わっている。

附二―②

児童福祉論講義要綱

（一九八九年～一九九五年　学生への配布本およびプリント等）

〔編者注〕「講義要綱」の収録について

　ここに収録した「児童福祉論講義要綱」は、日本福祉大学での講義に際し、鈴木政夫がテキストとして用いたものである。ただし、以下に述べるような事情から、一九九二年度版をベースに、編者（寺脇）の責任で再構成、編集してある。

　鈴木の講義担当科目は、児童福祉論で、一九八八年度から一九九五年度までの八年間、講義を担当した。その間、テキストは一九九二年度までは（おそらく九三年度も）、自身で作成した「児童福祉論講義要綱」を印刷配付して講義している。

　なお、一九九四、九五年度は、自著の『人権としての児童福祉と労働／実践のための児童福祉論をめざして・総論編』（一九九三・一二刊）を教科書に用いたが、あわせて各論編については、「講義要綱」の該当部分のプリントを配付して、講義している。

　予定では、各論編を含む自著についても、出版を準備していた（附二―①「出版構想」参照）。

　しかし、病魔はそれを許さず、われわれが鈴木の『児童福祉論』の全貌を見ることはかなわない。したがって、その全容のあらましを窺い知るには、さきの出版構想およびそのベースで、かつ各論編の実体をなしている「講義要綱」を見る以外にはない。

　ところで、「講義要綱」は毎年修正して作成していたため、年次により異なる部分がある。

　まとまった形の「講義要綱」で確認できたものとしては、一九八九年度版（フロッピー文書）、一九九〇年度版（同）、一九九二年度版（印刷本）の三点がある。そのほか、一九九三～九五年度に部分修正した各論部分の配付プリントが相当数、存在する。

　以下に収録したものは、印刷本である一九九二年度版を基本にしつつ、それ以降に作成・配付した各論部分がある場合には、内容が最新の配付プリント（一部フロッピー文書）版（＊印の注記で示す）に差し替えてある（注記のないものは一九九二年度版）。

　そのため、冒頭の目次と章のタイトルとが異なるような場合には、該当の目次部分に差し替えた新タイトルを〈　〉内にあわせて表記した。

　「目次」部分については、一九八九、九〇年度版と以下の一九九二年度版とで、その構成が異なるので、次頁の〔編者注〕で差異がわかるよう示した。

　「開講にあたって」の部分は、一八八九年度版以降、毎年、その内容に変更が見られるので、ベースとした一九九二年度版のほか、一九九五年度に配付した・プリントも収録し、その関連で「事前学習について」なども添付した。

　また、収録にあたっては、各章ごとに添付された「参考文献」および「統計表」などの参考資料については、省略した。ただし、やや性質が異なり、内容上、欠くべからざるものと判断したもの（図表など）については、残してある。

　講義要綱の原本は、いずれも横書きだが、本書の体裁にあわせて、縦書きに変更してある。

目次と構成

＊本目次中の〈　〉内は一九九三年度以降のプリントで変更されたタイトルを示す

目　次

〔編者注〕一九八九年度版、一九九〇年度版との目次（構成）の差異について

一九八九年度版の目次は、序章の呼称＊を除けば、一九九〇年度版とまったく同じと言って良い。したがって、以下では一九九〇年度版で、一九九二年度版との差異を示す。

一九九〇年度版の目次は以下に示す通りであるが、一九九二年度版との主な違いは、次の四点である。

①一九九二年度版の、総論（第二篇）、具体的な問題（第三篇）という順序は、逆になっている。
②一九九二年度版で、基礎論（第一篇）中にある「権利――子どもの権利条約と権利一般」（第二章）は、なかった。
③一九九二年度版で、基礎論と総論の二つの章に分割されている「実践（その一）」と「同（その二）」が、総論の一つの章（一一章）に一本化されている。
④章のタイトルで、若干異なる呼称がある。

＊一九八九年度版の序章のタイトルは、「開講にあたって」であり、内容的には一九九〇年度版の「開講にあたって」と「序章」を合体させたものである。

一九九〇年度版の目次

はじめに／開講にあたって

はじめに

この講義要綱は、一九九二年度日本福祉大学I部における児童福祉論の講義の概要と資料を示すものである。この講義要綱は、権利と実践を中心に編成している。権利と実践は福祉の基本的な柱であるので、福祉の各論であるこの児童福祉論でも中心に据えることにした。

歴年の表記は、年表以外は全部西暦とした。元号表記及び西暦、元号併記は次のような問題があるからである。①一九五〇年代と昭和五〇年代と区別できる実感が、若い学生諸君にはなく、混同して理解している例が見られること　②元号と西暦の換算に手間取るばかりでなく、計算を間違い、とんでもない誤解が生ずる場合があること　③また併記すると元号に頼り、西暦についての実感が獲得できないこと　④元号を使うことにより、知らず知らずのうちに元号制定の思想的、政治的意図に支配されていること等である。

児童福祉論は社会福祉士試験の受験資格の基礎科目に

なっている（一九八七年厚生省告示第二〇〇号）。そして一九八八年二月一二日厚生省社会局長通知「社会福祉士養成施設等における授業科目の目標及び内容並びに介護福祉士養成施設における授業科目の目標及び内容について」（社庶第二六号）は、児童福祉論の授業の目標と内容についても詳しく通知している。

「参考までに通知する」となってはいるが、福祉に関する教育内容および専門性の中身を、国家権力が資格制度を通じて統制する危険は大きい。福祉の教育に関係する者は、いま講義内容をどのように考え、編成するかを問われている。

この講義の立場は、さまざまな困難と闘っている子どもとその家族が、その要求を実現できるよう支援、援助する児童福祉論を築こうとする立場である。生活と実践に基盤を置き、自由に自主的に児童福祉論を編成し、上記通知は次のように取り扱っている。

①通知が示した児童福祉論の項目は、全部入れてある。

②各項目の具体的な内容は、厚生省の関係者（各種審議会委員、官吏など）の考えも、一説として紹介するが、その問題点は明らかにし、権利保障に基づく児童福祉論を築く上での材料にしようと試みた。

このように処理した理由は、国家権力が必要だと判断した項目を、無視しないで積極的にとりあげ、内容と問題点を明確にすることが重要だと考えたからである。

開講にあたって

一　何のために児童福祉論を学ぶか

児童福祉の知識の概要を習得することを通して、児童福祉の基本的視点を獲得することを目的にする。

二　何を学ぶか

児童福祉問題の

(1)　実態（現実に生じている困難、悩み、苦しみ）

(2)　問題の構造（問題が生じている基盤と構造）

(3)　保障手段とその内容、体系、それをつくり出した政策

(4)　実践（現実の問題に直面して、現実の条件に拘束されて、人間の生きる営みとしての実践——運動も含めて）

(5)　理念（児童福祉の理念は現実の変革を目指して形成されて来た。その形成過程と理念が実現する条件、政策と実践にとって理念はどんな意味があるか）

(6)　歴史（実態、保障手段、政策、実践、理念などが

どのようなからみあいで展開されて来たか）

(7)　課題（基本的に解決すべき問題、当面解決しなければならない問題）

三　どんな方法で学ぶか

自ら学ぶことが基本であって、講義はそれを援けるためにある。実際のことを自ら進んで見たり聞いたりして自分で考え、学友と議論しながら学んでほしい。学生はノートブックの製造機ではなく、ノートは自ら学ぶ場合の手段としてつくる。この基本的なことを最初に認識してほしい。

・Warm heart but cool head（アルフレッド・マーシャル）

・「現世の諸矛盾を批判し、抵抗し、よりよき社会に変革しようとする創造の意欲に支えられてこそ、芸術の神髄が発揮される」（伊藤整「芸術は何のためにあるか」）

・「およそ学者たるものには、次の三つの自由を守りぬく覚悟が大切である。すなわち、①多数説からの自由、②恩師の学説からの自由、③過去の自分の学説からの自由、がそれである。」（レント）

一九九五年度　児童福祉論開講にあたって＊

＊一九九五年度配布プリント

一　この講義の目的

（1）　児童福祉論を学ぶことを通じて、社会認識を深め、人間の権利を見つめ、人権を発展させる力を自ら獲得すること

（2）　大学で学ぶ意味は自己解放＝「いままでの自分」をくずし、「新しい自分」をつくること＝自己の形成過程の洞察と出会いによる自己の形成

（3）　ユネスコの学習権宣言

二　方法

（1）　事前学習（テキストを読み考えること、レポート提出をすること――課題は別に指示）

（2）　テキストに関する質問、意見――伝えたいことと学びたいことの矛盾と一致

（3）　テキスト及び概要のポイントの説明

三　受講者に求めたいこと

（1）事前学習をすること＝学習とは自ら学ぶこと
（2）社会特に最小限明治以後の日本の社会の大きな流れを知っておくこと
［キーワード］明治維新、十五年戦争、日本国憲法、安保条約、高度経済成長政策、オイルショック、バブル経済崩壊、資本主義、労働者

四　教室内のルールについて
（1）講義について質問があれば、講義の途中でも手を挙げて、質問して下さい。そういう質問は大いに歓迎します。
（2）教室内でのおしゃべりについて
①　おしゃべりをしたくなった時は、教室外に出て存分にしゃべって下さい。講義中に外に出ることは、静かにさっさと出る限り、わたしは容認します。
②　講義中にしゃべるのは講義を聴こうとしている人の権利を侵害することです。あなたは講義を聴く権利も聞かない権利もありますが、他の人の「講義を聴く権利」を奪う権利は全くないことをしっかり身体に刻んで下さい。
（3）教室内で立ってうろうろ歩くのも他の人が聴こうとする集中力を妨げる行為です。講義が始まったらすぐ着席すべきです。講義中に立ち歩くのは、全体の集中力を著しく妨害します。立ち歩いている人がいる時は、講義をしません。
（4）もし講義中におしゃべりや立ち歩きがあった場合は、相互に注意しあい、注意された方もそれを受け入れる勇気をもちましょう。

五　その他――身体に障害をもつ受講者及び留学生が学習し易いように工夫したいと思います。この講義終了後、申し出て下さい。また要望があったらその都度言って下さい。

事前学習について*

*一九九五年度配布プリント

一　事前学習の性格
（1）自ら学ぶ一つの方法として、事前学習の課題を出します。
（2）課題に対してレポートを出すか出さないかは自由です（自らを鍛えるかどうかが主眼ですから）。

（3）ただしレポートを年間を通じて五本以上提出し、みずから学び考える姿勢がみられる場合、学年末試験の採点に加点します。

二　事前学習課題には、

A　課題　B　参考文献（省略することあり）　C　提出期限　があります。

三　レポートについて

（1）用紙はB5判とすること

（2）表紙の左肩に（九五　児童福祉論事前学習）とし、右肩に　学部、学年、学生番号、氏名　を明記すること

真ん中に具体的課題名　を記すこと

（3）字数　二〇〇〇～四〇〇〇字

ワープロの場合は　一行四〇字×三〇行　を一頁とし

手書きの場合は　四〇〇字詰め横書き原稿用紙とすること

（4）その他

①左肩を綴じること

②鉛筆の場合はHB以上の濃さとすること

③テキストに関する質問をレポートの最後に書いてもよい（その場合は表紙の氏名の下に質問ありと表示すること――できるだけ講義の時に答えたい。

事前学習課題（その一）＊

＊一九九五年度配布プリント

一　世界の子どもの状況

いま世界の子どもたちがどんな状況に置かれているか、何故か、どうすればいいか、例を挙げて考えてみよう。

［参考］新聞、雑誌、『世界子ども白書』、『チルドレンズライツ』

［期限］四月二七日

二　イジメ問題について

大河内君の事件をきっかけに、各地のイジメの実態と意見が沢山新聞社に寄せられた。この投書や自分の経験を例に、イジメとはどういうものか、なぜ起こるのか、また文部省のイジメ検討委

員会の提言などを考えてみよう。

［参考］新聞、雑誌

中日新聞社・社会部編『清輝君がのこしてくれたもの』海越出版

毎日新聞社会部編『総力取材「いじめ」事件』毎日新聞社

［期限］四月二七日

三　連休と権利

四月二九日から五月五日までの連休は、歴史的に権利に密接に関係している。次の日はどんな意味で権利に関係しているか、考えてみよう。

☆四月二九日

ヒント――みどりの日（昭和天皇誕生日――昭和時代の最も大きなものは？　昭和時代の子どもの位置づけは？）

☆五月一日

ヒント――メーデーの起源、子どもの権利との関係

☆五月三日

ヒント――憲法記念日（大日本帝国憲法と日本国憲法との基本的な違いは何か、どのようにして日本国憲法は日本の歴史のどの部分を受け継いでいるのか）

☆五月五日

ヒント――子どもの日――児童憲章と世界、児童憲章と憲法

［期限］五月一二日

第一篇　基礎論

序章　現在の社会と子ども

一　児童福祉問題、児童福祉論
児童福祉問題は
(1)　一見すると
個々の家族の個人的問題のように見える（現象）
(2)　よく見ると
社会に規制されている（構造）
①直接的に――戦争、遊び場、空気、食料等
②間接的に――保護者を通じて（cf 第一章二）
(3)　深く分け入って見ると
その社会の生み出す矛盾が最も端的にあらわれた問題――社会と子ども、家族、生活のかかわりを考える問題（本質）

二　世界と日本の子どもの問題
（1）　世界の子ども
・世界子ども白書――発展途上国の子ども、「社会主義を名乗った国々」の子ども、「先進工業国」の子ども
・子どものための世界サミット「子どもの生存、保護および発達に関する世界宣言」（一九九〇・九・三〇）
（2）　日本の子ども
・市民革命を経ない、高度に発達した資本主義社会における問題――日本の社会が持っている大きな課題（生命の再生産の危機）、子どものからだ、棲み家あるホームレス
・戦後日本の児童福祉問題
①一九六〇年代――社会的な養育の手立ての問題
②一九七〇年代――家族とは何か
③一九八〇年代――「にんげん」になるとはどういうことか
④一九九〇年代――地球に、生物（ヒト）として生きる問題
・児童福祉を学ぶ上での日本の現代史の節目
①一九四五年以後に大きな節目
一九五〇、五五、六〇、七三～七五、八一、九〇～九一
②十五年戦争、一九四五年の前と後

③明治の前と後

三　日本の老齢化社会と子ども

・人口構成の変化――その実態と理由――一・五七↓一・五三ショック（子どもの数、家族人員↓何故そうなのか）――形から見た家庭、標準的世帯

・老齢化社会と子どもの問題に関する考え方（生産力説と人権説）

・日本の現代史の中での子どもの位置づけ（cf 第一四章四）

①戦前、戦中――「一旦緩急あれば義勇公に奉じ以て天壌無窮の皇運を扶翼する」臣民とそれを生み出す家庭

②戦後すぐの時代――生きることが最大の課題、子どもは希望

③高度経済成長政策期――教育投資論

△現在および近い将来の生産力（金の卵、経済審議会答申）

△商品購買（資本の利潤実現）の推進力（子どもは動く広告塔）

④オイルショック以後（大合理化、行政改革の中で）――より効率的な経済成長を支えるもの――教育投資論の一層の徹底（管理教育の徹底）

第一章　児童福祉問題の基本的視点

一　にんげん、子どもをどうとらえるか

①「生理的早産」

②にんげんの基本的な二つの力

③道具をつくり、使う

総合としての人間のとらえ方――生物的制約、環境――制限からの自由（発達）

二　児童福祉論の見取り図

（1）問題の構造（図1―1）

・家庭、生活（衣食住と経済的基盤、養育活動とそれらの時間）

・労働（労働時間、労働態様、労働密度、所得）

・企業の方針、政府の政策（経済、労働、教育、福祉）

・地域の構造（産業、労働、人口、等々）

事例＝仕事の変化、企業の移転、くびきり、長時間不規則労働、倒産、単身赴任、等

☆さまざまな職種の中に検証する＝トラック運転手、鳶職、工場労働者、デパート店員、サラリーマン、コ

図１－１　児童福祉問題の構図

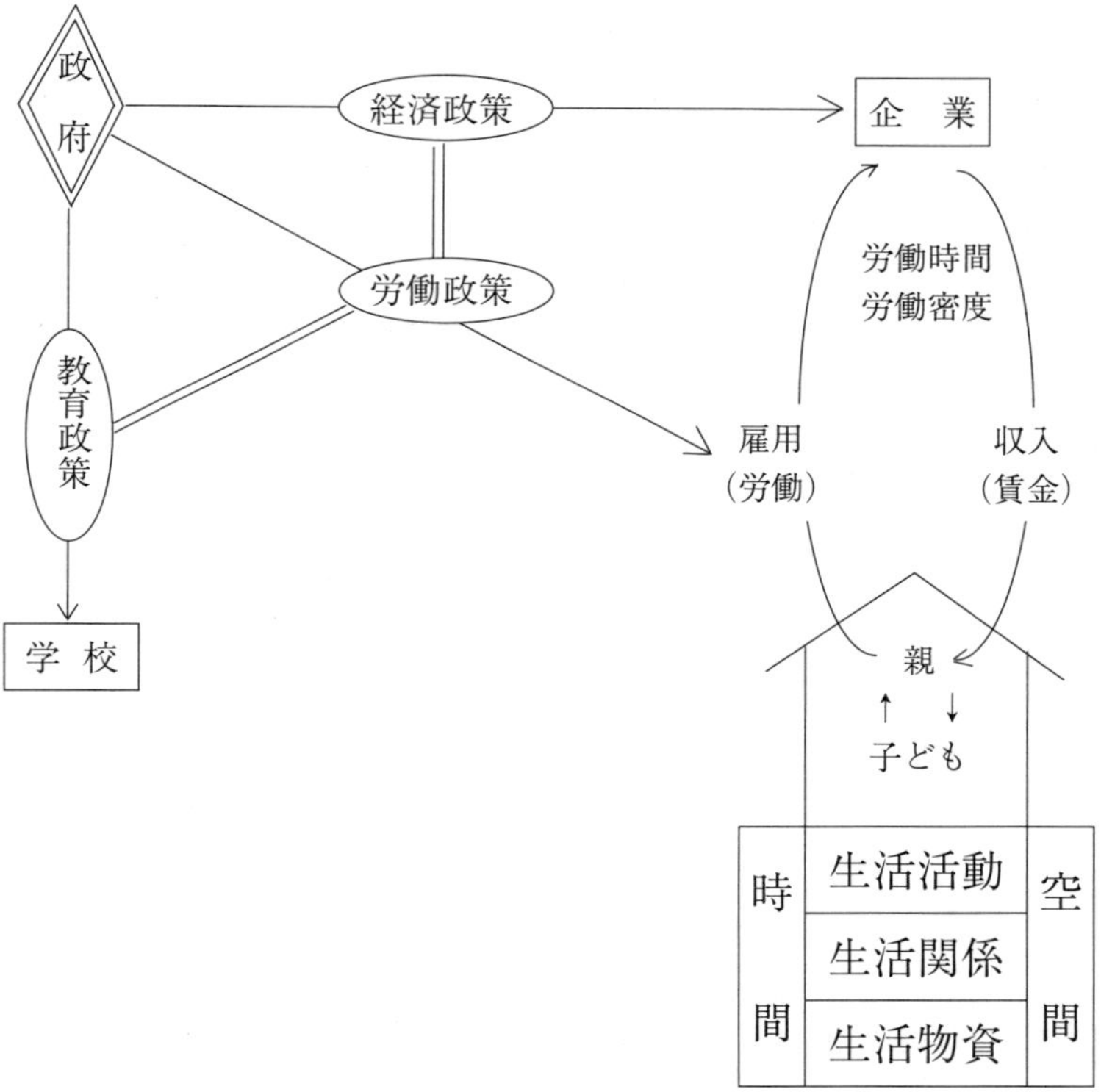

図１－２　児童福祉問題の解決（手だて・援助）

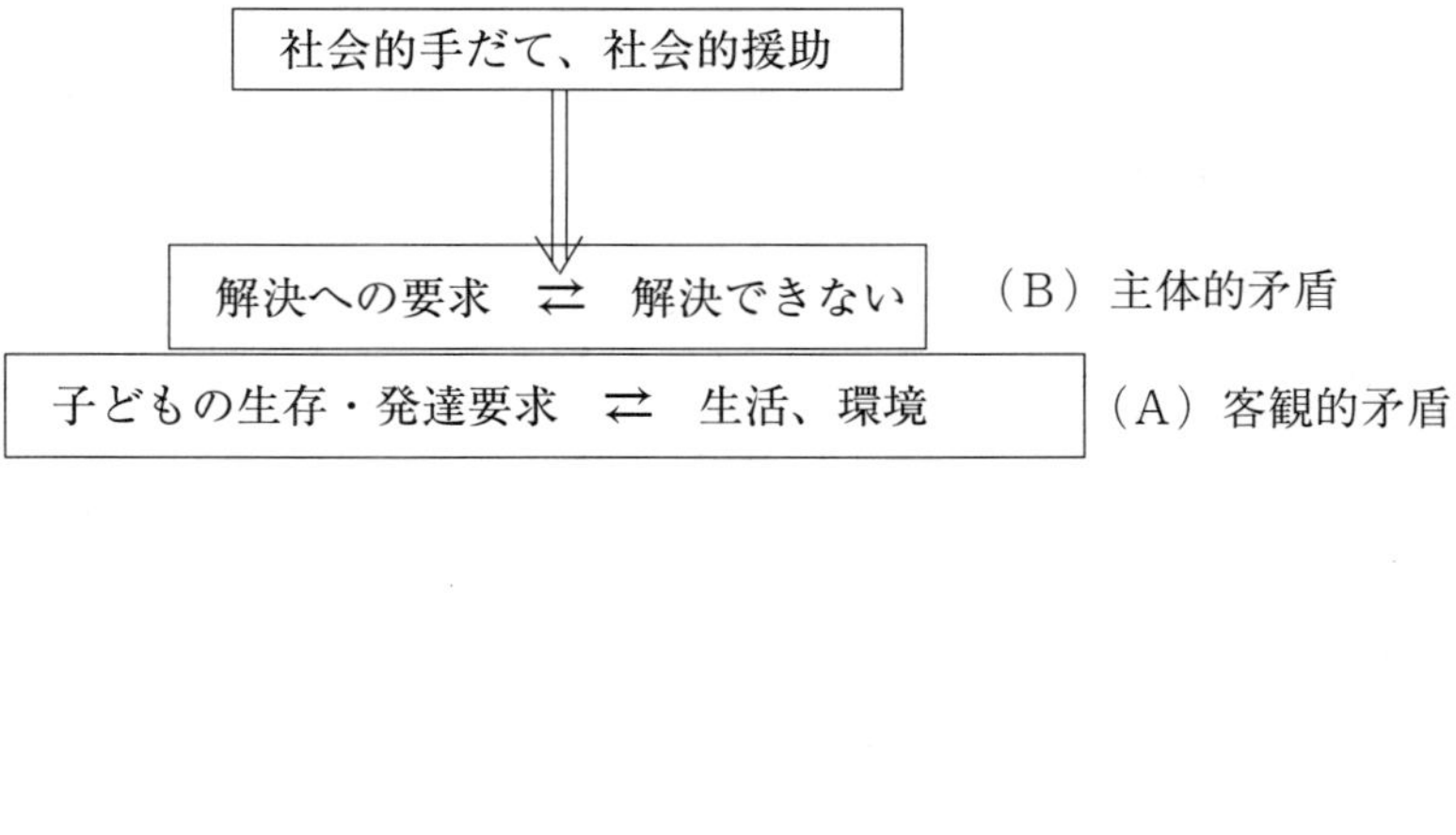

ンピュータープログラマー、大工、零細商店、家内工業

（2）一五年戦争後の生活の変化

生活の基本的要素の変化――①食事、②衣服、③住居、④家族の労働――収入、⑤生活用具、⑥家事労働、⑦家計の支出、⑧生活活動、⑨家族関係

（3）問題の解決（図1―2）

問題の認識→理念（統治＝権利）→政策（労働力確保、治安維持＝要求実現の運動）→手立て、

第二章　権利――子どもの権利条約と権利一般

＜権利との関係でみると、大型連休は何の日か＞

一　「子どもの権利条約」（A CONVENTION ON THE RIGHTS OF THE CHILD）とその特徴

（1）条約の意義、内容、その拘束力（図2―1）

（2）権利主体としての子ども

（3）子どもの最善の利益の保障

（4）子どもの権利についての総合的視点

（5）国際的な視野からの権利保障――世界子ども白書との関係（図2―2）

二　「子どもの権利条約」の現在

三　歴史的経過

・一九二四年　国際連盟・子どもの権利宣言（ジュネーブ宣言）

・一九四八年　国連・世界人権宣言（第三回総会採択）

・一九四九年　国連・子どもの権利宣言（第一四回総会採択）

・一九六一年　世界労連・社会保障憲章

・一九六六年　国連・国際人権規約（第二一回総会採択）

A規約「経済的、社会的、及び文化的権利に関する国際規約」

B規約「市民的及び政治的権利に関する国際規約」

・一九七九年　国際児童年

・一九八二年　世界労連・社会保障憲章

・一九八九年　国連・子どもの権利条約（第四四回総会採択）

四　権利論概説

（1）権利の性格

図２－１　子どもの権利条約—土台と柱

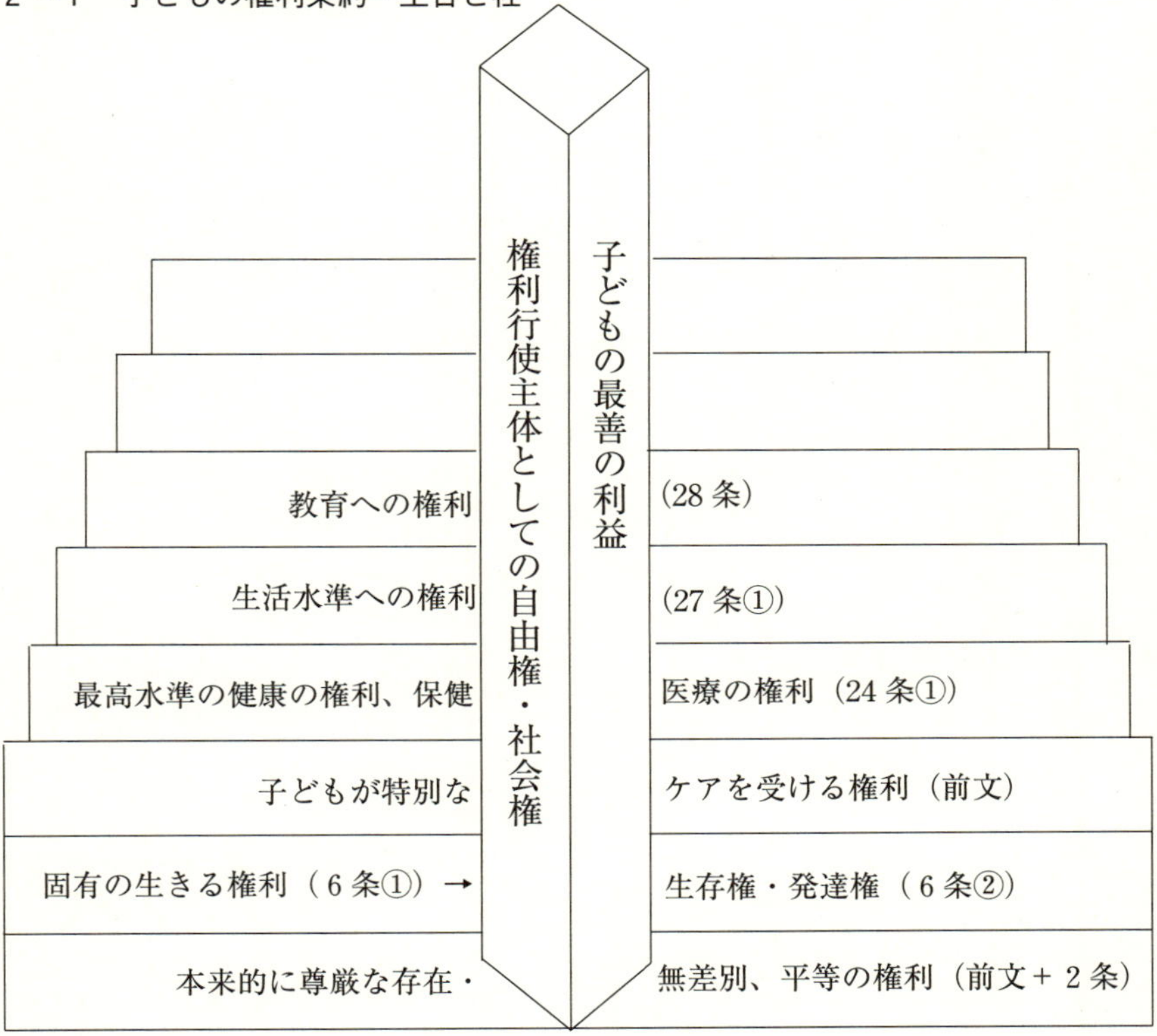

図２－２　子ども、親、国、国際関係の関連

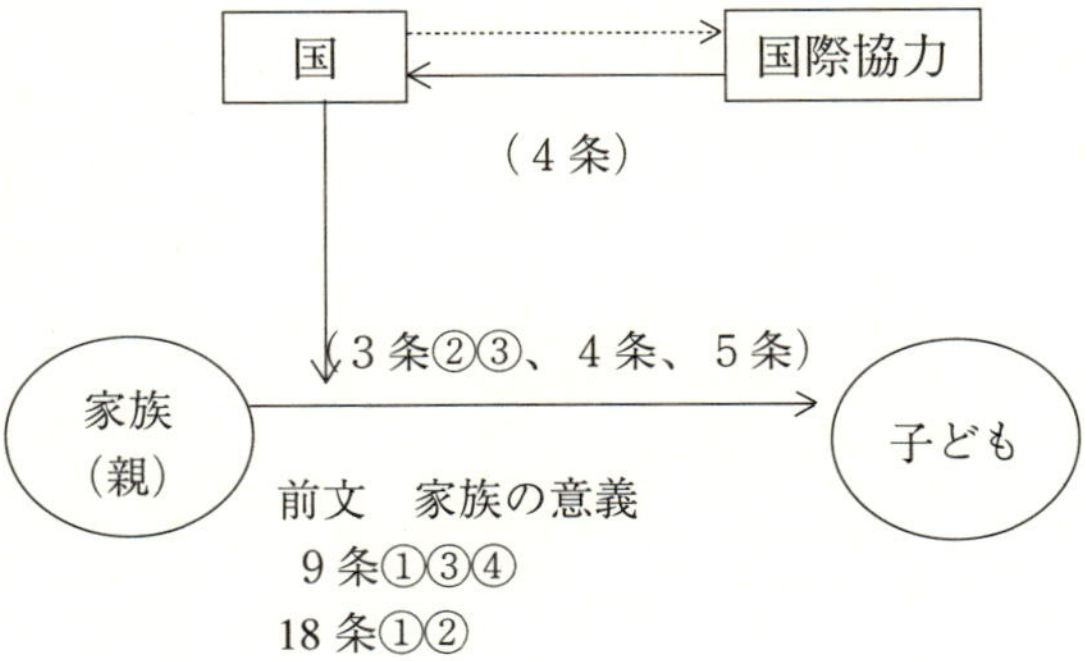

①権利は社会的なものであり、運動によりに獲得されてきたもの
〔例〕・国際的な運動の成果
　・歴史的に引き継ぎ維持し発展させるもの
〔例〕八時間労働制、社会保障
②権利は固定したものではなく、階級の力関係によって常に流動する
一度獲得した権利も、権力側の失地回復の力と人民の権利拡大の力のぶつかり合いによって時々刻々に変化する

（2）権利の侵害と獲得

①権利侵害について
・権利の抑圧、侵害は、人民の分断支配により行われる
・分断は、次の方法で行われる
ア　矛盾を人民内部の敵対関係に転化すること
イ　人民の一部を特別な利得により権力に吸引すること
・権利は一度侵害されると連鎖し累積する
②権利獲得について
・矛盾を解決するために権利獲得の運動は発生する
・権利を獲得する原動力は団結と団体行動
・権利は多くの場合、権力をもつ者の譲歩によって、部分的に、内容も不十分に獲得される。その結果また新しい矛盾が発生する
・いろいろな権利の相互関連を明確にし、総合的な権利を目指すことによって権利は一層発展する
・一度獲得した権利も
ア　常に行使しないと権利性を失う
イ　権利主体が単なる受益者になり、運動主体でなくなると、そのとたんに後退する
ウ　常に定着させ、拡大する運動がないと、空洞化し、縮小化する
・権利獲得が一定の量に達すると、質の変化が生ずる
〔例〕独自施策（福祉、公害等）を進める自治体の増加→他の自治体への波及、拡大→国の政策の変更（ナショナルミニマムとなる）

（3）憲法の「不断の努力」の意味

第三章　実践（その一）——基本的なこと

一　福祉と実践
・実践こそ福祉のいのち
・「専門家」として高所から手をさしのべる「実践」か
・同時代に生きるものとして、共に悩み苦しみ、困難を背負うことを分かちながら、問題解決に向け道を切り拓く「実践」か

二　実践概念
（1）一般的な概念
人間が行動を通じて意識的に外界に働きかけて、これを変え、「自らも変わる」こと↓必要——実践
——困難や障害を乗り越えるための理論への要求
——古い理論の適用、新しい理論の創造——実践
——理論の検証（そのまま受け入れられる、修正される、捨てられる）
（2）福祉における実践
労働実践、運動実践、ボランティアの実践、その他の実践

第二篇　総　論

第四章　児童福祉の理念、意義、政策思想

一　子どもの特質
（1）「育てられる」ことを媒介にして自ら「育つ」——ヒトから人間に
（2）自ら権利を主張できない——保護の問題、問題行動の意味
（3）生まれた社会（時代、国、地域）によって生活と成長、発達が規制されるとともに、次代を担い、自分が育った社会を乗り越え新しい社会をつくる

二　児童福祉の理念、意義
（1）子どもの「必要」の充足＝必要な養育の具体的な水準の確保
・deprivation、欠乏の克服、子どもの権利条約
・シャザル「児童の権利」、集団を形成する権利
（2）理念と意義
・児童権利宣言（子どもに最高のものを）

・児童福祉法総則（国、地方自治体、保護者の協同）
・児童憲章・東京都児童福祉審議会意見具申（奪われた権利の回復）
・子どもの「養育請求権」の考え方
　子どもの権利条約（最善の利益）

三　児童政策の思想―生産、剰余、配分と民主主義との関係

（子どもの地位）	（社会の対策）	（具体例）
①社会の負担としての子ども	―児童人口の抑制―	堕胎、間引き
②労働力としての子ども	―労働へ駆り立て―	年少労働
③未来の労働力としての子ども	―保護と教育―	年少労働の制限と義務教育

④権利の主体としての子ども―
基本は―「生産力によって生ずる社会的剰余の量とその使い方
　―民主主義

第五章　児童福祉の体系と行財政政策

一　法律

（1）一般的に　法律、政令、規則、通知通達
　条例、細則

（2）児童福祉の法律等の概要

①児童憲章―制定過程の重要性（民主的手続きと対立した議論）
（i）「人として尊ばれる」（ii）権利（iii）「憲法の精神に従い」（iv）「争いと暴力の排除」（戦争放棄と関連して）（v）母性保護（vi）予算の裏付け

②児童福祉法―構成と内容、総則の重要性、親権との関係

③児童手当法―立法の背景―中鉢調査と労働力確保政策―重要な変更

④児童扶養手当法―堀木訴訟、行革による変更、永井訴訟京都地裁判決

⑤特別児童手当法―成立経過と現状

⑥母子及び寡婦福祉法―成立の政治性と内容の希薄さ

⑦母子保健法――成立経過と、内容
⑧その他の関連法――民法(親権、扶養)、教育基本法、学校教育法、就学援助法、少年法、労働基準法、生活保護法、勤労青少年福祉法、勤労婦人福祉法(妊娠、出産前後の健康管理育児休暇)等

二　行政機関
(1)　国――厚生省(家庭児童局)
(2)　地方自治体(児童部、課)
(3)　児童福祉審議会――中央、都道府県
(4)　児童相談所――都道府県に最低一か所
(5)　福祉事務所――一般組織化への傾向、家庭児童相談室――まちまちな実態
(6)　保健所
(7)　児童委員

三　児童福祉施設等
(1)　施設種類と内容(a総数　b定員　c在所者数、何れも一九九〇・一〇・一現在)
保育所(a二二、七〇三　b一、九七九、四五九　c一、七二三、七七五)
母子寮(a三二七　b六五四六　c一一九三六)
乳児院(a一一八　b三、八四三　c二、五九九)
養護施設(a五三三　b三四、〇七六　c二七、一三)
虚弱児施設(a三三　b二、〇〇七　c一、五七八)
教護院(a五七　b四、八九三　c二、〇二九)
情緒障害児短期治療施設(a一三　b六五〇　c四六〇)
精神薄弱児施設(a三〇七　b一九、六九四　c一六、七五四)
自閉症児施設(a八　b三八〇　c三一三)
肢体不自由児施設(a七二　b八、七八七　c六、二一七)
肢体不自由児療護施設(a一三　b六五〇　c四六〇)
重症心身障害児施設(a六五　b六、八三五　c六、五五一)
盲児施設(二一)
ろうあ児施設(一八)
難聴幼児通園施設(二七)
精神薄弱児通園施設(a二一五　b七、八八一

図５－１　資本主義下の福祉政策

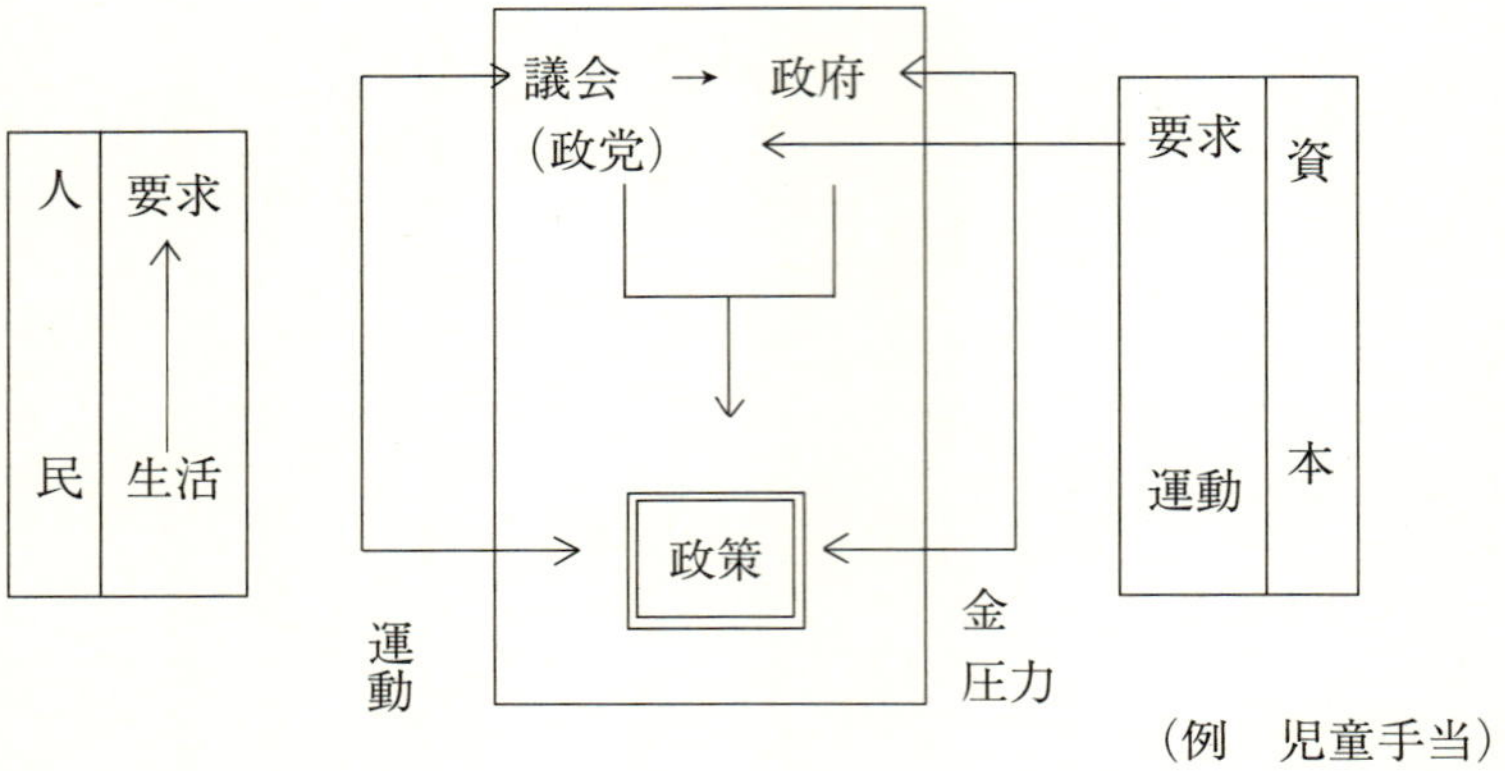

図５－２　政策遂行の概略

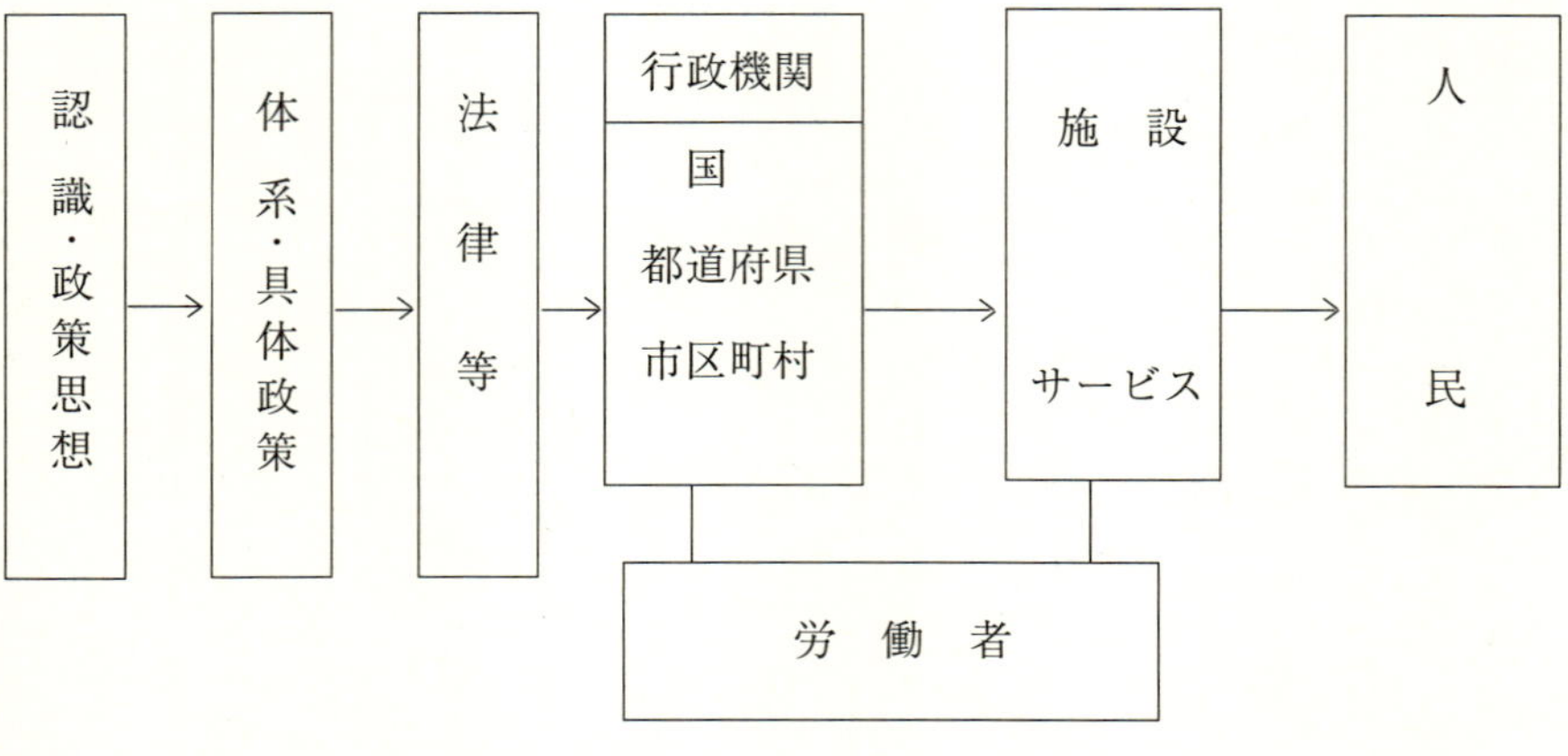

c六、二〇七）
技体不自由児通園施設（a七三　b三、〇八〇　c二、四〇七）
児童館（a三、八四〇）、児童遊園（a四、一〇三）、
助産施設（a六三五）
（1）児童福祉施設最低基準（厚生省令）
（2）里親、保護受託者、グループホーム、ファミリーホーム
（養子縁組、特別養子制度、国際養子縁組）
（3）児童福祉機関と施設との関係

四　児童福祉在宅サービス

五　労働者
（1）労働者とは――自分の労働力を売って生活のための所得を得る（奉仕者と労働者）
（2）機関、施設、職種による労働の違い――日勤、ローテーション
（3）処遇条件と労働条件
（4）雇用者の労働支配と労働者の諸権利――団結権、団体交渉権

六　児童福祉の行財政制度
（1）国と地方自治体との事務の分担
・団体委任事務・地方自治と中央統制――通知、監査、指導、財政上の制約
（2）国庫負担金と補助金、国庫負担率の変遷――臨調行革の経過
（3）措置費

七　児童福祉政策
（1）政策は法律、制度を基盤に財政の裏付けによって具体化する
（2）政策の枠組み――諸政策の関連
児童福祉――生活保護その他の福祉政策――労働政策――産業経済政策（日本資本主義再編成、発展の目的）、国防政策、ひとづくり政策

八　関連機関――学校、警察、家庭裁判所、労働基準監督署、職業安定所

第六章　実践（その二）――労働実践と専門性

一　児童福祉の労働過程

（1）労働とは何か

・労働主体（感性、価値観、学ぶ力、連帯する力、変革する力←教育と生活）

・労働対象（対象論の重要性――貧困の認識）

・労働目的（目的意識的な対象への働きかけとその成果、目的の吟味）

・労働手段（道具の使用、手だての利用）

・労働過程（総合したものとして）

（2）労働過程一般

（A）技術過程（技能、技術、理論）

（B）組織過程（三レベルの協業）

（3）賃労働関係――雇用者と賃金労働者（被雇用者）――現在の日本の福祉労働は賃労働によって担われる

（4）福祉労働過程を制約するもの――労働対象（実態）、要求運動、法、制度、人事、行政指導、様々な基準、保障手段の実態、文化

（5）福祉労働の二重性（図6―1）

（A）権力の支配（国の方針政策）を具体的に貫徹する労働（差し当たってはそのために雇用されている）

（B）人民の要求を実現する労働（労働者としての自覚と連帯によって生み出される）

（6）児童福祉労働の特殊性

①子どもを対象とすることから――大人の願い、希望を託する者を育てる↓大人側の価値と文化の対立が労働の中に

（a）現在の社会構造を忠実に維持強化する担い手を育てるか

（b）近い将来の主権者として社会を変革創造する能動的主体を育てるか

②親の問題と切り離せない↓家族全体の過去と将来が現在に集約されている

③福祉ということから↓生活への具体的援助

（a）慈恵や劣等処遇により、権利に無関心な低

図6－1　福祉労働の二重性

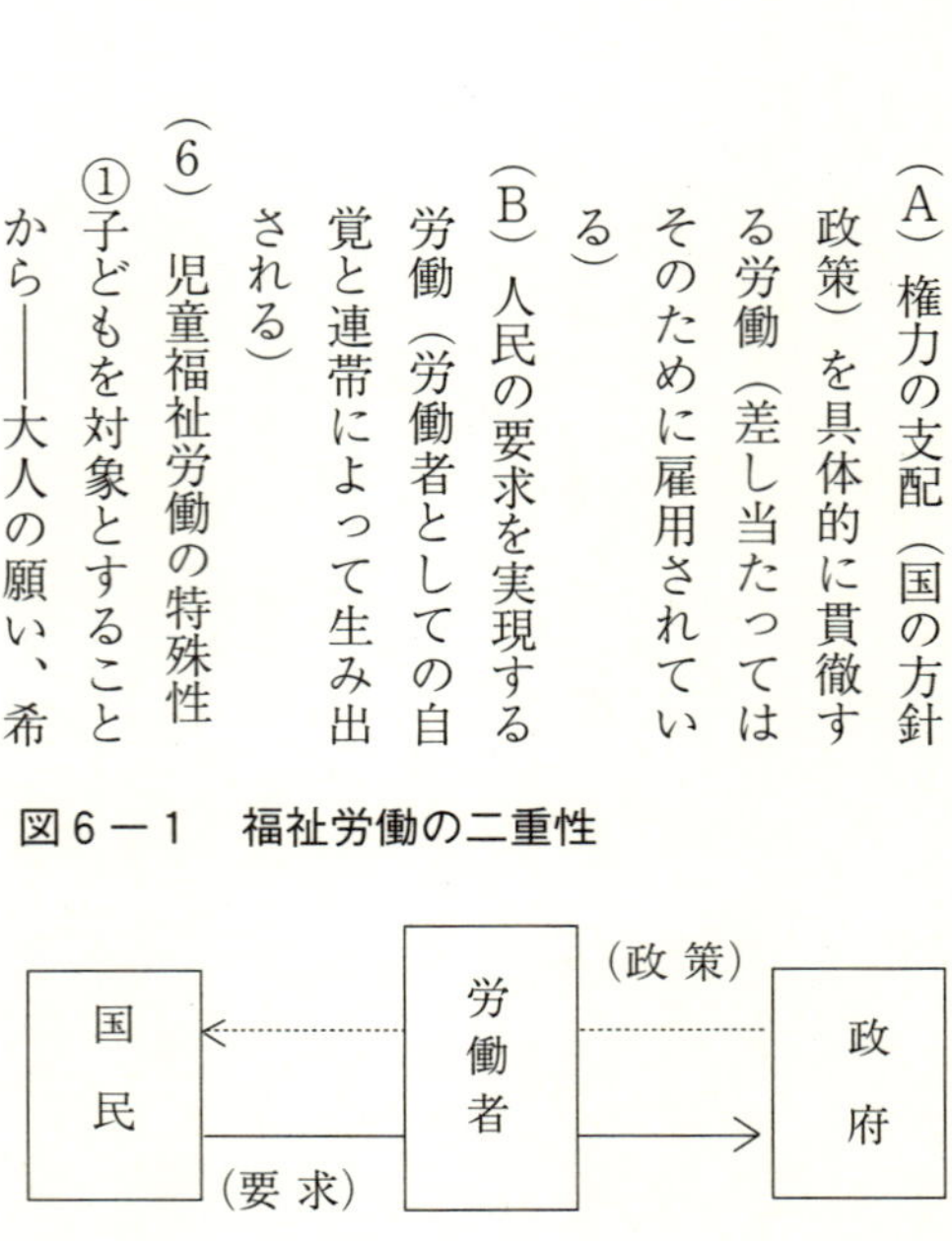

所得労働者を育てる労働か

（b）権利の回復を部分的にも実現することにより、権利侵害の連鎖と累積を断ち切り、将来権利を発展させる担い手を育てる労働か

④総合性——教育、医療、福祉の総合的な保障（協業の重要さ）

（7）児童福祉労働の諸相とその特徴

二　労働実践の具体像——相談、通告、介入行動、要求把握、援助活動

（1）利用する積極的意思、利用したくない消極的意思、子どもの状態からする必要性、拒否しても必要な援護（虐待等）

（2）問題解決の主体は子どもと親＝生活主体としての子どもと親、発達主体としての子ども、養育主体としての親——具体的援助は共同作業

（3）生活から出発する要求把握＝家族全体の生活を視野に——出来るだけ具体的な生活をつかむ——生活と家族それぞれの願い、不安、不満などの歴史性、社会性、地域性をつかむ→共感と積極面の支持

（4）具体的対応＝当面の状況、困った現象（混乱、困惑、愚痴など）→問題の自覚と願い→問題の構造を掴む→当面の緊急対応と基本的な問題への対応

（緊急、当面の問題と基本的問題への中期長期の援助計画——パーマネンシイプランニング）——子どもの要求と親の要求、その一致と背反——矛盾、必要、願い

三　専門性と専門職（制度）

（1）福祉の専門性とは何か——二つの対立（cf 児童福祉労働の特殊性）

（2）理論に基づいて労働すること、労働に基づいて理論化すること

・どんな理論も現実的根拠を明らかに（方法を学ぶ際の基本的姿勢）

・理論の有効性は常に一定の条件のもとで成立つ

（3）専門職、専門職制度

①社会福祉士制度制定試案、保育士、臨床心理士等の専門職制度問題の歴史

②社会福祉士、介護福祉士——様々な議論、位置づけ

③保母、社会福祉主事、その他の専門職

（4）　児童福祉分野の各職種と専門職
四　福祉労働者と「マンパワー」政策
①マンパワー問題が出るのは重要な時期
②政府のマンパワー政策論
③現在のマンパワー問題
五　関連分野との連携
（1）　関連分野の広さ
（2）　連携するとは
六　児童福祉の運動
（1）　運動の種類概要——人間に相応しい生活と労働を求め
①制度の制定、改善の要求運動
②施設、サービス改善の要求運動
③労働内容改善の要求運動
④労働条件改善の要求運動
⑤機関、施設の民主化要求運動
⑥自主的な実践・研究運動（労働内容変革）
（2）　要求運動の主体——労働者、各種団体
①親、当事者の団体
②労働組合
・社会福祉職場改善運動（鳥取皆成学園、東京「収容施設改善闘争」
・社会福祉改善闘争
・施設運営民主化運動
・健康と福祉を守る運動
③業種団体（予算対策運動、子どもの人権委員会等）
（3）　「づくり」運動
①保育——共同保育所（〇歳児、長時間、障害児、夜間、学童）
②障害児——通所施設、全員入学、共同作業所、生活実習所
③「づくり」運動と実践
（4）　実践・研究運動
①何故つくられたか
②どんな運動があるか
③共通の成果と困難

第三篇　児童福祉の具体的問題

第七章　養護問題＊

＊一九九四年度配布プリント

一　養護問題――その具体像と最近の特徴

（1）具体像――棄て子、置き去り、虐待、父（母）の蒸発、病気、離婚、保護者稼働、未婚の母（父）、

（2）「家庭で子どもを育てられない（育てることが適切でない）――社会的に育ててほしい（育てなければならない）」問題→子どもの現在の状態やいままでの養育が、子どもの生命、健康、発達などの諸権利を侵害する恐れがあるので、新しい養育を必要とする問題→社会的養護――その数は？

（3）最近の養護問題の特徴

①親のいる場合が多い

②子どもの年齢が高くなっている

③子どもに発達のつまずきが多くなっている

二　どこへ相談したら、どんな保障が得られるか

（1）相談から措置までの過程（図7―1参照）

（2）措置による社会的養護の形態

（A）在宅サービス（親からの不分離）

①保育所、母子寮等の通所形態児童福祉施設

②児童福祉司指導（助言、カウンセリング、あそび他――家庭訪問、通所）

（B）親から分離した養育

（B1）里親

・里親の二種類＝養育里親、養子縁組里親

・里親登録まで＝申請→調査→意見書→児童福祉審議会への諮問→認定登録

・委託措置（登録後委託まで）＝（登録研修）→子どもとの見合い→面会等→委託

・施設と里親――歴史的経過（施設不足、処遇不十分の時便宜的に利用）

・親との関係

・高年齢児に応じた処遇ができにくい

（B2）生活施設（生活と発達的かかわりの保障）

①乳児院（児法37、原則一歳未満児、運用二歳未満児）

②養護施設（児法41、大舎制、小舎制、地域の学校へ通学、日課、職員との関係、面会等親との関係）

③「新しい形態」としてのファミリーホーム、グループホーム

④その他の児童福祉の生活施設（適当と判断された時）

（3）保障内容

共通――十分に悩みが聞かれ情報が提供される

（A）通所等の施設、サービス

①発達的かかわりの保障

②養育の援助

（B）生活施設

①衣食住の保障

②発達的かかわりの保障

（4）保障の基本

奪われた権利（子どもと親の）の回復――平等でゆきとどいた内容が必要――社会的な責任による保障

三 養護問題のとらえ方――養護問題は何故発生するのか

（1）当事者の直面している困難と心境

（2）一般的認識――

①親の無責任論――かわいそうな子どもの救済――劣等処遇につながる

②児童福祉問題の中のごく一部、或いは傍系の問題になったという認識

（3）逸脱的、病理的問題――家族病理或いは親の人格問題の結果――恵まれない子に手を差し延べる――社会的慈恵の恐れ

・競艇、競輪に象徴的な社会の仕組みとレーニンの言葉

（4）権利侵害の連鎖、累積の結果として問題が重層化し、子どもの養育上にあらわれたのが養護問題

①出身階層調査――鈴木調査、丹野調査、厚生省養護児童調査

②全国児童相談所長会調査

③虐待調査

④貧困問題の一つ→「虐待調査」の結びの一節

（5）養護問題の児童福祉問題に占める位置

①狭義、中義、広義の養護問題

②養護問題は児童福祉問題の基底

（6）最近の特徴の意味――権利侵害の見え難さ

四 処遇を規制するもの――社会的養護の財政問題

（1）職員配置、建物、設備等の基準（児童福祉施設

図7－1　養護問題に関する児童相談のプロセスの基本形

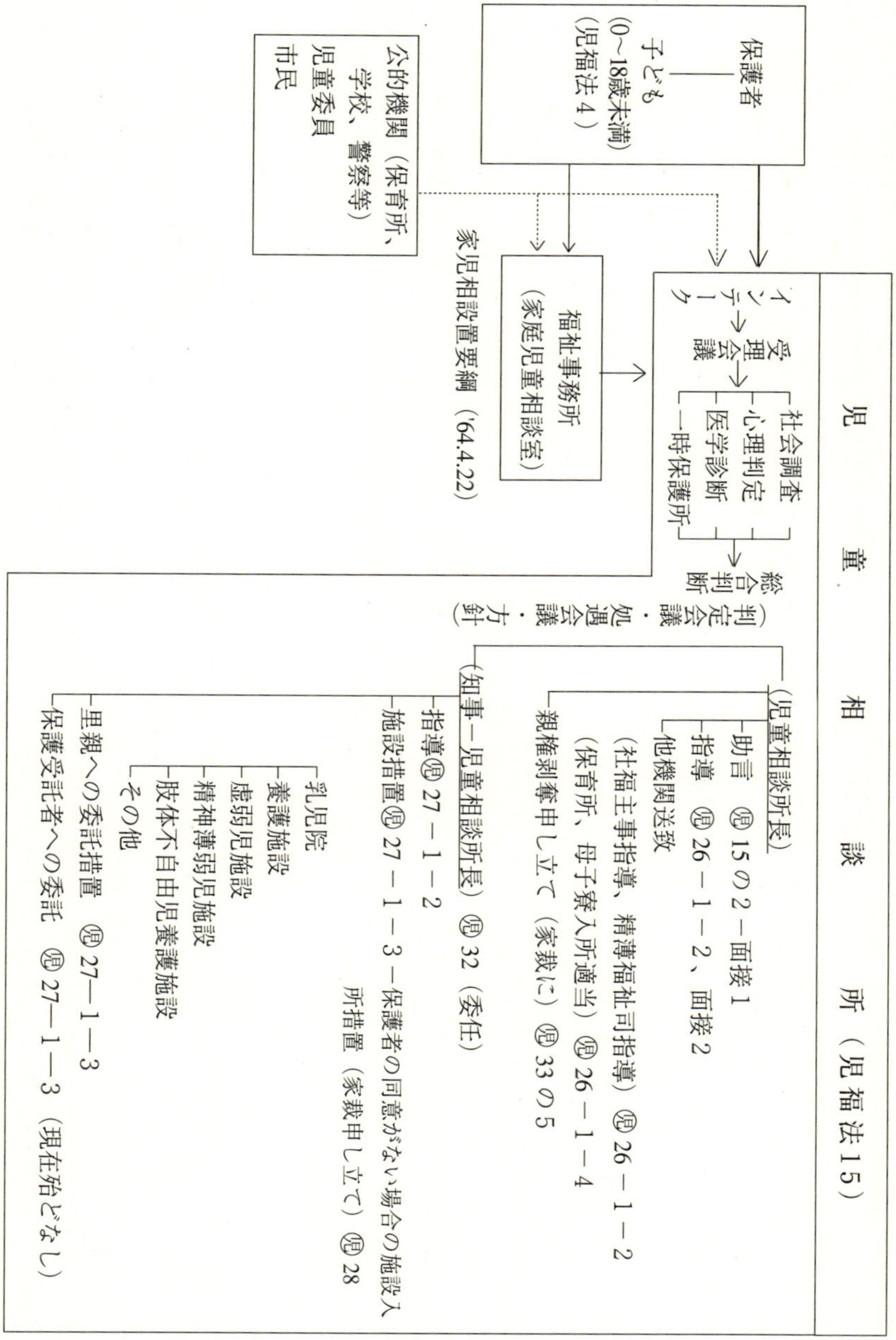
保護者
子ども
(0~18歳未満)
(児福法4)
公的機関（保育所、学校、警察等）
児童委員
市民
福祉事務所
（家庭児童相談室）
家児相設置要綱（'64.4.22）
児童相談所（児福法15）
インテーク→受理会議→
社会調査
心理判定
医学診断
一時保護所
総合判断
（判定会議・処遇会議・方針）
（児童相談所長）
助言　児15の2－面接1
指導　児26－1－2、面接2
他機関送致
（社福主事指導、精薄福祉司指導）児26－1－2
（保育所、母子寮入所適当）児26－1－4
親権剥奪申し立て（家裁に）児33の5
（知事―児童相談所長）児32（委任）
指導 児27－1－2
施設措置 児27－1－3－保護者の同意がない場合の施設入所措置（家裁申し立て）児28
乳児院
養護施設
虚弱児施設
精神薄弱児施設
肢体不自由児養護施設
その他
里親への委託措置　児27－1－3
保護受託者への委託　児27－1－3（現在殆どなし）

最低基準）

（2）予算、措置費

①措置費の性格

②内容

③措置費の出る仕組み――行政改革との関係

（i）国庫負担金

（ii）地方公共団体の負担

（iii）保護者の負担

五　運動は権利保障をどのように前進させて来たか

（1）要求運動――措置費問題、処遇条件、労働条件の改善問題

（2）実践・研究運動――全国養護問題研究会、児童相談所問題研究全国連絡会

六　今後の課題

①養護問題の子どもへの告知、意見表明、将来の見通しや家族の再建計画への子どもの参加

②定期的審査への権利

③生活水準（衣食住特に空間）の向上

④人間関係を結ぶ権利――自立問題と関連して、高校生の意見

⑤親と社会の共育て（シェアリング）

⑥教育への権利――学習権の保障（学力をつける機会、勉強する物理的環境等）、後期中等教育の保障

⑦権利行使の主体としての子ども――施設の規則に関する子どもの参加

⑧プライバシィの保障――信書開封、電話、盗聴、持ち物無断検査等

参考1　さまざまな貧困の様相

①金のかかる仕組みがつくられ

（a）金がたりないため人間として必要な衣食住の水準が保てない

（b）収入を得るために追われる。収入を維持するために労働時間が長くなり、生活時間が短くなり、人間としての社会関係が結び難くなったり、薄くなったりする

②生活が不安定で、何かのきっかけで現在の生活が根こそぎ引っ操り返る恐れがあり、しかもいつそれがやってくるかわからない

③労働と生活の忙しさ、余裕のなさの中で、資本によって供給される商品を生活の中で沢山使わざるをえなくなり、生活活動が少なく、弱くなる

④生活時間の短さや生活活動の少なさ、弱さと表裏の関係で、家族がわずかなきっかけで葛藤を深刻化させたり、離散したりし易くなる
⑤生きる環境としての自然が破壊されることが進む一方、労働災害、職業病、慢性疾患、精神疾患、アルコール依存が増え、さらには賭博、性の商品化等の頽廃文化が、家族、青少年を脅かしている

「資本主義は、労働者と勤労農民のあいだにひそむいくたの人材を圧殺し、おしつぶし、うちくだいた。これらの人材は、困窮や困難や、人間の人格に対する嘲弄の重さに耐えられないで滅びて行った。」（レーニン）

参考2　社会的側面からみた養育活動の内容
（大人が子どもに働きかける場面）

一　具体的養育活動――活動をする力とその発揮
（1）　予測受信活動
①子どもの必要を洞察する活動
②子どもの要求、子どもに「起こりうること」、などを予測する活動
③子どものサインとその意味を受け取る活動
（2）　対応活動
①対応の選択肢を豊かにし、蓄積する活動
②選択肢の中から（1）との関係で最も適切なものを選ぶ力
③選んだ選択肢を（　）タイミングをみて（　）適切な程度に調整して実施する活動
（3）　修正機能
①（2）の大人（たち）の対応に対する子どもの反応とその意味をつかむ活動
②対応活動を（3）①に応じて
（i）　継続　（ii）　強化　（iii）　変更
の判断をして調整する活動
（4）　客観化活動
①子どもの必要や発信に対して、自らの対応がどうだったかを評価する活動
②こういう時に、こう対応すれば、こういう反応が返るというその子どもについての情報を蓄積し、その後の養育に生かす活動→（2）①に返る

二　養育の全体構造
（1）　養育目的と児童観
（2）　養育活動（技術を含めて）
（3）　養育関係

三　全体構造を支えている条件
（1）　現在の
（ⅰ）衣食住の生活基盤とそれを支える経済的条件
（ⅱ）生活関係
（ⅲ）労働の状態（どんな仕事に、どんな条件で、どんな人間関係の中で働いているか――何を働き甲斐にしているか）
（ⅳ）文化
（ⅴ）これらの相互関連と総合
（2）　過去の
（ⅰ）衣食住の生活基盤とそれを支える経済的条件
（ⅱ）生活関係
（ⅲ）文化、教育（家庭、学校、地域での人との出会い、育てられ方など）
（ⅳ）労働（どんな仕事につき、どんなことを獲得し、または喪失したか）
（ⅴ）これらの相互関係と総合
（3）　二の養育の全体構造に（1）（2）がどのように影響しているか
四　矛盾と心理的葛藤
（1）　子どもの必要、要求（A）と養育活動（B）との矛盾
（2）　それが子どもと養育者にどのような心理的葛藤をもたらしているか

第八章　保育問題＊

＊一九九三年度配布プリント

一　保育問題とは
生活基盤を家庭におきながら、一日のうちの一定時間を社会的に保護、育成することを社会的に保障する問題について、それが必要な状況、保障の考え方制度、実践などをいう。
二　現在の保育問題
（1）　親の状況から（女子労働者の増加、育児不安の増加など）
①家族の多くが労働することによる一定時間の保育の欠除を保障
A　経済的理由――両親が働かなければ生計の維持ができない
B　家族が働き続けること
・個人の視点――自己実現、社会的な貢献
・社会の視点――経験の活用、専門性の維持、

発展、労働力の充足等
②育児不安、密室育児からの開放（虐待した親の述懐）

（2）子どもの状況から（少子社会、地域での遊び場、子どもの交流の減少、動的な遊びの増加など）
①子ども同士の交流の保障
②さまざまな年齢階層との交流からの疎外からの回復

（3）国際的な動向
①子どもの権利条約――特に一八条
②「家族的責任を有する男女労働者の機会均等および平等に関するＩＬＯ一五六号条約、一六五号勧告」（親である男女労働者がもつ家事、育児、介護という家族的責任を果たすことのできる両親休暇と近親家族の介護休暇の保障、保育施設の保障・充実の必要性を定めている）――それに基づく国内法整備、保障拡大

（4）保育保障の考え方の変遷と「保育に欠ける」中身
・一九四七　毎日新聞記事、一九五四　母親大会の訴え
・児童福祉法制定当時の政府の考え
①成立当初の法文「保護者の労働その他の事由によりその監護すべき乳児又は幼児を保育所に入所させて保育しなければならない」
②この場合の「労働」は家事労働も含む、「終日乳児又は幼児につきそって、完全な保育をすることができない」場合は保障する（「法案提出説明」）
③保育所機能は生活保障、発達保障、婦人解放の三機能（「想定問答集」）
・一九五一　児童福祉法改定により「保育に欠ける」が条件となる。その背景
①施設建設が保育要求に対応するように進まず
②財政引き締め（一九四九　シャープ勧告）――五〇国庫負担金から平衡交付金へ
・「保育に欠ける」解釈を行政解釈により縮小、一九六一から厚生省が入所基準をつくる
・高度経済成長期の経済審議会のマンパワー対策と中央福祉審議会の保育七原則
・保育の家庭責任論から保育要求の「多様化」に伴う保育所の柔軟運営へ

（5）保育問題と保育所入所問題――無認可保育所問題と関連して

（6）家事労働の社会化とその形態

・社会化の幾つかの道
・共同生活手段としての保育所
・公的保障と措置制度――その意味と内容

三　保育保障としての保育所――その手続きと保障内容

（1）保育所の概況――最も身近な児童福祉施設、施設数、入所児童数等の概況

（2）福祉と教育の統一としての保育所

・発端は生活問題→「託児所」から集団的教育の場へ→統一的視点の重要性

（3）入所窓口――市町村（福祉事務所、保育課等）他機関からの送致

（4）措置の実際と運用上の問題点

・措置権者は市町村長
・措置の申請と相談
・措置権者に応答の義務――不作為に対する行政不服審査法に基づく不服の申し立て
・行政処分（措置、未措置）に対する行政不服審査法に基づく不服申し立て

（5）保育内容――保育時間、健康、生活、教育

四　保育保障の財政

（1）保護者費用負担、公的負担

（2）団体委任事務化の中で

五　「学童保育問題」

（1）その発端、経過、現状

（2）法的根拠

（3）保育の場も保育内容も運動により作られたもの――学童保育の特徴

（4）最近の動き

六　現在の保育問題の焦点

（1）政策主体の動き

・「親無責任論」「保育所に入れると不良になる」（俗論）→臨調路線の「保育所なんかもういらない」→「家庭支援」政策の中への位置づけ（但し公私役割分担、多様な要求に対する多様な供給体制＝市場原理の導入など）
・具体的には　一九九〇　一時保育事業、一九九一夜間、休日保育（民間）、一九九二育児リフレッシュ事業（母親が子どもから離れて買い物や文化的活動などでリフレッシュするために子どもをあずかる）

・企業委託型保育サービス（企業と保育所が委託契約――日曜休日などに休めないサービス業などの従業員に保育サービスを提供）
一九九三事業所内託児施設助成（労働省）
（2）各団体の報告、提言
「これからの保育所懇談会」提言など
（3）措置制度をめぐって
・措置制度の廃止と市場原理
・措置制度問題の考え方――三相の検討
①現在の措置制度の問題点とそれをもたらした理由
②現在の措置制度を人権保障のものとするための改善の方向
③人権保障としての社会福祉に関する公的責任の果たし方はどのような方法があるか

第九章　非行問題＊

＊一九九四年度配布プリント

一　非行の現象
（1）具体的事例・窃盗（万引き、自転車盗、オートバイ盗、その他）、占有離脱物横領、
・傷害、殺人等――横浜「浮浪者殺傷事件」、女子高生監禁殺人事件など
・初発的現象としての金銭持ち出し
・いじめ
（2）歴史的経過と現在
・第二次世界大戦後の量的なピーク→第一、第二、第三
・現在の特色
・犯罪統計による分類、数字の扱いに注意すべきこと
二　少年非行に対応する児童福祉の制度、処遇
（1）犯罪少年、触法少年、ぐ犯少年の区別と少年法、児童福祉法（図9―1～9―4参照）
（2）児童福祉法による対応
①通告――その性格、通告率
②児童相談所の処遇プロセスと内容
③措置の種類、根拠、内容
（3）施設――その種類、処遇内容、課題
・教護院、情緒障害児短期治療施設、その他
・適正手続き（子ども抜き、冤罪等の問題）、就学猶予、免除問題、みなし教育、体罰

図9−1　犯罪少年、触法少年、ぐ犯少年に対する児童福祉法、少年法の関係

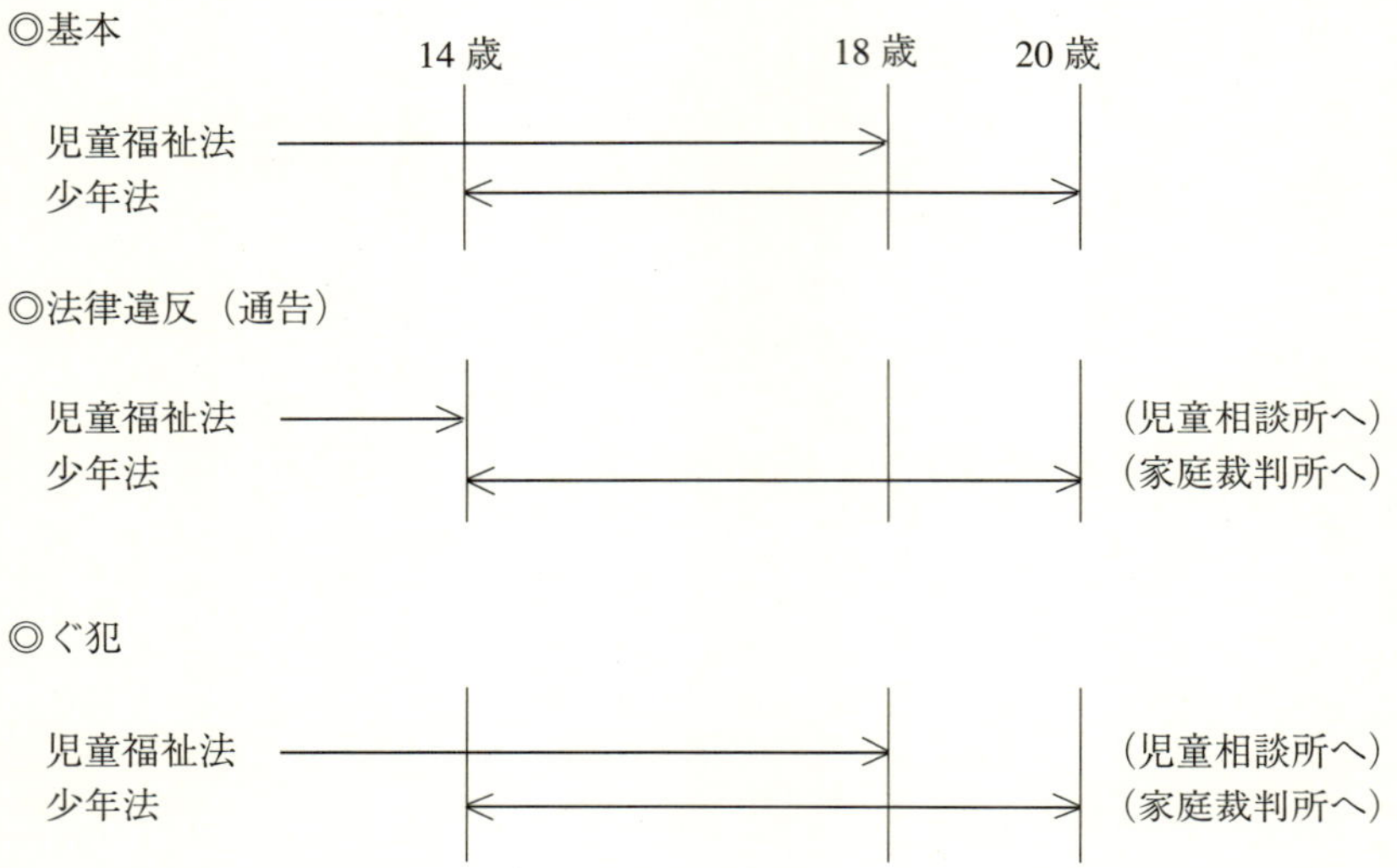

三　少年法との関係

（1）少年法の対象範囲とその特色——全件送致主義、司法福祉

（2）家庭裁判所の審判のプロセスとその内容

（3）少年院と教護院——自由拘束（鍵）、期間

四　非行問題をどう考えるか

（1）いくつかの考え方

①不適応、逸脱、アブノーマル、病理現象——標準からそれた異常という考え方——ラベルを貼る側と貼られる側（その社会の支配的価値観の問題）

②はしか論——だれでも一度は＝放って置けば自然によくなる

③要因列挙説

（2）非行問題におけるそれぞれの立場の特徴

・子どもは——非行行為で要求と現実との矛盾を表現——当面大人からの介入を拒否

・学校は——管理体制下では「腐ったみかん」、一罰百戒的措置を要求——教育の限界論

・地域は——はためいわくの排除という論理が働き易い

・親は——一見矛盾する複雑な願い

図9−2　少年非行に関する対応（1）「触法少年」

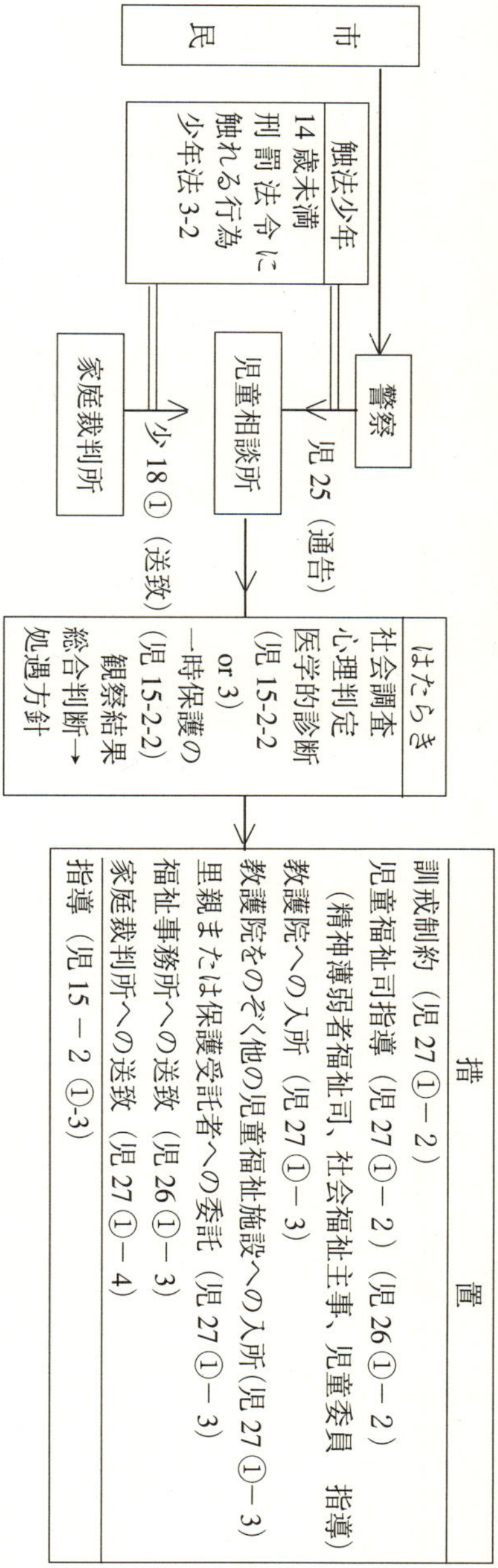
市民
触法少年
14歳未満
刑罰法令に
触れる行為
少年法3-2
警察
児25（通告）
児童相談所
少18①（送致）
家庭裁判所
はたらき
社会調査
心理判定
医学的診断
（児15-2-2
or 3）
一時保護の
（児15-2-2）
観察結果
総合判断→
処遇方針
措置
訓戒制約（児27①−2）
児童福祉司指導（児27①−2）（児26①−2）
（精神薄弱者福祉司、社会福祉主事、児童委員　指導）
教護院への入所（児27①−3）
里親または保護受託者への委託（児27①−3）
教護院をのぞく他の児童福祉施設への入所（児27①−3）
福祉事務所への送致（児26①−3）
家庭裁判所への送致（児27①−4）
指導（児15−2 ①-3）

図9−3　少年非行に関する対応（2）「ぐ犯少年」

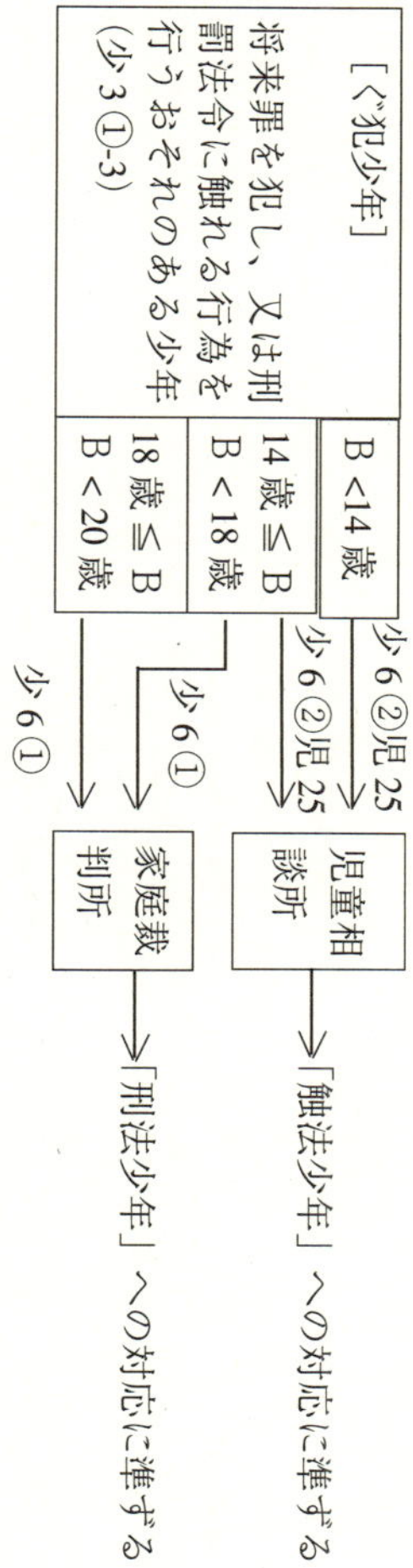
［ぐ犯少年］
将来罪を犯し、又は刑罰法令に触れる行為を行うおそれのある少年（少3①-3）
B<14歳
14歳≦B<18歳
18歳≦B<20歳
少6②児25
少6②児25
少6①
少6①
児童相談所
家庭裁判所
「触法少年」への対応に準ずる
「刑法少年」への対応に準ずる

図9－4　少年非行に関する対応（3）「犯罪少年」

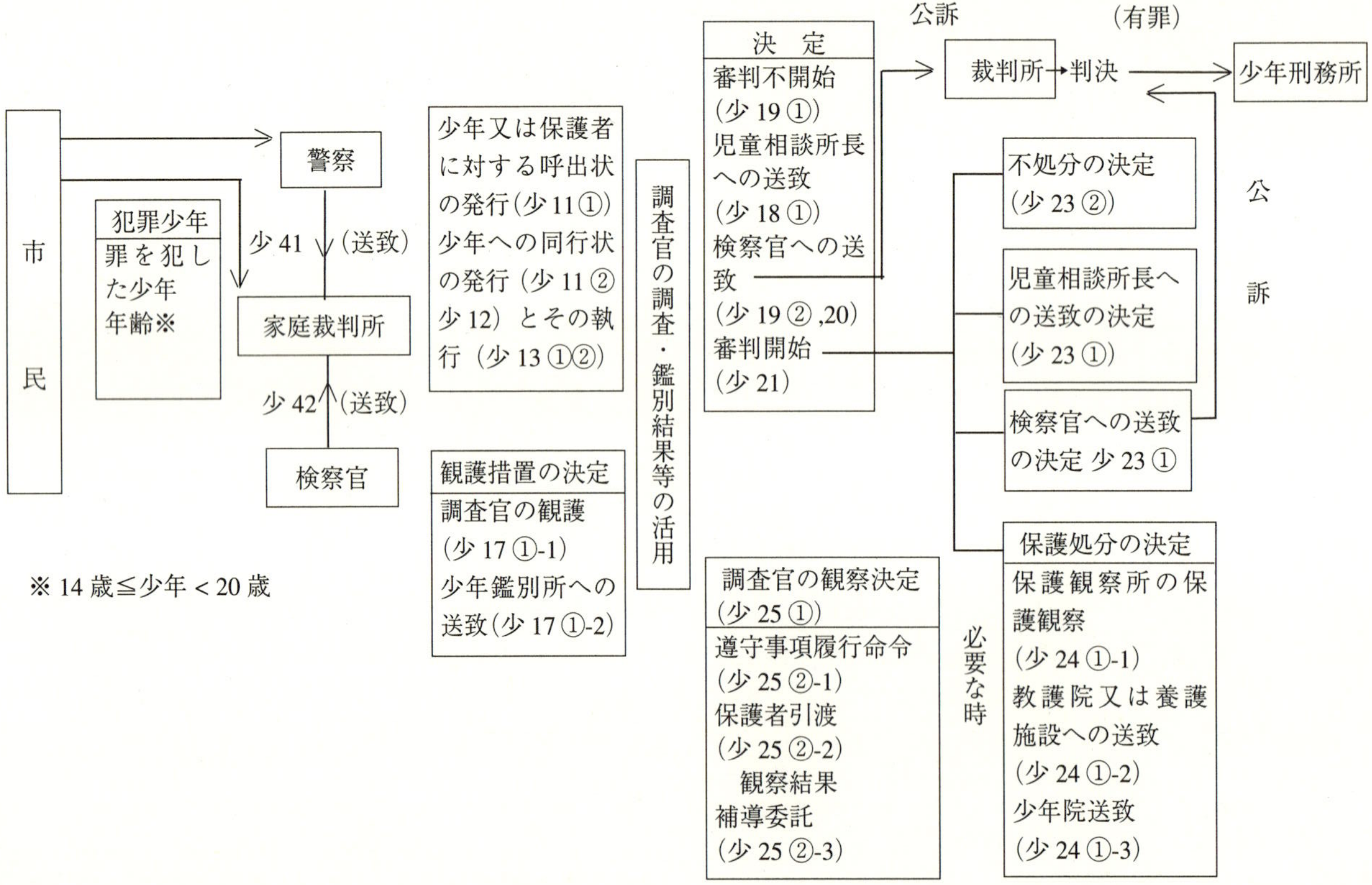
市民
警察
犯罪少年
罪を犯した少年
年齢※
少41（送致）
家庭裁判所
少42（送致）
検察官
少年又は保護者に対する呼出状の発行（少11①）
少年への同行状の発行（少11②少12）とその執行（少13①②）
観護措置の決定
調査官の観護（少17①-1）
少年鑑別所への送致（少17①-2）
調査官の調査・鑑別結果等の活用
決　定
審判不開始（少19①）
児童相談所長への送致（少18①）
検察官への送致（少19②,20）
審判開始（少21）
調査官の観察決定（少25①）
遵守事項履行命令（少25②-1）
保護者引渡（少25②-2）
観察結果
補導委託（少25②-3）
必要な時
公訴
裁判所
判決
（有罪）
少年刑務所
不処分の決定（少23②）
児童相談所長への送致の決定（少23①）
検察官への送致の決定 少23①
公訴
保護処分の決定
保護観察所の保護観察（少24①-1）
教護院又は養護施設への送致（少24①-2）
少年院送致（少24①-3）

※14歳≦少年＜20歳

（3）いじめの構図――一人（被害者）対複数（いじめる側）対　多数（傍観者、観衆）
役割の変わり易さ
（4）非行が何故問題なのか
①非行を行う子どもの側から――生活と発達の権利の侵害＝発達要求と現実的諸条件との矛盾（特に生活、家族関係、教育との関係）――発達の未獲得、停滞、もつれなど
②他の人の権利の立場から――①の混乱から生ずる行動としての他人の権利侵害
③本人、家族のその後の生活を規制する問題

五　さまざまな分野での実践

*以下の（2）の前に、内容が判然としないが、（1）の項目があり脱落したと思われる。

（2）関係分野での実践
①児童福祉――児童相談所、教護院
②教育――校則の改正等
③地域――非行克服のつながりあい

六　非行問題の克服のために

（1）対応の基本
日本国憲法の民主主義、平和主義、基本的人権の尊重、及び子どもの権利条約特に第四〇条を理念に
①発生の共感的理解（非行をした子どもの権利と関連）――子どもの生活実態、悩み、発達の芽などをしっかりつかむことの重要性
②行為の否定（何故否定するか→他の人の権利を侵害すること、連帯の破壊）
③人間の尊厳の一貫した尊重
④孤立の克服（子どもも親も）
［付］「誤りをおかす自由」について
（i）子どもが誤りを克服する力を獲得する権利の保障
（ii）誤りに真っ直ぐ対する大人たちの責任
これらは力による抑圧と対峙するもの
（2）具体的な取組の方向
①生活と発達の保障（奪われた権利の回復）
②大人達自身の矛盾（家族間、学校の中、地域）の克服
力に頼る弱点を克服しながら一致するねがいで大きなつながり

七　現在の非行問題の焦点

（1）深刻な問題性――広い発生基盤、何が起こるかわからない問題
（2）触法少年の冤罪事件と児童相談所の仕事の再検討
（3）少年法「改正」問題と「少年非行総合対策要綱」（一九八二・五・二七）――その具体的問題点
（4）再教育の理念と制度の変革
（5）家族、地域全体でのとり組みの必要性（暴力団の触手）

第一〇章　障害児問題＊

＊一九九四年度配布プリント

一　身体障害と知的障害
（1）具体的な現象
（2）概念

二　障害児福祉の視点
（1）障害の考え方――ＷＨＯの定義
①機能障害（Impairment）
②能力障害（Disability）
③社会的不利（Handicap）

・かつての障害のとらえ方（日本）
「精神薄弱児の大多数は適切な保護のもとに医療と教育の機会さえ与えられれば、十分その能力を発揮し…相応の生産力を有する」（一九五三次官会議決定「精神薄弱児対策基本要綱」）
（2）障害の発生について――特に社会問題との関連
（3）理念
①「一般健常者との間のハンディキャップをうめる」ものとしての福祉（一九六六・一二・二四身体障害者福祉審議会答申）
②子どもの権利条約第二条、第二三条
（4）視点
①医療、教育、生活などの総合的視点
②一生を見通しての保障
現在の年齢、時期の位置づけと保障体系
一つの部分的前進は新たな矛盾を生み、その解決を迫る

三　障害をもつ子どもと家族がどのような実態にあるか
（1）一九六〇年頃の実態――教育と通園施設、施設入所待機、多くの在宅児、二次障害
（2）現在――障害種類別数と生活実態

（3）保障を前進させてきた原動力

四　福祉の保障――相談窓口と保障内容

（1）障害の発見と相談（保健所、病院、児童相談所）

（2）障害の軽減等――育成医療（保健所）――児福法第二〇条、補装具（福祉事務所）――児福法第二一条の六

（3）年齢、障害に応じた養育のてだて――通所訓練施設等（児童相談所、施設）

（4）家庭、地域での生活の援助――「所得保障（手当て――市区町村役場）、家庭奉仕員（福祉事務所、市町村役場）

（5）家庭に問題が生じた時

生活施設（児童相談所）、緊急時の一時保護（児童相談所、市区町村役場）

五　福祉以外の保障

（1）医療

（2）教育――幼児、学校（後期中等教育を含めて）

（3）労働――職業訓練を含めて、労働の本源的な意味

六　課題

（1）ノーマライゼーションと民主主義――障害者差別について（政策と観念）

（2）公的な保障――谷間と薄さの克服――あらゆる生活場面での権利の実現

（3）自己負担増と市場原理導入の問題点

第一一章　学校へ行けない（行かない）子どもの問題及び情緒障害児問題＊

＊一九九四年度配布プリント

一　学校に行けない（行かない）問題

（1）現象と特徴

・事例

・いつごろから発見され、増えたか

（2）さまざまな考え方と定義

――登校拒否を情緒障害に含めていいか、タイプ、心理規制についての諸説

・不登校の子どもたち自身の調査

二　児童福祉分野での保障

（1）相談するところ――児童相談所など

（2）具体的な対応――助言・児童福祉司指導、面接

指導（通所、家庭訪問、宿泊指導、一時保護所入所）、施設入所（情短施設、養護施設、虚弱児施設、教護院など）、医療機関等への紹介

三　「情緒障害」の概念と現象
・「情緒」とはなにか
・「障害」——原因、復元の可能性との関係
（1）emotional disturbance , emortionally disturbed child
（2）一九六一年児童福祉法に「情緒障害児短期治療施設」新設時の行政用語で定義なし
（3）一九六七年中央児童福祉審議会意見具申の定義
〔「情緒障害児短期治療施設の入所対象児」〕
「家庭・近隣、学校での人間関係のゆがみによって、感情生活に支障を来たし、社会適応が困難になった児童」
・登校拒否、かん黙、ひっこみ思案等の非社会的問題
・怠学、反抗、金員持ち出し、などの反社会的問題
・夜尿、チック、吃音等の神経性習癖
・その他の問題行動
〔除外〕精神薄弱、自閉症、小児期の精神病、脳器質障害が原因となっているもの

四　学校に行けない（行かない）子どもの援助の基本的視点
（1）生きる保障
①居場所（偏差値からの解放＝自分が自分として認められること）
②仲間——二重の学校
③学ぶ、創る＝自己実現（学習権の意味）
④生活活動、遊ぶ
（2）生活を基盤に総合的な働きかけの大切さ
・「不登校健全説」
・「なんでも治療対象説」——治療概念と発達概念

五　その他の「情緒障害」とその対応
（1）かん黙——心理的な原因によって口をきかない
〔除外〕身体的理由（聾唖など）、自閉症など
（2）その他——摂食障害等

六　実践例
・「あそびきる」ことによる人間の回復
・自主グループの様々な試み

七　情緒障害児短期治療施設の生活と指導
①生活指導

②心理療法
③保護者の指導
④学校教育（原則として施設内学校——情緒障害児学級）
⑤医療的な「治療処遇」（健康管理、投薬など）

八　関連分野の保障
①教育系——教育相談所（室）、情緒障害児学級、虚弱児養護学校、ベッドスクール、保健室、スクールソーシャルワーカーによる援助など
②医療系——病院の思春期外来、病棟
③自主的グループ

第一二章　ひとり親世帯の問題

一　ひとり親世帯の概念
（1）一夫一婦制に基づく標準世帯——broken、逸脱、病理現象として理解された欠損世帯
（2）価値の転換——離婚世帯の増加等による
（3）母子世帯中心から父子世帯も含めて一括りの概念への流れ
戦争→留守家庭、銃後の守り、未亡人→死別母子→離別母子→父子も含めて
（4）欠損家庭（broken family）からひとり親（単親）家庭（one parent family＝英国、single parent family＝米国）へ

二　母子世帯、父子世帯、その数
（1）ひとり親になった理由——離別、未婚の母、未婚の父
（2）その数

三　ひとり親世帯の困難
・一九八七年札幌事件
（1）ひとり親世帯の実態
①離婚理由
②離婚白書
（2）直面する困難
・経済的な問題
・養育上の問題（手がまわらない、異性の子）
・安定した愛情関係（相談相手、役割分担、精神的支え、性的安定）
・問題処理についての重責（細かいこと、大きいこと何でも一人で）

四　母子世帯への援護――その窓口と具体的内容、法的根拠

（1）所得保障

（2）母子寮――児童福祉法、福祉事務所、母子寮の特徴と保障内容

（3）その他の援護――児童福祉法、母子寡婦福祉法を中心に

（4）未婚の母と子――児童福祉、母子福祉、婦人福祉の重なり合い

五　父子世帯への援護――その窓口と具体的内容、法的根拠

（1）父子世帯への援護が遅れている理由

（2）父子世帯への具体的な援護

六　最近の特徴

・単親世帯の国際化
・別れた後の共同の子育て
・当事者組織

第一三章　子育て支援及び健全育成＊

＊一九九四年度配布プリント

一　子育て支援と健全育成

（1）現状からの必要性

①子育て支援

・少子化の進行（出生率の低下）共助き世帯の増大、家庭育児栈能の弱体化（育児不安その他）→社会全体の取り組み必要→教育、保健福祉、雇用、住宅などの分野を含む総合的な計画とその実施が必要
・長期的労助力（近未来の労働力としての子ども）、短期的労働力（父親、母親）の確保
・子育て不安からの養育不全（「専業主婦」を含めて）

②健全育成

・三つの間抜け（時間、空間、仲間）
・育成環境の悪化（マイナス要因の増加――暴力、性産業等）

（2）理念、法からの必要性

A　子どもの権利条約

①家族と子ども

・前文（「家族が、社会の基礎的集団として……」「児童が、（中略）家庭環境の下で幸福、愛情及び仲居のある雰囲気の中で精緻解すべき」）
・三条（子どもの最善の利益――「父母等の権利及び義務を考慮に入れて……」）
・五条（親の指導の尊重）
・九条（親からの分離禁止）
・一二条（親の第一次的責任に対する援助）　等々

②健全育成
・六条（生存発達の確保）
・一二条（意見表明権）
・一三条（表現・情報の自由）
・一四条（思想・良心・宗教の自由）
・一五条（結社・集会の自由）
・一六条（プライヴァシイ・通信・名誉の保護）
・一九条（虐待・放任からの保護）
・二四条（健康・医療への権利）
・二六条（社会保障への権利）
・二八条（教育への権利）
・二九条（教育の目的、特に一項の（a）（b））
・三一条（休息・余暇・遊び、文化的・芸術的生活への参加）
・三二条（経済的搾取・有害労働からの保護）
・三四条（性的搾取からの保護）
・三五条（誘拐・売買・取引の防止）
・三六条（その他あらゆる形態の搾取からの保護）
・三九条（犠牲になった子どもの心身回復と社会復婦）
・四〇条（少年司法――特に一項）　等々

B　児童福祉法
・特殊な子どもから一般の子どもへ
・法第一条及び第二条――国及び地方公共団体の責任の解釈（有権解釈の変化）

二　「健全」の意味――イギオロギーの反映
・戦時――忠良な臣民
（一端緩急あれば義勇公に奉じ、以て天穣無窮の皇運を扶翼すべし）
・現在の健全の内容をどう考えるか
自分に対して――自己肯定
他との関係――権利を尊重しあう連帯――子どもの権利条約の意味
社会に対して――ユネスコ学習権宣言の意味

（自分自身の世界を読み取り、歴史を綴る権利）

三　具体的な政策

（1）　従来健全育成といわれていたもの

①所得保障――児童手当

②相談事業の拡大（母子家庭等電話相談事業、子ども家庭相談事業、すこやかテレホン事業、乳幼児健全育成相談事業、母子保健相談事業

③地域における健全育成――児童福祉施設など

④問題が生じた場合の居宅の援護、児童福祉施設での援護

⑤児童文化財の推薦、勧告

⑥同居児童の届け出（法三十条）

⑦親権乱用等の場合の親権喪失宣言の請来（法三十三条の五項）――実際の困難、親を子どもから奪う問題、認められなかった場合の問題等

⑧事故防止

⑨児童福祉思想普及

（2）　新たな子育て支援政策――エンゼルプラン（別紙）特徴は周辺領域の多様な拡大とそれを市場原理化すること

四　児童厚生施設（法四十条、児童福祉施設最低基準五十九～六十四条）

（1）　児童館

A　意義

①遊び場、自主活動の場の提供

②仲間を育てる

③自主的、社会的な活動を育てる

④文化の交流、発展をはかる

⑤地域における子育ての一翼を担う

B　形態、機能――「児童館の設置運営について」（九〇・八・七、改正九一、九二）

①小型児童館

②児童センター（①＋体力増進の指導機能）（一九九三年度より中高生の利用を配慮した大型児童センターを種別として認めた）

③大型児童館

A型（②＋都道府県内の児童館の指導、連絡調整）

B型（豊かな視線環境の地域＝子ども王国＝に設置し宿泊、自然を生かした遊び）

C型（広域を対象、芸術、体育、科学等の縫合的な活動ができるもの）

④その他の児童館（小型児童館に準ずるもの）

C　利用——児童館へ直接

D　様々な実践

E　管理教育と行革下の児童館

①塾のため仲間の形成困難

②児童館の場所貸し化

③学童保育との関係（「特別な児童館」から「一般の児童」へという名目の学童保育潰し）

（2）　児童遊園

機能、現在の問題点

五　子育て支援および健全育成のおおもとを押さえる——メニューを盛り沢山にするのか、根っこを押さえるのか

（1）　親の労働の問題

「家庭的責任を有する男女労働者の機会均等および平等に関するＩＬＯ一五六号条約・一六五号勧告」（一九八一年総会採択——日本賛成、未批准）

——親である男女の労働者が家事、育児、介護などの家族的責任を果たすことができるように、両親休暇、近親家族の介護の保障、保育施設の充実等を保障する。

（2）　わかる教育（生徒数、わかる権利の保障）、協同の原理の教育（競争でなく、協力を体験する教育）

（3）　住宅（安くて、プライヴァシィが保障できる空間）

・にんげんが安心して生活できる地域を計画的につくる問題

・自治の一環として、地域での共同の子育て

明治大正期の簡単な年表　◎重要事項　☆児童福祉関係事項　△実態

一八六八	M一	明治改元、堕胎禁止令――人口増加政策
七一	四	☆棄児養育米給与方達（棄児を養育するものに対し、子が一五歳に達するまで一年に米七斗――一日一合九勺支給
七二	五	◎学制公布――教育費自己負担（教育は「善良な臣民を養成するためのもの」「国家に対する国民の義務」）
		☆東京で営繕会議所に養育院（後の東京都養育院）設置――ロシア皇太子来朝のため
		☆乳児院「慈仁堂」
		〜一九八六（M一九）資本蓄積、労働力造出
七三	六	☆三子出産の貧困者への養育米給与方（三子を産んだ困窮者に一時金五円支給）
		地租改正条例、徴兵令
七四	七	☆恤救規則制定（最初の国家的救貧事業）
七九	一二	☆福田会育児院
八一	一四	◎植木枝盛「日本国国憲案」
八二	一五	官業払い下げ続々と開始
八四	一七	大阪紡績、電灯を採用――深夜業始まる
		群馬事件、秩父事件
八五	一八	違警罪即決令
八七	二〇	☆石井十次「岡山孤児院」
八九	二二	◎帝国憲法発布
九〇	二三	☆赤沢鐘美、保育所

第四篇　歴　史

第一四章　日本の児童福祉の歴史概観

序　なぜ歴史を学ぶか

・個々の事実の歴史的な意味

・歴史の法則性

・生産力と社会関係（子殺し、その防止としての避　難所 asylum ――混合収容　生産能力との関係）

一　時代区分

（1）明治に到るまで――何故明治で区切るのか

（2）明治以後十五年戦争終結まで――天皇制下の統一国家、資本主義の成立と発展（産業革命）

（3）十五年戦争終了後――民主主義憲法、国民の運動の展開――諸法制

		～一九〇〇（M三三）◎産業革命——婦人、子どもの労働力を動員　長時間労働、年少労働
		◎教育勅語
九一	二四	☆石井亮一「滝乃川学園」（精神薄弱児施設）
九四	二七	～一九〇九（M二八）日清戦争
九九	三二	☆留岡幸助「家庭学校」
		△横山源之助「日本之下層社会」
一九〇〇	三三	小学校令——四年間無償教育の制度化
		☆野口幽香「貧民幼稚園」、☆感化法
		工場法案議会への上程を阻止される——治安警察法制定
〇三	三六	△農商務省「職工事情」
〇四	三七	～一九〇五（M三八）日露戦争
一一	四四	◎工場法公布、東京、大阪に特高警察を設ける
一三	T二	△石原修「衛生学上よりみたる女工の現況」
一四	三	～一九一九（T八）第一次世界大戦
一六	五	工場法施行
一七	六	ロシアに二月革命、一〇月革命起こる
一八	七	◎米騒動
		大阪府方面委員制度を設置
二〇	九	日本最初の本格的メーデー、☆中央官庁の担当部局——内務省社会局
二三	一二	ソビエト社会主義共和国連邦成立、関東大震災
二四	一三	東大セツルメント東京本所に開設
二五	一四	普通選挙法公布、治安維持法公布
		△細井和喜蔵「女工哀史」

の整備、資本主義の復活——資本主義の発展

二　明治に到るまで

（1）江戸以前

・聖徳太子、悲田院

・大宝律令（たいほうりつりょう）寡孤独廃疾

・戦国時代

（2）江戸時代

・鎖国政策、生産力の低さ、凶作、災害の影響

・年貢の取り立ての厳しさ——人工調節——間引き、捨て子（江戸、大阪等）——ザビエル等の救援活動——キリシタン禁令

・佐藤信淵「農政本論」——慈育館（貧民の乳児に対する——乳児院にあたる）遊児敞（子の遊びと親の勤労保障——保育園にあたる）の構想——実現せず

・江戸幕府の政策——五人組を通じて

の地縁的隣保組織と血縁による相互扶助

三　明治以後十五年戦争終結まで

（1）　明治時代

・天皇を中心とした統一国家――生産力と軍事力の強化――殖産興業、国民皆兵、富国強兵

・基本的手段――官業の払い下げ、教育、徴兵

教育は臣民の養成と労働力の供給で中心的の位置

・明治の三大改革

①地租改正――財政基盤の確保

②学制公布――忠節を尽くす臣民、労働力の養成

③徴兵令――軍事力の基本である兵隊の確保

・義務教育の矛盾

農民は労働力を失う（子守り、家の手伝い）、学費負担

農民の抵抗――就学率の低さ

資本は労働力を求める

・日本の特徴――学制公布と工場法成立の大きなズレ

・民間児童福祉事業

前提――①災害、凶作

②資本主義の弊害

③恤救規則の不充分さ

・明治時代を象徴する幼稚園と貧民幼稚園

（2）　大正時代

・資本主義の発展と工場法

・第一次世界大戦、米騒動、関東大　震災

・制度の停滞

・中央官庁の担当部局

（3）　昭和――十五年戦争終結まで

・世界大恐慌と失業者、困窮者の増大――労働運動、社会運動の弾圧

・セツル運動とそれに対する弾圧――無産者託児所等の閉鎖

・救護法――制定一九二九（S四）年、実施一九三二（S七）年

・感化法を少年教護法に改正、児童虐待防止法の制定一九三三（S八）年

・母子家庭の生活困難――母子心中

――母子保護法制定一九三七（S一二）年

・「満州事変」一九三一（S六）年、「日支事変」一九三七（S一二）年――十五年戦争

・十五年戦争終結までの日本の児童福祉の特徴
　社会防衛、治安対策と教育――善良な臣民の育成

四　十五年戦争終結後
（1）戦後の大混乱――戦争の犠牲者――子ども、母子
（2）諸法制の整備――民主主義の原理
（3）児童福祉法制定後
　①朝鮮戦争終結まで
　②高度経済成長政策まで
　③同政策後オイルショックまで
　④オイルショック以後現在まで

第一五章　英、米の児童福祉の歴史から学ぶ

一　イギリス
（1）エリザベス救貧法前後
（2）産業革命前後と工場法、教育法
（3）第一次世界大戦後
（4）第二次世界大戦後
二　アメリカ
（1）独立戦争前
（2）独立戦争後
（3）白亜館会議とその後
三　歴史に何を学ぶか
（1）視点――労働、教育、福祉の相互関連性――社会の動きの法則性
（2）児童問題と人権――権利侵害の連鎖と累積

第一六章　児童福祉の思想

一　外国の思想
・エラスムス（一四六五～一五三六）
・トーマス・モア（一四七八～一五三五）
・ルソー（一七一二～一七七八）
・ペスタロッチ（一七四六～一八二七）
・フレーベル（一七八二～一八五二）
・ロバート・オーウェン（一七七一～一八五八）
・マルクス（一八一八～一八八三）
・エレン・ケイ（一八四九～一九二六）
・クルプスカヤ（一八六九～一九三九）

若干の年表

（イギリス）

一六〇一　エリザベス救貧法
一七六四　ハーグリーヴス多軸紡織機発明
一七六五　ワット蒸気機関改良
一七六七　ハンウェイ法
一七六九　機械及び工場破壊者処罰令
一七七三　ワークハウステスト法
一八一六　ロバートオウエン「性格形成新学院」
一八三三　工場法
一八三四　新救貧法
一八四五　エンゲルス「イギリスにおける労働者階級の状態」
一八六〇代子ども保険普及
一八七〇　・バーナードホーム創設
　　　　　・初等教育法
一八七五　煙突掃除に児童を使用することを禁止
一八八九　児童虐待防止法
一九〇六　学童給食法
一九〇七　学童保健法
一九〇八　児童法
一九二四　（ジュネーブ宣言）
一九四二　ベヴァリッジ報告
一九四六　カーチス委員会報告
一九四八　児童法成立

（アメリカ）

一七二七　最初の孤児院
一七七六　独立宣言
一八五三　ブレイス「ニューヨーク児童援護協会」設立
一八五四　最初の浮浪児の移民
一八七四　児童虐待防止協会設立
一八九〇　孤児院六〇か所
一九〇九　白亜館会議
一九一一　イリノイ州「母子援助法」
一九二二　（世界児童憲章）
一九三〇　アメリカ児童憲章
一九三五　社会保障法

二　日本の思想
・横山源之助
・石井十次
・野口幽香
・留岡幸助
・糸賀一雄（施設養護論他）
・積惟勝（施設養護論、陽よ強く照れ他）
・小川太郎（日本の子ども、講座『集団主義教育』一巻　生活綴り方と教育他）
・矢川徳光（教育とは何か、人格の発達と民主教育）
・田中昌人（人間発達の科学、発達保障論他）
・正木健雄（子どもの体力他）

第五篇　現在の課題

第一七章　「民間サービス」論

一　「民間サービス」の意義――「福祉改革論」と関連させて
・「福祉改革論」の中核、行革の中心的課題（日本資本主義の基本問題）

二　三浦文夫氏の主張の概略
（1）前提
（2）ニードの変化――貨幣的ニードから非貨幣的ニードへ
（3）選別主義から普遍主義へ
（4）入所施設福祉から在宅福祉へ
（5）制限的給付から市場原理の契約による利用者の自由な選択へ
（6）供給体制の複合化、弾力化へ
A　公共的福祉供給システム――①行政型供給

組織　②認可型供給組織
B　非公共的福祉供給システム――①市場型供給組織　②参加型供給組織
三　実態から三浦説を検討する
（1）児童福祉の分野から――自由契約の問題点
・ベビーホテル問題
・戸塚ヨットスクール、不動塾
（2）シルバーサービス振興会での報告から
①行政が資本の下請け化するおそれ
・標準の撤廃
・企業の宣伝部門化
・公共サービスの自己負担水準を、企業の都合に合わせて決定するおそれ――保育でのベビーホテル利用料金と保育料との関係で実証
②採算のための資格制度――専門性と利潤との相剋
③企業の提供するサービスは、採算によりその内容と範囲が決まる――消費者の選択はその範囲内に制限される
④生活の全体性の解体――細分化されたサービスのモザイクとしての生活に――表面的には主体的な選択、本質的には資本に食いちぎられ、支配される対象として、資本が支配する限界内の非主体的な「選択」（にんげんとしての主体形成の阻害）
（3）アメリカの具体的事例
四　三浦説の特徴と問題点
（1）前提の認識――社会の変化＝一定の整備
（2）ニード論――二つのニード論はいずれも実証されていない、また両者の相互関係は全く検討されていない――機械的、観念的な分類――人間の生活の全体性からみた両者の位置づけがない
（3）現状の問題点を権利の視点から歴史的に検討していない
①「選別主義」と憲法二十五条――何故選別してきたか
②入所施設中心で、それも非常に不十分だったのはなぜか
③制限的給付によって権力的、非民主的な運営をしたのは何故かなど
・時の政策主体＝権力掌握者がその支配を貫徹するために、制限的施策を実施してきたという事

実を看過――政策史の欠如
（4）資本側と労働側の負担関係の問題が抜けている
（5）民主主義――主権者としての国民、政策決定者としての国民――がなく、参加は消費行動（利用）における選択としてのみ認識されている
（6）市場原理がもたらす問題点の検討がない――各論の現状を参照
（7）論理の二重性――政策主体への福祉政策の提言と、福祉の本来的ヴイジョンを示すという主張との二重性――問題が生じた場合に、自らの提言した政策が本来の意図と違った使われ方をしたためという逃げ道――福祉政策の主体論（権力論）と目的論を欠いた必然的な結果→「福祉政策学」としては成立せず

五　児童福祉改革論について

六　基本的にどう考えたらいいか
（1）勤労人民の生活実態の上にたち、権利実現の立場から検討すること（日本の国民だけではなく、国際的な拡がりを持った人民の生活と権利）
（2）一国の、そして世界全体の、価値の流れの中で福祉の意味を位置づけ、剰余を誰が、どのように配分するかということを考えること――資本がどれほどの利益をあげているか、それに伴って、どれほどの社会的な問題が発生しているか、それに対して、資本が社会的にどれほどの負担を背負っているかなどを明らかにすること（世界の資本主義国の中で、資本の社会的な費用の負担の率はそれぞれ大きく異なる）
（3）福祉をにんげんの自由と民主主義の実現の問題として位置づけること
（4）行政改革を日本の資本主義の中でどんな意味があるかを見抜くこと
これらを基本に、具体的な問題を考えること

鈴木政夫　略年譜

西暦	和暦	年齢	事項
一九二七	昭和二	〇	七月二三日、父達太郎、母ゆわの長男として、東京・浅草で生まれる。
一九三三	八	六	四月、浅草・金龍小学校入学。
一九三七	一二	一〇	肺門淋巴線炎発病。（日中戦争始まる）
一九三九	一四	一二	湿性肋膜炎から肺浸潤となる。
一九四一	一六	一四	（一二月、第二次世界大戦・英米に宣戦布告。）
一九四五	二〇	一八	三月一〇日、東京大空襲で住居焼失。腎臓結核となる。
一九五三	二八	二六	腎臓結核悪化。
一九五五	三〇	二八	左腎臓摘出手術。
一九五六	三一	二九	父、脳溢血で倒れる。父は医療機器会社の役員だったが、不況の中、経営者が行方不明となり、自宅を担保に供して家を失い、世田谷へ転居。
一九五九	三四	三二	三月、慶応大学経済学部卒業。 五月、東京都民生局文京福祉事務所の地区担当員となる。（再検診で入都がおくれる。）
一九六〇	三五	三三	二月、父六五歳で逝去。反安保闘争に参加。全民生合唱団を結成。
一九六二	三七	三五	一〇月、雅子さんと結婚。

一九六四	三九	三七	東京都民生局社会福祉会館研究課に転勤。（東京オリンピック）
一九六六	四一	三九	東京都民生局保護部指導課（査察指導）に転勤。
一九六七	四二	四〇	美濃部革新都政の実現・拡充に奮闘。
一九六九	四四	四二	東京都民生局墨田児童相談所（児童福祉司）に転勤。 民政局支部執行委員として「収容施設改善斗争」
一九七〇	四五	四三	七〇年反安保闘争に参加。
一九七五	五〇	四八	第一回児童相談所問題研究会全国連絡会セミナー発足。
一九七九	五四	五二	（鈴木都知事）
一九八〇	五五	五三	二月、品川区東大井へ転居。七月、痛風（右足親指）発症。 東京都民生局児童相談センター（児童福祉司）に転勤。
一九八八	六三	六一	三月、東京都を退職。 　月、鎌倉市今泉台へ転居。 四月、日本福祉大学に勤務。埼玉大学、都立大学で非常勤講師。
一九九〇	平成二	六三	七月、母、九二歳で逝去。
一九九二	四	六五	三月、大腸がん摘出。
一九九五	七	六八	二月、大腸ポリープ摘出。

一九九六	八	六九	五月、肺がん、右肺下葉摘出・左肺にも病巣発見。 三月、日本福祉大学を退職。 二～四月、肺がん、右肺中葉部を放射線照射にて消滅。 八～九月、大腸がん再発、摘出。 一一月末頃より両肺に多数がん発生のため呼吸困難となる。 一二月一日、呼吸機能障害・肺機能低下により身障一級該当。 一二月二〇日、家にて酸素吸入を使用。
一九九七	九	〔六九〕	一月五日、呼吸困難により緊急入院。 一月六日、自力で生命維持装置を外して、逝去。 ・この間、都職労民生局支部執行委員として調査部長、児相対策委員会事務局長など。 ・文京福祉事務所、本局、保護部、墨田児相、児相センターなどの各職場で、分会長、書記長、執行委員をつとめる。 ・児童相談所問題研究全国連絡会の常任運営委員を経て委員長。

〔編者注〕没年（一九九七）以外の年齢は、誕生日以降の満年齢である。

鈴木　政夫　著作・業績目録

凡例

①　本目録は、故鈴木政夫が生前に何らかの形態で発表した著作、論稿、講演・学会発表、座談会記録などの著作・業績で判明したものおよび故人のフロッピーに残されていた文書中で本書に収録公表するものを、発表年月（フロッピー文書は最終作成月）順に一覧にしたものである。なお、刊行月が不明のものも発表時期はほぼ推定できるので春・夏・秋・冬などと表示し、推定される該当箇所に掲載した。

②　本目録に収録した既発表著作・論稿等は、次項の例外を除き、鈴木政夫の個人名（連名含む）で発表（印刷・刊行）されたものに限った。したがって、無署名・ペンネームで発表されたものについては、ここには含まれていない。

③　『子ども白書』に掲載の論稿については、執筆者名が個々の該当箇所には示されていないものがある（一九九〇年版まで、以後の一九九三年版からは表示）が、いくつかの根拠から明らかに鈴木政夫の執筆であると思われるので、それらは収録した。

④　冒頭の小文字数字は整理番号である。また、タイトルに〇印付のものは、本書に収録したことを示し、当該欄の末尾（　）内に、本書への収録番号（目次順）を記載した。

⑤　座談会記録などについては、本人以外の出席者名も記載した。

⑥　本目録作成は、短期間での作業になったこともあり、掲載漏れの業績が存在することが十分に考えられる。お気づきのものがあれば御一報いただければ幸いである。

（本目録の作成は、寺脇隆夫が担当した）

No. 刊行年月 タイトル（書名・論文名など）
（出版社名、収録書名と出版社名、掲載誌名と掲載号など）（本書への収録番号）

一九六九年

1 一九六九、六 「実施要領をめぐって」
（公的扶助研究全国連絡会編『公的扶助白書』所収）

一九七一年

2 一九七一、一 「児童福祉司の専門性と研修――山下感想について」
（東京都児童福祉司会『会報』六号）

3 一九七一、九 「〈障害〉福祉司にならないために」
（東京都児童福祉司会『会報』七号）

一九七三年

4 一九七三、四 「〈社会福祉士法制定試案〉について――現実の矛盾は試案で解決できるか」
（『季刊東京の保育』二号）

5 一九七三、八 「全国保育団体合同研究集会と保育労働運動の前進のために」
（『季刊東京の保育』三号）

6 一九七三、一二 「東京の養護問題・その実態 ――どうして困っているのか、今後どうしたらいいのか」
（『都政』一八巻一二号）

一九七四年

7 一九七四、九 「年表と資料による／東京の養護問題と運動――歴史の流れを横目にみながら」
（神田ふみよ編『はたらくものの養護論ノートⅡ』社会福祉文化集団所収）

8 一九七四、一〇 「養護施設、精薄児施設、情緒障害児短期治療施設――現状を変革するための理念と課題」
（『ジュリスト』五七二号・臨時増刊《福祉問題の焦点》）

9　一九七四、一二　「〔書評〕京都府政研究会著『戦後における京都府政の歩み』」
（『障害者問題研究』三号）

一九七五年

10　一九七五、七　○「子どもの権利と養護措置について」
（『季刊／児童養護』六巻一号）（二—1—①）

11　一九七五、八　「養護問題と養護施設」
（一番ヶ瀬康子・寺脇隆夫編『児童福祉行政の焦点——その現状と自治体の課題』都政人協会所収）

12　一九七五、九　〔合宿研究会記録〕『養護問題と里親制度——児相研・研究ノート№1』
（児童相談所問題研究全国連絡会刊）

（執筆部分）「討論をまとめて／社会的養護の充実のために」

13　一九七五、九　「座談会／養護と施設の問題解決をめざして」（出席者＝大塚勇治・小田東雄・神田ふみよ・小酒井好春）

14　一九七五、一〇　「貧困階層の子どもたち」
（神田ふみよ編『働くものの養護論ノート別冊／ボクラに明日を』所収）

15　一九七五、一〇　「〔読者欄〕児童相談所問題研究セミナーを開催して」
（浦辺史編『児童養護問題／児童問題講座・第六巻』ミネルヴァ書房　所収）
（『社会福祉研究』一七号）

16　一九七五、一〇　「社会福祉労働と専門性——保育労働を例にとった〈社会福祉士法制定試案〉批判」
（『社会福祉労働と運動』〇号）

一九七六年

17　一九七六、夏　「養護問題——接近のための方法論序説」
（『日本の子どもと児童相談所——一九七六年・第二回児相研セミナー報告書』所収）

一九七七年

18 一九七七、四 「百害あって一利なし／またやったら施設にいれるぞ――非行問題と児童相談所の役割」（『月刊福祉』六〇巻四号）

19 一九七七、五 「児童問題とケースワーク」（「児相研研究部代表」名で共同編集執筆）（小松源助・山崎美喜子編『ケースワークの基礎知識』有斐閣所収）

20 一九七七、七 「障害児の施設措置について――その実態、問題点、権利保障実現のための課題」（『障害者問題研究』一一号）

21 一九七七、一〇 「障害児にもいきいきした放課後を」（『日本の学童保育』二六号）

22 一九七七、一一 「〈パネル討論〉足もとの現実を権利保障の場とするために」（出席者＝大塚勇治・小川政亮・松原恵子・竹中哲夫・飯野恵城）（『日本の子どもと児童相談所』――一九七七年・第三回児相研セミナー報告書』所収）

23 一九七七、一二 ○「もっと知ろう児童福祉法――三〇周年を迎えたがまだ実現に遠い」（『子どものしあわせ』二七三号）（一―2―①）

24 一九七七、一二 ○「労働現場からみた児童福祉法の措置について――東京における実態、問題点、権利保障のためのとらえ方と課題」（『児童福祉法研究』創刊号）（五―1―①）

一九七八年

25 一九七八、八 「発刊の辞にかえて」（『福祉労働と運動』一号）

26 一九七八、九 「課題報告（児童福祉分科会）／児童相談の現場から」（『日本社会福祉学会第二六回大会発表要旨集』所収）

27 一九七八、九 「児童養護――保障の体系と内容が最も遅れた部分」
（『賃金と社会保障』七五三・七五四号／《一九七九年版社会保障ハンドブック》）
28 一九七八、九 「母子福祉――母子の権利の統一した保障を」
（『賃金と社会保障』七五三・七五四号《一九七九年版社会保障ハンドブック》）
29 一九七八、一〇 「解題／法改正経過と改正法文、現行法」（共同執筆＝大塚勇治・甲田賢一・小林秀次）
（児童福祉法研究会編『児童福祉法成立資料集成』ドメス出版所収）

一九七九年

30 一九七九、三 ○「障害児の保育保障と児童福祉行政――現状、問題点、権利実現のための課題」
（『現代と保育』二号）（二―4―①）
31 一九七九、四 「母子世帯に権利の保障を――母子福祉」
（『資料と解説／社会保障』一一三号）
32 一九七九、七 「座談会／学校と専門機関はどう協力できるか――少年非行の実相と取組の課題」（出席者＝浅川道夫・垣花鷹志・川崎道子・佐野健吾・竹内常一）
（『季刊教育法』三三号）
33 一九七九、八 「国際児童年講座／日本の子どもの現実――子どもの気持」
（『子どものしあわせ』二九六号）
34 一九七九、八 「自治体における保育行財政問題」
（『保育白書』一九七九年版）
35 一九七九、九 ○「福祉労働の方法をつくり出すために――児童相談労働を中心に」
（『社会福祉学』二〇号）（四―1―①）
36 一九七九、一一 ○「貧困とのたたかいとしての子育て――児童相談所の事例から」
（『ジュリスト』増刊・総合特集一六号《日本の子ども》）（一―1―①）

37　一九七九、一二　「親権をめぐって――子の福祉との関係を中心に」
（『季刊児童養護』一〇巻三号）

一九八〇年

38　一九八〇、三　〇「児童相談所からみた日本の子ども――児相研セミナーの報告・討論の集約を中心に」
（『教育』三〇巻三号）（一―1―②）

39　一九八〇、四　「現代の貧困と養護問題」
（『日本の養護』四号）

40　一九八〇、四　「シンポジウム／現代の貧困〈討論・現代の貧困と社会福祉労働者の課題〉（出席者＝浦辺史・日比野正己・細川順正
（『季刊福祉問題研究』再刊一号）
（執筆部分）「シンポジウムを終って――福祉現場で討論するための素材として」

41　一九八〇、五　〇「非行に立ち向かう力を――〈事件〉を起した子どもと児童相談所の役割」
（『少年補導』二五巻五号）（三―2―①）

42　一九八〇、七　「子どもの相談機関の現状」
（『子ども白書』一九八〇年版 ＊）

43　一九八〇、八　〇「児相における通所指導と地域における親の会の比較検討」
（『日本の子どもと児童相談所／一九七九年・第五回児相研セミナー報告書』所収）（三―3―①）

44　一九八〇、一一　「児童養護――施設労働者の役割が大きい分野」
（『賃金と社会保障』八〇五・八〇六号《一九八一年版社会保障ハンドブック》）

45　一九八〇、一一　「法律いじりでは非行はなくせない――〈少年法改正〉のうごき」
（『子どものしあわせ』三一四号臨時増刊号）

46　一九八〇、一一　〇「福祉における要求運動、労働実践運動の課題――児童福祉を中心に」

（『福祉研究』四三号）（四―2―①）

一九八一年

47 一九八一、四 「住宅要求――健康に生まれ暮すために住宅闘争を」
（『賃金と社会保障』八一六号《一九八一年版社会福祉ハンドブック》）

48 一九八一、五 編著書『ベビーホテル――その実態と問題点』（ささら書房刊）
（座談会）「ベビーホテル問題から乳幼児の保育保障をどう考えるか」（出席者＝岸部訓明・新沢誠治・藤田照子・村岡末広）
（執筆部分）「おわりにかえて――解決に向けて運動を」

49 一九八一、五 ○「〈にんげん〉のための活動を――福祉事務所に働く者に期待する」
（福祉事務所現業員白書編集委員会編『いのちの重みを背負って――福祉事務所現業員白書』所収）（四―1―②）

50 一九八一、七 「子どもの相談機関の現状」
（『子ども白書』一九八一年版 ＊）

51 一九八一、八 「障害児の保育保障の諸施設――現状、問題点、課題」
（『保育白書』一九八一年版）

52 一九八一、一〇 ○「心配ごとの相談とそのとりくみ方」
（新日本婦人の会編『非行・暴力から子どもを守り心身ともにすこやかに育てるために』所収）（二―2―①）

53 一九八一、一二 ○「ベビーホテル問題を考える――現代日本の家族と子育て問題を中心に」
（『教育』四〇六号）（二―5―①）

54 一九八一、一二 「児童養護――家庭崩壊のなかの子どもたち」
（『賃金と社会保障』八三〇・八三一号《一九八二年版社会保障ハンドブック》）

一九八二年

55　一九八二、三　「特別な濃厚処遇を必要とする児童の一時保護について――児相センター観察室の労働実践を中心に」（連名報告者＝赤羽稔子／佐藤和子／松山京子／鈴木伸江／松本節子）（『児童相談／研究と報告』第四集）

56　一九八二、五　「シンポジウム／今日の児童問題――ベビーホテル問題を中心に」（出席者＝村岡末広・谷川□□・浦辺史）

57　一九八二、七　「子どもの生活実態と児童相談所の対応」（全国養護問題研究会編『日本の養護』〈82・福祉と教育の統一をめざして〉所収）

58　一九八二、七　「療育の手だてを活用して生きぬく力にするために」（『子ども白書』一九八二年版 ＊）（『療育の窓』四一号）

59　一九八二、九　「児童相談所問題研究活動」（社会保障運動史編集委員会編『社会保障運動全史』労働旬報社所収）

一九八三年

60　一九八三、一　○「〈非行の低年齢化〉をどうみる――児童相談所の立場から」（『教育実践』三七号）（二―2―②）

61　一九八三、五　「養護は児童の権利保障の基底――児童養護問題の現在」（『賃金と社会保障』八六五号）

62　一九八三、春　○『非行問題と児童福祉行政の隘路――教護院及び一次保護所に入所困難な場合についての調査』（連名報告者＝市川重治／佐藤栄三郎／知野淑子／吉田純一　東京都児童福祉司会刊（昭和五七年度専門委員として共同執筆）（三―2―③）

63　一九八三、七　「児童相談所からみた子どもの生活と相談活動」

64　一九八三、八　（『子ども白書』一九八三年版＊）

○「児相のこれからを考える」

（『児相研ニュース』五号）（三―1―①）

65　一九八三、一一　○「濃厚処遇を要する児童の一時保護について」

（東京児相研有志『自主研究ノート／緊急時の児童の一時保護を考える』所収）（三―2―②）

一九八四年

66　一九八四、一　「児童養護――いつでもどこでも人間として」

（『賃金と社会保障』八八一・八八二号《一九八四年版社会保障ハンドブック》）

67　一九八四、七　「児童相談にみる児童問題とその背景」

（『子ども白書』一九八四年版＊）

68　一九八四、七　「触法事件と少年の人権――児童福祉司の立場から」

（『法学セミナー』増刊《少年非行》）

69　一九八四、一二　○「児童相談所と研究運動――児相研活動の経過と課題」

（『児童福祉法研究』四号）（三―1―②）

一九八五年

70　一九八五、四　「児童養護――児童養護をどう運動化するか」

（『賃金と社会保障』九一一・九一二号《一九八五年版社会保障ハンドブック》）

71　一九八五、春　○編著（パンフ）『福祉現場からの証言――マイタウン建設のために鈴木都政は子供の福祉に何をもたらしたか』

東京児童相談所問題研究会刊（三―3―③）

72　一九八五、七　「児童相談所問題と児童相談の特徴」

（『子ども白書』一九八五年版＊）

73 一九八五、八 「てい談／臨調・行革下の社会保障総破壊の実態」（出席者＝井上英夫・津田光輝）
（『障害者問題研究』四二号）

一九八六年

74 一九八六、七 「児童相談所と子どもの相談の問題」
（『子ども白書』一九八六年版 ＊）

75 一九八六、七 ○「今日の養護問題」
（『日本の児童問題』一号）（二―1―③）

一九八七年

76 一九八七、三 ○「現代の親たち」
（『婦人通信』三三八号）（一―1―③）

77 一九八七、五 「シンポジウム／子どもの人権と養護施設――練馬女子大生殺人事件と大阪博愛社事件から何を学ぶか」（出席者＝木下淳博・牧征名・村岡末広・春日明子・竹中哲夫）
（『日本の児童問題』二号）
（執筆部分）「〈子どもの人権と養護施設〉集会を終って」

78 一九八七、八 「児童相談所からみた子ども」
（『子ども白書』一九八七年版 ＊）

79 一九八七、九 「児童・母子・家庭②――警察の非行対策と非行の実態」
（『賃金と社会保障』九六九・九七〇号《一九八七年版社会保障ハンドブック》）

80 一九八七、一〇 「特別養子制度を子の福祉のために」
（『ジュリスト』八九四号）

一九八八年

81 一九八八、三 共著書『〈昭和の子ども〉の戦争と平和』（共著者＝伊井春雄・知野淑子）

82　一九八八、五　○（執筆部分）「人民はもう踊らない」
「〔巻頭随想〕仲間、迷惑、団結、権利」
（『保育情報』一三四号）（附一―①）

83　一九八八、五　○「〔転退職者のことば〕児童福祉司二十年」
（東京都児童福祉司会『会報』一三号）（附一―②）

84　一九八八、八　「社会福祉の資格制度――臨調路線の延長線上に位置づく」
（『賃金と社会保障』九九一・九九二号《一九八八年版社会保障ハンドブック》）

85　一九八八、一〇　○「児童福祉における戦後の枠組みと現状」
（『賃金と社会保障』九九五号）（一―2―②）

86　一九八八、一一　○「児童相談所の歴史と仕事――物語的・体験的議論」
（『日本の子どもと児童相談所一九八七年／第一三回児相研セミナー報告書』所収）（三―4―①）

87　一九八八、一一　「高野さんを偲ぶ――あとがきにかえて」
（『愛に燃え正義に生きて――高野史郎遺稿・追悼集』所収）

一九八九年

88　一九八九、二　○「〈行革〉下の児童福祉実践――児相職員の創意あるとりくみ」
（『福祉研究』五八号）（三―1―③）

89　一九八九、五　○「自己紹介」
（『福祉研究』五九号）（附一―③）

90　一九八九、八　「座談会／いまだから、大事にしなければならないこと――大人のつながり、子どものつながり、職場のつながり、地域のつながり」（出席者＝上坪陽・田中島晁子）
（『ちいさいなかま』一三四号）

91　一九八九、秋　○「児童相談所と私――運動体験からの私的児童相談所論」

（『日本の子どもと児童相談所／一九八八年・第一四回児相研セミナー報告書』所収）（三―4―②）

一九九〇年

92 一九九〇、五 「社会福祉の実際と問題点／児童福祉Ⅰ」

（一番ヶ瀬康子編『新・社会福祉とは何か――現代の社会福祉Ⅰ』ミネルヴァ書房所収）

93 一九九〇、六 ○「児童福祉の最近の動向と児童館・学童保育」

（『社会保障情報』一一号）（二―6―①）

94 一九九〇、八 ○「社会福祉における実践・研究運動の意義と課題――九〇年代の福祉をきりひらくために」

（『総合福祉研究』二号）（四―2―②）

一九九一年

95 一九九一、二 ○「〈投稿〉人殺しの戦いでなくいのちを守る戦いを」／日本の途は戦争参加ではない

（フロッピー文書、配布用プリント）（附一―④）

96 一九九一、二 ○「子育てについて――子どもの瞳はキラキラ輝いていますか」

朝陽学園〔講演記録〕（一―1―④）

97 一九九一、三 「座談会／生活問題研究の方法と課題」（出席者＝居城舜子・長沢孝司・平野孝之・笛木俊一・金持伸子）

（『生活問題研究』三号）

98 一九九一、三 「シンポジウム／指定討論「地方〈行革〉と一体の八法改正」

（『社会福祉事業法等〈改正〉問題シンポジウム報告集』所収）

99 一九九一、四 「児童福祉関係施設」

（宮田和明ほか編『社会福祉実習』中央法規所収）

100 一九九一、九 ○「子どもの権利条約と児童福祉――その具体化を実現するために」

（『生活指導研究』八号）（一―2―③）

101 一九九一、一一 「虐待問題と子どもの権利」(『母と子の健康』一六号)

一九九二年

102 一九九二、四 ○「現代日本の子どもの虐待を考える」(『保育情報』一八一号)(二―3―①)

103 一九九二、春 ○テキスト『児童福祉論講義要綱/一九九二年度』(自家印刷版、ほかに、一九八九年度~一九九五年度まで、補訂・修正版あり=フロッピー文書やプリント類)(附二―②)

104 一九九二、八 ○「東京都の養育家庭制度について――開始時の経過と発足後の若干の問題点を中心として」(フロッピー文書)(三―3―③)

105 一九九二、九 ○「えんどう豆」(フロッピー文書)(附一―⑤)

106 一九九二、一〇 「座談会/社会福祉と人権を考える」(出席者=加藤薗子・上野悦子・岸田孝史)(同書編集委員会編『日本の福祉はこれでいいのか――最前線から福祉労働を問う』あけび書房所収)

107 一九九二、一〇 ○「福祉労働論から見た〈児童相談所運営指針〉」(『日本社会福祉学会第四〇回大会報告要旨集』所収)(三―1―④)

一九九三年

108 一九九三、四 「社会保障制度審議会将来像委員会第一次報告について――説教魔の相手知らず」(『賃金と社会保障』一一〇四号)

109 一九九三、六 ○「人権を手にとることができる計画に――老人保健福祉計画を住民の手で」(『ゆたかなくらし』一三六号)(五―2―①)

110 一九九三、七 「座談会／公的保育制度の拡充発展のために――措置制度を守る保育労働者の闘い」（出席者＝上野悦子・桑本文幸・矢沢進）（『保育労働運動』二一一号）

111 一九九三、八 「日本における子どもへの虐待」（『子ども白書』一九九三年版）

112 一九九三、九 ○「保育の措置制度の権利性について――人権から社会福祉の措置の実態を検討する（序説）」（『日本社会福祉学会第四一回大会報告要旨集』所収）（二―5―②）

113 一九九三、一二 ○「〈書簡〉〔保育問題検討会の委員宛〕（フロッピー文書）（附一―⑥）

114 一九九三、一二 著書『人権としての児童福祉と労働――実践のための児童福祉論をめざして・総論編』ひとなる書房刊

一九九四年

115 一九九四、二 「〈聞き取り〉赤ちゃん縁組みサービスの直面する問題――愛知県産婦人科医会訪問」（訪問同行者＝知野淑子・菊池緑・田辺レイ子）（『新しい家族』二四号）

116 一九九四、四 「児童福祉関係施設」（宮田和明ほか編『改訂・社会福祉実習』中央法規所収）

117 一九九四、七 ○「学童保育の〈法制化〉について」（全国学童保育連絡協議会編『よりよい制度の確立のために――学童保育の〈法制化〉に関する研究者からの提言』全国学童保育連絡協議会所収）（二―6―②）

118 一九九四、七 ○「児童福祉法改正と学童保育」（『学童保育通信』九四年七月号）

119　一九九四、八　○「児童福祉論の出版構想」
（フロッピー文書）（附二―①）

120　一九九四、八　○「子育て不安と家庭支援」
（『子ども白書』一九九四年版）（二―3―②）

121　一九九四、八　○「二一世紀福祉ビジョンを斬る！」
（『ゆたかなくらし』一五〇号）（五―2―③）

122　一九九四、一〇　○「児童相談所における相談・援助活動の検討――児童の権利に関する条約を具体化するために」
（『日本社会福祉学会第四二回全国大会報告要旨集』所収）（三―1―⑤）

123　一九九四、一〇　「〔18・19条＝親の養育責任と家族・福祉〕／〈あわれみ〉や〈屈辱感〉との引換えでなく――
親の責任が果せるようにする国の施策が必要」
（『子どものしあわせ』五一〇号・臨時増刊《子どもの権利条約》）

一九九五年

124　一九九五、五　○「専門性と経験年数について」
（フロッピー文書）（四―1―③）

125　一九九五、五　「〔18・19条＝親の養育責任と家族・福祉〕／〈あわれみ〉や〈屈辱感〉との引換えでなく――
親の責任が果せるようにする国の施策が必要」
（日本子どもを守る会編『子どもの権利条約――条約具体化のために』草土文化所収）

126　一九九五、四　○「〈ゼミ〉専門研究オリエンテーション」
（フロッピー文書）（附一―⑧）

127　一九九五、春　編著『オウム真理教の施設に生活していた子どもの処遇に関する参考資料集』
東京児童相談所問題研究会刊
（執筆部分）○「はじめに――緊急に発行する理由」（三―3―④）

128　一九九五、五　（執筆部分）○「編集にあたって」（三―3―④）
○「〈公扶研再建の基調（素案）〉に寄せて――福祉労働論からの一つの意見」
（『季刊公的扶助研究』再刊一号、通刊一五九号）（四―3―①）

129　一九九五、六　「〈公扶研再建の基調〉に寄す――福祉労働論からの一つの意見」
（『賃金と社会保障』一一五五号）

130　一九九五、夏　○「〈養問研の基本姿勢（案）〉について――実践・研究運動を期待する立場からの一つの意見」
（『そだちあう仲間』二一号）（四―3―②）

131　一九九五、一〇　○「〔巻頭言〕日々新たな児相研を」
（『児相研ニュース』一八号）（三―4―①）

132　一九九五、一一　「〔6・39条＝子どもの生存と発達の侵害〕／自分が考え行動することを奪われた子どもたち
――オウム教団の子どもの保護」
（『子どものしあわせ』五二五号・臨時増刊《子どもの権利条約／ＰＡＲＴ２・実践編》）

133　一九九五、一二　○〔プロフィール〕「鈴木政夫」
（『日本福祉大学研究者要覧／一九九五』所収）（附一―⑦）

一九九六年

134　一九九六、一　○「社会福祉の措置制度を考える――勤労者の生活にとってどんな意味があるか」
（『資料と解説・社会保障』三三一号）（五―1―②）

135　一九九六、一　「座談会／子どもの権利をどう実現させるか」（出席者＝中西京子・我妻秀範・井上重蔵）
（『福祉のひろば』六五号）

136　一九九六、二　○「〈退職が決まって〉ゼミのみなさんへ」
（フロッピー文書）（附一―⑨）

137　一九九六、四　「これからの児童福祉実践を豊かにするために」

（長谷川眞人ほか編『〈子どもの権利条約〉時代の児童福祉』第③巻／『子どもの生活と援助』ミネルヴァ書房所収）

138　一九九六、一二　○「〈欠席の挨拶〉児相研セミナー・総会参加のみなさんへ」

（フロッピー文書）（附一―⑩）

一九九七年

139　一九九七、一　「西條億重先生追悼集の発刊にあたって」

（厚生館『志をほほえみにつつんで――厚生館とともに／西條億重追悼集』所収）

140　一九九七、一　「子育て支えて五十年――西條億重、百合子ご夫妻聞き書き〔一九八八年〕」

（厚生館『志をほほえみにつつんで――厚生館とともに／西條億重追悼集』所収）

〈解説〉

鈴木政夫の著作・研究業績について

寺脇隆夫

〈解説〉鈴木政夫の著作・研究業績について
――遺稿集の編纂に携わって

寺脇隆夫
（長野大学社会福祉学部教授）

はじめに

鈴木政夫の著作・研究業績（組合活動などの内部的なものを除く一般を対象としたそれ）は、別添の「著作・業績目録」に見られる通り、一九六〇年代の最後の年から始まり、九〇年代の半ばまでほぼ二五年余にわたる。

この期間を、仮に鈴木の執筆・研究活動の期間と見た場合、鈴木はそれに専念していたわけではない。職業としての労働と言った側面から見れば、その大部分（一九八八年の春まで）は、東京都職員（民生局・児童福祉司）としての仕事が中心であった。

執筆を含む研究活動が、かなりの部分を占めることが一応保障されている大学教員としての期間は、一九八八年以降のうち、わずか八年程度にすぎない。

したがって、それらの著作や業績の多くは、鈴木の東京都職員（児童福祉司）時代のもので占められている。

また、その後の大学教員時代のものも、そのかなりの部分は、児童福祉司時代の仕事・労働とその実践にかかわり、結びついたものが多い。

その意味では、二〇年に及んだ児童相談所（以下、児相と略す）での児童相談労働とそれにかかわる広い意味での実践活動の影響が極めて大きい。

なかでも、その児童相談労働に従事する職員を中心に結成した児童相談所問題研究全国連絡会（以下、児相研と略す）の研究運動には、その当初から（大学教員時代を含め）、常にその中心メンバーとしてかかわっていた。

また、労働組合運動（執行委員）に携わっていた関係で、自分の職場だけでなく、福祉施設など広く福祉関係職場の組合活動・労働運動にもかかわったし、さらに、その関係からであるが、東京の福祉運動団体の活動（「要求運動」）にもかかわっていた。

また、見逃せないのは、児相での児童福祉司という児童相談労働・実践の関係からであろうが、児童福祉施設（施設長・職員）や里親はじめ、学校の教員や家庭裁判所の家庭調査官、弁護士、児童福祉研究者らとの幅広い研究面での交流があったことである。

その時代は、日本のいわゆる高度経済成長下での、革新都政時代と保守都政時代にまたがる。とくに福祉分野では、状況が大きく変わる激動の時代だったと言える。

そうした渦中での、児童福祉司の仕事や職場での組合活動、東京での福祉関係の要求運動、全国的な児相研メンバーとしての活動などを通して、彼の著作・業績が形成されたものであることは明らかである。

彼の著作・業績は、児童福祉および児相を中心に多方面にわたることは、著作・業績目録はもちろん、そのかなりの部分を収録した本遺稿集の目次を見ただけでもわかる。それらの「解説」を行なうことは、とても任ではないが、縁あって本書の編集・校訂を担当したものとして、以下、幾分かでもその責を果たしたい。

ここでは、時代を追ってほぼ五年ごとに、鈴木の著作・業績を取上げるという方法をとりたい。その場合、本書に収録したものは、主に雑誌などに掲載した論稿のうち、いくつかに限られる（著書や単行本収録のものは除外）ので、収録しなかったものについても、可能な限り主要なものは取上げることとしたい。

本書の構成とは異なって時代順に取上げるのは、多少とも彼の取り組んできた仕事・労働・活動・運動など広く「実践」との関連を見るのに便であるし、何よりも彼の研究活動の成果である著作・業績の全体像とその形成過程に迫れると思う。少なくとも、個々の論稿の位置付けを明らかにすることが可能と思われる。

一　「前史」時代と一九七〇年代前半

革新都政の登場、児童福祉司として

①文京福祉事務所／六〇年安保／福祉研究課

「はじめに」の冒頭でも指摘したように、鈴木が執筆・研究活動に取組むようになったのは、一九六九年以降である。その時、彼は四二歳になろうとしていた。では、そうした活動が始まる以前の、その「前史」にあたる時期には、彼は何をしていたのだろうか。

そこには、後年の執筆・研究活動に影響を与えた、あるいは、執筆・研究活動に取り組ませるに至る動機や要因があったのではないか。鈴木が自分自身のことについて書いたものは、わずかしかない。しかし、わかる範囲であれ、まずはその点から、見ておくべきだろう。

「略年譜」によれば、戦時下の子ども時代から肺結核などを病み、一九四五年に腎臓結核発病、一九五三年に悪化して、五五年には左の腎臓の摘出手術まで受けている。戦後の医療の不十分な時代だったから、療養生活も長かったのだろうか。この時期、いったん働いたこともあったようだが、詳細はわからない。

その後、一九五九年、大学（慶応大学経済学部）を卒業して、東京都職員となり、職場は文京福祉事務所に配属される（当時、福祉事務所は東京都の機構、その後六五年に、二三区に移管）。一九六四年には、社会福祉会館研究課に異動し、六六年に民生局保護部指導課に異動する。その一年後、革新都政が誕生している。

最初の職場の福祉事務所時代のことは、「福祉は一生の仕事に非ず」と思っていたが、その「気持ちを変え、福祉を考えさせてくれた」のは、福祉事務所での体験だったと、鈴木自身が記している。[1]

一九六〇年の安保闘争にも、福祉事務所の組合員として参加し、デモでは機動隊ともみあったこと、職場から参加した仲間と、職場での学習会をはじめたこと、そうした中で、「仕事の変革、職場の改善に自分をかりたてて行った」ことなどの思い出も記している。[2]

鈴木が社会福祉会館研究課に異動したとき、高野史郎との出会いがあったことは、鈴木が記した「高野さんを偲ぶ――あとがきにかえて」[3]で、知ることができる。

二人が研究課で、どのように仕事をしたのかはわからない。だが、少人数の職場であり、同僚として、結核を病み、やや歳をとってから東京都職員になったという類似した経歴などもあり、影響を受けたであろうことは、想像に難くない。

高野の方が、鈴木より一〇歳ほど年上で、研究課での先輩でもあったが、その頃高野は法政大学大学院に入学し、研究者になる道を目指していた。[4]当時の鈴木が、同僚であった研究課での二年間に、高野から受けた影響がどのようなものだったかを具体的に知ることはできない。

鈴木が、一九六五年六月に発足した公扶研（公的扶助研究全国連絡会）に参加したのは、この頃だろうと思われる。しかし、それが高野との直接的なかかわりによるものだったか否かは、わからない。

それはともかく、鈴木の最初の論稿は、その少し後になるが、公扶研編『公的扶助白書』（一九六九・六）に執筆した「実施要領をめぐって」である。

そこでは、生活保護実施要領の改訂（一九六九年度）について、改訂の背景とねらいを説明しつつ、その評価を行なった上で、実施要領とは何かを規定し、その実際的役割を指摘した上で、運動として取り組むべき実施要領の改善方向と当面の改善項目について指摘している。

②墨田児童相談所の児童福祉司として

鈴木は、革新都政が三年目に入った一九六九年四月、それまでの民生局保護部指導課（生活保護関係の監査指導業務など）から、墨田児童相談所（以下、墨田児相）に異動し、児童福祉司として働くことになる。

以後、そこに一二年間勤務するが、この墨田児相は東京二三区の隅田川以東の三区（墨田・江東・江戸川）を管轄していた。この地域は、下町の労働者の集住地域であり、東京に七つある児相のうちで、（台東児相と並び）深刻な児童養護問題が多いのに、関係施設の定員はゼロという地域偏在が見られた典型だった。それゆえ、管内で施設入所する子どもは、必ず、生活していた地域から引離され、遠くの見も知らぬ地域の施設へ行くという特徴[5]があった。

この一九七〇年代前半の時期は、その墨田児相時代の前半にあたる。この時期は、革新都政の一期の後半から二期にわたる時期であり、都政を軸にした福祉行政面での大きな変化・改革が進み、また、それに触発され、かつ逆に影響も及ぼすようになる福祉要求運動や福祉職場でのたたかいが活発に展開された。

鈴木が仕事とする児童福祉関係にかぎっても、保育所をめぐる様々な要求を持った父母・無認可保育の施設関係者、障害幼児の保育の場を求める父母や関係者（保健婦や保母等）、民間の児童福祉施設関係者らの運動が次々に展開された。それらの要求運動の多くに、彼はかかわり、専門家の立場から支援を惜しまなかった。

また、鈴木の所属する東京都職員労働組合（以下、都職労）の民生局支部にあっても、児童福祉施設や児童相談所職場での職場改善闘争がはじめられ、彼も執行委員として、そのほとんどにかかわっている。

こうした動きに加え、革新都政の実現・推進の母体として福祉関係者が結成した「東京の明るい福祉をつくる会（後、すすめる会）」の運動も活発に展開された。鈴木は、（民生局支部執行委員として参加し、公務員のため、制約はあったが）その運動を事実上支える役割を果たしている。

鈴木は、墨田児相での児童福祉司の仕事に従事しながら、こうした東京の福祉要求運動と福祉職場のたたかいの渦の中で、自らを飛躍させていったように思える。

なお、この時期（一九七二年から七四年）、革新都政下の児童行政のあり方を研究調査したプロジェクトチームともいうべき、児童のシビル・ミニマム研究会の活動にも、その第四部会のメンバーとして加わっている。[6]

鈴木は、その全体研究会で、「児童相談所で接する乳幼児の現状と実情」という題で報告をし、第四部会での討議にも加わっているが、多忙だったためか、報告書の執筆グループには加わっていない（第四部会関係の執筆は丹野喜久子）。しかし、こうした場で、専門研究者らとの交流が新たに生まれたことも指摘しておきたい。

鈴木の執筆・著作活動も、そうした多様な意味での「労働と実践」の中で、事実上始まり、形成されていったことは確かであり、著作・業績目録からもそのことは見てとれる。

③出発点となった七〇年代前半の論稿
鈴木の、この七〇年代前半の時期の論稿は、いずれも本書には収録していないものだが、大きくは二つに分けられる。第一は、自らの属する児童福祉司会の会誌に執筆した短い文章であり、第二は、雑誌に掲載された三つのやや長文の論稿で、鈴木の執筆・研究活動の事実上の出発点と評価し得るものである。

第一は、児童福祉司の仕事にかかわって、最初に執筆したものと言えるが、東京都児童福祉司会の会誌に執筆（一九七一・一と同・九）した次の二点である。

一つは、前号に掲載された福祉研修課長の感想的文章に対して、それは「東京の児童福祉を汚染し」害毒を流すものと鋭く批判したものである。短文ではあるが、福祉司の専門性と専門職、その研修について、概念規定を明確にさせつつ、児童福祉司が専門性の保障と専門職を求める実態を明らかにしている。

二つは、福祉司は「なんのためにいるのですか」という素朴な保護者の疑問に、ハッとさせられたことから、学校の教師が教護院入所のお礼に一升瓶を持って置いていったこと、障害児の就学猶予免除規定（学校教育法）と施設入所をめぐる矛盾のことなど、児相と福祉司の果たしている役割に疑問をぶつけた、文章である。

これらは、感想に近い小文とは言え、児童福祉司の仕事を客観的に見直すところから出発しているところに特徴があり、鈴木の原点でもある。

第二は、一九七三年以降に、雑誌に掲載された三点の論稿で、その後の出発点ともなったと評価し得る三つの力作である。

それらを、以下でごく簡単に紹介しておこう。

一つは、「〈社会福祉士法制定試案〉について」（『季刊東京の保育』二号、一九七三・四）である。

そこでは、この社会福祉士法の「試案」が出されてきた経過と背景を紹介しつつ、試案の考え方や問題点、その具体的な内容（公務員制度への導入、専門職種間の関係の不透明、一種二種の分断など）を批判的に検討し、試案は撤回されるべきだとしている。

この論稿は、さきの福祉司会の会誌に寄せた小文の延長上にあり、いわば政策上の理由から突然提起された福祉の専門性・専門職制度のあり方をめぐって、鈴木が本格的に発言することになった最初のものである。

なお、この論稿は、その後、多少手直しされて、「社会福祉労働と専門性／保育労働を例にとった〈社会福祉士法制定試案〉批判」と改題され、彼自身が手掛けた研究運動の同人誌（『社会福祉労働と運動』〇号、一九七五・一〇）にも掲載している。

二つは、「東京の養護問題・その実態」（『都政』一八巻一二号、一九七三・一二）である。(7)

そこでは、タイトルに示される東京の児童養護問題の深刻な実態を、それを生み出した要因を豊富なデータを用いて分析・検討している。

それまでの都行政が、児童養護問題における公的責任を回避し、経済効率優先で定員を削減したこと、児童相談体制が問題解決能力に欠け、養護施設（当時の呼称、現在は児童養護施設）の地域的偏在、施設内処遇の貧しさや公私格差を許してきたことなどである。

その上で、それらを克服し、どのように解決すべきかにつき、課題と方向を提起している。そこでは、児童養護問題での運動、とくに児童養護労働者の運動を重視しているのが特徴的である。

なお、この論稿は後に、一番ヶ瀬康子・寺脇隆夫編『児童福祉行政の焦点』（都政人協会、一九七五・八）に、多少の手直しをした上で「養護問題と養護施設」と改題し、収録されている。

三つは、「養護施設、精薄児施設、情緒障害児短期治療施設」（『ジュリスト』五七二号・臨時増刊〈福祉問題の焦点〉、一九七四・一〇）である。

この論稿は、いわゆる収容形態の児童福祉施設である養護施設（現呼称は「児童養護施設」）、精神薄弱児施設（同「知的障害児施設」）、情緒障害児短期治療施設をとりあげ、その実態について明らかにし、その現状を変えるための課題と方向を示したものである。

とりわけ、これらの収容施設での長年にわたる権利侵害の実態を、権利主体たる利用者の権利保障の場に変えるための具体的な指標として、例えば児童養護施設の場合、「処遇基準の確立」やそのための条件整備（集団規模・施設規模と施設内での「労働の組み方」、通学寮などの施設形態）を提示していることが注目される。

また、そうした現状変革の前提として、施設職員の労働条件などの労働基準法違反の実態を改善することも提起している。権利保障という以上、児童・保護者と労働者の権利の統一的な保障が目指されねばならず、分断支配政策の下で両者が対立させられるような状況を、どう変革するかが運動の課題だと結論している。

二　一九七〇年代後半

児相研の結成とその活動の中で

①児相研の結成とそこでの理論づくり
この時期は、革新都政の二期目の最後の年と三期目の四年間にあたるが、鈴木の「労働と実践」は、七〇年代前半と同じように、墨田児相での児童福祉司の仕事を中心に、組合の執行委員としての活動や主に児童分野を中心とする東京の福祉運動、などに依拠して進められた。

加えて、一九七三年頃から動きが見られた児相で働く職員の自主的な研究運動の組織化が実現したことと、それと併せて進められた研究活動およびその理論的な基礎の構築がなされたことが大きい。

すなわち、一九七五年二月に第一回児童相談所問題研究セミナーが開催され、児童相談所問題研究全国連絡会（以下、児相研）が結成された。その結成前後の事情について、詳しくまとめたものは残念ながらない。だが、鈴木がその年に執筆した「児童相談所問題研究セミナーを開催して」（『社会福祉研究』一七号、一九七五・一〇）によれば、おおよその事情はわかる。

それによれば、都道府県を越えた児相職員の自主的な研究集会的な活動は皆無の状態だったが、一九七三年末頃から東京と埼玉の児相職員の連絡がとられ、関東の児相職員を中心に取組まれたことがきっかけであった。

当時の「児相の状況は、都道府県毎に、また児相毎に同職種毎に、更に同職種でも人毎に孤立化しバラバラになっている」状態であった。これは、良心的に仕事をしようとする者にはまったく不都合で、子どもや親からも不信の声があがる。そのため「児相は社会福祉の分野ではどの自治体でも最も遅れた部分になって」おり、「このまま放置できないという想い」が共通認識となった。

こうして、翌年一一月には、東京・埼玉・神奈川の有志により、児相研セミナーの開催を申し合わせるまでに発展し、各職種のメンバーからなる実行委員会が結成され、七五年二月に第一回セミナーが開催されたのである。鈴木は、その実行委員会事務局長の任にあった。

かくて児相で働く職員を主たる会員とする自主的研究団体としての児相研が結成された。鈴木は、その全国常任運営委員として、その運営の中心にあった。事務局も墨田児相内におかれた（一九七九年まで）。

この児相研が結成され、以後、それを維持・発展させていくためには、様々な条件が必要だったと思われる。中でも、その依拠すべき研究理論づくりは最重要なものの一つだったと思われる。

とりわけ、児童相談所とその相談活動は、児童福祉の基軸的な位置にありながら、マイナーな扱いをされていた。その故か、専門の研究者はほとんど存在しない状況であり、児童相談所で働く福祉労働者自身が、その担い手となり、研究理論づくりに力を注ぐ必要があった。

鈴木もこの点で文字通り苦闘したと思われる。この時期の彼の著作・業績は、そうした児童相談問題を中心にした自主的な研究理論づくりに直接・間接にかかわるもので占められており、力作が多い。

それらの論稿は点数も多く、内容も相互に重複して多彩だが、主題と思えるものを中心に、私なりに整理すると、おおよそ次の五つに区分できる。

なお、これらのうち、第二の論稿には、児相研メンバーの共同研究作業の成果でもあるという特徴がある。また、第三のものは、鈴木の理論形成という点で、その基礎が構築された論稿として、重要である。

第一、児童相談の対象としての、児童養護（ないし社会的養護）問題

第二、児童相談の方法・技術とその措置過程およびその背後にある児童福祉法制

第三、児童相談労働を含む福祉実践・福祉労働論

第四、具体的な対象である育児・子育てについての現状分析

②児童養護（社会的養護）問題を通して

まず、第一の児童養護問題（ないしは社会的養護）にかかわるものとしては、目録に見られるように、次にあげる六点がある（一で取りあげた『児童福祉行政の焦点』所収の「養護問題と養護施設」は除く）。

(1)「子どもの権利と養護措置について」、『季刊／児童養護』、一九七五・七）

(2)「〈討論をまとめて〉社会的養護の充実のために」（『児相研・研究ノート』一号〈養護問題と里親〉所収、一九七五・九）

(3)「貧困階層の子どもたち」（浦辺史編『児童問題講座第六巻／児童養護問題』ミネルヴァ書房、一九七五・一〇）

(4)「養護問題／接近のための方法論序説」（『第二回児相研セミナー報告書』所収、一九七六・夏）

(5)「児童養護――保障の体系と内容が最も遅れた部分」（『賃金と社会保障』七五三・七五四号〈一九七九年版社会保障ハンドブック〉一九七八・九）

(6)「親権をめぐって――子の福祉との関係を中心に」（『季刊児童養護』一〇巻三号、一九七九・一二）

これらの論稿は、形態も多様で長短様々である。本書には、(1)を除き収録していないが、(2)は児相研の自主的研究運動の理論形成に寄与した点で意義が大きい。

(1)の「子どもの権利と養護措置について」(二―1―①)は、この時期の初期に書かれたもので、『季刊児童養護』の特集「入所児童の受け入れ」に児童福祉司の立場から寄せた論稿である。養護施設（現在は「児童養護施設」）に子どもを措置し、送り込む自らの体験を通じて、大人たちは子どもを単なる小荷物にしているのではないか、という仕事への反省から出発し、論じている。

そこでは、施設に入所するときに、子どもの主体的な権利として、「自らの道を選択する権利」はどのようになっているかと反問しつつ、児童養護措置の実態を明らかにし、問題点を指摘している。鈴木が早くから、こうした見地に立っていたことは、注目していい。

また、(2)には、いささか長くなるが、児相研とかかわる次のような経緯があった。

すなわち、一九七五年二月の第一回児相研セミナーでのレポートの一つ（「埼玉県における養護問題と里親委託の問題点」）がきっかけになり、その討論の継続と言うことで、同年五月に児相研メンバーの合宿研究会がもたれる。さらに、その補足討論が八月にも、再度メンバー有志が集まって行なわれた。

この『研究ノート』一号は、その内容をまとめた報告書であり、その最後に、鈴木の執筆した「討論をまとめて」が掲載されている。したがって、その「まとめ」の部分に数倍する分量の集会の記録があり、いわばそれと一体となっている。

そのような経緯を踏まえると、ここには児童養護問題と里親制度をめぐって、児相研メンバーが集中討議した結果としてまとめられた、仮説的なものとしての「社会的養護論」がみられると言って良い。

また、(3)は『児童問題講座』に鈴木が執筆したもので「養護問題のプールとしての貧困児童」（浦辺史）の状態を明らかにしようとした力作で、長文のものである。

この論稿は、養護施設入所児童の大部分が生活保護受給世帯を中核とする貧困階層出身の子どもたちであることを明らかにした上で、その具体的な存在形態として、生活保護受給世帯・教育扶助・母子寮入所世帯・父子世帯・就学援助法の教育補助世帯の四類型に絞り、豊富なデータと事例をもとに、分析したものである。

そこでは、貧困問題が子どもと親の養育状況、とりわけ「子どもの生活や発達にどのような影響を与えているか」を、「貧困をなくし権利を実現する運動の視点」から検討している。

(4)は、第一回児相研セミナーの分科会「養護問題を中心に――その発生基盤解決のための政策」で、鈴木の行なった報告である。そこでは、「これは報告と言うより提案である」と断って、児童養護問題の実態を明らかにするための、職場での各種の調査の提案を行なっている。

その提案は、調査表まで添付して具体的な形でなされている。だが、それだけでなく、従来の養護問題への接近の方法論を批判的に検討するとともに、「われわれの方法」として、児童養護問題をとらえる基本的視点と具体的な接近方法をいくつか提案している点に特徴がある。

(5)は、『賃金と社会保障』誌の特別号「社会保障ハンドブック」に執筆したもので、短文ではあるが、児童養護の現状と問題点を、いくつかの関係データを添付してコンパクトにまとめている。

そこでは、児童養護が福祉の中で最も遅れた分野であること、それは利用者がみずから権利保障の運動を展開できない状態にあるためであること、それゆえ、児童養護問題に関係する労働者の運動が重要であること、などを指摘している。

(6)は、『季刊児童養護』の特集「子どもにとって親権とは何か」に、児相の立場から執筆したもので、鈴木の親権と親についての考え方が述べられている。

②ケースワーク／措置過程／児童福祉法

第二に、児童相談の方法・技術とその措置過程およびその背後の児童福祉法制にかかわるものとして、以下の三点をあげたい。

(1) 「児童問題とケースワーク」（小松源助・山崎美貴

子編『ケースワークの基礎知識』、有斐閣、一九七七・五所収）

(2)「労働現場から見た児童福祉法の措置について」（『児童福祉法研究』創刊号、一九七七・一二）

(3)「解題／法改正経過と改正法文、現行法」（児童福祉法研究会編『児童福祉法成立資料集成』（上下二巻、ドメス出版、一九七八・一九七九年所収）

これらは、いずれもその執筆過程が、児相研のメンバーたちと共同して、あるいは協力を得て、まとめられたところに特徴がある。それだけに、児相研の研究理論形成に貢献し、成果をあげたことは明らかである。

(1)は、「児相研研究部（代表鈴木政夫）」という著者名で執筆されたものである。これは、児童問題のケースワークに即した、設問と解答と言う形をとった一九の小稿からなる、いわばテキスト体のものである。

執筆メンバーには、鈴木のほか、大塚勇治・羽柴継之助・甲田賢一・松原恵子・飯野恵城・小林秀次の名があげられている。一九の小稿をどう分担し、調整したのかは不明だが、鈴木は「代表」でもあったから、そこで中心的な役割を果たしたことは明らかかと思われる。

いずれにしろ、このケースワークという技術にかかわるテキスト作成が児相研の、あるいは鈴木自身の理論形成に大いに役立ったであろうことは想像に難くない。

(2)は、本書に収録している（五―1―①）が、児童福祉法研究会の機関誌（創刊号）に掲載したものである。

この論稿が出来上がるまでの経緯は、その「追記」に示されているが、そこでは、公的扶助研究会と児相研メンバーの有志との討論・検討、および社会保障研究会（児童部会）と児童福祉法研究会での報告と論議などを経て、出来あがったものだと記している。[8]

とはいえ、この論稿はその内容（児童相談所での相談・措置過程の具体的な分析）からして、それらの事例に日常的に接している児相研の有志たちとの討論や検討に多く依拠したものだったことは、十分に窺える。

いずれにしろ、この論稿は、「措置」にかかわる理論的検討を行ないつつ、児童相談所の相談・措置過程を具体的事例データに即して分析したものとしては、今なお唯一と言ってよく、内容的にも高く評価されるべきものである。

なお、その中間段階での論稿として、この検討を障害児に絞ってまとめたのが「障害児の施設措置について」（『障害者問題研究』一一号、一九七七・七）であったことも、記しておきたい。

(3)は、児童福祉法の成立以降の三〇年におよぶ法改正経過を追い、解説した共著論稿である。この論稿は、『児童福祉法成立資料集成』の第八部の解題である。

同書は、私自身が編集事務局として編纂作業を行なったものだが、解題は研究会メンバーの分担執筆である。ただし、鈴木は児相研の研究部の仲間三人（大塚勇次・甲田賢一・小林秀次）に応援を頼み、共同執筆したが、鈴木に文責があることを記している。したがって、全体の調整・統一は、鈴木が行なったものである。

そこでは、法成立後ほぼ三〇年に及ぶ間の改正経過について、国会議事録などの資料を用いて綿密に整理しており、今日でもこの部分の解題は、しばしば参照されており、それだけの内容がある。

なお、児童福祉法にかかわっては、「もっと知ろう児童福祉法」（一―2―①、『子どものしあわせ』二七三号、一九七七・一二）もあげておきたい。

小稿ではあるが、児童福祉法の意義と内容について、一般の子を持つ親たちや若い世代を対象に、子育てや福祉にかかわるいくつかの具体例をあげて、わかりやすく解説したものである。

④福祉実践・福祉労働論の確立

第三に、児童相談労働を含む福祉実践・福祉労働論として、「福祉労働の方法をつくり出すために」（四―1―①、『社会福祉学』二〇号、一九七九・九）がある。

鈴木が一九七〇年代末に執筆したものには、力作が多いが、とりわけ、本稿は鈴木の方法論、福祉実践・福祉労働論の核心をなすものであり、これによって、自らの理論的基礎を確立したものと言える。

この論稿は、彼が前年に開催された日本社会福祉学会大会で、児童福祉分野の課題報告者として報告（その要旨は、「児童相談の現場から／日本社会福祉学会二六回大会・課題報告」と題したものが、『同大会要旨集』、一九七八・九に掲載されている）を行なったことが、きっかけで生まれている。

課題報告者として、学会誌『社会福祉学』に執筆依頼された鈴木は、参加した学会の基本テーマ（「日本における福祉的〈処遇〉の展開――社会福祉研究の方法を求めて」）に疑問を感じたこと、また、自らが出席した児童福祉分科会での論議や発言内容に問題を感じたこと、などが、本稿を単なる課題報告の枠を超えて執筆させた動機だったと記している。

鈴木は、児童相談所で日々働いている福祉労働者の立場で、「大胆に論議」し、「労学提携のための討論の素材に」するために、自らが携わる福祉労働（その一分野である「児童福祉の相談労働」）の方法について検討し併せて、福祉研究（とその専門研究者）への期待を展開したのが、本稿である。

そこでは、検討の前提として、まず、福祉労働の性格・位置付けを明らかにし、福祉労働の対象、福祉労働の方法・目的を明確にする。その上で、本論として、児相における方法論＝相談労働の方法を取りあげ、児相の方法論の歴史とその問題点を指摘しつつ、従来の方法論では通用しない事態が生じていること、実践現場で、模索と労働方法の創造が試みられていることを指摘する。

その中で、対象論（問題のとらえ方、当面の矛盾と基本的矛盾）・労働の組織過程（労働現場での集団化の実現）・労働の技術過程（労働＝援助のあり方）の、それぞれにおける特徴的な動向や課題について整理し、実践例をあげている。

また、児童相談にあっても、保障手段が不十分で体系化されていない点にどう対応するかが問題だが、新たな保障手段を創出する展望とエネルギーを引出し、組織化・運動化することの重要性を指摘している。

このように見てくれば、この論稿によって、鈴木の実践・研究運動論の基底が形作られたと評価できる。

なお、この鈴木の福祉労働論が形成されるにあたっては、とくに矢川徳光（教育学）と芝田進午（哲学・社会学）という二人の先学から、その前提となる人間論や認識論、発達と人間形成、人間と労働との関係、労働論と労働過程にかかわる多くの知見に学び、[9]影響も受けていることを指摘しておきたい。

⑤子育てをめぐる児童問題と貧困

第四に、児童相談の具体的対象としての育児・子育てについての現状分析として、「貧困とのたたかいとしての子育て」（一―1―①、『ジュリスト』増刊・総合特集一六号〈日本の子ども〉、一九七九・一二）がある。

この論稿は、子育てをめぐる児相での相談事例に関して、それを親と子の養育をめぐる社会的諸条件（貧困）との関連で、かつ一般的な児童問題との関係を明らかにしつつ、分析したものである。

そこでは、三つの事例をやや詳細に紹介した上で、鈴木の貧困についての仮説（資本の蓄積と国民生活の資本への隷属の二側面の統一）を提示しつつ、とくに、後者の側面について、生命の再生産の困難と生活全体の不安および人間の外界に働きかける力、社会関係を結ぶ力の弱化であり、それらにより、資本への依存がなお一層進行する状態としてとらえている。

そうした観点から事例を検討した結果、児童の養育上にあらわれた貧困として、そこには、四つの相（①生活資料の不十分等、②社会的養育手段の貧困、③生活活動喪失による文化的貧困、④疾病と人格の破壊）がある、とする。その上で、とくに③にかかわって、生活過程の総体を問題にし、それを構成する四要素（a生活主体の生活力、b生活手段、c生活活動、d生活関係）につき、高度経済成長政策とその後のスタグフレーション政策のもとでの実態について分析している。

その結果は、bのみが商品として豊富化・肥大化が進行する反面、a・dが弱体化・希薄なものとなり、その中でcが衰退・喪失して行く、という形でその悪循環の拡大と生活文化の貧困がもたらされている状況を、鋭く指摘していることが印象的である。

そのような、貧困の諸相が子育てを襲っていること、その強大な力は、親も子も押し流し、人間性をも破壊する。それゆえ、現代日本の子育ては、知恵と力をふりしぼり「必死にたたかう貧困とのたたかい」だと結論し、児童の権利保障のために、いま大人たちのなすべきことをあげている。

⑥障害を持つ幼児の保育保障をめぐって

第五に、特定の児童福祉行政分野を取りあげて、その総括と現状分析を行なったものに、「障害児の保育保障と児童福祉行政」（二―4―①、『現代と保育』二号、一九七九・三）がある。

革新都政時代に大きく前進した福祉分野は多いが、その初期の頃から、鈴木が支援してきた障害をもつ幼児の保育保障の問題も、その代表的な一つであろう。

鈴木は、そこで障害児保育問題の一〇年余の変化とその行財政面を重点に全体像を描いて総括し、現状を分析している[10]。そこでは、障害児の保育保障について、なお多くの山積された現実と問題（いわゆる「谷間」や「薄さ」）があること、それを打開する展望と力、当面の手立てについても、明らかにしている。

この論稿が執筆された一九七九年は、革新都政が保守都政に代わった年（執筆直後の四月）でもあった。革新都政誕生直後に、児童福祉司になった鈴木にとっても、児童福祉現場での実践は、満一〇年が過ぎていた。

なお、「児相における通所指導と地域における親の会比較検討」（三―3―①、一九八〇・八）は、一九七九年一一月に開催された第五回児相研セミナーの分科会での報告をまとめたものである。鈴木は、そこで「養育主体（形成）」という観点を重視した意味を、都政交代の教訓としてあげている。

三　一九八〇年代前半

臨調行革と保守都政下で

①墨田児相から児相センターへ

一九六七年から三期続いた革新都政は、七九年四月から保守都政に代わった。福祉推進をシンボルにした革新都政時代との差は大きい。また、国政レベルでも、一九八〇年に臨時行政調査会が設置され、財政再建をかかげて社会保障や福祉の見直しを喧伝するようになった。

こうした事態は、鈴木が身を置く、労働と実践の場にも大きな変化や影響を与えた。とりわけ、福祉要求運動や組合活動にあっては、それまでの積極攻勢型の運動から革新都政時代の成果を守る防衛的な活動に変わったことは否めない。また保守都政や福祉見直しに伴なう、新たな困難や課題にも直面せざるを得ない。

鈴木は、一九八〇年四月に、一二年にもなった墨田児相から児童相談センター（元中央児相、七五年に名称変更）へと異動になった。しかし、担当区域の地域的な差異を除けば、児童福祉司としての仕事や民生局支部での執行委員としての活動は、そのまま続いた。それらを基盤とする福祉運動の領域でも、活動は当然続けている。

鈴木の著作・業績は、この時期（正確には七〇年代の末から）に、数だけでなく、内容的にも充実したものが増えている。取りあげる領域が広がったし、研究運動面での新たな展開や意欲的な仮説の提起を行なっている。そのことは、何を物語るのか。

これは、私の推測にすぎないが、一九八〇年前後の数年の都政の変化や臨調行革の動きは、まだ本格化せず、具体的な攻勢が掛けられる前哨戦で、やや時間的余裕があった。他方、そうした環境の中で、七〇年代から模索し、蓄積されてきた鈴木自身の研究活動の主体的な状況が、この時期に熟し、実りつつあったと言えるのではないだろうか。

それは、前項の二で指摘したように、七〇年代末に自らの実践・研究活動の理論的基礎が構築されたこと、それを前提に、新たな展開をはじめたことを意味する。したがって、その理論的基礎に即して、児童問題の位置付けやその具体的な諸相を改めて取りあげ、新たな仮説を提起し、あるいは研究運動論を提起するようになった。その結果として、様々な活躍の場が一層広がるのは、当然のなりゆきであった。

その場合、自らの理論確立の源泉でもあり、エネルギーを傾注してきた児相研が、結成以来五年を経て、一定の成果を積みあげ、前進していたことが、鈴木にとって得難い財産となったことを指摘しておきたい。

この時期にまとめられた鈴木の論稿は数多いが、それらをその内容や性格を考慮して見ると、私なりの整理だが、およそ次の四つほどに区分することが出来る。

第一、七〇年代後半以来の児相研での蓄積・知見に基づく現状分析と研究運動論

第二、この時期に顕在化したベビーホテル問題と児童養護問題にかかわるもの

第三、やはりこの時期に、そのあり方が大きく変化し注目を浴びた非行問題とその取組にかかわるもの

第四、児相や一次保護所の仲間と共同で実施した実態調査の報告

②児童問題の現況と研究運動論

第一に、児相研での蓄積を基盤にした知見に基づく実態分析と研究運動論としては、以下の三つの論稿をあげることができる。

一つは、「児童相談所からみた日本の子ども」（一―1―②、『教育』三〇巻三号、一九八〇・三）である。

この論稿は、日本の児童問題の現況と課題を、児相の相談内容の分析を通して明らかにしたものであるが、そこでは単なる数値上の統計データだけでなく、主に児相研セミナーで、五年間の間になされた報告と討論から得られた知見（問題の実態、それを解決しようとする実践、そのための考え方や課題）に即して、分析が行なわれていることである。

児相での相談内容は、児童問題の一端ではあるが、最も「問題状況が極限的な部類に属し」ており、これらの問題に対する保障は「全児童の諸保障の基底的なもの」であるとする位置付けから出発し、様々な児童問題は児童養護問題に帰すること、そこでは養育形態ではなく養育内容こそが問われるべきことを指摘する。

また、児童問題のあらわれ方は九～一〇歳で児童養護から非行へと変化すること、子どもを部分的に捉える方法ではなく、生活全体からとらえる方法こそが有効であること、児童問題は勤労者とその子弟の貧困化現象の深まりとしてとらえるべきこと、などが確認される。

内容的には、一九六〇年代および七〇年代における児童相談の内容とその変化状況（その広がりと深刻さの進行）およびそこでの知見を前提にして、「各論」で、児童養護・非行・学校嫌い・障害などの類型別の分析とそれぞれの内容と特徴、課題などが明らかにされる。

その上で、児童相談全体にかかわる課題として、各相

談分野での協力・共同、地域への活動拡大と地域づくり、相談労働の点検と方法の創出、児童問題へ対応する保障体系の拡大、などを提起している。

二つは、「福祉における要求運動、労働実践運動の課題」（四―2―①、『福祉研究』四三号、一九八〇・一二）である。この論稿は、日本福祉大学の学内学会に招かれて報告したものに、手を入れたものである。

そこでは、福祉における要求運動と「労働実践運動」（本文中では「研究運動」とも言う）が分野別の運動にとどまっている現状と動向を取りあげ、一九七〇年代における前進面を評価する。その上で、八〇年代に向けて、支配のための分断がより強力に展開される中での、運動の課題を探ったものである。

なかでも、運動主体の形成が最重要な課題であるとして、福祉労働者の組織の強化と主体形成および「福祉の利用者」から「権利主体」への形成をかかげている。

そのために、運動の行動基準や連帯の拡大、大衆的行動の組織化とともに、労働過程での闘争として、労働実践の重視をあげていることがとくに注目される。その労働実践における理論形成の課題を、数点にわたり整理し、提示している。

三つは、「児童相談所と研究運動」（三―1―④、『児童福祉法研究』四号、一九八四・一二）である。この論稿は、児童福祉法研究会の合宿研究会（一九八二、七開催）で、「研究運動の現段階／児相研活動について」と題して報告したものを、手直ししたものである。なお本書には収録してないが、掲載誌には、研究会報告に対するコメントと討論も掲載されている。

そこでは、まず、児相研という児童相談現場の職員の労働実践を基盤にした研究運動（「労働実践運動」と鈴木は言う）について、その発足の諸条件に触れつつ、現在は、日常的な活動の組織化と組織的運営の確立が課題となっている時期（第三期）だとした上で、これまでの児相研活動の成果をまとめている。

また、児相研のセミナーと研究部活動およびそこでの検討課題について、簡単に概況紹介した上で、近年、児相研で提起され、検討されている理論仮説としての「養育機能障害論」を取りあげ、紹介している。

あわせて、養育機能障害の背後にある貧困問題を指摘し、その今日的なあらわれ方を示した上で、それらが育児や養育などの諸場面で、幾つかの媒介項を経て生じたものが養育機能障害だとする。

したがって、その問題の解決には、背後にある貧困状況も含めて、それを可能にする保障内容・体系の必要と養育主体の形成に向けての援助の必要を指摘し、そのための公的責任による保障と、それが独善に陥らぬための専門性（自主的研究運動）が重要だとする。

今後の課題として、①研究運動の交流・成果の共有・共同研究など、②戦後児童問題史の追究、③戦後養育イデオロギー史の追究、などをあげている。

仮説としての「養育機能障害」論については、その仮説を提起した、一九八二年一一月開催の児相研セミナーの「基調報告」の抜粋が添付されている。なお、補注で、鈴木は、養育機能障害論について、「〈子どもが自ら育つことを保障するハタラキ〉の不十分さや欠乏といったほうが内容を伝え易い」と記している。

③児相研活動と児相問題

以上、第一として取りあげた三点の論稿に関連したものとして、児相研活動や児相の問題について、この時期にまとめた論稿に、次のようなものがある。

まず、『社会保障運動全史』（労働旬報社、一九八二・九）に、「社会福祉の自主的研究運動」の一つとして掲載した「児童相談所問題研究活動」がある。これは、児相研の結成からほぼ五年間の活動内容を中心に、児相研の特色と活動形態、成果と今後の課題などを概括的にまとめたものである。

次に、「児相のこれからを考える」（三―1―①、『児相研ニュース』五号、一九八三・八）がある。これは、児相研の会員向けの機関誌に執筆したものである。

紙面に制約されて、やや、コンパクトな形ではあるが、①何を考えるか（枠組み）、②現実に果たしている機能、③児相（東京）の歴史的検討、④今後の課題、といった組み立てで、基本的な問題提起をしている。

また、この一九八〇年以降、毎年夏に発刊される『子ども白書』に、鈴木は児相とその相談活動に関する論稿を、わかりやすく執筆している（一九八七年まで）。これらは、本書には収録してないが、次に示すように、テーマは八一年版を除き、毎年変えられており、児相とその相談活動をめぐる基本的な事柄だけでなく、多様な問題を取りあげており、見逃せない。

「子どもの相談機関の現状」（一九八〇、八一年版）
「子どもの生活実態と児童相談所の対応」（八二年版）
「児童相談所からみた子どもの生活と相談活動」（八三年版）
「児童相談にみる児童問題とその背景」（八四年版）
「児童相談所問題と児童相談の特徴」（八五年版）
「児童相談所と子どもの相談の問題」（八六年版）

「児童相談所からみた子ども」（八七年版）

④ベビーホテル問題と児童養護問題

第二に、ベビーホテル問題と児童養護問題にかんする論稿である。

この一九八〇年代初頭には、いわゆるベビーホテル問題が、そこでの乳児の死亡事故をきっかけに問題化し、それがマスメディアで大きく取りあげられるという事態が起きた。その結果、児童福祉法の改正（無認可施設への監督規定の導入など）にまで至った経過がある。

このベビーホテル問題は、この時期に深刻化した児童福祉問題の典型的な現象であり、分野的には乳幼児の保育問題と児童養護・養育問題にまたがる形であらわれており、勤労者の生活実態の変化と児童福祉政策・行政との乖離から生じたものと言える。

このベビーホテル問題に対して、鈴木はその初期から関心を寄せ、様々な場で発言し、緊急シンポジウムなども開催している。そこでは乳幼児の死亡事故の多発という事態を前に、政府や行政が有効な対策を怠っている責任を鋭く追及している。

あわせて、福祉関係者の側が立遅れ、事態を放置していたことを懸念し、実態と問題点を広く訴えることで、勤労者の側からの運動の展開、それによる問題の解決への方向を確実にしようと意図したのである。

そのことが、編著『ベビーホテル／その実態と問題点』（ささら書房刊、一九八一・五）を緊急に出版した理由だと記している。内容的には、ジャーナリストによるベビーホテルの実態、児童福祉関係者による座談会、保育・経済・法学などの専門研究者による保育政策・育児産業・法的解明の論稿や関係資料からなっている。

彼自身は編集・出版のとりまとめ作業で、原稿執筆の余裕はなかったようで、座談会での発言とあとがき的な小稿を執筆している。

彼のベビーホテル問題についてのまとまった論稿は、「ベビーホテル問題を考える」（二―5―①、『教育』四〇六号、一九八一・一二）に見られる。

そこでは、ベビーホテルやその利用者の実態をいくつかの調査を利用して明らかにした上で、ベビーホテル問題をどのようにとらえるべきかについて、検討する。

一つは、勤労国民の主体的条件に関して、労働実態・生活実態が養育問題とのかかわりで、育児の社会化要求を生み出していること、勤労者の生活活動の変化が、結果として養育活動の内容を貧しくさせたこと。

もう一つは、国の政策と資本の動向に関して、子育てと家族問題にかかわる児童福祉政策が、勤労者の労働・生活と要求に対して、大きくズレていること、また、労働政策も、家庭責任を持つ労働者へ積極的保障をせず、資本の利潤獲得欲求から育児や養育の産業化・商品化が進行したこと。

そうした動向・政策の総合的な結果として、問題をとらえるべきだとし、最後に政府の対策を検討し、問題解決への当面の対策や長期的な課題を提起している。

ベビーホテル問題とも関連するが、この時期に鈴木は児童養護問題について、以下に示すように五点の論稿をまとめている（本書にはいずれも収録していない）。

(1)「現代の貧困と養護問題」（『日本の養護』四号、一九八〇・四）

(2)「児童養護――施設労働者の役割が大きい分野」（『賃金と社会保障』、一九八〇・一一）

(3)「児童養護――家庭崩壊のなかの子どもたち」（『賃金と社会保障』、一九八一・一二）

(4)「養護は児童の権利保障の基底――児童養護問題の現在」（『賃金と社会保障』、一九八三・五）

(5)「児童養護――いつでもどこでも人間として」（『賃金と社会保障』、一九八四・一）

このうち、(1)の「現代の貧困と養護問題」は、全国養護問題研究会第八回全国大会での講座の講演記録に手を入れたものである。(2)～(5)は『賃金と社会保障』の各年版の〈社会保障ハンドブック〉号の児童養護の項などに掲載したものである。

(1)は、主に児童養護施設現場の職員を対象に、現代の貧困をどう考えるか、児童問題、とくに児童養護問題にはどうあらわれるか、児童養護問題と貧困問題の関係をつかむことが、児童養護労働にとってどんな意味があるか、といった諸点をわかりやすい事例を引きつつ、解明し、それを実践に生かしていくことを提起している。

(2)～(5)は、〈社会保障ハンドブック〉の一項目のためにまとめた短い論稿と添付資料ではあるが、それぞれのサブタイトルが示すように、児童養護問題の諸側面を取りあげ解説したもので、小粒ながら光っている。

⑤非行問題

第三に、非行問題に関連する論稿である。

一九八〇年代前半は、非行問題が注目された時期でもある。鈴木は、児童福祉司として、当然非行問題にもかかわっているが、この時期にははじめて非行問題を主題とした論稿を、以下のように五点まとめている。

(1)「非行に立ち向かう力を」（『少年補導』二五巻五号、

一九八〇・五）
(2)「法律いじりでは非行はなくせない」（『子どものしあわせ』三二四号臨時増刊、一九八〇・一一）
(3)「心配ごとの相談とそのとりくみ方」（新日本婦人の会編『非行・暴力から子どもを守り心身ともにすこやかに育てるために』所収、一九八一・一〇）
(4)「〈非行の低年齢化〉をどう見るか」（『教育実践』三七号、一九八三・一）
(5)「触法事件と少年の人権」（『法学セミナー』増刊〈少年非行〉、一九八四・七）
これらのうち、(1)の「非行に立ち向かう力を」（三―2―①）は、少年補導関係雑誌に掲載したもので、非行をめぐる「作られた社会意識」の問題から出発して、児研が追究してきた非行問題への対応と実践を紹介したものである。

そこでは、主としてマスコミなどによって作られた誤った児相の役割やイメージを払拭し、非行をどうとらえてきたか、具体的な指導はどうすべきかを、事例をあげて説明し、学校や地域の親たちに訴えている。
(2)の「法律いじりでは非行はなくせない」は、非行の増大現象の中で、少年法改正の動きについて、わかりやすく解説しつつ、その問題性を批判したものである。

(3)の「心配ごとの相談とそのとりくみ方」（二―2―①）は、掲載された冊子の内容やその記述から、新日本婦人の会が主催して開いた非行問題の講演会の、鈴木の講演内容をテープから起こし、手を入れたものである。
そこでは、児相の非行へのかかわり方や児童福祉司の対応について、子どもの親など一般向けに、わかりやすく紹介しつつ、個々の親や家庭でどう対応すべきかをあげている。

また、(4)の「〈非行の低年齢化〉をどう見るか」（二―2―②）は、教員向けの専門雑誌に掲載されたものである。非行は、この時期にその低年齢化が指摘されるようになったが、論稿では、低年齢化問題を取りあげつつも、児童福祉の側から非行問題を検討している。

そこでは、非行事例をいくつか紹介・検討するが、その際、①家族、②地域、③社会的養育手段の三領域において、それぞれの育てる働き（養育機能）の欠如や不十分さがあり、その複合的な相互関係の中で非行が起きるのではないか、と仮説を立てている。

鈴木は、その仮説から、家族や、地域、学校などで、父と母が統一し、家族の生活を見直すことや、非行児の親たちが手を繋ぐこと、教師が主導して地域の子育ての機能を高めることなどの重要性を強調し、それぞれが一歩を踏み出すことを提案している。

(5)の「触法事件と少年の人権」は、法学関係雑誌の少年非行の全面特集号に掲載されたものである。

そこでは、年少児童の触法事件と児相とのかかわりを解説しつつ、警察通告で問題のあった事例を三つ取りあげ、事例の問題点を検討している。その上で、触法事件への児相の対応やありかたおよび地域での人権保障への取組みの課題を指摘している。

⑥二つの実態調査報告

第五に、鈴木が児相やその一時保護所の仲間たちと共同で実施した実態調査の報告である。

具体的には、一時保護問題と非行問題にかかわる次の二つの調査研究報告である。鈴木が、この種の労の多い実証的な事例調査にかかわり、その報告書づくりに中心メンバーとして参加していたことは記憶されておくべきであろう。そうした趣旨から、本書に収録した。

一つは、「濃厚処遇を要する児童の一時保護について」(三―2―②、東京児相研有志『自主研究ノート／緊急時の児童の一時保護を考える』、一九八三・一二)である。

そのあとがき的注記によれば、この報告は、もともと「特別な濃厚処遇を必要とする児童の一時保護について」(東京都児童福祉司会の『児童相談／研究と報告』第四集、一九八二・三、に調査にかかわった保母五名との連名で掲載)としてまとめたものだが、それに鈴木が若干加筆して、改題・掲載したものである。

調査は、一九七五年から七八年度までの期間が対象であり、その間の統計データと一〇ケースの事例データを用いてまとめられている。

調査期間の七〇年代後半は、高度経済成長のあおりを受けて、子どもをかかえたとくに若い家族の崩壊が深刻な形で進行したことが特徴の一つでもあった。その結果が、東京では幼児を中心とした一時保護児童の急増にもつながった。一時保護所の増設が行なわれ、若干の整備もなされた時期である。

その結果、一時保護所で、病気や障害などを持った児童に、特別な濃厚処遇を行なうため、観察室などが設置された。この調査はその処遇内容と処遇条件の事例データをもとに、両者の関係を分析したものである。

その結論部分では、都政の減量経営が言われる中で、濃厚処遇を必要とする児童は増加しており、多様な児童問題に対する、保障手段の一層の充実と児相一次保護所における柔軟な運営が求められていることを指摘している。

二つは、『非行問題と児童福祉行政の隘路――教護院及び一時保護所に入所困難な場合についての調査』(三―2―③、東京都児童福祉司会、一九八三・春)である。

この時期、児童相談所での非行問題が行政上の不備で困難にぶつかっていたが、東京での児相における非行問題への対応の実態について、東京の児童福祉司会の専門委員として、鈴木を含む福祉司六名のメンバーが実態調査をした報告書である。

調査は、一九八一年度から一九八三年度にかけての取扱児童を対象に行なわれたが、回収された事例は四一ケースであった。

結論部分で、非行問題への対応は緊急性、タイミングがとくに重要だとして、「行政上の不備で機を逸した結果が、どうなったか」を調査で取りあげたこと、そのことによって、児童や親、第一線の福祉司が「どんなに苦しんでいるか」を読み取って欲しいと訴えている。

この種の児童福祉司自身の手で行なわれた実態調査は数少ないうえ、公表されることもほとんどないため、児相内部の取扱いを明らかにした貴重な資料として、関係メンバーの了承を可能な範囲で得て、本書に収録した。その時のメンバーによれば、鈴木は調査の実施や報告書をまとめるに際して、中心的な役割を果たしたという。

四　一九八〇年代後半

臨調行革・保守都政とのたたかい

①八八年に定年退職、大学教員に

鈴木は、一九八八年三月に東京都を定年退職するのだが、その時点までとその後(日本福祉大学教員に再就職)では当然、彼を取り巻く環境は大きく変わる。

一九八〇年代の後半は、第二次臨時行政調査会の最終答申(八三、三)を受けて、いわゆる「臨調行革路線」が福祉分野でも、八五年にはじまる社会福祉財源の国庫補助率の大幅引き下げ(地方への肩代わり)など、具体的に展開された渦中にあった。

東京においても、一九八三年に「マイタウン建設」を掲げて二期目となった保守都政が、革新都政期の前進面を本格的に切崩し、福祉見直し路線を具体的に推進した真っただ中にあった。

この退職までの時期の彼は、児相研の常任運営委員として、その活動の中核を担っており、「臨調行革」に対決する全国的な運動に取組んでいた。さらには、自らの職場の児童センター分会はじめ、都職労民生局支部の活動や関係福祉団体の運動にも深くかかわっていたから、保守都政の攻勢に抗する「たたかい」は多忙を極めていただろうと思われる。

一九八八年三月の退職後、同年四月からは大学での講義が始まる。彼の場合、大学教員としての生活は、(次項の五で詳しく述べるように)特任待遇であったから、余裕はかなりあった。しかし、最初のうち(とくに赴任一年目)は、慣れない中で、毎週の講義や教材作成の準備に、かなりの時間を割かれ、慌ただしかったと思う。

鈴木のこの時期の著作や論稿の点数は、目録からも見てとれるように、減少する。内容的に見ても、『白書』類の短文や座談会やシンポ、講座などの記録に手を入れたものが目立つ。退職前と後とでは、まったく異なる事情からだろうが、おそらく、執筆の時間はあまり取れなかったのではないのか。それに、体調を崩した(高血圧、めまい症状)といった事情も影響したかも知れない。

しかし、そうした状況下にあっても、鈴木はいくつかの注目すべき論稿をまとめている。この時期の論稿を概観すると、次の四つほどに区分することができる。

第一、自ら体験した相談行政における告発的レポート

第二、児童養護問題

第三、都職員・児童福祉司の定年退職にかかわるもの

第四、児童相談所の仕事や実践、その歴史

②福祉切捨て都政への告発レポート

第一に、鈴木が、個人名で公表したタイプ印刷の『福祉現場からの証言――マイタウン建設のために鈴木都政は子供の福祉に何をもたらしたか』(三―3―②、一九八五春)である。

これは、「東京都児童相談センター児童福祉司・鈴木政夫」(発行＝東京児相研)名で執筆しており、鈴木の情熱を感じさせる告発レポートである。内容は、児相センターに来所した具体的なケースにかかわるドキュメント風のもので、明記はしてないが、本文の内容・文脈から、その担当福祉司は鈴木本人だと判断できる。

内容的には、母子浮浪の状況にあった母親の、連れ子二人の一時保護所への入所希望が、センター管理職の入所拒否見解(背後に都の一時保護所縮小・人員削減方針の強行があった)でもたつき、結局実現しないまま、再び放浪生活に追いやったこととの経過と問題点を、鋭く指摘し、明らかにしたものである。

そこには、保守都政下の「福祉切捨て方針」が、都の児相センター内部で起きた具体的な経過を通して、どのように進行し何をもたらしたかが描き出されている。

すなわち、母子の相談過程とそれを受けての児相の処

遇方針をめぐる意思決定過程が、センター管理職や児童福祉司および各専門職関係者の発言を交えて、日時を追ってナマナマしく紹介されており、興味深い。

③児童養護問題

第二に、児童養護問題の論稿である。

この時期のものとしては、比較的に長文の「今日の養護問題」(二―1―②、『日本の児童問題』一号、一九八六・七)である。これは、全国養護問題研究会一四回大会での実践講座の講演記録を手直ししたものである。

児童養護問題についての彼の論稿は、当然ながら数多い。中でも、本稿は主に養護施設(その後「児童養護施設」と改称)などの施設現場で、処遇を直接担っているメンバーを前に、語ったものである。

そこでは、多くの実態を示すデータや事例を用いながら、わかりやすく今日的な児童養護問題の現況や特徴を明確にし、それを解く仮説として、児相研運動の中で提起された「養育機能障害論」を説明する。その上で、児童養護問題の基本には、その家庭が陥っている「貧困の問題があり、養護問題は家庭が壊され子どもを育てられないという形であらわれた貧困問題」の一現象であり、「社会問題としてとらえるべきではないか」とする。

その際、貧困を考える視点として、目の前の経済的困難だけに限定するのではなく、「日常の労働と生活の中で、資本と労働者がどんな関係にあり、働くものがどんな規制を受け……にんげんにとって必要なものが欠けてくるのか」という点を見ることが大事だとし、「貧困は、権利侵害の連鎖と累積」の上に生じていることを具体例で示し、その「連鎖と累積を断ち切ること」が課題であることを明らかにしている。

④退職記念の冊子

第三に、東京都職員(児童福祉司)を定年退職したことについては、退職記念の自費出版の小冊子のほか、いくつかの短い論稿がある。

退職記念に刊行した冊子『昭和の子どもの戦争と平和』(ひとなる書房、一九八八・三)は、同時に退職する児童福祉司仲間の二人(伊井春雄、知野淑子)との共著である。鈴木は、「人民はもう踊らない」と題する半ば自伝的な文章を掲載している。

本書に収録できなかったのは残念だが、その前半は戦時下の自身の子ども時代(「軍国少年だったわたし」)のことである。後半は大学を出て、都職員になってからの、主に福祉事務所と児童相談所時代の仕事や取組んだ活動に関連し、個人的な感懐を含めて、いくつかのエピソードや事件が語られている。

また、退職にあたって、児童福祉司会の『会報』に、「児童福祉司二十年」(附一―②、一九八八・五)を執筆している。そこでは、自らが取組んできた児童福祉司の職務や仕事の実態、その退職時の取扱いなどの問題点や福祉司の得難い〈特権〉について語り、さらには公立養護施設の建物に対する鋭い批判を綴っている。

この退職直後の頃執筆した「仲間、迷惑、団結、権利」(附一―①、『保育情報』一三四号、一九八八・五)と題する随想は、電車の中で見聞した親子や児相職場での出来事を綴ったものだが、なかなか味わい深い。

⑤児相の歴史、その実践

第四に、児相での仕事や実践、その歴史についての論稿は、次の三点がある。

(1)「児童相談所の歴史と仕事」(三―4―①、『第一三回児相研セミナー報告書』一九八八・一一)

(2)「児童相談所と私」(三―4―②『第一四回児相研セミナー報告書』、一九八九・秋)

(3)「〈行革〉下の児童福祉実践」(三―1―③、『福祉研究』五八号、一九八九・二)

このうち、(1)と(2)は、一九八八年と八九年の児相研セミナーの講座の講師として語ったものである。(1)は、児相での自らの体験に即して、そこでの仕事、様々な取組みや運動などについて語っており、(2)は、文献研究や先輩からの聞取りも交えた「歴史」についても触れている。しかし、(2)のメインは彼自身の体験した東京での児童相談所の二〇年にある。

(3)は、前二者とはやや性格が異なり、日本福祉大学の学内学会(主に、同大学の教員・院生・学生・卒業生などで構成)で、児童相談所での児童福祉実践を中心に、報告したものを簡単にまとめたものである。

そこでは、児童相談所の置かれている(臨調行政改革下の)今日的な状況を指摘した上で、それを突き破る「曙光」となるような、現場労働者の「悪戦苦闘」の実践を取りあげる意図がまず語られる。

その上で、児童相談実践の位置付けと相談労働の固有性を明らかにしつつ、公的福祉機関の専門性をいかした実践例として、自らも直接かかわった実践を含めて五つの児童相談職員の実践を紹介している(あわせて四日市の公立保育園職員の実践も紹介)。

⑥その他の論稿

以上の他、退職直後の時期に執筆した次の二つの論稿について、触れておきたい。

一つは、本書に収録はしなかったが、「社会福祉の資格制度――臨調路線の延長上に位置づく」(『賃金と社会保障』九九一・九九二号《一九八八年版の社会保障ハンドブック》、一九八八・八)である。

本稿は、社会福祉士及び介護福祉士法(一九八七・五公布、翌八八年四月施行)により、福祉分野での資格制度の導入(第一回資格試験は一九八九年一月に実施)を取りあげ、批判的にコメントしたものである。

そこでは、十分な議論なしに制定された手続的な経過を明らかにし、資格制度導入の問題点を、原則的な立場から批判するとともに、今後の課題にも触れている。

もう一つは、「児童福祉における戦後の枠組みと現状」(『賃金と社会保障』九九五号、一九八八・一〇)(一―2―②)である。この論稿は、一九八八年三月に実行委員会方式で開催された第四回社会福祉シンポジウム「社会福祉戦後改革の今日的意義」で、鈴木が行なった児童福祉分野からの報告を、手直ししたものである。

そこでは、戦後児童福祉制度の枠組みの持った意義(「民主主義と公的な保障」)とその実態について、取りあげている。その上で、つくられた制度の持つ「要求運動の根拠」として、その意義と役割を指摘している。

五　一九九〇年代前半
福祉改革に抗する運動の先頭に

①日本福祉大学の教員として
一九八八年に赴任した日本福祉大学での教員生活は、特任待遇(一部の児童福祉論の講義一コマと二部での専門ゼミナール二コマ＝三年と四年計三コマを担当、学内業務や会議出席は免除)であったから、それまでと比べれば、時間的な余裕はかなり生まれた。

といっても、一年間の講義を系統的に展開することは大変である。おまけに、同じ年の春から、東京都立大学や埼玉大学でも、非常勤講師としての講義を担当(いずれも児童福祉論)することになっていた。

愛知の日福大(宿舎)と自宅(鎌倉)、関東の二大学を毎週往復するのは相当の時間(と体力)を要したであろう。彼が病気持ちであったとは、とても思えないほど元気に活躍していた(ように思える)。

この一九九〇年代前半は、八〇年代の「行政改革の推進」に続く「福祉改革」の大波が押寄せた時期でもあった。とりわけ、一九九二年～九四年にかけての、保育問題検討会での保育措置制度をめぐる攻防が大きな焦点となった。

鈴木は、定年退職によって児童相談所という福祉現場の最前線からは引いていたが、児相研の常任運営委員の役目は相変わらずであったし、従前からかかわっていた福祉運動の領域でも頼りにされていた。

その意味では、児童福祉を講義する大学教授・専門家として主に理論面で、「福祉改革」に抗する運動の先頭に立っていたと言える。この時期の著作・業績にも、そのことは十分に見て取れる。

大学での講義など新しい生活にも慣れる中で、鈴木の著作・業績も増え、執筆活動も活発になってゆく。やや長文の論稿が増え、教科書への執筆や学会発表なども加わる。内容的には、以下の八つほどに区分できる。

第一、社会福祉の実践・研究運動論を総括した論稿
第二、子どもの権利条約にかかわる論稿
第三、児童館・学童保育や児童虐待分野の論稿
第四、著書『人権としての児童福祉と労働』の刊行
第五、児童福祉論の講義要綱と教科書執筆
第六、学会発表報告
第七、東京の養育家庭制度の資料
第八、児童福祉以外の分野の論稿

②実践・研究運動論の総括と課題提起

「福祉改革論」の掛け声の中で始まった一九九〇年代は、福祉における研究運動にあっても、厳しい事態に直面していたと言える。この時期に、鈴木はそれまでの研究運動論の集大成と言える「社会福祉における実践・研究運動の意義と課題」（四―2―②、『総合福祉研究』二号、一九九〇・八）をまとめている。

この論稿は、『総合社会福祉研究』誌の特集「社会福祉研究運動の現状と課題」に、各研究運動団体の報告に対するコメンターとしての立場から執筆したもので、研究運動を総括的に取りあげ、今後への展望と課題について鋭い提起をした意味は大きい。

この論稿については、別途、本書の〈特論〉でくわしく取りあげているので、ここでは省略したい。

③子どもの権利条約をめぐって

この一九九〇年代前半の時期は、子どもの権利条約が国連総会で採択（一九八九、一一）され、一九九〇年九月には条約が発効したが、日本では批准が遅れ、批准に向けての運動が展開された時期であった。日本政府は盛りあがる運動に押されて、一九九四年四月にようやく批

準（国内での発効は五月）した。

鈴木も、権利条約には大きな関心を寄せ、批准のための運動に積極的にかかわるとともに、大学でも講義などで学生たちに紹介し、あるいはレポート課題などで取りあげている。

子どもの権利条約は、児童福祉の領域においても様々を形で新しい地平を切り拓いた。意見表明権に代表される子どもを権利行使の主体としてとらえること、条約三一条に見られる休息・余暇・遊び・文化的芸術的生活への参加の権利、同一八条に見られる親の養育責任と国の援助条項の関係、とりわけその三項の働く親を持つ子どもの保育サービスを受ける権利（親と子の権利の統一的保障）などなど、理念的転換が求められた。

鈴木の論稿には、以前から「子どもの権利」の問題は常に強調されていたが、この一九九〇年代以降は、いずれの論稿にあっても、権利条約に基づく子どもの権利への新たな視点を一層鮮明に打出し、子どもにかかわる「あらゆる分野で」、権利条約を「具体化すること」を強調し、重視していることが特徴である。

鈴木の論稿で、子どもの権利条約を主題としたものには、「子どもの権利条約と児童福祉」（一—2—③、『生活指導研究』八号、一九九一・九）がある。この論稿は、一九九一年夏に開催された生活指導学会での研究報告をベースにした論稿である。

内容的には、児童福祉分野で子どもの権利条約をいかに具体化するかという点に焦点をあてて、児童福祉分野での基本的な問題（視点や考え方）と施設や相談現場での具体的な問題数点を取りあげている。とくに、後者には、意見表明権の具体的な取扱や施設での処遇基準づくりの提起など興味深いものがある。

このほかに、一九九四年の学会発表の「児童相談所における相談・援助活動の検討」（三—1—⑤）も、そのサブタイトルからすれば、児相の現場での権利条約の具体化を掲げたものであり、その提起に注目したい。

また、「人殺しの戦いでなくいのちを守る戦いを」（附一—④）は、某新聞の論壇欄に投稿した(11)ものである。折からの湾岸戦争と日本の戦費負担に反対し、子どものいのちを守る戦いへの参加・実践を呼びかけている。

④児童館と学童保育

子どもの権利条約の視点に立ったとき、従来の児童福祉領域における児童館や学童保育の位置付けは、改めて問題となる。論稿「児童福祉の最近の動向と児童館・学童保育」（二—6—①、『社会保障情報』一一号、一九九〇・六）は、その課題に応えたものである。

この論稿は、この年の春の第九回都職労児童館・学童保育集会での講演を多少手直ししたものである。

その内容は、最近の児童福祉政策・対策をめぐる動向を、国際的な動きも含めて、整理し特徴づけるとともに、そこにおける児童館・学童保育の意義と役割、その今日的な課題について、提起している。

なかでも、児童館と学童保育を法成立時にさかのぼってその位置付けを明らかにし、地域における役割を「車の両輪」として、積極的にとらえた視点は新鮮である。

この九〇年代には、学童保育について、その「法制度化」が問題になりつつあった。それに対する鈴木の見解を述べたものが、「学童保育の〈法制化〉について」（二―6―②、全国学童保育協議会編『よりよい制度の確立のために』所収、一九九四・七）である。

そこでは、一面で、「法制化」が学童保育運動の成果であることを指摘するとともに、他面では、学童保育を児童福祉法二十一条の十の「事業」として取込む方向が予測される[12]として、それが保育の措置制度解体の方向を強めることを危惧している。

なお、この時期（一九九一、二）に、東京三鷹市の養護施設朝陽学園が開催した地域福祉講座で、地域の父母を対象にした講演「子育てについて／子どもの瞳はキラキラ輝いていますか」（一―1―④）を行なっている。

この論稿は、同施設がテープから復元した講演記録の冊子があり、実際の講演の雰囲気が窺えるので、本書に収録した[13]。内容的には、子どもと子育てにかかわるいくつかの事件や事例を題材に、親の養育への姿勢や子どもの権利条約について、熱く語っている。

⑤虐待問題

この一九九〇年前後から、日本でも虐待問題が脚光を浴びはじめたが、鈴木もこの虐待問題ではいくつかの注目される論稿をまとめている。本書には、その中で最も詳しい「現代日本の子どもの虐待を考える」（二―3―①、『保育情報』一八一号、一九九二・四）を収録した。

その内容は、イギリスやアメリカなど先進工業国の実態と日本の虐待問題の状況（児童相談所の調査や電話相談状況）を豊富に紹介しつつ、批判的にコメントしたものである。同時に、虐待問題への今後の課題をいくつかの面から指摘しており、中でも福祉の視点・方法を明示しつつ、既存の児童福祉制度の活用・充実の重要さを指摘している点は、重要と思われる。

なお、『子ども白書』（一九九三年版）に掲載した「日本における子どもへの虐待」も、コンパクトに虐待問題の現況および問題点や課題をまとめている。

虐待問題は、今日的な子育て状況の反映でもあるが、関連して、「子育て不安と家庭支援」（二―3―②、『子ども白書』一九九四年版に掲載）も注目される。

そこでは、現実の子育ての実態を前提に、多彩なメニューを掲げた政策としての家庭支援対策を取りあげ、その問題点を批判的に検討した上で、あるべき政策を対案として提起している。

⑥著書『人権としての児童福祉と労働』の出版

一九九三年一二月には、彼にとって、初めてで最後の単行本ともなった著書『人権としての児童福祉と労働／実践のための児童福祉論をめざして・総論編』（ひとなる書房刊）を出版している。

この著書の中核は、鈴木の児童福祉論（総論）の基底におかれた子どもの権利論と人権理論および児童福祉にとどまらぬ福祉実践・福祉労働論にあり、そこにこの著書の特徴がある。それは、長年にわたる鈴木の〈実践〉の帰結だったとさえ言うことができよう。

ただし、本書には収録していないので、読者の便宜を考慮して、その目次（構成）を**別表**に示しておきたい。

その目次や「総論編」と謳ったタイトルからもわか

別表　『人権としての児童福祉と労働』の目次構成

序章　現在の社会と子ども
- 1　いま世界の子どもたちは
- 2　現在日本の子どもの問題
- 3　核時代、環境問題と児童福祉

1章　児童福祉とはなにか
- 1　児童福祉とはなにか
- 2　児童福祉問題の基本的視点
- 3　児童福祉の目的と援助の特徴

2章　子どもの権利条約と人権一般
- 1　子どもの権利条約について
- 2　人権一般について

3章　実践・労働
- 1　実践
- 2　労働一般及び福祉労働
- 3　福祉労働の二重性――その賃労働との関係
- 4　児童福祉労働
- 5　児童福祉の運動

4章　児童福祉の法体系
- 1　児童福祉の法体系

5章　児童福祉の行財政
- 1　行政機関
- 2　児童福祉施設
- 3　里親及び保護受託者
- 4　児童福祉の事業
- 5　児童福祉施設等を理解する場合の留意点
- 6　措置について
- 7　子どもの権利条約と児童福祉施設
- 8　児童福祉の財政について

るように、ここには児童福祉の具体的な個別分野・領域の問題については、まったく取りあげられていない。引き続いて、児童福祉の具体的な問題を取りあげる「各論編」を刊行する予定だったためである。

翌年には、それだけにとどまらぬ、より拡大した構想（附二―①、「児童福祉論出版構想」、一九九四・八）やその準備作業も行なっていたが、それは実現せずに終わる。

⑦児童福祉論の講義要綱と教科書執筆

大学での講義テキストとしてまとめた『児童福祉論講義要綱』（附二―②）は、かなりの分量があり、収録するにはいくつかの問題があった。多くの参考資料などが添付され、そのデータが古いこと、毎年、部分的に改定・更新されているほか、印刷本は一九九二年版しか見当たらなかったことなどである。

しかし、この講義要綱の中身は、さきの幻に終った「出版構想」の内容と十分に関連するものであった。そのため、可能な限りその全体像がわかるようにし、かつ部分的であれ最新の改定版に差替えるなど、編集上でいくつかの工夫をして、収録することとした（それらについて詳しくは、附二―②の編者注参照）。だが、必ずしも十分に満足できるものに仕上がったとは言えない。

このようなやや不十分さを残したままの講義要綱が公表されたケースは、ほとんどないであろう。しかし、児童福祉論の講義内容や講義テキストに関心を持つものにとっては、十分参考になることは間違いない。

残されたプリント類やその原紙などから判断すると、この講義要綱に加えて、かなりの分量の資料（多くの統計図表とか新聞記事切り抜き、権利条約、世界の子ども白書、諸文献などからの抜粋資料など）を配付しており、それらもあわせて講義を行なっていたようである。

この講義は、国家試験科目でもあったから、大教室での数百人におよぶマンモス講義だったらしく、その大変さについては、講義要綱の冒頭部分にある「開講にあたって」（九五年版）などを見ると、その苦労が目に浮ぶ。

この講義のほか、日本福祉大学では、二部の学生を対象に、ゼミナールを開講していた。ゼミは、講義とは違って、少人数だったから、多くのゼミ生が鈴木の感化を受けたようだ。そのことは、別冊『笑顔の向こうに……』に寄せられた旧ゼミ生の文章からもわかる。

ゼミ開講時に配付したプリント「〈ゼミ〉専門研究オリエンテーション」（附一―⑧）からも、鈴木ゼミの様子が窺える。また、この時期のものではないが、病気退職をせざるを得なくなって配付したプリント「〈退職が決まって〉ゼミの皆さんへ」（附一―⑨）は、学生たちに誠実に接していた彼の無念さとその人柄を想わせる。

なお、この時期には、次に示す二点の教科書づくりを手伝っており、児童福祉分野の分担原稿を執筆している。教科書の場合、分担執筆のためとかく平板になりやすいが、この二点は鈴木らしさが窺える内容である。

(1)　「児童福祉Ⅰ」（一番ヶ瀬康子編『新・社会福祉とは何か／現代の社会福祉Ⅰ』、ミネルヴァ書房所収、一九九〇・五）

(2)　「児童福祉施設」（宮田和明ほか編『社会福祉実習』、中央法規所収、一九九一・四）

⑧学会での報告

大学の教員になり、研究に専門に取組む立場になった鈴木には、自ら所属する学会での学会報告を行なう機会も増えた。なかでも、日本社会福祉学会では、次にタイトルを示すように、一九九二年以降九四年まで連続して三回の報告を行なっている。

(1)　「福祉労働論から見た〈児童相談所運営指針〉」（三―1―④、一九九二・一〇）

(2)　「保育の措置制度の権利性について」（二―5―②、一九九三・九）

(3)　「児童相談所における相談・援助活動の検討」（三―1―⑤、一九九四・一〇）

本書に収録したのは、その報告要旨であり、レジュメ風のごく簡単なもので、報告の骨組み程度しかわからない。一般に、報告後に報告に沿った論稿が執筆されることがよくあるが、残念ながら彼の論稿はない。しかし、その報告で意図したものは十分知ることができよう。

これらのうち、ここでは(2)の「保育の措置制度の権利性について」を取りあげる。これは、一九九三年二月に厚生省が保育問題検討会を設置し、保育措置の制度に代えて、契約方式の入所制度を提案したことに対し、鈴木が大きな危機感を持ったことがきっかけになっている。

この学会報告は、保育分野に登場したいわゆる「福祉改革」路線の最初の具体化を意図した攻撃であり、運動の側が真っ向から対決することの必要を示唆したものであった。そうした鈴木の危機感への鋭い反応（とそれに基づく行動力）は、この検討会の委員宛に直接訴える「書簡」（附一―⑥、九三・一二）を送ったことにもよく現われているように思える。

結局、反対運動の盛り上がりにより、保育問題検討会報告（九四・一）は、両論併記という異例なものとなり、保育所への契約制導入は、断念させることができた。だが、一方では、措置制度を敵視する「福祉改革」路線とその風潮が、一層強化されてゆくのである。

⑨東京の養育家庭制度の覚書きと資料

ところで、鈴木がフロッピー文書（一九九二・八作成）として残していた「東京都の養育家庭制度について」（三—3—③）は、歴史資料としても重要である。

内容的には、東京都が養育家庭制度の導入を行なった際とその発足後の問題点について、「当事者」の立場から、まとめた論稿と資料からなる。資料は、当時、都職労民生局支部が養護問題特別対策委員会を設置し、局側（児童部長など）と交渉した経過のメモや確認事項、および行政通知文書などである。

これらは、公式資料（例えば東京都福祉局児童部育成課『東京都の養育家庭制度一〇年の歩み』、一九八三・一〇）には見られないものであり、貴重である。

⑩児童福祉以外の分野の論稿

以上の他、この時期に執筆した論稿には、従来の児童福祉分野にとどまらず、それまでほとんど取りあげたことのない他分野や社会福祉全体に対象、テーマを広げたものとして、次の三点がある。

(1)「社会保障制度審議会将来像委員会第一次報告について」（『賃金と社会保障』一一〇四号、一九九三・四）

(2)「人権を手にとることができる計画に」（『ゆたかなくらし』一三六号、一九九三・六）

(3)「二一世紀福祉ビジョンを斬る！」（『ゆたかなくらし』一五〇号、一九九四・八）

(1)は、本書に収録していないが、タイトルからもわかるように、社会保障制度審議会将来像委員会の第一次報告に対するもので、そのわかりやすい解説を行ないつつ、その改革の問題点を鋭く指摘した批判である。

(2)は、本書に収録した（五—2—①）が、老人保健福祉計画について取りあげ、市町村での計画策定過程について批判的に検討しつつ、計画づくりについて、住民自身が自らつくるという視点から、具体的な提起を数点にわたり行なっている。

(3)も本書に収録した（五—2—②）が、厚生大臣の私的諮問機関である高齢社会福祉ビジョン懇談会の公表したビジョンを取りあげ、その経過・背景などを紹介しつつ、その考え方やビジョンが打出している改革方向について、全面にわたって批判したものである。

以上の三点は、従来の鈴木の対象としてきた領域を越えて、より広い社会福祉・社会保障の領域・分野へ対象を広げたものとして注目される。

六　一九九〇年代後半

福祉改革・介護保険導入を前に

①闘病／体調を崩した中で

鈴木は、余り知られてはいなかったが、もともと病身であり、一九九二年三月にも、大学の春季休業期間を利用して、大腸がんの切除手術を行なっていた。

その後も病巣は残っていたようで、一九九五年二月にはポリープの切除手術をした。大学での新学期がはじまったが、五月には肺にも転移していたため再び手術。そのため、前期の途中で、ゼミは一時かわって貰っている。後期には、講義・ゼミも再開しているが、病状回復への見通しは立たなかった。そのため、九月末には来年度一杯での退職を申し出て、手続きを進めた。

結局、翌一九九六年三月には大学を退職し、自宅療養の身となった。だが、夏には大腸がんが再発して、摘出手術、一一月末以降、両肺に多数のがん発生し、呼吸困難となり、九七年一月六日には不帰の客となった。

そのように、この時期は、九五年の僅かな期間を除いて体調を崩し、そのほとんどが闘病状態にあって、元気に活動できる期間は、少なかった。にもかかわらず、病を押して、いくつかの論稿を執筆するなどしている。それらは、およそ次の四つに区分できる。

第一、オウム真理教の子どもたちにかかわる資料

第二、公扶研・養問研への建設的だが鋭い批判

第三、最後の著作と思われる論稿——措置制度／実践を豊かに／専門性

第四、厚生館理事長としての仕事

②オウム真理教の子どもたち（資料集）

まず、第一に、前置きが長くなるが、一九九五年三月に発生した東京の地下鉄サリン事件があった。事件は、その後、オウム真理教団による犯行として、警察の捜査を受け、それ以前にも拉致や殺害事件を起こした一連のものとして、大事件に発展した。

その渦中の四月一四日に、山梨県上一色村のオウム真理教団施設で生活していた子ども五三人が警察に保護され、山梨県中央児相に一時保護される。一時保護所に保護された子どもたちを取り戻そうと、山梨中央児相に信者たちが大挙して押し掛け、騒然となる騒動が起きる。思わぬところで、児相の一時保護所は脚光を浴びた。

以後、子どもたちは、山梨から各地の児相に移され、そこで一時保護されることも予想された。

こうした事態の発生に、児相の職員はどう対処すべきかという難題に、応えようとして、急遽、パンフにまとめたのが、鈴木編の『オウム真理教………参考資料集』（児相研刊、一九九五・春）である。

オウム真理教団に関しては、すでに数年前から信者や元信者らの子どもをめぐる人身保護請求事件や、親権変更申立て事件があり、オウム真理教被害対策弁護団も組織され、活動していた。

ここには、その関係資料（弁護団報告や判決・審判例など）が収録されており、真理教団内での子どもの生活実態や、教団側の取り返しの実際などがよくわかる。鈴木は、「はじめに」と「編集にあたって」の部分（三―三―④）で、簡単な解説的な文章を執筆している。

③公扶研、養問研への意見と提言

第二に、自主的な研究運動団体である公扶研と養問研に対する建設的だが鋭い批判がある。

まず、「〈公扶研再建の基調〉（素案）に寄せて」（四―三―①、『季刊公的扶助研究』再刊一号、一九九五・五）である。同じものが、『賃金と社会保障』一一五五号（一九九五・六）にも若干の手直しを含め、転載されている。この論稿は、三月に開催予定の公扶研の再建総会に向けて、鈴木が、投稿したものであった。

この投稿は、そもそも公的扶助研究全国連絡会（公扶研）が発行していた『公的扶助研究』二五四号、一九九三・四）に掲載された「川柳」が、生活保護受給者を嘲笑するものとして、抗議と批判を受け、それがマスメディアで伝えられ、事件となったことに由来する。

つまり、その結果、公扶研は事実上、活動を停止し、再建の道を探っていた。その過程で設置された公扶研あり方検討委員会が、再建総会開催のために『公的扶助研究』特集号の四号（一九九五・二）に、「再建の基調（素案）や「提言」などを掲載したのだが、鈴木がそれを取りあげ、批判したのがこの論稿だった。

その内容については、別稿の〈特論〉で詳しく取りあげているので、省略する。ただし、この批判が公扶研再建にあたり、どう受けとめられたかは記しておく。

公扶研あり方検討委員会は、三月一一、一二日に再建総会を開いた。その基調報告で、鈴木の寄せた批判を貴重な提起として、同意した上で、再建を決定[14]している。以後、公扶研は再生への道を歩むことになる。

なお、公扶研というよりも福祉事務所職場に関しては、そこでの職員の労働・仕事について、小論だが早くから的確な指摘をしている。「〈にんげん〉のための活動を」（四―1―②、『いのちの重みを背負って／福祉事務所現業員白書』、所収、一九八一・五）がそれである。

そこで強調したのは、「毎日の仕事の中で、自分が権力支配の担い手になっている側面をはっきり認識する力をつけてほしい」こと、「特に態度と仕事の仕方の二つに注意を集中してほしい」こと、であった。

次に、同様な個別の研究運動を取りあげたものに、「〈養問研の基本姿勢（案）〉について」（四―三―②、『そだちあう仲間』二二号、一九九五・夏）がある。

これは、全国養護問題研究会が一九九四年の二三回大会で討議資料として打出した「〈養問研の基本姿勢〉の骨格的試案」(15)を取りあげ、一会員としての意見として提出したものが、掲載されたのである。

そこでは、いくつかの重要な問題（施設養護と社会的養護の関係、人権と発達との関係、集団主義養護論の検討の仕方など）を提起しているが、鈴木が最も強調したかったのは次の点だろう。

それは、実践と研究との基本的関係についてであり、「研究は現実に根ざして成立している」がゆえに、研究成果としての理論は「実践による検証が大切」とした上で、社会福祉における実践者と研究との関係について、「実践を客観化し理論化する側面」（＝労働の科学労働化）を重視すべきことをあげたことである。

そうした観点から、研究活動の具体的取組みについても、「案」のそれが「研究者を中心とした研究調査部」の課題のように思えるとし、①現在の養護問題を現場実践を踏まえて検討するという課題、②実践を記録することを広く行ない、しかもその実践の「諸条件がどうであったか」、「その条件が実践にどのように影響したか」についても記録すること、の二点を提案している。

そのことによって、実践の理論化が可能になるのであり、「実践と研究を結ぶ環」なのだ、と鈴木は言う。

この鈴木意見の指摘した提案部分について、養問研は翌年九六年の第二五回大会に、〈基本姿勢（案）〉を何点か修正したもの(16)を提案し、決定している。

④措置制度／実践を豊かに／専門性

第三に、最後の著作と思われる論稿がある。

雑誌等に公表した論稿のうち、最後の執筆と思われるものが、「社会福祉の措置制度を考える／勤労者の生活にとってどんな意味があるか」（五―一―②、『資料と解説・社会保障』三二一号、一九九六・一）である。

この論稿は、さきの五で取りあげた学会報告「保育の措置制度の権利性について」(二—5—②)の延長上に位置する。そこでは、社会福祉における措置制度の仕組みを説明したうえで、その積極的な意義を指摘し、「福祉改革」がめざす措置制度の廃止・縮小が勤労者の生活にどのような意味や影響を及ぼすかを説明する。

とくに、措置制度を「公的責任が貫かれる」ものととらえて、それが「権利実現を求める運動」の根拠となること、それ故にその充実と発展が重要であり、そのための取組みを強調している。

また、一九九六年四月に刊行された長谷川真人ほか編『子どもの権利条約時代の児童福祉第③巻/子どもの生活と援助』(ミネルヴァ書房)にも、鈴木が執筆した「これからの児童福祉実践を豊かにするために」がある。この種の単行本の場合、執筆と発行とはかなりずれるので、実際の執筆は、おそらく一九九五年中と思われる。

そこでは、「実践を豊かにする」という課題をめぐって、その定義と意味をわかりやすく示した上で、次に、「実践の土台としての、実践の対象(生活問題)、実践の目的、実践者の立脚点が何かを明らかにする。

その次に、具体的に実践するうえでの課題について、当事者の問題と要求をつかむこと、当事者の積極面を重視し、励ますことをあげる。さらに、実践者が自らの実践を分析し、客観化すること、また、実践の拘束条件でもある法や制度の活用(「制度を生かしきるようなギリギリの実践」)を図ること、協業の方法を確立することなどをあげ、最後に、それらの実現のための三つの条件(職場民主化、要求運動、実践・研究運動)をあげている。

さらに、フロッピー文書に残されていた「専門性と経験年数」(四—1—③、一九九五・五)は、社会福祉の実践や専門性に関わる興味深い提起を行なっており、重要と思われる。それは、雑誌などに掲載・発表された形跡がないことから、文字通りの遺稿と言えるかもしれない。

そこでは、社会福祉の「専門性とは何か」が問題であるとして、とくに関心の高い経験との関係を取りあげる。鈴木は、専門性の高さは、単なる経験年数ではなく、「仕事のしかた」との積に近いものだと言い、その構成要素を検討している。また、「自分の経験を客観化し相対化する」力が重要な鍵だ、とも言っている。

ところで、フロッピー文書の最後のものは、一九九六年一一月下旬頃に作成したものと思われる。鈴木は、病のため、一一月末に開催予定の児相研セミナーと総会への出席を断念しているが、その際の参加者へのメッセージ(附一—⑩)もその一つである。

そこでは、「実践から自分の頭で考えること」「納得いかないことは一人になってもノーということ」の大切さを強調している。また、児相研の出発点となった方針に触れ、「もう少し元気になったら、〈児相研の目指したもの〉をまとめたい」とも記していた。

⑤厚生館の理事長として

第四に、鈴木の最後の仕事となった厚生館理事長としての仕事がある。

鈴木は、革新都政時代の縁で、東京墨田区にある社会福祉法人厚生館の理事に就任していたが、前理事長西條億重の急逝（一九九六年一月）の後を受けて、病身ながら、法人理事長に就任している。

理事長に就任した直後に、鈴木自身の病も悪化して、大学を退職する事態となるが、理事長としての最初で最後の仕事が、『志をほほえみにつつんで／西條億重追悼集』（一九九七・一）の編纂であった。しかし、九六年の暮れから新年にかけて、鈴木の病状は重篤状態に陥り、その刊行を見ることはできなかった。

この追悼集（「追悼集の発刊にあたって」）で、鈴木は革新都政時代に始まる西條億重との交誼を記している。だが、それとは別に、とくに注目されるのは、追悼集に収録された厚生館およびその設置者でもあった西條億重の戦中期の資料[17]と鈴木が直接かかわってまとめた西條夫妻からの聞き書き記録[18]を掲載していることである。

鈴木が児童問題史の研究に関心があったことは、前掲の「児童相談所と研究運動」（三—1—②）や「児童相談所の歴史と仕事」（三—4—①）などの論稿からも察せられるが、とくに、戦中期から戦後にかけての児童福祉関係の歴史資料や聞き書き記録は、貴重である。

その意味で、価値のある資料を残してくれたと感謝したい。同時に、とくに彼自身がかかわった時代を含め、その鋭い論理で、戦後児童福祉問題史を、実践と労働の視点から分析・解明し、まとめて欲しかった。しかし、それは、残された者のないものねだりというほかない。

＊ 本稿の執筆に際しては、故人の夫人鈴木雅子さんはじめ、大学時代の同僚の垣内国光（現・明星大）、ゼミ生の植木信一（新潟女子短大）、学生の志濃原亜美（埼玉純真女子短大）の諸氏から、お話をうかがわせていただくなどお世話になった。記して感謝したい。

注

（1） 鈴木政夫「人民はもう踊らない」（鈴木・伊井・知野の共著『〈昭和の子ども〉の戦争と平和』に所収、一九八八・三）。

（2）　前掲、鈴木「人民はもう踊らない」。

（3）『愛に燃え正義に生きる／高野史郎遺稿・追悼集』（一九八八・四）に所収。

高野史郎は、明治学院大学（社会福祉学科）教授。当時は研究課に勤務していた。

（4）　その頃、私も大学院時代の高野と同期だった関係から、茗荷谷の社会福祉会館研究課で、高野の仕事（調査報告の原稿執筆）を手伝ったことがあった。

そのとき、鈴木を紹介されたか、顔をあわせた可能性もあるが、残念ながら記憶にはない。

高野は、その後一九六七年に明治学院大学に赴任し専門研究者の道を歩み、『イギリス近代社会事業の形成過程』（頸草書房、一九八五・二）で博士号を取得したが、その直後に急逝している。

（5）　この墨田児相の管轄区域についての特徴付けは、本文中に後掲する「東京の養護問題・その実態」で鈴木が指摘した（掲載誌、『都政』六六頁）ことである。

（6）　この児童のシビル・ミニマム研究会は、東京都の委託を受けた阿利莫二・一番ケ瀬康子・持田栄一・寺脇隆夫の委員と四つの部会メンバー四〇人、事務局四人で構成され、報告書「児童のシビル・ミニマムに関する調査」一九七三・九）はじめ、関連調査研究を実施、まとめている。

阿利・一番ケ瀬・持田・寺脇編『子どものシビル・ミニマム——視点と生活実態』（弘文堂、一九七九・九）も、その成果の一つである。

（7）　この論稿は、かつて私自身が編集を担当していた雑誌『都政』に企画した、一年余にわたる連載特集シリーズ（「児童行政の現状と課題を考える」）に執筆してもらったものであり、思い出深い。なお、この論稿は、養問研東京支部『とうきょうのようごしせつ』二号（一九七四・九）や一番ケ瀬康子・小笠原祐次編『養護問題の今日と明日』（ドメス出版、一九七五・七）にも転載された。

（8）　この時期、鈴木は児童福祉法研究会のメンバーとして研究会活動に積極的に参加し、月例研究会や合宿研究会などで、研究発表報告を行ない、また報告にかかわる討論にも積極的に参加している。私自身もメンバーであったが、定例会の報告は普通は一本、参加者は一〇～一五人前後だったから、報告に基づく討論は時間をかけることが出来たし、突っ込んだ議論もできたと記憶している。

（9）　この二人の先学の文献のうち、鈴木の蔵書中で、書き込みや傍線を引くなど明らかに精読した痕跡があるのは、次の五点である。
・矢川徳光『マルクス主義教育論試論』（明治図書、一九七一・五）
・芝田進午「教育労働の理論」（芝田編『教育労働の理論』所収、青木書店、一九七五・一一）、なお、同稿が含まれる芝田『現代の精神的労働』（三一書房、一九六九・四の普及版）も同様。
・芝田進午「医療労働の理論」（芝田編『医療労働の理論』所収、青木書店、一九七六・九）
・芝田進午「社会福祉労働」（芝田編『公務労働の理論』所収、青木書店、一九七七・一一）

(10) なお、この論稿が具体的に取りあげている行政不服審査請求事件の事例（B区のI・Aちゃん）については、私自身も深くかかわっており、事件当時、彼の協力や助言も得た関係や、その経過をドキュメントとしてまとめた（茂木俊彦・寺脇隆夫共編『障害児にも保育の場を』I・II巻、ドメス出版、一九七六・一〇）経緯がある。

(11) この論稿が、実際に新聞に掲載されたか否かについては、調査した範囲では判明しなかった。なお、講義などで、学生に配布したと思われるプリントの原紙が残っている。

(12) その後、一九九七年の法改正で鈴木の指摘通り、「事業」としての位置付けに終わった。ただし、二十一条の十への追加ではなく、二十一条の十一を新設追加した形がとられた（一九九七年改正）。

(13) この講演記録の本書への収録にあたっては、読者の読みやすさを考慮して、中見出しを付けるなど最小限の編集上の手直しを行なった。

(14) この間の経過については、藤城恒昭「公的扶助研究会／再起ち上げの記」（『賃金と社会保障』一一五五号、一九九五・六）が、説明している。

(15) 『そだちあう仲間』二〇号（一九九四・六）に掲載された第二三回大会の「基調報告」中に、収録されている。

(16) 修正・採択した「養問研の基本姿勢」は、『そだちあう仲間』二三号、一九九六・六）に掲載の第二五回大会の「基調報告」中に、収録されている。

(17) 厚生館（西條億重編）『厚生館の地域と事業』（一九三九・五）。

(18) 鈴木政夫「子育て支えて五〇年／西條億重・百合子ご夫妻聞き書き」（『志をほほえみにつつんで／西條億重追悼集』、一九九七・一）。

〈特論〉

社会福祉研究運動論の視点

大友信勝

〈特論〉社会福祉研究運動論の視点

――鈴木政夫の実践・研究運動論を中心にして

大友　信勝

（東洋大学社会学部教授）

はじめに

鈴木政夫氏（以下、鈴木と略）といえば、児童相談所問題研究全国連絡会（以下、児相研と略）の理論的指導者といっても異論を唱える人はいないものと思う。

私は福祉事務所論研究に関心をもっていたので、鈴木の実践に裏うちされた研究に啓発されることが多く、いつも注目して見守っていたのを思いだす。鈴木が児相研を通して社会福祉研究運動の理論化をどのように考えていたか。

ここでは「社会福祉における実践・研究運動の意義と課題――九〇年代の福祉をきりひらくために」（『総合社会福祉研究』第二号、総合社会福祉研究所、一九九〇年八月）と「『公扶研再建の基調』（素案）に寄せて」（『公的扶助研究』再刊第一号、全国公的扶助研究会、一九九五年五月）を中心に、社会福祉研究運動論の視点をみていくことにしたい。

前者の論文は、「特集・社会福祉研究運動の現状と課題」における各研究運動団体からの報告をうけてのコメンテーターとしてのまとめである。後者はいわゆる公的扶助研究全国連絡会（以下、公扶研と略）の機関誌が問題となった「福祉川柳事件」の総括を通して再建の方向をうちだした基本文書への鈴木の批判的意見と提言である。

わが国では、教育学の分野では教育科学研究運動や北方性教育運動にみられるような戦前からの教育運動がある。社会福祉学の分野では、教育科学研究運動、生活主義の立場からの研究方法の影響を受け、城戸幡太郎を中心に結成された保育問題研究会（一九三六年）を除くと戦前からの研究運動はない。

わが国における社会福祉学の研究運動は、戦後において、法制度別の縦割り状に、公扶研（一九六三年）を皮切りに一九六〇年代から一九七〇年代にかけて自主的研究運動団体として成立している。戦後の社会福祉教育と法制度の整備状況にあわせるかのように、社会福祉職員の養成と配置が進むにしたがって、生活保護―障害者福祉―児童福祉―高齢者福祉の順序で各分野に自主的研究運動が芽生え、育っている。

社会福祉学の分野が学会でもなく、労働組合でもなく、特定の専門職だけの職能集団でもない、自主的研究運動が成立し、発展をみせるのはなぜであろうか。歴史的、社会的必然性とそこから導かれる教訓と意義はどのようなものか。社会福祉研究運動の基本的性格や意義を論じたものが意外に少ないことから、ここでは鈴木の業績から研究運動の視点を追求してみよう。

一　社会福祉研究運動成立の理論化

社会福祉研究運動論を理論的に整理しようとする時の最初のバリアーは、各研究運動団体の歴史が殆どまとめられていないことである。鈴木も「歴史的な成果について各団体で統括したものは殆ど無いといっていい状態である」[1]と指摘し、研究の限界を述べている。鈴木は「歴史的な経過からも、実践、研究の基本的な方向と内容からも、公扶研は社会福祉の実践・研究運動の源流である」[2]として、公扶研の理論化が他の研究運動に与える大きさについて述べている。

社会福祉研究運動は、各自主的研究運動団体において理論化の努力を二次的にしてきたわけではない。児相研は全国セミナー第一〇周年記念にセミナーの概要をまとめたブックレットを出版し、養護問題研究会も第一四回全国セミナーで「戦後養護問題史年表」を発表している。公扶研は『公扶研の一〇年』（一九七五年）を発行、さらに「全国公的扶助研究会（旧公的扶助研究全国連絡会）関連資料」（一九九七年）を発表している。しかし、これらは何れも共通して資料集の域をでていない。これらの資料は、理論化にむけた基礎資料として一歩前進ではあるが、依然として理論化にむけた研究作業は残されているとみるべきであろう。

私は『公的扶助の展開――公的扶助研究運動と生活保護行政の歩み』（旬報社、二〇〇〇年一二月）において、公扶研の成立から福祉川柳事件（一九九三年六月）によって活動を一時停止するまでの公扶研運動史を試論的に通史としてまとめてみた。通史を執筆するうえで最も苦労したことは何か。資（史）料の散逸、それもある。資料収集を語るだけでもドラマになる。だが、資（史）料を集めることは第一歩。要はどう読むかにかかっている。一つ一つの資料にある歴史的、社会的な意味、性格がわからなければとても読めない。そして通史全体を貫く視点と論理が不明確ではとてもまとまらない。

各研究運動団体には、それぞれの成立にむけた社会的、歴史的背景と具体的な契機がある。創設に関わった研究運動の第一世代が次第に研究や現場を離れ、あるいはご逝去、病気等により、今や世代交代期に入っている。第一世代が自ら手記や回顧録を発表してくれると助かるが、難しい時はインタビューを行う等の方法を加えて、共通の知的財産を守っていく仕事があるのではないか、と考えさせられている。

制度史研究であれば、官僚の回顧録や行政資料で一定の資料整備が可能であるが、社会福祉研究運動は、自主的であるが故に安定性、継続性が常に問題点として残される。研究運動のナショナルセンター的役割、機能をはたす条件整備、あるいは各研究運動団体の連携や相互交流、共同化（共同オフィスの設置等）にむけた相互支援体制がないと、メンバーの入れかわりによる理論と実践の堂々めぐりがおきやすくなる。研究運動の知的財産を組織的に守っていく方向性も追求されてよいのではないかと考えている。

社会福祉研究運動の性格を、一九六五年の公扶研規約を例にみると、「社会福祉主事の自主的研究団体による自らの専門性の向上と身分の確保、公的扶助行政の民主的な運営に資する研究と実践を行うことを目的」にしている。

一見すると、①専門性の向上という点で職能団体と共通する点があり、②身分の確保において労働組合と共通し、③公的扶助行政の民主的な運営という点で行政の一翼をになう側面をもち、④③を研究・実践することを目的にしている点で、①〜③との密接な関連をもちながら、それぞれのハザマに位置し、時々の政策や運動によってそれぞれに影響され、逆に影響を与えていくことができる微妙な関係のなかで成立していることがわかる。

どこからの影響（規定力）を弱め、どこへの影響を強めていくかは、各自主的研究運動団体の運営や力量にかかっている点で面白くもあり、難しくもある。この関係性がどうであったのか。改善の教訓はどのようなものかについての総括が提言となり、評価、確認され、一つの実践が全国に広がっていくのが研究運動の大事なところであろう。

二　社会福祉研究運動の意義の理論化

社会福祉研究運動の意義を鈴木はどのようにみているか、レビューしてみよう。社会福祉職員は政策によって労働を規定されるが、研究運動の視点からみると、現場は矛盾の結節点であり、「勤労国民の要求とぶつかることによって悩み、苦しみ、考え、自らの労働が何のために有用なのかを点検しはじめる」。「全国集会でのナマの声は、この呻きと模索の連続であり、集積である」と鈴木はみる。[3]鈴木は研究運動とは何か。研究運動の意義とは何かを理論的に定義することよりも、福祉現場の状況から出発しようという姿勢をみせる。なぜなのか。

福祉川柳事件の総括から、公扶研が「公扶研再建の基調」の中で、「不断に社会問題や生活問題に対し、また生活上の困難を抱える人々への認識と理解を深めるための学習と研究を進め、職場で共有しあっていくことが私たちの任務であると自覚します」[4]と述べたことに対して、鈴木は疑問を述べている。鈴木の問題意識は、福祉川柳事件を克服するには「理念や福祉職場、あるいは福祉労働者のあるべき姿をえがく一方、会の運営について改善を提起するだけでは困難ではないか。福祉現場の状況のもとで、労働者は政策主体がその対象認識を自分の中に浸透させていく圧力に抗して、どのように社会科学的な対象認識を獲得し、それにもとづく労働目的を設定していくのかについて具体的に提起すべきではないか」[5]という活動課題の設定が必要だというものである。鈴木は公扶研の再建基調に何をいいたかったのか。

鈴木の疑問は、「公扶研活動のあり方について」(提言)にもむけられる。それは提言の福祉労働のあるべき論についての以下の引用部分である。「もともと福祉労働には、人間に対する深い人権感覚と専門性が求められ、同時に貧困が決して個人的な問題ではなく、社会的矛盾の産物として存在するという社会科学的認識が根底になくてはならない」[6]。

鈴木は、社会福祉職員の社会科学的認識は所与のものや「あるべき論」ではなく、「労働過程の中で援助を求める者の要求とそれを実現できない労働内容との矛盾に直面し、その矛盾と格闘する」[7]ことを通じて獲得し、実現し、職員の主体性の生成がはかられるものと考えている。社会福祉職員が自らの仕事で葛藤し、矛盾を感じながら、何を契機に社会科学的認識を獲得し、理解し、自らの仕事にいかしていこうとするのか。そのために何が必要で、研究運動はどのような役割をもつのかを考えようとするのが鈴木のスタンスである。

鈴木が、最も公扶研の再建基調や提言に対して疑問を提起したのは、「生活主体の位置づけと民主的人格形成」についてである。鈴木は、直接そのような表現方法をとっていないが、公扶研の方針の背後を流れる理論と姿勢にパターナリズムの残滓をみたのではないかと思われる。なぜ、そう考えるのか。鈴木の主要な指摘を要約的にみてみよう。

鈴木は、生活主体の位置づけについて次のようにみている。①自立していくことが困難で、民主的人格の形成を、生活の主人公としての自覚と力を、と考えるのはわかる。②援助を求める者は、人格を民主的なものに形成される対象なのか。民主的の内容は誰が決めるのか。これは民主的人格のおしつけにならないか。③労働対象を、生活問題に直面している生活主体としないで、生活問題と人格発達の阻害状態としたことは福祉職員「代行主義」であり、当事者を「協力者」と位置づけ、「啓蒙主義」などを生む危険が大きい。④当事者の自助グループや当事者組織およびその運動と援助活動、公扶研活動との関係が殆どふれられていない。[8]

研究運動からみた福祉労働のとらえ方と職員論のあり方において、公扶研の再建基調、提言に「護民官」的なものを読みとり、「民主的人格の押しつけ」、「代行主義」、「啓蒙主義」を戒めている。

鈴木は、まず福祉労働のあり方について、「人間の尊厳は何よりも援助を求める人に対する生活主体、権利主体としての尊重がなければならない」というところから出発する。福祉労働は「生活主体としての主体性の尊重を貫くことである。今まで社会的な諸条件による十分に主体的に生きられず、さまざまな消極的側面をもつ人々が、生活主体として、また権利主体として生成することを支援するものだ」と規定する。

その具体的内容は「制度を動かない与件として、その中での自己決定というような欺瞞的なものではなく、必要な情報をわかるように提供すること、要求表現の保障、ニーズアセスメントへの当事者の参加方法、苦情解決の保障、可能な限りの選択肢の用意、生活主体の判断の援助、生活主体の積極面の発見、励まし、支援など、多くの場面をつくりだすこと」に求めている。[9]

鈴木の職員論は、現場状況をみすえて、研究運動の視点から展開されている。要約的にみると次のとおりである。

まず①現在の福祉職員は管理教育の影響から福祉政策のイデオロギーが浸透しやすく、指示やマニュアルが通りやすい。②実践・研究運動は自主的なものであり、仕事に矛盾を感じなければ参加しないし、まして活動することはない。当面の出発点は不満等の尊重であり、現場でのやりきれなさ、さまざまな人々への不信感などを、現実の矛盾の反映として大切にすること。それを交流することと。深めるための討論を組織すること。同時に素朴な出発点にある人たちを置き去りにしないこと。③利用者が本来もっている可能性を引き出し、実現するのが福祉の仕事であることを実感できれば、実践は大きな喜びになる。実践の喜びを育てることができれば、実践・研究運動推進のエネルギーになる。④個別の問題の中にある共通の社会問題を抽出し、理解する方法を確立すること。個別の中にある共通の問題を抽出するだけではなく、個別の特殊事情とみられるものも、共通の土壌を基盤に生み出されていることを明らかにすること。⑤福祉では共感が重視されるが、本当の共感は労働を通して社会と個人に対する認識を、今までの対象論や福祉方法論を吸収しながら社会科学の成果を取り入れる方法論をつくらないと成立しない(10)。

鈴木が、研究運動の視点から公扶研の「代行主義」への危険を感じとったのは、福祉現場の葛藤と矛盾の中から職員の主体形成をどうはかるのかという視点を公扶研が「たて前論」にしている、とうけとめたことによるのではないかと考えられる。その根拠をどこに求めるか。鈴木が重視をして、公扶研が必ずしも最重点にあげていなかった両者の違いはどこにあるのであろうか。それを次にみてみよう。

三　社会福祉研究運動の構成と方向

鈴木が、これからの社会福祉研究運動の構成として重視していたのは、療育や障害者福祉の分野にみられる障害者自身や親たちの参加と運動との関連とそこからの教訓を学ぶことである。鈴木は、今までの研究運動も「対象とされた人たちが、どのように福祉サービスを受けとっているか。何を求めているかを重視するため意識的に参加をとり入れてきた」としながら、「これをさらに積極的に前進させていくこと」(11)を提起している。

鈴木は、すでに述べたように公扶研の再建基調や提言の中に当事者の自助グループや当事者組織との関係が殆どふれられていないことを指摘している。福祉川柳事件の教訓と課題は、制度の「対象とされた人たち」を生活主体、権利主体として尊重することと共に、利用者から主体者へという道筋を明らかにしていく視点と方法の確立である。

鈴木は、研究運動のゴールをどのように想定していたのであろうか。このゴール設定のスケールの描き方も鈴木と公扶研ではやや開きがある。

公扶研は、福祉川柳事件の総括を通して組織の再建を至上命題としていた。したがって、やむをえない側面があることを十分みておかなければならないが、「公扶研活動のあり方について（提言）」の「基本理念」は、すでに鈴木から生活主体の主体性抜きの「代行主義」、「啓蒙主義」と問題点を指摘されていることは述べた通りである。「提言」の重点は、改善の方策として会の運営体制、財政の確立、調査と研究活動、機関誌活動、セミナー活動というように会運営のあり方にむけられている(12)。

一方、「公扶研再建の基調（素案）」は、活動の基本視点（指針）を次の六点から提起している。①人権の擁護と生存権保障の確立、②自覚的・自主的研究と専門性の強化、③公務員倫理と職業倫理の向上、④調査研究に基づく提言、⑤関係団体との交流と連帯の推進、⑥個人会員制を基礎とした会の民主的な組織運営の発展(13)。

鈴木が再建基調の①、②について建前論であることを疑問として述べた点はくり返さない。職員の労働対象についての認識、理解は何を契機に、どのような葛藤と矛盾を経て形成されるのかに迫る方法論が公扶研に欠けていると鈴木はみる。公扶研は、⑤についてどう述べているのであろうか。公扶研は地域、関係団体の声をどういかすのか。「当事者団体などの関係諸団体との交流に努め、そのなかから学んでいきます。そして共通の課題に対しては連帯して活動を進めます」と述べている(14)。これは公扶研のいう通りなのだが、もっとその意義やあり方についての説明がないと説得力がない。しかし、公扶研としてこれ以上の言及はしていない。

鈴木は、①各実践・研究団体の横のつながりは問題意識を共有し、各団体だけでは気がつかなかった点が明白になる。②そして各研究団体が地域的な情報交換の場とネットワークをつくるべきだと考える。その狙いは地域的ネットワークを形成し、地域の苦情相談やふくし一一〇番などの援助の網の目をつくり、そこで終わらせるのではなく、「やがては地域の福祉政策づくりの基礎」(15)になるものが必要だと述べている。

公扶研の再建基調は、福祉川柳事件の教訓をひきだす点では、地域、関係団体との関連を公扶研としてどう積極的につくりだし、どのような役割、機能をになうのか。

公扶研の「研究運動の源流」という位置づけからすれば、わが国の研究運動に及ぼした教訓をどう総括し、研究運動のビジョンを構想し、再建後の公扶研の目ざす方向が組織再建の具体的方法との関連でもっと語られなければ「まず再建ありき」という印象を与えかねなかったのではないか。

鈴木の描く研究運動のゴールは、「地域の福祉政策づくりの基礎」となるものを構想し、「情報センター」のような拠点をつくり、共通のシンクタンクの創設を考えていたことがわかる(16)。地域の福祉政策づくりを構想すれば社会福祉研究運動の構成は、①研究運動の集会参加者だけでなく、全国のすべての職場に根をはるための視点と方法、②協働の原理で成立する実践・研究運動の民主主義、③福祉を求める関係者、一般市民、ボランティアの参加、等が必要である。鈴木は、研究運動の存在そのものにわが国の戦後社会福祉の特徴をみいだしていたことがわかる(17)。

四　社会福祉研究運動の理論的課題

「社会福祉研究運動の構成と方向」は、研究運動の組織論、政策論的課題を中心としたものになっている。ここでは研究運動の理論的課題をとりあげてみようと思う。

社会福祉研究運動とは何か。鈴木の定義は次のようなものである。「福祉の実践（従来は主として労働実践）に関して、その対象、目的、方法、及び実践を成立させる条件などについて、実践者自らが研究者や市民等と協力して、具体的な実践に基づいて集団的に研究し、その結果を実践に反映して、福祉実践を勤労国民のためのものに変革するための運動である」(18)。

研究運動の基本的性格をどうみるか。鈴木の定義が必ずしも研究運動の理論化をはかることを目的に書かれたものではないので、正確に表現されているわけではない。その点を指摘したうえで、鈴木の面目躍如たるところは「もし公扶研、児相研がなかったらどうなったであろうか」という問い返しから研究運動の意義を説く方法である。

一つは、公扶研全国セミナー（一九八九年、神戸市）の児童分科会の一コマである。この分科会では、生活保護世帯児童の高校進学について指導した江戸川区福祉事務所の実践が報告されている。初めての参加者が、「札幌の母子世帯の母親餓死事件や東京都荒川区の老人自殺事件、その他いろいろ生活保護に関する報道で福祉事務所というところ、そこで働いている人たちは随分酷いものだと思っていた。けれどこのセミナーに参加して、福祉事務所でも本当に一生懸命に頑張っている人たちが沢山いることを知って驚いたし、感動した」と発言したことを紹介している。

鈴木は、「公扶研がなかったらどうなったであろうか。福祉事務所で働く良心的な者は孤立化し、悶々として実践の意欲を失い、国や県、さらには上司からの強圧的で不当な指示・指導に対して、自分たちの実践を対置する力は微弱なものになるであろう。そして良心的な者は福祉事務所を去り、そのことは一層、国や県の生活保護の削減を容易にするであろう。仮に積極的な実践がさまざまな困難を克服して、ある地方で行われたとしても、知られる機会も少なく、そこから学び、波及していくことが弱かったであろう」と述べている(19)。

今一つは、「児相研運営委員会緊急アピール」(一九八五年二月に名古屋市児童相談所で一時保護の児童が保母を殺害した事件により、六月にアピールを発表)の件である。このアピールは、「事件をみる視点として、その児童と処遇をめぐる『個別的事情』や名古屋市児童相談所の『特有な条件』を直視し、その教訓を引き出すべきとしつつも、事件はそれらが重なった偶発的なものとしてではなく、『問題発生の基本構造』があって、起こるべくして起こったものであることを指摘している」とし、「児相研は名古屋市の事件が起こる一〇年前に発足した。それ以前であれば、ひとつの児童相談所で起こった問題を全国的な共通の問題にする基盤がなく、全国の児童相談所で働くものは、事件に関心を持ち心配しながらも新聞やテレビなどのマスコミ報道、あるいは厚生省や当該地方公共団体の説明など、一定のフィルターがかけられて与えられた情報だけで判断するしかなかったであろう」と述べ、児相研がなかったら「考え方を整理し、改善すべき方向を見出すことは困難であったろう」と指摘している(20)。

鈴木の研究運動論を要約的に整理するならば、研究運動は、①実践・研究交流を通して労働からの連帯を築く、②社会福祉職員と市民の連帯の契機をつくり、福祉労働の有用性を追求する、③福祉政策の問題点を認識し、利用者・当事者が求める方向への推進をはかる、④労働目的を確かめ、労働の主人公となる運動、ということに集約される(21)。

つまり、研究運動は先の「定義」に見られる「福祉実践を勤労国民のためのものに変革するための運動」ということになる。鈴木の研究運動論は、社会福祉職員の実践を保育運動や障害者運動の要求運動、「つくり運動」にみられる当事者運動との結びつきを視野に入れ、地域の福祉政策づくりへ発展させようとする研究運動論であることがわかる。

労働組合運動との関連はどうみたらよいであろうか。鈴木は、①研究運動は労働組合運動と相対的に独立しながらも支えられる、②労働目的に社会的責任をもち、労働権を確立するステップを担っている、③労働組合の要求内容に一定の論拠を提供する、とみている[22]。

研究運動は、労働組合から独立し、自立した研究団体であるが、研究運動で学んだ知見を労働組合に反映させ、自らの労働権を守るものとして、組合運動に支えられる側面があるというものである。

鈴木の社会福祉運動論の理論的課題に関わる点を、「特集・社会福祉研究運動の現状と課題」からみてきたが、同じ特集のコメンテーターである井上英夫の指摘も興味深い。井上は研究運動の課題を「どう人権としての社会保障・社会福祉を根づかせるか」という視点から研究内容のあり方を問題にしている。スティグマを改善し、「権利行使をしていくことによって、立法・行政の違憲性、違法性をはっきりさせる。そうして法律や行政を改めさせ、正していく」ことに研究運動の展望を求めている[23]。

井上は、研究運動のネットワークで市民運動的な問題解決型の組織と重層的な組合わせを考え、その民主的な運営によって、人間の生命や健康、生活を対象とする研究運動を志向していることがわかる[24]。鈴木は、研究運動の対象論、援助について、「福祉対象は権利侵害の連鎖と累積の結果、矛盾が重層化して」いる。福祉援助は「当面する最も緊急な問題についての権利の回復から始め、権利回復の連鎖をつくりだすこと、それらによって長期的な見通しを獲得する契機をつくること」と述べ、あくまで実践の現場から見ている[25]。

社会福祉研究運動の理論化のためには、各研究運動団体の全国大会（セミナー）や主要活動、機関誌等発行物、会の情報、通信活動等を系統的に整理し、①成立の経緯と目的、②研究運動の主な成果と研究内容の特徴、③会の運営と組織、事務局体制、④他団体・当事者グループとの関連と地域政策等を実証的に分析する作業が欠かせない。しかし現状では各研究運動団体が制度の縦割化を反映した形で組織され、相互の連携も必ずしも十分とはいえない。また、個別団体の研究運動史の歴史的総括も、多くは今後の課題になっている。このようなことから、仮説的な枠組みによる研究運動論の理論化にむけた課題の設定にとどまらざるをえない。

公扶研運動史の教訓[26]からいえば、第一に、社会福祉研究運動の基本的性格は、自主的研究団体ということになる。しかし、公扶研第一回全国セミナーは、『生活と福祉』誌編集部が重要な役割をはたし、当時厚生省は生活保護行政第一次「適正化」後の荒廃した福祉事務所の再生のために「公的扶助協会」的なものを考えていた。公扶研は社団法人的な性格を排して、各地に結成された半官半民的な社会福祉主事協会を包みこむ形で、自主的研究運動団体として成立している。行政的要請と組合的要請の接点を大事にして幅広路線をとりながら、両者から独立した自主的研究運動を推進する歩みをたどっている。このことは、両者に影響をうけながら、両者に影響を与える位置を独自に確立し、独自性と影響力を行使できる役割、機能をはたしていくことが研究運動成立の条件になる。

第二に、社会福祉研究運動は、自らの専門性の向上と公的扶助行政の民主的な運営に資する研究と実践を行うことを目的に掲げる。研究運動は、①専門性の向上をめざして、自立助長の視点とサービスのあり方、福祉労働のあり方等をとりあげ、機関誌や全国セミナーで、あるいは現業員白書で実践を総括し、②公的扶助行政の民主的な運営のために保護基準、実施要領、「適正化」を分析し、③貧困問題・生活問題の社会調査を行い、住民の生活実態を明らかにし、貧困の形態と特徴を分析し、何が福祉政策や福祉的援助の課題であるかを問題提起し、④全国セミナー、各ブロックセミナーで実践・研究交流を行い、その成果を機関誌に反映させる。

つまり、研究運動の重点は、行政の運営、実施に住民の実態とニーズを反映させ、人権感覚に裏づけられた住民に開かれた生活問題改善・解決のよりどころとしての福祉事務所像を構想する方向に発展をみせる。

公扶研運動はこの点を「仕事づくり」として総括し、具体的な実践課題として、①住民の生活問題をきちんと受けとめているか——a制度の側にたって住民を選別せず、まず生活問題の全体像をつかむこと、b社会的に「自立」する権利、「発達」する権利をふくめて、人権侵害を見抜くこと、c生活問題を生活の流れの中で、また、地域的特徴の中で、立体的にとらえること、d生活問題の背景にある社会的要因と個人的要因を正しくとらえること、②生活問題解決のために十分な専門性をもっているか、また、それを最大限に活用できているか——a社会保障制度全般を大きく整理してとらえ、また、その制度上の限界を理解しているか、b公的、私的な社会資源の配置状況、性格、機能と、実際的な限界を知っているか、c関係機関の職員などと目的意識的に連携し、仕事を通じて限界のひきあげに努力しているか、d最善、次善、三善と処遇方針を描いているか、と提起している[27]。

この報告は、公扶研が自らの専門性の向上をはかるために実践課題をどのように考えているかが要約的に整理されているものとみることができる。

第三に、研究運動は、実践・研究の到達点を反映させ、次の発展にいかすための「職場づくり」を必要とする。自主的研究運動の歩みは、「不当配転」の歴史でもあり、「身分の確保」がもう一つの課題になっている。よりよい仕事は、仕事の中味を真剣に職場で議論ができ、運営や人事の民主的手続きの保障があって、専門性を組織的に職場として継承していくことができる。自主的研究運動の専門性は、安定性と継続性がおびやかされる状況下では育たない。「職場づくり」を通した労働組合の民主的運営が危機にあれば研究運動はその影響を大きく受けることになる。

公扶研は、第五回関西ブロックセミナー（一九八一年、京都市）において、「職場づくり」について、①福祉事務所運営の現状と問題点を分析し、組織運営の改善を提起、②どのようにして職場をかえるか——a仕事のことを真剣に語りあうこと、b自主的研究会に参加し、仲間にも呼びかけること、c業務上の会議において積極的に発言し、会議の運営が民主的に行われるように努力すること（職員会議・係会議の場合、ケース検討会の場合）、d労働組合や職場活動を活発にし、組合として、組織運営や業務内容についての政策をもってとりくめるようにすること、e業務上、あるいは研究会や労働組合のとりくみの中で、住民団体や関係機関との協議の場を積極的に増やし、福祉事務所への要望を謙虚にうけとめること、と「職場づくり」の課題を提起している[28]。

社会福祉研究運動の理論化をはかるには、研究運動の社会的位置の確定が必要である。社会福祉研究運動と学会（研究団体）、職能団体、労働組合との関連と独自性を

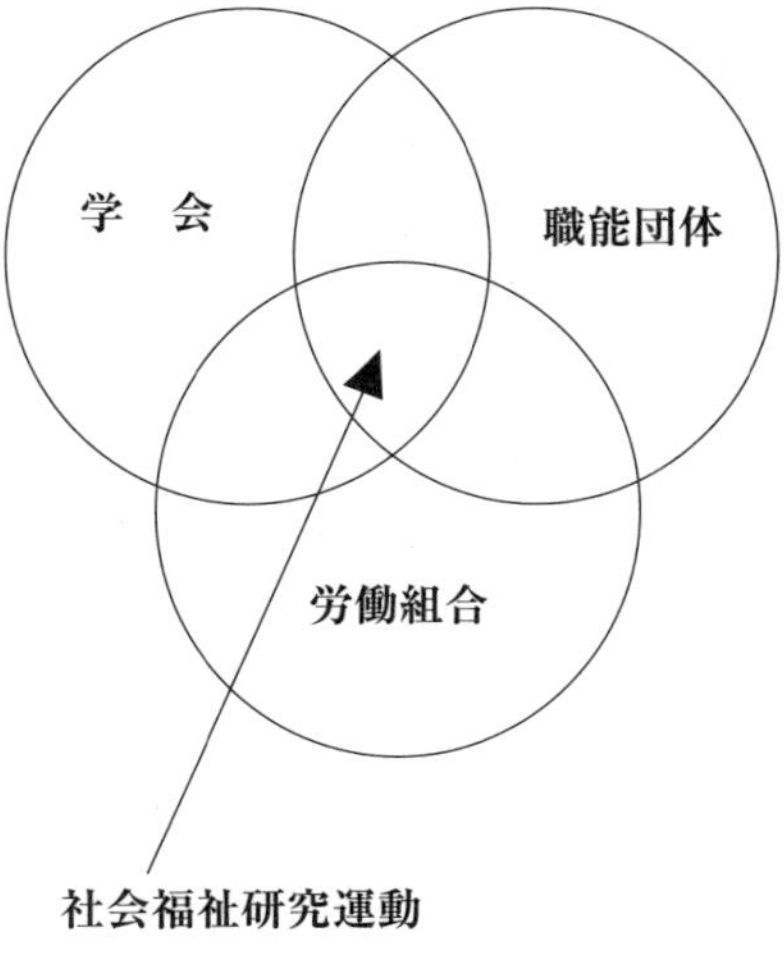

図１　社会福祉研究運動の位置

図式的に示すならば、図1の位置にあるのではないかと考えられる。

研究運動は学会、職能団体、労働組合と接点をもつが、その何れでもなく、相対的な独自性をもった自主的団体としての性格をもっている。それぞれの組織・団体の影響をうけるが、そこに働きかけていくこともできる位置におかれており、きわめて独特な組織上の位置にあることがわかる。

また、社会福祉の実践・研究運動を中心にした政策・理論・運動の相互関連を図式化すれば図2のとおりである。実践・研究運動団体は、政策、当事者に規定され、影響をうけるが、政策主体の意図を、当事者の実態とニーズにこたえるものにしていく社会的役割、機能をもっているところに研究運動の目的と特徴がある。その理論的装置を自らも形成するが、学会から学び、実践の客観化、科学化をはかり理論化したものを学会に反映させていく。さらに、研究運動の目的、特徴をいかし、当事者の実態とニーズにこたえていくには、専門性の向上（職能団体との関連）と身分、待遇、労働条件の保障（労働組合との関連）がないと、安定的、継続的、発展的に実践・研究運動をすすめることができなくなる。実践・研究運動は、自らの独自性、自主性をいかしていくうえで、常に相互関連のハザマに位置する特性をもっている、ということがいえよう。

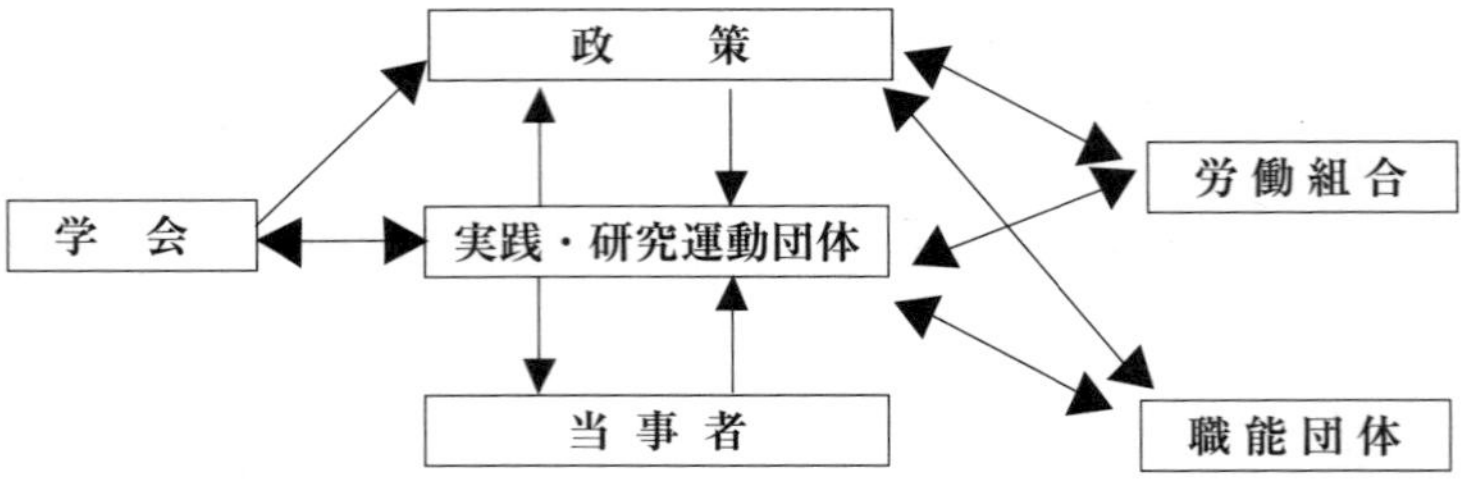

図2　実践・研究運動団体と各主体との相互関連

本稿は、社会福祉研究運動の理論化のための枠組みを試論的に設定したものにすぎず、今後、各研究運動団体の比較研究を通して、本格的なまとめを行う研究への問題提起にとどまっていることはいうまでもない。

結びにかえて——鈴木の実践・研究運動論の特徴

鈴木は、一九七〇年代から実践・研究運動の指導者として社会的発言を始める。この時期を代表する論文として、「福祉労働の方法をつくり出すために――児童相談労働を中心に――」（一九七九年九月）(29)を中心に分析する。鈴木の実践・研究運動論が体系的に展開されているのがその理由である。

今一つは、鈴木の実践・研究運動論の理論的特徴が一九九〇年代半ばにでているものの中から「養問研の基本姿勢（案）について――実践・研究運動を期待する立場からの一つの意見――」（一九九五年九月）(30)をとりあげてみたい。この時期は公扶研の再建基調にも発言し、社会福祉研究運動論の特徴をみるうえで重要な時期であると共に、鈴木の人生の後半期にもあたるからである。

鈴木は、社会福祉研究運動を実践・研究運動とおきかえ、呼称にこだわるのが特徴である。それは鈴木の実践と研究のとらえ方にある。鈴木は、実践と研究の関係を二つの側面から考えている。一つは、実践を理論に基づいて展開し、理論を検証する。二点めは、実践を客観化し、理論化する側面である。社会福祉研究運動は、この二点めをしっかりやるのが成立の基本的要件だ、と鈴木はみる(31)。

鈴木は、実践と研究の関係を二つの側面からみるが、実践を客観化し、理論化する側面を重視し、実践こそ社会福祉のいのちであると述べ、養護問題を現場実態から追求していく基本姿勢をみせる。なぜであろうか。その一つは、既存の社会福祉学の研究方法と研究者への批判が背景にある。鈴木は、「研究者が研究のために現場に入って調べ、実践者からさまざまなことを見聞きし、資料を集めていくが、どんな研究成果が上がったのかが現場には還元されない。たまに現場に報告されたとしても、多くの場合、輸入理論の適用のような研究者の関心のある視点からのもので、現場がいかにあるべき姿（理論）と離れているか。いかに専門性が低いかというような趣旨のものが多く、忙しい中で協力した現場の者にはあまり役に立たない」と実践と研究の分離が生まれる危険を指摘している(32)。このような問題意識から、現実の矛盾から出発し、それを創造的に解決し、実践と研究の環を明確にすることが研究運動であり、それを実践・研究運動という視点と呼称から展開するのが鈴木の特徴である。

鈴木の実践・研究運動の視点は何に裏づけられているか。それは、鈴木の福祉労働の位置づけ、とらえ方にあり、福祉対象と主体について次のようにみている。①福祉労働の対象はさしあたって、政策主体がつくった一定の基準によって福祉要求をもつ者の中からきりとられた一部である。多くの場合、最初から権利主体としてではなく、単に政策対象としてあらわれる。②福祉労働の対象は多くの場合、自ら依拠する集団を喪失しているため、最初から権利主体であることは難しい。③福祉の労働対象は、単なる福祉サービスの客体でもなく、単に福祉サービスを消費する主体といいきるのは、現実を反映していない。福祉政策の対象から権利主体に生成する動的なものとしてとらえることが必要であろう(33)。

鈴木は、福祉労働を福祉対象の権利回復と主体形成の媒介をする労働と規定し、これを権利主体生成と表現している(34)。「最初から権利主体であることが難しい」福祉労働の対象を、「権利主体に生成する動的なもの」としてとらえ、政策対象との対抗関係として位置づけようとする。この社会的対抗関係は、分断に対する団結の力を促す実践・研究運動によって切り拓いていくことができる、というのが鈴木のスタンスである。

鈴木が、福祉労働の対象と援助の目的を、権利主体であることが難しい人々の権利の回復から始まるとみるのは、鈴木の対象論の見方が背後にあり、養護問題から学んだと述べている。鈴木は、児童相談労働を通して、相談の問題を、①矛盾の複合としてみる、②矛盾の重複とみる、③当面の問題（矛盾）と基本的な問題（矛盾）がある、とみている。

それでは、矛盾の内容をどのようなものとしてみているか、鈴木は、矛盾の内容を貧困問題としてとらえ、この視点を常に座標軸として設定し続けるのが特徴である。児童問題における貧困は、①生活資料が不十分であり、将来の不安に常におびやかされている、②社会的な生活手段の貧困、③所得や資産の多寡だけでなく、文化的貧困、④疾病および人格の破壊、の重複、重層化にあるとしている(35)。

鈴木の福祉労働の方法・技術は、矛盾の発見を重視し、生活視点を中軸にすえて実践を行い、情報提供、判断材料の提起と自己決定原則をいかした保障手段創出の方法へと展開していく。このような鈴木の福祉労働の知見をいかした社会福祉研究運動への課題提起は、次の三点である。①研究運動を実践運動の中に位置づけること。②各分野の自主的研究運動の交流をはかり、それぞれの理論と実践を学びあうこと。③既に獲得された理論と実践を職場の中にいかに広げるか(36)。

鈴木の業績は、社会福祉研究運動論を、研究運動の組織論や個別研究団体の実践・研究課題をこえて、理論化を志向したところにある。

たとえば、「福祉における要求運動、労働実践運動の課題」（一九八〇年一一月）(37)では、研究運動成立の主体的条件、客観的条件に言及している。鈴木は、要求運動が領域ごとの分断を運動の中で克服し、統一の方向を追求していることに注目し、研究運動の主体形成のあり方を考察している。

社会福祉研究運動は、実践を客観化し、理論化するのが生命線だと考え、権利の回復から主体形成につなげ、勤労国民の福祉を実現していく展望をうちだしている。

鈴木は、「児童相談と研究運動」(一九八四年一一月)(38)においても、研究運動の課題について、労働実践・研究の運動体の交流、成果の共有、共同実践と研究を、分断を乗りこえて、新たな方向を築くために必要だと述べている。

研究運動の経験と理論の相互交流を重視しながら、鈴木は、当事者グループの参加を研究運動論に結びつけてとらえている。研究運動論に、要求運動との関連を位置づけて、研究運動の連携と全国的なネットワークを考えていた。

鈴木は何を展望していたのか。それは、研究運動をとおして、要求運動に応える地域の福祉政策をつくり、ナショナルセンター的なものへのビジョンをもっていたのではないか、ということである。鈴木は、勤労国民が地域の主人公となり、自治型の社会福祉を構築していく展望を打ち出すために、どうしたらいいのか、その点を見いだそうと努力していたように思われる。

本遺稿集は、今日的に社会福祉研究運動の教訓と課題をどのようにひきだし、創造的に発展させていくべきか。その豊かな問題提起の書であることに意義がある。

鈴木は、さきの「児童相談所と研究運動」(39)において、戦後児童問題史の研究を提起している。鈴木の研究運動論の背後に、戦前・戦後の保育問題研究会の研究運動が継承されていると思われるところがある。浦辺史や鷲谷善教の社会福祉労働(者)論との関連等を、遺稿集を教材にした研究が進められることを願っている。

本遺稿集を通して、社会福祉研究運動論が社会保障運動との関連でどうであったのかということに研究関心をもつ方もいるかもしれない。一九八二年に刊行された『社会保障運動全史』は、そのような研究関心に応える先行業績の一つであるが、鈴木も「児童相談所問題研究活動」と題した論文(40)をよせている。社会福祉研究運動論が今日的に新たに見直され、実践から教訓をひきだし、創造的に発展していく契機がつくられるならば、本遺稿集もその目的をはたすことになろう。

注

（1）鈴木政夫「社会福祉における実践・研究運動の意義と課題—九〇年代の福祉をきりひらくために」『総合社会福祉研究』第二号、総合社会福祉研究所、一九九〇年八月、五七頁。本書（四—2—②）に収録（四三四頁）

（2）鈴木政夫『『公扶研再建の基調』（素案）に寄せて——福祉労働論からの一つの意見」『公的扶助研究』再刊第一号、全国公的扶助研究会、一九九五年五月、一八頁。本書（四—3—①）に収録（四五二頁）

（3）前掲（1）五九頁（本書四三七頁）。

（4）「『福祉川柳』問題の総括と公的扶助研究全国連絡会再建の基調」（素案）『公的扶助研究』特集四号、公的扶助研究全国連絡会、一九九五年一月、一四頁。

（5）前掲（2）二一頁（本書四五五～四五六頁）。

（6）公扶研あり方検討委員会「公扶研活動のあり方について（提言）——公的扶助研究全国連絡会の再建をめざして」『公的扶助研究』特集四号、一九九五年一月、五頁。

（7）前掲（2）二二頁（本書四五七頁）。

（8）前掲（2）二二～二三頁（本書四五八～四五九頁）。

（9）前掲（2）二三頁（本書四六〇頁）。

（10）前掲（1）六五～六六頁（本書四四七～四四八頁）。

（11）前掲（1）六六頁（本書四四九頁）。

（12）前掲（6）七～九頁。

（13）前掲（6）一三～一五頁。

（14）前掲（6）一四頁。

（15）前掲（1）六四頁（本書四四五～四四六頁）。

（16）前掲（1）六四～六六頁（本書四四五～四四九頁）。

（17）前掲（1）六六頁（本書四四九頁）。

（18）前掲（1）五六～五七頁（本書四三三頁）。

（19）前掲（1）五七頁（本書四三五頁）。

（20）前掲（1）五八頁（本書四三五～四三六頁）。

（21）前掲（1）五八～五九頁（本書四三六～四三八頁）。

（22）前掲（1）五九～六〇頁（本書四三八～四三九頁）。

（23）井上英夫「研究運動の組織論的課題」『総合社会福祉研究』第二号、総合社会福祉研究所、一九九〇年八月、八〇～八一頁。

（24）前掲（23）八一頁。

（25）前掲（1）六一頁（本書四四〇頁）。

（26）拙著『公的扶助の展開——公的扶助研究運動と生活保護行政の歩み』旬報社、二〇〇〇年一二月。特に第一部は公扶研運動史を通史的に初めて論述している。

（27）第五回関西公扶研ブロックセミナー実行委員会「今日の生活問題と仕事づくり、職場づくり」『第五回関西公扶研ブロックセミナー資料集』一九八一年

（28）前掲（27）に同じ。

（29）鈴木政夫「福祉労働の方法をつくり出すために——児童相談労働を中心に——」『社会福祉学』二〇号、日本社会福祉学会、一九七九年九月。本書（四—1—①）

に収録。

(30) 鈴木政夫「養問研の基本姿勢（案）について――実践・研究運動を期待する立場からの一つの意見――」『そだちあう仲間』二一号、一九九五年夏。本書（四―3―②）に収録。

(31) 前掲（30）五六～五八頁（本書四六三～四六五頁）。

(32) 前掲（30）五七頁（本書四六四頁）。

(33) 前掲（29）三～四頁（本書三九〇～三九一頁）。

(34) 前掲（29）四頁（本書三九〇～三九一頁）。

(35) 前掲（29）一三～一五頁（本書三九八～三九九頁）。

(36) 前掲（29）二三～二四頁（本書四〇六～四〇七頁）。

(37) 鈴木政夫「福祉における要求運動、労働実践運動の課題――児童福祉を中心に――」『福祉研究』四三号、日本福祉大学社会福祉学会、一九八〇年一一月、五四～五六頁。本書（四―2―①）に収録（四二二～四二五頁）

(38) 鈴木政夫「児童相談所と研究運動――児相研活動の経過と課題」『児童福祉法研究』四号、児童福祉法研究会、一九八四年一二月、一八～一九頁。本書（三―1―②）に収録（二五〇～二五一頁）

(39) 前掲（38）一九頁（本書二五一頁）。

(40) 鈴木政夫「児童相談所問題研究活動」（社会保障運動史編集委員会編『社会保障運動全史』労働旬報社、一九八二年九月）。

あとがき

遺稿集の刊行委員会が正式に発足したのは、二〇〇一年の七夕だった。東京中心のメンバーで、今なお馬力のある面々に見える。半年で出版という短期決戦の目標が決まった。かくて、著作・業績を中心にした遺稿集と追悼文集（『笑顔の向こうにあるもの』）を、二冊セットで刊行するという企画が出発した。

一〇月には編集案の最終プランも出来、難航したタイトルも『児童相談所と児童福祉／福祉労働と福祉実践』と決まった。予約出版ということで賛助金を募ることになり、二百名近い方々からご協力を賜わった。また、追悼文集にも七十余名の方々から思い出が寄せられた。

原稿の入稿は、一二月には一応終わったが、校正が始まってからが大変だった。分厚くなったということもあるが、埋もれていた著作・業績がいくつか見つかったこと、大量に残されていたフロッピー文書中に追加したいものが出てきたこと、見送るか否かで迷っていた講義要綱を入れることになったこと、などなど様々なことが重なった。

何やかやで、「あとがき」を記すところまで漕ぎ着けた今は、もう真夏である。予定を守れなかったことをお詫びしなければならない。とはいえ、内容は充実したものとなったと自負している。

編集子も、昔とった杵柄で、久しぶりの編集・校正の仕事に精を出した。ただし、本業の合間を縫っての「寸暇」活用だったため、遺漏があることを懸念している。それはともかく、フロッピー文書を含め、鈴木氏の論稿を一つ残らず読む機会を与えられたことに感謝している。以前からの知人とは言え、今は、とてつもなく大きな人物に、新たに出会えたような気がしている。

（二〇〇二・八・一二／てらわき）

【遺稿集刊行委員会】

伊井	春雄	大塚	勇治
小田	東雄	上坪	陽
鈴木	雅子	田中島	晁子
寺脇	隆夫	松山	京子

児童相談所と児童福祉／福祉労働と福祉実践
鈴木政夫遺稿集

2002年9月20日　初版発行

編　者　鈴木政夫遺稿集
　　　　刊行委員会
発行者　名古屋　研　一

発行所　（株）ひとなる書房
東京都文京区本郷2-17-13
電　話　03（3811）1372
ＦＡＸ　03（3811）1383

印刷　モリモト印刷株式会社
＊落丁本、乱丁本はお取替えいたします。